KB220046

설교의 능력

POWER IN THE PULPIT

강해 설교를 제대로 준비하고 전달하는 방법

제리 바인스, 짐 섀딕스

(Jerry Vines, Jim Shaddix)

서로사랑

Power in the Pulpit

Originally Published by Moody Publishers

설교의 능력

1판 1쇄 발행 _2019년 2월 28일

지은이 _제리 바인스, 짐 섀딕스
옮긴이 _유희덕, 신희광

펴낸이 _이상준
펴낸곳 _서로사랑
이메일 _publication@seorosarang.co.kr

등록번호 _제21-657-1
등록일자 _1994년 10월 31일

주소 _서울시 서초구 방배중앙로16 완원빌딩 5층
전화 _(02)586-9211~3
팩스 _(02)586-9215
홈페이지 _www.alphakorea.org

ISBN _978-89-8471-337-6 03230

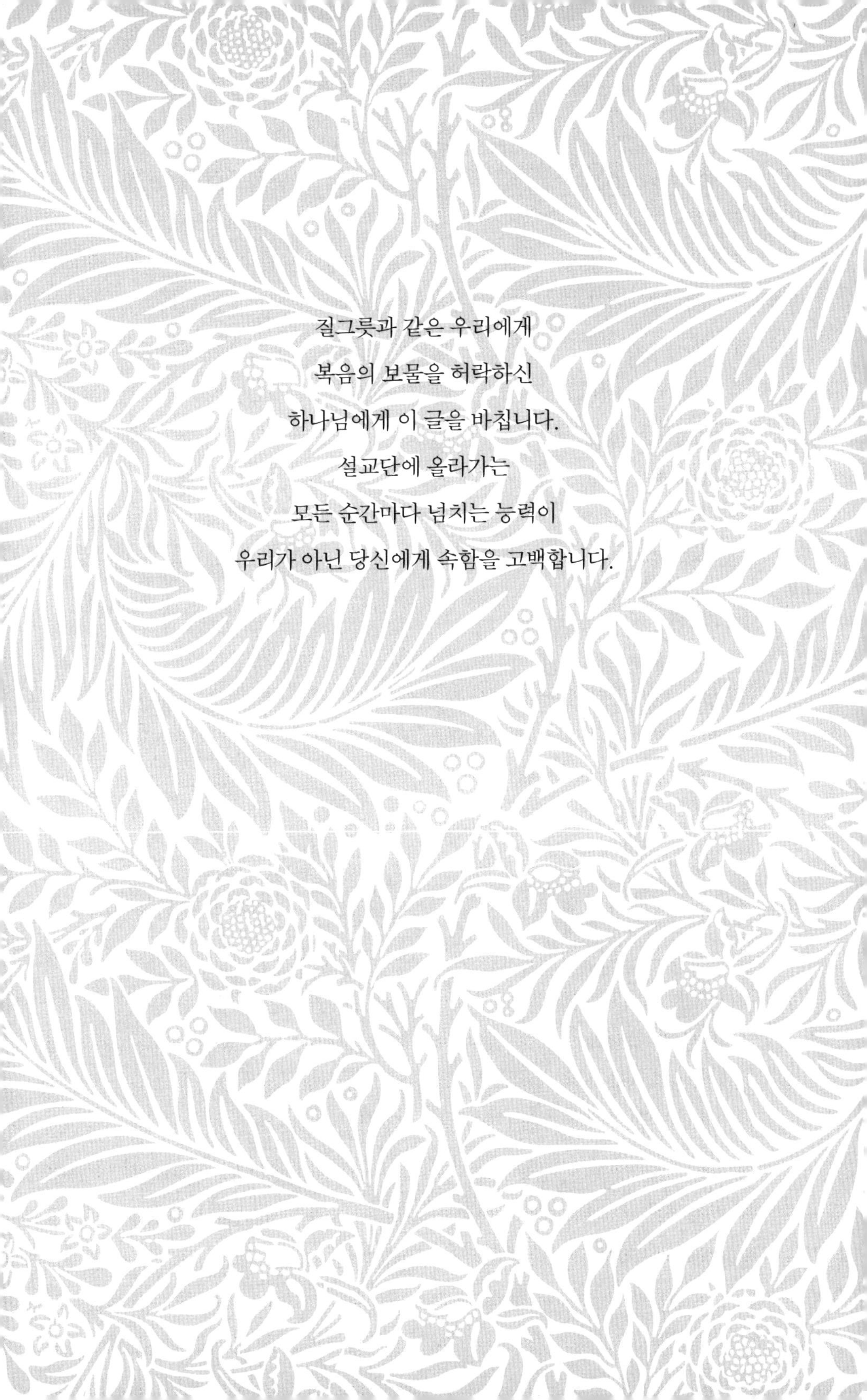

질그릇과 같은 우리에게
복음의 보물을 허락하신
하나님에게 이 글을 바칩니다.
설교단에 올라가는
모든 순간마다 넘치는 능력이
우리가 아닌 당신에게 속함을 고백합니다.

목차

부록

추천사

제리 바인스는 한국 교회에선 잘 알려져 있지 않습니다. 그러나 세계 최대 교단 남침례교회에선 잘 알려진 명설교가입니다. 저는 직접 그의 설교를 들으며 큰 감동을 받은 적이 있습니다.

《설교의 능력》은 그의 *A Practical Guide to Sermon Preparation*(설교 준비 안내서)과 *A Guide to Effective Sermon Delivery*(효과적인 설교 전달 가이드)의 개정판입니다. 그의 책들은 저의 강해 설교에도 큰 영향을 끼쳤습니다. 그의 설교를 직접 들으며 그는 이론과 실제가 잘 겸비된 사람이라고 느꼈습니다. 그의 책도 이런 이론과 실제가 잘 겸비된 실제적인 안내서입니다. 그의 강해 설교 지론은 저의 강해 설교 철학과 90퍼센트 이상을 공유합니다. 그래서 저는 이 책을 한국 교회 강해 설교 탐구자들에게 강력히 추천합니다.

이 책에는 '개인 간증' 칸을 통한 저자의 실제적인 설교 고백과 권면이 있습니다. 다른 어떤 설교학 교과서에서는 볼 수 없는 친절한 가이드라고 할 수 있습니다. 우리는 그가 가르치는 설교 세미나의 현장감을 느끼며 책을 독파할 수 있습니다. 자신의 강해 설교를 점검하고 그 틀을 다시 정비할 필요를 느끼는 설교자들, 그리고 새롭게 강해 설교의 고지에 도전하는 후배들에게도 일독을 권합니다. 로이드 존스의 《설교와 설교자》, 존 스토트의 《현대교회와 설교》 그리고 해돈 로빈슨의 《강해 설교》와 함께 이 책을 곁에 두고 읽을 수 있다면 강해 설교의 선명한 비전과 유익을 실감하고 말씀 앞에 서는 축복을 누리게 될 것입니다.

저는 기본적으로 모든 설교는 궁극적으로 강해 설교여야 한다는 신념을 갖습니다. 이 책으로 다시 한국 교회가 말씀 앞에 서서 말씀을 말씀 되게 하는 부흥이 있기를 기도합니다.

이동원 목사
지구촌 교회 창립/원로, 목회 리더십 연구소 대표

이 책은 설교에 진지하게 접근하도록 돕는 실용적이고 유용한 백과사전 같으면서 화롯가 옆에서 나누는 대화 같기도 하다. 목회 경륜에 관계없이 정보와 영감을 얻을 수 있으며, 효과적인 설교 사역에 대한 성경적 방법과 이유를 발견할 수 있다. 당신은 이 책을 즐거운 마음으로 읽으며, 자주 참고하게 될 것이다.

워런 위어스비(Warren W. Wiersbe)
그랜드래피즈 신학교(Grand Rapids Theological Seminary) 설교학 교수

설교는 목회적 상황 속에서의 삶, 죽음, 의미 그리고 영원에 관한 정보의 전달이다. 설교는 지성을 사용하는 동시에 마음의 열정을 가져온다. 설교학에 대한 책이 목회 사역에서 시작되어 강의실에서 다듬어졌다면, 이보다 더 좋을 수 있을까?《설교의 능력》은 지금까지 내가 읽은 설교학에 관한 가장 독특한 책의 하나로, 이 두 가지를 함께 결합시켜 놓았다. 회중의 생각이나 마음을 움직이고자 하는 설교자는 이 책을 반드시 읽어야 할 것이다.

페이지 패터슨(Paige Patterson)
텍사스 주 포트워스,
사우스웨스턴 침례신학교(Southwestern Baptist Theological Seminary) 총장

친구인 제리 바인스(Jerry Vines)와 짐 섀딕스(Jim Shaddix)에 의해 쓰인 《설교의 능력》은 이미 설교학 분야에 있어서 고전으로 자리 잡았는데, 이 책의 개정판이 나오게 되어 기쁘게 생각한다. 나는 이 책을 모든 설교자와 설교에 관심이 많은 사람들에게 강력히 추천한다. 하나는 자신을 위해, 그리고 다른 하나는 설교자인 친구를 위해 두 권의 책을 구입하기를 바란다.

제이슨 알렌(Jason K. Allen)
미주리 주 캔자스시티,
미드웨스턴 침례신학교(Midwestern Baptist Theological Seminary) 총장

60년 이상을 충실히 설교해 온 재능 있고 헌신적인 강해 설교자 제리 바인스와 오랫동안 최고의 설교학 교수로 인정받고 있는 짐 섀딕스에 의해 쓰인 《설교의 능력》은 강해 설교에 대한 최고의 입문서다. 나는 이 책이 처음 출판되었을 때부터 수업 교재로 계속 사용해 왔다. 이 책은 성경적이고, 실용적이면서도 단순하며, 분명하다. 설교를 처음 배우기 시작한 학생부터 노련한 설교자에 이르기까지, 이 책은 이들 모두를 위해 모든 도서관에 비치해 두어야 한다.

데이비드 앨런(David L. Alen)
사우스웨스턴 침례신학교 설교학 학과장

고전을 발전시키는 것은 어렵다. 어떤 사람들은 그것이 불가능하다고 말한다. 하지만 《설교의 능력》 개정판은 예외다. 설교에 매우 적합한 훌륭한 책으로, 멋진 작품과도 같다. 나는 이 책을 적극적으로 추천하며, 나 자신을 위해서도 사용할 것이다. 제리 바인스와 짐 섀딕스가 쓴 이 책은 교회에도 매우 큰 공헌을 했다.

대니얼 에이킨(Daniel L. Akin)
노스캐롤라이나 주 웨이크 포리스트,
사우스이스턴 침례신학교(Southeastern Baptist Theological Seminary) 총장

로이드 존스(Lloyd-Jones), 스토트(Stott), 맥아더(MacArthur), 마시(Massey), 메리다(Merida), 에스윈(Eswine). 강해 설교를 효과적으로 가르친 사람들은 목회적 상황 속에서 일관되게 설교해 왔던 사람들일 것이다. 바인스와 섀딕스의 책은 자신들이 배우고 경험한 많은 시간들을 통해 설교자들을 위한 매우 유용하고 포괄적인 내용을 담고 있다. 특히 공식적인 신학교 교육은 받지 않았지만 목양을 하게 될 사람들과 일생 동안 강해 사역을 준비해야 하는 설교자들을 위해 그들이 수년간 쌓아 온 지식과 경험을 매우 유용하고 포괄적인 내용으로 이 책에 담아냈다. 나는 학생들에게 이 책을 읽게 할 것이다!

아르투로 아주르디아(Arturo G. Azurdia III)
트리니티교회(Trinity Church) 담임목사
오리건 주 포틀랜드, 웨스턴 신학교(Western Seminary) D.Min. 프로그램 지도자

제리 바인스와 짐 섀딕스의 《설교의 능력》만큼 내 설교에 많은 영향을 준 책은 없다. 나는 여러 해에 걸쳐 전임 사역에 부름 받은 많은 사람들에게 이 책을 선물했다. 성경을 더 효과적으로 설교하기 원하는 사람들에게 있어 이 책이 하나님의 말씀을 전하는 기술을 연마하도록 하는 귀중한 보물이 될 것이라 믿는다. 당신의 교회가 이 책에서 발견된 원리를 실행한다면 큰 도움을 받게 될 것이다.

로비 갤러티(Robby Gallaty)
롱 할로우 침례교회(Long Hollow Baptist Church) 담임목사
Growing up(성장)과 *The Forgotten Jesus*(잊어버려진 예수)의 저자

제리 바인스와 짐 섀딕스의 시기적절한 업데이트, 전문적인 저술 및 방대한 설교 경험은 본 개정판이 말씀의 진리, 권위, 변화시키는 능력을 신뢰하는 차세대 설교자를 위한 지침이 되게 하기에 충분하다.

브라이언 채플(Bryan Chapell)
일리노이 주 피오리아, 그레이스 장로교회(Grace Presbyterian Church) 목사

다른 어떤 책도 짐 섀딕스의 책만큼 강해 설교에 대한 나의 이해와 열정에 큰 영향을 주지 못했다. 《설교의 능력》만큼 나의 설교학의 기반이 된 책은 없었다. 차세대 설교학자들을 생각할 때 바인스와 섀딕스의 축적된 경험과 지혜로 개정된 이 책은 내 마음을 기쁘게 한다. 매주 강단 위에서 "주님이 이렇게 말씀하십니다"라고 선포하고자 하는 모든 사람들을 위해 큰 기쁨으로 이 책을 추천한다.

랜던 다우든(Landon Dowden)
트레이스 크로싱 교회(The Church at Trace Crossing) 담임목사

《설교의 능력》은 내가 처음으로 읽은 설교에 대한 책으로, 나는 이 책을 단숨에 읽어 내려갔다! 젊은 신학생이었던 시절, 나는 하나님의 말씀을 충실히 설교하는 법을 배우고 싶었다. 그런 나에게 이 책은 신실하게도 내 영혼을 풍부하게 해 주었고, 부르심을 명확히 해 주었으며, 강해 설교를 발전시키는 데 필요한 실질적인 교훈을 제공해 주었다. 이 개정판은 전보다 더 발전된 책이다. 강해 설교의 기초에 대한 책을 찾고 있는가? 바로 여기 있다! 바인스와 섀딕스의 이 책이 앞으로 수년 동안 전 세계의 설교자와 교회를 계속 축복할 것이라는 데는 의심의 여지가 없다.

토니 메리다(Tony Merida)
노스캐롤라이나 주 롤리, 이마고 데이 교회 창립 목사
Christ-Centered Expositor(그리스도 중심의 강해자)의 저자

머리말

당신이 손에 들고 있는 이 책은 내 삶과 사역의 과정을 완전히 바꾸어 놓은 책의 개정판이다. 하나님의 은혜가 아니었다면 지금처럼 이 책을 읽고 적용하지 못했을 것이며, 또한 지금처럼 내가 하는 일을 하지 못할 것이다.

과장되거나 지나친 것처럼 들릴 수도 있겠지만, 나는 그렇지 않다는 것을 확신한다. 나는 짐 섀딕스의 설교학 수업 첫날을 결코 잊지 못한다. 그 수업 전까지 나는 성경을 설교했다고 생각했다. 사람들은 심지어 나를 성경적인 설교자라고 했다. 그러던 어느 날 나는 하나님의 영광을 위해 하나님의 말씀을 연구하고 전하는 것이 무엇을 의미하는지 전혀 모르고 있음을 깨달았다. 제리 바인스와 짐 섀딕스가 자신들의 사역 경험을 바탕으로 쓴 이 책을 읽기 시작하면서 수업 시간에 배우는 원리에 더욱 귀를 기울였다. 그러면서 주님은 내가 전에 알고 있었던 것보다 말씀에 대한 더 깊은 사랑을 주셨고, 성경에서 약속하신 것과 같은 신실하신 하나님 말씀을 선포하고자 하는 열망을 주셨다. 그 사랑과 열망은 내 앞에 놓인 이 책을 가지고 수업을 들은 첫날 이후 나의 삶과 사역에서 이루어지는 모든 결정에 큰 영향을 주었다.

하나님의 말씀을 전파하는 것은 참으로 진지하고 엄중한 하나님의 사역이다. 설교자는 하나님의 말씀을 대언하기 위해 그분의 백성 앞에 서 있다. 이런 사역은 기도에 열심을 내고 열정적이고 부지런한 것을 요구하며, 말씀 앞에서 사려 깊고 겸손하고 진지하며 용기 있는 성경의 가르침을 위해 헌신된 자세가 있어야 한다. 말씀 선포는 설교자가 하는 모든 말을 그분의 이름으로 하는 것이기에 하나님의 보좌 앞에 책임이 따르므로 하나님의 말씀, 말씀 속의 하나님 그리고 설교의 대상이 되는 사람들에 대한 사랑이 요구된다. 영원을 향한 사람들의 삶은 하나님의 진리에 대해 정확한 가르침을 듣고 있느냐에 달려 있기 때문에, 궁극적으로 이 사역의 기준은 높을 수밖에 없다.

결론적으로, 나는 당신이 손에 든 이 책을 단순히 읽는 것에 그치지 않고 그것을 잘 씹어 삼켜 소화하기를 바란다. 제리 바인스와 짐 섀딕스는 이 책에서 설교 사역을 위해 필요한 중요한 도구들을 제공한다. 머리말을 쓰면서 나는 이 책을 읽기 시작하는 당신을 위해 기도하고 있다.

하나님이 나의 삶 속에서 이 책을 사용하셨던 것처럼, 그분이 당신의 사역과 삶 속에서 이 책을 사용하시기를 바란다. 결국 하나님은 우리 각자가 그분의 목적을 위해 그분의 권능으로 말씀을 전파하도록 도우실 것이다.

데이비드 플랫(David Platt)
남침례교 국제선교회 총재
《래디컬》(두란노 역간)의 저자

개정판 서문

제리 바인스의 *A Practical Guide to Sermon Preparation*(설교 준비 안내서)과 *A Guide to Effective Sermon Delivery*(효과적인 설교 전달 가이드)는 오랜 기간 동안 많은 목회자와 설교자들에게 있어 없어서는 안 될 자료였다. 이 두 권의 책은 수년간 경험해 왔던 목회자의 예리한 관점과 풍성한 경험으로 강해 설교의 실제를 위한 견고한 토대를 제공했다. 그리고 수많은 대학, 신학교 및 설교 기관에서 이 책들을 정기적으로 열정을 가지고 사용해 왔다.

책에 대해 매우 긍정적인 반응을 얻은 지 15년이 흘러, 바인스 박사와 무디 출판사에서 일하는 좋은 분들이 두 권을 개정하고 업데이트하는 과정에 참여할 수 있도록 나를 초대해 주었다. 그래서 내가 가지고 있는 자료들을 추가, 확장하고 결합해서 한 권의 책으로 만들었다. 그 결과로 강해 설교를 위한 준비와 전달 단계를 다루는 책인 《설교의 능력》이 나오게 되었다.

그 후로 또 10년 반이 지났다. 《설교의 능력》은 수천 명의 목회자와 설교자 및 신학생을 위한 기본적인 자료로 계속해서 사용되면서 강해 설교의 연구와 훈련을 위해 강의실과 목회 현장에서 주요 자료로서 국제적으로 받아들여지고 활용되어 왔다. 우리는 이 책이 여러 가지 모양으로 사용되도록 허락하신 하나님의 은혜를 기쁘게 생각하며 감사를 드린다. 21세기에 더 잘 어울리도록, 이 메시지가 계속되기를 바라는 마음으로 이 책에 대한 개정 작업을 시작했다. 무디 출판사의 새로운 세대의 동역자들이 이 프로젝트를 지원하기 위해 열심히 노력했으며, 바인스 박사와 나는 두 번째 개정판이 나오게 되어 기쁘게 생각한다.

《설교의 능력》 초판과 같이 바인스 박사의 독창적인 두 책에 담긴 모든 자료와 초판을 만들기 위해 추가한 자료는 그대로 유지되었다. 동시에 우리는 몇 가지 영역을 좀 더 강화했는데, '제1장 강해를 위한 준비' 에서 우리는 강해 설교의 정의에 초점을 맞추고, 이를 명확하게 하며, 과정에 대한 보다 강력한 신학적 토대를 제공하고자 노력했다. '제2장 강해의 과정' 에서는 준비 절차를 간소화하고, 강해 설교 준비 단계들을 축소시켰다. '제3장 강해의 전달' 에서 우리는 강해 설교의 실제 전달에 대한 부분을 재구성하고 새롭게 했다. 또한 더 간단한 구성을 위해 초판에 있었던 열두 개의 내용들을 열 개로 통합했다. 마지막으로 개정판에서는 더 읽기 쉽도록 하기 위해 대화 방식으로 기술하고자 했다.

우리의 기도 제목은 설교를 통한 복음 전파를 위해 이러한 변화가 교회를 지속적으로 돕는 데 있어 《설교의 능력》이라는 이 책이 잘 사용되는 것이다. 우리는 이 책이 매주 많은 설교를 준비하고 전해야 하는 목회자에게 도움이 될 뿐만 아니라, 새로운 세대의 강해 설교자가 훈련을 받는 신학교에서의 강의 환경에도 적합하기를 바란다. 하나님이 이 책을 읽고 원리들을 적용하는 모든 설교자와 교사들을 풍성히 축복하시고, 기름 부으시기를 기도한다.

짐 섀딕스

초판 서문

몇 년 전 밀워키의 엘름브룩 교회(Elmbrook Church)에서 시무하는 설교 목사 스튜어트 브리스코(Stuart Briscoe)가 한 이야기를 들려주었다. 한 신학교에서 설교학 과정을 가르쳐 달라며 브리스코를 초청했을 때 그는 이렇게 말했다고 한다. "나는 설교를 가르치는 방법을 잘 모릅니다." 학교 관계자는 "그냥 이곳에 와서 당신이 하는 것을 우리에게 이야기해 주면 됩니다"라고 말하며 걱정스러운 목소리로 격려해 주었지만, 브리스코는 "나는 내가 하는 일을 잘 모릅니다. 나는 단지 전할 뿐입니다"라고 대답했다. 학교 관계자는 "그냥 오셔서 이야기하시면, 우리가 함께 알아낼 수 있을 것입니다!"라고 빠르게 응답했다.

위의 이야기는 이 책이 어떻게 발전하게 되었는지를 상당히 잘 묘사한다. 매주 강단에서의 시간과 매일의 강의 시간들은 이 책에 실제적인 도움을 주었다. 이러한 방향성으로 노력한 이유는 간단하다. 설교에 관한 일들이 종종 잘못된 관점으로 진행되어 왔었다. 설교에 관한 많은 책들이 매주 목회 현장에서 설교를 하지 않는 학자들에 의해 씌어졌다. 어떤 책들은 목회자들이 매주 한 번 10분에서 15분 동안 설교하는 교회의 전통을 반영하기도 했다. 또한 여전히 많은 설교 책들이 자신들이 가진 기술로 만든 잣대와 대화를 전하기 위해 애쓰는 소위 전문가라고 일컬어지는 사람들에 의해 씌어졌다. 각 지역 교회 안에서 설교는 가장 중요하고 빈도수가 높은 것이라고 이야기하는 전통적인 목회적 관점에 있어서도 실제적인 설교를 위한 도움이 필요하다.

제리 바인스 박사는 50년 이상 사역해 온 목회자로서 하나님의 말씀을 선포했으며, 그중 절반은 잭슨빌에 위치한 제일 침례교회의 강단에 섰다. 그는 설교에 관한 책인 *A Practical Guide to Sermon Preparation*(설교 준비 안내서)과 *A Guide to Effective Sermon Delivery*(효과적인 설교 전달 가이드)를 출판했던 1980년대 중반에 그의 동료 설교자들과 그의 경험과 지식을 공유했다.

나는 어렸을 때부터 다양한 상황에서 바인스 박사가 설교하는 것을 들었다. 몇 년 전부터 설교학을 가르치기 시작했을 때, 나는 기본 과정을 위한 교과서에 두 가지가 필요하다는 것을 알았다. 나는 설교에 대한 강해적 접근을 지지하는 책을 원했다. 그리고 매주 하나님의 양들을 먹이는 목회적 설교의 미묘한 특성에 민감하게 대응할 수 있는 책을 원했다. 말할 필요도 없이, 설교의 준비와 전달에 관한 제리 바인스 박사의 책 속으로 나는 빠르게 빠져들어 갔다. 그리고 그 선택을 후회하지 않는다. 나중에 그와 무디 출판사의 사람들은 두 권의 책을 하나의 책으로 정리할 기회를 주었다. 그때 나는 그 기회를 잡았고, 이 선택 역시 후회하지 않는다.

이 책은 실제적 경험과 강의실에서의 훈련이라는 두 가지 측면을 활용하려고 노력했다. 실제로 매주 설교를 준비하는 목회자의 관점으로 씌어졌다. 그의 자료는 매주 설교를 하며 신학 교육의 보다 나은 환경을 위해 설교자들을 훈련시키는 데 매일 시간을 쓰고 있는 설교자에 의해 재조직되고 보충되었다. 두 공헌자 모두 이 책을 읽는 모든 사람들이 겪는 동일한 시간적인 제약에 직면하고 있다. 제공되는 정보는 학문적인 이론과 실제로, 목회자가 매주 하는 설교 준비 과정에서 나타나는 격차를 좁히기 위한 노력이다.

이 개정판이 만들어진 바인스 박사의 두 권의 초기 저술은 10년 이상 목회자들과 설교자들을 잘 도왔다. 이 새로운 연구의 목적은 잘못된 것을 수정하는 것이 아니라, 다양한 교육 상황에서의 사용을 확장하는 것이다. 원본 자료의 거의 100퍼센트가 이 새로운 형식으로 보존되었다. 이 정보는 단순히 현장에서 섬기는 목회자뿐만 아니라 교육하는 설교자를 포함시킬 수 있도록 적용을 넓히기 위해 재구성, 업데이트 및 확장되었다. 바라건대, 새로운 형식을 통해 바인스 박사의 저술의 수명이 연장될 수 있기를 소망한다.

이 작업을 해 나감에 있어서 내가 받은 엄청난 특권은 사랑하는 많은 사람들에게 도움을 받은 것이다. 나의 가족 데브라, 클린트, 셰인, 댈리스는 두 개의 박사 학위와 저술 작업을 위해 희생해 왔다. 그들은 불평하지 않고 항상 격려해 주었다. 블레이크, 브라이언, 이스라엘, 마이클과 브라이언, 게리, 에릭과 같은 엠마우스 로드(Emmaus Road) 친구들은 강해 설교를 공부하는 설교자의 관점에 있어서 엄청난 통찰력을 제공했다. 말씀을 효과적으로 강해하는 여러 목회자들은 매주 경험하는 실천적 관점으로 나를 인도해 주었다. 나의 조교인 지나 알바로(Gina Alvaro)는 많은 인내로 필수적인 작업들을 기꺼이 도와주었다.

무엇보다도 제리 바인스 박사는 나에게 자신의 업무를 위임해 주었고, 좋은 기회를 제공해 주었다. 모든 이들에게 감사드린다. 나는 이 책이 지역 교회 및 다른 모든 곳에서의 강해 설교 향상에 기여할 것이라고 확신한다.

짐 섀딕스

역자 서문

사람들은 말씀의 홍수 속에 살고 있지만 그 어느 때보다 말씀에 목말라 있다. 인터넷을 통해 홍수같이 흘러나오는 말씀 속에서 사람들은 더욱 말씀의 기갈을 느낀다. 사람들의 귀를 즐겁게 해 주는 설교는 사람들의 깊은 영적 목마름을 해결해 줄 수 없다. 오직 하나님의 말씀만이 그들의 영적 목마름을 해결해 줄 수 있을 것이다.

교회가 다시 '오직 말씀' 으로 돌아가야 한다는 자성의 목소리가 나오고 있다. 하나님의 말씀의 회복이 이루어져야 한다는 의식이 한국 교회에 조금씩 일어나고 있다. 이런 시점에 제리 바인스와 짐 섀딕스의 《설교의 능력》이라는 책을 한국 교회에 소개하게 된 것은 하나님의 은혜다.

바인스와 섀딕스는 이 책을 1999년에 출판했다. 그리고 2017년에 그 개정판을 출판했다. 이 책은 하나님의 말씀을 성경에 기초해서 성경적인 메시지 전하기를 소망하는 모든 강해자들을 위한 교과서가 되어 줄 것이다. 이 책은 모든 세대의 설교자들이 어떻게 강해 설교를 준비할 것인가에 대한 구체적이며 실제적인 대답을 제공해 주고 있다.

이 책은 세 부분으로 나누어진다: 강해의 준비, 강해의 과정, 강해의 전달. 첫 번째 부분인 '강해를 위한 준비' 에서는 설교의 원리와 이론을 다룬다. 특별히 강해 설교의 철학과 신학을 다룰 뿐만 아니라, 설교자의 삶에 대해서도 다루고 있다. 설교자가 매주 자신이 설교하는 본문의 원리대로 사는 것은 강해 설교의 중요한 핵심 원리가 된다. 두 번째 부분인 '강해의 과정' 에서는 설교를 준비하기 위한 실제적인 기술들을 기술하고 있다. 본문의 의미를 찾고, 설교의 개요를 작성하며, 적합한 서론과 결론을 어떻게 구성하는지 그 과정을 구체적으로 설명해 주고 있다. 설교를 조직하고 준비하는 이 단계가 설교자들에게 가장 까다로운 과정이 될 수도 있지만, 바인스와 섀딕스는 이 과정을 쉽고 분명하게 설명해 주고 있다. 세 번째 부분인 '강해의 전달' 에서 저자는 설교자가 자신만의 독특한 스타일을 어떻게 발전시켜 갈 수 있는지를 잘 설명해 주고 있다. 뿐만 아니라 설교의 전달을 위해서 목소리의 사용, 목소리의 높낮이와 음색 그리고 실제적인 절달을 위한 중요한 원리들을 친절히 설명해 주고 있다.

게다가 독자들의 이해를 돕기 위해 저자들은 도움이 되는 부록들을 첨부했다. 이를 통해서 독자들은 관찰하는 예, 구조적인 다이어그램, 설교 요약 노트, 긴장 푸는 연습 그리고 숨 쉬기 연습 등을 찾을 수 있을 것이다. 이 책을 통해서 당신은 강해 설교의 철학과 신학 그리고 준비와 전달 방법에 대한 구체적이면서도 실제적인 도움을 받게 될 것이다. 이 책은 성경에 기초해서 하나님의 메시지를 능력 있게 전하기 원하는 교사와 설교자들을 위한 유용한 책임에 틀림이 없을 것이다. 하나님의 말씀에 목말라 있는 이 시대에 하나님의 능력 있는 메시지를 선포하길 소원하는 모든 세대의 설교자들에게 이 책을 추천하는 바다.

마지막으로 이 책을 퇴고하는 데 도움을 준 평생의 동역자 아내 정란과 함께 번역의 과정에 참여해 준 신희광 목사님과 신은혜 사모님께 깊은 감사를 전한다.

Reformed University, **유희덕 교수**

지금 한국은 어느 때보다도 하나님의 말씀을 올바르게 전하는 설교자가 필요하다. 1800년대 말 서양의 선교사님들을 통해 복음의 씨가 한국 땅에 뿌려진 이후, 일제 시대와 한국전쟁 그리고 전쟁 후 이루 말할 수 없는 어려움을 극복하고, 1970~80년대부터 한국 교회는 실로 엄청난 부흥의 결실을 맺을 수 있었다. 하지만 지금의 한국 교회는 미국과 다른 서양의 교회들처럼 목회자들의 부패와 타락으로 교회가 많은 타격을 받게 되었다.

이러한 영적으로 어두운 실정에서 하나님은 항상 그의 말씀을 바로 전할 설교자를 찾고 계신다. 그 설교자는 목사가 될 수도 있고, 주일학교 선생님, 혹은 한 가정의 아버지가 될 수도 있다. 가르치는 대상이 누구건 간에 하나님의 말씀을 전하는 것은 아주 고귀한 사명이다. 부르심에는 여러 가지가 있지만 특별히 설교는 거룩한 사명이다.

그러면 과연 어떻게 설교해야 하는가? 나는 한국에서 30년, 또한 미국에서 20년을 살면서 설교 말씀을 들을 기회가 정말 많이 있었다. 그리고 설교에 대한 연구도 많이 했다. 그런데 어떤 분들의 설교 말씀은 성령 충만하고 준비가 잘되어 있으며 듣는 사람에게 하나님의 말씀이 잘 전달되는가 하면, 어떤 설교들은 준비도 미흡하고 사람들이 듣기 힘들어하며, 무엇보다 하나님의 말씀이 분명하지 않음을 느끼게 되었다.

분명 어떠한 설교자도 설교를 엉터리로 전하기를 원하거나 하나님의 말씀을 함부로 대하려는 사람은 없을 것이다. 그렇다면 왜 아직 많은 설교자들이 설교를 제대로 전하지 못하는가? 그 이유는 한국 교회의 많은 목회자나 사역자들이 하나님의 말씀 전하는 방법을 체계적으로 배우지 못했기 때문이라 믿는다.

그러한 의미에서 이 책은, 짐 섀딕스와 제리 바인스라는 두 영향력 있는 목회자의 실제적인 설교에 대한 가르침을 담고 있다. 유명한 학자요, 교수이면서도 실제로 목회 현장에 계신 두 분의 책은 설교 준비의 시작부터 중간 과정 그리고 실제로 설교할 때의 시간까지 설교 준비에 필요한 일체의 가이드를 제시하고 있다.

이 책으로 인해 한국 교회의 설교자들이 잘 준비되어서 하나님의 말씀을 올바르게 선포함으로 다시 한 번 한국 땅에 부흥이 임하기를 기대해본다.

미국 테네시 주 코도바 한인 침례교회에서

신희광 목사

감사의 글

《설교의 능력》의 여정이 초판과 개정판을 통해 불가능함 없이 신실한 주의 종들에 의해 시작되었다. 30년 전 초기 작업을 할 수 있도록 격려한 페이지 패터슨 박사에게 감사드린다.

초판에 대한 훌륭한 편집 방법을 제공한 빌 소더버그(Bill Soderberg)와 개정판에서 지속적으로 도와준 랜들 페일라이트너(Randall Payleitner)와 짐 빈센트(Jim Vincent)에게 감사드린다.

플로리다 주 잭슨빌에 위치한 제일 침례교회의 셜리 캐넌(Shirley Cannon)과 뉴올리언스 침례신학교의 지나 알바로에게 감사드린다. 이들은 우리가 초판을 비롯한 다른 저술 작업을 조직하고 계속 진행할 수 있도록 도와주었다.

뉴올리언스의 블레이크, 브라이언, 이스라엘, 마이클, 또 다른 브라이언 그리고 웨이크 포리스트의 게리와 에릭과 같은 학생 조교들에게 감사드린다.

우리의 설교를 듣고 몇 년 동안 인내하며 격려해 준 성도들과 수년간 설교에 관한 많은 것을 가르쳐 준 설교자 친구들 및 학생들에게 감사드린다.

우리의 훌륭한 아내, 재닛 바인스(Janet Vines)와 데브라 섀딕스(Debra Shaddix)에게 감사한다. '설교의 능력' 으로 설교할 뿐만 아니라, 이에 대해 책을 쓸 수 있도록 공부하고 준비하는 시간을 배려해 준 점에 대해 감사한다.

마지막으로, 구원과 사역의 리더십에 대한 은혜를 주시고, 우리 두 사람에게 주님의 사역 속에서 우정과 동역자의 관계를 허락하신 우리의 구원자 예수 그리스도에게 최고의 감사를 올려드린다.

제리 바인스와 짐 섀딕스

시작하는 글

한 목사가 설교안을 준비하는 다른 동료 목사를 만났을 때 이렇게 말했다. "나는 설교를 위해 연구하지 않는다네. 그냥 준비 없이 강단에 올라가지. 그러면 성령이 채워 주시곤 하네." 설교안을 준비하는 목사가 물었다. "성령이 채워 주지 않으시면 어떻게 하나?" 그러자 그 목사는 이렇게 답했다. "그땐 성령이 채우실 때까지 엉망이 되는 거지!" 많은 회중이 너무 많이 엉망이 되고 충분하지 못한 설교에 슬퍼하고 있다.

어떤 설교자들은 앞에서 언급한 사람처럼 설교할 때 성령이 자신들을 채우시도록 해야 한다고 주장하면서 설교를 준비하지 않는다. 그들은 자신들의 주장을 증명하기 위한 본문으로 마가복음 13장 11절을 사용한다. "사람들이 너희를 끌어다가 넘겨 줄 때에 무슨 말을 할까 미리 염려하지 말고 무엇이든지 그때에 너희에게 주시는 그 말을 하라 말하는 이는 너희가 아니요 성령이시니라." 비록 이 주장이 몇몇 사람들에게는 매우 영적인 것처럼 들릴지 모르지만, 이것은 실제적으로 가능한 한 아주 열심히 피해야 할 방법이다. 그들이 설교하기 위해 강단에 섰을 때 대부분의 경우 그들의 입술은 초점 없는 말들로 채워진다!

정확하게 말해서, 설교를 위한 부르심은 단순히 설교하는 것 이상이다. 설교를 위한 부르심은 또한 설교 준비를 위한 부르심이다. 하나님은 부르신 이들에게 설교하기 위해 반드시 필요한 은사들을 주시고, 가능한 한 많이 준비하기를 기대하신다. 어떤 점에서 그 준비는 한 사람의 일생을 포함한다. 설교자들은 설교를 준비하고, 하나님은 설교자들을 준비하신다. 그때 그 설교자는 설교 준비를 위한 연구에 책임을 갖는다.

이 책은 그 준비에 대한 것이다. 아마도 어떤 주간이든지 목회자는 삶의 대부분의 시간을 설교에 헌신하고, 설교를 준비하는 데 사용한다. 그 외의 시간들은 그 설교들을 전달하는 데 사용한다. 물론 설교를 준비하는 것만으로 한 사람이 설교자로 만들어지는 것은 아니다. 오직 하나님만이 설교자를 만드실 수 있다. 그러나 부름 받은 사람은 효과적인 설교 준비와 전달에 관한 기본 원리들을 배울 수 있다. 에라스무스(Erasmus)는 이렇게 말했다. "만일 코끼리들이 춤추는 것을, 사자들이 노는 것을 그리고 표범들이 사냥하는 것을 훈련받을 수 있다면, 설교자들도 분명히 설교하는 것을 배울 수 있다."

이 책의 명확한 초점은 매주 설교에 대한 책임감에 직면한 사람들에게 실제적인 도움을 주는 것이다. 목회적 상황 속에서의 설교는 돌아다니며 하는 집회 설교와는 매우 다르다. 또한 이 책에 있는 자료들은 강해 설교의 준비와 전달에 대해 구체적으로 설명한다. 미국 전역의 수천 명의 교회 출석자들은 좋은 설교에 극심한 굶주림을 느끼고 있다. 그들은 자신의 영혼을 하나님의 말씀으로 먹여 줄 수 있는 성경 공부, 교회, 봉사를 찾고 있다. 오늘날 많은 설교가 메말라 있고, 부적절하며, 생명력을 잃어 가고 있다. 문제의 해결점은 강해 설교를 통해 비중 있게 찾을 수 있을 것이다.

'제1장 강해를 위한 준비' 는 강해 설교를 위한 기초를 놓는다. 성경 강해에 대한 전체적인 과정과 소개는 성경 안에 계시되어 있는 설교의 본질에 근거한다. 또한 강해 설교에 종사하는 것은 목회자가 사역으로의 부르심, 성경, 예배 그리고 삶 속에서 하나님의 지속적인 일하심에 관한 분명한 확신을 갖게 한다.

'제2장 강해의 과정' 은 강해 설교를 위한 단계들을 추적한다. 이 단계들을 통해서 설교자는 성경의 본문을 드러내고 강해 설교를 준비하도록 한다. 강해 설교 준비는 설교자가 이제까지 사역한 것 중에서 가장 풍성한 경험의 하나가 될 수 있다. 우리는 그것을 아름다운 다이아몬드를 캐내는 것에 비교할 수 있을 것이다. 모든 사람이 잘 다듬어진 다이아몬드의 아름다움에 감탄한다. 그러나 만일 당신 스스로가 찾았다면, 그것을 찾기 위해 열심히 땅을 파고, 세심하게 다듬고, 찬란하게 빛나도록 그것을 광내었다면, 당신의 성취감은 더욱 커질 것이다. 이것이 강해 설교 준비를 더욱 풍성하게 하는 것이다.

'제3장 강해의 전달' 은 효과적인 설교 전달에 관한 기본적인 사항들에 전념한다. 설교자가 강해 설교를 구성하도록 배운 후에, 그는 설득적인 방법 안에서 그 설교를 어떻게 발표할지를 알아야 한다. 강해 설교의 성공은 대개 전달에 달려 있다.

이 책을 읽을 때 가장 중요한 무엇인가를 명심하라. 설교 준비 과정을 연구하는 것은 의사 사무실에서 인체의 일부분이 확대된 그림을 연구하는 것과 같다. 당신은 아마 신체의 한 부분이 다른 부분과 분리되어 있는, 신체의 일부 단면 사진이 그려진 큰 포스터를 본 적이 있을 것이다. 사진 속 몸의 해당 부분에는 이름을 나타내는 각각의 이름표에 선이 그어져 있을 것이다. 신체를 확대한 사진은 신체 부위, 위치 및 각 부위가 다른 부위와 어떻게 기능하는지를 이해하는 데 도움이 되도록 고안되었다. 그러나 그것은 인체가 어떻게 작동하는지를 보여 주지는 못한다. 모든 신체 부위가 분리되어 있을 때는 몸 전체가 작동하지 않는다. 오직 신체의 각 부위가 결합되어 함께 기능할 때에만 몸 전체가 작동할 수 있다.

아마 당신은 이 책을 읽으면서 때때로 '우와, 너무 많은 거 아냐? 일주일에 여러 번 하는 것도 아닌데, 매번 설교할 때마다 이 모든 것을 다 해야 해? 그게 가능해?' 라고 생각하는 자신을 발견하게 될 것이다. 그럴 때마다 이 점을 기억하라: 이 책은 설교 준비 과정의 확대 사진과도 같다. 과정의 분석으로 모든 부분을 이해하면 다른 부분과 관련해서 작용하는 방식을 이해하게 된다. 일단 과정을 능숙하게 익히고 정기적인 연습을 시작하면 인체의 부분들처럼 많은 부분이 중복되기도 하고 자연스럽게 되기 시작할 것이다. 그러나 당신이 확대 사진을 연구하고 그것이 어떻게 작용하는지를 확인하는 것은 중요하다.

《설교의 능력》의 목표는 동료 설교자들을 돕는 것이다. 만일 이 책이 사역 속에서 당신의 최고의 가능성에 도달하도록 도와주는 데 사용될 수 있다면, 하나님 나라를 위해 성취되어진 것이다. 설교 준비와 전달은 한 사람이 경험할 수 있는 가장 성취하고 싶은 것인 동시에 가장 좌절되는 경험들이다. 이 책은 희망적으로 좌절을 줄이고 성취감을 높이는 데 도움을 줄 것이다. 또한 이 책은 강해 설교의 분야에서 추가적인 통찰력들을 밝힐 수 있도록 그리고 더 깊이 연구할 수 있도록 다른 사람들을 자극할 것이다.

그러나 시작하는 글에서만 언급된 것으로는 충분하지 않다. 다음 장에서부터 강해 설교를 준비하고 설교하는 일을 시작해 보자.

제1장

강해를 위한 준비

PART 1

THE PREPARATION FOR EXPOSITION

1

설교 정의

강해 설교의 원리

그러므로 설교는 항상 강해 설교여야 한다고 나는 선포한다.

마틴 로이드 존스(D. Martyn Lloyd-Jones)

이가봇의 의미는 '영광이 떠났다!' 이다. 많은 사람들은 하나님의 임재가 이스라엘에서 떠났다는 것을 두려워했다(삼상 4:21 참조). 이는 20세기 끝자락의 설교 묘비에 쓰인 동일한 비문과도 같을 것이다. 보수주의 설교학자와 자유주의 설교학자 모두가 하나님의 복음 선포의 주요 수단이 명백히 소멸해 가는 것에 대해 애도했다.

20세기 중반에 메릴 엉거(Merrill Unger)는 "놀라울 정도로 하나님의 영광이 20세기의 설교 강단에서 떠나고 있다"[1]라고 보았다. 30년쯤 후 프레드 크레독(Fred Craddock)은 설교자가 더 이상 "성직자로서의 권위, 교회의 권위, 말씀의 권위에 대한 일반적인 인식"을 전제로 할 수 없기에 "대화에서 독백을 계속해야 할지에 대해 자신에게 묻는다"고 했다.[2] 언약궤 없는 무력한 이스라엘 사람들처럼 교회는 새 천 년의 무방비 상태와 약한 상태를 맞이할 전망이다.

감사하게도 20세기 말 수십 년 동안 하나님은 설교의 필수불가결한 요구를 선포하셨을 뿐만 아니라, 강해적 메시지를 통해 전달되어야 함을 강하게 호소하셨다. 마틴 로이드 존스의 《설교와 설교자》(복있는사람 역간)와 해돈 로빈슨(Haddon Robinson)의 《강해설교》(CLC 역간), 존 스토트(John Stott)의 《현대교회와 설교》(생명의샘 역간)와 같은 책들은 많은 목회자들과 설교자들이 무력한 교회와 설교 동향들의 홍수 속에서 그들의 설교 철학을 다시 생각하도록 만든 하나의 작업이었다. 또 시대를 초월해서 설교의 심장과 같은 신뢰할 만한 성경적 해석 방법에 관심을 불러일으켰다.

데이비드 앨런(David Allen)은 다음과 같이 묘사한다.

> 해리 에머슨 포스딕(Harry Emerson Fosdick)의 1928년 연설에서 프레드 크레독의 '새로운 설교학'에 이르기까지, 하이벨스/워렌(Hybels/Warren)의 베이비 붐 세대를 위한 '목적이 이끄는' 설교 교회에서 '위대한 의사소통' 전문가 영/스탠리(Young/Stanley)에 이르기까지, 오스틴(Osteen)의 '긍정의 힘'에서 떠오르는 교회의 때때로 괴상한 오해에 이르기까지 그리고 버트릭(Buttrick)의 편견에서 패짓(Pagitt)의 비난에 이르기까지, 강해 설교는 요즘 모든 것으로 공격을 받고 있다. 그러나 어떻게든 살아남기 위해 최선을 다할 것이다. 사실 현재 기독교계에서의 설교학적 부류 속에서는 부흥을 경험하고 있다.[3]

오늘날 견고하고 실질적으로 성장한 많은 교회들의 특징은 강해 설교의 실천에 헌신했다는 것이다. 모든 설교자들이 설교의 내용과 권위를 위해 성경으로 되돌아가는 한편, 복음은 우리가 앞을 향해 달려가기를 요구한다. 설교자는 충실하게 설교하고 실천하는 것에 대해 끊임없이 생각해야 한다.

강해 설교의 성경적 근원

설교에 대한 올바른 생각은 성경이 설교에 대해 이야기하는 것으로부터 시작된다. 성경은 설교적인 교과서가 되도록 의도되지는 않았지만, 설교가 무엇인가와 설교를 어떻게 해야 하는가를 결정하는 시작점이 되어야 한다. 그렇다면 성경은 설교를 어떻게 이야기하고 있는가? 설교를 묘사하는 성경적 용어에 대한 간략한 조사는 강해 설교의 근원을 보여 주며, 이 근원은 성경적 설교의 올바른 이해를 위한 기초가 된다.

하나님의 계시

무엇보다 먼저, 설교는 신성함에 기초를 둔다. 하나님은 자신을 사람들에게 계시하기로 선택하셨다. 그리고 그 계시의 수단으로 인간이라는 도구를 선택하셨다. 선지자에게 가장 흔한 용어 중의 하나인 히브리어 단어 나비(*nābî*)는 '밖으로 쏟아내는' 혹은 '알리는 사람' 의 개념을 수반한다. 그 단어는 예언하기 위해서 신적인 충동에 의해 움직이는 것에 대한 암시를 포함한다(신 13:1, 18:20, 렘 23:21, 민 11:25~29 참조). 두 개의 다른 히브리어 단어들은 구약에서 '선견자' 로 번역된다. **호제**(*Hōzeh*)는 '빛을 발하거나 혹은 뜨거워지는 것' 을 암시한다(암 7:12 참조). **로에**(*Rōéh*)는 단순히 '보는 사람' 을 의미한다(대상 29:29, 사 30:10 참조). 이런 용어들은 선지자가 주님이 그에게 보도록 허락하신 어떤 것에 의해서 마음이 뜨거워진 사람이었음을 가리킨다.

몇 개의 신약 용어들 또한 설교의 신적인 기원을 암시한다. 헬라어 단어 **로고스**(*logos*)는 한 단어 혹은 말하는 것을 가리킬 때 사용된다. 때때로 사람에게 하나님의 메시지를 전달하는 것은 **로고스** 혹은 말씀을 전하는 것으로 언급된다(딤후 4:2 참조). 다른 단어인 **레마**(*rhema*)는 목소리로 전달되는 것을 강조한다(롬 10:17 참조). 신약에서 말씀이 선포되었을 때, 하나님은 실제적으로 선포라는 행위를 통해 자기 자신을 전하는 중이셨다. 신약의 설교는 실제적으로 복음을 전달했던 이들에 의한 신적인 가르침이었다(엡 2:17 참조).

자주 사용되는 **케루소**(*kērussō*)는 포고자의 방법을 따라 선포하는 것을 의미한다. 이 단어는 또한 청중들이 듣고 순종하도록 요구하는 권위 있는 메시지를 의미한다(롬 10:14~15, 고전 1:21, 23, 딤후 4:2 참조). 예수님은 복음을 전하는 가장 중요한 방법으로 설교를 제정하시면서 승천하기 바로 직전에 자신을 따르는 자들에게 이 사명을 위탁하기 위해 이 단어를 사용하셨다(막 16:15, 눅 24:47 참조). 신약의 설교자는 사람들에게 왕 중의 왕의 메시지를 선포했던 사람이었다. 그 당시에 설교라는 사건은 심각함, 권위 그리고 신적인 요구의 분위기를 동반했다.

명확한 설명

설교는 또한 하나님의 계시에 대한 분명한 설명에 그 토대를 가진다. 하나님은 항상 사람들이 자신의 말씀을 이해하는 것을 돕도록 교사들을 준비해 오셨다. 예를 들어, 느헤미야 8장은 설교에 관한 최고의 예증이다. 오늘날 많은 예배 경험의 구성 요소들은 강단, 예배 인도자, 하나님의 법인 성경, 통일되고 기대하는 청중, 선포 그리고 말과 육체적 반응 모두를 포함한다. 레위인들은 사람들에게 하나님의 말씀을 가르쳤다. "하나님의 율법 책을 낭독하고 그 뜻을 해석하여 백성에게 그 낭독하는 것을 다 깨닫게 하니"(느 8:8). 여기에서 '해석하여'로 번역된 히브리어 **'파라쉬'**(*parash*)는 '구별하다' 혹은 '분명하게 자세히 말하다'를 의미하며, '깨닫게'로 번역된 히브리어 **'세켈'**(*sēkel*)은 인식과 통찰을 보여 주면서 의미를 전달해 주는 것을 의미한다. 이해를 가능하게 만드는 명료함의 개념이 가장 중요했다.

이와 유사하게, 예수님도 회당 예배와 다른 상황들 속에서 자신의 청중들에게 분명한 설명을 제공하셨다. 그는 종종 방문 랍비로서 성경을 읽고 설명하셨다(눅 4:16~21 참조). "이에 모세와 모든 선지자의 글로 시작하여 모든 성경에 쓴 바 자기에 관한 것을 자세히 설명하시니라"(눅 24:27). 예수님이 엠마오로 가는 길목에서 제자들에게 직접 설명하신 장면도 나온다. '설명하다'로 번역된 단어는 헬라어로 **디어메네우오**(*diermēneuō*)인데, 이 단어는 '말해진 것의 의미를 드러내는 것' 혹은 '철저하게 설명하는 것'을 의미한다. 예수님의 가르침을 깊이 숙고하면서 제자들은 한 유사한 단어를 사용했다: "그들이 서로 말하되 길에서 우리에게 말씀하시고 우리에게 성경을 풀어 주실 때에 우리 속에서 마음이 뜨겁지 아니하더냐 하고"(눅 24:32). 여기서 '풀다'라는 단어는 헬라어로 다이아노이고(*dianoigō*)인데, 이는 '완전하게 공개하다'라는 의미다. 그 단어는 성경의 의미를 드러내거나 설명하는 것을 뜻한다. 바울은 데살로니가에서 같은 일을 행했다: "뜻을 풀어 그리스도가 해를 받고 죽은 자 가운데서 다시 살아나야 할 것을 증언하고"(행 17:2~3).

신약의 설교는 또한 가르침의 요소를 포함했다. 이 요소를 묘사하는데 사용된 단어는 헬라어 디다스코(*didaskō*)다. 사도들은 "예수는 그리스도라고 가르치기와 전도하기를 그치지"(행 5:42) 않았다. 목사의 자격 조건들을 열거하면서, 바울은 "가르치기를 잘하며"(딤전 3:2b)라고 했다. 바울은 또한 젊은 목사인 디모데에게 다음과 같은 임무를 부과했다.

> "너는 그리스도 예수 안에 있는 믿음과 사랑으로써 내게 들은 바 바른 말을 본받아 지키고 … 또 네가 많은 증인 앞에서 내게 들은 바를 충성된 사람들에게 부탁하라 그들이 또 다른 사람들을 가르칠 수 있으리라"(딤후 1:13, 2:2).

신약성경의 설교자들은 기본적인 교리에 관해 체계적이고 계획적인 가르침을 우선시했다. 다른 단어들 역시 신약의 설교 속에서 이해의 개념을 강조한다. 에필루오(*epiluō*)는 문자적으로 '해방하다' 혹은 '풀다'를 의미한다. 그 단어는 이해하기 애매하거나 어려운 무엇인가를 설명하는 것에 관한 개념을 수반한다(벧후 1:20 참조). 따라서 그 단어는 해석하는 것을 의미하며, 예수님의 설교 사역과 예수님의 비유 사용을 묘사하는 데 사용된다. 신약의 설교는 하나님의 계시를 벗겨 내는 것과 관련이 있다. 헬라어 쉬제테오(*Suzēteō*)는 함께 구하거나 혹은 조사하는 것을 의미한다. 사도행전 9장 29절에서는 '변론하니' 라고 번역되었다: "또 주 예수의 이름으로 담대히 말하고 헬라파 유대인들과 함께 말하며 변론하니"(행 9:29). 신약의 설교자들은 청중들이 자신들과 함께 하나님의 말씀의 진리들을 면밀히 살피도록 그리고 하나님의 말씀에 대한 이해를 찾도록 그들을 인도했다.

실제적인 적용

설교는 또한 현대 청중의 삶에 하나님의 말씀을 실제적으로 적용하는 것에 관한 성경적인 강조로 특징지어진다. '증언하다' 로 번역된 단어는 데살로니가에서 바울의 설교 방법을 언급할 때 사용된다(행 17:3 참조). 헬라어로는 '파라티데미' (*paratithēmi*)인데, 이는 '나란히 놓는 것' 을 의미한다. 바울의 설교는 성경적 진리의 적용이었다. 같은 단어가 예수님의 비유 사용과 관련해서 사용된다(마 13:34 참조). 예수님은 비유를 가져다가 사람들이 직면한 삶의 문제들과 함께 놓으셨고, 실제적인 적용을 하셨다. 신약성경의 설교자들은 청중에게 개인적이면서 구체적인 적용을 선포했다.

때때로 적용은 격려의 형태로 온다. 헬라어 파라칼레오(*parakaleō*)는 '누군가의 옆에서 부르는 것' 을 의미한다. 이 단어는 위로와 권고와 교훈의 개념을 수반한다. 힘과 용기의 개념 또한 그 단어 안에 새겨져 있다. 바울은 "오래 참음과 가르침으로 경책하며"(딤후 4:2)라고 디모데에게 권고했다. 신약성경의 설교자들은 자신들의 설교를 경청하는 이들에게 힘과 용기를 주기 위해 은사를 받았다.

다른 경우에는 적용을 책망이나 확신의 방법으로 사용했다. 디도서 1장 9절에서 '책망하다' 로 번역된 헬라어 단어 엘렝코(*elegchō*)는 빛 가운데로 데려오거나 혹은 확신을 드러내는 것으로 제시되었다. 바울은 "(목사들은) 바른 교훈으로 권면하고 거슬러 말하는 자들을 책망하게 하려 함이라"(딛 1:9)라고 말했다. 게다가 디도에게는 "모든 권위로 책망하여"(딛 2:15)라고 명했다. 신약성경의 설교자들은 종종 사람들의 죄의 문제들을 직접적으로 다루어야 했다. 그들은 말씀을 선포함으로써 불을 밝혔고, 이로 인해 청중들은 하나님이 그들을 보셨던 것처럼 자신들을 볼 수 있었다.

영원한 구속

설교는 또한 인류와 함께 하나님의 구속적인 활동으로 거슬러 올라갈 수 있다. 히브리어 바싸르(*bās'ar*)는 '새롭다' 혹은 '충만하다' 혹은 '기쁜 소식을 전하다'를 의미한다(시 40:9, 사 61:1 참조). 하나님의 전령들은 좋은 소식을 가져오는 사람들이었다. 신약성경에서 유사한 단어는 '유앙겔리조'(*euangelizō*)인데, 그 의미는 '기쁜 소식을 전하다'이다. 특별히 하나님이 예수 그리스도 안에서 사람들에게 베푸신 구원의 좋은 소식을 언급한다. 기쁨과 승리에 관한 기록은 그 단어를 특징짓는다. 이 땅에서 예수님의 사역 내용은 좋은 소식을 전하는 것이었다(눅 4:18 참조). 신약성경의 설교자들은 이 좋은 소식을 전하기 위해 어디든지 갔다(행 8:4, 35 참조). 이 좋은 소식, 혹은 복음은 영광의 소망(롬 5:2; 골 1:27 참조)에 관한 내용을 가지고 설교를 제공했다.

바울의 설교는 예수님을 중심으로 하며, 고린도 교인들에게 "예수 그리스도와 그가 십자가에 못 박히신 것 외에는 아무것도 알지 아니하기로 작정하였음이라"(고전 2:2)고 주장한다. 그는 '케뤼그마'(*kērugma*)라는 단어를 사용해서 하나님이 사람들을 구하기로 선택하신 것을 어리석은 사건이라고 묘사한다(고전 1:21 참조). 이 단어는 그의 행동이 아니라 예언의 메시지를 의미하는 케륏소(*kerusso*)에서 왔다. 존 파이퍼(John Piper)는 이렇게 말한다: "마을 사람이 외치는 말은 이러하다: '들으라, 들으라, 들으라! 왕은 그의 보좌에 충성을 맹세한 모든 사람들에게 선언한다. 그의 아들을 신뢰하고 사랑하는 모든 사람들에게 영원한 생명을 줄 것이라고 알게 할지어다.'"[4] 예수 그리스도의 메시지는 기쁜 소식이었으며 신약의 설교자들은 기쁜 마음으로 승리의 소식을 전했다. 그들의 설교는 진실로 그리스도 사건에 의해 주도되었다.

공적인 선포

설교는 또한 공동의 모임 앞에서 공적인 선포라는 개념에 의해 형성된다. 전도서 1장 1절의 '전도자'는 히브리어로 소집자, 설교자 또는 강사를 의미하는 **코헬레트**(*qōhelet*)라는 단어에서 유래되었다. 낱말의 어원은 함께 모인다는 것을 의미하는 **카할**(*qāhal*)이다. 이것은 회중 앞에서 말하는 한 사람의 모습이다. 또 다른 중요한 구약 단어는 **카라**(*qārā*)인데, 그 단어는 밖으로 '불러내다'를 의미한다(사 61:1 참조). 선지자는 사람들에게 하나님의 메시지를 전하면서 그들을 불러냈던 사람이었다.

때때로 신약에서의 설교는 설교자와 사람들 사이의 대화의 역동성을 포함한다. 데살로니가에서 바울은 "성경을 가지고 강론"(행 17:2)했다. **디알레고마이**(*dialegomai*)라는 단어는 대화를 통해 말하거나 깊이 생각하거나 숙고한다는 의미로 쓰인다. 그것은 '대화하는' 또는 '토론하는' 것을 의미했다. 신약의 설교는 말씀의 여정 속에 청중들을 끌어들이면서 곰곰이 생각하게 하는 대화적인 본질을 가지고 있었다. '누구와 이야기하다' 혹은 '대화하다'를 의미하는 동사 **호밀레오**(*homileō*)에서도 유사한 생각이 발견된다(행 20:11 참조). 성경의 설교자들은 독백을 하지 않았다. 그들은 설교를 했고 사람들은 듣기도 하며 때때로 의견을 가지고 반응하기도 했다.

개인적인 고백

설교자의 개인적인 고백은 성경적인 설교의 또 다른 측면이었다. 설교는 종종 한 무리의 사람들 앞에서 증언하는 것으로 여겨졌다. 헬라어 단어 **말튀레오**(*martureō*)는 단순히 목격자가 되어 무엇인가를 보거나 듣거나 경험한 것을 확인하는 것을 의미한다. 바울은 에베소에서 자신의 사역을 아름답고 통찰력 있게 요약하면서, "하나님께 대한 회개와 우리 주 예수 그리스도께 대한 믿음을 증언한 것"(행 20:21)으로 자신의 설교 내용을 정의했다. 하나님의 진리를 충성스럽게 선포했던 신약의 설교자들은 간접적인 경험으로부터 그렇게 한 것이 아니었다. 그들은 다른 사람들에게 무엇을 설교했는지에 관한 진리를 직접적인 경험으로부터 알았다. 그들은 요한과 같이 "아버지가 아들을 세상의 구주로 보내신 것을 우리가 보았고 또 증언하노니"(요일 4:14)라고 말할 수 있었다.

신약 설교의 공적인 본질을 묘사하는 데 사용된 또 다른 단어는 '호몰로게오'(*homologeō*)다. 두 개의 헬라어 단어로 이루어진 이 단어는 '같은 것을 말하는 것' 혹은 '동의하는 것'을 의미한다. 신약의 이해 속에서 설교는 고백 혹은 선언의 개념을 가지고 있었다. 젊은 디모데에 관해서 바울은 디모데가 "많은 증인 앞에서 선한 증언을 하였도다"(딤전 6:12)라고 말했다. 성경적인 설교는 본질상 고백적이었다. 설교자들은 선포된 진리에 대해 하나님에게 동의하면서 하나님이 말씀하신 것을 말했다.

의도적인 설득

설교의 중요한 요소 중 하나는 설득이다. 헬라어 단어 '페이도'(*peithō*)는 단어를 사용해서 다른 사람들이 믿도록 설득하는 것을 의미한다. 사도행전 13장 43절에서 바울과 바나바는 그리스도인 개종자들에게 "항상 하나님의 은혜 가운데 있으라"고 권했다. 그리고 하나님의 은혜 안에서 지속적으로 그들을 설득했다. 고린도에서는 "안식일마다 바울이 회당에서 강론하고 유대인과 헬라인을 권면"(행 18:4)했다고 한다. 바울은 "우리는 주의 두려우심을 알므로 사람들을 권면하거니와"(고후 5:11)라고 말할 때 설교의 한 부분으로 설득의 모든 문제에 초점을 맞추었다. 이 구절에 사용된 특별한 단어는 설득하거나 말로 사람을 권유하는 것 혹은 믿는 것을 의미한다. 성경의 설교자들은 설득자들이었다. 설교를 사용함으로 사람들이 예수가 그리스도라는 것을 믿을 수 있는 지점에 이르게 했고, 예수님에게 그들 자신을 맡기도록 결정하는 지점으로 사람들을 이끌어 올 수 있었다.

성경은 또한 신약의 설교는 본질상 변증적이었다는 것을 보여 준다.

'아폴로기아' (apologia)라는 단어는 말로 하는 방어 혹은 무언가를 지키기 위한 연설을 가리킨다. 바울은 예루살렘 군중들에게 "부형들아 내가 지금 여러분 앞에서 변명하는 말을 들으라"(행 22:1)라고 말했다. 다른 본문들도 같은 용어를 사용한다(빌 1:7, 17, 딤후 4:16 참조). 용어에 대한 최상의 이해 속에서 성경의 설교자들은 복음을 위한 변호를 했다. 그들은 가장 확신을 주고, 호소하며, 설득력 있는 방법으로 주님이신 그리스도의 메시지를 전했다.

강해 설교의 정의

이 책은 설교의 모든 것을 포함한 책은 아니다. 강해 설교에 대해서도 증명하려고 하지는 않는다. 하지만 위에서 제시한 성경적인 단어들이 성경에 나오는 설교에 관한 지시들과 한데 묶였을 때 한 가지 결론에 이르게 된다. 오늘날 설교는 본질적으로 강해적이어야 한다는 것이다. 그래서 말씀을 성실히 해석하는 것은 지역 교회의 목회 설교에서 반드시 필요할 뿐 아니라 실제로 모든 진정한 설교의 본질이라고 확신한다. 로이드 존스는 강의와 설교의 차이점을 설명하면서 "설교는 주제로 시작하지 않고, 반드시 강해적이어야 한다"[5]고 말했다. 스토트는 다음과 같이 동의한다: "나는 강해 설교가 많은 것들 중 하나의 대안이라고 강등되는 것(때때로 심지어 조롱까지)을 인정할 수 없다. 모든 진정한 기독교적 설교는 강해 설교라는 것이 나의 주장이다."[6]

그러나 강해 설교의 부활은 다양한 관점을 포함하는 실천에 대해 더 폭넓은 이해를 확장시켰다. 다시, 앨런은 이렇게 표현한다.

> 강해와 관련된 많은 것이 오늘날 그 이름에 걸맞지 않다. 설교에 관한 많은 책이 있지만, 설교에 대한 강해적 접근을 장려하는 책은 많지 않

다. 이 중 많은 사람들이 보다 일반적이고 전통적인 방식으로 이 주제를 다루고 있다.[7)]

그렇다면 우리가 단순히 같은 단어가 아니라 같은 뜻의 동일한 사전을 사용하고 있는지 확인해 보자. 강해는 분명히 열려 있는 것을 의미하는 '보여 주다, 알리다' (expose)라는 동사에 뿌리를 둔다. 설교자가 강해를 할 때 그는 주어진 성경 속에서 성령이 말씀하시는 것을 열어 놓는 것이다. 그래서 우리는 강해 설교를 다음과 같이 정의할 수 있다.

〈정의〉

강해 설교: (명사) 성령이 의도하는 의미와 동반하는 능력이 현대 청중들의 삶에 부여되게 하기 위해서 성경의 본문을 열어 보여 주는 과정

위의 정의에는 네 개의 주요 구성 요소가 포함되어 있다. 성경적 본문 주제, 과정 열어 두기, 성령이 의도하는 의미 추구 그리고 오늘날 청중들에게 주는 목표가 바로 그것이다.

주제: 성경적 본문

성경의 본문만을 독점적으로 다루는 것이 바로 강해 설교의 기초가 되는 주제다. 에드윈 찰스 다간(Edwin Charles Dargan)은 현대 설교의 발전이 세 가지 요소, 곧 고대의 웅변과 수사법, 히브리 예언 그리고 기독교 복음에 의해 크게 영향을 받았다고 제안했다.[8)] 고대의 웅변과 수사법(나중에 다루어질 예정)은 설교 형식의 발전에 큰 영향을 미쳤다. 그러나 히브리 예언은 설교에 있어서 메시지와 동기에 관련해서 신성에 뿌리를 내리고 있다. 후에

기독교 복음은 구체적인 내용을 담은 설교를 제공하고 그것을 전파의 주요 수단으로 사용했다. 즉, 성경에서의 설교는 선지자나 사도들과 그들의 동료들이 하는 말을 가정한 것이다.

앞에서 언급했듯이, 설교와 성경 본문을 연관시키는 주된 이유는 설교가 신성에 뿌리를 두고 있기 때문이다. 하나님은 인류에게 자신을 계시하기로 선택하셨으며, 그 계시의 통로가 되도록 우리를 선택하셨다. 그러므로 설교는 어떤 주제든 다루는 것이 아니라, 그 주제가 훌륭하고 유익해야 한다. 강해 설교는 특정한 내용, 즉 성경에 계시된 하나님의 말씀을 의미한다. 모든 진리가 하나님의 진리지만, 하나님은 설교자들이 해 아래서 모든 진실하고 올바른 생각을 말하도록 의도하지 않으셨다. 설교자는 사람들에게 알려진 모든 훌륭한 주제를 다룰 책임이 없으며 모든 분야에서 전문가가 될 필요도 없다. 하지만 설교자는 자신과 하나님의 백성을 성경에 몰입시킬 책임이 있다.

설교에 대한 혼란의 영향은 이 시점에서 매우 미묘하다. 설교자는 사람들의 필요를 채우고 상처를 치유하기를 소망하는 은혜의 사역자다. 하지만 사람들이 인생에서 어떤 문제를 다루기 위해 찾고자 하는 구체적인 답변이 성경에 구체적으로 나와 있지 않은 경우에는 어떤 일이 일어날까? 설교자는 성경이 말하지 않는 것을 말하고 싶은 유혹을 받는다. 그 유혹을 이기지 못한다면 그는 실제적이고 유익한 정보는 제공하겠지만, 성령이 사람들을 그리스도의 형상으로 변화시키기 위해 영감을 불어넣은 진리를 간과하는 결과를 가져오게 된다. 이렇게 전달된 것이 이단적이거나 심각한 오류는 아니지만, 사람들이 구원을 얻기 위해 필요한 진리도 아니다.

이 미묘함은 좋은 것과 하나님의 것의 차이로 묘사될 수 있다. 좋은 자료는 관찰로부터 수집되는 정보나 원리다. 예를 들면, 아리스토텔레스(Aristotle)가 수사학의 원리를 서술했을 때, 그는 하나의 특별한 활동에 참여함으로써 자신의 주장을 발전시켰다. 이것이 관찰이다. 그는 효과적으로 말하기 위해 특정 '진리'를 수집할 수 있는 많은 연설가들을 보았다. 이러한 원리들은 설교와 다른 모든 형태의 대중 연설에 중대한 영향을 미쳤다. 최소한 그 원리는 좋은 것이며, 도움이 되고 유용하다. 하지만 그러한 원리들이 사람들에게 영원하고 초자연적인 영향을 미치지는 못할 것이다.

비록 설교자가 훌륭한 대중 연설을 하는 방법으로 설교를 생각하지는 않을지라도, 많은 다른 '좋은 것' 의 원리는 현 교회의 성도들에게 더 관련이 있으며, 이는 많은 설교의 특징으로 나타난다. 직장에서 스트레스를 다루는 사람들을 충분히 관찰한다면 문제를 해결하기 위해 도움이 되는 원칙을 모을 수 있다. 이혼의 회복을 경험하는 사람들을 충분히 관찰한다면 위기에 도움이 되는 지침들을 개발할 수 있다. 자녀를 양육하는 부모를 충분히 관찰하는 것은 그와 관련된 일을 하는 데 보다 실질적인 유익을 가져올 것이다. 성경의 어떤 진리는 이러한 삶의 경험과 다른 삶의 경험에 분명히 적용될 수 있지만, 하나님이 그와 같은 특정한 정보를 제공하신다고 말하는 것은 무리한 표현이 될 것이다. 상식적으로 이러한 문제와 관련된 요소들로 인해 발생하는 모든 시나리오를 해결하려면 성경보다 훨씬 많은 양의 책들이 필요할 것이다.

반면에 '하나님의 것' 은 성경에 계시된 진리다. 이 진리가 선한 것으로 분류될 수 있는 어떤 원리를 알려 주기는 하지만, 그 주된 목적은 사람들을 예수님에게로 데려가 그분을 닮아 가게 하는 것이다. 성실한 강해자는 성경이 하나님의 생명과 경건에 대해 필요하다고 여겨지는 정보를 사람들에게 줄 수 있도록 성경 본문을 올바르게 해석하고 설명할 것이다. 설교자가 '좋은 것' 에 집중함으로써 '하나님의 것' 을 이차적 지위로 떨어뜨릴 때 심각한 문제가 발생한다. 비극은 실제로 사람들이 그럴 듯하게 도움이 되는 유용한 정보는 얻어도 하나님의 목적을 성취하는 데 필요한 진리는 얻지 못한다는 데 있다.

관찰에 의해 수집된 많은 유용한 정보들은 다수의 기독교 심리학 및 상담 자료에서 쉽게 접근할 수 있다. 그러나 그러한 자료가 성경 본문의 본래 의도와 내용인 경우 외에는 설교의 주요 주제가 되어서는 안 된다.

설교 내용은 성경 본문에 의해 주도되어야 한다. 설교자는 강단에서 주님이 말씀하지 않으신 것을 "주님이 말씀하십니다"라고 말하는 것을 가장 주의해야 한다.[9]

과정: 열어 두기

설교자와 설교학자들의 견해와는 반대로 강해 설교는 특정한 성경 본문의 길이, 그 구절에서 파생된 주석의 양, 또는 성경 구절이나 성경의 책들을 연속적으로 다루는 것에 의해서 결정되지 않는다. 강해 설교는 설교에서만이 아니라 설교로 이끄는 여정에서 어떻게 본문이 다루어지는지에 따라 결정된다. G. 캠벨 모건(G. Campbell Morgan)은 "설교를 위한 본문이 성경에 있음을 확신하면서 실제 의미를 알아내고 그 내용을 자세히 설명한다"[10]라고 말했다. 토니 메리다(Tony Merida)도 같은 생각을 펼친다.

> 설교 과정으로서의 강해 설교는 원저자가 의도한 메시지를 전달할 목적으로 텍스트에 대한 심층적인 연구를 다루는 것을 의미한다. 과정은 … 저자, 날짜, 문맥, 단어 및 문장 구조와 같은 텍스트의 특징을 살펴보는 것을 포함한다. 그런 다음 강해 설교자는 시간, 문화, 언어 및 전제에 의해 뒤덮인 구절의 의미를 드러내기 위해 노력할 것이다.[11]

그래서 강해 설교는 설교의 형식에 관한 것이 아니라, 먼저 하나님의 말씀을 발견하고 사람들에게 전달함으로써 그들이 이해할 수 있도록 하는 과정이다.

이 과정은 성경 시대를 특징짓는 두 가지 기본 설교 양식의 자연스런 결과물이다. 첫째, 성경 시대의 설교자들은 계시적인 설교를 했다. 선지자, 예수님 및 사도들은 그들이 말한 것처럼 하나님의 처음 계시를 선포했다. 다른 말로 하면, 그들은 사람들이 전에 결코 들어 본 적 없는 하나님으로부터 오는 것을 전달했다. 둘째, 성경 시대의 설교자들도 강해 설교에 참여했다. 하나님의 계시가 있은 후에 설교자들은 드러난 계시에 대해 설명해 주었다. 앞에서 언급한 느헤미야 8장은 이 점을 잘 설명한다. 에스라와 그의 동료들은 성경을 사람들에게 설명하기 위해 큰 범주로 확장시켜 갔다.

유대인의 종교적 삶은 설명적인 강조를 계속 수행했다. 히브리 서기관은 성경을 해석했고, 필사했으며, 구전법을 보존하면서 하나님의 진리를 보존하는 자로 봉사했다. 그들의 사역에서 말씀에 근거한 대화를 의미하는 '설교'(homily)라는 용어가 등장했다.[12] 회당 예배는 예배의 일환으로서 성경 읽기와 강해를 포함한다. 또한 회당에서의 정기 모임은 랍비가 성경의 일부를 읽고 나서 참석한 사람들에게 설명하는 시간을 포함한다. 이 과정은 모임의 초점을 구성하고 회당에 질적인 교육을 제공했다.[13] 이러한 관행은 후에 성경 읽기와 말씀 해설을 포함한 기독교 예배의 발전에 영향을 미친다. 스토트는 이같이 기록한다.

> 회당에서 강해와 함께 성경을 읽는 것은 이미 관례였으며, 이 예식은 공적 예배에서 설교의 기원이 되는 그리스도인 모임으로 이어졌다. 처음부터 기독교의 설교는 강해 설교, 즉 모든 기독교 교훈과 권고는 읽어왔던 본문에서 나오는 것이 당연한 것으로 여겨졌다.[14]

기독교의 설교는 유대인 회당 예배에서 행해진 말씀의 강해에 뿌리를 두고 있다.

사도 바울은 또한 성경에 대한 의미 해석과 설교자의 권위에 대한 견해를 분명하게 연결시켰다. 어쩌면 목회 사역에서 강해 설교에 대한 가장 생생한 소명은 어린 디모데에게 주었던 가르침일 것이다: "내가 이를 때까지 읽는 것과 권하는 것과 가르치는 것에 전념하라"(딤전 4:13). 스토트는 다음과 같이 말했다.

권위를 확인하면서 성경 봉독(public reading)이 처음 시작되었다. 그 뒤를 이어 교리적 가르침이나 도덕적 호소, 또는 그 두 가지 형태의 강해와 적용이 있었다. 따라서 디모데의 권위는 성경과 사도들에게 부차적인 것으로 보인다. 모든 기독교 교사들은 디모데처럼 동일한 지위를 가진다. 그러므로 그들이 어릴 경우 성경의 권위에 대한 복종과 그것을 설명하는 데 있어서 양심의 완전성을 보여 주기 위해 현명해야 할 것이다. 이는 그들의 가르침이 그들의 것이 아니라 하나님의 말씀으로 보이게 할 것이다.[15]

바울은 나중에 "모든 성경은 하나님의 감동으로 된 것"(딤후 3:16)이라는 그의 주장을 따랐고, 디모데에게 한 말, 곧 "너는 말씀을 전파하라 때를 얻든지 못 얻든지 항상 힘쓰라 범사에 오래 참음과 가르침으로 경책하며 경계하며 권하라"(딤후 4:2)는 말로 비슷한 결론을 내린다. 하나님 말씀의 권위에 대한 복종은 성경 본문에 대한 분명한 강해를 요구한다.

성경 시대가 끝나면서 설교는 자연스럽게 설명하는 형식만으로 변화했다. 하나님의 계시는 그분의 영원한 구속 사역을 성취하는 데 필요한 만큼 중단되었다. 결과적으로 모든 사도적 선포를 특징짓는 이 획일적인 성질은 모든 참된 설교의 핵심으로서 하나님의 계시에 대한 분명한 설명을 확립했다. 하나님은 설교자와 교사들을 부르셨고, 모든 세대가 하나님의 계시를 이해하도록 하기 위해 설교자들에게 그분의 계시에 대한 설명을 공급하셨다.

우리는 사람들이 "성경은 무의미하다!"라고 비판적으로 주장하는 말을 자주 듣는다. 그들은 왜 그 결론을 고수하는가? 성경은 수천 년 전에 우리가 오늘날 말하지 않는 언어로 기록된 책이다. 그것은 멀리 떨어진 곳에서 살았던 사람들에 관한 이야기며, 우리와 근본적으로 다른 문화에 몰입되어 있다. 무엇보다도, 그것은 사람이 하나님을 알게 하는 유일한 방법이 예루살렘 성 밖에 버려진 범죄자의 십자가에서 죽은 한 사람에게 그들의 믿음을 두어야 한다고 말한다. 참으로 부적절한 것 같다! 하지만 성경을 신뢰하는 사람들은 그것이 우주에서 가장 의미 있고 적절한 메시지라는 것을 알고 있다. 그러나 우리는 그것이 오랜 시간, 문화, 언어 및 다른 요소들에 의해 그 적절성이 묻혀 있었기 때문에 무의미하게 보이는 것에 대해서도 이해해야 한다. 강해 설교는 사람들이 성경의 적절성을 보고 받아들일 수 있도록 그 덮인 것을 벗겨 내는 데 꼭 필요한 과정이다.

추구: 성령이 의도하는 의미와 이에 동반된 능력

강해 설교 과정에서 우리가 추구하는 것은 하나님의 영의 이중 작업이다. 설교자는 성령이 영감을 주셨을 때 그 본문을 통해 무엇을 말씀하시는지 알고 싶어 하며, 성령이 성경을 통해 말씀하신 것을 설교할 때 자신의 전달에 능력 주시기를 원한다. 그것은 말씀에 관한 우리의 선포에 그분의 함께하시는 능력뿐 아니라 성경의 모든 본문 속에 성령이 의도하신 의미의 뜨거운 추구가 있다는 것을 의미한다.

성경 본문을 강해하는 과정과 그렇게 하는 실제 이유 사이에는 매우 밀접한 관계가 있다. 로버트 토머스(Robert Thomas)는 이렇게 연관성을 인식한다.

> 강해 설교가 다른 유형과 차별화되는 이유는 아우트라인이 주는 명료함도 아니고 일상생활에 대한 메시지의 관련성도 아니다. 이것들은 의사소통 도구에 있어서 필요하고 유익하지만 강해 설교를 다른 설교와 구별하도록 하지는 않는다. 설교는 그러한 구별 없이 여전히 해석될 수 있지만, 저자의 의미에 대한 해석이 빠져 있다면 성경 강해의 핵심도 놓쳐 버린다. 성경 강해의 유일한 공헌은 본문의 의도에 대한 청중들의 이해를 실질적으로 돕는 것이다.[16]

성경 본문을 열어 가는 이유는 성령이 영감을 주실 때 우리가 성령이 의도하신 바를 드러낼 수 있기 때문이다!

이러한 추구는 우리가 논리를 멈추고 생각할 때 완전한 의미를 갖는다. "주님이 이렇게 말씀하십니다"라는 표현은 설교를 요약할 때 종종 사용되었다. 어떤 면에서 설교는 단순히 하나님을 대신해서 말하는 것이다. 이러한 작업에는 큰 파급 효과가 있다. 설교자의 모든 말은 하나님의 뜻인지 아닌지에 관계없이 청중들에게 천국의 명령으로 받아들여진다. 엄청난 책임감이다! 이것은 설교자가 자신의 설교가 하나님의 말씀을 정확하게 반영할 수 있도록 모든 면에서 최선을 다해야 할 것을 내포한다. 다시 말해, 성경 본문이 의도한 의미와 설교 사이에는 매우 밀접한 관계가 있어야 한다.

강해 설교는 다음 장에서 더 자세히 다루게 될 주제인 고등 성경관(a high view of Scripture)에 의해 주도된다. 성경에 대한 그러한 생각은 성경이 하나님의 성령에 의해 영감을 받았다는 확신에 뿌리를 둔다. 제임스 헤르난도(James Hernando)는 영감(inspiration)을 "성경의 저자들이 하나님의 구속 의지, 목적 및 활동에 대한 정확한 기록과 계시를 가능하게 하고 동기를 부여하는 성령의 초자연적인 일"[17]이라고 정의한다. 성령의 감동으로 된 성경 본문은 하나님의 말씀을 정확하게 반영하며, 진리는 설교자에게 그것을 가르치고 올바르게 전달하도록 강요한다. 엉거는 다음과 같이 주장한다: "성경이 실제로 하나님의 말씀에 속하기보다 단순히 하나님의 말씀을 포함하는 것으로 간주된다면, 설교자는 그 메시지를 끊임없이 연구하거나, 혹은 그 신학을 체계화하거나, 혹은 권위를 가지고 그 메시지를 선포하기 위한 책임이 자연스럽게 줄어들 것이다."[18] 그러나 성경은 하나님의 말씀이기 때문에 신학적으로 체계화되고 조직적으로 연구되어야 하며, 권위 있게 선포되어야 한다. 그리고 그 일은 강해 설교에 있어서 절대적이다.

성경을 자세히 연구하고 신학적으로 체계화하는 것을 통해 성령이 의도한 의미를 찾는 것은 독자가 의도된 의미를 발견하는 것 이상의 의미를 갖는다. 확실히 특정 구절의 원래 청중, 상황 및 역사적 맥락을 연구하는 것은 항상 먼저 이해해야 하는 출발점이자 기초 작업이다. 피(Fee)와 스튜어트가 "어떤 본문이든지 결코 의도되지 않은 것을 의미할 수는 없다"[19] 라고 한 말이 맞다. 그러나 성경 본문에서 성령의 의도된 의미를 찾는 것은 더 많은 것을 포함한다. 십자가 편에서 살고 설교하는 사람으로서, 설교자는 그리스도의 인격에 관해 성령이 의도하는 완전한 의미를 모든 성경 구절에서 이끌어 내야 한다.

어떤 설교자들은 성경 본문이 그리스도와 복음에 어떻게 연결되는지를 보여 주지 못한다. 또 다른 사람들은 본문의 역사적 배경을 먼저 보거나 이해하지 못해 그리스도와 복음에 연결시키지 못한다. 하지만 강해 설교는 이 두 가지를 다 가능하게 한다. 결국 예수님 자신이 율법과 예언을 성취하기 위해(마 5:17 참조), 모세와 선지자들이 말했던 그분이 되기 위해(눅 24:27 참조), 모세의 율법서와 선지서와 시편에서 이야기하는 그 사람이 되기 위해(눅 24:44 참조) 그리고 성경이 증거하는 대상(요 5:39 참조)이 되기 위해 오셨다고 말씀하셨다.

성령이 각각의 역사적인 청중들과 이야기하기 위해 성경에 있는 각각의 인간 저자들을 통해 역사하셨다는 것은 사실이다. 그러나 그가 더 큰 구원의 계획에 관해 더 많은 청중에게 말씀하시기 위해 그 동일한 인간 저자들을 통해 함께 역사하셨다는 것 역시 똑같은 사실이다. 결과적으로 강해 설교는 우리가 모든 성경 본문에서 그리스도를 드러내기를 요구한다. 이 주장은 성경의 모든 구절이 예수에 관해 구체적으로 말씀하고 있음을 암시하지는 않는다. 그러나 모든 구절은 그리스도를 미래적, 명시적으로 가리키며, 그리스도를 반사적으로 바라봐야 한다고 제안한다. 이 시점에서 설교자의 임무는 강해 설교를 통해 기독교를 다른 종교와 구별되게 만드는 것이다. 그렇지 않으면 우리의 설교는 유대교 회당이나 이슬람교 사원에서 듣는 것과 동일한 것이 되고 만다.

해석학적으로 정확한 그리스도 중심의 설교는 청중의 삶의 변화를 촉진하기에 충분하지 않다. 메시지를 준비하고 전달하고 받아들이는 일은 성령의 능력으로 되는 것이 확실하다. 강해 설교에서는 설교자와 사람들의 마음을 비추고, 확신과 변화가 일어나는 방식으로 영감 된 말씀이 나타나도록 하기 위해 성령의 일하심이 무엇보다 중요하다. 팀 켈러(Timothy Keller)는 말한다.

> 확실히, 당신의 청중은 일반적으로 생각할 때 당신의 기술, 준비, 인격 및 확신에 반응한다. 이는 좋은 설교와 교육을 포함해서 좋은 대화의 중요한 요소들이다. 그러나 특별히 설교에는 설득에 핵심이 되는 어떤 것이 있는데, 그것은 당신 안에 그리고 당신을 통해 일하시는 성령에 관한 당신의 청중의 감각이다.[20)]

육체로 준비되고 전달되고 받아들여지는 강해 설교는 학문적인 훈련에 지나지 않는다. 하나님은 사람들의 삶에 영향을 미치기 위해 그분의 말씀을 설교하는 것에 당신의 생명을 불어넣으셔야 했다. 하나님의 생명의 숨결은 설교자를 성령 충만함으로 채우고 청중을 움직인다. 강해 설교는 성령의 임재와 영향력이 동반될 때에만 오직 참된 설교가 된다.

하나님의 초자연적인 능력과 함께 성령의 의도된 의미를 드러내는 임무는 강해 설교를 선택이 아닌 신성한 의무로 만든다. 설교자는 하나님이 말씀하신 사실을 통해 청지기 직분을 수행하는 것이다. V. L. 스탠필드(V. L. Stanfield)는 설교를 "성경에 목소리를 부여하는 것"[21)]이라고 묘사했다. 그는 존 브로더스(John Broadus)가 내린 설교에 대한 간단하고 정확한 정의, 곧 설교는 "하나님이 자신의 말씀을 말하도록 하는 것"[22)]이라는 데 동의했다. 바꾸어 말하면, 성경은 성령의 감동으로 된 하나님의 음성의 기록이며, 강해 설교는 듣는 사람들에게 하나님의 음성을 들려주는 성령 충만한 자연스러운 행위다. 하나님은 성령을 통해 말씀하셨고 성경은 그분의 말씀을 정확하게 기록한 것이기 때문에, 우리는 정확하고 강력하게 전달해서 하나님을 올바르게 나타내야 한다. 따라서 강해 설교는 성령의 말씀을 전하는 기초적인 접근 방식을 취해야 한다. 성경에 대한 강해 설교는 하나님이 성령을 통해 말씀하신 것을 정확하게 보존할 수 있는 유일한 기회를 제공하므로, 우리는 우리의 설교를 듣는 사람들에게 정확하고 능력 있게 그 말씀을 드러낼 수 있으며, "주님이 말씀하십니다!" 라고 자신 있게 선포할 수 있다.

목표: 현대 청중의 삶

성경 본문에 성령이 의도하신 뜻을 드러내는 것은 믿을 수 없을 만큼 중요한 목적을 가진다. 강해 설교는 결코 그 메시지를 받는 사람들에 대해 어떤 배려도 없이 단순하게 정보만 전달되도록 의도되지 않았다. 설교는 '삶의 변화' 라는 목적을 위해 현시대의 청중에게 의도적으로 맞춰진다. 로이드 존스는 설교를 단순한 강의와 구분하면서, 강의는 "설교의 핵심 요소인 청중에게 어떤 것을 하도록 하는 관심, 즉 공격 요소가 부족하며, 부족해야 한다" 고 표현했다.[23] 설교는 타락한 인간의 본성에 대한 전면적인 공격이며, 그 목적은 사람들이 예수님을 닮은 모습으로 변화되어 가는 것이다.

설교는 구두의 의사소통이다. 페이솔(Fasol)은 그것을 "성경 속에서 발견된 진리를 구두로 의사소통하는 것"[24]이라고 정의했다. 비록 선택되고 제한된 예외가 있을지라도, 설교는 주로 사람들이 모인 곳에서 하나님의 말씀을 구두로 전하는 일이었다. 현대 청중의 시각적인 방향이 실제로 지금의 설교자에게 새로운 도전을 제공하지만, 구두로 전하는 연설은 효과적이고 시간을 초월한 의사소통 방식이다. 그것이 문화적인 뉘앙스를 무시할 것을 알면서도 하나님은 수 세기 전에 이 방식을 선택하셨다. 정치 및 사회적 지도자들이 영향력을 미치는 주요 수단으로 연설을 지속적으로 사용하는 것을 볼 때, 구두 연설은 여전이 한 나라를 움직인다. 대니얼 웹스터(Daniel Webster)는 "한 가지를 제외하고 내가 가진 모든 소유와 힘을 빼앗긴다면, 나는 나머지 모든 것을 회복시킬 수 있는 연설의 힘 한 가지를 선택할 것이다"[25]라고 말했다.

그러나 설교는 공청회에서 설득력 있는 연설을 하는 사람 이상의 힘을 가졌다. 성령이 의도하는 의미와 동반되는 능력을 드러내기 위해 성경 본문을 열어 가는 것은 현시대의 청중이 그것을 이해하고 그것에 의해 변화되어 가는 특별한 목적을 성취하도록 의도되었다. 이러한 것들이 사람들에게 성경을 여는 명백하고 논리적인 이유다. 앞에서 언급한 느헤미야 8장에서, '이해' 라는 단어의 어떤 형태는 처음 열두 절에서 다섯 번 사용된다(2~3, 7~8, 12절 참조). 이는 레위 사람들이 "하나님의 율법책을 낭독하고 그 뜻을 해석하여 백성에게 그 낭독하는 것을 다 깨닫게 하니"(느 8:8)라는 말씀에 요약되어 있다. 그들은 사람들이 그들을 분명히 이해할 수 있도록 생각을 분리했다. 이해를 가능하게 하는 아이디어는 매우 중요하다. 앞서 신약성경의 설교자들이 묘사한 성경 말씀에서 지적했듯이, 그들은 설명하기가 어렵거나 이해하기 힘든 것을 강해하고 해석하는 것에도 목적이 있었다(막 4:34, 행 9:29, 벧후 1:20 참조). 그들은 하나님의 말씀을 신중하게 검토해서 청중들이 그것을 이해할 수 있도록 인도하는 것에 대해 의도적이었다.

그러나 올바른 이해는 여전히 설교의 마지막 단계가 아니다. 궁극적인 목표는 진리를 이해하는 초자연적 산물인 청중의 삶의 변화다. 빌 헐(Bill Hull)은 "변화는 생각의 헌신을 통해 이루어진다. 적절한 지식과 사고가 없다면 우리는 개인적 변화나 성장을 위한 기반이 없다. 생각은 변화를 위한 중추적인 출발점이다"[26]라고 했다. 설교자가 성령의 뜻대로 성경의 의미를 현대 청중의 삶에 적용하도록 설교하는 동안, 성령은 청중이 그것을 이해하고 그들의 삶이 변화되도록 도와준다. 강해 설교자의 목표는 하나님의 목적과 영광을 위해 성령이 사람들의 삶을 변화시키는 것을 보는 것이다.

패커(Packer)는 설교에 대한 포괄적인 정의를 하면서 설교를 다음과 같이 묘사했다: "청중에게 설교자의 언어를 통해 하나님으로부터 온 교훈과 방향, 즉 성경에 기초하고, 그리스도와 관련됐으며, 삶에 충격을 가하는 메시지를 전하는 하나님의 역사다."[27] 그러므로 설교는 하나님의 말씀에 사람들이 순종적으로 반응하는 것을 보고 싶어 하는 강한 열망에 의해 움직인다. 바우만(Baumann)은 이것을 "행동 변화를 이끌어 내는 명백한 목적을 가진 사람에게 성경적 진리를 전하는 것"[28]으로 묘사했다. 성경적 진리는 본질적으로 반응을 요구한다. 평범한 생각이나 기분 전환을 목적으로 하지 않는다. 하나님의 말씀은 행동하도록 의도되었다.

모든 설교는 사람들로 하여금 메시지에 긍정하도록 설득하려는 의도로 준비되고 전달되어야 한다. 그래야 변화를 성취할 수 있게 된다. 하나님의 말씀은 초자연적이며, 설교자의 임무는 사람들의 마음속에 그 말씀이 뿌리 내리고 그 일을 행할 수 있도록 명확하고 이해하기 쉬운 방법으로 말씀을 제시하는 것이다. 설교자가 응답에 대한 물리적 표시를 요구하는지 여부에 관계없이, 진정한 설교는 청중이 메시지를 깨달아 생각의 변화와 행동의 변화, 또는 두 가지 모두를 가능하게 하는 것을 포함한다. 설교자의 열정은 그가 설교 현장을 떠난 후에도 청중의 삶 속에 그 메시지가 살아남도록 해야 한다.

성경은 사람들을 향한 하나님의 말씀이기 때문에 올바른 강해 설교는 성경이 말한 것을 명백하게 만들어 청중의 삶에 분명하게 적용할 수 있게 한다. 강해자의 주요 관심사는 이해할 수 있는 언어로 하나님의 계시의 진리를 제시하는 것이다. 신실한 목회자는 먼저 성경 한 구절의 문법적, 역사적, 문맥적, 신학적 의미를 밝히기 위한 진지하고도 성실한 시도를 해야 한다. 그다음 그는 청중들의 삶에 그 구절의 관련성을 확립하려고 노력해야 한다. 이를 위해 그는 적절하게 조직하고, 적절하게 설명하며, 강력하게 메시지를 적용할 것이다. "설교에서 강해는 성경의 상세한 해석, 논리적 확장 및 실제적인 적용이다."[29]

교회 등록이나 참여도에 관계없이, 정기적으로 교회에 출석하는 사람들 중 다수는 성경적 진리와 일상생활과 연관된 그들의 도덕적 함의를 연결하지 못한다. 많은 요인들이 도덕적 인식의 부족에 기여할지 모르지만, 오늘날 설교자가 청중의 일상생활에 성경 진리를 적용하지 못하는 것도 어느 정도 부분적으로 책임이 있다. 그래서 존 스토트는 그의 저서《현대 교회와 설교》에서 '다리 놓기'(bridge building)라는 비유를 사용했다. 그는 적용을 통해 성경의 세계와 오늘날의 세계 사이의 간격을 메울 수 있다고 언급했다.[30]

두 가지 극단은 종종 현대 설교를 특징짓는다. 한쪽 극단은 간격을 사이에 두고 성경 쪽에서 살아가는 경향이 있다. 보수적인 강해 설교자는 종종 위험에 빠지게 된다. 그는 성경의 메시지를 정확하게 찾아내는 데 지나친 관심을 쏟는다. 그래서 그는 오늘날의 세계에 다리를 놓지 못한다. 그러한 설교는 분명히 성경적일지 모르지만 현시대에의 적용이 결여되어 있다. 적용할 수 없는 강해는 현대인에게 결코 다가가지 못한다.[31]

반면, 실수는 종종 간격을 사이에 두고 현 세계에 초점을 두고 살아가는 데서 발생한다. 자유주의적이거나 보수적인 많은 설교자들은 현대적이지만 성경적 근거가 부족하다. 그들은 현시대의 생활에 대한 최신의 그림을 제공하지만 권위 있는 성경의 진리를 그들의 교회에 전하지는 못한다. 그러한 설교는 현시대의 문제에 대한 건강한 지식을 설명하지만 그러한 문제들에 대한 실행 가능한 해결책으로서 살아 계신 하나님의 말씀을 제공할 수 있는 능력이 부족하다.[32] 강해 설교자는 성경의 세계와 청중의 세계 사이의 틈을 연결하는 데 적극적이어야 한다.

강해 설교의 적용의 질은 두 설교가 정확하게 같을 수 없다는 것을 의미한다. 왜냐하면 그들은 정확하게 동일한 청중을 포함하지 않기 때문이다. 이번 주의 회중이 모두 지난주와 같은 사람들로 구성되더라도 그들의 경험, 태도 및 감정은 다르다. 설교자는 특정한 청중을 염두에 두고 설교에 접근해야 한다. 이 요구는 설교자가 설교를 준비할 때마다 성경의 본문뿐만 아니라 그가 설교할 대상과 그들의 주변 상황을 연구해야 한다는 것을 의미한다. 왜냐하면 그 특정 청중들의 삶이 달라지는 것을 목적으로 하나님의 말씀을 전하기 때문이다.

강해 설교의 여정

강해 설교의 성경적 뿌리와 정의를 이해하는 것은 충실한 실천이 시작되는 곳에서지, 그들이 끝나는 곳에서가 아니다. 강해 설교가 실제로 어떻게 일어나는지에 관해 아는 것 또한 중요하다. 앞에서 언급한 성경 본문을 드러내 가는 과정에서 암시된 것처럼, 강해 설교는 설교자가 설교를 시작하기 오래전에, 또는 개요를 작성하기 이전에 시작된다. 그것은 성경 공부, 설교 준비 그리고 실제 전달과 관련된 과정이다. 이 과정을 하나의 여정으로 보는 것이 도움이 될 수 있다. 그 여정은 하나님의 계시를 올바르게 전달할 수 있는 길이다. 몇 가지 핵심 용어는 그 과정에 따르는 다양한 측면을 나타낸다.

해석학

강해 설교의 길은 올바른 해석학, 즉 성경의 한 구절이 무엇을 의미하는지를 연구하고 해석하는 과학으로부터 시작된다. 해석학은 설교자가 본문을 해석하는 것과 관련된 일련의 규칙과 원리다. 해석학(hermeneutics)으로 번역된 헬라어 어원은 '헤르메뉴오'(hermeneuo)로서, 이는 번역하는 것을 의미하며, 관련 단어 '디에르메뉴오'(diermeneuo)는 해석하거나 뜻을 풀어내는 것을 의미한다. 해석학은 설교자가 말한 것과 대조적으로 텍스트가 의미하는 바를 결정할 수 있게 해 준다. 설교자는 성경을 성실하게 풀어 가기 위해서 성경 해석의 좋은 예들(paradigm)을 가지고 본문에 주의를 기울여야 한다. 성경적 통합을 이루기 위해서는 매우 주의 깊게 살펴야 한다.

해석 과정에 접근하는 방법을 결정할 때의 목표는 가능한 한 주관성을 최소화하는 것이다. 설교에 있어서 하나님이 사람을 그분의 도구로 사용하기로 선택하시는 한 주관적인 요소들은 항상 나타날 것이다. 성경은 무오하지만 우리는 그렇지 않다. 성경은 틀림이 없지만 우리는 그렇지 않다.

비록 적절한 해석은 어렵고 신중한 고려가 필요하지만, 대부분의 성경 본문은 분명하고 확실하게 이해할 수 있다. 더욱이 복잡한 해석 문제와 알기 어려운 미묘함이 있는 성경 구절은 일차적 교리나 복음을 이해하는 데 있어 꼭 필요한 것이 아니며, 중요하지도 않다. 따라서 하나님이 세우시는 설교자들(God's preachers)은 서서 자신 있게 하나님의 말씀을 선포할 수 있다. 설교자의 과제는 가능한 한 해석 과정에서 주관적인 요소(인간적 요소)를 최대한 줄이는 것이다.

주해

올바른 해석학은 주의 깊은 주해로 자연스럽게 흘러간다.[33] 이러한 생각은 해설이나 설명을 의미하는 헬라어 '엑세게시스'(*exegesis*)에서 온다. 헬라어 단어의 명사 형태는 신약에서 나타나지 않지만 동사 엑세게오마이(*exegeomai*)는 여러 곳에서 사용된다(눅 24:35, 요 1:18, 행 10:8, 15:12, 14, 21:19 참조). 이 단어는 '이끌다' 또는 '끌어내다' 라는 뜻이다. 해석학과 주해의 개념은 분명히 중복되며 자격이나 차별 없이 상호 교환적으로 사용된다.[34] 그러나 일반적인 구별로서 해석학은 해석에 사용된 원리와 방법들을 연구하는 반면, 주해는 그러한 원리와 방법들을 본문에 적용하고 실제로 사용하는 것이다.[35]

그래서 주해는 저자가 의도하는 성경 본문의 의미를 발견하는 데 있어서 해석학의 적용을 통해 독자가 가장 잘 이해할 수 있도록 한다. 주해는 설교자가 말하고 싶은 내용을 성경 본문에서 찾아 읽는 '아이서지시스'(*eisegesis*)의 반대어다. 아이서지시스는 해설자의 생각과 사상을 본문에 부과하고, 따라서 하나님의 말씀 속에 있는 그분의 음성을 침해한다. 그렇게 하는 것은 하나님 나라에 대한 배반이며, 설교에 대한 청지기 직분을 조롱하는 것이다. 설교자의 책임은 성경 본문의 모든 부분에서 하나님이 말씀하신 것을 발견하고 그것을 다른 사람들에게 선포할 수 있도록 이끌어 내는 것이다.

주해와 주관성

강해자가 해석하는 데 있어 겪는 큰 어려움 중 하나는 가능한 한 주관성을 최소화하는 것이다. 하나님이 해석 과정에서 인간을 도구로 사용하기로 선택하신 한, 주관적인 요소들은 항상 존재하게 될 것이다. 사람은 불완전한 존재이기 때문에 성경 연구가들은 영원히 성경의 본문에 편견, 선입관, 문화적 영향, 제한된 세계관 및 해석학적 패러다임을 형성하는 다른 요소들을 가져올 것이다. 결과적으로, 몇몇 사람들은 그러한 변수들이 사람들로 하여금 본문의 의미에 대해 확신을 갖지 못하게 한다고 했다. 우리가 할 수 있는 최선의 방법은 특정 본문이 '나에게 어떤 의미가 있는지'를 결정하는 것이다. 어떤 것도 진리로부터 더 멀어지게 할 수는 없다.

자신의 창조물을 구원하기 원하시는 사랑의 하나님이 그의 전달자들에게 "주님이 말씀하시되"라고 말하도록 부르신 후에 그들이 무엇을 말하고 있는지 알지 못하도록(또는 심지어 길게) 하시겠는가? 하나님이 거룩한 말씀의 영감을 주신 후에, 당신의 종들이 해결할 수 없는 문제를 놓고 고심하는 것을 보고 기뻐하며 보좌에 앉아 계실 수 있겠는가? 그러한 제안은 터무니없고 하나님의 특성에 맞지 않는다.

다시 말해서, 적절한 해석은 힘든 작업이지만 대부분의 성경 본문은 분명히 이해할 수 있다. 따라서 하나님의 설교자들은 서서 자신 있게 그분의 말씀을 선포할 수 있다.

강해자의 과제는 주관적인 요소를 줄이는 것이다. 해석 과정에서 주관성을 줄이는 가장 좋은 방법은 학자들이 **문법적-역사적**(grammatico-historical) 주해 방법이라고 부르는 것을 활용하는 것이다. 이 방법은 문법과 역사적 사실을 적용해서 본문의 의미를 결정하는 것을 목표로 한다. 수년 전에 월터 카이저(Walter Kaiser)는 그 과정에 대한 새로운 이름을 제시했다: **구문론**

적-신학적(syntactical-theological) 방법. 그는 두 핵심 부분이 올바른 이해를 위해 매우 중요하다고 제안했다. (1) 단어 자체의 의미뿐 아니라 문맥에서 단어가 함께 쓰이는 방식은 해석자가 저자의 의미를 발견하는 데 도움을 준다. (2) 올바른 성경 신학은 해석자가 이전의 계시가 깊은 숙고 중에 본문의 이해와 저자의 의도에 대해 어떻게 전달했는지를 알 수 있도록 도와준다.[36]

그러나 해석학적 패러다임을 개선하려는 카이저의 시도로는 부족하다. 반복되는 소리가 들릴 위험이 있는 가운데, 강해자의 주해는 성경의 모든 곳에서 언제나 예수님을 보여 주어야 한다(마 5:17, 눅 24:27, 44, 요 5:39 참조). 새 언약의 주해는 설교자가 그의 설교 본문이 그리스도와 어떻게 관련되어 있는지를 결정하도록 요구하므로 청중들에게 그 관계를 드러낼 수 있다. 설교자는 본문의 올바른 의미를 '이끌어 냄' 으로 성경 자체가 이야기하는 것을 적절하게 표현하기 원한다. 요한복음 1장 18절은 그리스도가 인류에게 아버지에 대해 '해석' (exegeted)하신 것을 드러낸다. 예수님은 인간에게 하나님의 의미를 '이끌어 내셨다' . 따라서 설교자는 모든 본문에서 그리스도를 이끌어 내어 남녀노소 모두가 하나님을 알 수 있도록 해야 한다.

결과적으로, 강해자는 방법론을 알려 주는 관심사와 마찬가지로 자신의 방법이 무엇을 요구하는지에 대해 너무 많은 관심을 가져서는 안 된다. 사실, 카이저는 그 용어가 너무 어색하고 서투른 것이 아니라면, 이 문제는 문법적 문맥-역사-구문-신학-문화적 주해로 불려야 함을 인정했다. 왜냐하면 이런 각각의 관심들이 해석의 여정에 참여해야 하기 때문이다.[37] 우리는 각각의 본문이 그리스도의 인격과의 관계를 드러내는 것에 대한 책임을 해석자에게 지우기 위해 그리스도론적(christological)이라는 용어를 추가함으로써 표현을 더욱 복잡하게 만들고 싶어 한다.

결론은 강해자가 이런 각각의 요소들을 고려할 때 해석학적 그리고 주해적 과정에서 주관적인 요소가 가장 크게 줄어든다는 것이다. 이러한 각각의 요소들은 설교 본문을 이해할 때 주관적인 정보가 아닌 객관적인 정보에 의존하도록 한다. 원어로 된 본문의 문법과 구문은 계시를 드러내는 주요 매체가 된다. 역사적, 문화적 배경은 그 단어가 그때의 청중에게 의미한 바를 이해할 수 있도록 배경을 제공한다. 성경신학과 조직신학은 우리의 해석을 성경과 일치시키는 역할을 한다. 특정한 본문의 문맥은 그리스도 안에서 하나님의 구속 사역의 더 큰 맥락에 대한 그 본문의 관계를 포함해서 다른 계시와의 관계로부터 한 본문의 의미를 추출하는 것에 대해 책임을 져야 한다. 주해 과정은 이 모든 구성 요소들을 고려해야 하는 것이다.

강해 설교

올바른 해석학과 신중한 주해는 설교자가 성경 본문이 이야기하는 내용과 동일한 것을 전달하는 기술이자 과학인 '설교학'을 실천할 수 있게 해준다.[38] 헤르난도는 설교학을 "성경적 주해를 오늘날과 연관된 이해 가능한 메시지로 변형시키는 해석 과정의 필수적인 부분"[39]이라고 말한다. 그리고 우리는 전통적으로 그 '지적이고 연관성 있는 메시지'를 '설교'라고 부른다. 블랙우드(Blackwood)는 설교학에 대해 "설교하는 것은 기술이며 설교는 완성품의 과학"[40]이라고 기술했다. 실제적으로 설교학은 설교 준비와 전달에 관한 연구이며, 설교가 기초하는 본문의 의미에 관한 설교와 바른 이해 사이에 분리될 수 없는 연결점을 만드는 연구다.

설교학이 설교와 본문의 의미에 대한 바른 이해 사이에서 분리될 수 없는 연결 고리를 암시한다면, 설교학의 열매는 강해 설교와 동일하다고 볼 수 있다. 본질적으로 강해 설교는 설교자의 성경 본문에 대한 조사와 조직화에 의해 진리가 전달되는 종합 세트다. 단순한 설교 형식과 달리, 그것은 강해적 노력의 결과로 탄생한 산물이다.

강해 설교는 성경 구절을 설명하고, 주어진 본문 안에 제시된 주제와 구조를 중심으로 조직하고, 결정적으로 청중에게 그 메시지를 적용하는 설교로 정의될 수도 있다. 다음의 점검 항목들은 설교에 있어서 강해적 본질을 결정하는 지침이 될 것이다.

- 강해 설교는 성경으로부터 나온 한 본문에 기초해야 하며, 본문의 실제적인 의미가 발견되어야 한다.
- 의미는 본문의 전후 그리고 전체적인 문맥과 관련되어 있어야 한다.
- 본문의 영원하고 변함없는 진리가 밝혀져야 한다.
- 진리는 한 가지 주된 주제를 중심으로 모여야 한다.
- 설교의 주된 분할은 본문 자체의 구조로부터 나와야 한다.
- 진리를 적용하는 모든 가능한 방법이 이용되어야 한다.
- 청중들은 이러한 진리에 순종하고 일상생활 속에서 진리대로 살도록 부르심을 받아야 한다.

강해 설교와 다른 설교의 발전

강해 설교는 다른 전통적인 설교 양식과 나란히 설 수 없으므로 결코 다른 설교 모델과 대조되어서는 안 되는 것을 이해하는 것이 중요하다. 전통적으로 설교는 특정 성격에 따라 다양한 형태로 분류되었다. 아래 목록처럼 전통적인 명칭들은 종종 본질적으로 중복되기도 한다.

- **주제적** 주제 설교는 어떤 특정한 주제로 만들어진다. 주제에 대한 아이디어는 성경이나 다른 곳에서 가져올 수 있다. 일반적으로 설교자는 성경이 특정 주제에 관해 가르치는 것을 모으고, 그 구절을 논리적인 제시로 조직한 다음 주제 설교를 전달한다. 교리적 설교는 이 방법에 쉽게 적응할 수 있다.
- **본문적** 본문적 설교는 한두 구절을 기초로 한 설교다. 설교의 주요 주제와 부분은 본문 자체로부터 온다. 이 설교는 본문이 실제로 말하는 것을 설명하고자 한다.

- **복음주의적** 복음주의적 설교는 성경의 기본 복음 메시지에 대해 설명한다. 이 설교는 본질적으로 복음적인 특정한 본문에 근거를 두거나 여러 본문에서 복음의 요소들을 이끌어 내어 주제로 삼을 수도 있으며, 모든 성경에서 하나님의 구속 계획에 대해 자세히 설명할 수도 있다.
- **서술적** 전통적으로 서술적 설교는 서술적인 본문에 기초한 설교로 간주되어 왔다. 그러나 20세기 후반, 몇몇 해석학자들은 성경적인 문학 장르 대신 설교 양식으로 그것을 정의하기 시작했다. 따라서 현대의 서술적 설교는 처음부터 끝까지 전체 메시지를 하나의 그림으로 된 주제로 묶는 메시지를 내포한다. 그러한 설교는 이야기 설교(story sermon)로 더 잘 묘사될 수 있다.[41]
- **전기적** 전기적 설교는 특정 성경 인물의 삶에 대한 연구를 제시한다. 그 특정 인물에 관한 사실들은 현시대에 맞는 적용과 함께 하나의 메시지에 대한 기초를 형성한다.
- **극적 독백** 극적 독백이란 설교자가 자신이 제시하려고 하는 인물이 되는 전기적 설교의 특별한 형태다. 가끔은 진짜 성경 시대의 복장을 입은 채로 그 인물의 메시지를 몸짓과 함께 연기한다.
- **신학적/교리적** 신학적/교리적 설교는 이해를 전달하고 믿음을 키우기 위해 기본적인 기독교 신앙을 설명하는 주제 설교와 유사할 수 있다. 신학적/교리적 설교는 하나의 특별한 본문 또는 많은 본문들로부터 도출될 수도 있고, 성경의 일반적인 신학적 개념을 언급하는 것에 더 의존할 수도 있다.
- **변증학적** 변증학적 설교는 기본적인 기독교 신앙을 설명하는 신학적 설교와 매우 비슷할 수 있다. 그 차이는 청중이 기독교 신앙에 대한 올바른 이해를 하고 있는지 확인하거나 확신시키는 것이다.
- **윤리적/종교적** 윤리적 또는 종교적 설교는 신자에게 윤리적 교훈을 가르치거나, 그들이 기독교 생활에서 더 큰 신앙심을 갖도록 하는

특정한 성경의 중심 사상에 기초한다. 교회의 성도들에게 기독교적 헌신과 성경적 도덕성을 세워 가는 것이 목적이다.

그러나 우리의 신념은 모든 설교가 본질적으로 강해적이어야 한다는 것이다. 앨리스터 베그(Alistair Begg)는 "강해 설교가 단지 위의 목록(주제, 경건, 복음주의, 본문, 변증, 예언, 강해)에서 선택된 설교 유형이라고 생각하면 틀린 길을 가게 되는 것이다"[42]라고 말했다. 이러한 형태들의 묘사는 강해 설교를 다른 설교 모델로 포함시켜 왔다. 그러나 우리는 모든 설교 형태가 강해적 과정을 거칠 수 있다고 믿는다. 설교자는 바른 해석학, 철저한 주해, 신뢰할 수 있는 설교학으로부터 나오는 설교 형태만 사용해야 한다.

결론은, 강해 설교

우리는 지금 강해 설교에 대한 정의에서 시작해서 다시 원점으로 돌아왔다: 이 과정은 성령이 의도하는 의미와 그에 따르는 능력이 현대 청중의 삶에 영향을 미치는 방법으로 성경적 본문을 열어 가는 과정이다. 지속적이면서 일관된 규칙으로 강해 설교를 전달하는 것(이 과정의 열매인 설교)이 강해 설교의 실제다. 페이지 패터슨은 단순히 사람들이 성경을 더 잘 읽도록 돕는다고 설명한다. 지역 교회의 목회자가 위에서 언급한 대안적인 설교 방법 중 하나를 채택하는 경우가 있을 수 있지만, 그러한 것은 규칙이 아니라 예외여야 한다. 강해 설교는 하나님의 말씀으로 양을 먹이는 설교 사역에 있어서 꼭 필요한 것이다.

강해 설교는 두 가지 유형으로 나눌 수 있다.

- 일반적 강해는 선별된 성경 본문으로 강해 설교하는 것을 이야기한다.[43] 도널드 그레이 반하우스(Donald Gray Barnhouse)는 "강해 설교는 삶의 모든 경험을 사용하고 해석을 드러내기 위해 배우며, 하나님 말씀의 본문을 설명하는 기술이다"라고 말한다.[44]

- 체계적 강해는 본문을 단락으로 나누어 성경 본문 또는 그 연장 부분을 연속적으로 철저히 다루어 설교하는 것이다. 테일러는 강해 설교를 "성경의 연속적인 해석과 실제적인 실행"[45]이라고 정의했다. 설교를 가장 잘 수행할 수 있는 방법은 체계적인 방식으로 장별 및 단락별로 성경을 읽는 것이다. 이러한 접근 방법은 본문을 가장 잘 해석하고 활용하는 것이다.

목자는 일반적이고 체계적인 강해 설교를 통해 하나님의 말씀이 사람들을 그리스도를 닮은 사람으로 변화시키고 복음 전도자가 되도록 준비되게 한다. 바른 설교와 성경의 가르침을 통해 그는 양들을 준비시킨다. "모든 성경은 하나님의 감동으로 된 것으로 교훈과 책망과 바르게 함과 의로 교육하기에 유익하니 이는 하나님의 사람으로 온전하게 하며 모든 선한 일을 행할 능력을 갖추게 하려 함이라"(딤후 3:16~17). 그리스도인의 궁극적인 목표와 복음 사역을 위한 준비는 성도들로 하여금 그리스도의 몸을 세우는 사역을 위해(엡 4:12 참조) 준비되게 하는 것이다. 바울이 제시한 모든 것은 그의 말씀으로 하나님의 백성들을 목양한 은사 있는 사람들에 의해 자라 간다(엡 4:1~11 참조).

강해 설교를 통해 사람들은 교리적 완전성을 성경적으로 갖추게 되며, "하나님의 아들을 믿는 것과 아는 일에 하나가 되어 온전한 사람을 이루어 그리스도의 장성한 분량이 충만한 데까지"(엡 4:13) 이르게 된다. 따라서 근본적으로 성경 말씀에 대한 강해 설교는 우리 몸을 그리스도를 닮아 자라 가게 하는 토대가 된다.[46]

설교자가 강해 설교를 통해 하나님의 말씀의 진리를 명령하고 가르치기(딤전 4:11 참조) 위해 성령에 충성하고 순종한다면 그는 신앙과 선한 교리의 말씀으로 훈련받으며 그리스도 예수의 선한 종이 될 것이다(딤전 4:6 참조). 바울은 디모데에게 엄하게 경고하면서 목회 사역 속에서 이러한 책임을 강조했다.

"내가 이를 때까지 읽는 것과 권하는 것과 가르치는 것에 전념하라 네 속에 있는 은사 곧 장로의 회에서 안수 받을 때에 예언을 통하여 받은 것을 가볍게 여기지 말며 이 모든 일에 전심전력하여 너의 성숙함을 모든 사람에게 나타나게 하라 네가 네 자신과 가르침을 살펴 이 일을 계속하라 이것을 행함으로 네 자신과 네게 듣는 자를 구원하리라"(딤전 4:13~16).

목회자가 성경의 진리를 충실하게 드러낼 때 이러한 일이 일어난다. 시간은 짧고 기준은 높다. 왜냐하면 "때가 이르리니 사람이 바른 교훈을 받지 아니하며 귀가 가려워서 자기의 사욕을 따를 스승을 많이 두고 또 그 귀를 진리에서 돌이켜 허탄한 이야기를 따르리라"(딤후 4:3~4)고 말씀하고 있기 때문이다. 21세기에 복음의 진보를 위한 절박하고 중요한 필요는 충실한 강해 설교다!

이 주제를 떠나기 전에 주의를 요한다. 앞에 묘사된 성숙이 교회에서 일어나지 않는 것은 언제나, 일반적으로 설교 사역에서 오는 하나님의 진리에 대한 올바른 지식과 이해의 굶주림으로 인해 발생한다. 설교자는 성숙하지 않은 교회에서 사역을 시작할 때 큰 분별력을 사용해야 할 필요가 있다. 정신적으로는 하나님의 말씀을 설명할 준비가 되어 있을 수 있지만, 회중은 그러한 설교, 특히 성경을 통해 체계적으로 하는 설교를 결코 들어본 적이 없을 것이다. 많은 교회들이 수년에 걸쳐 주제 설교라는 양식을 정기적으로 먹였다면, 송아지가 새로운 문을 쳐다보는 것처럼 실제로 성경이 말하는 것을 설교하는 새로운 목사를 바라볼 것이다!

주제 설교에 익숙한 회중들은 처음에 이 새로운 접근법이 설레지 않을 수도 있다. 다른 새로운 방법들은 그들에게 있어서 급진적인 변화일지도 모른다. 동일한 파장을 가지기까지 몇 주 또는 몇 달이 걸릴 수도 있다. 그래서 신실한 설교자는 그 과정을 기다려야 할 것이다. 하지만 오래 지나지 않아 사람들은 강해 설교에 적응하게 되고 완전히 익숙해질 것이다. 예수님은 천국 시민이 계속해서 의롭게 된 후에도 굶주리고 목마르다고 말씀하셨다(마 5:6 참조). 사람들은 하나님의 말씀의 진리를 먹으면 먹을수록 더 갈망하게 된다. 또한 성도가 한 번 성경의 강해에 익숙해지면 결코 다른 것으로 만족하지 못할 것이다.

강해 설교의 이론적 근거

강해 설교의 정의와 그것을 알려 주는 과정은 설교의 본질적 특성으로서, 실천을 위한 이론적 근거에 의해 뒷받침된다. 이 이론적 근거는 강해 설교의 많은 이점뿐만 아니라 잠재적인 남용에 대한 정직한 인식과 회피를 포함한다.

강해의 유익

강해는 특히 성경 각 권들의 조직적인 설교를 통해 하나님의 말씀의 진리가 드러날 때 수많은 유익이 나타난다. 그러나 여러 구절에 대한 일반적인 강해에도 많은 동일한 유익들이 적용된다.

성경적인 교육

오늘날 미국의 복음주의 교회에서는 성경적 문맹률이 사상 최고 수준이다. 몰러(Mohler)는 "미국의 복음주의 그리스도인들은 성경적 기독교에 대한 세속적인 세계관의 거부에 관해 올바르게 염려하지만, 우리는 가정과 교회 안에서의 성경의 문맹률에 관한 문제에 대해 긴급한 관심을 기울여야 한다. 이러한 문제는 우리 자신의 문제이며, 해결해야 할 문제다"[47]라고 했다.

지난날, 설교자가 본문을 발표하면, 대부분의 사람들은 성경을 가지고 있고 그들은 그 본문을 찾을 수 있을 거라고 생각했다. 하지만 이제는 더 이상 그렇지 않다. 미국성서공회(American Bible Society)에서 발행한 자료가 이 주장을 뒷받침한다. 그들은 2014년에 지난 7년 동안 미국 인구의 7퍼센트가 성경이 '사람이 쓴 교육에 관한 책'[48]이라 믿는다고 발표했다. 성경적 영감에 대한 불신앙이 커지면서 성경 지식에 대한 신뢰도도 마찬가지로 감소했다. 실제로 2013년에는 18~28세 사이의 미국인 중 거의 절반이 '소돔과 고모라'를 성경에서 나오는 한 결혼한 부부라고 믿었다![49] 더 비참하게도, 많은 신학생들은 말씀에 대해 제한적이고 선택적인 지식만을 갖고 있었다.

이런 각본은 자신의 설교 속에서 성경의 역할을 최소화함으로 그 세대를 포기하든가, 혹은 체계적으로 성경을 가르침으로 그 세대를 변화시키기로 결정하든가 하는 두 가지 선택권을 설교자에게 남겨 놓는다. 특히 체계적인 강해는 성경에 관한 지식을 향상시킨다. 성경의 여러 책들을 통한 주의 깊은 석의적인 연구에 의해서 당신은 성경의 전문가가 될 것이다. 그리고 당신의 청중은 성경 지식을 갖춘 학생들이 될 것이다.

교회 안에서 성경적인 무지를 증가시키는 한 가지 이유는 성경 연구를 뛰어넘고, 빼먹고, 성급히 접근하기 때문이다. 자신의 설교 안에서 본문에서 본문으로, 책에서 책으로 뛰어넘는 설교자는 청중에 대한 이해뿐만 아니라 말씀에 대한 이해도 대단히 빈약하게 만들 것이다. 그런 접근은 점을 치는 방법과 유사한데, 그 방법을 많은 그리스도인들이 자신이 매일같이 성경을 읽는 데 사용하고 있다. 그들은 눈을 감고 무작위로 성경을 펼친다. 그리고 어떤 특정한 부분을 읽는다. 몇몇 중요한 진리들은 분명 그런 방법을 통해서도 배울 수 있지만, 더 많은 깨달음은 체계적인 책별 접근 방법에 의해 얻게 될 것이다. 이는 식습관이 계획된 사람들이 무작정 또는 앞뒤 재 보지도 않고 먹는 사람들보다 더 건강한 것과 같은 이치다.

책임

주어진 본문의 진리를 드러내는 것은 많은 영역 속에서 설교자로 책임감을 갖게 해 준다. 첫째로, 본문의 진리를 드러내는 것은 하나님이 무엇을 말씀하셨는지 그리고 설교자가 말하지 말아야 할 것이 무엇인지를 알게 해서 설교하는 데 있어 설교자로 책임감을 갖게 해 준다. 최근에 설교자의 권위가 설교자 자신의 지위의 힘에서 오는 것인지 혹은 임기나 실적을 통해서 얻어지는 것인지에 관한 많은 토의가 이루어졌다. 불균형과 배타성은 이런 많은 토의를 헛되게 만든다. 실제적으로, 목회자의 권위는 그가 누구의 말을 전하는가 하는 그 사람의 수단을 통해 온다.

당신이 교회에서 봉사하거나 혹은 설교를 준비하는 신학생이든, 아니면 노련한 전문가든 간에 당신은 강해 설교를 하기 위해 진지하고 성실하게 말씀을 연구해 왔을 것이다. 당신은 자신이 아니라 성경의 권위에 의해 말하는 것을 알고 서게 된다. 당신은 단지 입과 입술의 역할만을 할 뿐이다. 그 입과 입술을 통해서 하나님의 살아 계신 말씀이 회중에게 전달된다. 당신과 당신의 청중 모두 당신이 자신의 생각이나 견해를 말하지 않는다는 것을 확신할 수 있다. 당신은 "주님이 이렇게 말씀하셨습니다"라고 말할 것이다. 그런 확신은 당신의 사역에 엄청난 힘을 더해 준다.

둘째로, 일반적으로 강해는 설교자를 일하게 만든다. 게으른 설교자는 변명의 여지가 없다. 당신은 다른 사람들보다 적게 일해서는 안 될 것이다. 청중들이 주일에 당신이 설교하는 것을 듣기 위해 올 때, 그들은 주 중 내내 힘들게 일해 왔을 것이다. 그들은 당신이 자신들만큼 일해 주기를 기대할 것이다.

목회자가 사역하는 목회 환경에서, 그는 자신의 일정을 계획하는 데 유연성을 가진다. 만일 이러한 특권이 당신의 훈련과 고된 노력으로 주어진 것이 아니라면 달콤 씁쓸하게 될 수 있다. 당신은 게으를 수 없다. 좋은 강해 설교를 전달하고 발전시키기 위해서는 반드시 준비를 해야 한다. 아침에 일찍 일어나야 할 것이며 오랜 연구를 해야 할 것이다. 사역 속에서 더해지는 요구들은 필연적인 조정과 희생을 감수해야 할 것이다. 설교는 설교자의 희생을 통해서 오지 않는 한 효과적이지 않을 것이다. 약간의 걱정을 가지고 준비되지 않은 상태로 강단에 서는 것 그리고 당신의 머리와 동떨어진 메시지를 전달하는 것은 당신이 전하는 구원자에 관한 가치를 떨어뜨린다.

셋째로, 체계적인 강해는 설교자들이 의도적으로 피하고 싶어 하는 본문들을 강제로 다루게 한다. 남편과 아내의 역할, 교회 치리, 교회 내에서의 지도력 등 성경 안에 있는 어떤 복잡한 주제들로부터 피하고 싶은 유혹이 존재한다. 그러나 연속적인 강해 설교 속에서 그런 주제들을 만날 때 설교자는 그 시점에 그 주제들을 다루어야만 한다. 체계적인 강해는 설교자가 교회의 몇몇 구성원들을 가려내 설교하고 있다는 인상을 만들지 않고 설교하는 것을 가능하게 한다. 예를 들어, 만일 당신이 연속 강해 설교의 과정 중 이혼이라는 주제를 다루게 된다면, 사람들은 왜 당신이 그 특별한 본문을 선택했는지 의아해하지 않을 것이다. 만일 당신이 의심할 것 없는 아주 분명한 상황에서 그 주제를 선택했다면 그렇게 될 것이다.

보호

체계적인 강해는 설교자를 수많은 유혹들로부터 보호한다. 예를 들면, 체계적인 강해는 설교자를 틀에 박힌 습관으로부터 지켜 준다. 설교자들은 한 가지 주제에만 집착하는 경향이 있다. 모든 목회자들에게는 재림, 영적 은사, 어떤 윤리적 주제, 혹은 풍성한 삶에 대한 본문과 같은 자신이 관심을 갖는 특별한 영역들이 있다. 성경은 모든 종류의 나무가 있는 아름다운 과수원과 같다. 몇몇 사람들은 사과만 좋아한다. 그러나 복숭아, 체리, 바나나 등 다양하게 즐길 수 있는 것이 많다. 강해 설교의 방법은 설교자로 반복되는 주제를 멀리하게 하고 자신의 청중들에게 균형 잡힌 다양한 말씀을 제공할 수 있도록 인도한다.

체계적인 강해는 또한 성경이 클럽과 같이 사용되는 것을 막아 준다. 양은 고지식하지도, 예의 바르지도, 영리하지도 않은 동물로 알려져 있다. 이런 피조물들을 돌보는 일은 공공장소에서 부정한 누군가를 책망하기 위해 성경을 찾고 싶은 유혹이 생기도록 할 것이다. 분명하게도, 이것은 하나님의 말씀을 전하기 위한 적절한 방법이 아니다. 연속적으로 진리를 전하면 그런 유혹을 피할 수 있다. 강해 설교는 우리 자신이 좋아하는 것을 말하기보다는 하나님의 말씀으로 현 상황에 대해 말하도록 한다. 설교자가 충성스럽게 하나님의 말씀을 선포할 때, 성령은 당신의 청중들에게 진리를 적용할 것이다.

스트레스 경감

체계적인 강해는 대개 무엇을 설교할 것인가에 관한 걱정을 없앤다. 강해에 대한 강제적인 접근뿐만 아니라 주제에 대한 마구잡이식 설교는 설교자로 고민을 만들어 낸다. 설교자는 한 주제 혹은 한 본문을 찾기 위해 조사하고, 휘갈겨 쓰고, 연구하면서 한 주 전체를 소비한다. 그런 스트레스는 종종 유명한 설교자들의 설교집을 조사하는 것으로 혹은 지역 기독교 서점에서 베스트셀러를 찾아 최근의 가장 주목 받는 주제를 열거하는 것에 의해 완화된다. 체계적인 강해 방법은 이런 만만찮은 문제들을 덜어 준다. 월요일 아침에 설교자는 자신이 어디로 가야 하는지를 안다. 그리고 그는 즉각적으로 자신의 설교 준비를 시작할 수 있다. 주님이 이번 주 동안 어떤 점에서 다른 주제로 설교하도록 인도하신다 해도 당신은 쉽사리 조정할 수 있다. 다음 주 월요일에 설교자인 당신은 그만큼 더 앞으로 나아갈 것이다. 하나의 주제를 찾기 위해 대부분의 시간을 써 버리기보다는 한 본문을 연구하기 위해 한 주 전체를 보내는 것이 더 좋다.

식욕 증진

옛 격언은 이렇게 말한다: “한 사람에게 한 마리의 고기를 주라. 당신은 그를 하루 동안 먹일 수 있다. 그러나 그 사람에게 고기 잡는 법을 가르치라. 그러면 당신은 그를 평생 동안 먹이게 될 것이다.” 믿든지 믿지 않든지, 설교자는 매 시간 설교하기 위해 강단에 서야 한다. 설교자는 어떤 특별한 날을 위해 단순히 교훈을 가르치는 것 이상의 더 높은 목적을 가진다. 설교자는 사람들에게 고기 잡는 법을 가르쳐야 한다. 조직적인 강해는 사람들에게 하나님의 말씀에 대한 식욕을 증진시킨다. 사람들이 집으로 돌아가서 스스로 성경을 찾아보도록 돕는다. 그들은 베뢰아의 그리스도인들처럼 된다. 베뢰아의 그리스도인들은 "데살로니가에 있는 사람들보다 더 너그러워서 간절한 마음으로 말씀을 받고 이것이 그러한가 하여 날마다 성경을 상고"(행 17:11)했다. 이것은 성도들이 영적으로 계속해서 성장할 수 있는 주요 방법이다. 당신은 성도들이 좋은 강해를 통해 꾸준한 식단을 공급받은 결과로 얻게 될 하나님 말씀에 대한 지식과 흥분에 놀라움을 금치 못할 것이다. 이러한 접근은 아마도 성경 교사가 되기 위해 사람들을 훈련하는 최선의 방법일 것이다. 심지어 일반적인 강해에서도 식욕을 창출하며 성경을 가르치도록 다른 이들을 격려한다. 당신이 하나님의 말씀을 가르칠 때, 당신은 어떻게 다른 사람들이 다른 배경 속에서 말씀을 가르칠 수 있는지를 본으로 삼고 있는 중이다. 많은 훌륭한 성경 공부 지도자들은 이러한 방법으로 발전될 수 있다.

하나님은 또한 설교하도록 부르심에 응답하는 젊은 사람들을 자극하기 위해서 강해를 사용하신다. 그들은 당신의 설교를 듣고 지키면서 다른 사람들에게 하나님의 말씀을 전하도록 도전 받게 될 것이다. 비록 설교로의 거룩한 부르심이 분명히 있어야 하지만, 하나님이 설교하도록 부르시는 젊은 청년들을 위한 역할 모델의 중요성에 관해서는 많이 언급될 수 있다.

영적 성숙

찰스 콜러(Charles W. Koller)는 영양사들이 수년 동안 발견되지 않은 어떠한 영양 부족에 대해 말하면서 '영양 시한폭탄' 이라는 용어를 사용하는 것에 주목한다. 이러한 영양 결핍은 심각한 질병과 함께 갑작스럽게 나타날 수 있다. 이런 사실은 영적인 삶 속에서 영양을 충분히 공급받지 못한 이들에게도 동일하게 나타난다. 성경적인 설교와 가르침에 대한 적절한 공

〈개인 간증〉

강해 설교 붙잡기

이 책은 주로 나의 경험을 바탕으로 씌어졌다. 나의 삶과 사역은 강해 설교에 헌신하기로 결정했을 때 변화되기 시작했다. 강해에 대한 미숙한 시작과 여러 번의 실패한 시도들이 있은 후로 사역의 처음 10년 동안은 사실상 주제 설교로 설교하게 되었다. 주님이 내 연약한 노력을 축복해 주셨다. 교회도 다소 성장했다. 사람들이 그리스도에게로 나아왔다. 이후 실제적인 강해 설교의 방법을 우연히 만나게 되었다. 한 성경 모임에서 워런 위어스비 박사님이 말씀을 가르치는 것을 듣게 됐다. 신학교를 졸업하고 수년 동안 설교해 왔지만, 위어스비 박사처럼 성경을 가지고 성경을 설명하는 사람은 드물다.

설교에 대한 나의 접근 방식이 완전히 바뀌었다. 나는 강해적인 방법을 사용하기로 결심하고는 위어스비 박사가 보여 준 모델을 모두 따랐다. 나는 강해 설교에 관한 책과 강해적 방법을 사용한 설교가 매우 부족하다는 것을 깨달았다. 이로 인해 나는 마음속에 확신을 갖게 되었다. 주님이 내게 그런 설교, 곧 강해 설교를 하길 원하신다는 사실을 깨닫게 되었다. 그래서 시작하게 되었다.

처음에 나의 노력은 빈약하고 모호했다. 그러나 그 길을 묵묵히 따라갔을 때 내 사역 속에 생긴 한 가지 변화를 깨닫기 시작했다. 사람들이 자신의 성경을 가져오기 시작했다. 그들은 더 많은 관심을 보였다. 사람들의 영적인 삶 속에서 성장이 보였다. 그런 변화된 사람들의 모습은 나에게 강해 설교의 가치에 대한 확신을 주었다. 내 삶의 가치는 인쇄된 종이 위에 놓인 능력 너머에 있다. 오직 영원만이 강해적 설교 방법이 나에게 행했던 것이 무엇인지를 드러낼 것이다. 내 설교를 들었던 사람들의 삶의 가치는 그리스도의 심판대의 평가를 기다릴 것이다. 그러나 나의 마음속에는 사람들이 강해 설교를 통해서 축복 받았다는 것에 조금의 의심도 없다.

제리 바인스

급이 없으면 갑작스런 재앙이나 일상적이지 않은 부담에 대한 스트레스로 인해 영적으로 영양이 부족해 역경을 극복해 나가기 어렵게 된다.[50)]

그러나 목회자가 하나님의 말씀을 성실하게 설교할 때 사람들은 힘을 얻는다. 그들의 내면에는 위기를 극복하는 것이 가능하도록 '성경 진리의 저장소' 가 지어진다. 만일 하나님의 백성이 견고한 성경에 관한 영양분을 공급받아 왔다면 그들은 위대한 승리를 경험하게 될 것이다.

게다가, 강해 설교는 사람들의 시야를 넓혀 주는 한 방법이기도 하다. 청중들은 영원에 대해서 감지하는 것이 가능해졌다. 칭의, 성화, 영화 그리고 성령 충만한 삶과 같은 성경의 진리들은 그리스도인의 경험과 성경 지식에 대한 수준을 높여 준다. 예전에는 결코 가능하다고 꿈도 꾸지 못했던 그리스도인의 실존에 대한 세상을 볼 수 있는 기회가 주어진다.

우리를 괴롭히는 도덕적 힘과 확신의 부족은 상당 부분이 성경적인 설교의 부족 때문이다. 그러나 오늘날의 타협적이며 순응적인 문화 속에서조차 대다수의 사람들이 하나님의 말씀에 대한 거대한 굶주림을 가지고 있다. 강해는 그러한 거대한 굶주림을 향해 말하는 것이다. 강력하고 조직적인 강해 설교는 우리를 침몰시키기 위해 위협하는 거대한 부도덕의 흐름을 바꿀 수 있다. 신자들이 성경적인 믿음의 도덕적 의미들을 이해할 때, 그들은 진실하고 경건한 삶을 세워 가기 위한 적절한 소재를 얻게 된다.

많은 교회가 동일한 성도와 수년을 함께 보낸 목회자의 사역에 의해 축복을 받았다. 이런 상황에서 목회자들은 종종 강해자가 되어 왔다. 그들은 실제적으로 자신들의 문제를 통해 설교해 왔다. 그들 중 다수는 아주 미성숙한 회중과 함께 시작했으며, 성경의 책들을 통해 설교하기 시작했으며, 청중의 영성을 기르도록 도움을 주었다. 목회자와 사람들이 주님 안에서 성숙될 때, 그들은 좀 더 조화롭고 효과적인 방법으로 함께 주님의 일을 감당하는 것이 가능해졌다. 성경적인 설교는 강하고 건강한 회중을 만든다.

강해의 위험들

수년 전, 사우스웨스턴 침례신학대학교의 총장인 페이지 패터슨이 한 대형 교회 목회자를 인터뷰하게 되었는데, 그 목회자는 강해 설교에 대해 비판적 시각을 가진 사람이었다. 그는 그 목회자에게 강해 설교를 싫어하는 이유를 물었다. 그의 이유를 들은 후 패터슨은 단호하게 결론을 내렸다: "당신은 강해 설교를 싫어하는 것이 아닙니다. 당신은 부실하고 형편없는 강해 설교를 싫어하는 것입니다!"

삶의 진실 중 하나는 사람들이 겉으로 보기에 그럴듯한 일에 대해 반대한다는 것이다. 강해 설교를 반대하며 발생하는 비판의 대부분은 접근 자체에 반대하는 것이 아니라 잘못된 접근에 반대하는 것이다. 어떤 설교자들은 강해 설교에서 어떤 위험에 빠지게 되었고, 결과적으로 그 접근법을 악용해 왔다. 이러한 잘못된 남용들은 강해 설교가 그 방법을 따라 나쁜 평판이 생기도록 해 왔다. 잘 닦인 고속도로 위에서 주의를 기울여 운전하는 운전자와 같이, 설교자는 '강해' 라는 길을 따라갈 때 깊은 웅덩이를 잘 피해야 할 것이다. 여기에 강해 설교를 할 때 피해야 할 다섯 가지 위험 요소들이 있다.

민감하지 못함

어떤 이들은 강해 설교가 단순히 성경의 긴 본문에 기초해서 몇 개의 관찰들을 만드는 것이라 믿는다. 또 다른 이들은 강해 설교가 성경 이야기의 생명 없는, 의미 없는, 초점 없는 열거가 될 수 있다고 이해한다. 때때로 강해는 접근의 단조로움 때문에 둔하게 느껴진다. 아마도 설교자는 지나치게 규칙을 찾아, 모든 메시지는 동일한 종류의 서론, 동일하게 예측 가능한 어법의 나눔 그리고 동일하게 신선하지 않은 결말을 가진다. 이런 접근은 사람들로 하여금 지루함을 느끼게 한다.

당신의 설교를 소개하기 위해서 지속적으로 새로운 방법들을 찾으라. 새로운 현재의 예화들을 성실하게 찾으라. 청중의 삶에 영원한 진리를 적용하기 위해서 청중에 대한 연구자가 되라. 당신의 메시지를 결론지을 수 있는 인상적인 방법들을 찾기 위해 도전하라. 설교에 당신의 전 인격을 담아낼 수 있도록 전달 방법을 연구하라. 하나님의 말씀은 본질적으로 살아 있고 능력이 있다. 당신은 강해 설교를 둔하게 만들지 혹은 흥미진진하게 만들지를 결정해야 할 것이다.

연관성이 없음

일부 비평가들은 현대의 청중들에게 진리의 현대적인 적용이 없다고 믿어 강해 설교가 오늘날의 청중과는 무관하다고 주장한다. 강해 설교자들은 때때로 아무도 묻지 않는 질문에 대답하는 경우가 있다. 그러나 진정한 강해자는 사람들이 묻고 있는 질문들에 답변하고 있는 것이다.

하지만 그런 의무감은 사실이 아니다. 사람들은 실제로 강해자들이 대답하는 것에 관한 질문을 하고 있다. 그들은 단지 다른 언어로 묻고 있는 것이다. 성경의 지적이고 흥미진진하고 현대적인 설교를 통해 강해자는 자신의 청중들에게 올바른 질문에 대한 답변을 듣고자 하는 열망을 이끌어 낸다. 설교자로서 당신은 강해 설교가 청중들에게 대단히 흥미진진하고 매우 적절하게 다가가도록 만들 수 있다. 당신은 단순히 정보를 제공하기 위해 설교하는 것이 아니라, 그들의 삶을 변화시킬 진리를 제공하기 위해 설교하는 것이다.

단조로움

성경 각 권이 가진 내용의 유사성 때문에 설교자는 단조로움의 위험을 피하도록 노력해야 한다. 많은 훌륭한 강해자들은 긴 연속 강해를 통해서 사람들의 관심을 유지하는 것이 가능했다. 비록 몇몇 사람들은 태생적으로 사람들의 관심을 붙잡는 것이 다른 사람들에 비해 더 뛰어나다 할지라도, 전달의 어떤 특정한 측면들에 대한 지식은 설교를 더욱 흥미진진하고 흥분되게 만들 수 있다.

때로는 짧은 본문 한 구절로 설교하라. 강해 설교는 그것을 취급하는 방법에서만큼은 본문의 길이에 그렇게 많이 의존하지 않는다는 것을 기억하라. 또 다른 없어서는 안 될 훈련은, 한 단락 속에서 중요한 교리적인 단어를 확인하고 강해적인 방식으로 그 독특한 교리에 대한 메시지를 가져오는 것이다. 매주 여러 번 설교해야 하는 목사들의 경우, 그런 훈련은 설교를 준비하는 데 있어 두 배의 효과를 낼 수 있다. 당신이 한 예배에서 긴 본문으로 설교할 때, 그 긴 본문 속에서 발견한 단어 혹은 단어들에 의해 알게 된 교리적인 메시지를 다른 예배에서 설교할 수 있도록 충분히 준비하라.

단조로움을 피하기 위한 또 다른 방법은 성경 연구들 사이에 또 다른 주제에 관한 간단한 시리즈를 삽입하는 것이다. 그리스도의 삶 속에 있는 위대한 사건, 대담, 혹은 예수님의 기적과 같은 주제에 관해 시리즈로 설교해도 좋다. 이러한 주제들은 강해적인 방식으로 발전될 수 있으며, 성경 한 권에 대한 강해로 매주 다양성을 공급한다. 긴 책 시리즈는 청중에게 정신적인 휴식을 제공하기 위해 여러 가지 방법으로 분리될 수 있다. 한 가지 방법은 시리즈 안에 시리즈를 만드는 것이다. 다른 말로 하면, 책에서 다양한 주제와 움직임을 바탕으로 하나의 책을 여러 시리즈로 나누는 것이다. 다른 '미니 시리즈' 를 별도의 제목과 시각으로 묶는다. 또 다른 방법은 단순히 책 시리즈 안에서 휴식을 취하는 것이다. 믿음의 중요한 교리, 현 사건이나 경향 또는 그리스도인의 삶과 관련된 또 다른 주제를 다루도록 하는 미니 시리즈를 위해, 성경 각 권을 설교하는 데 있어서 주기적으로 일시 중지 버튼을 누르는 것이다.

생기 없음

어떤 이들은 성경 각 권에 관한 조직적인 강해를 비평해 왔다. 왜냐하면 하나님으로부터 오는 메시지를 얻는 데 있어 성령의 인도를 무시할 수 있기 때문이다. 세 가지 관찰은 이런 비평이 불완전한 것임을 보여 준다. 첫째로, 모든 성경은 하나님의 말씀이다. 당신이 주님으로부터 온 어떤 특별한 지시를 감지하지 못했을 때조차도 위로부터 오는 말씀이 없는 것처럼 되어서는 절대로 안 된다. 성령은 모든 성경의 저자이시다. 따라서 성령은 우리가 성경을 열 때 언제 어디서나 말씀하신다.

둘째로, 성령은 그분의 인도하심을 일주일에 한 번으로 제한하지 않으신다. 성령은 매주 다른 본문으로 인도하실 뿐만 아니라 성경의 각 권을 통해 설교하도록 당신을 인도할 능력이 있으시다. 물을 것도 없이 성령은 때때로 특별한 경우에 특별한 메시지를 위한 특별한 방향을 제공하신다. 그러나 성경의 어떤 특정한 책을 통해서 말씀을 쉽게 전할 수 있는 분명한 방향을 제시하실 수도 있다. 이런 시기에 당신은 성도들의 삶 속에 존재하는 현재의 문제들에 진리를 구체적으로 적용하게 하는 메시지의 적합성 때문에 놀라게 될 것이다. 물론, 한 권의 책을 연속 강해하는 중이라해도 몇 주 동안은 자신을 제한하지 말라. 성령이 특정한 본문으로 설교하도록 당신을 이끄신다면 연속 강해 속에 괄호를 삽입하고 새로운 방향을 따라가도록 하라. 당신은 언제나 당신이 정했던 원래의 본문으로 돌아올 수 있다.

마지막으로, 강해자는 아버지 하나님과의 지속적이고 개인적인 교제를 통해 자신의 설교에 성령의 참여를 분명히 할 수 있다. 당신이 말하는 사람을 위해 절대자에 대한 당신의 개인적인 예배가 깊어지게 하라. 주님의 권고를 경청하는 사람으로서, 당신의 설교는 새로움과 생생함을 유지하게 될 것이다.

볼품없음

몇몇 사람들은 강해 설교를 설교자가 성경의 특정 본문에서 읽은 모든 주석을 철저하고 지독하게 보고하는 설명적 설교로 바라본다. 사실, 강해적 접근은 종종 볼품없는 설교로 취급받기 쉽다. 나중에 다루겠지만, 이러한 것이 각 절을 주석을 달듯이 접근하는 강해 설교의 위험이다. 여기에서 위험을 무릅쓰고 가는 설교자는 몇 개의 해설을 읽는 것 이상의 준비는 거의 하지 않으려는 유혹에 직면하게 된다.

그러나 강해 설교는 철저한 성경 주해에 기초한다. 메시지는 본문에서 파생된 잘 조직된 부분들을 통해 전달되는 중심 주제를 축으로 만들어진다. 설교는 좋은 설명, 예화, 논증 그리고 적용을 포함한다. 강해는 가능한 한 가장 이해할 만한 방법으로 준비하지 않으면 적절하게 수행되지 않는다.

세부사항 연구

강해 설교자가 직면할 가장 큰 도전 중 하나는 어떤 주해적 내용을 설교 속에 포함시킬 것인가를 결정하는 것이다. 만일 본문의 아주 사소한 부분까지 조사하려 한다면 중대한 실수를 하게 될 것이다. 이런 접근은 분명 성경의 한 책으로 수년간 설교한 많은 청교도 설교자들에 의해서 채택되었다. 그들의 메시지에는 매우 풍성한 성경의 진리들이 담겨 있지만, 세부적인 내용을 지나치게 넣는다면 청중의 다수가 아닌 소수를 위한 설교가 된다.[51)]

당신은 설교할 본문의 문법, 동사의 시제, 전치사, 관사 등 각각의 세부사항들을 자세히 연구해야 한다. 그러나 강단으로 가지고 온 기술적인 내용의 양과 관련해서는 의도적이면서도 선택적이어야 한다. 대니얼 에이킨은 이렇게 쓰고 있다.

> 안타깝게도, 당신은 당신의 메시지 상점 창문에 진열하지 않은 몇 가지 재료들을 당신이 연구한 저장소 안에 남겨 둘 필요가 있다. 이렇게 남겨두어야 하는 설정은 고통스럽다. 그러나 당신이 배워 온 모든 것이 꼭 필요한 것은 아니다. 심지어 그것이 당신의 특정한 청중을 위해 하나님의 말씀을 가르치고 설교하는 데 도움이 된다 할지라도 말이다.[52)]

따라서 사람들에게 당신이 연구한 것 중 가장 달콤한 것을 주라. 본문 속에서 성령의 마음을 이해하기 위해 가장 필요한 것만을 주라. 주된 핵심 내용에 상관없는 과도한 내용들을 가지고 가는 것을 피하라.

2

설교 기초 준비

강해 설교의 이론

듣는 것이 불가능하거나 혹은 전혀 원하지 않는 것처럼 보이는 세상 속에서 우리는 어떻게 설교하도록 그리고 효과적으로 설교하는 법을 배우도록 설득될 수 있을까? 가장 중요한 비밀은 어떤 기술을 습득하는 것이 아니라 어떤 특별한 확신이 지배되는 것이다.

존 스토트

강해에 대한 임무를 정의하는 것은 좋은 설교를 향한 긴 여정의 시작일 뿐이다. 현명한 건축가는 빌딩의 구조와 관련된 개념들을 이해할 수 있을 것이다. 그러나 만일 그가 구조를 위한 적합한 기초를 놓지 않는다면, 그의 노력은 실패로 끝날 것이다. 마찬가지로 성경적 강해를 알리는 개념들을 이해한다고 해서 설교자가 성실하고 능력 있게 설교할 수 있는 것은 아니다. 설교가 사람들의 삶에 변화를 주기 위한 것이라면 그 설교는 어떤 분명한 신학적인 기초 위에 세워져야 한다. 수많은 성경의 진리가 설교를 알리는 반면에 네 개의 특별한 교리들, 즉 '하나님의 말씀', '하나님의 부르심', '하나님의 성령' 그리고 '하나님의 복음'은 성경적인 강해의 적절한 이해를 위한 토대를 제공한다.

하나님의 말씀

강해 설교는 신성한 의무지, 형식적 선택이 아니다. 그것은 설교자들에게 주어진 청지기직이다. 설교하는 직무에 대한 근본적 이유를 고려해 보라. V. L. 스탠필드는 설교를 "성경에 목소리를 부여하는 것"[1]으로 묘사했다. 그는 "하나님이 자신의 말씀을 말하도록 하는 것"[2]이라는 존 브로더스의 단순하고 정확한 설교에 대한 정의에 동의했다. 다른 말로 하면, 스탠필드는 성경을 하나님의 음성의 기록으로 보았고, 설교를 사람들의 마음속에 들리도록 하나님이 당신의 음성을 주시는 행위로 보았다.

그렇기에 설교는 하나님이 말씀하신다는 기본적인 가정에 뿌리를 둔다. 그리고 설교자는 우리의 성경 속에 보존되고 축적된 하나님의 말씀의 기록을 조직화했다. 왜냐하면 하나님은 말씀하셨고 성경은 그분의 말의 정확한 기록이기 때문에, 우리는 하나님을 바르게 묘사하기 위해서 성경을 정확하게 전달해야만 한다. 그러므로 성경적인 강해는 설교에 대한 우리의 기본적인 접근 방식이 되어야 한다. 성경에 관한 강해 설교는 우리가 하나님의 음성을 올바르게 보존하고 그것을 청중들에게 정확하게 계시할 수 있는 유일한 기회를 제공한다.

이런 현실은 하나님의 말씀에 관한 분명한 확신이 설교에서 가장 중요함을 의미한다. 많은 사람들은 정반대의 것을 믿는다. 그들은 성경에 대한 설교자의 견해가 중요하지 않으며 설교의 효과에 영향을 끼치지도 않는다고 말한다. 반면, 설교자로서 성경에 관한 당신의 확신은 당신의 설교 동기와 결과에 직접적으로 영향을 미칠 것이다. 만일 성경이 영감 있고 권위 있고 충분하다는 확신을 잃으면, 왜 성경으로 설교해야 하는가?

영감

성경에 관한 높은 견해는 성경적인 영감에 대한 분명한 확신을 가지고 시작한다. '영감' 은 "성경의 인간 저자가 하나님의 구속적인 뜻, 목적 및 활동에 관한 계시와 정확한 기록을 가능하게 하고 동기를 부여하는 성령의 초자연적인 역사"[3]를 가리킨다. 설교는 성경의 본문이 정확하게 하나님의 목소리를 기록하도록 하는 이해에 의해서 주도되어야 한다. 성경이 하나님의 말씀이라는 확신은 설교의 준비와 전달이라는 둘 안에서 모든 것을 지시한다.

축자 영감의 본질

축자 영감의 교리는 설교뿐 아니라 성경에 관한 확신의 토대를 세운다. 이 교리는 "성경 원본의 구성에서 성령은 성경 저자들이 다른 사람들의 인격을 훼손하지 않고도 그들의 표현을 선택할 수 있도록 (성경의 모든 면에 걸쳐서) 인도해 주셨다"[4]는 것을 암시한다. 영감(inspiration)은 문자 그대로다. 왜냐하면 그것은 제한 없이 완전하기 때문이다.[5] 개블라인(Gaebelein)은 다음과 같이 말했다: "축자 영감의 교리는 성경의 원본 문서들이 비록 사람의 인격과 문학적인 재능을 행사해서 씌어졌지만, 하나님의 영의 통제와 인도 아래 결과적으로 원본 문서의 모든 단어에 있어 하나님이 인간에게 주시고자 열망했던 정확한 메시지를 완전하고 오류 없이 기록했다고 주장한다."[6]

일부 비평가들은 축자 영감이 성령의 부분에 관해서 '기계적 기술' 을 함축하고 있다고 잘못 제안해 왔다. 이런 주장에 반대하면서, 패커는 다음과 같이 기록했다.

> '기계적 기술 이론' 은 허수아비에 불과하다. 종교 개혁 이래로 지금까지 개신교 신학자는 이러한 이론을 고수해 오지 않았다고 말하는 것이 안전하다 … 하나님은 각 저자의 마음, 사고방식, 기질, 관심사, 문학적 습관 그리고 문체의 특질에 따라 하나님의 영감을 온전히 받아들이게 하셨다.[7]

분명하게, 성경적인 영감은 성경 각 저자들의 독특한 인격을 통해서 씌어졌다. 어떤 사람은 이사야의 강렬한 풍자를, 예레미야의 부드럽고 진실한 연민의 정을, 요한의 철학적인 경향을, 바울의 날카롭고 뚜렷한 논리를 감지할 수 있다. 이러한 각각의 저자들은 진실로 자신의 생각을 가지고 있는 한 명의 인간이었다. 웅장한 파이프 오르간 안에 있는 각각의 파이프와 같이, 오래되었지만 자신의 고유한 음색으로 소리 내며 동일한 호흡으로 가득 차 있는 것과 같았다. 이런 거룩한 사람들은 각각의 저자가 자신만의 기록을 줄 수 있도록 하기 위해서 자신들의 삶의 환경과 그들 인격의 유전적인 조합에 의해서 형성되어졌다. 그러나 그들 모두는 신성한 영의 호흡에 의해 채워졌다.

신적 영감에 관한 성경의 주장

성경은 신적 기원에 대해 스스로 주장한다. 성경 안에 담겨 있는 말씀들이 신적인 원료임을 제시하면서, 바울은 "모든 성경은 하나님의 감동으로 된 것"(딤후 3:16)이라고 주장했다. 베드로는 또한 다음과 같이 기록했다: "예언은 언제든지 사람의 뜻으로 낸 것이 아니요 오직 성령의 감동하심을 받은 사람들이 하나님께 받아 말한 것임이라"(벧후 1:21). 이것은 마치 항해하는 배가 바람에 따라 움직이는 것과 같다. 성경 각 책의 저자들은 기록 당시 성령의 인도함을 받았다. 이는 성경의 유일하고 거룩한 저자인 성령과 거룩한 선택을 받은 사람들이 성경의 이중 저자가 된다는 것이다. 하나님은 이 모든 과정을 개개인의 독특한 인격을 통해 이루셨다. 각각의 저자는 그들의 삶의 환경과 성품의 유전적 결합에 의해 형성되었지만, 모든 것은 거룩한 영의 숨결로 가득 차 있다.

성경의 영감은 오직 원본에 대해서만 주장되어야 한다. 비평가들은 종종 영감의 높은 견해를 반대하는 이유로 성경 원본들이 사용 불가능하다는 점을 든다. 정확성은 결코 본 적이 없는 문서들에 의해서 결정될 수 없다는 것이다. 하지만 이런 비판은 사용할 수 없는 문서들이 사용 가능한 많은 출처에서 정확하게 복구될 수 있다는 사실을 간과하고 있다. 신중한 비평가는 어떤 형태의 본문이 원본에 가장 일치하는 것으로 간주될 수 있는지를 서로 다른 문서들과 비교함으로 판단하려고 한다.[8] 본문 비평의 목적은 본문의 진실성을 높이고자 하는 것이다. 카일 맥카터(P. Kyle McCarter Jr.)는 다음과 같이 말했다: "목표는 더 초기에 씌어졌고, 더 믿을 만하며, 따라서 더 우수한 본문 형태의 발견이다."[9] 본질적으로, 다르게 쓰인 모든 형태들은 '본문을 위한 증인과 증거' 다.[10]

헨더슨(Henderson)은 훌륭한 본문 비평이 얼마나 신뢰 가능한 문서를 만들 수 있는지를 설명하며, 따라서 하나님의 영감 된 말씀으로 신뢰할 수 있는 성경을 만들 수 있다고 이야기했다.

> 1863년 1월 1일, 링컨 대통령은 4백만 명의 노예들을 자유롭게 한다는 선언문 위에 인장을 찍고 자신의 이름을 새겨 넣었다. 평범한 대판양지의 네 페이지 분량에 달하는 그 선언문은 대통령의 자필로 씌어졌다. 그 후 그 문서는 1871년 시카고 대화재로 사라졌다. 한 노예 주인이 예전에 부렸던 노예를 잡으려 한다고 가정해 보자. 주인이 노예에게 링컨의 선언문을 자유 헌장으로 내놓으라고 요구한다. 그러면서 원본 내용을 만들어 내지 못하면 그는 다시금 노예 생활을 하게 될 것이라고 말한다. 이때 옛 노예가 할 수 있는 일은 무엇인가? 그는 원본을 만들 수는 없을 것이다. 왜냐하면 원본은 불에 타 파손되었기 때문이다. 하지만 비록 원본 문서를 만들어 내진 못한다 할지라도 원래의 본문을 만들고 찾을 수는 있을 것이다. 어떻게 그것이 가능한가? 공개 문서의 동일 사본과 그 시대의 신문 및 프랑스, 독일 그리고 다른 언어들로 번역된 본문, 연설, 정기 간행물 및 여러 책에 인용된 선언문을 비교하고 합치면 가능해진다. 이로 인해 그는 법정에서 그에게 자유를 주었던 최초의 메시지를 만족시킬 수 있었다.[11]

비록 원본으로 기록된 문서는 사용할 수 없지만, 설교자는 사용할 수 있는 다수의 사본들로 인해서 정확한 본문을 가지고 있다고 확신할 수 있다.

성경 무오성에 관한 성경의 주장

영감의 한 부분으로 성경은 또한 오류가 없다고 주장한다. 시편 기자는 "여호와의 율법은 완전하여"(시 19:7)라고 말했다. 또한 바울은 "모든 성경은 하나님의 감동으로 된 것"(딤후 3:16)이라고 말했다. 이는 성령이 성경의 저자들이 오류 없이 기록하는 것을 가능하도록 하기 위해 인간 저자들의 한계를 극복하신 것을 함축한다. 만일 우리가 하나님은 오류가 없으시며 하나님이 성경에 영감을 불어넣으셨다고 가정한다면, 그것은 성령을 통한 하나님의 감독 아래 성경에 오류가 없음을 분명히 하게 된다. 만일 설교자가 언제라도 인간의 오류를 통제하시는 성령의 능력을 인식할 수 있다면, 그는 성경 속에서 모든 문제를 넘어서는 하나님의 능력을 기꺼이 받아들여야 한다. 우리는 지적으로 성경은 과학적인 오류도, 역사적인 오류도, 예언적인 오류도 없다는 것을 붙들 수 있다. 만일 설교자가 이런 문제들에 관해 성경을 믿지 못한다면, 성경에서 말하는 영혼 구원에 관한 문제에 대해서도 확신을 가질 수 없다.

확실히, 어떤 사람이든 믿도록 하기 위해 모든 성경적 난제를 즉각적으로 제거해야 할 의무는 없다. 현대 독자들이 최종적인 해답을 얻지 못하는 분야가 존재하지만, 끊임없이 정보가 쌓이면서 많은 난제들이 해결되고 있다. 새로운 고고학적 발견들은 성경의 정확성과 진실성을 더욱 입증한다. 수년간 학자들을 혼란스럽게 했던 쟁점들에 대한 최근의 해답은 다른 풀리지 않은 질문들에 관한 정보가 아직도 나올 것임을 암시한다.

어떤 이들은 영감(Inspiration)에 대한 설교자의 견해와 설교하는 방식 사이에 어떤 관계도 존재하지 않는다고 주장하려고 노력해 왔다. 앤드류 블랙우드는 다음과 같이 썼다: "다행스럽게도 강단 위에서 사람이 미치는 영향은 그가 지닌 영적인 이론에 의존되지 않는다."[12] 그러나 성경이 진실로 하나님의 영감으로 씌어졌다면, 진리로부터 멀어지게 할 수 있는 것은 없다. 만일 성경이 하나님의 영감으로 씌어지고 설교를 통해 성경이 목소리를 내는 것이라면, 영감과 설교자의 설교하는 방법 사이에는 아주 중요한 관계가 있다. 설교자는 설교가 하나님의 음성을 올바르게 반영하도록 해야 한다.

이 의무는 설교자의 설교 여정이 하나님이 말씀하신 것을 발견하는 것으로부터 시작할 것을 요구한다. 만일 설교자가 하나님이 무엇을 말씀하셨는지를 알지 못한다면, 설교자는 일어서서 "주님이 말씀하십니다"라고 말할 수 없다. 그래서 브라운(H. C. Brown Jr.)은 설교에 관한 기본적인 질문은 다음과 같다고 주장했다: "'누가 그것을 말했는가?' 즉, 설교자가 성경으로 말하는 것인가, 아니면 단순히 자신의 경험으로 말하는 것인가? … [누군가는] 항상 설교에 관해 물어야 한다. '누가 그것을 말했는가? 설교자인가, 아니면 성경인가?'"[13] 하나님의 영원한 진리가 계시될 때 사람들은 본질적으로 설교자의 목소리 대신 하나님의 음성을 듣는다.

브라운의 이러한 주장은 또 다른 중요한 질문을 낳는다: 어떻게 이러한 일이 생기는가? 어떻게 설교자가 하나님이 말씀하신 것을 정확하게 반영할 수 있는가? 결국 설교하고 가르치는 은사와 관련해서 베드로는 다음과 같이 말했다: "만일 누가 말하려면 하나님의 말씀을 하는 것 같이 하고"(벧전 4:11). 그래서 설교자는 어떻게 자신의 말들로 성령이 우리에게 주신 것을 정확하게 반영하는 방법으로 하나님의 말씀을 전하는가? 이런 질문에 대한 유일한 논리적인 답변은 성경적인 본문의 강해 혹은 강해적 설교가 된다. 주어진 성경 본문에 대해 오직 이런 과정이 성령의 의도된 의미를 성실하게 유지하도록 한다. 결과적으로, 강해는 성령이 말씀하고 의미하는 본문에 영감을 불어넣은 자연적인 결과물이다.

〈개인 간증〉

영감과 강해 사이의 관계

뉴올리언스 신학교에서 교수로 사역하는 동안 나의 중요한 의무 중 하나는 예배부 학장으로 섬기는 것이었다. 나는 일주일에 세 번 드리는 예배를 조율했으며, 그중에 한 번은 '캠퍼스 목회자'로서 설교했다. 그 역할을 통해 이루고자 하는 전략 중 하나는 학생들을 위한 목회적인 설교의 모델이 되어서 이를 통해 매주 같은 회중에게 설교하는 것이 어떤 것인지를 학생들이 생각하도록 하는 것이었다.

하루는 한 동료가 채플 시간에 나의 설교를 들은 후 다음과 같이 질문했다: "당신은 어디에서 강해 설교에 관한 확신을 갖게 되었습니까?" 이 질문은 나를 놀라게 했다. 나는 설교학 교수로서 그런 기본적인 문제에 대해 한 번도 생각해 본 적이 없었다는 사실을 인정하기 싫었다. 그래서 나는 곧바로 수년 동안 나에게 영향을 미친 위대한 설교자들 중 몇몇 이름들을 신속하게 나열했다. 그러나 저녁 내내 내 마음속에 있는 그의 질문을 지울 수가 없었다. 그리고 마침내 너무 경솔하게 대답했음을 스스로에게 인정했다. 나의 아버지는 설교자가 아니셨다. 나의 성장기에 영향을 미친 목회자들이 강해자로 간주되지도 않았다. 질문에 대한 고민이 진행된 지 몇 시간 후, 나는 마침내 진실한 해답을 얻을 수 있었다.

그다음 날 나는 동료에게 좀 더 나은, 그리고 좀 더 정확한 답변을 하겠다고 말했다. 그러면서 나는 부모님으로부터 성경은 하나님의 영감으로 만들어진 초자연적이고 권위 있는 말씀이라 양육 받았다고 말했다. 그래서 설교를 시작할 때, 내 말들이 가능한 한 성령이 우리에게 주신 것과 비슷하도록 전달한다고 말했다. 그것이 내가 성경 강해를 하게 되는 가장 큰 이유다. 그것은 사람들이 최대한 가까이에서 하나님의 음성을 들을 수 있도록 성령이 우리에게 주신 가장 합리적인 방법이다.

짐 섀딕스

권위

성경적인 감동에 대한 높은 견해는 성경의 권위에 대한 분명한 확신으로 나아간다. 성경이 하나님의 감동에 의해 씌어졌고 결과적으로 오류가 없다고 할 때, 성경은 믿음의 문제를 위한 유일한 권위로 신뢰 받을 수 있다. 20세기 말에 좋은 강해 설교자들이 희소하게 배출된 것은 부분적으로 성경의 권위에 대한 확신의 부족 때문이다. 설교자에게는 하나님의 말씀을 전할 책임이 부여된다. 예수님은 베드로에게 "내 어린 양을 먹이라"(요 21:15)고 명령하셨다. 바울은 젊은 디모데에게 "너는 말씀을 전파하라"(딤후 4:2)고 촉구했다. 바울은 또한 "하나님이 자기 피로 사신 교회를 보살피게"(행 20:28) 하셨다며 에베소의 장로들을 권고했다. 이처럼 하나님의 교회를 돌보는 것은 말씀의 영적인 음식을 제공하는 것을 암시했다. 만일 성경의 권위에 대한 설교자의 확신이 산산이 부서지게 된다면, 설교자는 성경을 설교해야 할 절박함이 없어진다.

일부 비평가들과 회의론자들은 하나님의 실제적인 말씀과 성경의 본문 사이에 차이를 만들려 한다. 그러나 하나님의 접근 방법은 분명하게 자신의 말을 말씀하시는 것이었으며, 이후에 누군가 말씀에 순종하고 적용하도록 하기 위해서 그 말을 기록하게 하셨다. 모세는 하나님의 말씀을 기록했고 레위 사람들에게 증인으로서 그 말씀을 보존하라고 지시했다(신 31:24~26 참조). 그런 후 하나님은 여호수아에게 그 동일한 말씀을 지키라고 명령하셨다(수1:8 참조). 여호수아는 훗날 하나님의 새로운 계시를 율법책에 추가했다(수 24:26 참조). 그리고 예수님 시대에 그 과정을 진행하면서 남은 세대에 대한 기록된 말씀의 권위를 확인했다(마 5:17~20 참조). 사도 바울은 후에 사도들의 증언을 권위 있는 하나님 말씀에 추가함으로써 이를 교회가 세워진 토대로 묘사했다.

여전히 다른 사람들은 예수님의 권위와 성경의 권위를 구분하려고 노력한다. 어떤 사람은 "나는 예수님을 예배하지 성경을 예배하지 않는다"라고 말한다. 그러나 성경에 대한 충성심 없이 단지 성경의 내용을 통해 알게 된 누군가에게 충성할 수 있는가를 질문해 보아야 한다. 또 다른 반응은 다음과 같다: "나는 그분과 함께한 경험을 통해서 그분을 안다." 하지만 경험은 반드시 증명되어야 하며, 그 일을 위한 유일한 도구는 기록된 하나님의 말씀이다. 상식적으로 예수 그리스도의 권위와 그 자신이 보증한 기록된 말씀 사이에 명확한 구별이 이루어질 수 없다는 것을 알 수 있다.

믿음의 문제

모든 설교자는 믿음으로 성경의 권위를 받아들이는 곳으로 와야 한다. 물론 경험적 증거와 성경적 권위 사이에는 간격이 존재한다. 그 간격은 궁극적으로 오직 믿음에 의해서만 극복될 수 있다.

많은 위대한 설교자들이 그 간격을 뛰어넘기 위해 싸워 왔다. '강해자들의 황태자' 로 알려진 캠벨 모건도 그런 개인적인 위기에 빠졌었다. 그는 당대의 일부 비판적 이론에 영향을 받아 의심의 어둠속으로 빠져들었다. 그는 모든 책들을 제쳐 두고 성경이 정말로 주장하는 것이 무엇인지를 스스로 찾아보기로 결심했다. 그 결과 성경을 발견했을 뿐 아니라, 그의 말대로 "성경이 나를 찾았다".[14] 그 경험은 그의 평생 동안 두 대륙을 축복하는 설교로 이어졌으며, 그는 자신의 저작을 통해 전 세계 수많은 설교자와 다른 그리스도인들을 계속해서 축복하고 있다.

빌리 그레이엄(Billy Graham) 역시 성경이 실제로 하나님의 말씀인지 아닌지에 대해 질문하면서 사역 초기에 비슷한 위기에 직면했다. 깊은 영적인 헌신의 시간에, 그는 사람들에게 하나님의 말씀으로서의 성경을 전하는 일에 전념했다.[15] "성경이 말씀하신다"는 그의 예리한 문장은 그의 설교 사역을 통해 무수한 사람들이 움직이고, 사로잡히고, 감명을 받음으로써 성경의 권위를 반영했다. 성경에 대해 심각하게 고민하는 사람이 성경을 객관적으로 바라보며 기도하는 마음으로 모든 증거들을 대할 때 사실과 확신 사이의 간격은 점차 좁혀진다. 그럴 때 성경의 권위에 대한 확신은 쉽게 다가오게 된다.

말씀의 권위

설교자로서 당신의 권위는 전적으로 당신이 전하는 말씀의 권위에 속해 있다. 바울은 데살로니가 성도들에게 "이는 우리 복음이 너희에게 말로만 이른 것이 아니라 또한 능력과 성령과 큰 확신으로 된 것임이라"(살전 1:5)고 말했다. 권위에 관한 이러한 생각은 남용될 수 있는 특권도 아니며, 축복이 최소화되는 것도 아니다. 당신은 사람들에게 당신의 권위를 확신시키기 위해 사역하는 대신, 당신을 보내신 분의 권위에 단순히 머물 수 있다. 사람들의 의견에 복종하는 것이 아니라, "이와 같이 주님이 말씀하셨다"는 논지로 말할 수 있다. 당신이 그런 관점으로 설교할 때, 말씀의 권위는 설교 사역에 두드러지게 나타나게 된다. 이로 인해 당신은 사람들에게 다가가 그들의 삶을 바꾸는 동시에 하나님과 동역자가 되는 놀라움과 경외감을 경험하게 된다. 성경이 하나님의 살아 있는 말씀이라는 깊은 확신으로 설교할 때 청중은 좀 더 진지하게 메시지를 받아들일 것이며, 하나님의 능력이 설교를 통해 강하게 역사할 때 그 메시지는 더욱 구속력을 가진다고 생각할 것이다.

말씀은 수 세기에 걸쳐 살아남았다. 주전 303년, 디오클레티아누스(Diocletian)는 성경의 모든 사본들을 불태워 버리라고 명령했다. 그러나 성경은 여전히 살아 있다. 파리의 위그노교도(Huguenots)의 기념물에 새겨진 비문은 성경의 기적적으로 이어진 장수의 비결을 간결하고 정확하게 표현한다: "너희의 적대적인 손이 몹시 애쓰지만, 너희의 망치는 부러지고, 하나님의 모루(대장간에서 뜨거운 금속을 올려놓고 두드릴 때 쓰는 쇠로 된 대-옮긴이)는 서 있다." 수천 부의 사본을 현대 인쇄술로 옮긴 것이 그 순수성을 더럽히지는 않았다. 고대 문학과 같은 다른 고대의 문헌들은 유사한 전파 과정에 노출되어 이러한 전달의 정확성을 유지하지 못했다.

오직 수 세기에 걸친 하나님의 주권적인 통제만이 그런 행위를 설명할 수 있다. 성경과 그 역사에 대해 주의 깊게 연구하면 이 책이 기적의 책임을 독자들에게 납득시킬 수 있다. 진실로 성경은 신뢰 받을 만하며, 하나님의 권위 있는 말씀으로 설교될 수 있다.

충분함

성경의 충족성에 대한 분명한 확신

하나님은 주권적으로 사람들의 삶을 변화시킬 수 있도록 성경 말씀을 연결시켜 주셨다. 다른 말로 하면, 성경은 실제로 사람들의 삶에서 이 재창조의 과정을 촉진시키는 초자연적인 존재다. 성경의 진리는 우리 삶에서 하나님의 목적 성취를 위해 반드시 필요한 강력한 검과도 같다(히 4:12 참조). 결과적으로, 이러한 원인과 결과의 관계는 설교자들이 성경의 내적인 힘을 인식하도록 한다. 그래서 성경이 의도한 것을 말하고, 행하도록 한다. 설교에서 성경에 관한 강해는 그것이 일어나도록 하는 방법이다.

따라서 강해는 성경의 충족성에 관한 분명한 확신에 뿌리를 둔다. 만일 우리에게 그런 확신이 없다면, 듣는 사람의 삶이 변화하도록 설교하는 것은 불가능할 것이다. 성경의 영감(Inspiration)에 관한 높은 견해와 그 권위에 대한 확고한 의존은 우리에게 삶을 변화시키는 능력에 대한 확신을 준다. 사실 성경이 영감 받은 하나님의 말씀이라면, 성경이 주장하는 것은 성취될 것임을 믿을 수 있다.

하나님의 말씀을 통한 삶의 변화에 대한 예시

하나님의 말씀은 삶의 변화에 영향을 미치는 자신의 영적 능력에 대해 놀라운 주장을 한다. 성경의 증언에 관한 몇 가지 예들을 생각해 보라. 여호수아가 위대한 지도자 모세의 죽음 이후 모세의 자리를 대신하는 것에 대해 두려워했을 때, 하나님은 당신의 말씀을 묵상하고 순종하는 것이 번영과 성공의 비밀임을 일깨워 주셨다(수 1:8 참조). 시편 기자는 인간의 본성에 영향을 주는 성경의 능력에 대해 기록했다. 시편 19편 7~13절에서 하나님의 말씀은 율법, 증언, 교훈, 명령, 두려움, 규정이라는 여섯 가지의 서로 다른 이름으로 언급된다. 같은 구절에서 시편 기자는 성경의 여러 가지 특징들을 완전하고, 분명하며, 올바르고, 순결하고, 깨끗하고, 영원하며, 진실하고, 의롭고, 가치 있고, 매우 달콤한 것으로 언급한다! 그러나 우리는 하나님의 말씀이 가져오는 그 모든 축복과 유익, 곧 영혼의 회복, 지혜, 기쁨, 이해, 경고, 보상, 확신, 청결, 죄로부터의 보호와 하나님 앞에서의 흠 없는 회복을 간과해서는 안 된다! 주님은 우리가 당신의 형상을 회복하기 위해 필요한 모든 진리와 원칙, 기준 그리고 경고를 주셨다. 시편 119편은 하나님 말씀의 초자연적인 능력에 관한 주장들로 가득하다. 시편 119편 9~11절은 그의 말씀을 간구하는 것은 범죄의 예방과 영적인 정결을 가져온다고 말씀한다. 시편 119편 18절은 경외감을 불러일으키는 기적을 낳는다고 말씀한다. 또한 시편 119편 1~5절은 말씀의 명령에 순종하는 것은 삶의 여정을 항해하기 위한 방향을 제시한다고 말씀한다.

구약의 선지자들 또한 하나님 말씀의 유익을 알았다. 이사야 55장 10~11절에서 하나님의 말씀은 회개한 죄인들이 하나님에게로 돌아오면 영적으로 꽃을 피울 수 있는 하늘의 음료를 그들에게 줄 것이라고 말씀한다. 그러면 그들은 슬픔에 젖어 있는 대신 먹고 파종하면서 하나님 말씀의 은혜의 선물을 받을 수 있다. 이 모든 것은 하나님의 말씀이 가져오는 번영을 묘사한다. 예레미야 15장 16절에서 하나님의 말씀은 기쁨의 원료다. 예레미야 23장 29절에서 눈물의 선지자는 하나님 말씀이 바탕이 되는 강력한 능력은 어려운 상황들과 견고한 마음들을 이겨내기에 충분하다고 말한다.

신약성경 또한 성경의 놀라운 능력에 관한 주장들로 가득 차 있다. 성경은 설명과 적용을 받아들이는 사람들의 마음을 움직인다(눅 24:32 참조). 예수님은 하나님의 진리가 제자의 삶에서 성결하게 하는 대리자임을 인정하셨다(요 17:17 참조). 사도 바울은 은혜의 말씀이 영적 성장을 촉진하며 신자들이 영화(glorification)를 향해 나아가도록 할 것이라고 주장했다(행

20:32 참조). 바울은 또한 말씀이 믿음의 생산자요(롬 10:17 참조), 영적 전투를 하는 동안 보호하는 능력의 소유자라는 사실을 알고 있었다(엡 6:17 참조). 바울은 디모데에게 성경은 하나님의 사람들이 영적인 여정을 위해 필요로 하는 모든 것을 공급한다고 말했다: 모든 경건을 위한 지혜, 경건을 알기 위한 교훈, 경건으로부터 떠나는 것에 대한 책망, 경건을 향한 회복 그리고 경건을 추구하기 위한 훈련(딤후 3:14~17 참조).

히브리서 저자는 영혼을 찾고 영적으로 시험할 수 있는 말씀의 능력을 지적했다(히 4:12 참조). 야고보는 거룩하게 하는 구원의 온전함을 갖게 하는 말씀의 능력에 대해 말했다(약 1:21 참조). 베드로는 말씀의 능력으로 영혼을 깨끗하게 하며, 죽은 마음이 새롭게 태어나며, 갓난아기들 같은 그리스도인의 영적인 영양을 공급한다고 말했다(벧전 1:22~2:2 참조).

이러한 목록은 계속해서 언급할 수 있다. 하나님 말씀의 유익은 끝이 없다. 그것의 부요함은 그칠 줄 모른다. 게다가 이러한 예들을 바라볼 때, 어떤 사람은 인간 존재의 가장 기본적인 요구와 필요들이 열거된 것과 같이 본다. 이러한 주장이 사실이라면, 우리는 삶에서 그리스도 안에서 하나님의 구속 역사가 절실히 필요한 사람들이 이용할 수 있도록 하기 위해 우리가 할 수 있는 모든 일을 해야 한다. 교회에 다니는 사람들이 합리적이고, 적용 중심적이며, 생활에 필요한 메시지를 원하는 날에 당신은 왜 설교의 주제와 내용을 찾기 위해 다른 곳에 가야 하는가?

본질적으로 하나님의 말씀은 적절하고, 역동적이며, 효과적이다. 우리가 하나님의 말씀을 충실하게 강해한다면, 그것은 받는 사람들의 삶에 근본적으로 영향을 미치고 하나님의 말씀이 뿌리 내리도록 할 것이다. 만일 성령이 이런 모든 일을 하신다면, 그리고 삶의 변화에 영향을 미치는 하나님의 말씀을 통해서 더욱 역사하신다면, 설교자는 더 큰 책임을 지게 된다. 하나님의 강력하고 삶을 변화시키는 말씀을 통해 사람들이 그리스도의 모습으로 변화되는 희망을 놓지 않도록 하기 위해서, 설교자는 말씀 충만한 능력을 유지하면서 말씀의 진리를 해석하고 설교할 책임이 있다.

하나님의 영

성령의 역사는 성경 강해 안에 나타난 말씀의 역할과 매우 밀접하게 연관되어 있다. 하나님이 당신의 초자연적인 말씀의 청지기로 흙과 같은 연약한 피조물인 인간을 설교자로 임명하셨을 때, 그분은 피할 수 없는 사건이 발생하기를 기다리고 계셨다. 아투로 아주르디아(Arturo Azurdia)는 이를 이렇게 관찰했다: "설교 활동에서 성령의 사역을 소홀히 하는 것은 죄로 가득 찬 인간의 본성을 전체적으로 완벽하다고 보는 것과 같은 잘못을 범하는 것이다. 좀 더 직접적으로 표현하자면, 인간의 타락에 대한 이해를 통해 하나님의 주권적인 영에 의존하는 정도가 결정될 것이다."[16] 설교와 설교자들은 초자연적인 일이 일어나면 전적으로 초자연적인 도움에 의존한다.

앞에서 이야기했듯이, 성경의 영감은 설교가 처음부터 끝까지 성령의 계시라는 것을 분명히 한다. 존 녹스(John Knox)는 "처음부터 끝까지 진실한 설교는 성령의 역사다"[17]라고 말했다. 그러나 설교자들이 강해 설교를 하도록 하는 것만이 성령의 유일한 역할은 아니다. 성경적 강해의 실천은 무엇보다 먼저 성경적 영감에 대한 강한 확신에 힘입어 이루어지지만, 설교의 다른 측면들에 대해서도 성령의 참여가 요구된다. 성령은 우리가 전하는 말씀에 영감을 주셨을 뿐만 아니라, 그 의미에 대한 우리의 이해를 밝혀 주시고, 진리에 관해 확신시키시며, 그것을 우리 마음에 적용하신다. 같은 방식으로, 성령님은 청중의 마음을 여시며, 그들의 마음에 확신을 주시며, 그들이 반응할 수 있게 해 주신다. 또한 진리에 대한 우리의 소통에 기름부으시며 초자연적인 방법으로 말할 수 있는 담대함을 주신다. 설교는 성령의 사건이다. 만일 성령이 떠나시면 설교는 이루어지지 않는다.

조명

성경에 기록된 하나님의 객관적이고 외부적인 계시 자체는 삶을 변화시킬 수 없다. 왜 그럴까? 아주르디아는 "로마가톨릭교회는 역사적으로 영적인 이해의 문제는 성경의 모호함과 복잡성 속에 놓여 있다고 결론지었다"라고 지적한다. 평범한 사람은 진리를 왜곡할 위험이 많다. 따라서 이들에게는 교회의 오류 없는 해석이 필요하다. 그러나 종교 개혁가들은 보다 성경적인 답변을 받아들였다. 그들은 성경 혹은 완벽하고 진실한 의사소통이 아닌, 성경을 읽는 사람들의 타락이 그 문제와 관련이 있다고 말했다(창 8:21, 전 9:3, 롬 3:10~12, 8:7, 엡 2:1, 4:17~18, 딛 1:15 참조).[18]

성경적 진리를 이해함에 있어서 중요한 성령의 역할

따라서 하나님의 진리에 대한 올바른 이해는 인간 타락의 방해를 극복하기 위한 성령의 조명하시는 역사를 통해 이루어져야 한다. 조명이란, 성도들이 성경적인 진리의 의미와 중요성을 영적으로 이해할 수 있도록 하는 것이다. 밀라드 에릭슨(Millard Erickson)은 다음과 같이 말한다.

> 성령의 조명하는 역할은 본문의 의미에 대한 통찰력을 전달하는 것이다. 조명은 새로운 정보의 전달이 아니라, 그 의미에 대한 깊은 이해를 포함한다. 그것은 이해의 섬광이다. 그것은 극적으로 혹은 좀 더 점진적으로, 더 조용하게, 그러나 빠르게 올 것이다. 그 속에서 우리는 이전에 이해하지 못했던 것을 보게 된다 … 그것은 성경이 말하는 더 깊은 의미와 깊은 수준의 인식으로 보는 것이다.[19]

따라서 조명은 우리가 하나님의 말씀 속에서 받아 왔던 계시와 구분되어야 한다. 성경의 계시는 하나님의 진리다. 조명, 즉 하나님의 조명은 하나님이 우리에게 진리를 주심으로 하나님이 의미하신 것이 무엇인지를 우리가 이해할 때 일어난다.

이는 분명 엠마오로 가는 길에 예수님과 만났던 두 제자에게 일어난 일이다. 구약성경의 렌즈를 통해서 그리스도의 죽음을 둘러싸고 있는 현재적인 사건을 해석하지 못했기 때문에 예수님은 그들은 "미련하고 선지자들이 말한 모든 것을 마음에 더디 믿는 자들이여"(눅 24:25)라고 부르셨다. 그래서 그는 "모세와 모든 선지자의 글로 시작하여 모든 성경에 쓴 바 자기에 관한 것을 자세히 설명"(눅 24:27)하셨다. 예수님이 그들 가운데서 사라지신 후에 그들은 서로에게 물었다: "길에서 우리에게 말씀하시고 우리에게 성경을 풀어 주실 때에 우리 속에서 마음이 뜨겁지 아니하더냐"(눅 24:32). 성령의 능력을 통해 예수님은 성경의 진리와 삶에 대한 적용으로 그들의 마음을 여셨다.

사도 바울은 영적인 진리를 이해하기 위해 성령의 도우심이 필요함을 인식했다. 그는 "육에 속한 사람은 하나님의 성령의 일들을 받지 아니하나니 이는 그것들이 그에게는 어리석게 보임이요, 또 그는 그것들을 알 수도 없나니 그러한 일은 영적으로 분별되기 때문이라"(고전 2:14)고 말했다. 17세기의 위대한 청교도 목사이자 신학자며, 옥스퍼드대학 학술 행정가인 존 오웬(John Owen)은 성령의 역사에 관한 필요성을 지적했다. 그는 "모든 사람의 마음은 비대해졌고, 그들의 귀는 무거워졌으며, 그들의 눈은 가려졌다. 따라서 그들은 들을 수도, 인식할 수도, 혹은 하나님 나라에 대한 신비를 이해할 수도 없다. 이런 것들은 그들의 마음에 있는 성령의 사역에 속한다"[20]고 말했다. 영적으로 죽은 사람들은 그들 스스로 영적인 자극에 반응할 능력이 없다.

강해 설교 속에서 성령의 도우심

설교에 적용할 때, 설교자와 청중 모두가 하나님의 말씀을 바르게 이해하고 삶을 변화시키는 일을 경험하기 위해서는 하나님의 영의 도우심을 받아야만 한다. 성경의 영감 외에도 성령님은 설교 본문에 대한 바른 이해를 위해 설교자와 청중 모두의 마음에 조명하심으로 설교 안에서 역사하신다. 몰러(Mohler)는 "설교자와 청중 모두 본문의 적절한 이해를 위해 성령의 역사에 의존하고 있다"[21]고 말했다. 설교와 조명 사이의 고리는 해석학과 설교학 사이의 관계 속에서 발견되어진다. 만일 성령의 조명이 본문의 바른 이해를 위해 반드시 필요하다면, 또한 본문의 바른 이해가 바른 설교를 위해서 반드시 필요하다면, 그다음 단계로서 조명은 성경적인 강해의 실천을 위해 필수적인 요소가 된다.

성령의 조명과 성경적인 강해 사이의 관계에 대해 오웬보다 잘 이해한 사람은 아무도 없었다. 비록 그의 말이 어색하고 때로는 장황하다 싶을지라도, 해석과 강해에 있어 성령의 조명의 필요성에 대한 그의 확신은 도움이 된다. 그 관계에 대해 오웬은 다음과 같이 기록한다.

> 따라서 복음의 의무로서, 그리고 그들이 하나님에게 받아들여지는 것처럼 성령의 특별한 도움과 공급이 있다. 그리고 그 이유 때문에 성경의 해석에 있어서도 그렇다. 성령의 도움 없이는 성경 해석의 의미를 올바르게 사용할 수 없으며, 올바른 의미를 찾지 못하면 성경을 해석할 수 없기 때문이다. 사실은 이러하다. 자신들의 교회를 위해, 그리고 하나님의 말씀을 다른 사람들에게 설명하기 위해 하나님의 마음을 찾고 '성경을 연구하는' 사람들에게는 이러한 직무가 필요하지 않다고 주장하거나, 특별히 성령의 도움 없이도 하나님에게 합당하고 목적에 유용한 방법으로 이 직무들이 수행될 수 있다고 말하는 사람들은 복음과 그 은혜의 모든 교리를 거룩하지 못하게 만든다는 것이다.[22]

만일 우리가 다른 사람에게 성경을 설명하기 위해서 성경을 해석하는 것이 가능하다면, 성령의 조명은 약속된 것일 뿐 아니라 반드시 필요한 것이다.

성령에 의한 조명에 있어서 절대적인 역사는 설교자의 기도 없이는 이루어질 수 없다. 의심할 여지없이, 강해자는 설교 준비를 위해 성경 연구를 위한 자료들을 많이 사용해야 한다. 그러나 주석이나 사전, 혹은 성경 백과사전도 기도에 대한 응답으로 오직 성령만이 데려갈 수 있는 곳으로 설교자를 데려가지는 못한다. 다시 오웬은 다음과 같이 설명한다.

> 이(성령의 조명하심을 위한 기도)는 … 성경을 충실히 강해하려는 자들이 여러 어려움에 처했을 때 그들을 위한 버팀목이 되며, 그것은 강해자가 어떤 특별한 계시로 성령의 원하시는 것을 얻었다는 만족감을 얻게 한다 … 그리고 강해자들 대부분이 같은 길을 가는 이유는, 이전과 같은 노력의 어려운 길을 넘어서는 일이 거의 없으며, 어떤 호기심에 빠지지 않는 한 임무를 위해 부지런한 노력으로 얻는 성령의 행하심에 자신을 맡기는 것이 부족하기 때문이다.[23]

성경 강해자들은 성경을 부지런히 그리고 능숙하게 연구해야 하기도 하지만, 그들은 또한 의도된 의미와 관련성을 이해하도록 돕기 위해 약속된 성령을 구해야 한다.

이러한 진리는 조명이 강해 설교에 절대적으로 필요하게 만든다. 만일 우리가 성경의 원래 의미를 바르게 해석하기를 열망한다면, 그리고 다른 사람에게 그것을 설명하고 적용하길 원한다면, 성령의 조명은 무시될 수 없다. 설교자는 자신이 설교하는 본문을 바르게 이해하고 설명하기 위해 성령의 조명하시는 도움을 찾을 때까지 설교할 준비가 되지 않은 것이다. 성령의 조명하시는 도움을 받는 것은 설교자의 설교가 자신의 청중들의 변화에 영향을 줄 수 있는 유일한 길이다.[24]

책망

성령은 우리 마음을 진리로 조명하실 뿐 아니라, 듣는 이들을 책망하신다. 예수님은 제자들에게 말씀하셨다: "그(성령)가 와서 죄에 대하여, 의에 대하여, 심판에 대하여 세상을 책망하시리라"(요 16:8). '책망하다' 라는 단어는 일반적으로 빛을 가져오거나 노출시키거나 반박하거나 설득하는 것과 같은 교정을 위한 활동으로 이해된다. 이 동사는 신약에서 18번 언급되며, 이는 일반적으로 회개를 불러일으키거나 누군가에게 그의 죄를 드러내는 것과 관련이 있다.[25] 책망이란 하나님이 옳고 자신이 틀리다는 것을 깨닫게 해 주시는 성령의 사역이다.

하나님의 말씀이 성령의 능력으로 바르게 이해되고 선포될 때, 그것은 세상 사람들에게 죄에 대한 자각을 줄 것이다. 바울은 고린도전서 14장 22~26절에서 영적인 은사들에 관한 성령의 역사를 강조한다. 특히 그는 공적 예배에서 방언에 대한 예언의 우월성을 강조하면서 "그러나 다 예언을 하면 믿지 아니하는 자들이나 알지 못하는 자들이 들어와서 모든 사람에게 책망을 들으며 모든 사람에게 판단을 받고 그 마음의 숨은 일들이 드러나게 되므로 엎드리어 하나님께 경배하며 하나님이 참으로 너희 가운데 계신다 전파하리라"(고전 14:24~25)고 이야기한다.

바울의 주장에 관해 브루스(F. F. Bruce)는 "교회 모임에 참석할 때 모든 구성원들은 자신이 아는 언어로 말하는 것을 듣게 되는데, 그것은 그들의 마음과 양심을 찔러 그들 마음의 비밀을 드러내고, 그들의 죄에 대해 책망한다. 그들은 '설교자의 말씀은 나를 위한 하나님의 메시지' 라고 말할 것이다"[26]라고 말했다. 성령의 책망에 대한 가장 위대한 표현은 청중들이 설교에 대해 사람이 아닌 하나님의 말씀이라는 결론을 내리는 것이다.

하나님의 권능의 말씀에 충실한 설교는 죄에 대한 자각을 가져온다. 그리고 성령의 책망은 하나님의 임재가 느껴지는 진정한 예배를 위해 반드시 필요하다. 따라서 교회에서 하나님을 경배하는 것만큼이나 기본적인 것은 죄에 대한 예배자들의 자각이다.[27] 두 개의 활동은 분리될 수 없고, 그들의 순서 역시 바뀔 수 없다.

설교는 사람들이 하나님의 목소리를 듣도록 하며, 그들을 책망하고 회개를 부여하는 하나님의 주된 수단이다. 그것이 믿는 사람들과 믿지 않는 사람들 모두에게 있어 하나님의 말씀을 전하는 가장 효과적인 수단이다.

바울은 특별히 방언보다 더 선호되는 것이 설교라고 주장했다. 믿는 자들에게 성령의 음성으로 선포되는 예언적 선포는 예배에서 하나님의 임재를 보여 준다. 이는 믿지 않는 자들로 하여금 최소한 하나님의 존재를 인정하게 만들며, 몇몇 사람들은 책망으로 인해 진정한 회개와 회심을 하게 된다.

하나님의 말씀을 전하는 것은 사람들에게 장차 받을 심판과 이에 대한 논쟁이 사실이라는 것을 확신시키는 최고의 수단이다. 맥아더는 이렇게 기록한다.

> 말씀이 선포될 때 그것은 사람의 마음에 선포되며 책망을 가져오는데, 그것이 믿음으로 나아가는 첫 번째 단계다. 유죄 판결을 받은 사람은 자신의 진정한 모습을 보게 되는데, 이는 그의 마음의 비밀이 드러나기 때문이다. 죄로 가득 찬 의도와 행동들이 그에게 계시로서 나타난다. 결과적으로 그 사람은 하나님을 경외함으로 그분 앞에 엎드려 하나님은 분명 우리 가운데 살아 계시다고 선포할 것이다. 교회의 가장 강력한 증거는 그 신비스러움에 있는 것이 아니라, 강력한 하나님의 말씀을 분명하게 선포하는 것에 있다.[28]

신자나 불신자와 대화할 때, 우리는 다른 활동을 위해서 올바른 설교를 희생해서는 안 된다.

적용

성령은 또한 설교자와 청중의 삶 모두에게 있어서 성경의 진리를 적용하도록 역사하신다. 설교자가 청중에게 바르고 적절한 적용을 하는 것이 얼마나 중요한지에 대해서는 뒤에서 논의할 것이지만, 설교자가 그 일에 있어 혼자가 아님을 아는 것이 중요하다. 의심의 여지없이, 현대 설교자는 극복할 수 없는 어려움에 직면해 있다. 그는 텔레비전과 라디오로 이미 잘 훈련되어진 세련된 의사소통에 익숙한 사람들에게 설교를 하고 있다. 그는 또한 성경에 대한 배경 지식이 거의 없는 사람들과 소통하려고 노력하고 있다. 성경의 많은 용어들이 사람들에게는 대단히 낯설지도 모른다. 자신의 힘을 의지하다가는 절망에 빠질지도 모른다.

성경을 설교함에 있어서 성령은 이러한 수많은 도전들을 해결해 주는 역할을 한다. 강해 설교자는 하나님의 말씀을 현대 청중들에게 창의적으로 전하기 위해 애쓰는 강력한 협력자를 가지고 있다. 그는 고대의 텍스트를 오늘날의 삶과 연결시키는 데 있어 신적인 도움을 약속 받았다. 이는 설교자를 다른 소통하는 사람들과 구분한다. 성령은 청중들 안에 진리를 알고자 하는 깊은 열망을 불러일으키신다. 성령은 사람들로 하여금 죄가 있음을 깨닫게 하시고, 그리스도의 사역이 합당하며, 그리스도를 통한 구원의 바람직함을 깨닫게 하신다. 성령의 능력은 설교를 효과적으로 그리고 적용 가능하게 만든다. 바울은 데살로니가전서 1장 5절에서 "이는 우리 복음이 너희에게 말로만 이른 것이 아니라 또한 능력과 성령과 큰 확신으로 된 것임이라" 고 기록했다.

이런 확신은 강해자가 자신의 청중들이 직면해 있는 모든 구체적인 질문과 상황을 해결해야 한다는 압박 아래 살 필요가 없는 이유다. 변수는 무한하며, 결과적으로 하나님은 성경에 있는 모든 문제를 다루도록 의도하지 않으셨다. 그 대신 전지전능하신 분이 우리가 직면한 구체적인 상황과 문제들과 관련해서 성령을 통한 영적인 인도하심을 약속하셨다(빌 4:6~7, 약 1:5 참조). 로빈슨(Robinson)은 사람들이 종종 시간이 지남에 따라 어려운 상황에 직면하기 때문에 '고통+시간+통찰력=변화' 라고 주장했지만, 그러한 상황들이 반드시 바뀌지는 않는다. 그러나 어려움과 시간에 통찰력이 더해지면 변화가 일어난다.[29] 결과적으로, 강해자는 "주님이 말씀하십니다" 라는 하나님의 말씀의 암시에서 흘러나온 영적인 통찰력을 선포하는 것에 집중할 수 있다. 그러면 하나님의 영은 적절한 시기에 청중들의 삶에 구체적인 적용을 하도록 성실하게 일하실 것이다.

설교의 주된 목표 중 하나는 사람들 속에 그리스도와 같은 성품을 기르는 것이다. 우리가 성경을 해석할 때, 그 실제적이고 경건한 본질을 붙잡을 때, 청중들의 필요와 날마다의 삶 속에 삶을 변화시키는 진리들을 가져올 때, 성령은 그 바라시던 변화를 가져온다. 성경적 진리에 대한 강해는 건전한 해석으로 말미암아 성장하고, 하나님의 영의 능력으로 전달되며, 분명하게 영적 확신을 키울 것이다. 그러나 그것은 또한 하나님의 진리를 사람들의 삶에 연결시키는 것을 도움으로써 한 걸음 더 나아갈 것이다. 하나님의 말씀에 대한 분명하고 설득력 있는 설명과 적용은 듣는 이들의 마음에 긍정적인 반응을 불러일으킨다. 우리가 현대 세계뿐만 아니라 성경적인 본문을 견고하게 붙잡는 일에 충실할 때 하나님의 영과 능력은 증명될 것이며, 그 결과로 일어나는 확신, 삶의 변화 그리고 계속되는 예배는 살아 있게 될 것이다.[30]

기름부으심

의심의 여지없이, 성령이 설교 가운데 임하실 때 신비로운 일이 일어난다. 이 사실은 설교에서 성령의 역사를 묘사하려는 시도를 매우 어렵게 만든다.[31] 그러나 말로 하는 소통의 영역에서, 심지어 그리스도인들 사이에서 성령의 역사는 복음 설교자를 일반적인 다른 소통자들과 분리시키는 이점이 있다. 일반적인 대중 강의자들도 자신의 주제에 대해 열정적일 수 있다. 그러나 한 가지 특별한 요소는 오직 하나님의 말씀을 전하는 이들을 위해 마련된 것이다. 이 요소는 설교자의 말을 예리하게 하고 힘 있게 해준다. 이 요소는 **'기름부음'** 이라고 불린다. 일부 설교학자들과 설교자들은 기름부으심이 실제로 존재한다고 믿지 않으며, 그것은 종종 설교자를 죄로 짓누르는 불필요하고 성경적이지 않은 개념이라고 주장한다.[32] 그러나 성경은 하나님의 말씀이 바르게 선포될 때 하나님의 영의 신비로운 참여가 있음을 증거한다.

신약성경에 나타난 기름부음은 성령 충만의 의미와 밀접한 관계를 가진다. 신약에서 이 특별한 성령의 참여를 언급하기 위해 **기름부음**이라는 단어는 거의 사용되지 않지만, 성령으로 충만하게 되는 유사한 개념과 구별하는 데 도움이 된다. 성령에 의한 예언적 말씀에 대한 여덟 가지 구체적 언급은 누가복음과 사도행전에서 찾을 수 있다(눅 1:15, 41, 67, 행 2:4, 4:8, 31, 9:17, 13:9 참조). 각각의 경우에 사용되는 동사는 대개 '마음을 채우거나 소유하는' 개념으로 번역된다.[33] 이 모든 사건이 성령 충만한 누군가를 언급하는 동안, 신약성경의 문법은 '충만한', '충만하게 하는', 혹은 '채우는' 으로 번역된 사도행전을 통해 누가복음에서 유사한 묘사들과 혼동되어서는 안 된다고 제안한다(눅 4:1, 행 6:3, 5, 7:55, 11:24, 13:52 참조).[34]

위대한 신약학자인 브루스(F. F. Bruce)도 이에 동의한다. 특별히 사도행전 4장 8절을 언급하면서 그는 다음과 같이 기록한다: "우리는 영감의 특별한 순간을 나타내는 이 부정과거 수동형과 성령의 지속적인 성격을 나타내는 형용사 pleres(full, 충만)의 사용을 구분해야 한다"(행 6:5 '스데반' 참조).[35] 결과적으로, 아주르디아는 누가복음과 사도행전의 여덟 가지 사례 각각을 '진리의 선포와 관련된 하나님의 주권적이고 자발적인 사건' 으로 간주해야 한다고 결론을 내린다.[36] 성령으로 충만하거나 설교자로서 기름부음을 받는 것은 성령 충만한 그리스도인이 되는 것과는 다르다. 그것은 '예수 그리스도에 관한 선포가 거룩한 능력에 의해 붙잡힐 수 있도록 한 사람에게 임하는 하나님의 영의 즉각적이고 갑작스럽고 주권적인 작용' 이다.[37]

구약과 신약의 다른 구절들은 설교에서 성령의 특별한 역사를 묘사한다.[38] 고린도전서 2장 1~5절에 나오는 바울의 말은 성령의 역사에 관해 설교자와 청중 모두에게 특히 도움이 된다. 바울은 자신이 "하나님의 증거를 전할 때에 말과 지혜의 아름다운 것"(고전 2:1)으로 하지 않았다고 말했다. 당시 그리스의 연설가들은 웅변과 수사학적인 표현으로 유명했다. 의심할 여지없이, 바울은 잘 훈련받았으며, 웅변 실력이 뛰어났다. 그러나 그는 결과를 얻기 위해 웅변적인 말투에 의존하지 않았다고 말했다. 타고난 재능이 있는 설교자는 메시지를 전하기 위해 자신의 웅변적인 말투 사용하는 것을 경계해야 한다. 결과적으로 그가 말하는 것을 너무 화려하게 꾸며서 결국엔 아무 말도 하지 않은 것처럼 되어 버릴 수 있다.

바울은 계속해서 말한다: "내 말과 내 전도함이 설득력 있는 지혜의 말로 하지 아니하고 다만 성령의 나타나심과 능력으로 하여"(고전 2:4). 고린도의 연설가들은 설득력 있는 말과 시적인 표현의 힘으로 유명했다. 그들은 그들의 학습과 웅변술로 청중을 매혹시킬 수 있는 마법사들이었다. 설교자는 자신의 논리와 기술로 청중을 감동시킬 수 있지만, 실제로는 그것을 그들 존재의 가장 깊은 곳에 머물게 한 채 사용하지 않는다. 바울은 효과적인 설교 전달이 설교자의 기술에 달려 있지 않다는 것을 분명히 밝혔다. 우리는 주님에게 우리의 말을 전하고 반드시 바쳐야 하지만, 진정으로 효과적인 설교는 오직 성령의 능력을 보여 주는 데서만 나온다.

성경 본문의 이와 같은 묘사는 기름부음에 대한 생각을 완전히 편안하게 받아들일 수 있게 한다. 기름부음 받은 설교는 설교와 설교자 위에 하나님이 계신다. 설교자가 하나님의 능력으로 말할 때, 그 결과는 놀랍다. 설교자는 영감과 충만한 생각으로 설교한다. 그는 언어의 자유와 단순함을 모두 가지고 있다. 설교자로서의 이 신성한 요소는 설교자의 준비와 전달에서 무엇보다도 제일 우선시되어야 한다. 크리스웰은 악마가 한때 복음을 전하던 시기의 이야기를 다시 말한다. 한 성도가 놀랐을 때 그의 두려움은 다음과 같은 말로 평온해졌다: "두려워하지 마라. 악마의 설교는 좋지 않을 것이다. 그 설교 속에는 능력이 없기 때문이다."[39] 그 누구도 성령의 기름부으심으로부터 떠나서는 능력 있게 설교할 수 없다.

성령 충만한 설교는 설교자와 사람들에게 특별한 일을 한다. 그 기름부음은 설교자가 지속적으로 자신의 능력이 아닌 하나님의 능력을 인식하게 해 준다. 그 말의 가장 좋은 의미에서, 설교자는 성령의 능력에 '붙잡혀' 있다. 그는 성령에 의해 사용되는 통로가 된다. 동시에 사람들은 붙들림 받고, 감동 받으며, 확신을 갖게 된다. 성령이 설교를 인도하실 때 기적적인 일이 일어난다.

하나님의 부르심

성경이 진실로 하나님의 초자연적이고 영원한 목적을 성취하기에 충분한 성령에 의해 영감 받은 하나님의 말씀이라면, 누군가는 그 말씀을 설교할 수밖에 없다. 선지자 아모스는 이렇게 질문했다: "사자가 부르짖은즉 누가 두려워하지 아니하겠느냐 주 여호와께서 말씀하신즉 누가 예언하지 아니하겠느냐"(암 3:8). 사도 바울은 시편 116편 10절을 인용하면서 다음과 같이 말했다: "기록된 바 내가 믿었으므로 말하였다 한 것 같이 우리가 같은 믿음의 마음을 가졌으니 우리도 믿었으므로 또한 말하노라"(고후 4:13). 스토트(Stott)는 다음과 같이 결론 내렸다.

> 다음은 살아 계시고, 구속하시고, 자신을 계시하시는 하나님에 관한 근본적인 확신이다. 그것은 모든 그리스도인 설교자들이 의지하는 토대다. 우리가 이런 하나님을 믿지 않는 한 절대로 강단에 서서는 안 된다 … 그러나 하나님이 말씀하셨다는 것을 확신하면 우리 역시도 말해야 한다. 우리에게는 그런 강요가 있다. 어떤 것도, 그 누구도 우리를 침묵하게 할 수 없다.[40]

그래서 설교는 '하나님이 말씀하신다' 라는 기본적인 가정에 뿌리를 두고 있다. 하나님은 성경에 기록되고 보존될 당신의 말씀의 기록을 지휘해 오셨고, 또 각 사람에게 말씀을 선포하도록 부르신다.

설교자의 부르심

설교에 대한 공식적이고 집중된 부르심

모든 그리스도인들이 복음을 전하고 다양한 맥락에서 하나님의 말씀을 가르치도록 부름 받았지만, 성경은 하나님이 몇몇 개인에게 설교 사역에 대해 보다 공식적이고 집중적이며 헌신적인 표현을 요구하신다는 것을 분명히 한다. 초기에 가버나움에서 사역하면서 예수님은 제자들에게 말씀하셨다: "이르시되 우리가 다른 가까운 마을들로 가자 거기서도 전도하리니 내가 이를 위하여 왔노라 하시고"(막 1:38). 그리고 이것이 예수님의 사역을 정확히 특징짓는 것이다(마 4:23, 9:35, 막 1:14~15, 39, 눅 4:16~21, 43 참조). 예수님은 그 동일한 부르심을 자신의 열두 제자에게 확장하셨다: "자기와 함께 있게 하시고 또 보내사 전도도 하며"(막 3:14, 눅 9:1~2 참조). 교회는 이후에 하나님의 말씀으로 성도들을 목양할 이들에게 동일한 부르심을 적용했다. 바울은 디모데에게 "네 속에 있는 은사 곧 장로의 회에서 안수 받을 때에 예언을 통하여 받은 것을 가볍게 여기지 말며"(딤전 4:14, 딤후 1:6 참조)라고 권고했다.

하나님이 설교에 대한 좀 더 구체적이고 공식적인 부름을 만드신 이유 중의 하나는, 모든 세대가 하나님의 말씀을 알고 이해하는 데 도움이 되는 사람들을 필요로 한다는 것을 아셨기 때문이다. 모든 사람이 성경을 읽고 하나님의 말씀을 배울 수는 있지만, 모든 사람이 아무런 도움 없이 그 신비의 깊이를 깨달을 수는 없다. 결과적으로, 하나님이 자신의 기록된 말씀을 주셨던 그 시간으로부터 더 멀리 가면 갈수록 그것을 우리에게 설명해 줄 사람들과 그것을 우리가 적용하도록 도와줄 사람들이 더 많이 필요하게 된다. 채플(Chappell)은 이러한 놀라움과 그에 따른 효과를 다음과 같이 설명한다.

> 하나님은 어떤 특정한 사람들을 자신의 대변인으로 부르신다. 왜냐하면 그들을 알고, 그들이 속해 있는 세상을 알고, 그들이 다른 누구도 할 수 없는 무언가를 할 수 있음을 아시기 때문이다. 하나님이 지식 안에서 인간의 구원에 필수적인 것을 할 수 있도록 우리를 택하셨다는 사실은 흥분되고 하나님에 대한 경외감을 불러일으킨다. 우리의 모든 약점과 한계에도 불구하고 하나님이 우리를 설교하도록 부르셨다면, 그 누구

> 도 할 수 없는 어떤 것을 우리가 할 수 있음을 아시기 때문에 그렇게 하신 것이다.[41]

설교할 때마다 당신은 그 특별한 상황에서 아무도 할 수 없는 일을 하고 있다고 믿으라. 하나님은 자신의 왕국 발전을 위해 수행되어져야 할 위급한 어떤 일에 당신을 부르셨다.

대부분의 설교자들의 삶에서, 설교를 위한 하나님의 부르심은 내면에서 시작되어 자신의 마음속에 의식을 가지고 시작된다. 장 칼뱅(John Calvin)은 내적인 부르심을 "모든 사역자가 하나님 앞에서 의식하고 있는 그 비밀스러운 부르심"이라고 묘사한다.[42] 마틴 로이드 존스(D. Martyn Lloyd Jones)는 그것을 다음과 같은 것으로 본다.

> 자신의 영혼에 가해지는 일종의 압박감과 영혼의 영역에 어떤 혼란함이 있다는 것을 인식한 후 당신의 마음은 설교라는 모든 문제로 향하게 된다. 당신은 그것을 의도적으로 생각하지 않았고, 여러 가능성들을 고려하기 위해 차가운 감정으로 다가서지도 않았으며, 여러 번 보면서 설교할 것들을 결정했다. 이것이 당신에게 일어나는 일들이기는 하지만, 이건 아니다. 당신을 다루고 계신 분은 하나님이시다. 그리고 하나님은 성령으로 하여금 당신에게 행동하도록 하신다. 그것은 당신이 하는 것보다 오히려 당신을 잘 알도록 하는 것이다. 그것은 당신에게 쏟아지고, 당신에게 주어지며, 당신은 거의 항상 이런 식으로 강요당한다.[43]

모든 설교자는 이런 일에 강요받고 있으며, 그 일 외에는 다른 일을 할 수 없다. 설교자는 예레미야서를 인용해서 이렇게 말한다: "내가 다시는 여호와를 선포하지 아니하며 그의 이름으로 말하지 아니하리라 하면 나의 마음이 불붙는 것 같아서 골수에 사무치니 답답하여 견딜 수 없나이다"(렘 20:9). 설교하도록 하나님에게 부름 받은 사람은 느슨해졌던 자신의 내면이 솟구쳐 올라감을 느낄 것이다.

부르심에 관한 이런 내적인 감각 외에도, 설교자는 그리스도 교회의 일부인 영적으로 성숙한 성도들로부터 내적 또는 외적인 확신을 찾아야 한다. 토마스 오든(Thomas Oden)은 "내적인 부르심은 성령의 지속적인 이끄심이나 권능의 결과로서, 때가 되면 교회 사역의 외적인 부르심에 더 가까워진다"고 말한다.[44] 신약성경은 영적 지도자들의 소명이 다른 영적 지도자들에 의해 확인되고 확증된다는 개념을 확신한다(행 16:1~3, 딤전 4:14, 딤후 1:6 참조). 오든은 다음과 같이 덧붙였다: "외적인 부르심은 합법적인 절차에 의해 내적인 부르심을 확인하는 그리스도인 공동체의 한 행위다."[45] 아무도 그것을 깨닫지 못하는 상황에서 설교자 자신만이 설교하도록 부름받았다고 느끼는 사람은 상상하기 어렵다. 모든 설교자는 다른 성숙한 그리스도인들 역시 그 설교자가 하나님의 부르심의 증거를 가지고 있다는 것을 알고 있기 바란다.

이런 내적이고 외적인 자극에 힘입어, 설교자는 자신의 부르심에 대한 확신과 그에 대한 대가를 기꺼이 지불하게 될 것이라는 확신을 가질 수 있다. 설교로의 부르심에 대한 당신의 견해는 설교에 어떻게 접근할지를 결정한다. 하나님은 인간의 성품과 협력해서 성령에 의해 성경의 메시지가 전달되도록 만드셨다. 놀랍게도, 하나님은 거듭난 사람을 자신의 진리를 전달하기 위한 도구로 선택하셨다. 하나님은 자연과 초자연, 오류와 무오류, 결점과 무결점이 합쳐지도록 선택하셨다.

확실하고, 예언적이며, 교회를 섬기라는 부르심

하나님의 이런 영적인 성직 이행은 진실로 놀라운 것이다! 그러나 그것은 확신을 가지고 설교하는 부름을 성취하는 데 두 가지 중요한 특권과 책임을 부여한다. 첫째, 당신은 확신을 가지고 설교하기 위해 당신의 부르심에 반응해야 한다. 그 확신은 하나님이 당신을 독특한 인격으로 만드셨다는 사실을 믿는 것이다. 아마도 설교에 대한 가장 유명한 정의는 1877년에 예일대 강연에서 필립 브룩스(Phillips Brooks)가 내린 정의일 것이다. 그는 강연에서 "설교는 사람에 의해 진리가 전달되는 것이다. 그것은 진리와 인격이라는 두 가지 중요한 요소를 포함한다. 둘 중 어느 하나도 떼어 놓을 수 없으며, 떼어 놓고서는 설교가 될 수 없다"[46]고 말했다.

따라서 설교는 각각의 설교자가 자신의 독특한 인격에 충실할 것을 요구한다. 그에게는 자유가 있지만 다른 설교자를 모방하고자 하는 유혹을 물리칠 책임도 있다. 하나님은 개인을 선택하셨기 때문에, 설교하면서 다른 누군가가 되려는 순간 그는 설교하는 것을 중단해야 한다. 성령과 인간의 도구는 진정한 설교를 위해 반드시 필요하다. 진리의 부재와 같이 둘 중 하나가 없다면 효과적인 설교가 이루어질 수 없다는 것을 의미한다.

둘째, 복음에 대한 효과적인 설교자가 되기 위해서는 선지자적 부르심을 받았음을 이해해야 한다. 결과적으로, 당신은 하나님이 당신을 통해 설교하신다는 놀라운 감각으로 설교할 수 있다. 몇몇 사람들은 설교할 때 그들은 단지 하나님에 대해 말하는 것이라고 생각한다. 그러나 당신이 성경적인 메시지를 가지고 영적으로 준비되어 있을 때, 하나님은 당신을 통해 말씀하신다. 이러한 견해는 설교가 전해질 때 일어나는 일에 대한 당신의 전체적인 이해를 바꿀 것이다. 당신이 이런 패러다임으로 설교할 때, 당신은 하나님이 말씀하시며 사람들이 그분의 음성에 반응할 것이라고 확신할 수 있다. 이러한 확신은 당신에게 하나님의 메시지를 전하는 것에 대한 감사와 열정을 갖게 한다.

복음의 초기 확장과 그리스도의 승천과 성령의 부어 주심 이후에, 설교에 대한 부름은 주로 교회의 권위와 위임에 따라 사무적인 은사에 집중된 것으로 보인다. 하나님의 이런 주권적 역사의 훌륭한 요약본은 에베소서 4장 1~16절에서 발견할 수 있다. 바울은 교회의 행함, 부르심, 연합, 교리 그리고 섬김을 묘사한 후(엡 4:1~10 참조), 이 모든 것들이 그리스도가 그분의 교회를 위해 성취해 주신 성품에 달려 있음을 나타내고 그것이 성숙해질 수 있게 했다. 그리스도는 우리에게 지도자를 주시고, 바울은 이런 지도자들이 해야 할 일을 알려 준다(엡 4:11~12 참조).

은사가 있는 네 명의 지도자들은 그리스도를 더 잘 닮아 가도록 하기 위한 교회의 선물로 열거되어 있다: "그가 어떤 사람은 사도로, 어떤 사람은 선지자로, 어떤 사람은 복음 전하는 자로, 어떤 사람은 목사와 교사로 삼으셨으니"(엡 4:11). 마지막 두 사람, 즉 목사와 교사는 실제적으로 하나다. 에베소서에서 바울은 사도들과 선지자들이 교회를 세우기 위해 교회에 주신 기초적인 직책들이었음을 나타낸다(엡 2:20, 3:5 참조). 사도들은 교회가 하나님의 사명을 수행함에 근거를 두고 있었고, 선지자들은 하나님의 계시에 의지해서 교회를 기초로 삼았다. 그들 둘 모두 예수 그리스도의 영화로운 복음 안에서 교회의 근간을 이루었다(엡 3:6 참조). 바울이 에베소서를 썼을 때 네 개의 직책들은 여전히 활동하고 있었지만, 복음 전도자와 목사-교사는 궁극적으로 사도와 선지자와 같은 표현들이 되었다.

게다가, 복음 전도자와 목사-교사는 독립적으로 일하지 않았지만, 매우 중요한 사실은 이들이 교회를 섬겼다는 것이다. 본문에 따르면, 그들은 둘 다 "성도를 온전하게 하여 봉사의 일을 하게"(엡 4:12) 했다. 복음 전도자와 목사-교사는 그들 각각의 부르심 안에서 일할 때 가장 효과적이지만, 때때로 한 사람은 교회 장로로서 사역하며 두 가지 기능을 수행해야 한다(행 6:5, 8:5, 21:8, 딤후 4:5 참조). 그리고 두 사람을 하나로 묶는 주요 활동은 하나님의 말씀을 전하고 가르치는 것이다. 위에서 언급한 에베소서 본문과 신약의 나머지 부분이 의미하는 바는, 성도들이 사역을 감당할 수 있게 하는 주요 수단으로 남아 있기 때문에 그리스도의 몸이 말씀 사역을 통해 세워질 것이라는 것이다.

설교에 대한 하나님의 부르심의 중력은 복음 전도자와 목사-교사 모두가 말씀에 올바르게 접근하도록 끌어당긴다. 하나님은 말씀하셨고 성경은 그분의 말씀에 대한 정확한 기록이기 때문에, 우리는 하나님을 바르게 나타내기 위해 하나님의 말씀을 바르게 전해야 할 의무가 있다. 따라서 성경적인 강해는 복음 전도자와 목사-교사로서 설교하도록 부름 받은 이들을 위한 근본적인 접근 방식이 되어야 한다. 강해의 수준과 깊이는 이런 두 사역들 속에서 다를 수 있지만, 복음 전도자와 목사-교사 모두 청중의 삶에 의도된 의미를 부여하는 방법으로 하나님의 음성인 성경 본문을 드러내야 할 책임이 있다.

목사-교사의 부름

신약에서 가장 많이 나오는 설교자의 역할은 목사-교사의 역할이다. 이 사람들은 양 떼를 돌보고 하나님의 말씀을 가르치면서 하나님의 백성을 목양한다. '목사' 라는 직책은 목자를 의미하며, 감독하고 돌보고 양육하는 누군가를 의미한다. 그것은 애정 어린 손길, 친근한 목소리, 어쩌면 적절한 시기에 부드러운 자극을 제공하는 사람이다. 또한 양 떼를 위한 힘과 보호를 제안한다. '교사' 라는 직책은 목양 사역을 하는 주요 방법으로 하나님의 말씀을 충실하게 가르친다. 이 사람들을 통해 우리 모두는 그리스도인의 삶을 일구어 내기 위한 도움을 받는다. 우리는 영적으로 성장한다. 그리고 함께 인생을 살아가는 법과 서로를 돌보는 법을 배운다.

설교에 대한 부르심은 수많은 사역과 배경 속에서 행해지고 있지만, 지역 교회의 목양적 역할보다 더 기초적이고 빈번하지 않다. 신약성경은 숭고한 용어로 목회자에 대한 부름을 말한다. 세 가지 단어 모두 지역 교회의 동일한 직분을 가리킨다. '장로' (elder)라는 단어는 헬라어로 '프레스뷰테로스' (presbuteros)이며, 이 단어로부터 오늘날의 '장로교' (presbyterian)라는 단어가 파생되었다. 이 단어는 나이 혹은 인격이 성숙해지는 것을 의미한다. '감독' (bishop)이라는 단어는 헬라어로 '에피스코포스' (episkopos)인데, 이 단어로부터 오늘날의 '감리교' 라는 단어가 파생되었다. 이 단어는 감독 혹은 보호자를 의미하며, 남자의 역할을 의미한다. 신약에서 가장 익숙한 단어는 '목사' (pastor)다. 이는 헬라어로 '포이멘' (poimēn)이라 하는데, 이는 목자를 의미한다. 이 용어는 돌보고 먹이는 목회적 역할을 강조한다. 사도 베드로는 이 세 용어 모두를 함께 사용했다.

> "너희 중 장로들(*presbuteros*)에게 권하노니 나는 함께 장로 된 자요 그리스도의 고난의 증인이요 나타날 영광에 참여할 자니라(*episkopos*) 너희 중에 있는 하나님의 양 무리를 치되(*poimēn*) 억지로 하지 말고 하나님의 뜻을 따라 자원함으로 하며 더러운 이득을 위하여 하지 말고 기꺼이 하며 맡은 자들에게 주장하는 자세를 하지 말고 양 무리의 본이 되라"(벧전 5:1~3).

그래서 장로, 감독, 목사는 교회 리더십의 동일한 직분으로 사용되며, 이 세 단어는 모두 교회를 이끌고 먹이는 사람들을 나타낸다. 그중 목사와 장로는 아마도 오늘날 교회 생활에서 그 지도자들을 언급하는 데 가장 흔히 사용되는 용어일 것이다.

고귀한 부름을 떠나라

그러나 우리는 많은 사람들이 목사의 직분을 떠나는 시대에 살고 있다. 동시에, '사역'(ministry)으로의 부르심을 느끼는 많은 사람들이 목사/장로의 역할 감당하기를 점점 주저하고 있다. 통계는 충격적이다. 왜 많은 목회자들이 그들의 직책을 포기하며, 왜 그렇게 응답하는 사람이 적은 것일까? 표면적인 대답은, 사람들이 하나님의 부름에 등을 돌리고 좌절감, 정서적 및 재정적인 어려움, 교회 내부의 논란, 오랜 시간 및 지역 교회 리더십을 특징짓는 다른 요소들에 지쳐서 다른 일을 추구한다는 것이다.

그러나 사람들이 떠나는 진짜 이유는 사도 바울이 한 청년의 인격과 관련해서 어린 디모데에게 한 말에서 찾을 수 있다. 디모데전서 3장 1~7절에 있는 목회자의 자질에 관한 목록은 다음과 같은 단어들로 소개된다: "미쁘다 이 말이여, 곧 사람이 감독의 직분을 얻으려 함은 선한 일을 사모하는 것이라 함이로다"(딤전 3:1). 얼마나 흥미진진하고 경이로운 생각이며, 숭고한 임무인가. 바울은 '열망하다'(aspires)라는 단어를 사용했다. 이 용어는 문자 그대로 원하는 것이 아니라, 내적인 자극으로부터 나오는 진심 어린 원함을 의미한다. 만일 어떤 사람이 성령의 내적인 자극보다 다른 어떤 이유로 목사/장로가 되는 부르심을 추구한다면, 그는 잘못된 이유로 그것을 하고 있는 것이다. 그렇게 되면 그는 그 직분을 오래 감당하지 못할 것이다. 그리고 만일 그가 진정한 영적 이끌림을 피한다면, 그는 주권자인 주님의 부르심에서 점점 멀어지게 될 것이다.

사람들은 왜 고귀한 일로부터 벗어나고 싶어 하는가? 그 이유 중 하나는 '고귀함'에 너무 많은 초점을 맞춘 나머지 '임무'를 잊어버리기 때문이다. 두 개념은 서로 분리될 수 없다. 그들이 함께 유지될 때, 그것은 안정된 상황보다 어려움과 전쟁에 더욱 가까운 어떤 것을 묘사한다. 디모데후서 1~2장에서, 바울은 목사/장로를 '고통'을 나누어야 하는 사람으로(1:8, 12, 2:3 참조), 자기 부인의 삶을 살아야 하는 군인으로(2:3~4 참조), 운동선수와 같이 훈련받아야 하는 사람으로(2:5 참조) 그리고 농부와 같이 열심히 일해야 하는 사람으로(2:6 참조) 묘사한다. 만일 어떤 사람이 목사/장로의 직무 속에서 모든 선을 찾았지만 관련된 모든 일을 깨닫지 못한다면, 그는 궁극적으로 낙담하게 될 것이다. 목사/장로의 사역은 어렵다. 복음의 설교자이자 지역 교회의 목사/장로가 되기 위해서는 수고함이 필요하다.

역사를 통한 목회 사역에 대한 연구는 목회자들에게 끊임없이 변화하는 역할을 보여 준다. 특별히 20세기로 접어들면서 설교에서 사람들의 실제 보살핌과 교회 프로그램 운영으로 강조되는 미묘한 변화가 있었다. 21세기 초에는 경영 리더십, 비전 캐스팅, 소셜 미디어 존재감 창출 및 필요 지향적인 교육이 점점 더 강조되었다. 그리고 더 많은 청년들이 그것과 함께 수반되는 목양의 역할을 많이 고려하지 않은 채 교회 개척자가 되기를 원하고 있다. 하나님 나라는 세계 각지에서 시작된 더 많은 새로운 교회를 필요로 하지만, 대부분의 교회 개척자들은 개척자로서의 그들의 역할이 궁극적으로 목사/장로로서의 역할로 이어질 것이라는 것을 이해해야 한다.

그러나 목사/장로의 역할에 관한 이런 모든 이야기가 설교와 무슨 관련이 있는가? 위에 언급된 역할들은 지역 교회의 사역에서 적절한 위치에 있지만, 목사/장로에 관한 성경적 역할에 대한 고려는 개혁과 특히 설교 중심으로의 회귀를 촉구한다. 우리가 이미 살펴본 것과 같이, 목사의 주요 성경적 비유는 '목자' (*poimēn*)라는 단어에서 유래한다. 비록 이 단어는 목회적인 직분을 언급하는 몇 군데에서만 사용되었지만, 이 그림은 하나님 백성의 지도력에 관한 구약과 신약의 가르침을 관통한다.

주된 책임으로의 복귀: 양들을 먹이는 것

결과적으로, 우리는 물어야 한다: 목자의 주된 책임은 무엇인가? 그 일이 확실히 행정과 구제로서 양들을 돌보는 요소들을 포함하지만, 목자의 주된 의무가 확실히 양들을 치는 것만은 아니다. 찰스 제퍼슨(Charles Jefferson)은 다음과 같이 주장했다.

> 양을 먹이는 것이 목자의 근본적인 의무라는 것은 목자들과 그 일에 가장 익숙하지 않은 사람들에게조차도 잘 알려져 있다. 양은 스스로 먹이를 먹거나 물을 마실 수 없다. 그들은 물가와 목초지로 안내되어야 한다 … 모든 것은 양들의 적절한 먹이에 달려 있다. 지혜롭게 먹이지 않으면 그들은 쇠약해지고 병에 걸리며, 그들에게 투자된 재산이 낭비된다 … 사역자가 강단 위에 설 때, 그는 먹이를 주는 목자가 된다.[47]

목자의 주된 역할은 양들을 먹이고 보호하는 것이다. 신약 교회의 리더십 속에서 이 두 가지 의무는 동일한 기능, 즉 하나님 말씀의 전파와 가르침으로 성취된다.[48] 목회서신은 바른 교리의 가르침을 통해 양들에게 영적인 영양을 공급하고, 이단으로부터 그들을 보호하기 위한 권유로 가득 차 있다(딤전 1:3~4, 3:2, 4:6~7, 13~16, 5:17~18, 6:3~5, 20~21, 딤후 1:6~8, 13~14, 2:1~2, 8~9, 14~16, 3:14~17, 4:1~5, 딛 1:7~14, 2:1, 15 참조).

성경의 핵심을 설명하는 강해의 과정은 신약의 목회적 가르침에 관한 핵심적인 내용이다. 이 요소를 설명하기 위해 사용된 단어는 '디다스코'(didaskō)다. 사도들은 "예수는 그리스도라고 가르치기와 전도하기를 그치지"(행 5:42) 않았다고 말한다. 감독-목사의 요구 사항들을 열거하면서, 바울은 그 사람이 '가르치기를 잘해야' 한다고 말했다(딤전 3:2 참조). 그는 또한 젊은 목사인 디모데에게 "(성경을) 읽는 것과 권하는 것과 가르치는 것에 전념하라"(딤전 4:13)고 명했다. 이것은 강해 과정에 관한 매우 좋은 묘사다. 사람들에게 성경을 읽어 주고, 그것을 그들에게 가르치고, 그러고 난 후 그들에게 그 말씀에 복종하도록 간구한다. 신약의 목사/장로는 기본 교리의 체계적이고 의도적인 가르침에 우선순위를 두었다.

만일 당신이 성경 강해에 자신을 헌신한다면, 경쟁자는 없지만 많은 청중이 있는 분야에서 활동하고 있다는 것을 알게 될 것이다. 만일 당신이 사람들과 정치를 논하려 한다면, 그 분야에 더 지식이 있는 누군가가 있음을 알게 될 것이다. 만일 당신이 사회적 문제에 전문가가 되려 한다면, 당신은 지식이 제한적이라는 것을 발견하게 될 것이다. 만일 당신이 철학자인 것처럼 행사한다면, 당신은 비어 있는 건물에 말하고 있는 자신을 발견하게 될 것이다. 하지만 만일 당신이 성경 강해자가 된다면, 각계각층의 사람들이 당신의 말을 듣기 위해 올 것이라는 것을 알게 되어 기쁠 것이다.

사람들은 주 중에 생산 라인, 화학, 컴퓨터, 교실, 수학 및 아이들을 다룬다. 그들이 주일에 교회에 올 때, 그들은 하나님이 말씀하시는 것을 알기 원한다. 당신의 회중에는 잘 훈련된 의사, 해당 분야의 전문가 및 금융 분야의 천재적인 사업가들이 있을 것이다. 그러나 대부분은 성경적으로나 영적으로 초등학생 수준에 머물러 있을 가능성이 있다. 그들은 일주일 동안 하나님의 말씀 안에서 하나님과 함께한 누군가의 말을 듣기를 원한다. 그들은 삶의 현실과 마음의 가장 깊은 필요에 대한 해답을 하나님의 말씀을 선포하는 설교자에게서 듣기를 원한다. "너는 진리의 말씀을 옳게 분별하며 부끄러울 것이 없는 일꾼으로 인정된 자로 자신을 하나님 앞에

드리기를 힘쓰라"(딤후 2:15).

복음 전도자의 부르심

복음 전도자는 예수 그리스도의 복음을 전하는 교회의 청지기인 사도적 사역의 지속적인 표현이다. 어떤 의미에서, 예수님 자신은 첫 번째 복음 전도자셨다. 왜냐하면 그는 하나님의 복음을 선포하면서 "때가 찼고 하나님의 나라가 가까이 왔으니 회개하고 복음을 믿으라"(막 1:15)고 말씀하셨기 때문이다. 올포드(Olford)는 다음과 같이 기록했다: "복음 전도자는 좋은 소식을 전하는 사람이다. 현대적인 용어로 그는 복음에 관한 설교자다. 성경적으로 동일 언어인 '복음'과 '복음 전도자'는 예수님의 출현과 함께 성경에 등장했다. 그는 복음 전도자였다. 왜냐하면 그는 복음을 전했기 때문이다."[49] 복음 전도자들은 사람들을 구원하고 그리스도의 교회가 지구상의 모든 사람에게 복음을 전하도록 동원된, 참을 수 없는 부담을 가진 복음의 사역자들이다.

구속의 역사를 드러내고 교회를 섬김

복음 전도자들은 특별히 복음을 나누고 구속에 관한 하나님의 계획을 드러내는 데 효과적이다. 이런 설교자들이 이야기할 때, 사람들은 항상 그리스도를 구세주로 영접할 준비가 되어 있는 것처럼 보인다. 울리히 파르자니(Ulrich Parzany)는 1) 잃어버린 자에 대한 사랑의 절박함, 2) 불신자들에게 그리스도를 전하고자 하는 강한 열망, 3) 불신자들이 복음과 관련해서 생각하고 느끼는 것을 듣고 이해할 수 있는 능력, 4) 불신자들이 이해할 수 있는 언어로 말하는 능력을 포함해 복음 전도자의 은사를 구성하는 여덟 가지 요소들을 확인했다.[50]

그러나 불신자들에게 복음을 전하는 것은 전도자의 사역의 일부일 뿐이다. 복음 전도자의 가장 무시되는 측면 중 하나는 그리스도의 몸에 대한 그들의 섬김이다. 목사-교사들과 마찬가지로, 복음 전도자의 직무는 "성도를 온전하게 하여 봉사의 일을 하게 하며 그리스도의 몸을"(엡 4:12) 세우게 하는 교회에 대한 그리스도의 은사다. 그래서 복음 전도자들은 단순히 이곳저곳을 돌아다니며 부흥회와 복음 전도 대회를 통해서 독립적으로 일하는 설교자들이 아니다. 그들은 교회의 사명 완수를 돕기 위해 교회를 섬긴다.

교회에 대한 그들의 첫 번째 사역에서 복음 전도자들은 복음을 전하기 위해 하나님의 백성을 준비시키고 동기를 부여한다. 이들이 설교할 때, 일부 청중은 자신들이 가진 모든 것을 팔고 해외로 나가기를 원한다. 어떤 이들은 자신들이 더 담대하게 잃어버린 사람들과 복음을 나누기 원한다는 것을 알게 된다. 그리스도는 교회에 이런 복음 전도자들을 보내 주심으로써 하나님의 백성들을 축복하셨다. 오늘날 교회의 가장 큰 필요 중 하나는 더 많은 사람들이 일어나 성경적인 복음 전도자들이 되라는 하나님의 부르심에 응답하는 것이다.

강해 설교 실습

설교 행사와 관련해서, 복음 전도자들은 성경 강해의 책임에서 면제되지 않는다는 것을 이해하는 것은 매우 중요하다. 목사-교사와 같이, 그들의 사역은 하나님 말씀의 충실한 설교와 가르침에 뿌리를 두고 있다. 앞서 언급한 에베소서 4장 11~12절은 신약성경의 다른 여러 구절들과 함께 하나님 말씀의 역사가 불신자들이 그리스도에게로 돌아오게 하고, 성도들이 사역을 위해 준비되게 하며, 그리스도의 몸을 세우게 하는 주된 수단임을 나타낸다. 존 스토트는 빌리 그레이엄 복음주의협회가 주최한 암스테르담 2000 컨퍼런스에서 많은 전도자들과 이야기하면서 "나는 때때로 오늘날 교회의 건강과 성장에 있어 복음 전도자와 목회자 모두에 의한 성경적인 설교의 회복보다 더 필요한 것이 있는지 궁금하다"[51]고 말했다. 복음의 설교자로서, 복음 전도자들은 여전히 오직 하나님이 말씀하신 것만을 말해야 할 책임이 있다. 그래서 그들은 강해적으로 설교하는 목사들을 묶어 주는 모든 진리에 묶여 있다.

그러므로 복음 전도자의 설교 사역은 단순히 '4영리'와 같은 다양한 버전의 간단한 복음만을 제공하는 것에 결코 제한될 수 없다. 다시 한 번 스토트의 말이 도움이 된다.

> 성경 없는 복음주의는 상상할 수 없으며, 심지어 불가능하다. 성경이 없다면 복음주의자들의 메시지는 내용과 권위와 능력이 부족하다. 십자가에 못 박히고 부활 후 통치하시는 그리스도의 내용을 우리의 메시지에 전하는 것이 성경이다. 우리의 메시지에 권위를 부여해서 우리가 깊은 확신을 가지고 선포하게 하는 것이 성경이다. 그리고 성령이 청중들의 경험을 통해 말씀을 강화하는 것처럼 메시지에 능력을 주는 것이 성경이다.[52]

복음 전도자들은 종종 성경의 많은 부분을 설교 본문으로 사용하거나 때로는 구속에 관한 하나님의 큰 이야기를 선포할 때 좀 더 주제적으로 설교하는 것처럼 보이지만, 그들은 여전히 성경의 본문 전체에서 발견되는 대로 복음을 드러내야 할 책임이 있다.

하나님의 복음

성경은 통합된 신학에 관한 책이다. 비록 성경 속에서 발견된 계시의 점진적인 전개가 있다 할지라도, 구약과 신약은 신학적인 진리에 동의한다. 구속의 위대한 주제는 성경 전체에 걸쳐 흐른다. 성경 전체는 요한복음 3장 16절의 단순한 메시지를 전개한 것이라고 말할 수 있다. 우리는 내내 인류에 대한 하나님의 위대한 사랑, 우리의 죄에 대한 그분의 슬픔 그리고 죄로부터의 구속을 가능하게 하기 위해 구원자를 보내시려는 그분의 결심을 읽었다. 구약성경의 역사, 예표론 그리고 선지적인 선언들은 우리 주 예수 그리스도의 오심을 위한 준비였다. 구약성경은 하나의 간결한 진술로 요약될 수 있다: "그가 오고 있다!"

이런 이유로, 구약성경은 신약성경과 분리될 수 없다. 마찬가지로, 신약성경은 항상 구약성경의 관점에서 연구되어야 한다. 신약은 우리에게 구약에 대한 주석을 제공한다. 우리는 신약성경의 가르침에 항상 주의를 기울여 구약의 정확한 해석을 찾아야 한다.

따라서 강해 설교는 구약과 신약에서 발견되는 인류와 함께 하나님의 구속적 활동에 의해 주도된다. 이 주제는 일반적으로 복음이라고 불린다. 헬라어인 '복음'은 기독교를 다른 종교와 구별한다. 그것은 우리가 우리 스스로에게 할 수 없었던 일, 즉 하나님이 우리를 구속하기 위해서 행하신 것에 관한 소식이다. 켈러(Keller)는 이렇게 말한다.

> 하나님은 우리가 스스로 성취할 수 없는 구원을 이루기 위해 예수 그리스도 안에서 세상에 들어오셨다. 그것은 1) 개개인을 바꾸고 변화시켜 새로운 인류로 만들며, 결국엔 2) 온 세상과 모든 피조물을 새롭게 할 것이다. 이것이 '좋은 소식'인 복음이다.[53]

이 복음은 성경 전체의 주제이며, 개인을 그리스도의 형상으로 재창조할 뿐 아니라 그리스도의 신부인 교회의 창조와 성숙을 초래한다. 두 가지 결과는 성경의 충실한 강해에 의해 촉진된다.

성경의 주제

예수 그리스도에 관한 좋은 소식은 처음부터 끝까지 모든 성경의 분명한 주제다. 예수님 자신은 모든 성경이 이 복음에 관한 것이라는 확신과 이해를 단호하게 선언하셨다. 그는 사역 초기에 청중들에게 이렇게 말씀하셨다: "내가 율법이나 선지자를 폐하러 온 줄로 생각하지 말라 폐하러 온 것이 아니요 완전하게 하려 함이라"(마 5:17). 그는 종교적 위선자들에게 이렇게 말씀하셨다: "너희가 성경에서 영생을 얻는 줄 생각하고 성경을 연구하거니와 이 성경이 곧 내게 대하여 증언하는 것이니라"(요 5:39). 부활하신 후에 예수님은 엠마오를 향해 가고 있는 제자들에게 구약성경의 성취를 설명하셨다: "이에 모세와 모든 선지자의 글로 시작하여 모든 성경에 쓴 바 자기에 관한 것을 자세히 설명하시니라"(눅 24:27).

예수의 사도들과 그들의 동료들도 복음이 모든 성경의 주제라고 이해했다. 오순절에 베드로는 요엘 2장과 시편 16편 및 110편을 인용해서 예언된 메시아가 예수님이심을 설교했다. 요약하자면, 그는 이렇게 선포했다: "그런즉 이스라엘 온 집은 확실히 알지니 너희가 십자가에 못 박은 이 예수를 하나님이 주와 그리스도가 되게 하셨느니라"(행 2:36). 스데반은 특별히 아모스 5장과 이사야 66장을 인용해서 예수님이 '너희가 잡아 준 자요 살인한 바로 그 의인' 이었음을 유대인들에게 보여 주기 위해 사도행전 7장에서 구약성경 전체를 요약했다. 빌립은 에디오피아 내시에게 "입을 열어 이 글(이사야서 본문)에서 시작하여 예수를 가르쳐 복음을"(행 8:35) 설명했다.

바울 역시 복음이 모든 성경의 핵심이라고 생각했다. 그는 "예수 그리스도와 그가 십자가에 못 박히신 것 외에는 아무것도 알지 아니하기로 작정"(고전 2:2)했다고 말했다. *The Apostolic Preaching and Its Development*(사도적인 설교와 그 발전)에서, 다드(C. H. Dodd)는 바울이 전한 메시지에 대한 일곱 가지 사실을 확인했다: 1) 구약의 예언들이 성취되고 새로운 시대가 그리스도의 오심으로 시작되었다. 2) 그는 다윗의 자손으로 태어났다. 3) 그는 현재의 악한 세대로부터 인류를 구원하기 위해 성경을 따라 죽으셨다. 4) 그는 장사되셨다. 5) 그는 성경을 따라 사흘 만에 부활하셨다. 6) 그는 산 자와 죽은 자의 주님 그리고 하나님의 아들로서 하나님의 우편에 올려지셨다. 그리고 7) 그는 사람들의 심판자와 구원자로 다시 오실 것이다.[54] 그리스도의 메시지는 신약의 설교자들이 구약성경으로부터 선포한 좋은 소식이었다.

그리스도의 형상으로 재창조

창세기에서 요한계시록에 이르기까지, 성경은 주로 예수 그리스도의 복음을 통해 그분의 형상으로 인류를 재창조하시는 하나님의 활동에 대해 이야기한다. 우리가 성경적 표준의 큰 그림을 볼 때 이 목적이 입증된다. 성경은 "태초에 하나님이 천지를 창조하시니라"(창 1:1)라는 선언으로 시작된다. 그리고 그것은 "새 하늘과 새 땅을 보니 처음 하늘과 처음 땅이 없어졌고 바다도 다시 있지 않더라"(계 21:1)라는 말씀으로 막을 내린다. 성경은 하나님이 자신의 물리적인 세상보다 더 소중한 소유물을 창조하시는 것으로 시작된다: "우리의 형상을 따라 우리의 모양대로 우리가 사람을 만들고 … 하나님이 자기 형상 곧 하나님의 형상대로 사람을 창조하시되 남자와 여자를 창조하시고"(창 1:26~27). 그리고 그것은 하나님이 인류를 당신의 형상으로 재창조하시는 것으로 마무리된다(요일 3:2, 계 21:3~4 참조). 하늘과 땅과 인류의 창조와 재창조는 본질적으로 그들의 의도된 상태로 그분의 창조와 피조물을 회복하고 구속하는 하나님의 목적에 대한 철저한 진술로 성경을 기록한다.

그 책들 사이에는 하나님의 계획으로부터 우리의 비극적 타락, 그리스도 예수 안에서 우리에 대한 그분의 추적 그리고 우리를 의도한 목적대로 회복시키시기 위한 그분의 구원 계획에 관한 이야기가 들어 있다. 이것은 새 언약에 대한 사도적 간증보다 더 분명하다. 바울은 "우리가 다 수건을 벗은 얼굴로 거울을 보는 것 같이 주의 영광을 보매 그와 같은 형상으로 변화하여 영광에서 영광에 이르니 곧 주의 영으로 말미암음이니라"(고후 3:18)고 고린도 교인들에게 말했다. 그는 빌립보 교인들에게 그리스도 예수는 "우리의 낮은 몸을 자기 영광의 몸의 형체와 같이 변하게 하시리라"(빌 3:21)고 말했다. 골로새 교인들은 그들이 "새 사람을 입었으니 이는 자기를 창조하신 이의 형상을 따라 지식에까지 새롭게 하심을 입은 자"(골

3:10)임을 깨닫게 되었다. 베드로는 자신의 독자들에게 예수님의 "신기한 능력으로 생명과 경건에 속한 모든 것을 우리에게 주셨으니 이는 자기의 영광과 덕으로써 우리를 부르신 이를 앎으로 말미암음이라 이로써 그 보배롭고 지극히 큰 약속을 우리에게 주사 이 약속으로 말미암아 너희가 정욕 때문에 세상에서 썩어질 것을 피하여 신성한 성품에 참여하는 자가 되게 하려 하셨느니라"(벧후 1:3~4)고 말했다. 예수 그리스도의 복음을 통해 자신의 창조물을 재창조하시려는 하나님의 이 사명은 성경의 분명한 목적이다.

그리스도 교회의 발전

이 복음은 모든 성경에 포함된 재창조의 스토리 라인이 되는 것 외에도, 하나님이 교회를 태어나게 하고 성장시키기 위해 정하신 자극이다. 예수님은 하나님 나라를 땅에 뿌려진 작은 씨앗에 의해 생성된 기하급수적인 결과에 비유하셨다(막 4:1~20, 26~32 참조). 그리고 그는 그 씨앗을 '말씀'이라 하셨다(막 4:14 참조). 이는 의심의 여지없이 복음의 말씀을 가리킨다. 베드로는 복음을 전했고, 오순절 설교가 끝날 때 자신의 청중들에게 복음을 받아들일 것을 권유했다.

> "너희가 회개하여 각각 예수 그리스도의 이름으로 세례를 받고 죄 사함을 받으라 그리하면 성령의 선물을 받으리니 이 약속은 너희와 너희 자녀와 모든 먼 데 사람 곧 주 우리 하나님이 얼마든지 부르시는 자들에게 하신 것이라 하고"(행 2:38~39).

그날 3천 명의 사람들이 이 복음의 메시지에 "그렇다"라고 대답하면서 예수 그리스도의 교회가 탄생했다!

바울은 후에 에베소에 있는 이방인 신자들에게 말했다: "그 안에서 너희도 진리의 말씀 곧 너희의 구원의 복음을 듣고 그 안에서 또한 믿어 약속의 성령으로 인치심을 받았으니 이는 우리 기업의 보증이 되사 그 얻으신 것을 속량하시고 그의 영광을 찬송하게 하려 하심이라"(엡 1:13~14). 그는 그들에게 계속 이야기했다.

> "이는 그로 말미암아 우리 둘이 한 성령 안에서 아버지께 나아감을 얻게 하려 하심이라 그러므로 이제부터 너희는 외인도 아니요 나그네도 아니요 오직 성도들과 동일한 시민이요 하나님의 권속이라 너희는 사도들과 선지자들의 터 위에 세우심을 입은 자라 그리스도 예수께서 친히 모퉁잇돌이 되셨느니라 그의 안에서 건물마다 서로 연결하여 주 안에서 성전이 되어 가고 너희도 성령 안에서 하나님이 거하실 처소가 되기 위하여 그리스도 예수 안에서 함께 지어져 가느니라(엡 2:18~22).

이방인인 '외부 사람들' 은 복음에 의해서 세워지고 만들어진 하나님이 거하시는 장소인 그리스도의 교회 안에서 다시 태어났다.

게다가, 신약성경은 교회가 태어나는 것 외에도 복음을 교회 성장의 원천으로 인식한다. 사도행전 6장 1~7절은 이 주제로 구성되어 있다. 그것은 "제자가 더 많아졌는데"(1절)로 시작해서 "하나님의 말씀이 점점 왕성하여 예루살렘에 있는 제자의 수가 더 심히 많아지고"(7절)로 끝난다. "하나님의 말씀이 점점 왕성하여"라는 첫 문장은 누가의 목적 중 하나인 사도행전을 강조한 것으로, 교회 탄생 후 수년 동안 교회의 눈에 띄는 숫자상의 증가를 보고하는 것이었다(행 2:41, 47, 4:4, 5:14, 6:1, 9:31, 13:49, 16:5, 19:20 참조). 오늘날의 남용은 우리가 교회 성장의 언급을 경계하도록 만들었다. 우리는 예비 개종자를 조작하고 세속적인 전략에 팔아넘기는 사례를 많이 보았다. 그러나 누가는 교회가 성령을 통한 순수한 복음에 의해 합법적으로 성장해야 한다고 믿었던 것 같다. 사도행전 6장은 하나님이 의도하신 대로 교회의 성장을 묘사한다.

여기서 누가는 하나님의 교회 성장원인 복음을 "하나님의 말씀"(2절)이라고 부른다. 사도들은 "예루살렘에 있는 제자의 수가 더 심히"(7절) 많아지는 원인을 하나님의 말씀에 두었다. "말씀 사역"(4절)에 헌신하는 것은 교회의 성장을 촉진하지만, 하나님의 말씀을 떠나는 것은 교회의 성장을 방해할 것이다. 사도 바울은 후에 복음의 말씀이 "온 천하에서도 열매를 맺어 자라는도다"(골 1:5~6 참조)라고 말하면서 동일한 효과를 묘사했다. 복음의 말씀은 교회의 유일한 참된 삶의 원천이며, 하나님은 다른 어떤 종류의 교회 성장에도 관심이 없으시다.

우리는 교회 성장을 만들어 낼 수 없다. 복음이 교회를 성장하게 한다. 식물이나 나무는 스스로 자라지 못한다. 그것은 자연적으로 일어난다. 하나님이 우리에게 복음을 주셨을 때, 그분은 교회가 당신이 원하시는 방법으로 자라도록 하기 위해 교회에 필요한 모든 것을 공급하셨다. 따라서 우리는 이 생명 주는 복음을 많이 만들어야 한다. 우리는 복음을 설교하고, 복음을 나누고, 복음으로 상담하고, 복음으로 우리의 비전을 세우며 축하해야 한다. 우리는 이런 초자연적인 복음이 그 일을 하도록 해야 한다.

예수님을 설교해야 할 필요성

우리는 복음 이야기를 최우선으로 만든다

하나님의 재창조의 목적과 그리스도 교회의 초자연적 발전을 위한 열쇠로 복음을 이해하는 것은 최소한 두 가지 면에서 강해를 향한 길로 우리를 인도한다. 첫째, 성경이 그리스도를 통해 인류를 자신의 형상으로 재창조하시려는 하나님의 계획을 분명하게 표명하고, 성경이 하나님이 정하신 교회 성장의 주체라고 주장한다면, **복음 이야기에 대한 그 정확한 선언은 최우선이 되어야 한다.** 만일 우리가 어떤 것을 효과적으로 사용하길 원한다면, 우리는 그것의 의도된 목적대로 그것을 사용해야 한다. 우리는 세탁기를 컴퓨터를 고치기 위해 사용하지 않는다. 혹은 토스터를 얼음 조각을 만드는 데 사용하지 않는다. 그렇다면 결코 대답하지 않으려는 질문에 답하기 위해 성경을 사용하거나, 아무 곳에서나 해결할 수 있는 일상생활을 탐색하기 위해 성경을 사용할 때 그것은 어떤 의미를 갖는가? 성경의 모든 본문에서 성령이 의도하신 의미를 발견하고 선포할 책임은 하나님의 음성을 정확하게 반영함으로써 사람을 그리스도의 형상으로 재창조하고 복음을 통해 그리스도의 교회를 성장시키는 것이다.

진정한 의미에서, 이 의제는 하나님의 영원한 영광을 위해 타락한 인류의 구속을 설교하는 목표를 세우는 것이다. 그리고 그런 일이 일어날 유일한 기회는 예수 그리스도의 메시지를 통해서다. 존슨(Johnson)은 "그리스도를 설교하는 것은 반드시 은혜를 설교하는 것과 마찬가지로 그리스도에 대한 설교가 아니면 구원의 은혜에 충실한 설교도 없게 된다. 오직 그리스도 안에서, 그리스도를 통해서만 하나님의 화목케 하시는 은혜와 재창조의 능력이 인간에게 흘러간다"고 말했다. 그러므로 그 정경적 맥락에서 벗어난 성경 본문의 강해는 하나님의 계획을 성취하도록 이끌지 못한다. 그리스도와 함께하는 복음 중심의 설교는 타락한 인류를 구원하고 하나님의 영광을 위해 그리스도의 신부를 성숙시키는 유일한 길이다.

우리는 모든 성경 본문에서 그리스도를 드러낸다

둘째, 성경의 재창조와 교회 성장에 대한 역할 또한 모든 성경 본문에서 그리스도를 드러내는 일을 하도록 우리를 이끈다. 성경의 모든 본문은 그리스도를 미래적으로 가리키거나, 명백하게 언급하거나, 또는 그리스도를 반사적으로 돌아보게 한다. 결과적으로, 개인을 그리스도의 형상으로 재창조하는 것과 그리스도의 교회의 성장은 설교자가 자신이 설교하는 본문이 그리스도와 관련되어 있는지를 결정하고, 그런 다음 그 관계를 자신의 청중들에게 드러내는 것을 요구한다.

위대한 성경 강해자인 캠벨 모건(G. Campbell Morgan)은 다음과 같이 말한다: "우리는 하나님이 당신의 아들로 자신을 나타내셨다는 가정 하에 기독교 사역에 임해야 한다. 성경은 자기표현의 문학이다. 그런 점에서 우리가 성경을 잃는 순간, 우리는 마지막 계시로서의 그리스도를 잃는다."[56]

모건은 설교가 그리스도를 주제로 삼고 하나님의 거룩한 진리에 대한 해석으로 특징지어지지 않는 한, 그 설교는 실패한 것으로 간주했다.[57] 따라서 진정한 의미에서 강해적 설교와 그리스도 중심의 설교는 동의어로 사용되어야 한다.

강해는 모든 사람의 삶에서 가장 적절하고 긴급한 필요인 그리스도 안에서의 하나님의 의제가 진실로 청중들에게 삶의 변화와 교회 안에서의 진정한 성장을 가져올 것이라는 확신을 준다. 간단히 말해서, 강해 설교는 성경이 말하고자 하는 예수 그리스도의 복음을 말하고, 의도하시는 바를 권면하며, 사람들이 예수님을 닮아 가고 그리스도의 몸이 성숙하게 성화되어 가도록 돕는다. 강해 설교는 성경 본문에 담긴 복음의 메시지, 즉 구체적이고 특별한 메시지의 선포를 의미한다.

3

설교자 개발

강해 설교자의 삶

목자를 위한 핵심 질문은,
어떻게 하면 마음과 생각을 감싸고 있는 틀을 깨뜨리며,
그들의 관심을 이끌고,
개인적인 성장과 공공의 발전으로 그들을 효과적으로 인도하기 위해
삶과 사역을 배치할 수 있는가다.

조셉 스토웰(Joseph Stowell)

준비는 좋은 강해 설교를 위한 중요한 요소다. 설교자로서 당신은 메시지를 준비하는 시간을 드려야만 할 뿐 아니라 스스로도 준비해야 한다. 하나님의 말씀은 인간이라는 수단을 떠나서는 전달되지 않는다. 설교자가 누구이며 그가 믿는 것이 무엇인가는 설교 준비와 전달에 있어서 중요한 역할을 한다. 하나님의 말씀, 성령, 부르심 그리고 복음의 기초 위에서, 당신은 건강한 강해자가 되기 위해 특정한 자질들을 갖추는 것이 필요하다.

개인적인 준비의 몇 가지 요소가 이것을 가능하게 만든다. 현대 설교자는 개인적인 예배, 인격과 성실성, 성령에의 의존, 지적인 발전, 육체적인 건강, 좋은 연구하는 습관 그리고 건강한 역할 모델과 같은 문제들에 주의를 기울여야 한다. 이러한 자질들을 올바로 적용하면 당신은 더 나은 설교자가 될 것이며, 당신은 더 나은 메시지를 준비하고 설교할 수 있게 된다.

건강한 걸음

만일 우리 사역이 강력한 기초 위에 세워지길 원한다면, 우리는 우리가 선포하는 메시지의 저자와 친밀하게 알 필요가 있다. 처음에는 흥미가 없어 보였던 책도 그 저자와 개인적으로 친분을 맺게 되면 흥미롭게 된다. 만일 당신이 주님과 사랑에 빠진다면 그의 말씀을 사랑하게 될 것이다. 이러한 주님의 사랑과 성경에 대한 사랑은 설교 속에서 청중들에게 열정적으로 전달될 것이다. 그러나 과학자가 자신의 실험실에서 하나님을 잃어버릴 수 있는 것처럼, 당신도 연구 속에서 하나님을 잃어버릴 수 있다. 설교 준비에 너무 몰두하게 되면, 개인의 삶에서 하나님의 존재에 대한 인식을 잃을 수 있다. 결과적으로, 설교자는 개인적인 예배의 역동적인 실천을 개발하고 길러야 한다.

필요한 구별

개인적인 예배는 하나님과 그의 자녀들 사이의 친밀한 소통 또는 친교다. 그것이 조용한 시간, 매일의 예배 혹은 어떤 다른 이름으로 불리든, 모든 성도는 그것을 자신의 최우선 과제로 삼아야 한다. 지나치게 단순화될 위험이 있으므로, 개인적인 예배는 성경 읽기, 기도, 찬양의 통합된 분야로 묘사될 수 있다. 하나님은 주로 성경을 통해 말씀하시고, 우리는 기도를 통해 그분에게 이야기한다. 찬양은 그가 우리에게 자신을 계시하신 것에 대한 우리의 반응이다. 이러한 경험들은 사역의 다른 측면들과 혼동할 여지가 없는 문제들이다.

설교자가 설교 준비를 위해 성경을 읽고, 주석을 공부하고, 기도 모임을 인도하고, 시온의 언어를 끊임없이 이야기하면서 하나님의 일들에 많은 시간을 보낸다는 것을 합리화하는 것은 쉽다. 그러나 이런 '거룩한 일'의 축적은 하나님과 동행해야 될 필요에 대한 당신의 인식을 둔감하게 만들 수 있다. 하나님과의 교제와 다른 사람에 대한 섬김 사이에는 근본적인 차이가 존재한다. 전자는 주님을 위한 사역이고, 후자는 사람들에 대한 사역이다. 만일 말씀 강해자가 주님에 대한 사역을 훈련하지 않는다면, 그는 결코 사람들에게 효과적으로 사역할 수 없다는 것을 배워야 한다.

위대한 설교자들의 전기를 읽을 때, 우리는 개인적인 예배가 모든 사람에게 공통적이라는 것을 발견한다. 그들의 공개적인 설교는 하나님과의 개인적인 교제의 증거를 제공한다. 많은 다른 재능 있는 사람들이 여기에서 그 특징을 놓치고 있다. 그들은 그들의 타고난 재능과 영적인 재능으로 충분하다고 생각한다. 그러나 육신의 힘으로 발휘된 하나님의 은사는 생명 대신에 죽음을 낳는다. 효과적인 강해 설교와 개인적인 예배 사이의 관계를 강조하면서, 엉거(Unger)는 다음과 같이 기록했다.

> 많은 유능한 강해자들이 이런 단순한 사실을 발견하는 데 오랜 시간이 걸린다. 다른 사람들은 그것을 결코 깨닫지 못한다. 결과적으로 그들의 사역은 영성보다는 지성에 의해 특징지어진다. 성경적인 진리의 글자는 빛을 내지만, 성령과 말씀의 능력과는 적절하게 결합되지 않는다.[1)]

결코 잊지 말라. 좋은 강해와 의미 있는 개인적인 예배는 결코 분리될 수 없다.

이런 생각을 한 걸음 더 나아가게 하려면, 좋은 강해와 의미 있는 공동의 예배는 또한 결코 분리될 수 없다. 설교를 '강해의 기쁨' 으로 묘사하면서, 파이퍼는 다음과 같이 기록한다.

> 강해는 설교가 성경의 의미를 드러내거나, 혹은 설명하고 적용하는 것을 목표로 삼는 것을 의미한다. 그 이유는 성경 66권이 하나님의 말씀이고, 영감을 주며, 오류가 없고, 유익한 책이기 때문이다. 설교자의 임무는 자신의 의견을 최소화하고 하나님의 진리를 전달하는 것이다. 모든 설교는 성경을 설명하고 그것을 사람들의 삶에 적용해야 한다 … 설교

> 는 또한 큰 기쁨이다. 이것은 설교자가 단지 성경에 있는 것을 설명하지 않고, 사람들은 단순히 그가 설명하는 것을 이해하려고 하지 않는다는 것을 의미한다. 오히려, 설교자와 사람들은 성경이 설명되고 적용될 때 크게 기뻐한다.[2)]

파이퍼는 설교가 예배 후에 오는 것이 아니라 예배라고 주장한다. 설교자는 청중들을 성령의 능력으로 경배하는 응답으로 이끌기 위해 하나님의 말씀을 예배하거나 혹은 높인다.[3)] 따라서 설교자의 개인 예배의 훈련은 궁극적으로 그의 백성에 대한 공동의 예배로 나아갈 것이다.

분명히, 개인 예배를 위한 매일의 시간은 모든 신자들에게 기본이다. 이런 경험은 하나님을 위해 말한다고 주장하는 설교자들에게 필수적이다. 우리가 하나님의 임재 안에 거하지 않는 한, 우리가 어떻게 청중들에게 하나님의 임재를 전달할 수 있겠는가? 하나님에 대해 말하는 것은 사실상 우리가 먼저 그와 함께 시간을 보낼 것을 요구한다. 효과적인 강해자들은 하나님에 대한 겸손한 의지의 필요성을 최소화할 여력이 없다. 우리는 성경을 펴고 그 앞에 무릎 꿇고 기다릴 때 나오는 힘, 즉 오직 그로부터 나오는 힘을 얻기 위해 그분에게로 규칙적으로 나아가야 한다.

어떤 사람들은 설교자의 경건 생활은 항상 설교 준비와 분리되어야 한다고 주장해 왔다. 그리고 그 조언에는 위대한 지혜가 있다. 개인적인 예배를 학문적이고 인지적인 활동으로 쉽게 줄일 수 있기 때문이다. 개인적인 예배는 설교를 찾는 시간이 아니지만, 그러나 어떤 특정한 때에는 설교 준비와 겹치게 될 수 있다. 좋은 훈련과 자기 통제가 연습되어질 때, 개인 예배와 설교 준비가 하나님과의 만남이 되도록 하는 것이 생산적일 수 있다. 설교자의 친밀하고 개인적인 예배에서 하나님의 권고에 따라 태어난 설교보다 더 강력한 설교가 있을 수 있을까(렘 23:18~22 참조)? 그리고 준비 과정에서 기도와 묵상으로 숙성된 메시지보다 더 강력한 메시지가 있을 수 있을까?

〈개인 간증〉

개인적 교제와 목회 훈련

나는 개인적인 경건 생활의 중요성을 대학 1학년 때부터 알게 되었다. 열여섯 살의 나이에 설교자로 부름 받은 이래로, 나는 성경을 읽고 기도하며 아침 시간을 보내곤 했다. 대학 입학과 동시에 사역을 준비하기 시작했다. 내 전공은 성경이었다. 그래서 성경을 많이 읽으면서 시간을 보냈고, 때로는 밤마다 30장씩 읽기도 했다. 그다음 날 있을 시험에 대비하기 위함이었다. 게다가 헬라어, 철학 및 다른 교양 과목들까지 같이 공부하고 있었다.

나는 성경이 가장 잘 읽히는 시간을 찾았다. 그래서 나는 내가 필요한 만큼 성경을 읽고 있다고 확신했다. 하지만 시험을 치르기 위해 성경을 읽는 것과 마음의 양식으로 하나님의 말씀을 읽는 것 사이에 차이가 있다는 것을 깨닫지 못했다. 나는 또한 짧은 기도 시간을 가졌다. 솔직히, 내 기도는 주로 시험에 합격하기 위한 긴급한 탄원서와도 같았다. 매일의 경건의 시간에 소홀히 한 결과, 나는 하나님의 일에 냉담해지게 되었다. 나는 다른 사람들에 대해 매우 비평적이고 비판적으로 되어 가는 나 자신을 발견했다. 겉으로는 모든 것이 괜찮아 보였다. 누구도 내가 하나님으로부터 멀어져 가고 있다는 것을 알지 못했다. 하지만 나의 내면에 자리 잡고 있는 문제들은 매우 달랐다.

평신도 설교자를 통해 도시 전체에 강력한 부흥 운동이 일어났다는 것을 배우고 있는 동안, 나는 나의 문제가 매일의 경건 시간을 거부하는 것으로부터 비롯되었다는 것을 알게 되었다. 나는 하나님의 용서를 구하고 다시 개인 경건의 시간을 만들었다. 그 이후로, 매일의 경건한 삶은 나에게 주어진 그리스도인의 삶에 있어서 가장 중요한 부분으로 자리 잡았다. 매일 성경 읽기와 기도를 하지 않고서는 아무것도 할 수 없다. 이러한 정신의 빈곤과 능력의 고갈을 절실하게 인식하는 일은 그리 오래 걸리지 않았다.

제리 바인스

당신의 개인적인 예배와 설교 준비가 구별되든 혹은 겹쳐든 간에, 분명 그 둘 사이에는 어떤 관계가 있어야 한다. 두 가지 활동 모두 우리가 하나님의 음성을 발견하도록 하나님의 얼굴을 찾는 것이다. 매주 설교하는 설교자들은 설교를 해야만 성경을 읽고 공부할 수 있다. 우리가 성경을 연구하기 때문에 우리의 목표는 설교하는 것이 되어야 한다. 다시 말해서, 우리가 조용한 곳에서 하나님으로부터 듣는 것이 우리 마음을 뜨겁게 불태워 우리는 그것을 설교해야 한다는 것이다. 적어도, 우리의 개인적인 예배는 우리를 더 깊은 설교 준비로 인도할 것이다. 왜냐하면 우리가 하나님의 말씀을 그의 백성에게 전해야 한다는 것을 알고 있기 때문이다.

비록 당신이 개인 예배 시간에 설교를 찾고 있는 것은 아니지만, 설교에 대한 많은 아이디어와 유용한 통찰력이 거기에서 탄생하기도 한다. 그것은 당신의 개인적인 삶에 말씀하시는 하나님의 음성을 듣는 시간이어야 한다. 친교의 작은 방에서 당신은 하나님의 사랑과 약속과 교훈을 배울 것이다. 그러한 것은 주님 안에서 성장하는 귀중한 시간이다. 이런 점에서 훈련은 당신의 가슴으로부터 터져 나오는 주님의 기쁨을 가지고 무릎 꿇을 수 있게 해 준다. 그날의 분위기가 정해지고 나면, 당신은 설교 준비와 다른 사역의 임무에 자신을 바칠 준비가 될 것이다. 주님과의 만남과 그분의 사랑의 햇살 속에서 햇볕을 쬐고 나면, 당신은 그와 함께 있어 하나님의 백성에게 봉사할 준비가 된 것이다. 이러한 일상의 훈련은 고백하지 않은 죄로부터 마음을 자유하게 해 주며, 우리가 당면한 주요 업무들을 생각나게 한다.

몇 가지 유용한 습관들

제럴드 화이트(Jerald White)는 *Fellowship with God*(하나님과의 교제)이라는 신선하고 영감을 주는 책에서 존경받는 친구의 예리한 관찰을 떠올렸다. 그는 말했다: "경건한 삶은 경건한 습관을 확립한 결과다."[4] 강해자가 경건한 삶을 살기 원한다면, 그는 아버지와 교제하는 건강한 습관을 발전시키도록 자신을 훈련해야 한다. 다음 단락에서는 개인 예배의 매일의 연습을 수립하고 유지하기 위한 몇 가지 제안을 하려 한다.

영감을 구하라

우리와 하나님과의 개인적인 교제를 우선시하도록 안내하는 이들의 영감을 정기적으로 구하라. 화이트의 책 외에도 개인적인 예배에 영감을 주기 위해 반복적으로 사용할 수 있는 수많은 작품들이 있다. 조셉 캐롤(Joseph S. Carroll)의 《기름부음의 예배자》(아이러브처치 역간)는 하나님과의 개인적인 교제의 우선순위에 대한 강력한 요청에 관한 내용이다. A. W. 토저의 책, 특히 《하나님을 추구함》(생명의말씀사 역간)은 개인 예배의 실천을 발전시키는 데 매우 중요하다. 루스 팩슨(Ruth Paxson)의 세 권으로 구성된 *Life on the Highest Pane*(가장 높은 곳에 있는 삶)은 영적인 삶을 다루는 또 다른 도전적인 작품이다. 제임스 로슨(James Gilchrist Lawson)의 유명한 책, 《위대한 그리스도인들은 어떻게 성령의 충만을 받았는가》(세복 역간)와 레이몬드 에드만(Raymond Edman)의 *They Found the Secret*(그들은 비밀을 발견했다)이라는 책은 더 깊은 방법으로 하나님과 동행하는 것을 배운 많은 위대한 사람들의 경험을 보고한다.

특별히 기도와 설교와 관련된 책에 관해서는, 설교에서 기도와 하나님의 능력 사이의 직접적인 관계를 상기시키기 위해 E. M. 바운즈(E. M. bounds)의 고전인 《기도의 능력》(생명의말씀사 역간)을 1년 단위로 읽는 것을 고려하라. 《앤드류 머리의 그리스도의 기도학교》(크리스천다이제스트 역간)와 같은 앤드류 머리(Andrew Murray)의 많은 기도서, 존 R. 라이스(John R. Rice)의 《이렇게 기도하라》(보이스사 역간) 그리고 익명의 작품인 《무릎으로 사는 그리스도인》(생명의말씀사 역간)은 당신이 기도하도록 도전할 것이며, 바르게 기도의 채널을 맞추도록 도울 것이다. 최근에, 폴 밀러(Paul Miller)의 《일상 기도》(CUP 역간)와 팀 켈러(Tim Keller)의 《팀 켈러의 기도》(두란노 역간)는 하나님과의 개인적인 동행을 성숙시키는 데 있어 부름과 실제적인 도움을 준다.

하나님과 시간을 가지라

누군가는 수표책과 달력을 보고 그 사람의 우선순위를 결정할 수 있다고 말했다. 확실히, 돈을 쓰는 일과 시간을 우리가 계획한 시간에 낭비하는 것은 우리 마음에 가장 소중한 것들이다. 만일 당신이 하나님의 사람이 되기 원한다면, 모임, 상담 시간, 연구 시간, 가족 시간, 식사, 레크리에이션 및 기타 필요한 활동을 하는 것만큼 당신의 종교적인 시간표에 그분과 함께하는 약속을 넣어야 한다. 그분은 당신의 최우선순위가 되어야 한다. 또한 하나님과의 교제와 다른 활동들 간의 차이는 정해진 시간 속에서 분명해야 한다. 비록 어떤 시간의 제약이 그분과 함께하는 우리의 일상에 영향을 미칠 수 있지만, 조급하지 않도록 당신의 능력으로 하나님과의 만남을 지키기 위해 할 수 있는 모든 것을 하라. 시간을 내어 그분을 즐기고, 그분을 섬기며, 그분과의 만남을 통해 그다음 섬김을 준비하기 위한 시간을 가지라.

의도적으로 읽으라

일일 경건 안내서는 수없이 많으며 개인적인 예배의 깊이를 더하는 데 종종 도움이 되지만,[5] 성경 자체가 1차 자료가 되어야 한다. 성경은 어떤 형태로든 체계적으로 접근할 때 가장 유익하게 읽힌다. 많은 다른 방법들이 개발되고 사용되어 왔다. 당신은 1년 동안 체계적으로 성경을 읽을 수 있다. 1년 동안 구약은 한 번, 신약은 여러 번 읽도록 계획하면서 구약에서 여러 장을 읽거나 매일 신약에서 여러 장을 읽도록 선택할 수 있다. 선택된 구절에 초점을 맞춘 많은 도움을 주는 지침서들이 있지만, 경건 독서의 맥락에서 성경을 벗어나지 않도록 주의하라. 접근 방법에 관계없이, 하나님의 말씀을 아무렇게나 무작위로 읽는 것을 피하라. 대신에, 하나님의 음성을 듣기 위해 의도적으로 행동하라.

그 과정을 자연에 맡기라

성경 읽기는 다른 어떤 것보다 때로는 더욱 흥미진진하지만, 당신의 흥미에 의해 동기가 결정되어서는 안 된다. 하나님의 말씀은 매일의 양식이다. 음식에 대한 열정이나 부족은 자연적인 성장 과정에 영향을 미치지 않는다. 부모가 매일같이 자녀의 성장을 관찰하는 것은 불가능하다. 그러나 한 살 때의 사진을 보면, 그들이 적절한 영양분을 섭취한 결과로 어린아이가 얼마나 자랐는지를 분명히 알 수 있다. 그리스도인의 성장도 이와 같다. 목사와 그의 교회 구성원들은 말씀의 젖을 먹으면서 성장할 것이다(벧전 2:2 참조). 스티븐 올포드(Stephen Olford)는 *Manna in the Morning*(아침의 만나)이라고 이름 붙여진 경건의 시간에 관한 소책자에서 배고픈 영혼을 위한 만나의 공급으로 이런 경험을 묘사한다.[6]

'열매가 많은' 기도를 연습하라

성경 읽기와 마찬가지로, 많은 경우에 있어서 기도가 마음대로, 아무렇게나, 이기적으로 행해진다. 당신의 노력을 가장 효과적으로 사용할 수 있도록 의도적으로 하나님 경외하는 방법으로 기도하는 습관을 가지라. 다른 가까운 친구에게 하는 것같이 그에게 이야기하되, 어떤 부당한 친숙함은 피하도록 하라. 다시 말해서, "하늘에 계신 우리 아버지여 이름이 거룩히 여김을 받으시오며"(마 6:9)의 경건한 경외심과 짜증스러울 정도로 가혹했던 한밤중 친구의 실제적인 호소(눅 11:5~9 참조) 사이의 건강한 균형을 이루라.

하나님을 사랑하고 경외하는 것으로 시작하라. 그에게 축복이 되고 그를 섬기는 신자들의 특권은 진정한 예배의 중심에 놓인다(행 13:1~2 참조). 하나님의 구원과 사역에로의 부르심, 그분을 섬길 기회 그리고 특별한 경우에 당신의 마음을 채우는 모든 감사의 원천에 감사하라.

기도할 가치가 있는 모든 것을 위해 기도할 수 있는 그리스도인은 없기 때문에, 기도에 대한 하나님의 응답을 위해 개인적으로 접촉하는 사람들과 개인적으로 섬겨야 할 사람들을 위해 중보기도하는 것에 우선순위를 두라. 가족, 교회 구성원들, 회중의 필요 및 동료 설교자들을 위해 기도하라. 잃어버린 영혼들, 복음 증거를 위한 담대함, 복음 전도의 기회를 위한 열린 문을 위해 기도하라. 무엇보다 하나님의 뜻을 따라 기도하기 위해 말씀으로 기도하라. 성경에 따르면, 이런 종류의 기도는 하나님 귀에 반드시 들리며, 응답되는 것이 분명하다(요 15:7, 요일 5:14~15 참조). 하나님의 뜻에 따라 많은 열매를 맺는 기도를 시작하는 데 도움이 되도록 매일 자신과 가족을 위해 다섯 편의 시편과 잠언 한 장을 통해 기도하는 것을 고려하라. 그런 다음 당신과 당신의 회중을 위해서 매주 설교 본문을 가지고 기도하라.

건강한 마음

말씀의 효과적인 전달과 수용은 인격과 진실함의 연결된 개념으로 묶여 있다. 흥미로운 것은, 많은 사전이 두 단어를 설명하기 위해 비슷한 용어를 사용한다는 것이다.[7] 인격은 도덕적 탁월함과 견고함을 의미한다. 진실함은 도덕적 가치의 규칙에 대한 확고한 준수다. 기독교 사역에서 이 두 단어는 한 사람의 도덕적 탁월함에 대한 하나님의 기준을 고수하는 정도를 묘사한다. 복음의 설교자로서, 당신은 메시지와의 조화, 말과 함께하는 삶, 당신이 하는 말과 일치하는 성경적 강조를 받아들일지의 여부를 결정해야 한다. 가장 큰 힘은 거룩한 삶의 조용한 설교 속에 존재한다.

마음 상태의 결과

성경을 설교하는 것은 전적으로 특별한 임무다. 왜냐하면 하나님의 말씀은 개인적인 삶에서 무언가가 잘못되었을 때 효과적으로 전달될 수 없기 때문이다. 하나님은 당신의 그릇인 설교자가 가장 깊은 내면의 모든 곳까지 깨끗하게 되기를 원하신다. 사람은 대수학(algebra)을 적절하게 가르칠 수는 있어도 계산서를 지불하지 못할 수 있다. 그러나 그는 하나님의 말씀을 효과적으로 설명할 수 없고 재정적 의무를 충족시키지 못한다. 성적으로 부도덕한 생활을 하면서 식료품 점원으로 맡겨진 일을 잘 감당할 수는 있지만, 누구도 생명을 주는 능력을 가진 하나님의 말씀을 그런 식으로 살면서 전할 수는 없다. 한 사람의 개인적인 삶과 훈련은 자신의 설교 사역을 성공적으로 만들거나 혹은 무너뜨릴 수 있다.

한 걸음 더 나아가, 설교자가 정결하지 못할 때 하나님의 말씀은 효과적으로 받아들여지지 않을 것이다. 잠언 기자는 현명하게 다음과 같이 관찰한다: "의인이 악인 앞에 굴복하는 것은 우물이 흐려짐과 샘이 더러워짐과 같으니라"(잠언 25:26). 우물이 물의 주요 원천인 곳에서 살았던 사람은 누구든지 우물이 오염될 때 어떤 일이 발생하는지를 안다. 우물은 정화될 수 없다. 우물이 오염되었을 때 할 수 있는 일은 하나다. 우물을 뚜껑으로 덮고 막는 것이다. 파괴된 우물에서는 더 이상 물이 나오지 않는다. 이것이 바로 사역에서 일어나는 일이다. 생명의 물을 전달하는 설교자가 세상의 공해로 오염되면 사람들은 마시지를 않는다. 자주 묻는 질문은, " '타락한' 사역자가 회복된 후 설교단으로 돌아갈 수 있어야 하는가?" 라는 것이다. 이는 정말 중요한 논점이다. 설교자가 자신의 진실성과 인격을 손상시키면 그가 강단으로 복귀한다 할지라도 사람들은 듣기를 멈춘다.

건강한 마음의 자질들

성경은 설교자의 인격과 진실함에 대해서 침묵하지 않는다. 바울은 어린 디모데에게 "네가 네 자신과 가르침을 살펴 이 일을 계속하라"(딤전 4:16)고 말하면서 이 일과 그의 가르침에 관심을 갖도록 권면했다. 디모데전서 3장 1~7절과 디도서 1장 5~9절은 목회자/설교자를 위한 마음의 점검을 제공한다. 그러나 아마도 가장 친밀하고 강렬한 개인적인 본문은 데살로니가전서 2장 1~12절에서 발견된다. 여기서 사도 바울은 인격과 진실함으로 특징지어지는 목회적 지도력의 기준점에 관한 자신의 확신을 제시한다. 잠시 시간을 내어 성경을 열고 그 본문을 보라. 바울이 권면한 다음 세 가지 특성을 당신의 영적 기준점으로 사용해 보라.

1. 하나님이 주신 사명

많은 사람들에게 성공적인 목회자와 효과적인 설교자에 대한 오늘날의 이미지는 잘생긴 얼굴과 배우의 목소리와 학자의 마음을 가진 사람이다. 하지만 바울에 따르면 그렇지 않다. 그는 강한 사명감을 느꼈다고 지적했다(1~2절 참조). 빌립보에서 있었던 그의 이전의 고난은 약한 사람을 집으로 데려다줄 만큼 충분했다. 바울은 왜 그 사명을 포기하지 않았는가? 이유는 분명하다. 그는 가장 어려운 상황에서 자신을 담대하게 만드는 하나님의 복음에 대한 헌신을 느꼈다. 설교 사역은 쉬운 일이 아니다. 지름길은 허용되지 않는다. 당신이 주님을 섬기기 시작할 때, 당신은 도중에 많은 어려움에 직면할 것임을 확신할 수 있다. 바울과 같은 사명감만이 그러한 상황에서 당신을 계속 지켜 줄 수 있다.

2. 진정한 동기 부여

바울이 "우리의 권면"(3절)을 언급했을 때, 그는 단순히 특정 메시지나 자신의 전달에 관해 말하는 것이 아니다. 그의 동기는 깊었다. 바울의 시대에, 거짓 선생들은 종종 사람들을 먹잇감으로 삼으며 이곳저곳으로 돌아다녔다. 슬프게도 우리는 오늘날 같은 문제에 직면해 있다. 텔레비전과 라디오에 나오는 사기꾼들은 사람들이 일반적으로 설교자들을 의심하게 만들었다. 결과적으로, 우리의 동기는 옳아야 한다. 바울은 자신의 설교가 "간사함이나 부정에서 난 것이 아니요 속임수로 하는 것도 아니라"(3절)고 강조했다. 그는 자신의 메시지가 참되고, 동기가 순수하며, 그의 방법은 의심의 여지가 없다고 말하고 있었다.

또한 그는 아첨하는 말을 사용해서 사람들을 기쁘게 하려고 시도하지도 않았다(5절 참조). 누군가는 아첨이 '비누 거품을 볼 수 없을 때까지 사람을 부드럽게 닦는 것' 이라고 말했다. 현대 설교에는 너무 많은 아첨이 있다. 비록 칭찬을 위한 적절한 장소가 있지만, 우리는 개인적인 이익이나 칭찬을 위해 설교하는 사람들에게 결코 아첨하지 말아야 한다. 우리는 우리의 마음 깊은 곳까지 탐색해야 한다. 우리는 언제나 신중하게 우리 스스로에게 물어야 한다: "내 설교는 진실로 동기 부여가 되었는가?"

3. 부드러운 방법

바울은 '온화' 하게 행동했다. 그는 자비롭고 사랑하는 마음을 가졌다. 바울과 같은 진정한 설교자는 세 가지 역할을 맡을 것이다. 첫째, **그는 자신의 백성을 위해서 자신을 희생할 것이다.** 바울은 사람들에게 어머니와 같았다(7~8절 참조). 여기에 있는 그림은 사실 보육원에 있는 어머니에 관한 것이다. 그녀는 아이들을 돌보고, 먹이고, 안는다. 영적인 의미에서, 진정한 설교자는 자신의 사람들에게 같은 방식으로 행한다. 어머니는 기꺼이 자녀들을 위해 목숨을 바칠 것이다. 바울은 백성들을 위해 기꺼이 자신의 영혼을 주었다(롬 9:3 참조). 진정한 설교는 메시지의 전달뿐 아니라 삶까지도 포함한다. 설교는 한 시간자리 공연이 아니다. 설교는 삶의 유출이다.

둘째, **진정한 설교자는 열심히 일하는 사람이다.** 바울은 일꾼이었다(9~10절 참조). 그의 사역은 일주일에 40시간으로 제한되지 않았다. 그는 일생 동안 자신의 삶을 쏟아 부었다. 진실함을 가진 설교자는 근무 시간이 따로 없다. 그리고 시간 체크도 하지 않는다. 물론 가족, 여가 및 기타 중요한 활동을 위한 시간이 필요하다. 그러나 개인적인 성실함은 열심히 일하는 사람이 될 것을 요구한다(딤후 2:6 참조). 당신은 교회 구성원들이 직장에서 일하는 것보다 더 열심을 내어 일해야 한다. 목회자들은 종종 어깨 너머로 보는 사람이 없기 때문에, 각각의 교회는 게으름의 양성소가 될 수 있다. 그러나 이 목장은 게으른 사람들을 위한 장소가 아니다. 우리의 백성과 복음은 우리의 뼈가 아프고 우리 이마에 땀이 날 정도로 우리 자신을 드리도록 요구한다.

셋째, 어머니의 부드러움과 함께, 설교자는 아버지의 견고함을 제공해야 한다. 바울은 자신을 아버지에 비교했다(11~12절 참조). 개인적인 진실함은 당신이 신뢰할 만한지를 요구한다. 사랑스럽게 그러나 단호하게 말하라. 무엇보다도 아버지는 자녀에게 걷는 법을 가르친다. 하나님의 백성은 왕가의 자녀들이다. 설교자는 하나님의 백성이 어떻게 살아야 하는지를 가르칠 책임이 있다. 그것은 신성한 책임이다.

건강한 의존

설교자는 그리스도와 동행함으로 건강한 마음을 키워 가는 것 뿐 아니라, 불가능한 일을 하기 위해 하나님에게 전적으로 의존해야 한다. 하나님의 말씀을 선포하는 것은 초자연적인 도움을 필요로 하는 초자연적인 활동이다. 우리는 앞선 장에서 논의한 기름부음에 대해 구체적으로 말하고 있다. 그것은 설교에서 사람을 통해 흘러가는 영적인 열정이다. 기름부음은 효과적인 설교의 생명줄이다. 오직 성령이 임할 때만 높고 고귀한 부르심에 반응할 수 있다.

현대의 설교자들은 과거의 설교자들과 같이 기름부음에 대해서 이야기하거나 그것을 계속해서 추구하지는 않는 것처럼 보인다. 예를 들어, 찰스 스펄전이 런던 메트로폴리탄 성막교회(London' s Metropolitan Tabernacle)에서 거의 매주 그런 기름부음을 가지고 설교했던 것에 동의하지 않는 사람은 거의 없을 것이다. 열다섯 개의 계단이 강단으로 이어졌다. 스펄전은 "나는 성령을 믿는다"라고 매번 자신에게 중얼거리면서 천천히 그리고 질서 있게 이 계단들을 올라갔다.[8)]

존 후스(John Huss)는 리(R. G. Lee)의 하나님의 기름부음을 받았던 개인적인 경험에 대해 이야기한다. 리 목사는 아드리안 로저스(Adrian rogers) 이전에 테네시 주 멤피스에 위치한 벨뷰 침례교회(Bellevue Baptist Church)의 담임 목사로 섬겼다. 그 사건은 1955년 주일에 일어났다. 그날 아침에 리는 말했다: "그것은 마치 누군가 나에게 따뜻한 담요를 덮어 주는 것 같았다. 마치 누군가의 부드러운 손가락이 내 몸을 위아래로 달래는 느낌이 들었다." 전에는 결코 그런 신비한 느낌을 경험하지 못했다. 그는 그날 아침에 누군가에게 말했다: "오늘 벨뷰에서 위대한 하루가 될 것입니다."[9)]

예배가 진행되는 동안 리는 요한복음 1장 42절 본문으로 보기 드문 간결한 설교를 했다. 그는 차분하고 강렬하게 직접적으로 말했다. 설교가 끝났을 때, 전체 회중은 하나님의 능력 아래 있었다. 모임 전체가 눈에 띄게 감동되었다. 부름에 대한 응답 시간이 주어졌을 때 사람들은 반응하기 시작했다. 통로 아래로 사람들이 줄을 지어 이어졌다. 예배는 오후 12시 45분까지 끝나지 않았다. 하루가 끝났을 때 126명이 영적인 결단을 내렸다. 그날 저녁, 리는 아침 예배의 결과로 52명의 새로운 회심자에게 세례를 주었다. 그는 이렇게 말했다: "아무도 이처럼 하루를 지날 수는 없으며, 죄와 의와 심판에 대해 사람들에게 확신시키는 성령과 그의 역사의 실제를 의심하는 사람은 아무도 없다. 오늘 사람들 사이의 움직임은 에스겔 시대에 마른 뼈의 골짜기가 살아 있는 군대가 되었을 때와 같았다."[10)]

하나님의 기름부음의 경험은 빈도와 세부 사항에 따라 다르지만, 성경과 역사를 통해 설교한 사람들은 이 특별한 성령의 참여에 대해 증언한다. 당신이 하나님의 기름부음에 대한 필요를 배우고 그것을 추구할 마음을 키우면, 당신의 삶에서 그 실존성을 인식하기 시작할 것이다. 때로는 존재가 아닌 부재로 그것을 인식하는 법을 배울 수 있다. 그러나 그 존재는 당신의 내면에서 확증될 것이다. 당신이 설교할 때 당신은 사로잡힌 사람이라는 것을 인식하게 될 것이다. 당신은 하나님이 역사하심을 알게 될 것이며, 그 차이는 즉각적이고 극적일 것이다. 당신이 설교하는 사람들은 또한 기름부음을 알게 될 것이다. 그들은 당신이 말하는 것에 붙들릴 것이다. 책망, 하나님의 임재에 대한 깊은 감각 그리고 그들의 마음을 뒤흔드는 것이 분명해질 것이다. 이러한 여정은 성령의 기름부음에 대한 우리의 필요를 이해하는 것으로 시작되며, 우리의 의도적인 추구를 통해 지속된다.

기름부음에 대한 필요

우리는 설교의 본질과 책임을 생각할 때 압도감을 느낄 수 있다. 설교자는 철저히 다른 결과를 가지고 두 차례의 다른 설교를 하면서 같은 해석학적 어감과 능숙하게 주해된 설교를 할 수 있다. 성령의 능력을 입은 한 경우는 축복과 응답으로 특징지어진다. 그분의 손길이 없는 또 다른 경우는 삶의 건조함과 무반응을 낳는다.

물론 차이점은 기름부음이다. 성령의 기름부으심이 분명할 때 설교하는 것만큼 기분 좋은 일은 없다. 메시지는 날아오르고, 말은 쉽게 나오며, 기대했던 결과가 나타난다. 그러나 설교자가 자신의 힘으로 설교하려 할 때만큼 힘들거나 좌절되는 일은 없다. 모든 신실한 설교자는 자기 자신의 약점과 한계를 인식한다. 어떤 기간 동안 설교한 사람은 성령의 능력을 가지고, 그리고 성령의 능력 없이 말하는 것이 무엇을 의미하는지 알고 있다. 기름부음이 있을 때 능력과 축복이 있다. 인간의 능력과 기술이 키를 잡고 있을 때는 아무 일도 일어나지 않는다.

왜 설교와 모든 그리스도인의 삶이 이런 식으로 역사하는가? 답은 간단하다. 하나님은 한 가지 이유로 우리의 약점을 통해 그 힘을 발휘하도록 주권적으로 명하신 것이다. 그래서 아무도 그의 영광을 빼앗지 못한다. 바울은 특별히 고린도전서 1장에서 하나님이 구원을 위해 어리석은 메시지, 즉 십자가를 택하셨다는 사실에 주의를 기울임으로써 이를 구체적으로 지적했다(18~20절 참조). 그리고 하나님은 그 메시지를 전하기 위해 설교라는 어리석은 방법을 선택하셨다(21~25절 참조). 게다가 설상가상으로, 그는 어리석은 사람들을 선택해서 그 메시지를 전하게 하셨다(26~28절 참조)! 왜 그런가?

바울은 그 장이 끝나기 전에 이 질문에 두 번이나 대답한다. 그는 "아무 육체도 하나님 앞에서 자랑하지 못하게"(29절) 하려고 그것을 하나님이 하셨다고 말한다. 그런 다음 바울은 예레미야 9장 24절을 인용해서 그 말을 반복한다: "기록된 바 자랑하는 자는 주 안에서 자랑하라 함과 같게 하려 함이라"(고전 1:31). 다시 말해, 하나님은 우리의 연약함을 통해 당신의 힘과 능력을 나타내기로 선택하셨고, 그래서 우리가 설교한 결과로 초자연적인 현상들, 곧 사람들이 구원받고, 결혼 생활이 회복되고, 반항적인 자녀들이 집으로 돌아오고, 사람들이 더욱 예수님처럼 보이는 일들이 일어날 때 아무도 그 공로를 설교자에게 돌릴 수 없게 된다. 그들은 단지 하나의 결론만을 이끌어 낼 수 있다. 그것은 오직 하나님만이 하실 수 있다는 것이다!

이런 표면적으로 뒤틀린 하나님의 경륜은 우리를 놀라게 하지 않는다. 하나님은 전 역사를 통해서 이런 식으로 일해 오셨다. 이스라엘이 새로운 왕을 필요로 했을 때, 하나님은 사무엘을 이새의 집으로 보내셨다. 사무엘은 미인 대회의 방식을 취해서 이새의 아들들 중 가장 크고, 강하고, 빠르고, 잘생긴 사람을 면접했다. 그리고 하나님은 그들을 목록에서 차례로 지워 가셨다. 사무엘은 혼란스러웠다. 하나님은 사무엘에게 다음과 같이 말씀하셨다: "그의 용모와 키를 보지 말라 내가 이미 그를 버렸노라 내가 보는 것은 사람과 같지 아니하니 사람은 외모를 보거니와 나 여호와는 중심을 보느니라"(삼상 16:7). 그러고 나서 하나님은 사무엘에게 나가서 작은 목동 소년을 취해 새로운 왕으로 그에게 기름을 부으라고 말씀하셨다. 그리고 하나님은 그 작은 목동 소년을 이스라엘의 가장 위대한 왕으로 만드셨다. 또한 그를 통해서 메시아가 오게 하셨다.

이 뒤틀린 경륜에 대한 증언은 구약을 통해 계속된다. 성경은 경건한 여자에 대해 다음과 같이 말씀한다: "고운 것도 거짓되고 아름다운 것도 헛되나 오직 여호와를 경외하는 여자는 칭찬을 받을 것이라"(잠 31:30). 이것은 대개 광고에서 말하는 것이 아니다. 광고에서는 이렇게 말하지 않는다. 그들은 '매력은 어디에나 있으며, 아름다움이 전부다. 이 모든 것을 가지라!' 고 말한다. 하나님의 표면적으로 뒤틀린 경륜 속에서는 그렇지 않다. 스룹바벨이 포로에서 돌아온 사람들을 통치하며 그들이 성전을 재건하도록 인도하는 것에 대해 협박받았을 때, 하나님은 선지자 스가랴를 통해 다음과 같은 일이 일어나게 될 것을 말씀하셨다: "이는 힘으로 되지 아니하며 능력으로 되지 아니하고 오직 나의 영으로 되느니라"(슥 4:6). 초자연적인 일들은 우리의 힘과 능력이 아닌 오직 하나님의 영에 의해서만 성취된다.

신약성경에서 예수님은 이상한 말씀을 하시며 현장에 나타나셨다. 먼저 되길 원한다면 나중이 되어야 한다는 것이다(마 20:16 참조). 크고자 하는 자는 섬기는 자가 되어야 한다는 것이다(마 20:26 참조). 또한 살기를 원한다면 죽어야 한다는 것이다(막 8:34~35 참조). 이게 대체 무슨 뜻인가? 그러나 바울은 그것을 이해했다. 그래서 그는 이렇게 말했다: "내가 너희 가운데 거할 때에 약하고 두려워하고 심히 떨었노라 내 말과 내 전도함이 설득력 있는 지혜의 말로 하지 아니하고 다만 성령의 나타나심과 능력으로 하여"(고전 2:3~4), "우리가 이 보배를 질그릇에 가졌으니 이는 심히 큰 능력은 하나님께 있고 우리에게 있지 아니함을 알게 하려 함이라"(고후 4:7).

그러나 아마도 약함을 통해 강함을 드러내시는 하나님의 역설적 계획에 대한 바울의 가장 큰 간증은 주님이 육체의 가시를 제거해 달라는 바울의 요구를 거절하셨을 때 나타났다. 예수님은 그것을 없애 주시는 대신에 다음과 같이 말씀하셨다: "내 은혜가 네게 족하도다 이는 내 능력이 약한 데서 온전하여짐이라"(고후 12:9). 바울은 기본적으로 이렇게 말씀하신 것을 들었을 때 가시덤불 전체를 원했다! 그는 이렇게 말했다: "나에게 이르시기를 내 은혜가 네게 족하도다 이는 내 능력이 약한 데서 온전하여짐이라 하신지라 그러므로 도리어 크게 기뻐함으로 나의 여러 약한 것들에 대하여 자랑하리니 이는 그리스도의 능력이 내게 머물게 하려 함이라 그러므로 내가 그리스도를 위하여 약한 것들과 능욕과 궁핍과 박해와 곤고를 기뻐하노니 이는 내가 약한 그 때에 강함이라"(고후 12:9~10). 다른 말로 하면, 만일 그것이 하나님이 일하시는 방식이며 그것이 그의 능력을 경험하기 위한 유일한 방법이라면, 바울은 그가 얻을 수 있는 모든 약함을 원했다!

하나님의 말씀을 설교하는 사람으로서, 우리가 설교하는 동안 하나님의 영의 도움을 경험하기 위해서는 그것이 우리 삶에 반드시 일어나야 한다. 우리는 인간의 무능력을 인식하고 하나님의 역설적 경륜을 인정해야 한다. 이는 인간 본성의 자립적 경륜에 반대되기 때문에 뒤틀린 것처럼 보이는 경륜이다. 하나님의 경륜은 우리가 어떤 종류의 순교자 증후군을 발전시키는 것을 의미하지 않는다. 그리고 우리의 은사와 부르심을 무시하거나 혹은 경시하는 것을 의미하지 않는다. 그러나 그것은 우리가 인간의 약점에 안주하고 심지어는 안타까워한다는 것을 의미한다. 왜냐하면 그것들은 우리가 절대적으로 필요로 하는 능력인 하늘의 초자연적인 능력에 다가가기 위한 열쇠이기 때문이다.

기름부음의 추구

2장에서 설명했듯이, 이 기름부음은 한 번 일어나는 것이 아니라 설교자에게 영원히 남아 있는 것이다. 목회자는 하나님과의 동행 안에서, 준비하는 과정 및 개인적인 설교 속에서 기름부음을 날마다 찾아야 한다. 비록 이런 신성한 역사의 효과가 종종 설교가 전달될 때까지는 알려지지 않지만, 하나님의 사람은 그 임재 안에서 자신의 전체 설교 사역을 재건설해야 한다. 결과적으로, 설교가 시작되기 훨씬 전에 이 기름부음의 필요성에 주의를 기울여야 한다. 제이슨 메이어(Jason Meyer)는 "설교자의 연구는 설교단이 아니라 기름부음을 받아야 한다"고 말한다.[11)]

성령의 것들은 종종 정의할 수 없으므로 찾기 어렵다. 예를 들어, 영적인 각성은 하나님의 주권과 인류의 준비로 특징지어진다. 우리가 그것을 갈망하면서 할 수 있는 최선은 과거에 그것이 올 때마다 존재해 온 요인들에 우리 자신을 맞추는 것이다. 신적인 기름부음은 유사한 개념이다. 아주

르디아는 이렇게 말한다: "성령이 영감을 주신 말씀에는 하나님의 백성에게 주어진 특별한 책임이 있다. 성실하게 수행될 때 축복을 받는다."[12] 누구도 우리의 설교에서 기름부음을 확실하게 보장하는 공식을 제공할 수는 없지만, 우리는 영적인 열정을 가지고 설교하는 사람들의 삶에 항상 존재하는 공통분모를 찾을 수 있다. 설교자가 신적인 기름부음을 경험하기 위해 자신을 준비할 수 있는 몇 가지 요인들을 확인해 볼 수 있다.

개인적인 거룩

확실히 설교에서 기름부음은 진정으로 거듭난 설교자를 위해 예비되어 있다. 그러나 구원받는 것만으로는 충분하지 않다. 하나님은 깨끗한 그릇을 사용하기를 열망하신다. 그것을 통해서 그분의 능력이 흘러가게 된다.

그의 자녀 중 한 사람으로서 우리는 순결하게 행해야 한다. 당신이 설교할 때 기름부으심은 예비된 것이 아니다. 이런 특성은 당신이 매일 주님과 함께 그리고 그의 백성과 함께할 때 탄생한다. 성경은 이렇게 말씀한다: "여호와의 기구를 메는 자들이여 스스로 정결하게 할지어다"(사 52:11). 하나님의 성령은 부정하고 정화되지 않은 삶에 기름 부으실 수 없으며, 그러한 삶에는 영감을 허락하지 않으실 것이다. 히브리서 기자는 이렇게 쓰고 있다: "모든 사람과 더불어 화평함과 거룩함을 따르라 이것이 없이는 아무도 주를 보지 못하리라"(히 12:14). 영적인 실제를 확인하지 않고 하루라도 그냥 지나가지 말라. 그리고 모든 죄와 자기 자신을 비우게 될 것이라는 진지함이 없이는 결코 강단에 서지 말라. 당신은 주님이 당신을 통해 자유롭게 일하실 수 있도록 당신의 삶이 깨끗하기를 원해야 한다.

희생적인 기도

성령이 당신에게 큰 권능으로 임하시려면, 당신은 기도를 통해 그분의 능력을 구해야 한다. 설교자가 하나님과 함께하는 시간을 충분히 갖지 못한다면 그는 효과적으로 사용될 수 없다. 아버지의 얼굴을 구하는 데 시간을 보내라. 당신의 설교를 희생제물이 되게 하라. 아테네의 위대한 정치가인 페리클레스(Pericles)는 종종 말하는 행위를 너무나 엄숙하게 생각한다고 말하면서, 도움을 위해 불멸의 신들을 향한 간절한 기도 없이는 시작할 수 없다고 말했다. 분명 복음 설교자는 페리클레스만큼 기도하는 마음을 가지고 거룩한 강단에 다가가야 할 것이다. 설교를 한다는 것은 훌륭하고 멋진 일이다. 영적 준비와 기도 없는 마음으로 거룩한 부르심에 다가가는 사람을 불쌍히 여기라. 바운스(Bounds)는 이렇게 탄식했다.

> 그리스도의 학교에서 그분의 백성을 위한 높고 신성한 중보의 행위를 배운 적이 없는 설교자는 비록 설교가 엄청난 무게로 부어질지라도, 그리고 그가 설교 연구와 전달에 있어 천재적인 재능을 가졌다 할지라도 그는 설교의 기술을 결코 배울 수 없을 것이다.[13)]

당신의 모든 배움 속에서 기도로 하나님을 붙잡는 법을 배우라.

그분의 영감으로부터 오는 성령의 기름부으심과 열정을 진심으로 구하라. 바운스가 말한 대로, "이런 기름부음은 연구하는 설교자가 아니라 골방에서 기도하는 설교자에게 온다."[14)]

당신과 당신의 메시지에 임하도록 성령에게 부지런히 구하라. 성령이 당신 안에서 그리고 당신을 통해서 자신의 능력을 나타내시게 하라. 설교에서 작은 것에 만족하지 말라. 당신은 성령의 능력을 항상 동일한 크기로 경험하지는 못할 것이다. 신비의 영역에서의 이유 때문에, 성령의 기름부음이 다른 때보다 더 큰 규모로 당신에게 임할 수 있다. 때때로 당신은 다른 주제들보다 어떤 주제에 대해 더 열정적이 될 것이다. 그 현실은 의심할 여지가 없다. 그러나 당신이 설교하는 매순간 당신에게 하나님의 축복의 증거가 있을 수 있도록 성령에 대한 삶의 복종이 있어야 한다.

〈개인 간증〉

영적 기름부음의 특별한 크기

1976년, 나는 앨라배마 주 침례교 복음 전도 협회에서 설교하기로 약속이 잡혀져 있었다. 모임이 있기 몇 달 전에 나는 그리스도의 승천에 관해서 선포하도록 주님으로부터 분명한 감동을 받았다. 나는 그 주제를 다룬 성경의 모든 구절을 연구했고, 주제에 관한 모든 정보를 모았으며, 그에 관한 모든 설교를 읽었다. 이 메시지를 전하게 되는 한 달 동안 나는 하나님이 독특한 방법으로 마음과 삶에서 역사하고 계심을 알게 되었다. 그 주제는 나를 사로잡았다. 나는 성경 연구로부터 거의 벗어날 수 없었다. 많은 시간 동안 이 메시지를 연구하고 준비했다. 하나님의 임재가 너무나 압도적이어서 실제로 울곤 했다.

드디어 그 메시지를 전할 날이 왔다. 나는 큰 두려움과 떨림을 가지고 내게 주어진 과제에 접근했다. 처음에는 두려움이 엄습했다. 하지만 설교를 시작했을 때 어떤 일이 일어났다. 메시지를 전한 지 5분이 지났을 때, 하나님의 성령이 나를 완전히 사로잡은 것처럼 보였다. 회중 또한 대부분 여기에 사로잡혔고, 겉으로 보기에는 기쁨과 영적인 흥분의 물결에 휩쓸려 가는 듯 보였다. 설교를 마쳤을 때, 우리는 하나님이 우리를 방문하셨다는 것을 모두 알고 있었다. 나는 결코 전에도 그리고 그 이후로도 이렇게까지 성령에 의해 흔들리고 움직여진 적이 없었다.

내가 설교한 후 며칠 그리고 몇 주 동안, 그 메시지의 테이프는 많은 다른 지역에 보내졌다. 먼 곳에서 설교 테이프를 들었음에도 똑같은 영적인 현상이 일어났다. 전화와 편지가 빗발치기 시작했다. 절망의 지점에 있었던 설교자들은 회복되었고 용기를 얻었다.

설교의 결과로 어떻게 그렇게도 특별한 축복이 있었을까? 대답은 내가 한 것에 있지 않다. 나는 그 테이프를 여러 번 다시 들어 보았다. 그 설교는 여러 결점이 있고, 전달에 있어서도 설교적, 수사적, 심리학적으로 좋은 설교와는 거리가 멀었다. 설교의 결과와 효과에 대해서는 한 가지로만 설명할 수 있다. 하나님의 성령이 특별한 일을 위해 특별한 방법으로 나에게 기름부으신 것이다.

제리 바인스

성령의 기름부음과 영감이 짧고 경박한 기도로 오는 것이라 생각하지 말라. 바운스는 다음과 같이 기록한다.

> 기도, 많은 기도는 설교의 기름부음을 위한 대가다. 많은 기도는 이런 기름부음을 유지하기 위한 유일한 조건이다. 지속되는 기도 없이 기름부음은 결코 설교자에게 오지 않는다. 기도에서 인내가 없는 것은, 지나치게 모은 만나처럼 기름부음에 벌레가 생기게 한다.[15]

하나님이 당신에게 거룩한 기름부음을 주시길 간구하라.

부지런한 연구

설교자가 설교에서 하나님의 능력에 접근하려면, 그는 부지런한 연구로 설교자의 삶을 특징지어야 한다. 뻔한 말을 하는 것뿐 아니라 반복될 위험에 처해질 때, 우리가 그분의 책을 가볍게 또는 부끄러움 없이 다룬다면 성령은 우리의 설교에 참여하지 않을 것이다. 부지런한 연구와 충실한 강해에 대한 확신은 이 책의 주제지만, 우리는 성령의 기름부음에 관한 이런 문제의 연관성을 강조할 수밖에 없다. 만일 성경이 실제로 성령의 감동에 의해 기록되었다면, 우리가 그분의 말씀을 가볍게 다루거나 그분의 의도와 다른 목적으로 사용할 경우 그분이 우리 설교에 참여하시기를 기대하는 것은 어떤 의미가 있는가?

하나님의 기름부으심과 충실한 강해에 대한 헌신은 함께 온다. 성경이 성령을 통해서 하나님에 의해 진정한 호흡을 받는다면, 우리는 성경을 연구하고 그가 말하고자 의도했던 것을 바르게 드러내는 방식으로 설교해야 한다. 때때로 설교자들은 설교의 철학에서 하나님의 기름부음을 분리하려는 유혹을 받는다. 그러나 그렇게 하는 것은 중대한 실수다. 만일 당신이 그의 능력으로 기름부으실 하나님의 영을 원한다면, 부지런히 그분의 말씀을 연구하고 그에 맞게 설교를 준비해야 한다는 것을 이해하는 것이 좋다. 이것은 강해 설교를 훈련하기 위한 또 다른 명백한 이유다.

건강한 정신

연장통에는 여러 종류의 일들을 하기 위한 다양한 모양과 크기의 많은 연장들이 들어 있다. 작업자가 연장통에 가지고 있는 연장이 많을수록 그가 할 수 있는 일들도 많다. 이것은 설교자의 지적인 발달과 관련이 있다. 왜냐하면 하나님의 말씀을 선포하도록 부름 받았기 때문에, 당신은 자신의 능력을 최대한 발휘할 수 있도록 지적으로 준비해야 한다. 어떤 설교자도 하나님이 축복해 주신 지적 능력의 일부를 사용하는 것으로 만족해서는 안 된다. 지적 발달을 위한 많은 길 중에서 효과적인 강해 설교자는 교육, 모범 그리고 경험 모두에 관심을 기울여야 한다.

정규 교육

분명히, 어떤 사람은 특별한 재능을 가지고 있어 정규 교육을 받지 않고도 엄청난 축복을 가져올 수 있다. 여러 시대를 통해 하나님의 많은 위대한 사람들은 정규 훈련을 거의 받지 못했다. 베드로와 요한은 "학문 없는 범인"(행 4:13)으로서, 성경은 그들이 랍비의 학교에 결코 다닌 적이 없음을 시사한다. 하지만 누가 그들의 사역에서 흘러나오는 영적인 능력을 의심할 수 있겠는가? 존 버니언(John Bunyan), 찰스 스펄전, 캠벨 모건 그리고 다른 많은 사람들은 정규 학교에서 거의 훈련을 받지 않은 뛰어난 재능을 가진 설교자들이었다. 그러나 공식 훈련을 통해 더 많은 도구를 습득했다면 이 사람들이 얻을 수 있는 효과의 정도는 아무도 알 수 없다. 우리는 그들 모두가 다른 설교자들에게 자신을 훈련시킬 수 있는 가능한 모든 수단을 이용하라고 촉구했을 것이라 확신할 수 있다.

정규 교육은 하나님이 주신 은사를 연마할 수 있는 훌륭한 기회를 제공한다. 심리학, 역사, 생물학 및 사회학에 속한 과정들을 포함해서 예술과 과학에 대한 포괄적인 연구는 매우 중요하다. 모든 진리는 하나님의 진리임을 기억하라. 하나님의 진리가 세속적인 근원으로 여겨지는 곳에서 발견될지라도 그것을 두려워할 필요는 없다. 철저한 인문 교육은 설교를 위한 훌륭한 지적, 문화적 배경을 제공할 것이며, 앞으로 몇 년간 매우 귀중한 자료로 판명될 것이다. 학술적인 교육은 설교를 위한 유용한 정보의 창고를 제공할 것이다. 당신은 삶에 대한 폭넓은 이해를 얻게 될 것이며, 성경 진리를 적용하기 위한 예증과 방법들을 비축하게 될 것이다.

신학적으로 건전한 많은 성경 대학들은 학생들이 훌륭한 성경 교육을 받을 수 있도록 하고 있다. 그러나 성경 대학의 교육이 훈련에 필요한 폭을 좁히지 않도록 주의하라. 바꿔 말하면, 성경 대학에서 훈련된 설교자는 성경적이며 신학적인 연구에 자신을 국한해서는 안 된다. 사실, 성경 대학에서 가르치는 교수들이 점점 더 학생들에게 그들의 외부 독서 범위를 넓히라고 촉구하고 있다. 이들 대학 중 많은 곳에서 문학, 철학, 과학 등 다양한 주제를 다루는 커리큘럼을 제공한다.

물론, 설교자는 가능한 한 신학과 성경 분야에서 많은 구체적인 교육을 받아야 한다. 여기에 성경 대학과 신학교 교육의 가치가 있다. 강해 설교의 핵심은 언어, 시간, 문화 및 세계관의 차이에 의해 가려져 왔던 진리를 '드러내는' 것이다. 충실한 강해자는 성경의 의도를 전하기 위해 가능한 한 많은 지식을 얻을 것이다. 예를 들어, 성경 원어에 대한 실무 지식을 얻는 것은 엄청난 가치가 있다. 성경 원어에 대한 지식 없이도 효과적으로 설교하는 것은 분명 가능하지만, 히브리어와 헬라어를 사용할 수 있다면 더 엄청난 이점을 가지게 될 것이다.

설교자는 또한 조직신학, 성경신학 및 역사신학 안에서 훈련받아야 한다. 그런 훈련은 어떻게 도움이 되는가? 카슨(Carson)은 조직신학이 '성경 전체는 특정 주제에 관해 무엇을 가르쳐 주는가?' 라는 질문에 대답한다고 말한다. 성경신학은 '하나님은 당신의 말씀을 역사적 그리고 유기적으로 어떻게 나타내는가?' 라는 질문에 대답한다고 말한다. 역사신학은 '과거의 사람들은 어떻게 성경을 이해해 왔는가?' 와 '기독교 교리는 어떻게 수 세기에 걸쳐 발전해 왔는가?' 라는 질문에 대답한다고 말한다.[16] 이처럼 조직신학은 우리에게 성경 교리를 이해하기 위한 뼈대를 제공해 준다. 성경신학은 우리가 성경에서 하나님의 마음을 다루고 있음을 깨닫게 하며, 모든 성경 교리를 깔끔하고 작은 상자 속에 가두어 두는 위험을 피하도록 도와준다. 또한 역사신학은 우리가 편견을 극복하도록 도와주며, 성경을 책임감 있게 해석하는 것이 결코 고독한 작업이 될 수 없다는 것을 상기시켜 준다.[17] 해석학 혹은 성경 해석학 분야의 공식적인 연구 또한 없어서는 안 된다. 성경 해석의 올바른 원리들을 배울 때, 당신은 '즉흥적인' 해석을 피하는 법을 배울 것이다. 문맥에서 성경을 연구하는 것의 중요성을 배울 것이다. 논란이 많은 구절에 제공되는 다른 해석을 알고 있으면 당신이 어떤 사람의 특정한 해석 체계에 빠지는 것을 피하는 데 도움이 될 것이다. 또한 이 연구 분야는 수년 동안 받아들여진 주된 해석을 인식하게 할 것이다.

공식적인 교육은 또한 설교 준비와 전달 분야에 도움을 줄 수 있다. 과학과 기술의 발전으로 우리는 성경적 주해와 설교적 구성의 문제에 대한 매력적인 통찰력과 도움이 되는 자료의 시대를 맞이하게 되었다. 새롭고 도움이 되는 많은 자료들이 설교하는 학생들에게 제공된다. 컴퓨터로 찾을 수 있는 많은 성경 공부 자료들을 올바르게 사용하면 보다 효과적이고 효율적인 준비를 할 수 있다. 지혜로운 사람은 성경 본문의 의미를 설명하고 사람들이 그것에 응답하도록 설득하는 데 도움을 주는 모든 새로운 도구를 사용할 것이다.

지속적인 교육

이전 교육과 관계없이, 당신은 사역의 모든 날 동안 설교 준비를 위한 연구를 지속해야 한다. 설교를 위해 일반 자료를 정기적으로 조사하라. 문화와 현대적인 삶의 학생이 되라. 좋은 뉴스 자료, 여러 권위 있는 잡지 그리고 지역, 국가 및 전 세계의 최신 사건을 접할 수 있는 신뢰할 수 있는 블로그와 웹 사이트를 정기적으로 방문해서 읽으라. 폭넓게 읽고, 가능한 한 여러 분야를 연구하라. 원하는 모든 책을 읽을 수는 없지만, 서평은 읽을 수 있다. 인터넷은 이런 자료들에 대한 접근성을 매우 편리하게 해 준다.

문학, 음악, 영화, 텔레비전 분야에서 어떤 일이 일어나고 있는지 알라. 반드시 눈을 불필요한 것에 노출시킬 필요는 없지만, 이러한 매체에 관한 검토는 쉽게 이용할 수 있다. 전기와 좋은 소설을 읽으라. 소설과 산문 문학을 읽으라. 또한 정신력을 기르라. 이것이 설교 준비와 전달에 어떻게 도움이 되는지를 알면 놀라게 될 것이다. 손에 넣을 수 있는 가치 있는 모든 것을 읽으라. 프랜시스 베이컨(Francis Bacon)은 "독서는 온전한 사람을 만든다"고 말했다. 그리고 스코틀랜드의 사역자인 알렉산더 화이트(Alexander Whyte)는 다음과 같이 충고했다: "당신의 옷을 팔아서 책을 사라."[18)]

당신의 사역을 통해 설교하는 학생이 되라. 위대한 설교자들의 삶을 연구하라.[19)] 유익한 통찰력을 얻고 그 분야의 건강하지 못한 동향에 뒤처지지 않도록 설교에 관한 책을 정기적으로 읽으라. 끊임없이 자신의 일을 공부하라. 설교를 위한 새로운 방법을 찾으라. 다른 설교자들과 이야기하라. 그들로부터 설교 준비와 전달 방법을 얻으라. 당신의 인생은 설교를 하기 위해 지적으로 당신 자신을 준비하는 하나의 과정이다. 설교 준비에 최고의 지적인 노력을 기울이라. 콜러(Koller)는 이렇게 말했다: "설교자는 마음의 충만함과 머리의 공허함으로 설교해서는 안 된다."[20)]

건강한 신체

최근 몇 년간, 특히 미국에서 긍정적인 경향이 나타났다. 사람들이 건강해지고 있다. 어디를 가든지, 당신은 사람들이 조깅을 하거나 길을 따라 자전거 타는 것을 볼 수 있을 것이다. 찜질방, 피트니스 센터, 테니스코트 및 기타 운동 시설들은 호황을 누리고 있다. 사람들은 그들의 식습관을 더욱 의식한다. 좋은 신체 조건과 적절한 식습관에 관한 책과 웹 사이트가 확산되고 있다. 사람들은 칼로리를 계산하고, 식탁을 밀어내며, 체중을 유지하려고 노력하고 있다. 지난 수십 년간 건강에 대한 새로운 관심이 있었다.

이 새로운 관심은 훌륭한 성경적 근거를 가지고 있다. 성경은 몸의 신성함을 가르친다. 신자의 몸은 성령의 전이며(고전 6:19 참조), 제대로 가르침을 받은 신자는 성령의 전인 몸을 좋은 상태로 유지해야 할 책임이 있다는 것을 알고 있다. 우리가 우리의 몸을 더 잘 돌볼수록, 우리는 우리 주님을 더 잘 섬길 수 있을 것이다. 결과적으로, 그리스도인들은 신체적인 건강에 관해 관심을 가져야 한다. 계획, 운동, 건강한 식습관 및 충분한 휴식과 같은 일은 반드시 필요하다.

몇몇 설교자들은 신체 건강의 중요성을 경시한다. 그들은 사역자가 운동이나 다른 형태의 레크리에이션에 시간을 낭비해서는 안 된다고 주장한다. 그러나 바울은 동의하지 않는 것처럼 보인다. 그는 "육체의 연단은 약간의 유익이 있으나 경건은 범사에 유익하니 금생과 내생에 약속이 있느니라"(딤전 4:8)고 말하면서, 그는 분명히 신체 조건에서 어느 정도의 가치를 보았다는 것을 나타낸다.

경험은 만일 당신이 신체적인 건강을 유지하기 위한 시간을 확보하지 못한다면, 당신은 신체적 질병을 위한 시간을 갖게 될 것임을 증명한다.

하나님은 그의 종들이 건전한 마음과 건강한 몸을 가지기를 원하신다. 준비된 몸은 설교자가 준비된 설교를 전달하는 데 도움이 된다.

규칙적인 운동

우리는 이미 매주 많은 시간을 설교 준비 과정의 일부로 연구하는 것에 헌신해야 한다고 결심했다. 그 시간의 대부분은 가장 피로하게 만드는 일의 형태인 정신노동에 소비된다. 이는 상대적으로 짧은 시간 안에 행해지는 격렬한 형태의 육체노동으로부터 회복될 수 있다. 이렇게 하는 핵심 방법은 신체 운동을 위한 명확한 시간대를 정하는 것이다.

규칙적인 운동의 어떤 형태는 심장 혈관계에 도움이 될 것이며 당신에게 더 많은 힘을 줄 것이다. 많은 사람들이 조깅을 즐긴다. 적어도 매주 3일, 하루에 30분씩 달리는 것은 최소한의 좋은 일상이다(물론 주 5일이면 더 좋다). 다른 형태의 운동도 마찬가지로 효과적이다. 예를 들어, 수영은 몸 안팎으로 좋은 운동이다. 농구와 같은 팀 스포츠는 격렬한 운동의 효과와 다른 사람과 함께하는 즐거움에 더해서 훌륭한 제자 양성의 기회까지도 얻을 수 있다. 어떤 사람들은 라켓볼이나 골프를 좋아한다(제발, 골프 차는 사용하지 말라). 문제는 당신이 참여하는 운동의 형태가 아니라, 당신이 단지 무언가를 한다는 사실에 있다. 시작하기 전에, 병원에 가서 신체검사를 받으라. 어떤 운동을 선택하든 의사의 허락을 받으라. 몸이 좋지 않은 사람들은 운동을 위해 걷기를 시작할 수 있다. 걷는 것은 설교자가 아내와 함께 할 수 있는 좋은 기회다.

운동하면서 보낸 시간은 낭비가 아니다. 매주 운동하는 데 몇 분씩 시간을 할애했기 때문에 일하는 시간은 더욱 생산적이 될 것이다. 당신은 더욱 명확하게 생각할 수 있을 것이며, 창조력이 높아졌음을 발견하게 될 것이다.

좋은 식습관

올바르게 먹는 것도 신체적인 건강에 도움이 된다. 설교자는 건강한 식습관을 개발해야 할 뿐 아니라, 자신의 몸무게를 조절해야 한다. 매일 필요로 하는 영양소가 포함된 균형 잡힌 식단은 당신이 원하는 만큼의 체중을 유지시켜 준다. 식사 시간에만 먹으라. 굶주림을 느끼거나 달콤함을 갈망하는 다른 시간에는 유혹적인 도넛이나 초코바를 건강에 좋은 곡물 간식이나 저칼로리 요구르트로 대체하라. 설교 후에는 과도하게 먹지 않도록 주의하라. 일반적으로 설교 후에는 긴장감이 풀려 다른 어느 때보다 더 많은 굶주림과 갈증을 종종 경험하게 된다. 이러한 요인들은 과잉 섭취로 이어질 수 있다.

또한 늦은 시간에 많은 양을 먹는 것은 수면 방해와 비만에 기여할 수 있다. 과자와 빵은 최소한으로 먹으라. 설탕 섭취량을 줄이는 것은 건강에 좋을 뿐만 아니라, 목에도 매우 도움이 될 것이다. 설탕과 우유는 점액을 형성하는 경향이 있어 당신의 말하기에 어려움을 줄 수 있다. 초록 잎이 많은 채소를 충분히 섭취하고, 섬유질 섭취가 적절한지 확인하라.

건강식품을 의존할 필요는 없다. 단순히 적절한 식습관에 주의를 기울이라. 이런 습관은 신체 건강에 좋을 뿐 아니라 그 효과 또한 긍정적인 증언이 될 것이다. 우리가 식습관조차 통제하지 못한다면, 그리스도가 마약과 술에 대한 능력을 주실 수 있다고 어떻게 말할 수 있겠는가?

최근 몇 년 동안 수많은 그리스도 중심의 식단 프로그램이 개발되었다. 이것들은 많은 사람들이 건강한 식습관을 유지하도록 도와주었다. 그들 중 다수는 집중력이 다르다. 몇몇 프로그램은 규칙적인 운동과 개인 성경 공부와 함께 건강한 식단의 개발을 장려한다. 다른 사람들은 먹는 음식의 성격보다는 자기 통제와 적절한 부분에 더 중점을 둔다. 어떤 접근 방식을 취하든 관계없이, 그리스도인 사역자에게 건강한 식생활을 발전시키는 데 도움이 되는 자료가 있다는 것을 알아야 한다.

적절한 쉼과 휴식: 특별히 설교 바로 전날

대부분의 설교자들은 충분한 휴식을 취하지 못한다. 이유가 무엇이든지 간에, 많은 사람들이 저녁형 인간이며 늦은 시간에 살아나는 것처럼 보인다. 그런 습관은 분명 아침에 일찍 일어나는 것을 더 어렵게 만든다. 일찍 잠자리에 들기 위한 의식적인 노력은 다음 날에 효과를 볼 것이다. 일부 전문가들은 자정이 되기 전에 자는 것이 자정 이후에 자는 것보다 한 시간 당 두 시간의 가치를 가진다고 말했다. 이 이론은 대부분의 사람들에게 사실로 증명된다.

목회자는 특별히 설교 전날 적절한 휴식을 취해야 한다. 매주 그날은 쉬도록 하라. 마음을 완전히 편안하게 하라. 당신이 즐길 수 있는 몇 가지 일을 하라. 당신의 아내와 아이들과 함께 여가 시간을 보내라. 다가오는 설교에 관해 너무 많이 생각하지 말라. 잠자리에 들기 전에, 메시지를 검토하기 위해 잠시 혼자만의 시간을 가지라. 당신의 영혼을 설교 내용으로 적시라. 기도하면서 메시지에 대해 주님과 대화하라. 그런 다음 평안한 쉼을 위해 잠자리에 들라. 설교할 때가 되면, 당신은 쉬면서 준비가 될 것이다.

사도 요한에 관한 이야기가 있다. 에베소의 한 젊은 사냥꾼이 손에 느슨해진 활을 들고 사냥에서 돌아와 요한의 집에 들어갔다. 놀랍게도, 그는 사랑이 많은 요한이 길들여진 비둘기와 놀고 있는 것을 발견했다. 젊은이는 사도가 너무 가볍게 보이는 것에 대해 놀라움을 표시했다. 요한은 그를 부드럽게 바라보면서 어째서 활을 느슨하게 하고 다니는지를 물었다. 젊은이는 활은 오직 이러한 방법으로 그 탄력을 유지한다고 대답했다. 요한은 그에게, 마음과 몸도 활과 마찬가지로 느슨해지지 않는 한 탄력성이나 유용성을 유지하지 못할 것이라고 말했다.

비록 허구일지라도, 이 이야기는 신체적인 쉼, 휴식 및 레크리에이션의 중요성을 적절하게 설명한다. 장기간의 긴장은 마음과 몸의 힘을 파괴한다. 몸의 긴장을 풀기 위해 부지런히 노력하라. 그러한 노력은 당신이 설교를 준비하는 데 도움이 될 것이다.

설교 준비를 위한 건강한 일상

아마도 설교 준비의 가장 익숙한 측면은 설교자의 연구에서 일어날 것이다. 거기에서 이루어진 일은 견고한 성경 강해를 위해 가장 중요하다. 바울은 젊은 디모데에게 촉구했다: "너는 진리의 말씀을 옳게 분별하며 부끄러울 것이 없는 일꾼으로 인정된 자로 자신을 하나님 앞에 드리기를 힘쓰라"(딤후 2:15). 우리 모두는 사람들에게 하나님의 말씀을 전할 준비를 하기 위해 하나님의 회의에 참여하도록 자신을 드려야 할 책임이 있다. 설교 준비는 청지기 직분이다.

그러나 우리가 이 주제로 더 깊이 들어가기 전에, 균형 잡힌 두 가지 진술로 청지기직에 대해 구체화하도록 하자. 첫째, 모든 이론과 경험의 부족은 비현실적인 설교자를 만든다. 당신의 연구에 당신 자신을 가두지 말고, 외부 세계와 소통하는 것에 실패하지 말라. 주일 아침에 상아탑에서 설교단으로 나아오는 설교자는 현실성이 결여될 것이다. 일상의 삶과 사역의 혹독한 시련 속에서 당신의 연구를 지속적으로 시험하라. 둘째, 하나님은 우리가 가진 시간에 대해 책임을 갖고 계시며, 우리가 통제할 수 없는 상황 때문에 이 세상이 우리 삶에 남겨 놓은 격차를 채우실 것이다. 예를 들어, 직업 전문직 및 자비량 목사들은 주 중에 목회 일을 전적으로 돌보도록 후원받는 사람들만큼 설교 준비를 위해 많은 시간을 할애하지는 못할 것이다. 이 설교자들은 여전히 본문과 씨름하고, 성경 공부를 잘하고, 효과적인 설교를 개발할 책임이 있지만, 하나님은 그들의 특별한 상황에 충분한 은혜를 베푸신다. 우리 모두는 우리에게 허락된 시간에 비례해서 준비해야 한다.

이러한 주의 사항을 염두에 두고, 성경 강해를 열심히 연구하기 위해 우선순위를 정하고 시간을 확보해야 할 필요가 있다. 당신 스스로를 훈련하고, 시간과 장소를 확보하며, 효율적 자원을 위해 개인의 서재를 구축하라.

훈련

연구를 위한 훈련은 타협할 수 없다. 진부하게 들릴 수도 있는 위험을 무릅쓰고, 성경 강해자가 기억해야 할 가장 중요한 것은 연구할 준비가 되어 있는 과정의 이 부분에 접근하는 것이다. 설교자가 하기에 가장 쉬운 일은 연구라는 미명하에 시간을 낭비하는 것이다. 당신은 서재에서 끊임없이 게으름을 피울 위험에 직면해 있다. 비록 많은 설교자들이 자신의 일상적인 일정들을 계획하고 구성하는 것이 자유롭다 할지라도, 귀중한 시간은 연구에서 낭비될 수 있다. 몇 시간 동안 책상에 앉아 있다고 해서 실제로 연구하고 있다고 착각하지 말라.

스토트는 해야 할 때 연구하지 않았던 젊은 설교자에 관한 이야기를 전한다. 그는 종종 자신의 메시지는 아침에 목사관을 떠나 교회 문에 도착하는 시간 사이에 준비된다고 자랑했다. 그의 집사들이 8킬로미터나 떨어진 곳에 새로운 집을 사기로 결정한 것은 이상한 일이 아니다.[21)]

연구에 대한 훈련을 발전시키는 데 필요한 어떤 조치든 취하라. 시간 관리에 관한 자료들을 읽으라. 매달, 매주 그리고 매일 연구할 수 있도록 구체적인 시간과 일들을 계획할 수 있는 전자 또는 인쇄된 다이어리를 사용하라. 위대한 설교자들의 전기를 읽으면서 그들이 연구 시간을 계획하는 여러 가지 방법에 주목하라. 그런 다음 당신에게 잘 맞는 접근법을 개발하라.

한 가지 접근법은 월요일 아침에 반 장의 종이를 요일로 나누어 준비하는 것일 수 있다. 페이지 하단에 그 주의 학습 요구 사항들을 적어 두라. 당신은 주일 아침과 주일 저녁 메시지를 준비해야 할 것이다. 또한 외부 설교자로서의 참여를 준비해야 할 수도 있다. 그런 다음 매일 각 메시지를 준비하는 데 소요되는 시간을 정리하라.

만일 당신이 전임 목사로서 월급을 받는다면, 당신은 주일 아침 메시지를 위해 매일 아침 두 시간을, 주일 저녁 메시지를 위해 매일 한 시간을 그리고 다른 설교 약속을 위해 또 다른 시간을 따로 할애해야 할 수도 있다. 만일 당신이 두 직업을 가졌거나 혹은 자비량 설교자라면, 이른 아침 혹은 저녁에 메시지를 준비하기 위한 좀 더 긴 시간을 계획해야 할 수도 있다. 비록 분 단위로 일정을 반드시 따라야 하는 것은 아니지만, 당신은 매일을 위해 몇몇 다른 종류의 시간 구조를 준비하는 것이다. 당신의 성격과 사역의 상황에 맞는 방법으로 정착되기 전에 여러 가지 방법으로 실험해야 할 수도 있지만, 계획을 정리하는 것은 당신이 매일 연구하는 것을 준비할 때 도움이 될 것이다.

좋은 설교자는 평생 동안 계속해서 학생이 될 것이다. 스펄전은 말했다: "배우기를 멈춘 사람은 가르치기를 그만두었다. 연구하는 데 더 이상 심지 않는 사람은 강단에서 더 이상 거두지 못할 것이다."[22] 연구하기를 지속하면 당신은 계속해서 신선하고 흥미로워질 것이다. 당신이 연구할 때, 당신은 분수에서 솟아나는 물같이 당신의 영혼에서 솟아나는 메시지를 발견할 것이다. 많은 설교자들은 사역이 끝나갈 무렵 거의 공부하지 않은 것에 대해 후회를 표해 왔다. 반하우스는 말했다: "만일 나에게 주님을 섬길 수 있는 시간이 3년밖에 주어지지 않는다면, 그중 2년을 연구하고 준비하는 데 사용할 것이다."[23] 만일 연구하는 데 당신 자신을 드린다면, 당신은 설교하는 데 있어 어떤 것도 결코 부족하지 않을 것이다. 만일 당신이 그렇게 한다면, 당신의 사람들은 그것을 알고 그것에 감사할 것이다. 하지만 그렇게 하지 않는다면, 그들은 그것을 알고 분개할 것이다. 부끄럽지 않은 일꾼은 자신의 일을 위해 훈련하는 사람이다.

계획된 연구 시간 외에도 할 수 있는 모든 추가적인 시간을 찾으라. 만일 오후에 여분의 시간을 추가할 수 있다면 그 시간을 사용하라. 당신은 연구에 필요한 대부분의 책을 서재에 보관할 것이나, 서재 외의 다른 장소에도 몇 권의 책을 비치하라. 교회 사무실에 좋은 책을 두라. 침대 옆에도 두라. 여행할 때도 배낭이나 서류가방 안에 책을 넣어 두라. 독서 자료의 다양성을 위해 노력하라. 당신이 읽는 모든 것은 설교를 위해 유용한 정보가 될 것이다.

성경 강해자로서의 경험이 성장함에 따라, 연구에 필요한 시간과 시간이 소비되는 방식 둘 다 조정될 필요가 있을 것이다. 성경을 체계적으로 연구하면 할수록 하나님 말씀의 일반적인 지식 안에서 더욱 자라게 될 것이다. 그 지식은 모든 설교의 모든 본문에 관한 연구를 알리기 시작할 것이다. 동일한 본문, 주제, 저자 및 교리에 대한 이전 연구에서 수집한 지식을 저장하면 주석과 연구 도구에 점점 덜 의존하는 당신을 발견하게 될 것이다. 이것은 강해 과정을 따르는 또 다른 이점이다.

그러나 그런 지식을 취하는 것을 서두르지 않도록 하라. 이 과정이 자연스럽게 흘러가도록 하라. 또한, 본문을 분석하는 데 필요한 시간이 줄어들지라도, 현대 세계와의 간격을 좁히고, 기도하고, 다른 영적인 준비를 하는 데 소요되는 시간은 길어질 수 있다.

보호

설교자의 시간과 장소가 확보된다면 훈련된 연구 습관은 크게 향상될 것이다. 종종 특정 교회와 가정의 구조가 이 문제를 결정할 것이다. 대부분의 교회들은 교회 안에 목회자의 연구를 위한 사무실을 제공한다. 이러한 장소는 다른 장소가 없을 경우 사용할 수 있지만, 많은 활동이 진행될 때는 연구가 매우 어려울 것이다. 교회의 중요한 구성원들은 필연적으로 잠시 동안 사무실에 들를 것이고, 이러한 시간은 종종 한 시간 또는 그 이상으로 늘어난다.

한적한 장소에서 연구하라

더 나은 상황은 교통 흐름에서 벗어난 한적한 곳에서 연구하는 것이다. 또한, 당신의 연구에서 인터넷 세계에 조심하라. 컴퓨터, 전자 태블릿 및 스마트폰은 모두 여러 자료들에 쉽게 다가갈 수 있는 편의성을 제공한다. 하지만 원치 않는 이메일, 문자 메시지 및 소셜 미디어의 알림은 지속적인 방해를 제공할 수 있다. 가능하다면 설교 준비와 관련된 내용의 연구를 제외하고는 연구하고 기도하는 동안 무선 인터넷 접근을 꺼 두라.

어떤 사람들은 교회에서 연구할 때 혼자 있는 장소를 사용한다. 혹은, 교회의 지도자가 동의하고 집에 여분의 방이 있다면, 당신의 집에 있는 방을 사용하는 것도 좋다. 거기서 당신은 교회 활동들로부터 벗어날 것이다. 어느 쪽이든 간에, 전화와 다른 방해들로부터 자신을 보호할 수 있는 방법을 재치 있게 찾으라. 음성 메일은 비서나 가족 구성원이 없는 경우에도 가능하다.

대부분의 교회는 특히 설교자가 좋은 성경 강해의 이익을 거두기 시작할 때 설교자의 필요 사항을 기꺼이 수용하려고 한다. 연구에 대한 필요와 이유를 사람들에게 사랑스럽게 그리고 인내함으로 설명하라. 그들에게 할 수 있는 한 최고의 설교자가 되고 싶다는 것과 하나님의 말씀을 충실하게 전하고 싶다는 것을 말하라. 그렇게 하기 위해서는 지속적인 연구 시간이 필요하다는 것을 설명하라. 동시에, 응급 상황이 발생했을 때 도움이 될 수 있음을 분명히 하고, 연구하지 않을 때에도 사역에 있어 열심을 낸다는 것을 증명하라. 사람들은 기꺼이 이해하고 인내하게 될 것이다. 그들은 어떤 변화가 필요하든지 기꺼이 조정할 것이다. 강단의 분명한 차이는 성도들에게 보호받는 연구의 중요성에 대한 이해를 줄 것이다.

연구를 위해 규칙적인 시간을 유지하라

당신은 연구를 위한 규칙적인 시간을 정해야 한다. 대부분의 설교자들에게는 아침이 가장 좋은 것처럼 보인다. 수년 동안 크리스웰은 젊은 설교자들에게 "아침을 하나님을 위해 지키라"고 현명하게 조언했다.[24] 그는 목회자들에게 연구, 기도 및 준비를 위한 첫 시간을 지키라고 권고한다. 그러나 연구 시간에 관한 보편적인 규칙들은 존재하지 않는다고 말한 마틴 로이드 존스의 견해는 옳았다. 각 사람은 자기 자신을 알아야 한다. 많은 설교자들이 밤에 가장 잘하는 것처럼 보인다. 이 문제에서 각 사람의 몸은 다를 것이다.[25]

아침 시간은 특히 학교에 다니는 자녀가 있는 경우 몇 가지 분명한 이점이 있다. 아침에 연구하는 것은 방과 후 및 저녁에 당신이 자녀들에게 더 쉽게 다가갈 수 있게 해 준다. 하지만 미취학 아동이 있는 경우에는 그 반대일 수 있다. 일찍 아이들에게 주어진 시간은 더 나은 투자일 수 있다. 그들이 낮잠 자는 오후 시간이나 잠자리에 든 저녁 시간에 연구할 수 있다. 오후 및 저녁 시간은 행정적인 문제를 처리하고 가정을 방문하는 데 좋다.

자료들

올바른 장비를 갖추는 것 또한 중요하다. 시간을 가장 효율적이고 효과적으로 사용하기 위해서는 연구에서 여러 항목들이 필요하다. 좋은 책상이나 평평한 작업대는 분명히 중요하다. 이상적인 환경에는 주석, 가능한 최고의 조명, 소음을 막을 수 있을 만큼 충분히 두꺼운 벽 및 참고용 서적을 위한 많은 책장이 있다. 모든 환경이 모든 상황에서 최적일 수는 없지만, 가능한 한 좋은 연구에 도움이 되도록 최선을 다하라.

당신의 서재를 만들라

지속적으로 좋은 서재를 만드는 과정 속에 있어야 한다. 성경의 보물을 채굴하는 데 도움이 되는 자료들을 소홀히 하지 않도록 주의하라. 설교하기 위해 필요한 것은 성경과 성령뿐이라는 극단적인 영적 태도로 주장하는 것은 중대한 오류다. 확실히 이 두 가지 자료는 견고한 강해를 위해 필요하며, 하나님은 어떤 상황에서 그들을 유일하게 사용하도록 선택하실 수도 있다. 그러나 다른 것은 필요 없다는 주장은 하나님이 우리의 조건과 상태에 대해서만 말씀하시도록 요구한다. 게다가, 이 오만한 제안은 우리보다 앞서 가거나 동시대인 역할을 하는 성경의 학생들에게 말씀해 오신 그의 능력을 부정하는 것이다. 실제로 그러한 주장을 하는 설교자는 일반적으로 게으르고 빈약한 설교를 위해 사전 변명을 만드는 것이다. 스펄전은 설교자들의 그러한 태만에 대해 경고했다.

> 물론, 당신은 신자들의 연구와 강해 분야에서 당신보다 앞서 수고한 사람들의 도움 없이 성경을 설명하거나 말할 수 있는 그런 현명한 사람은 아니다. 만일 당신이 이러한 의견을 가지고 있다면, 그렇게 남아 있기를 기도하라. 왜냐하면 당신은 회심할 만한 가치가 없고, 당신과 함께 생각하는 작은 무리처럼 당신은 자신의 어리석음에 대한 모욕으로 그 시도에 분개할 것이기 때문이다. 성령이 계시하시는 것을 너무 많이 말하는 어떤 사람들은 그가 다른 사람들에게 드러내는 것을 거의 생각하지 않아야 한다는 것이 이상하게 보인다.[26)]

강해자는 성경의 모든 본문에서 성령이 말씀하시는 것을 찾아내는 데 관심이 있기 때문에, 그러한 결정을 내리기 위해 가능한 모든 수단을 사용해야 한다.

기본적인 성경 도구들

몇 가지 자료는 일반적인 성경 연구를 위한 기본이 되며, 대부분은 인쇄된 자료, 온라인 또는 수많은 성경 소프트웨어 프로그램의 일부로 이용할 수 있다. 다양한 성경 번역과 같은 일부 기초적인 도구는 온라인에서 무료로 이용할 수 있으며, 심지어는 집안에 인쇄된 자료로 보관할 수도 있다. 당신은 이렇게 다른 버전의 성경에 접근함으로써 서재를 꾸려 갈 수 있다. 가능한 한 원어의 텍스트와 자신의 번역본을 최대한 활용하라. 성경적 언어의 실무 지식을 개발하지 못했다면, 영어 독자를 염두에 두고 쓰인 수많은 자료들에 접근할 수 있는지를 확인하라. 영어로 된 성경 본문을 연구할 때 원어의 기본 문법을 가장 잘 유지하는 몇 가지 문자적 해석들을 주로 사용하라. 킹 제임스 성경(KJV), 뉴 킹 제임스 성경(NKJV), 영어 표준 새번역(ESV) 그리고 뉴 아메리칸 스탠다드 성경(NASB)은 모두 이러한 목적에 적합하다. 의미와 의도를 명확히 하기 위해 일부 최신 번역본을 사용하라. 여기에는 뉴 인터내셔널 성경(NIV)과 뉴 잉글리시 바이블(NEB)이 좋다. 리빙 바이블(TLB), J. B. 필립스(Phillips)의 신약성경 그리고 유진 피터슨(Eugene Peterson)의 《메시지》(복있는사람 역간)와 같은 좋은 의역들은 추가적인 통찰력과 친숙한 구절에 대한 새로운 이해를 제공한다. 의역된 모든 내용에 찬성할 필요는 없지만, 문자적 번역과 함께 사용하면 도움이 될 수 있다. 인쇄된 책이나 전자 자료 등 여러 가지 다양한 번역본들 중 하나를 사용하면 여러 번역자들이 특정 구절을 가지고 행한 작업을 한눈에 볼 수 있다.

성경 용어 색인을 통해 특정 구절의 각 단어를 검색할 수 있을 뿐 아니라 특정 단어가 사용된 성경의 다른 구절들을 찾을 수 있다. 이 도구는 특정 구절에 대한 상호 참조 작업을 할 때 유용하다. 성경의 지도는 성경의 지리와 다른 종류의 사실들을 이해하는 데 중요하다. 성경 사전은 특정 단어의 의미를 이해하는 데 도움이 된다. 단어의 의미를 이해하지 못하면, 당신은 단어가 사용된 구절의 의미를 오해할 가능성이 있다. 성경 백과사전은 광범위한 주제에 관한 정보를 얻기 위해 사용되는 유사한 도구다. 비록 이러한 작품들 중 일부가 '사전' 이라고 불리지만, 성경 용어, 장소, 사람 및 배경에 관한 자세한 내용을 기사 형식으로 제공한다. 또한, 좋은 상호 참조 도구는 당신의 연구에 매우 유용할 것이다. '성경 지식의 창고' (A Treasury of Scripture Knowledge)와 같은 사이트는 여러 웹 사이트에서 무료로 사용할 수 있는 최고의 온라인 서비스 중 하나다.

기본적인 영어 도구는 설교 준비 과정의 여러 단계에서 항상 필요하다. 영어 사전은 때때로 보다 기술적인 신학적 연구와 함께 필요하다. 동의어와 반의어 사전은 설교에서 사용하는 단어의 다양성을 제공할 것이다. 단어 학습 도구는 단어의 의미, 어원 및 어법에 관한 더 많은 지식을 제공한다. 어휘 사전(Lexicons)은 유사한 정보를 제공하지만 보다 기술적이며 철저한 세부 정보를 제공한다. 다른 특화된 도구들은 좀 더 구체적이고 집중된 연구를 제공하기 위해 고안되었다. 성경, 성경 인물 및 다른 주제의 연설문에 관한 책들 또한 특정 연구에 도움이 될 수 있다.

성경 주석들

여러 성경 주석들은 하나님이 다른 사람들에게 주신 통찰력을 얻는 데 유익하다. 초보적인 성경 강해자는 그가 성경의 모든 책에 관해 무엇인가를 가지고 있음을 분명히 하기 위해 적어도 신구약 주석을 한 세트씩 구입하기 원할 것이다. 그러나 주석을 구입하기 위한 가장 좋은 방법은 훌륭한 강해자들에 의해 쓰인 개별적인 책들을 구입하는 것이다. 예를 들어, 로마서를 설교할 때 그에 관한 여러 주석 중에서 가장 유용한 책을 찾으라. 어느 누구도 성경 66권을 훌륭한 결과물로 내놓을 수는 없다. 확실히, 고전적인 책들 중 일부는 주석 세트에서 찾을 수 있다. 그러나 최고의 작품 중 대다수는 개별적인 책들이다. 당신이 설교해야 하는 성경의 특정한 책에 대한 최고의 주석을 찾으라.

존경받는 강해자들에 의해 추천된 책의 목록을 참고하라. 신학교에서 제공하는 도서 목록과 설교에 관한 책들 안에서 찾아보라. 강해 설교를 진행하는 지인에게 전화해서 그들이 좋아하는 작품의 이름을 물으라. 서점, 특히 중고 서점을 조사하라. 구독, 뉴스 레터 및 인터넷을 통해 할인 도서 클럽에 접속하라. 당신이 연구하고 있는 성경의 가장 훌륭한 작품을 손에 넣을 수 있는 모든 가능한 방법을 찾아보라.[27)]

연구를 위한 최고의 학습 도구를 습득하기 위해 의도적이고 체계적인 자세를 취하라. 일부 목회자들은 자신의 연구에서 인상적으로 보이는 것 외에는 목적이 없는 수많은 책들을 사는 것에 자부심을 가진다. 만일 어떤 책들이 결코 읽히지 않거나 설교자의 연구에 공헌하지 못한다면, 그들은 좀 더 기능적인 것을 위해 사용될 수 있는 공간을 차지하게 된다. 당신의 책장에 도움이 되고 필요한 책들을 채우라. 그러한 의도는 좋은 청지기적 자세인 동시에 상식이다.

좋은 서류 정리 체계 또는 데이터베이스

한 가지 다른 자원은 강해 설교 작업을 위해 매우 중요한 자료로, 좋은 서류 정리 체계 혹은 데이터베이스다. 만일 당신이 이전에 수집하거나 생산한 정보에 접근할 수 없다면, 앞서 언급했던 연구 중 어느 것도 가치가 없다. 설교를 준비하면서 삶을 관찰하고 폭넓게 읽음으로써 당신은 그 과정에서 지속적으로 아이디어를 모으게 될 것이다. 따라서 당신은 당신의 개인 자료를 분류할 수 있는 방법과 함께 발견한 아이디어를 포착하고 정리하기 위한 방법이 필요하다. 당신은 온라인상의 기사나 지역 신문에서 나중에 사용할 수 있도록 설교 예화로 저장하고 싶은 기사를 읽을 수 있다. 또는 나중에 접근하기 원하는 설교를 들을 수도 있다. 적어도 당신은 자신의 설교와 배경을 구성하는 주해적 기록에 관한 큰 자료를 모으게 될 것이다. 도서관에서 바른 자료에 접근하기 위한 것뿐만 아니라 이런 정보를 찾을 수 있는 방법이 필요하다. 많은 중요한 서류 정리 시스템, 도서관 프로그램 및 이러한 중요한 업무를 처리하기 위한 제안이 들어 있는 기사는 온라인 및 기독교 서점 및 도서관에서 볼 수 있다. 이런 자료들을 조사하고 당신을 위해 가장 적합한 것이 무엇인지 찾으라. 그러나 좋은 책, 주해적 연구 및 기타 설교에 도움이 되는 보조 자료들을 모으고 있다는 죄책감을 갖지 말고 그 속에 묻히라.

강해 설교자는 지속적으로 자신의 지식의 창고에 정보를 더해 가야 할 것이다. 당신이 보고 읽고 듣는 모든 것은 설교 준비를 위한 잠재적인 자료다. 지속적으로 당신의 설교 통을 채우도록 하라. 하퍼 섀넌(Harper Shannon)은 설교를 파 내려간 우물의 넘침으로 묘사한다. 물은 끊임없이 흐르지만 물의 거대한 근원은 땅 밑에 있다. 만일 그 우물이 작은 개울에서 해마다 흘러 들어오고 나간다면, 땅 밑에는 결코 볼 수 없는 수십만 톤의 물이 있다는 것을 확신할 수 있다.[28] 이것은 설교를 연구하는 과정에 대한 훌륭한 설명이다.

세월이 흐르면서, 당신은 설교 자료의 거대한 저수지를 개발할 것이다. 매주 설교를 준비할 때마다 당신은 점점 증가하는 이 공급원에서 퍼올릴 수 있을 것이다. 이러한 훈련은 설교자가 자신의 사역 후반기에 벌어지는 문제를 피할 수 있는 한 가지 방법이다. 연구 습관을 유지하는 설교자는 새롭고 적절한 말을 할 것이다. 그는 결코 청중이 부족하지 않을 것이다.

건강한 유산

오늘날 신학 교육의 실망스러운 추세 중 하나는 성경적 강해의 건강한 예를 들지 않고도 성경 대학이나 신학교에 다니는 학생 수가 증가하고 있다는 것이다. 젊은 설교자가 사역으로 부름 받은 교회는 그 설교자가 준비되는 데 중요한 역할을 한다. 신실한 말씀 강해자가 이끄는 견고하고 따뜻한 교회는 젊은 설교자가 성공적인 사역을 시작하기에 도움이 되는 분위기를 조성한다. 성경 내용의 핵심이 결여된 설교에 익숙해진 차갑고 비관적이며 자유로운 교회는 젊은 설교자들이 사역에 첫발을 내디디려 할 때 큰 타격을 줄 수 있다. 목회자는 하나님에 대해 싹을 틔우는 젊은 청년들을 위한 긍정적인 역할 모델이어야 한다. 선하고 충실한 강해자의 사역 아래 놓인 젊은 청년은 자신의 사역에서 앞장설 수 있다. 목회자는 그를 훈련시키고, 격려하며, 공적인 학교 교육을 받을 수 있는 좋은 선택을 하도록 안내할 수 있다.

설사 당신이 개인적인 스승에게서 배우는 특권을 가지고 있지 않더라도, 당신은 항상 어제의 충실한 강해자들로부터 배울 수 있다. 제임스 스티진저(James F. Stitzinger)는 다음과 같이 기록한다.

> 사실, 위대한 가치는 성경 강해의 삶에 자신을 드린 이들을 이해하는 것으로부터 온다. 역사가 아직 쓰이지 않은 현 세대는 역사가 완성된 세대

로부터 많은 것을 배울 수 있다. 시간은 아직 변하고, 초점을 맞추고, 개선하고, 더 큰 성취로 옮겨 가야 한다.[29]

역사를 통해 강해 설교를 간략하게 들여다보면 성경 본문과 우리 세대의 충실한 선포에 대한 더 큰 확신을 얻게 될 것이다.[30] 존 스토트의 말에 따르면, 설교자는 "모든 세기마다 챔피언의 눈을 통해 설교하는 영광"을 엿볼 것이다.[31] 우리가 이런 위대한 설교자들로부터 배울 때, 우리는 릴레이 경주에 참가한 사람들처럼 그들로부터 강해의 배턴을 이어받아 우리 뒤에 오는 이들에게 그것을 충실히 전달할 수 있다. 설교의 역사 속에서 우리의 유산을 생각해 보라.

성경 시대

느헤미야 8장에서 에스라와 그의 동료 서기관들의 사역은 구약에서 성경적 강해의 가장 좋은 모범이 된다. 레위인들은 백성에게 하나님의 말씀을 다음과 같이 가르쳤다: "하나님의 율법책을 낭독하고 그 뜻을 해석하여 백성에게 그 낭독하는 것을 다 깨닫게 하니"(느 8:8). 2장에서 언급한 바와 같이, 그들은 성경을 읽고 단락별로 본문을 구별하거나 명기했다. 그들은 각 본문의 의미를 백성에게 가르쳐 주었고, 하나님이 무엇을 말씀하시는지를 이해하도록 도와주었다. 이것이 좋은 강해자가 하는 일이다.

바울은 또한 신약성경에서 강해 설교에 관해 목회자들에게 권고했다. 그는 젊은 디모데에게 "내가 이를 때까지 읽는 것과 권하는 것과 가르치는 것에 전념하라"(딤전 4:13)고 명했다. 초기 회당 예배에서 일어난 구약성경의 강해는 구약 본문이나 사도들의 서신을 공적으로 낭독하는 초대 교회 관습의 토대를 제공했다.

초대 교회(주후 100~476년)

성경 시대에 튼튼한 토대가 놓였음에도 불구하고, 그 관습은 사도 시대 이후 거의 1세기 반 동안 중단되었다. 신약의 기독교는 거의 악화되었다. 그리스 철학과 논리와 수사학의 영향으로 대부분의 설교자들은 설교에서 성경 본문을 포기하고 진리보다는 수사학에 더 많이 연관된 '설교의 기술'을 습득하기 위해 노력했다.[32] 따라서 '설교'에 관한 그리스 개념은 성경의 가르침의 필연적인 필요성과 헬라어 수사학에 대한 비성경적 개념의 혼합적인 융합으로부터 태어났다.[33] 당연히 설교에서 성경 본문은 거의 강조되지 않았다.

아주 소수의 충실한 강해자들만이 그 어두운 시대 동안 남아 있었다. '황금의 입'이라 불리는 크리소스토무스(Chrysostom, 347~407)는 안디옥 학파의 지도자들 중 한 사람이었으며, 초대 교회의 가장 중요한 강해자였음에 분명하다. 그는 해석에 대한 일반적인 우화적 접근 방식을 거부했고, 수많은 성경에 대한 설득력 있는 시각적 구절과 단어별 강해에서 문법과 역사를 강조했다.[34] 성경 본문에 대한 진지한 연구는 4세기에 소수의 설교자들의 설교 또한 이끌었다. 그들 중에는 신학적 저술에 더해서 시편 강해, 요한복음, 요한일서 및 복음서를 포함해 6백여 차례의 설교를 만들어 낸 어거스틴(Augustine, 354~430)이 있었다.[35]

중세 시대(주후 476~1500년)

그다음 이어지는 중세 시대는 강해 설교가 이루어졌던 초대 교회 시대보다 더 안 좋았다. 그 시대는 대학들의 학구적인 신학의 영향력이 지배적이었다. 신학과 철학의 결합은 성경의 해석에 대한 아리스토텔레스의 논리의 적용과 함께 복음을 소통하기 위한 효과적인 방법으로서의 설교를 사실상 파괴했으며, 설교에 대한 악의적인 공격을 시작했다. 그렇기 때문에 중세 종교 문학에서 완성된 성경책의 포괄적인 교부 강해에 대응하는 사람들이 거의 없다는 것은 놀라운 일이 아니다.[36] 그러나 소수의 재능 있는 사람들이 교회와 그 설교에 대한 공격을 막으려 했다. 존 위클리프(John Wycliffe, 1330~1384)와 윌리엄 틴데일(Wiliam Tyndale, 1494~1536) 같은 개혁자들은 그들 시대의 설교를 비난하고 성경 본문을 제대로 다루지 않으면서 문자 그대로 해석하지 않는 설교를 거부했다. 존 후스(John Huss, 1373~1415)와 지롤라모 사보나롤라(Girolamo Savonarola, 1452~1498)와 같은 사람들은 또한 성경 본문이 그들의 설교 주제에 직접적으로 영향을 미칠 수 있도록 만드는 믿을 만한 학생들로 알려져 있다.

종교 개혁 시대(주후 1500~1648년)

16세기 초는 역사상 가장 주목할 만한 강해 설교의 부활을 알렸다. 독일의 면죄부에 대한 뻔뻔스러운 남용에 반응하면서, 기독교 설교자들의 마음의 요구는 "교황청과 교회의 교권 및 전통에서 벗어나 성경이 교회에서 하나님의 말씀으로 통치하는 자유"[37]인 '오직 성경'(sola Scriptura)이 되었다. 이러한 신념은 성경을 전통과 성례전보다 우월하다고 보았다. 그 결과, 강해는 개신교 개혁에 불을 지폈던 사람들의 주요한 관행이 되었다. 설교는 해석과 적용의 더 나은 방법, 설교의 성경적 본문에 대한 경외심을 불러일으키는 조합에 의해 특징지어졌다. 결과적으로, 강해적 본문이 이끄는 설교는 성인(saints), 순교자 및 기적에 관한 단순한 이야기를 대체했다.

마틴 루터(Martin Luther, 1438~1546)는 설교의 주제뿐만 아니라 신앙의 권위로서 오직 성경으로 돌아가도록 교회를 일깨우는 것으로 개혁주의 설교를 위한 길을 열었다. 로마에 있는 성직자들 사이에 널리 퍼진 부패와 세속을 목격한 후, 그 어거스틴 계열의 수도사는 개혁을 위한 필요를 확신하게 되었다. 그는 비텐베르크의 교수로 복귀해서 시편, 로마서, 갈라디아서 및 히브리서에 대한 강의를 시작했다. 1517년 10월 31일, 루터는 개종 이후 면죄 관행에 대한 반대의 뜻으로 비텐베르크(Wittenberg)의 성당 문에 역사적인 95개의 반박문을 게시하게 되었다.

다른 위대한 개혁가들도 설교에서 성경 본문의 역할에 대한 확고한 확신을 가지고 설교단에 섰다. 1519년 취리히에서, 츠빙글리(Huldreich Ulrich Zwingli, 1484~1531)는 마태복음 책을 통한 강해 설교 시리즈를 가지고 스위스 종교 개혁을 거의 혼자서 시작했다. 그는 성경을 원어로 주의 깊게 연구했고, 그의 '상당한 언어 및 주해적 능력' 을 본문에 적용했다.[38]

1536년에 《기독교 강요》가 출판됨으로써 장 칼뱅(John Calvin, 1509~1564)은 성경 개혁자이자 성경 강해자로서 자리 잡았다. 그의 설교는 성경 본문에 의해 이끌리고 사로잡혔다. 비록 그의 망명 생활로 사도행전 강해 시리즈를 중단해야 했지만, 그는 3년 후에 돌아와 자신이 멈추었던 바로 다음 구절을 설교했다. 제네바의 담임 사역자로서, 그는 1549년부터 그가 사망한 1564년까지 매주 주일과 평일에 두 번씩 설교했다. 그는 욥기 강해 1년과 이사야 강해 3년을 포함해 구약성경만으로 2천 번 이상의 설교를 했다.[39] 칼뱅은 설교에서 본문의 중요성에 대한 자신의 견해를 요약했다: "우리는 그의 성스러운 말씀 이외의 다른 곳에서 하나님을 찾거나, 그의 말씀에 의해 이끌려지지 않은 것에 관해 생각하거나, 혹은 그 말씀에서 다루지 않은 것을 말하는 데 머리를 쓰지 않도록 하자."[40]

현대 시대(주후 1649~1970년)

위대한 청교도 설교자들

강해 설교는 많은 중요한 시기에 교회 생활에서 중요한 역할을 지속했다. 그중 가장 중요한 것은 근대의 시작이었다. 16세기 후반과 17세기 대부분의 기간 동안 청교도들은 성경의 본문을 기독교 예배의 중심으로 삼았으며, 진정한 설교는 성경 본문의 강해로 정의되는 것을 옹호했다. 청교도들에게 "참된 설교는 하나님의 말씀을 전하는 것이다. 이것은 교리 또는 교회의 가르침에 대한 단순한 설명이 아니다 … 설교는 하나님의 말씀을 전하는 것이므로 그것이 모든 것을 통제해야 한다."[41]

윌리엄 퍼킨스(William Perkins, 1558~1602)는 초기 청교도 설교자 중 한 명으로 설교에서 본문의 역할을 강조했다. 그는 잉글랜드 교회의 설교자들을 위한 최초의 매뉴얼인 *The Art of Prophesying*(설교의 기술)에서 자신의 견해를 발전시켰다. 퍼킨스는 설교자를 지도하기 위한 특정한 원리를 발견했는데, 여기에는 정경으로 인정된 성경에서 본문을 분명하게 읽은 다음 다른 성경에서 이를 해석할 수 있도록 허용함으로써 그 의미와 이해를 제공하는 것이 포함된다.[42]

청교도 설교자들의 스타일은 다양했지만, 그들은 "본문의 충실한 설명에 대한 헌신적인 실마리"에 함께 묶여 있다.[43]

영국과 미국의 위대한 강해자들

알렉산더 맥클라렌(Alexander Maclaren, 1826~1910)은 19세기 후반의 위대한 강해자들 중에 특별한 주목을 받았다. 그는 영국 맨체스터의 유니온 채플(Union chapel)에서 성경을 강해하면서 45년을 보냈다. 그는 매우 엄격한 연구 일정에 자신을 종속시켰다. 그는 매주 매일 서재에 틀어박혀 연구하며 사람들의 방문과 행정에는 거의 신경을 쓰지 않았다. 그의 설교를 읽는 것은 이례적인 명확성과 힘 있는 메시지를 읽는 것이다. 맥클라렌의 주해는 완전하고 정확했으며, 아우트라인이 분명했으며, 그의 예화는 본문의 의미를 아름답게 확장시켰고, 그의 적용은 청중들에게 적절했다.

캠벨 모건(1863~1945)의 사역은 19세기와 20세기를 연결하는 강해 설교를 위해 큰 목소리를 냈다. '강해자들의 황태자'로 알려진 그는 런던에서 웨스트민스터 채플(Westminster Chapel)의 목사로 두 번이나 섬겼다. 모건은 진실로 역사상 위대한 성경 강해자들 중 한 명이었다. 그의 설교는 성경 본문으로 가득 차 있고 설명이 풍부할 뿐 아니라, 성경 전체를 바탕으로 한 원문적 예증과 주해적 해석으로 가득 차 있다. 성경 구절을 분석하는 모건의 능력은 계속해서 젊은 목사들의 본보기가 되고 있다. 그는 전체적인 맥락에서 한 구절을 연구하고 그것을 분석한 다음 아름답고 논리적인 순서로 능숙하게 다시 조합하는 데 달인이었다. 종종 그는 준비 과정에서 자신이 설교하고 있는 성경의 책을 40~50번씩 읽곤 했다. 모건이 출간한 수많은 저명한 강해서들은 자신의 삶을 바친 작품에 대한 간증이다.

모건은 자신의 동료인 마틴 로이드 존스(1899~1981)에 의해 웨스트민스터 채플을 계승했으며, 그는 스승의 가르침을 지속했다. 로이드 존스는 성경 각 권의 계속되는 강해에서 지난주 남겨놓았던 본문을 단순하게 선택함으로써 교회에서 매주 해야 할 설교를 찾아냈다. 그의 설교는 본문 각 구절의 의미와 적용을 설명한 주의 깊은 주해에서 비롯되었다. 그는 교회에서 성경 본문을 설명하는 일을 대신할 만한 것이 없다는 것을 알고 있었다. 그는 설교를 복음주의적, 교훈적인 가르침 및 순전히 교훈적인 세 가지 종류로 분류했지만, 그는 모든 설교가 준비와 발표에 있어서 강해적이어야 한다고 주장했다.[44]

필라델피아의 역사적인 텐스 장로교회(Tenth Presbyterian Church)의 목사직을 역임한 도널드 그레이 반하우스(Donald Grey Barnhouse, 1895~1960)는 본문의 의미를 설명하기 위해 성경 전체를 사용하는 데 달인이었다. 아마도 그의 가장 위대한 작품은 성경 각 권을 통한 단락별 강해의 걸작품인 로마서에 관한 그의 작품일 것이다. 그는 아침 예배 때마다 로마서를 가지고 3년 반을 설교했으며, 그 건물이 회중들로 채워질 때까지 지속적으로 성장했다. 로마서에 대한 그의 작품을 읽는 것은 사실상 성경 전체에 대한 철저한 교육을 제공하는 것이다.

포스트모더니티와 강해 설교의 지속성

현대 시대의 종말을 지적하고 그 이후의 기간을 확인하는 것은 매우 주관적이고 임의적이다. 그것이 언제 시작되든 한 가지는 분명하다: 포스트모던 시대의 설교는 주로 성경 본문을 경시하는 것을 특징으로 한다.

심리학적 설교의 태동

범인은 20세기 초반 해리 에머슨 포스딕(Harry Emerson Fosdick)의 기독교 심리학 설교와 같은 영향으로 거슬러 올라갈 수 있는데, 그것은 노먼 빈센트 필(Norman Vincent Peale)이 옹호한 '긍정적인 사고의 힘' 을 낳았다. 그의 철학은 로버트 슐러(Robert Schuller)의 신정통주의를 위한 길을 열었다. 그의 설교는 궁극적으로 현대 시대에 복음주의 설교에 역행하는 구도자 중심 운동을 고안해 냈다.

이 어두운 시간은 상대주의, 다원주의 및 관용으로 전형화 될 것이다. 그러나 심지어 그것이 시작할 때에도 강해 설교는 휴면하지 않았다. 현대적이고 포스트모던 시대를 뒤덮은 충실한 설교자들이 점점 더 늘어나면서 희망의 횃불을 운반했다.

강해적인 설교의 답변

20세기의 해가 지면서, 충실한 성경 강해자들의 남은 자들은 그 횃불을 높이 들고 강해 설교자들의 새로운 시대를 위한 길을 열었다.

예를 들어, W. A. 크리스웰(1909~2002)은 1994년 텍사스 주 댈러스에 있는 제일 침례교회(First Baptist Church)에서 조지 트루엣(George W. Truett)을 계승한 후 성경 강해자로서 국제적인 인정을 받았다. 그는 정기적으로 성경을 통해 체계적으로 설교했다. 크리스웰은 성경 전체를 설교하는 데 18년이 걸렸으며, 그 기간 동안 회중들은 놀랍게 성장했다. 한 번은 24시간 동안 전 좌석이 가득 찬 공간에서 성경 전체를 설교했다. 그의 저서는 강해적으로 설교하는 설교자들을 위한 정보와 안내의 진정한 보물창고다. 그의 요한계시록에 관한 책은 가장 훌륭하다. 그의 단어 연구는 최고이며, 그의 해석은 분명하고 간결하다. 비록 명확하게 식별할 수 있는 윤곽이 종종 그의 글에 나타나지는 않지만, 설교자는 크리스웰의 작품에 대한 주의 깊은 연구를 통해 강해 설교에 대해 많은 것을 배울 것이다.

스티븐 올포드(1918~2004)는 1959년에서 1973년까지 뉴욕 시에 위치한 갈보리 침례교회(Calvary Baptist Church)의 목사로 섬기면서 성경을 충실하게 설명하고 전염성 있는 설교를 위해 열정을 가지고 살았다. 갈보리에서 사역한 후, 그는 인생의 마지막 30년을 목회자, 설교자, 복음 전도자, 선교사 및 성경 교사들을 훈련하는 데 보냈다. 그는 웅변적인 영국식 억양으로 "말씀을 선포하라!"는 사도적 명령을 자주 반복했다. 올포드는, 기독교는 설교와 함께 흥하기도 하고 망하기도 할 것임을 강하게 믿었다. 그는 종종 "설교를 대체할 수 있는 유일한 것은 더 위대한 설교일 것이다"라고 선언했으며, 무엇보다 강해 설교가 가장 중요하다고 선언했다.[45] 강해 설교에 관한 많은 기사 중 하나에서 올포드는 다음과 같이 썼다.

> 성자 어거스틴이 한 번은 이렇게 썼다: "성경이 말할 때, 하나님은 말씀하신다." 나는 온 마음을 다해 그것을 믿는다. 이것은 나를 성경 강해자로 만드는 것이다. 나 또는 어떤 다른 사람이 말하는 것은 상당히 부차적이다. 중요한 것은 하나님이 말씀하시는 것이다. 설교자로서의 나의 임무는 "진리의 말씀을 옳게 분별"(딤후 2:15)하는 것이다.[46]

영국의 올포드의 학생 중 한 명은 단순하고 명확한 강해로 잘 알려진 존 필립스(John Phillips, 1927~2010)다. 이전에 시카고 무디 성경 연구소(Moody Bible Institute)와 관련되어 북미와 해외의 교회 및 성경 학회에서 작가이자 설교가로 죽을 때까지 활동했다. 철저하면서도 쉽게 이해할 수 있는 그의 성경 주석들은 좋은 강해를 열망하는 목사, 교사 및 학생들을 위한 최고의 자료로 계속 사용되고 있다.

올포드의 오랜 친구인 아드리안 로저스(1931~2005) 또한 20세기가 끝날 무렵 강해 설교의 거장 중 하나였다. 32년 동안 테네시 주 멤피스에서 벨뷰 침례교회(Bellevue Baptist Church)의 목사로 섬겼던 로저스는 '설교자의 황태자'로 칭함을 받았다. 그의 강해 설교에 대한 열정은 많은 목회자들에게 지울 수 없는 인상을 남겼다. 은퇴 후 그는 젊은 목회자와 교회 지도자들의 마음과 삶과 사역에 자신을 쏟아 붓고자 하는 열망을 지속하기 위해 '아드리안 로저스 목사 훈련 학교'(Adrian Rogers Pastor Training Institute)를 설립했다. 교회가 성장하는 데 있어서 설교의 역할에 관해 물었을 때, 로저스는 이렇게 말했다: "내가 설교자가 되었기 때문이 아니라, 나는 설교가 중심이라고 믿는다. 나는 설교라는 메시지가 다른 모든 것이 세워지는 기둥이라고 믿는다. 나의 심리는 항상 그렇다. 만일 내가 메시지를 발전시키면, 하나님이 사역을 발전시키신다."[47] 성경의 충분성에 대한 최고의 확신을 가지고, 로저스는 자신의 학생들에게 "수년에 걸친 강해 설교는 그 일을 마칠 것이다"라고 말했다.[48]

E. K. 베일리(E. K. Bailey, 1945~2003)는 아프리카계 미국인 교회에서 강해 설교 운동을 시작하는 데 중요한 역할을 했으며, 그 전통 속에서 강해 설교를 위한 모델이 되었다. 그는 성경의 진리, 특히 성경의 서사 부분에 대한 그의 생생하고 상상력이 풍부한 전달로 유명했다. 그는 강해와 이야기를 함께 짜는 데 대가다. 웨인 크로프트(Wayne Croft)는 말한다: "그는 아프리카계 미국인 설교 전통에서 강해 설교를 병행했다. 그것은 대부분의 아프리카계 설교 집단에서 이야기식 설교에 헌신한 사람들에게 강해 설교가 받아들여지도록 만들었다."[49] 아프리카계 미국인 교회가 강해 설교에 대해 더 많은 것을 배울 필요가 있다는 베일리의 확신은 1995년에 'E. K. 베일리의 강해 설교 컨퍼런스'를 일으켰으며, 이는 모든 인종의 강해 설교자들을 계속해서 돕고 있다.

베일리는 설교가 교훈적이고 실제적이어야 하며, 머리와 마음 모두에 전달되어야 한다고 믿었다. 그래서 그는 본문의 해설을 수행하면서 강해를 통해 말씀을 전하는 달인이었다. 베일리는 또한 설교자들이 청중의 필요를 충족시키고 단순히 최근의 정치적, 심리적, 사회학적 이론을 왜곡시키지 않고 진정한 해석을 내리기 위해서는 신학적 근거가 필요하다고 믿었다. 그에게 강해 설교의 목표는 저자의 원래 의도와 본문이 현대 청중들에게 말하는 것 둘 다에 충실한 것이다.[50] 2010년, 〈프리칭〉(Preaching)이라는 잡지는 베일리를 지난 25년 동안 가장 영향력 있는 설교자 25명 중 한 명으로 선정했다.[51]

〈개인 간증〉

친구와 멘토에게 고함

내 사역의 동역자이자 이 책의 공동 저자는 자신의 이름이 현대와 포스트모던 시대에서 위대한 강해자들 중에 열거되는 것을 결코 기대하지 않았지만, 나는 그를 언급할 수밖에 없다. 젊은 설교자들은 위대한 강해 설교자들의 명단에서 제리 바인스를 포함하지 않고는 필적할 만한 다른 모델을 제시할 수 없다.

제리는 계속해서 수많은 목회자들과 설교자들의 사역뿐만 아니라 나 자신의 설교 사역을 형성하기 위해 하나님이 사용하신 가장 영향력 있는 도구 중 하나다.

이 글을 쓰는 시점에서, 바인스 박사는 플로리다 주 잭슨빌에 위치한 제일 침례교회(First Baptist Church)의 목사로 24년간 섬겼다. 정확히 50년간의 목회 사역을 마친 2006년 은퇴 후에도 그는 성경 컨퍼런스, 부흥회 및 특별 행사에서 계속 설교하고 있다.

그의 몇 가지 리더십 역할 중에서, 바인스 목사는 남침례교단의 총회장으로 두 번이나 섬겼다. 하지만 내 생각에, 제리의 가장 지속적인 영향은 강해 설교와 다른 사람들이 동일한 강해 설교를 하도록 준비시키는 역할을 통해 이루어졌다. 그는 성경에 있는 모든 책들을 시리즈로 설교했으며, 그의 전체 사역을 통해서 젊고 오래된 설교자들을 위해 하나님의 말씀을 충실하게 다루는 모델을 만들었다. 또한, 제리는 《설교의 능력》의 두 판의 기초를 제공한 *A Practical Guide to Sermon Preparation*(설교 준비를 위한 실제적인 안내)과 *A Guide to Effective Sermon Delivery*(효과적인 설교 전달을 위한 안내)를 포함해서, 학생과 설교자에게 성경에 관한 도움을 주는 수많은 책을 저술했다. 제리는 또한 여러 해 동안 많은 목회자들과 설교자들에게 영감과 생명의 기회를 제공한 '잭슨빌 목회자 컨퍼런스'(Jacksonville Pastors' Conference)를 창립하고 개최하는 데 도움이 되었다. 오늘날 그는 수년 동안 영향을 미쳐 온 이들에게 용기를 줄 뿐만 아니라 젊은 설교자들에게 지속적으로 조언해 준다. 나와 다른 많은 설교자들은 강해 설교의 유산으로 인해 그에게 큰 빚을 졌다.

짐 섀딕스

마지막 조언

당신은 이 시점에서 '어째서 오늘날 설교하는 위대한 설교자들 중 몇 명을 언급하지 않을까?' 궁금해 할 수도 있다. 의심할 바 없이, 우리가 이 말을 쓰고 있는 동안에도 세계적인 영향력을 행사하고 있는 젊고 연륜 있는 많은 현대의 설교자들이 충실한 강해 설교의 좋은 모델로 위에 열거될 수 있다. 지금, 이 사람들은 충실한 강해의 유산에 투자하고 있으며, 언젠가 그들은 충실한 강해자들의 역할 가운데 하나로 이름을 올릴 것이다. 그러나 충실한 설교의 동시대 모델을 확인하는 것은 항상 어려운 일이다. 신실함은 시간이 지남에 따라 검증되며, 그들의 삶과 사역의 마지막 장은 아직 쓰이지 않았기 때문에 현대 설교자들의 공헌에 박수를 보낼 때는 항상 신중해야 한다. 우리는 동시대 모델로부터 배울 수 있고 배워야 하지만, 이미 잘 마무리한 성실한 거인을 배경으로 그들을 평가해야 한다.

당분간, 우리의 임무는 유산을 지속하기 위해 우리의 역할을 감당하는 것이다. 만일 당신이 사역을 위해 훈련하고 있는 학생이라면, 목사가 하나님의 말씀을 성실하고 충실히 설명하는 교회를 찾으라. 그러한 환경은 훈련을 받는 동안 교회에서 봉사의 자리를 찾는 것과 마찬가지로 동일하게, 또는 그 이상으로 중요하다. 훌륭한 강해자에게서 듣고 배울 수 있는 기회는 당신의 사역에 매우 귀중하다. 만일 당신이 목회자라면, 사역을 위해 부름 받았거나 부름 받을 수 있는 당신 아래 앉아 있는 청중들을 위해 좋은 성경 강해의 모델을 보여 줌으로써 당신에게 주어진 기회를 붙들라. 각 교회에서 이루어지는 멘토링 관계는 공식적인 신학 훈련의 맥락에서 중복될 수 없다. 당신의 사역 가운데 나아오는 젊은 설교자들이 다음세대의 설교자들에게 전달할 수 있는 건강한 유산을 제공하라.

제2장

강해의 과정

PART 2

THE PROCESS OF EXPOSITION

4

본문 연구

분석 과정

그리고 지금 마지막 때가 왔다. 그러기에 나의 조언에 귀 기울여라.
: 해석하고, 해석하고, 또 해석하라!
우리에게 주신 하나님의 말씀, 성경에 집중하라.
칼 바르트(Karl Barth)

강해 과정 이해하기는 (더 좋은 강해 설교자로 발전하기 위한 몇 가지 요소들과 더불어) 설교 준비의 초입 단계에서 하는 것이다. 지금까지 우리가 토론한 원칙들은 강해 설교를 위한 연습으로 실천해 보아야 한다. 그리고 그 연습은 설교자가 실제로 다루어야 하는 내용인 성경 본문 연구로부터 시작한다.

"주님이 이렇게 말씀하십니다"라는 문구는 설교를 요약하는 데 자주 사용된다. 어떤 점에 있어서 설교는 하나님의 말씀을 단순히 대언하는 것이다. 얼마나 큰 영향력을 주는 일인가! 청중들은 설교자가 하는 모든 말을 하늘로부터의 명령으로 여길 수 있다. 설교자의 말씀이 하나님에게 드려지는 것에 상관없이 말이다. 얼마나 큰 책임인가! 이러한 영향력은 설교자가 하나님이 말씀하신 것을 정확하게 반영하도록 모든 노력을 다할 것을 요구한다. 다른 말로 하면, 성경 본문과 설교는 매우 가까워야 한다는 것이다.

결과적으로, 설교자에게 있어서 성경 본문을 다룰 때 가장 우선시되어야 하고 중요한 임무는 성령님이 특정한 본문을 통해 영감을 주실 때 그 말씀이 무엇을 의미하는지를 가능한 한 잘 발견하고 해석하는 것이다. 이러한 것이 이루어지려면 설교 본문을 하나님의 음성으로 올바르게 이해하기 위한 공부 또는 해석을 해야 한다. 하나님의 음성을 발견하기 위해 특정한 본문에 대해 다음과 같은 네 가지의 연속적인 질의 응답을 스스로 해 볼 것을 제안한다: 본문은 무엇을 말하는가? 본문은 무엇을 의미하는가? 본문의 중심 생각은 무엇인가? 본문의 신학적인 목적은 무엇인가?

본문은 무엇을 말하는가

우리는 다음과 같은 질문을 함으로 해석을 시작한다. '본문은 무엇을 말하는가?' 이 단계는 설교 준비 과정에서 기본적인 것이다. 왜냐하면 우리는 성경이 말하는 것이 무엇인지 알 때까지 성경이 말하는 의미를 결정할 수 없기 때문이다. 처음에 어떠한 본문을 가지고 설교할지를 찾는 것만큼이나 본문이 말하는 것이 무엇인지를 잘 살피기 위해 다음에 주어지는 몇 가지 요소들을 생각해 보자!

1단계: 본문 선택

설교 본문 정하는 방식을 크게 두 가지로 구분하자면, 특정한 주제별 설교법과 정해진 성경 속 한 책에 대한 오랜 강론법으로 나눌 수 있다. 어떤 방법이든 설교의 주제를 정할 수 있다. 설교의 주제는 여러 부분에서 가져올 수 있는 반면, 그 주제가 특정한 성경 본문에 명시되고 있음에 대해서는 확실히 해야 한다. 설교 아이디어를 찾는 가장 일반적인 방법들을 아래 제시한다.

- **성경** 성경 본문 자체는 적절한 설교 주제를 위해 가장 풍부하고도

안전한 창고와도 같다. 만약 성경 본문이 올바르게 다루어진다면, 당신은 어떠한 성경 본문을 택해도 하나님의 말씀을 잘 끄집어 낼 수 있다(당신이 다른 이들의 감정을 불러일으키려 애쓰지 않아도 된다!). 성경에 나오는 위대한 신학 개념, 실제 사람들이 살아온 이야기 혹은 수많은 영적이면서도 실질적인 주제들은 일반 강해의 풍부한 소재를 제공한다.

- **사람들의 필요** 사람들의 필요는 설교 아이디어를 위한 좋은 원천이 된다. 사람들이 일상생활에서 주로 부딪히는 문제와 갈등들은 하나님의 말씀에 직접적으로 나타나 있다. 설교자는 지속적으로 매일 사람들과의 관계, 상담, 교회 일, 지역, 국가 혹은 세계에서 일어나는 일들을 통해 인간의 모든 경험을 배우는 학생이 되어야 한다.[1)]

하지만 이 시점에서 몇 가지 주의해야 할 사항이 있다. 우선 당신이 말하고자 하는 사람들의 필요가 성경 속에 있는 내용이라는 점을 확실히 해야 한다. 그리고 내가 하고자 하는 이야기를 하나님의 이야기로 해서는 안 된다는 것을 기억해야 한다. 또한 특정 사람의 필요에 대한 이야기는 모든 성도가 아닌 몇몇 사람들 속에서만 나누어져야 한다. 어떤 상황에 대해서는 개인 혹은 소그룹에서 다루어져야 하기도 한다. 마지막으로, 강단을 상담 시간으로 바꾸어서는 안 된다. 상담은 사역에서 필요한 것이지만, 여러 가지 면에 있어서 설교와는 다르다. 모든 사람들이 공감하는 목회자의 문제점 중 하나는 상담하러 온 사람에게 '설교' 하는 것이다. 마찬가지로 목회자가 설교 시간에 그룹 상담을 하는 것은 옳지 않다. 설교의 가장 중요한 목적은 질문하는 것이 아니라 해답을 제시해 주는 것이기 때문이다.

- **회중의 상황** 세 번째로 설교의 주제가 될 수 있는 것은 회중의 상황이다. 예언과 은사의 모습은 하나님의 사람들이 하나님 말씀과 서

로 연합되어 있는 삶에서 항상 나타났다. 목회자가 교회를 이끌어 나감에 있어 때로는 특별한 상황 속에서 하나님으로부터의 메시지를 전달해야 할 필요가 있다. 그것은 위기, 비극 또는 불순종의 상황일 수 있다. 어떤 상황에서든지 당신은 목회자로서 상황에 맞는 설교를 하나님의 관점으로 전해야 한다. 그리스도와 한 몸으로 연합된 삶은 하나님의 음성을 찾는 가운데 말씀으로 설교자를 이끌어 줄 것이다.

- 개인적인 경험 설교자의 개인적인 경험은 설교의 다양한 주제를 제공한다. 물론 설교는 자신의 권위가 아닌 하나님의 권위로 하는 것이다. 하지만 개인적인 경험은 하나님이 일정한 상황에서 어떻게 말씀하시는지를 이해하는 발판이 된다. 개인 경건의 시간, 영적 승리와 좌절, 위기, 영감으로 떠오른 생각, 독서 그리고 삶의 교훈 등은 설교의 바탕이 되어 준다. 하나님의 말씀이 개인의 경험을 측정하고 평가하듯이, 개인의 경험은 설교자의 이해를 돕고 주제에 대해 열정을 가져오게 한다.

설교의 주제는 삶의 여러 영역에서 찾을 수 있지만, 다음의 중요한 사실을 꼭 기억해야 한다.

설교 아이디어는 성경적 진리와 같지 않을 수도 있다!

복음의 설교자는 살아가는 데 필요한 모든 주제에 대해 이야기할 수는 없다. 그는 성경에 나와 있는 대로 하나님의 진리를 전하려고 부르심을 받은 것이다. 결과적으로 설교자에게 설교 아이디어가 떠올랐다고 해서 모두 설교 주제로 이어지는 것은 아니다. 항상 설교 주제를 성경에 비추어서 하나님이 그것에 대해 분명히 이야기하고 계신지를 보아야 한다. 만일 하나님이 말씀하시면, 그 본문을 찾아내어 준비 과정을 계속해야 한다. 하나님이 확신을 주지 않으시면 그 내용을 이야기해서는 안 된다.

만일 어떤 특정한 주제에 대해 실제로 성경이 내가 생각한 방식대로 이야기하고 있지 않다면 다음 두 가지를 선택할 수 있다. 1) 나의 생각을 내려놓고 성경 본문을 설교하는 것이다. 2) 그 주제에 맞는 다른 본문을 선택하는 것이다. 어떠한 경우라도 꼭 피해야 할 행동은 성경 본문이 이야기하지 않는 것을 마치 그런 것처럼 설교하는 것이다.

생각 속에 있는 주제로 설교를 준비하는 것과는 달리, 성경 각 권이나 한 부분을 택해서 설교하는 방법도 있다. 다시 말하면, 성경의 각 권들을 순차적으로 한 장 또는 한 문단씩 설교하는 것이다. 만일 목회 현장에서 일주일에 몇 번의 설교를 해야 한다면 적어도 그중에 한 번은 강해 설교를 하는 것이 좋다. 다른 설교들은 교리 설교 혹은 주제별 설교가 될 수도 있다. 성경에 대한 체계적인 접근은 지역 목회자가 갖추어야 할 기본적인 덕목이다. 성경 각 권을 체계적으로 강해할 때 사용되는 모든 원칙들은 일반적으로 다른 본문을 강해할 때도 적용된다.

설교 제목이나 그 제목이 나오는 본문을 찾기 전에 체계적인 강해를 위해 먼저 해야 할 일은 어떤 성경 본문으로 강해할 것인가를 정하는 것이다. 다음에 나오는 가이드라인은 본문을 정하는 데 도움을 줄 것이다.

- **성경 각 권을 신중하게 선택하라.** 가장 좋은 시작점은 상대적으로 단순하고 비교적 짧은 본문이다. 요한계시록이나 에스겔서로 시작하지 말라. 신학적인 책보다는 실제적인 책을 취하라. 예를 들어, 야고보서의 경우 그 책은 다섯 장으로 구성되어 있으며, 많은 부분에 있어 오늘날 실제 삶의 적용으로 쉽게 이어질 수 있다. 또는 네 장으로 구성된 빌립보서를 택하라. 신학적인 논제가 거의 없으며, 문제가 있더라도 4~6주 안에 끝낼 수 있다.

- **필요에 따라 본문을 정하라.** '교인들에게 필요한 것이 무엇인가'를 자문하기 바란다. 교인들에 대해 곰곰이 생각해 본다면 아마 그들이 필요로 하는 성경의 가르침이나 교훈이 있는 많은 곳들을 알게 될 것이다. 필요가 있는 부분을 고려해서 성경 본문을 선별하라. 이러한 접근은 개인적으로 지목하는 일 없이 성도들의 문제에 대해 설교하도록 해 준다. 성경 낱권 중 하나를 통해 강해가 진행될 때, 사람들은 당신이 성경을 중립적으로 대변하고 적용할 것이라고 기대한다.

- **기도 중에 책을 택하라.** 하나님에게 한 편의 설교를 준비하는 과정에 대한 이끄심을 간구하듯이, 책을 정해서 시리즈로 설교를 준비할 때도 이끄심을 간구해야 한다. 기도로 하나님에게 나아가고, 하나님이 원하시는 책을 기도로 구해야 한다. 그러면 잘 인도해 주실 것이며, 성경의 어떠한 부분을 설교하든 확신을 가질 수 있다. 그렇지 않더라도 하나님은 당신에게 성경의 모든 부분을 설교할 수 있는 자유를 주셨다. 어떠한 경우든 성도들은 더욱더 세워지며, 이는 그들에게 축복이 될 것이다.

성경 속 한 권의 책을 강해하기 시작할 때의 한 가지 주의 사항이 있다. 강해 설교의 서론 부분에 해당하는 설교가 무척이나 중요하다는 것이다. 서론 부분에 관한 설교는 다음으로 이어지는 강해들에 대해 사람들을 준비시키는 역할을 할 것이다. 그리고 앞으로 전체 메시지가 어느 정도 속도로 전달될지에 대해도 알게 해 준다. 때로는 새처럼 공중에서 전체를 조망하는 관점으로 시작해 보는 것도 좋은 방법이다. 가능한 그 책에 대해 흥미를 느끼게 하라. 책에 대한 욕구를 주되, 처음부터 모든 것을 설교에 제시하지는 않아야 한다. 기대감을 불러일으킬 정도의 충분한 양만 설교하면 된다.

〈개인 간증〉

책의 수렁을 피하기

내가 강해 설교를 하기까지 수년이 걸린 이유 중의 하나는 첫 번째 목회지에서의 좋지 않은 경험 때문이었다. 내가 어릴 적에 다니던 교회의 목사님은 성경을 책별로 설교하셨다. 나는 그 방법을 무척 좋아했다. 그래서 내가 처음 사역했던 시골 교회에서 나도 그렇게 강해하기로 마음먹었다. 하지만 그 당시 나는 18세의 소년이었고, 성경 외에는 한 권의 책밖에 없었다. 전에 몇 번 중고등부 모임에서 했던 것 외에 다른 설교를 한 경험도 없었다. 로마서를 택해서 지속적으로 설교하기로 했다. 나에게는 로마서에 대한 주석 서적들도 없었다. 내가 가진 것이라고는 성경과 열정적인 마음뿐이었다.

첫 주에 나는 로마서 1장을 읽고, 읽고, 또 읽었다. 비록 힘들기는 했지만, 로마서 1장으로 20분가량의 설교를 준비할 수 있었다. 그런데 그다음 주는 더 어려웠다. 2장에서 아무리 노력해도 이야기할 내용이 부족했다. 그러는 동안 16주가 흘렀고, 로마서를 장별로 강해해 온 이 시간들이 내 삶의 가장 비참한 순간이 되었다. 그 후로 오랫동안 강해 설교를 두려워했다. 이러한 이유로 나는 당신이 설교할 책을 주의 깊게 잘 선택해야 한다고 말하고 싶다.

제리 바인스

이렇게 성경의 책들을 강해해 나갈 때, 당신과 성도들은 성경 공부 속에서의 새로운 모험을 함께 경험할 것이다. 설교자와 청중이 함께 하나님의 마음을 가까이하는 기회를 갖게 될 것이다. 하나님은 지금 이 시대에도 살아 계시고 말씀하신다는 것을 경험할 것이다. 그리고 강해법으로 말씀을 받은 성도들은 일어나 당신을 축복할 것이다.

2단계: 본문 배경 연구

성경의 한 부분을 설교하든 아니면 성경의 한 책을 체계적으로 설교하든, 항상 본문에 대한 '큰 그림' 을 가지고 시작해야 한다. 그러한 그림은 당신이 정한 본문이 속해 있는 책과 본문 외의 다른 책들과의 배경을 알게 해 준다.

강해 설교에서 자주 등장하는 문제는 지나친 강해가 '본문의 실제 의미와 그것을 전달하는 데 있어 현대를 살고 있는 사람들이 말씀을 삶에 적용할 수 있도록 이해하게 하는 것' 을 오히려 방해한다는 것이다.[2] 그러므로 강해자는 강해 연구가 현대의 청중에게 도움이 되고 실제적인 것이 되도록 연결해야 한다는 것이다. 이 일을 이루기 위해서는 먼저 본문의 역사적인 부분을 이해해야 한다. 역사적인 상황, 당시의 관습들, 정치, 종교적 상황의 이해는 본문의 상황을 적절하게 이해하는 데 포함되어야 한다.

배경 학습을 위해서는 6~8개의 보조 자료를 이용해야 한다. 이 자료에는 주석의 서론 부분, 구약과 신약의 개요, 성경 사전, 성경 백과사전, 성경 핸드북 그리고 선택한 성경책들이 해당된다. 각각의 저자들이 주제를 어떻게 다루고 있는지를 읽으면서 도움이 되는 정보들을 요약하라. 그리고 잠시 물러나 당신이 요약한 것과 본문의 증거를 서로 맞추며 비교해 보라. 공통된 강조점, 도움이 될 만한 통찰, 관련된 세부 사항들을 찾으라. 이를 항목별로 분류해 놓고 결론에 해당되는 관찰한 것들을 그 항목 밑에 적어 두라. 그리고 같은 방법으로 각각의 배경 정보를 분류하면서 따라가라.

성경적 상황

강해 설교자는 성경의 여러 책에 대한 실제적인 지식을 가지고 있어야 한다. 단순히 특정 본문의 상황에 대한 지식만으로는 적절한 이해를 방해할 수 있다. 하나님의 진리는 성경 전체를 통해 점진적으로 밝혀지는 것이다. 그리고 이러한 점을 알지 못하면 많은 비극적인 오류의 원인이 된다. 성경 신학은 단순히 구약에서만이 아니라 모든 성경의 계시에 달려 있다. 결과적으로 우리는 한 특정한 성경의 구절이 어떻게 전체적인 계시에 해당되는지 정확히 알아야 한다.

성경 각 권의 위치는 본질을 이해하는 데 중요하다. 성경의 각 책들은 일정한 구별이 있고, 그에 따라 구성되었다. 성경의 처음 17권(창세기~역대하)은 역사책의 성격을 가진다. 그다음 5권(욥기~아가)은 시적인 책이다. 그리고 구약성경의 마지막 17권(이사야~말라기)은 예언서다. 신약성경에서 처음 5권(마태복음~사도행전)은 역사서다. 그다음의 21권(로마서~유다서)은 편지다. 그리고 요한계시록은 성격상 묵시서에 해당한다.

저자/화자

누가 어떠한 의도로 책을 썼는지 알 수 있기 때문에 큰 도움을 준다. 당신 자신에게 물어보라. 누가 말을 하고 있는가? 내가 읽고 있는 글을 누가 썼는가? 그는 어떠한 사람인가? 성경 각 책의 저자는 그의 성격과 환경과 문화를 가지고 있기에 이러한 것에 대한 이해는 본문의 의미를 잘 이해하게 하는 열쇠가 된다.

예를 들어, 마태가 세리였음을 아는 것은 중요한 정보다. 사물을 섬세하게 바라보는 그의 성격은 산상수훈을 아주 자세히 기록하는 데 기여했다. 유대인으로서 마태는 자연스럽게 구약의 예언을 메시아의 재림과 연결시킨다.[3] 이러한 정보는 그가 왜 예수님의 족보를 자세히 기록했는지(마 1:1~17 참조) 그리고 왜 책 전체에 걸쳐 예수님에게 이스라엘 왕권의 적법한 권한이 있다고 주장하는지를 증명한다.

한 책의 개별적인 본문들을 다룰 때 당신은 그 본문에서 말하는 사람이 성경 저자가 아닐 경우에 그 화자에 대해 더 확실히 알기를 원할 것이다. 예를 들어, 산상수훈에 있어서는 예수님이 말씀하시는 분임을 기억하는 것은 중요하다. 어쩌면 마태가 그 모든 것을 기록한 사실을 아는 것보다 이 점이 더 중요할 수도 있다.

연대

성경 속 한 책의 특정 시대와 연대를 아는 것은 강해자로 하여금 큰 실수를 피할 수 있도록 도와준다. 한번 질문해 보라. 그 특별한 시대에는 어떠한 것이 중요한 문제였을까? 예를 들어, 이사야서의 연대(특히 40~66장)를 통해 이 책의 내용은 메시아를 기다림과 이에 대한 반영, 이 두 가지로 볼 수 있는 것이다. 요한일서의 말씀이 당시 영지주의자들이 가진 특별한 지식을 반박하기 위해 쓰였다는 배경적 특성을 알고 있다면 이 책이 지닌 특별한 의미가 이해되는 것이다. 요한이 강조하는 '안다' 의 의미를 다른 각도로 보게 된다. 배경 지식에 있어서 비록 글이 쓰인 연대에 대한 것이 다른 부분만큼 중요하지는 않다 하더라도, 그 책이 어떠한 역사에 속하는가를 아는 것은 책에 대한 이해에 중요한 단서를 준다. 그러기에 한 책의 연대는 그 시대의 특별한 문화적 배경을 이해하는 데 중요한 것이다.

상황

성경 속 글을 처음으로 접했던 사람들에 대해 아는 것은 매우 중요한 자료다. 글이 쓰인 곳이나 쓰인 이유 등을 아는 것은 그 본문을 살아 있게 만든다. 질문해 보라. 이 책은 원래 누구를 위해 쓰였는가? 그들이 누구인지에 대해 내가 아는 것이 무엇인가? 나는 그 사람들에 대해 무엇을 아는가? 왜 그 사람들이 이 책을 읽는 것이 중요했나? 예를 들어, 바울이 디모데에게 쓴 디모데후서와 같은 경우 젊은 목회자가 어렵게 사역하는 배경에서 쓰였다는 것을 이해한다면 그 당시 성경에 대한 왜곡이 많았고 또한 디모데를 위로하기 위한 말씀이 많다는 사실을 재조명하게 된다.

책이 쓰인 장소와 일이 일어난 장소에 대해 주의하라. 질문하라. 우리는 언제 이것이 쓰였는지 아는가? 특정한 장소에서의 특별한 의미가 중요한가? 만일 당신이 벧엘이 '하나님의 집' 이라는 뜻임을 알고 있다면, 야곱이 벧엘에서 밤을 보낸 사실이 중요하게 다가온다(창 28:10~22 참조). 바울이 디모데후서를 다시는 풀려나지 못할 것 같은 지하 감옥에서 썼다는 것을 안다면 저자의 감정과 열정을 이해하는 데 도움이 된다.

그리고 본문이 쓰이도록 한 사건들을 아는 것도 중요하다. 그 책의 배경이 되는 상황들을 이해하라. 바울이 갈라디아 교인을 위해 쓴 서신이 그의 사도권이 위협당하는 상황에서 쓰였다는 사실을 안다면 더 잘 이해할 수 있다. 우리가 그 사실을 알면 책의 서론이 다른 서신의 일반적인 서론과는 다르다는 것을 눈치 챌 수 있다. 책이 쓰인 목적에 관심을 기울이라. 그리고 이렇게 질문하라. 저자가 이 글을 통해 얻고자 하는 것은 무엇인가? 저자는 어떠한 진리를 이야기하는가? 저자는 어떠한 잘못을 고치려 하는가? 저자는 어떻게 격려하고 있는가?

저자의 특별한 관심 분야를 이해하는 것은 항상 중요하다. 먼저 기본적인 진리나 강조점을 이해하지 못한 채 성경의 한 책을 강해하려 하지 말라. 어떻게 성경 각 책의 저자들이 그의 책을 구성했는지 그 계획을 이해하라. 에베소서를 쓸 당시 유대인으로 믿는 사람이었던 바울이 열등감을 느끼는 이방인들을 위해 편지를 썼다는 사실을 알고 있다면 에베소서의 처음 세 장이 훨씬 더 잘 이해될 것이다. 그래서 저자의 계획과 접근을 이해한다면 불확실한 사실들이 분명히 이해되는 것이다.

조직

어떻게 한 책이 조직되어 있는지 알아내라. 예를 들어, 나무 조각 하나를 보고 있다고 가정하라. 한 조각을 들어 그 조각의 옆면들을 보고 또 보라. 그리고 그것을 잘 관찰하라. 이러한 세밀한 관찰을 통해 나무 조각마다 그 사이가 나누어져 있음을 발견하게 될 것이다. 그러한 자연적인 나눔이 발견되면 그러한 나누어지는 부분을 다시 쪼개라. 어쩌면 두 개 혹은 서너 개도 발견할 수 있다. 그러한 자연적인 구분을 따라가면 당신은 그 나무 조각을 여러 부분으로 나누고 자연스럽게 분해할 수 있다.

성경의 한 책, 예를 들어, 로마서는 이 나무 한 조각으로 비유될 수 있다. 16장으로 구성된 로마서를 자세하게 공부하면 다른 세 부분으로 나눌 수 있다. 그것은 마치 나무 조각이 자연스러운 세 부분으로 나뉜 것을 발견하는 것과 같다. 1~8장이 하나로 묶이고, 9~11장이 두 번째 그룹이 되며, 12~16장이 세 번째 그룹이 된다. 처음 부분(1~8장)은 신학적인 것이고, 두 번째(9~11장)는 보충적인 것이며, 세 번째(12~16장)는 실제적인 것이라 할 수 있다. 이러한 구분으로 로마서 전체를 깔끔하고 단순하게 분석하게 된다.

다시 나무 조각으로 돌아가자. 작은 부분인 1~8장까지를 떼어 내어 그 안에서 더 자연적으로 구분되는 것이 있는지 살펴보자. 주제나 생각의 흐름에 있어서 자연적인 구분이 있는지 찾는 것이다. 그리고 다시 더 나누어 보자. 그러면 1~3장까지는 죄에 대해, 3~5장은 구원에 대해 그리고 6~8장은 성화에 대해 이야기한다. 이러한 세부 구분은 더 짧은 단위로 나누어지고, 그것은 당신이 정한 설교의 부분이 어떻게 전체 책과 연결되는지를 보여 줄 것이다. 이러한 과정이 끝나면 작은 부분들이 잘 정돈되어 쌓이는 것이다. 당신이 발견한 그러한 관찰들은 좋은 해석을 위한 탄탄한 대로를 마련해 줄 것이다.

특별한 주제

성경 각 권의 책과 이에 따르는 밀접한 배경 지식은 당신이 연구를 시작할 때 나타난다. 예를 들어, 사사 시대의 정치적인 종교적 상황에 친숙해진다면 그 책을 더 잘 이해할 수 있다. "그때에 이스라엘에 왕이 없으므로 사람이 각기 자기의 소견에 옳은 대로 행하였더라"(삿 21:25)라는 구절은 사사기의 모든 것을 종합해서 설명해 준다. 고린도전서 1장을 공부한다면 신비 종교가 무엇인지에 대해 연구해야 할 것이다. 골로새서와 요한일서의 배경은 당신으로 하여금 영지주의에 대해 공부하게 할 것이다. 가능하다면 배경 공부를 많이 하도록 하자. 이러한 모든 세밀함이 합쳐져 성경의 본문을 공부하는 데 더 많은 도움과 정보를 줄 것이다. 이에 덧붙여, 만일 당신이 어떤 특정한 책에 대한 배경 공부를 마치면, 다음번 그 책을 다시 설교하게 될 때 이미 공부했던 내용을 다시 보고 더 발전시킬 수 있다.

3단계: 문학적 장르 고려

본문이 말하는 것을 아는 데 있어서 필수적인 다른 요소는 문학의 성질, 문학적 장르를 아는 것이다. 강해자는 하나님이 말씀하시는 현실뿐 아니라 성경의 주어진 부분에서 하나님이 어떤 방식으로 말씀하시는지를 고려해야 한다. 스티븐 스미스(Steven Smith)는 다음과 같은 말로 우리에게 이 사실을 상기시킨다.

> 하나님의 말씀은 하나님의 음성으로 나타난다. 설교는 하나님의 음성을 재구성하는 것으로 재현된다. 그러므로 하나님 말씀의 의미를 재구성하는 것은 우리가 하나님의 음성 안에서 하나님의 말씀이 나타나게 하는 것이다. 부정적으로 말하면, 하나님의 음성 없이 하나님의 말씀이 재구성되는 것은 본문의 의미를 놓치게 된다는 뜻이다. 성경은 하나님의 음성이 담긴 하나님의 말씀이다.[4]

결론적으로, 만일 우리가 본문의 올바른 의미를 알고자 한다면 하나님의 음성을 정확하게 재현할 수 있어야 하고, 그러기 위해서는 문학적인 형식을 알아야 한다. 왜 그런가? 그것이 하나님이 그 말씀을 하기 위해 선택하신 특별한 음성이기 때문이다.[5]

장르라는 말은 프랑스어로 단순히 '형식' 또는 '종류'라는 뜻을 지닌다. 이것은 성경 안에서 찾을 수 있는 서로 다른 문학적 분류 또는 타입을 의미한다. 구약에서는 역사적 서술, 서시, 지혜 그리고 예언으로 문학적인 특징을 찾아볼 수 있다. 신약에는 역사적으로 서술하는 문학이 있기는 하지만, 종말론적인 자료들과 더불어 복음서와 사도들의 서신이 주를 이룬다. 우리가 공부하고 설교하는 성경의 각 장에서 '무엇을 의미하는가?'를 생각하기에 앞서 '어떻게 형식이 의미에 영향을 미치는가?'를 질문해 봄으로 중요하게 여겨지는 형식을 먼저 고려해야 한다.[6] 다른 말로 하면, 문학적인 장르의 형식은 주어진 본문의 의미를 올바르게 이해하기 위해 필요한 내용적 증거와 연결 지을 수 있는 기초적인 규칙들을 세운다고 할 수 있다. 케빈 밴후저(Kevin Vanhoozer)는 "저자, 본문, 독자로 흩어져 있는 것들을 장르는 함께 모아 준다" 고 말했다.[7] 문학적인 장르를 아는 것은 본문을 올바르게 전달하기 위한 나머지 모든 부분들에 앞서서 필수적으로 행해져야 한다.

이러한 생각을 더 넓혀 나가기 위해 성경의 문학적 장르를 운동 경기하는 것과 같이 접근하는 것이 도움이 된다. 각각 다른 종류의 운동 경기들은 저마다의 규칙을 갖고 있다. 로버트 스타인(Robert Stein)은 이 점에 대해 이렇게 설명했다.

> 유럽의 축구 선수가 처음으로 미식축구와 농구 경기를 보기 위해 경기장에 갔을 때를 생각해 보자. 미식축구에 있어 공격수와 수비수는 상대방을 밀기 위해 손을 사용할 수 있다. 하지만 농구와 축구에서는 그럴 수 없다. 농구에서는 선수들이 공을 찰 수 없지만 손으로 잡을 수는 있다. 축구에서는 반대다. 미식축구에서는 모든 사람이 손으로 잡을 수 있지만 오직 한 사람만 공을 찰 수 있다. 축구에서는 모든 사람이 공을 찰 수 있지만 오직 한 사람만 공을 잡을 수 있다. 만약 경기에 따르는 규칙을 이해하지 못한다면 혼란스러운 일이 일어난다.
>
> 이와 비슷한 방법으로, 성경적 문학이 어떤 종류냐에 따라 해석이 달라지는 관련된 규칙이 있다. 성경 저자에게는 '자신만의 규칙' 이 있는 것과 같다. 그리고 선택된 문학적 형식에 가려져 있는 규칙 밑으로 저자의 의도가 전달되기를 추구한다. 그러한 규칙들을 모른다면, 우리는 거의 확실하게 그 의미를 잘못 해석할 것이다.[8]

그래서 강해 설교자는 성경 본문을 정확하게 해석하고 설교하기 위해 본문의 저자가 가진 것과 동일한 규칙을 가지고 경기에 임할 필요가 있다.

그리고 본문의 장르는 저자가 관찰하는 규칙을 우리에게 알리는 방법이다. 이러한 면에서, 문학적 장르는 서로 소통하는 약속의 한 종류며, 저자와 독자가 (그리고 설교자가) 어떻게 소통할 것인가에 대해 이행해야 할 합의다.[9)]

이는 하나님의 음성을 정확하게 반영하기 위한 진지한 약속이다. 성경 속 문학적 장르를 무시하는 것은 설교에 영감을 주는 성령님과 성경적 저자 사이의 약속에 대해 폭력을 가하는 것과 같다. 스캇 듀발(Scott Duvall)과 대니얼 헤이스(Daniel Hays)는 이 점을 지적했다.

> 당신이 이 점에 대해 생각하지 않는다면, 평범한 삶의 과정 속에서 전혀 다른 장르를 지속적으로 맞닥뜨리고 있는 것과 같은 결과를 가져온다. 이는 어느 하루 동안 신문을 읽고, 전화번호부에 있는 번호를 찾고, 먹고 싶은 메뉴를 주문하고, 한 편의 시를 곰곰 생각하고, 연애편지를 즐기고, 친구의 집에 가는 방법을 찾아 헤쳐 나가고, 묵상집을 깊이 생각하며 읽는 것과 같은 것이다. 이렇게 서로 다른 분야들이 만날 때, 당신은 (당신이 의식하든 그렇지 않든 간에) 의사소통의 규칙, 그 장르 자체에 세워진 규칙에 의해 경기에 임해야 한다는 것을 알고 있다. 만약 규칙을 따르지 않는다면, 잘못 읽을 위험이 있게 된다.[10)]

만약 본문을 잘못 읽는다면, 우리는 설교 때 분명히 잘못된 것을 말하게 될 것이다. 다른 말로 하면, 하나님이 말씀하지 않으신 것을 말하게 될 것이다. 본문의 형식과 장르는 본문의 내용과 연결되어 있기 때문에(그리고 그 결과 본문의 의미 또한 연결되어 있기 때문에) 우리는 강해 설교에 있어서 중요한 계류소와 같은 문학적인 장르를 고려해야 한다. 성경의 의미가 위태롭다면 하나님의 음성 또한 위태롭다!

성경 각 권이 어느 위치에 배열되었는지 아는 것은 문학 장르를 구분하는 단서가 된다. 성경 중 어떤 한 책을 공부할 때, 그 안에 포함된 근본 원리와 문학적 분류가 어디에 속하는지를 적어 두라. 성경을 공부할 때 일곱 가지 문학적 장르에 익숙해지도록 하자(도표 1을 보라).

4단계: 읽기와 묵상

만일 당신이 설교하려고 정한 책의 전체 그림이 그려지면, 그 네 번째 단계로 성경을 읽는다. 이때는 다른 책을 사용하지 않기를 바란다. 단어 공부도 하지 말라. 이 과정은 단순히 당신과 하나님과 말씀에만 집중하는 것이다. 당신은 자신에게 깊고 완전하게 본문을 읽을 수 있는 기회를 주는 것이다. 설교자는 본문의 기술적인 내용에 바빠서 본문의 단순하고 명확한 진리를 종종 놓쳐 버리곤 한다. 몰턴(Moulton)은 이에 대해 이렇게 이야기한다.

> 우리는 이러한 히브리어와 헬라어로 된 책을 가능한 모든 방법을 동원해 이해하려 한다. 우리는 본문 또는 구절마다 주석을 달아 무엇인가를 더하려 한다. 또한 번역하고, 그 번역을 다시 점검하고, 감수를 끝낸 것에 대해 또다시 주장을 펼친다 … 하지만 이 모든 것에도 불구하고 하나 빠진 것이 있다: 단순히 본문을 읽는 것이다.[11]

당신이 본문을 읽을 때 관찰되는 진리를 적으라. 그리고 다음과 같은 방법으로 읽기를 시도하라.

기도하며 읽기

성경은 하나님의 감동으로 쓰였기 때문에 그러한 경외하는 마음과 하나님을 의지하는 마음으로 읽어야 한다. 성경의 저자들에게 감동을 주신 성령님이 당신의 마음을 밝혀 주셔서 본문을 잘 이해하도록 도와주실 것이다. 읽기 전에 지혜를 위해 기도하라. 읽을 때 그 기도의 자세를 유지하고 하나님과의 소통의 시간을 연습해야 한다.

〈도표 1〉

성경의 일곱 가지 문학 장르

1. **서사** 이 방법은 사람들의 일상 대화를 기록하는 것이다. 이것은 성경에서 서신서나 대화체의 부분들에서 가장 많이 사용되는 기법이다.
2. **시가** 구약의 약 3분의 1이 시가서다. 구약의 시가는 운율이 없다. 하지만 표현들은 병렬적으로 나열된 아이디어나 풍부한 이미지를 포함시킨다. 시편과 아가서가 시가서에 해당된다.
3. **역사적 진술** 이 기법에는 사복음서와 사도행전과 구약의 처음 부분에 나오는 여러 권들이 포함된다. 이 책들은 이야기 형식으로 하나님이 사람들에게 하시는 일들을 진술한다.
4. **지혜** 이 문학의 장르는 묵상이나 철학적인 성격을 지닌다. 잠언과 전도서가 이에 해당된다.
5. **묵시** 이 문학 종류는 (가장 난해한 것인데) 상징이 강하다. 우리는 요한계시록이 이러한 묵시 문학으로 씌어졌음을 알고 있다(계 1:1 참조). 에스겔서와 다니엘서도 어느 부분에 있어서는 이러한 형태를 띤다.
6. **예언** 예언서는 산문으로 생각되지만 그 특별한 양식이 있다. 성경의 약 22퍼센트를 차지하는 예언서는 성격상 설교의 형태며, 긴박하고 미래에 일어날 일들을 말한다.
7. **비유** 비유는 이야기를 이용하는 비교 문학의 방법이다. 이야기들은 주로 현실의 요소를 가지며, 영적 진리를 명확히 보여 주기 위해 사용되거나 듣는 사람들에게 의도적으로 어느 정도의 어려움들을 남긴다.

단순히 하나님이 말씀하시기를 구하는 것보다 한 단계 더 나아가 보자. 만일 성령님이 어떤 책이나 구절에서 말씀하시는 것을 이해하기 시작하면, 당신 자신을 위한 진리와 설교를 들을 사람들을 위해 기도하라. 그러한 연습은 세 가지를 이루게 한다. 첫 번째는 당신이 선포할 진리를 내면화하고 개인화하는 것이다. 두 번째는 청중과 그 말씀을 잘 밝히는 준비를 하는 것이다. 세 번째는 가장 힘 있는 기도인데, 이것은 바로 하나님의 뜻에 따라 기도하는 것이다. 이러한 성경 읽기와 기도는 강력한 설교의 기초가 된다.

반복해서 읽기

만일 한 책을 강해하면 그 책을 강해하기 전에 반복해서 읽으라. 캠벨 모건은 강해를 시작하기 전 적어도 한 책을 50번을 읽는다. 책을 반복해서 읽을수록 당신은 그 내용에 대해 감을 잡으며, 저자의 생각의 흐름과 주요 논지를 알 수 있다.

만일 전체를 이해할 수 있을 만큼 충분히 책을 읽었다면, 다음으로 매주 특정한 문단별로 설교할 계획을 세우라. 주로 몇 구절들이 한 단위가 되어 성도들에게 도움을 주는 약속의 말씀이 될 수 있다. 문단은 생각의 흐름에 따라 길이가 달라진다. 당신의 좋은 관주 성경이 본문을 문단으로 나누는 것에 도움을 줄 수 있다. 많은 헬라어 신약성경은 이러한 방식으로 문단이 구분되어 있다. 그 구분을 따를 수도 있고, 아니면 성경 저자의 통일된 생각의 단위로 선택할 수도 있다.

일단 설교의 본문이 정해지면 전체 책을 읽었던 것처럼 반복해서 그 본문을 읽으라. 할 수 있으면 원어의 구절들을 해석하며 그 번역을 여러 번 읽어야 한다. 만일 원어의 지식이 부족하다면, 몇몇의 믿을 만한 영어 번역본을 찾아서 사용하라. 이러한 번역본에는 킹 제임스 성경이나 뉴 킹 제임스 성경, 영어 표준 새번역, 아메리칸 스탠다드, 뉴 아메리칸 스탠다드 등이 있다.

자세하게 읽기

서두르지 말라. 많은 시간을 할애하라. 그리고 여행하는 것처럼 읽으라. 여행자는 그의 감각에 들어오는 모든 것을 갖기 위해 천천히 여행한다. 그는 아름다운 장면을 보고, 흥미로운 광경도 보며, 그 땅의 사람들도 본다. 여행이 끝나면 그는 어디를 가 보았는지, 무엇을 보았는지 기억한다. 설교자는 성경을 이렇게 읽어야 한다. 당신이 읽을 때 배경 공부를 통해 얻은 지식을 기억하라. 성경 본문과 연관해서 질문해 보라. 육하원칙인 누가, 무엇을, 언제, 어디서, 어떻게, 왜 등에 대해 질문해 보는 것은 읽을 때 필수적인 도구다. 이 질문들에 대답하면서 본문의 저자, 연대, 목적, 상황, 청중 등을 고려하라.

묵상하며 상상하며 읽기

본문을 읽을 때, 가끔씩 멈추고 생각하는 시간을 가져야 한다. 생각이 여러 가지 길로 여행하도록 하라. 마치 어린아이가 오렌지를 빨아 먹듯이 구절들을 음미하라. 소가 풀을 씹듯이 구절들을 씹어야 한다. 생각할 시간을 가져야 한다. 이렇게 읽은 과정에서 묵상하고 본문을 생각할 수 있는 충분한 시간을 가지라.

또한 읽을 때 상상력을 발휘하라. 상상력은 친숙한 사실을 이용하지만 그 일반적인 사실에 생명을 부여하고 영향력을 주고 흥미롭게 한다.[12)] 성경 구절에 잠겨서 마치 당신이 거기에 있는 것처럼 읽으라. 여러 역할들을 상상해 보라. 성경 구절을 크게도 읽어 보고, 목소리 톤이나 본문에 나오는 말하는 사람들 각자를 반영해서 상상해 보라.

본문 구절을 이해할 때 결정적인 요소가 될 수 있는 자세한 사실들에 대해 너무 지나치게 신경 쓰지 마라. 단순히 배운 대로 하면 된다. 특히 참고할 수 있는 현대적인 적용점을 가지고 상상력을 이용하라. 만일 당신이 탕자의 이야기를 읽는다면 현대에 맞게 각색해 보라. 고급 승용차를 타고 텍사스의 농장에 있는 아버지의 집을 떠나 라스베이거스로 가는 것을 상상하라. 상상력의 사용은 좋은 설교자와 평범한 설교자와의 차이를 만든다.

목적을 가지고 읽기

당신이 읽을 때 특별한 목적이 있다는 것을 기억하라. 그 목적은 성경 구절이 의미하는 바를 찾고 어떻게 당신과 당신의 회중에게 적용할 것인가이다. 당신은 설교가 지나치게 빠르게 진행되지 않기를 원하기 때문에 어떤 초기 작업을 미리 해 둔다면 이것은 이후에 있을 일에 대해 도움을 준다. 본문의 주제가 무엇인지 살펴보라. 처음 준비하며 읽을 때 통합적인 주제나 구절의 기본적인 구조를 파악하도록 도와야 한다.

통합적인 주제는 본문의 모든 생각을 조절하고 이끄는 중심 개념이다. 구조는 본문의 자연스러운 구분(나무 조각을 기억하는가?)으로 결정지으며, 후에 설교를 디자인하는 데 도움을 줄 것이다. 주로 통일된 주제나 주요 구분은 후에 점차 명확해진다. 하지만 처음부터 주제 찾는 것을 주저하지 말라. 분명한 구조는 대개 본문을 몇 번 읽으면 처음부터 드러난다.

순종하며 읽기

본문의 요점에 대한 초기 지식을 얻게 되면, 그다음으로 읽을 때 이 방법이 사용된다. 순종함으로 본문을 읽으라. 성경을 읽을 때 우리는 진리와 접하게 된다. 설교자는 자신이 대면하기를 거부하는 진리로 성도들을 권면할 수 없다. 성경은 이렇게 이야기한다: “너희는 말씀을 행하는 자가 되고 듣기만 하여 자신을 속이는 자가 되지 말라”(약 1:22). 다른 사람에게 말씀을 선포하기 위해 하나님의 말씀을 공부하는 것은 마치 자기 자신을 돌아보는 것과 같다. 목사 개인의 삶이 매주 훈계와 도전을 받으며 확장되는지를 살펴야 한다. 당신의 영혼이 하나님의 말씀에 온전히 드러나도록 하라.

5단계: 관찰하기

성경 공부는 어떠한 점에서 식사를 하려고 자리에 앉는 것과 비슷하다. 당신이 좋아하는 것을 먹는 것과 같이 기대하라. 하지만 영양가 있고 실질적인 그리고 나이에 맞는 것을 먹는 것이다. 그러한 기대를 가지고 친구 집에 저녁 식사를 하러 갔는데 이유식이 준비되어 있다면 얼마나 실망스러운가! 많은 사람이 성경에 접근할 때 단지 표면적인 것을 이해하는 수준을 넘어가지 못한다. 그들은 이유식으로 만족하고 성숙한 단계를 위한 적절한 진짜 고기를 먹지 못하는 것이다. 만일 당신이 하나님 말씀의 깊은 것을 먹고, 다른 사람도 그렇게 되도록 도와주기 원한다면 이를 위해 노력해야 한다.[13)]

표면 아래에 있는 깊은 의미를 캐내는 작업은 성경의 본문에 진정 무엇이 있는지 진지하게 관찰함으로 시작한다. 성경의 본문을 읽을 때 조금 더 의도적으로 내용과 구성에 대해 가능한 한 많은 관찰을 하도록 하라. 문장과 문단들 그리고 범위가 큰 대화들을 관찰하라. 본문을 확대한 넓은 복사본에 표기하라. 아이패드나 PDF 파일에 표기할 수 있는 다른 태블릿을 사용하라. 당신만의 독특한 스타일이나 체계 그리고 발견한 것을 위한 코드를 발전시키라(부록 1 참조).

여기에 당신이 본문이 실제로 말하는 것을 발견할 때 관찰해야 하는 몇 가지 기본적인 내용들이 있다.

반복되는 단어, 문구, 구절, 또는 문장들을 찾아보라: 예를 들면, 고린도전서 13장에 나오는 '사랑' 이라는 단어처럼 구절이나 문장의 반복을 살펴보라. '그러므로' 라는 단어는 우리가 문단 전후를 살펴보도록 지시한다. '그러나' 라는 것은 본문에 있어 골목길과 같다. 당신이 성경 안에서 길을 걷다가 이 골목을 만나면 다른 길로 가기 시작하는 것이다. 에베소서 2장을 보면, 바울은 4절에서 '그러나 하나님은…' ("But God…", NASB. 우리나라 성경에는 '그러나' 가 생략되었다-편집자)이라고 말하며 갑자기 급격하게 변화를 준다. 얼마나 갑작스런 변화인가! 종종 이러한 종류의 단서는 해석과 설명을 하는 연결 고리와 같다.

본문을 보면서 다른 움직임들도 잘 살펴야 한다. 가끔 내용을 전환하는 어구들은 한 주제를 결론짓고 다른 주제를 소개한다. 그리고 누가 이야기하는지, 누가 듣는지도 알아야 한다. 흐름을 파악하며 논쟁의 단계적인 진행을 주의하라. 종종 시간과 장소 또는 배경이 변화하는 것은 본문, 특별히 성경 속 이야기의 구절들을 잘 이해하는 데 단서가 된다.

목적어로 쓰이는 문구인 '그것', '그것을 위해', '그래서 결과적으로'와 같은 말과 어구들은 생각의 자연스러운 흐름을 보여 주며 좋은 설교 디자인을 말해 준다. 빌립보서 3장 8~11절에는 바람직한 상황들을 열거할 때 쓰이는 몇 가지 목적어 문구가 등장한다. 주로 이 목적절은 점진적으로 표현된다. 그리고 어떤 일정한 목표를 위해 단계별로 나가는 것을 보여 준다. 에베소서 1장 15~23절과 3장 14~19절에는 하나님의 깊은 지식을 알게 하는 목적절의 점진적인 단계가 들어 있다.

다른 유용한 정보는 본문을 잘 읽으면 나올 수 있다. 예로 나오는 것들을 잘 살펴보라. 어떠한 진리를 설명하는 이야기들을 잘 살피라. 가끔은 본문이 생각들이나 가르침들의 축적된 것임을 보여 준다. 가끔씩은 여러 아이디어들이 서로 비교되고 묶여서 표현된다. 대조되는 아이디어도 눈여겨 보아야 한다. 가끔은 인과 관계로 연결되는 것도 있다. 가끔은 수사의문문을 효과적으로 보여 주는 것도 있다. 예를 들어, 말라기서의 '어찌(하여)'라는 표현은 그가 어떠한 이야기를 하는가를 이해하는 데 있어서 중요한 단서가 된다.

성경의 저자가 어떻게 자세한 사실들을 선택하고 배열하는지도 살펴야 한다. 사복음서에서는 어느 누구도 예수님의 삶을 전부 다 그리지 않는다. 당신 자신에게 물으라: 왜 각 저자가 자신이 포함해야 할 부분을 선택했는가? 그들은 어떠한 목적으로 어떤 부분을 포함하거나 생략하고자 했는가?

가끔은 저자 자신이 본문의 의미에 대한 단서를 줄 때도 있다. 예를 들어, 요한은 왜 그가 특정한 기적들을 기록했는지를 말해 준다(요 20:30~31 참조). 독자는 그가 기록한 기적들을 읽을 때 요한이 가진 목적을 알면 도움이 될 것이다. 요한은 그의 첫 번째 편지에서 편지를 쓴 이유를 밝힌다. 그 이유들은 본문의 의미를 이해하는 데 중요한 단서가 된다. 요한은 또한 계시록의 처음 서두에서 계시의 의미를 아는 열쇠를 제공한다(계 1:19 참조).

관찰의 단계의 중요성은 아무리 강조해도 지나치지 않다. 핵심은 우리가 (인간이 할 수 있는 최대의 능력으로) 하나님 말씀에서 나오는 넘쳐나는 보물을 자신의 것으로 만들기 위해 할 수 있는 모든 것들을 동원해야 한다는 점이다. 듀발과 헤이스는 다음과 같이 충고한다.

> 성경의 본문을 이해하는 첫 번째 단계는 가능한 많이 자세한 관찰을 하는 것이다. 우리는 더 깊이 파고들어가 더 많은 것을 보기를 원한다 … 본문을 연구할 때 가능한 세밀한 것을 많이 관찰하라. 성경의 모든 문장 안에는 당신이 관찰하기를 기다리는 수십 가지의 자세한 정보가 있다. 본문을 자세히 보라. 그리고 반복해서 읽으라. 관찰하라. 관찰한 것을 적으라. 그리고 또 읽으라. 더 보라. 조금 더 적으라. 어떤 관찰이 빠졌는가? 더 찾을 것이 있다. 그만두지 말라. 계속 찾으라![14]

만일 모든 것을 다 보았다고 생각될 때, 좀 더 보라. 보라! 보라! 보라!

본문은 무엇을 의미하는가

본문이 말하는 것을 이해한 후, 우리는 다음 질문에 대답하도록 주의를 기울여야 한다. "본문이 무엇을 의미하는가?" 이 질문은 우리를 해석학의 분야로 이끈다. 이 단계에서 우리의 강해 설교는 아주 섬세해진다. 특정한 본문의 의미를 해석할 수 있도록 가능한 모든 방법들이 연구되어야 한다.

본문에 관계된 모든 부분이 모두 드러나야 한다. 기억해야 할 것은, 우리의 목적이 (가능한 한 많이) 성경 본문을 통해 성령이 말씀하시는 의미를 잘 찾는 것이라는 점이다. 단순히 당신이 생각하는 본문의 의미로 만족하지 말라. 바울이 디모데후서 2장 15절에서 진리의 말씀을 옳게 분별하라고 한 데에는 '정확하게 자르다' 라는 의미가 들어 있다. 이는 헬라 시대의 의사들이 칼을 가지고 하는 시술에 사용하는 용어다. 조금이라도 잘못되면 환자를 죽일 수 있다는 것이다. 당신은 설교를 듣는 사람들의 삶과 죽음의 문제를 다루는 것과도 같다. 그러므로 다음과 같은 방법으로 본문의 정확한 의미를 부지런히 파악해야 한다.

1단계: 문맥에 대한 고려

성경 본문의 의미를 결정하는 데 중요한 요소는 문맥의 분석이다. '문맥' 이라는 단어는 두 개의 라틴어에서 왔는데 con에는 '함께' 또는 '같이' 라는 뜻이 있고, texere에는 '짜이다' 라는 뜻이 있다. 그래서 문맥은 생각의 흐름으로 이어지는 하나의 이야기의 부분이 짜여 있다는 뜻이다.[15] 많은 신학적인 실수는 성경 본문의 문맥을 무시하거나 잘못 이해할 때 일어난다. 카슨은 "문맥이 없는 본문은 이를 뒷받침할 수 있는 본문을 써야 하는 이유가 된다" 라고 말한다.[16] 그러므로 당신은 본문이 어떻게 책의 전체 문맥에 속해 있는지, 또한 성경 전체의 계시와 말씀에 부합하는지 결정해야 한다. 강해는 우리가 부분이 전체와 어떻게 연결되었는지 아는 것을 요한다.

이 작업을 잘하기 위해서는 그동안 해 왔던 강해의 조사 과정에서 만든 노트를 다시 살펴봐야 한다. 당신의 배경 학습이나 일반적인 성경 읽기, 설교 본문 밀착 읽기 및 관찰 등 이 모든 것은 빠른 이해력과 더불어 문맥상의 이해력에도 도움을 줄 것이다. 당신이 전에 했던 배경 학습은 역사적, 문화적 의미와 함께 신학적이고 교리적인 의미를 더해 줄 것이다. 반복해서 읽는 훈련은 책의 흐름을 이해하고 부분의 전체 연관성을 인식하도록 도와준다. 관찰은 본문 전후에 나오는 것들과의 관계를 밝혀 줄 것이다. 이 모든 정보는 알맞은 시야로 특정한 본문을 이해할 수 있도록 당신을 돕는다.

다음으로, 본문에 바로 연결된 문맥을 이해해야 한다. 한 유기체의 부분은 그것이 아무리 작다 해도 전체와의 관계에서 떨어져서 독자적으로 설명될 수 없다. 그러므로 성경의 모든 본문이 전체와 연결되어 있다는 것을 기억해야 한다. 본문의 앞뒤 구절들을 신중하게 살피라. 문맥에서 따로 본문을 떼어 내지 말라. 한 문단은 전체에서 흐르는 생각과 어떠한 관계를 가지고 있는지를 고려하며 연구되어야 한다. 가끔은 본문이 앞부분과 전혀 관계가 없을지도 모른다. 하지만 자세한 검토는 서로의 관계를 보여 줄 것이다. 다음 도표는 네 가지의 가능한 관계를 제시한다.

이 부분에서 본문의 문맥에 대한 생각을 넓혀야 한다. 만일 이 작업을 못 해 왔다면 그 본문이 속한 전체 장을 보거나, 그 주변에 있는 다른 장들을 살펴보라. 이미 나와 있는 관련 자료들을 잘 살펴야 한다. 그리고 성경의 전체적인 문맥을 파악하고, 당신의 배경 학습이 그 성경 구절에 대해 주는 정보를 살펴보라.

문맥을 고려하는 데 있어 마지막 단계는 본문을 성경 전체의 진리와 연관해서 공부하는 것이다. 반하우스는 이것을 거꾸로 된 피라미드 그림으로 설명한다. "나에게 있어서 하나님의 말씀을 가장 잘 이해하는 방법은 성경 전체를 가져다가 한 본문에 세워서 전체 성경 말씀의 무게를 그 한 구절이나 단어가 지탱할 수 있는지 보는 것이다."[18] 당신이 연구하는 어떤 본문이 직선상에 있는 한 점과 같은지 보라. 그러고 나서 성경의 전체적인 흐름이 하나의 꼭짓점이 모든 무게를 지탱하는 거꾸로 된 피라미드와 같은 모습을 지니고 있는지를 확인하는 것이다. 결과적으로 한 본문의 해석이 전체 성경의 분명한 가르침과 모순된다면, 당신의 본문 해석은 틀렸다고 확신 있게 짐작할 수 있다.

이러한 이해는 성경에서 애매한 구절을 설명할 때도 큰 도움이 된다.

의미가 확실하지 않은 말씀은 의미가 분명한 말씀을 통해 해석되어야 한다. 간결하게 언급된 말씀은 성경을 통해 구별되고, 분명하고, 충분히 표현된 말씀으로 설명되어야 한다. 이해하지 못하는 부분 때문에 이해하는 부분의 가치를 흐리게 해서는 안 된다. 그것은 지식에 기초를 두고, 다른 것은 무지를 기반으로 한다.

〈도표 2〉

문맥의 연결성

글의 흐름과 당면한 맥락 사이의 다음과 같은 네 가지 연결 유형을 살펴보라.

1. **역사적 문맥** 본문에 나타난 사실 혹은 사건들의 관계를 찾으라. 예를 들면, 한 해의 특정한 시기들은 본문을 이해하는 데 도움을 준다. 어떠한 사건이 유월절에 일어났다면 유월절에 대한 지식이 있어야 한다. 그러고 나서야 그 본문의 의미가 무엇인지 결정지을 수 있다.
2. **신학적 문맥** 어떤 교리가 특정한 본문에 나올 수도 있다. 당신이 설교하는 본문에는 어쩌면 신학적인 논란의 중심이 되는 내용도 있을 수 있다. 바울이 갈라디아서 5장 4절에서 이야기하는 "은혜에서 떨어진 자"라는 표현을 만약 적절한 문맥을 고려하지 않고 해석한다면 전혀 다른 신학적 의미의 근거가 될 수도 있다. 여기에서 바울은 율법으로 의에 이른다고 믿는 사람들의 주장인 구원을 유지하기 위해 모든 법을 지켜야 한다는 것에 대해 논쟁한다. 그러한 사람은 은혜의 제도(바울은 단순히 '은혜'라고 이를 묘사한다)에서 떨어져 나왔다. 그러므로 여기에서 말하는 은혜는 하나님의 값없고 바라는

것 없는 자비함으로써의 개인적 경험을 의미하는 것이 아니라, 예수님 안에서의 구원의 복음을 뜻한다는 것을 참고해야 한다.

3. **논리적 문맥** 저자는 특별한 진리의 선을 세워 나가고 있다. 당신이 고려하는 문단들은 이렇게 발전하는 한 부분이 될지 모른다.
4. **정신적 문맥** 어떤 본문 바로 전에 나온 성경 구절에 관한 묵상을 통해 현재 설교하려는 본문에 나타난 생각으로 이끌어 낼 수 있다.[17)]

2단계: 구조 파악

문맥을 보면서 강해자로 하여금 본문을 잘 살피도록 하는 것이다. 앞에서 예로 든 나무 조각 이야기를 생각해 보라. 당신은 성경의 한 책을 전체 성경에서 따로 잘라 냈다. 지금은 비슷한 방법으로 한 부분을 그 책에서 잘라 내는 것이다. 본문을 작은 나무 조각(자연스럽게 구분되는 조각)으로 생각하라. 그러한 자연적인 문맥의 구분은 설교를 구성하는 데 있어 좋은 출발점이 된다. 지금 자신이 마치 자동차 정비소의 신참 정비사인 것처럼 상상해 보라. 자동차 엔진의 한 부품을 찾는다면 자동차 설명서에 있는 설계 도면을 고려할 것이다. 그 도면은 모터의 각 부분을 보여 주고, 각각의 부분들이 어떻게 서로 전체 모터에 연결되는지를 보여 줄 것이다. 각 항목에는 이름이 붙어 있어 부품을 신속하게 찾고 이것이 전체 엔진에 적합한지를 판단할 수 있다. 문맥을 마치 설계 도면으로 생각하라. 계속해서 연구하면서 전체를 부분으로 나누어 각 부분에 이름을 붙여라. 이 분석의 과정은 당신에게 전체의 그림을 줄 것이다.

작업을 위해 설계 도면이나 단위의 도면, 기계적인 도면, 종합적 도면 등으로 불리는 것을 이용하라. 이는 본문을 눈에 보이도록 단위로 구분하고, 정확한 단어의 순서대로 보는 것이다. 이 훈련은 여러 본문이 가지고 있는 아이디어를 그림이나 도면으로 보여 준다.[19] 이런 재해석을 통해 당신은 성경의 저자가 성령의 인도하심으로 한 생각의 흐름을 알 수 있는 것이다. 가장 좋은 방법은 원문을 이용하는 것이다. 하지만 히브리어나 헬라어가 어려우면 앞에서 말한 것처럼 문자적으로 번역한 영어 번역본들을 사용하라.

다양한 문학적 장르의 독특한 특성으로 인해 여러 아이디어들은 언어를 통해 다양한 방법으로 전달된다. 성경에 나오는 설교나 편지에서 보이는 이야기의 방식이나 시적인 구조는 서로 다르다. 그러므로 본문의 구조를 해석할 때는 다른 접근이 필요하다. 도표 3에 나오는 일반적인 방법은 주된 성경 장르를 위해 사용된다. 각각의 예들은 부록 2에서 찾을 수 있다.

이와 같은 목적을 위해 접근 방식을 수정해야 할지도 모른다. 예를 들어, 주요 주제, 동사, 목적어들을 밝힘으로써 설교에서 각 문장의 주요 부분이 결정되도록 노력해야 한다. 각 문장을 그림으로 그려 전체 문단을 시각적으로 보라. 이러한 재배열은 각 문장의 구조를 쉽게 볼 수 있게 한다. 앞 칸을 띄어 문장을 시작하고, 밑줄 긋기를 하며, 반복과 비교와 진행되는 단서에 동그라미를 그린다. 그러고 나서 이쪽저쪽으로 선을 그어 함께 묶어 본다.[20]

이러한 배치는 전체 문맥의 그림을 제공할 것이다. 가끔 그러한 시각적인 재표현은 통일된 주제와 보조하는 부분을 빠르게 볼 수 있도록 도와준다. 이러한 과정은 전체 본문이 어떻게 각각의 부분들과 연결되며 서로 반복되는지를 보여 주는 데 유용하다.

강해자가 갖는 가장 어려운 숙제 중 하나는 한 개의 주제에 대해 본문이 지닌 여러 가지 아이디어를 분석하는 것이다. 구조를 분석하는 일은 단일 주제를 찾는 데 있어 여러 단서를 제공한다. 이러한 작업에 들인 시간은 풍성한 구조 분석이라는 선물을 허락한다. 보통 설교의 디자인은 분석의 단계에서 나타나기 시작한다. 당신이 가장 잘됐다고 느끼는 설교는 본문으로부터 자연스럽게 구조가 흘러나올 때다. 당신이 기억해야 할 것은,

성경은 감동으로 쓰인 무오한 하나님의 말씀이므로 설교도 그 계시로 해야 한다는 것이다.

3단계: 단어를 연구하라

일단 본문의 구조 파악이 끝나면 특정 단어와 문맥과의 연결에 대해 주의 깊게 살펴야 한다. 단어 연구는 강해자로 하여금 단순하고 명확하며 분명한 단어와 어구, 절, 문장의 문자적인 의미를 알게 해 준다. 한 단어의 사용 방식에 대한 연구를 과소평가해서는 안 된다. 젠센(Jensen)은 "작은 경첩으로 큰 문을 여닫을 수 있듯이, 성경에 나오는 중요한 신학적 진술은 종종 전치사나 관사와 같은 가장 작은 단어조차도 의존한다"고 말했다.[21]

〈도표 3〉

성경의 구조

다음에 나오는 가이드라인은 주요 성경 장르의 구조를 파악하는 데 사용되어야 한다. 각각의 진행에 맞는 예시들은 부록 2에서 찾을 수 있다.

산문

- 페이지의 왼쪽 여백에 본문의 중심 생각을 담은 구절을 써 보는 것으로 시작한다.
- 밑(혹은 위)에 이를 뒷받침할 수 있는 문구, 절 그리고 단어들을 써 보도록 한다.
- 이와 동등하게 연결되는 단어, 절, 생각들을 수직으로 나열해 본다.
- 각 구절이 서로 이어지는 부분의 위 또는 가까운 위치에 괄

호를 만들고, 그 안에 알맞은 접속사(그리고, 그러나 등)를 넣어 본다.
- 이탤릭체로 쓰인 단어 혹은 직함에는 괄호를 넣는다.

이야기

- 왼쪽 여백에 그 이야기의 각 구절로 시작한다.
- 주요 부분들(배경, 장면, 등장인물, 플롯 등)에 밑줄을 치거나 이름을 붙인다.
- 연결하는 단어나 문단을 전환하는 단어(그리고, 그러고 나서, 그러나, 지금 등)에 동그라미를 친다.
- 본문을 구성의 흐름에 따라 나눈다(삶의 상황, 갈등, 절정, 해결, 적용).

시

- 왼쪽 여백에 각 구절을 써 보는 것으로 시작한다.
- 각 구절에 맞는 히브리어의 종류를 밝히고, 동등한 아이디어들을 수직적으로 나열한다.
- 본문을 아이디어 그룹, 분위기의 변화, 또는 생각의 분명한 전환에 따라 나누어 본다.

동시에, 단어 연구를 단어의 의미가 갇혀서 제한되는 것처럼 접근해서는 안 된다. 성경에 나온 단어들의 올바른 의미는 보통 문맥에 따라 결정된다. 고든 피(Gordon Fee)는 단어 연구의 목적이 "문맥 안에서 그 단어를 씀으로 저자가 전하려는 것을 가능한 한 정확하게 이해하는 것"이라고 말한다.[22] 우리는 단지 성경 속 단어의 의미를 정하려는 것이 아니라, 그것들을 쓴 성경 저자들이 의미하고자 하는 것을 알려는 것이다. 강해 설교는 문맥과 전혀 상관없이 어려운 단어로 멋들어지게 만들고자 하는 설교자

들에게 있어서는 부당한 비난거리가 된다.[23)]

그러므로 다음과 같은 7단계의 순서를 따라 단어를 연구하라. 첫째, 단어들을 목적을 가지고 선별하라. 본문에 나오는 모든 단어를 깊게 연구할 필요는 없다. 본문에 나오는 많은 단어들의 의미는 일반적으로 분명하고 확실하다. 하지만 다른 단어들은 더 연구되어야 한다. 듀발과 헤이스는 연구할 단어를 의도적으로 분류하는 네 가지 기준을 제시한다: 1) 본문에서 중요하게 다루어지는 단어들 찾기, 2) 반복되는 단어들 찾기, 3) 비유적 표현 찾기, 4) 모호하고 이해되지 않는 어려운 단어들 찾기.[24)] 만약 가능하다면 원어로 본문을 읽으면서 이러한 단어를 찾도록 노력하라. 헬라어는 단어가 나타내는 아름다운 그림들이 많다. 진정한 설교 재료의 보물 창고는 바로 이 단어들의 의미에서 발견된다. 만일 원어에 대한 지식이 없다면 일반 성경에서 이 단어들을 찾아 여러 가지 방법으로 단어를 연구하라.

둘째, 원문에서 당신이 찾은 단어의 의미를 찾아보라. 단어 사전, 신학 사전 그리고 그 외 다른 것을 이용하라. 본문에서 단어의 의미를 찾고 그것이 어떻게 쓰였는지 보라. 가끔 원문의 뜻은 본문을 해석하는 데 절대적으로 필요하기도 하다. 또한 설교의 내용을 결정하게 하는 어근을 찾으라.

셋째, 단어를 쓴 사람이 어떻게 그 단어를 사용했는지 알아야 한다. 많은 경우에 이것은 저자가 쓴 다른 책을 통해 같은 단어의 의미를 조사하는 것이다. 같은 단어는 종종 성경의 다른 책들에서 다른 의미로 쓰일 수도 있고, 같은 단어가 다른 저자에 의해 쓰일 수도 있다. 각 저자는 단어를 쓰는 방식이 다를 수도 있다.

넷째, 단어의 문법적인 사용을 고려하라. 어떤 단어가 다른 단어들과 본문 속에서 대조되어 사용되고 있지는 않은지 보라. 로마서 8장 5~8절의 '육신' 그리고 '영'과 같은 단어의 대조는 풍성한 설교 본문을 제공한다.

다섯째, 각 단어의 문화적 의미를 이해하라. 배경 학습은 당신이 지금 연구하는 책에 대한 문화적 의미를 이해하게 할 것이다. 특별한 속담이나 잘 사용되지 않는 단어에 주의하라. 모든 언어는 그 언어만의 특별한 표현 방식이나 표현 기술들이 있다. 창세기 2장 17절에서 우리는 "네가 … 반드시 죽으리라"라는 표현을 발견한다. 문자적으로 이 문구는 '죽어 가고 있는 너는 죽을 것이다' 라는 표현이 된다. 이 표현은 속담, 그중에서도 특별히 히브리어 속담으로서 본문의 이해에 영향을 미친다. 덧붙여 우리는 성경 이외의 문학에서도 단어의 쓰임을 통해 통찰력을 얻을 수 있다.

여섯째, **각 단어의 성경적인 강조점을 찾으라**. 용어 색인에 대한 책을 보고 단어의 사용 횟수를 확인하라. 그리고 성경에서 한 단어가 얼마나 자주 사용되는지 보라. 구약과 신약을 비교해 보라. 그리고 성경이 얼마나 비중을 두는지 보라.

일곱째, **비유적인 말들을 분석하라**. 성경에 나오는 비유를 포함한 비유적인 말들은 단어에 따뜻함, 색상, 혹은 생명력을 불어넣는다. 항상 문자적인 해석으로 시작하라. 원칙은 성경에서 어떤 구절의 의미가 상식 수준일 때, 그 주변의 문맥이 다른 것들을 이야기하지 않으면 굳이 다른 뜻을 찾으려 하지 말라(연관된 구절들에 비추어서 분명하고 기본적인 뜻으로 이해해야 한다). 혹시 분명한 다른 뜻이 있다면 모르겠지만 말이다.[25](이 비유의 언어를 완전히 이해하려면 도표 4를 보라)

〈도표 4〉

비유를 이해하는 방법

문자적인 것과 비유적인 것은 어떻게 구분할까?

- 문자적 이해가 문장에서 말이 되지 않는가?(예를 들어, "여호와는 나의 반석이시요"라는 표현은 살아 계신 하나님을 무생물인 반석과 동일시하는가?)
- 문자적인 이해가 터무니없거나 계시 혹은 창조의 질서에 모

순되는가?("산들과 언덕들이 … 손뼉을 칠 것이며")

- 저자가 감정의 고조가 있고 드라마틱한 강조를 하는가? 그렇다면 언어는 비유적인 것이다.
- 비유적인 표현의 예나 그에 상응하는 설명이 있는가?[예: "성령의 검 곧 하나님의 말씀" (엡 6:17)] 같은 장에 있는가?(요한계시록 1장 12절에 나오는 "일곱 금 촛대"는 20절에서 "일곱 교회"로 설명된다) 같은 책에 있는가?(요한계시록 5장 5절의 "다윗의 뿌리"는 22장 16절의 "예수"를 의미한다) 같은 저자가 다른 책들을 썼는가?(바울의 '병사'와 '운동선수'에 관한 비유는 그의 다른 책을 읽음으로써 이해할 수 있다) 같은 문학적 장르에 다른 본문이 있는가?(요한계시록에 나오는 봉인된 두루마리의 단서는 다니엘 12장 8~9절의 묵시록에서 찾을 수 있다) 성경의 다른 책에 내용이 있는가?("세상의 빛"이라는 마태복음 5장 14절에 나오는 비유는 요한복음 8장 12절에서 명확해진다)

무엇을 찾아야 하는가?

- 직유 - '같은', '처럼'과 같은 단어를 사용해서 상상하는 표현
  예: "사슴이 시냇물을 찾기에 갈급함 같이 내 영혼이 주를 찾기에", "그는 시냇가에 심은 나무 … 같으니" (시 42:1, 1:3)
- 은유 - '같은'과 '처럼'이 생략된 암시적 표현
  예: "너희는 세상의 소금이니", "너희는 세상의 빛이라" (마 5:13~14)
- 역설 - 어리석고 모순되게 보이지만 관심을 끄는 표현
  예: "누구든지 제 목숨을 구원하고자 하면 잃을 것이요 누구든지 나를 위하여 제 목숨을 잃으면 찾으리라" (마 16:25)
- 과장 - 어떠한 진리를 강조하기 위한 과장법
  예: "낙타가 바늘귀로 들어가는 것이 부자가 하나님의 나라에 들어가는 것보다 쉬우니라" (마 19:24)

- **제유** - 부분이 전체를 설명하거나 전체가 부분을 설명하는 것
  예: “천하로 다 호적하라”(눅 2:1)
- **환유** - 관련된 단어로 바뀔 수 있는 명사
  예: “그들에게 모세와 선지자들이 있으니”(눅 16:29)에서는 그 사람들이 쓴 구약을 의미함
- **아이러니** - 반대의 뜻을 나타내는 단어들
  예: “사람이 … 우리 중 하나 같이 되었으니”(창 3:22)
- **완곡어법** - 저속한 말을 완곡하게 바꾸어 쓰거나 공손한 표현을 위한 말
  예: “사울이 뒤를 보러 들어가니라”(삼상 24:3)는 말은 화장실에 간다는 것을 의미한다.

(월터 카이저, *Toward an Exegetical Theology*, pp. 122~124)

가끔 어떤 단어들은 문자적으로 해석하기 불가능하다. 문자적인 해석이나 다른 부분과 연관된 단어들이 서로 말이 되지 않기 때문이다. 다른 경우에는 문자적인 해석이 그 주제를 방해할 수 있다. 이러한 일이 일어날 경우 그 단어의 비유적인 뜻을 찾아야 한다.[26] 스스로에게 물어보라: ‘만일 내가 이 단어를 문자적으로 해석한다면 전체의 문단 내용과 일치하는가? 문자적인 해석이 본문이 나타내는 역사적이거나 혹은 신학적인 주제와 맞는가?’ 이러한 과정은 어리석은 해석을 피하게 해 준다.

본문에 나온 단어나 문구를 모두 완전하게 해석했으면 문법에 집중하라. 단어들은 각자 존재하는 것이 아니라 서로 관계성을 지닌다. 동사가 과거인지, 현재인지, 미래인지를 보라. 단어들 사이의 상관관계를 눈여겨보아야 한다. 만일 본문에서 문장 관계를 충분히 이해하기가 어렵다면 단어 연구에 관한 책을 참고하라. 단어들이 일정하게 배열된 것을 파악한다

면 저자의 의도를 잘 알게 된다.

4단계: 상호 참조를 점검하기

성경을 해석하는 가장 좋은 방법 중 하나는 성경이 성경을 해석하게 하는 것이다. 학식 있는 성경학자가 그의 정원사에게 자신이 쓴 마태복음 주석서를 주었다고 한다. 며칠 후에 학자는 정원사에게 물었다: "마태복음 주석이 어떻던가요?" 그에게 성경을 배운 정원사가 대답했다: "박사님, 성경이 그 주석서에 많은 지혜를 주었네요." 사실 성경이 특정한 구절을 해석하도록 하는 가장 좋은 방법은 상호 참조를 하는 것이다. 성경의 다른 부분에서 특정한 본문의 주제에 대해 어떻게 조망하고 있는가를 살피는 것이다.

이때 문맥 분석이라는 개념이 적용되어야 한다. 이것은 성경 전체에서 특정한 부분에 대해 어떻게 이야기하는가를 이해하는 것이다. 만일 성경의 주제가 은혜라고 한다면 성경의 다른 부분에서 은혜에 대해 어떻게 이야기하는지를 찾아야 한다. 성구 사전이나 주제별 성경 혹은 또 다른 자료들을 통해 은혜라는 단어에 대해 찾아보라. 그리고 은혜에 관한 모든 구절을 찾아서 성경이 그 단어를 해석하도록 해야 한다. 또한 50만 개의 성경 참고 자료와 그에 따르는 성경 구절을 제시하는 '성경 지식의 창고' 와 같은 자료들을 찾아보면서 자문을 구한다. 성경의 극소수의 구절만이 다른 구절로 바꿀 수 없거나, 다른 구절을 통해 의미를 명확하게 할 수 없을 뿐이다.

5단계: 계시의 원리 적용

연구하려는 본문이 성경의 전체적 계시와 어떻게 연결되어 있는가를 결정하는 단계다. 전체의 그림을 보지 못한다면, 본문이 무엇을 이야기하는지 파악하지 못하거나 잘못 해석할 수 있다. 다음의 몇 가지 원칙은 본문을 잘 이해하는 데 도움을 준다.

선행적인 계시의 원칙은 정확한 해석을 함에 있어서 매우 중요하다. 성경 대부분의 본문이 이전에 주어진 계시에 뿌리를 두는 신학적인 내용이 많다. 그래서 성경 신학의 전반적인 검토는 아주 필수적이다. 선행적인 계시를 고려할 때 카이저는 몇 가지의 단서 찾는 법을 제시한다. (1) 특별히 구원에 관해 특별한 의미를 지니는 단어들을 찾으라(예: 씨, 종, 평안, 유업, 왕국, 복음, 비밀). (2) 전에 일어났던 사건에 대한 언급을 찾으라(예: 출애굽, 시내산의 계시, 성령의 부으심). (3) 새로운 것이 언급되기 전에 나타나는 직접 혹은 간접 인용에 주의하라(예: "생육하고 번성하여", "나는 네 조상의 하나님이니"). (4) 하나님의 언약과 약속에 대한 언급, 특히 첨가되거나 자세한 언약들을 주의하라(예: "나는 너를 애굽 땅에서 인도하여 낸 여호와 네 하나님이니", "너희는 내 백성이 되겠고 나는 너희들의 하나님이 되리라").[27]

문화적 구별의 원칙은 주요한 청중을 이해하고 적절한 적용을 하는 데 중요하다. 고린도전서 10장 32절에는 모든 인류의 족속이 세 가지로 구분된다: 유대인, 이방인, 교회. 모든 성경은 이 세 분류를 대상으로 쓰였다. 그래서 한 본문을 공부할 때 '과연 어떠한 그룹을 위해 쓰인 본문인가?'에 대해 물어야 한다. 특별히 그 본문이 유대인들을 위해서 쓰였는지, 아니면 교회를 위해서 쓰였는지 구분하지 못한다면 잘못된 해석이 나온다. 비록 성경은 우리의 삶과 관련이 있지만, 성경의 모든 내용이 우리를 대상으로 쓰인 것은 아니다. 그러므로 이처럼 민족적 대상을 구분하는 것은 구약에서 이스라엘 백성을 대상으로 쓰인 책들이 우리에게 잘못 적용되는 것을 막아 준다. 문자적인 약속은 유대인들을 위해 쓰였고, 그 약속은 문자적으로 성취되었거나 앞으로 성취될 것이다. 비록 구약의 말씀들이 우리에게 삶의 인내를 배우게 하고 위로를 주지만, 우리는 유대 민족에게 특별히 주신 약속에 대해 혼동하지 말아야 한다(롬 15:4 참조).

처음 언급됨의 원칙은 성경에서 처음으로 언급된 것이 중요한 의미를 갖는다는 뜻이다. 성경은 창세기 3장 1절에서 뱀과 사탄을 처음으로 언급한다. 우리는 그가 '교활'하다고 듣는다. 이러한 언급은 성경 전체에 대해 의미를 부여한다. 처음으로 언급된 내용은 창세기 전부에 걸쳐 중요한 의미를 지닌다. 그래서 성경학자들은 창세기가 모든 성경의 씨앗과 같다고 한다.

하나의 주제가 성경의 한 부분에서 자세하게 다루어지고 있다면 성경 전체적인 언급으로 받아들일 필요가 있다. 믿음에 대한 폭넓은 이해는 히브리서 11장을 잘 연구하면 얻어진다. 사랑은 고린도전서 13장에 종합적으로 잘 나타나 있다. 하나님은 성경의 한 부분에서 일정한 주제에 대한 계시를 밝히시기도 한다.

언급된 비율의 원칙은 성경에서 한 주제에 대해 얼마나 많은 비중으로 다루는가 하는 것이다. 비율적으로 맞지 않는 진리는 오류가 될 수 있으므로 성경이 중요하다 하는 것을 우리도 중요하게 여겨야 한다. 적게 표현된 진리에 너무 지체하는 것은 피해야 한다. 많은 잘못된 교리나 분파들이 이러한 균형을 잘 맞추지 못해서 생긴다.

반복적으로 언급됨의 원칙은 가끔 성경에서는 하나님의 진리가 계속 발전해서 나온다는 뜻이다. 많은 부분에 있어서 성령은 한 주제에 대해 처음에는 윤곽만을 제시한다. 하지만 그 후에 주제가 계속 반복되면서 더 자세한 부분이 첨가된다. 독자는 진리의 반복을 통해 성경 전체의 계시에 어떻게 새로운 정보가 더해지는지 관찰하면서 이에 매력을 느낀다. 많은 교리들은 성경의 다양한 본문 속에서 마치 꽃처럼 피어나는 것이다.

간격의 원칙은 난해한 본문을 이해하는 데 도움을 준다. 어떤 경우에 있어서 하나님은 시간의 일정한 기간을 무시하시고 별도의 언급 없이 몇 세기를 넘어가신다. 예를 들어, 이사야 61장 1~2절에 따르면, 이는 메시아에 대한 말씀이다. 이 구절들은 주님의 사역의 특징들을 잘 묘사한다. 2절에서 이사야는 “여호와의 은혜의 해와 우리 하나님의 보복의 날을 선포하여”라고 하며 메시아가 올 것을 이야기한다. 하지만 ‘여호와의 은혜의 해’와 ‘하나님의 보복의 날’ 사이에는 수 세기의 시간적 간격이 있다. 이는 예수님이 나사렛의 회당에서 예언을 통해 말씀하신 것과 같다(눅 4:17~20 참조). 예수님은 "여호와의 은혜의 해"라는 구절을 이야기하고 이사야서를 덮으시며 "오늘 너희 귀에 응하였느니라"(눅 4:21)고 말씀하셨다. 이렇게 말씀하심으로 예수님은 그가 이 땅에 처음 오심으로 단지 이 예언의 첫 번째 부분만이 성취된 것임을 분명하게 알리셨다. 뒷부분은 그가 이 땅에 다시 오실 때 성취되는 것이다.

구원과 교제의 원칙은 설교자가 특정한 본문을 읽을 때, 이 본문이 과연 믿는 자들을 위한 것인지, 불신자를 위한 것인지, 아니면 두 부류 모두를 위한 것인지 알게 해 준다. 성경은 하나님의 가족이 되는 것과 성도 간의 교제를 구분한다. 만일 본문이 구원에 대해 이야기하면, 우리는 그 구절을 그러한 방식으로만 이해할 수 있다. 그러나 만일 교제에 대한 것이라면, 우리는 그것을 다른 방식으로 이해한다. 이 원칙은 요한복음 15장을 해석할 때 중요하다. 이 구절은 구원에 관한 것인가, 교제에 관한 것인가? 우리가 이 구절을 구원으로 이해한다면 본문은 한 사람이 구원을 얻을 수도 혹은 잃을 수도 있다고 해석할 수 있다. 하지만 그 의미는 전체 성경에서 말하는 것과 상반된다. 분명히 이 구절은 성도의 교제에 대한 것이다. 예수님은 구원을 잃는 것에 대해 이야기하신 것이 아니다. 그는 교제에 대해, 특별히 열매 맺는 것에 대해 표현하신 것이다.

해석의 진술의 원칙은 기본적으로 목적을 나타내는 문장, 편집자의 첨가하는 말, 신학적인 판단이나 해석을 통해 본문의 의미를 알게 하는 것이다. 출애굽기 1장 8절의 "요셉을 알지 못하는 새 왕이 일어나"라는 표현은 이스라엘 민족과 바로의 갈등을 보여 주며 본문의 의미를 깨닫게 한다. 요한복음 20장 31절의 "오직 이것을 기록함은 너희로 예수께서 하나님의 아들 그리스도이심을 믿게 하려 함이요"라는 설명은 여러 본문, 특히 기적에 관한 본문의 의미를 결정하게 해 준다. 사사기 17장 6절이나 21장 25절의 "그 때에는 이스라엘에 왕이 없었으므로 사람마다 자기 소견에 옳은 대로 행하였더라"라는 말은 그 책에 전반적으로 나타난 이스라엘의 영적 상태에 대한 슬픈 의견을 반영한다. 열왕기상 11장 6절의 "솔로몬이 여호와의 눈앞에서 악을 행하여 그의 아버지 다윗이 여호와를 온전히 따름 같이 따르지 아니하고" 라는 말씀은 이 세상에서 가장 지혜로운 자의 삶에서 놓쳐 버린 것을 통해 신학적인 의미를 부각시킨다. 마태는 구약에 대한 예수님의 성취에 대해 많이 기술함으로 마태복음을 쓴 목적을 제시한다.

세 가지 방식의 원칙은 하나님의 구원에 대한 진리가 세 가지로 나타난다는 것이다. 칭의는 과거적 관점이고, 성화는 현재적 관점이며, 영광은 미래적 관점이다. 어떤 사람이 "나는 구원받았다", "나는 구원을 이루어 가고 있다", "나는 구원을 받을 것이다" 라고 말한다면 이는 모두 옳은 것이다. 한 구절을 잘 살펴서 그것이 어떠한 구원을 이야기하는지 이해한다면 강해자가 청중에게 불필요한 혼란이나 의심을 주는 일을 막을 수 있다. 예를 들어, 바울의 "너희 구원을 이루라"(빌 2:12)는 말씀이 잘못 해석되면, 구원이란 열심히 무엇인가를 해서 얻는 것으로 받아들인다.

반복의 원칙은 한 주제가 다른 각도나 다른 목적으로 반복되어 쓰이는 것이다. 이러한 해석의 원칙을 이해하지 못한다면 창세기 1~2장의 의도를 이해하기 어렵고, 여기에 있는 모순점을 발견할 수밖에 없다. 창세기 1장에서 성령은 시간적인 연대에 따른 하나님의 창조에 중점을 둔다. 강조점은 하나님의 창조 능력이다. 하나님은 그의 위대함과 능력을 강조하는 이름이다. 하지만 2장에는 같은 창조의 주제를 또 다른 관점으로 본다. 시간이 아니라 주제가 강조된다. 하나님의 광대하신 창조 사역 및 인간 창조가 중요한 자리를 차지한다. 하나님을 위해 사용된 이름은 하나님과 인간 사이의 약속을 부각시킨다. 서로 다른 두 설명은 모순이 아니라 반복이다.

이야기 목적의 원칙은 이야기가 원래 지니고 있는 의미를 찾을 뿐만 아니라, 해석 훈련과 잘못된 적용으로부터 보호해 줄 것이다. 당신이 연구하는 이야기가 예시, 경고, 기준, 예외 중 어디에 속하는지를 결정하는 것이 중요하다. 어떠한 제한이 있는지 자세히 살펴보라. 교회 내 죄 문제를 다루는 본문들을 서로 비교할 때, 사도행전 5장 1~11절에 나오는 아나니아와 삽비라의 이야기는 하나님이 모든 상황에서 잘못된 교인들을 다루시는 일반적인 방법이 아니라, 교회의 하나 됨과 정결함을 위한 간곡한 권고로서 받아들여야 한다.

6단계: 주석 사용

본문과 관련해서 위에서 제시한 모든 단계의 분석을 마쳤다면, 강해자는 다른 사람들은 어떻게 같은 본문을 관찰했는지 알고 싶을 것이다. 주석의 사용을 마지막 단계에 권하는 이유는 당신이 주석에만 의존해 따라갈 수 있기 때문이다. 우리의 목표는 가능한 한 강해 과정에서 주관성을 배제하는 것이다. 주석도 사람에 의해 쓰인 것이기에 그들도 아주 주관적일 수 있다.

동시에, 주석은 우리보다 먼저 사역한 종들에게 주신 하나님의 풍성한 지식을 제공한다. 느헤미야 8장 4절과 7절에 나오는 사람들은 에스라가 율법을 해석하고 사람들이 그것을 이해하도록 도운 성경학자들이라는 것에 의심의 여지가 없다. 오랫동안 성경을 연구한 사람들로부터 배울 게 없다고 주장하는 것은 아주 교만한 것이다. 몇 개의 주석을 사용하는 것은 여러 연구자들을 당신의 연구에 동참시키는 것이고, 이는 마치 그들과 대화하는 것과 같다. 신실한 사람들에 의해 쓰인 주석을 사용하는 일에 주저하지 마라. 하지만 주석을 먼저 보아 그것이 오히려 당신 생각을 좌우하도록 하는 유혹은 피해야 한다.

주석을 공부하는 것은 마치 배경 학습을 하는 것과 비슷하다. 배경 학습의 여러 요소들(예: 저자, 연도 등)을 구분하기 전에 본문을 각 구와 절로 구분하라. 그리고 각 문장과 구절에 대해 적어도 6~8개의 주석을 참조하라. 그리고 잊지 말아야 할 것은, 지금까지 해 왔던 모든 연구는 마치 한 테이블에 당신과 다른 주석가들이 함께 앉아 있는 것과 같다는 사실이다. 그 사이에 당신이 발견한 것을 삽입하라. 주관성을 가장 많이 배제하는 방법은 각 증거들이 어느 정도의 비중이 있는지 살펴보는 것이다.

비판적, 목양적, 묵상적인 것들의 균형을 살피라. 비판적인 주석은 성경에 쓰인 언어의 기술적인 면에 통찰력을 줄 것이다. 목양적인 주석은 적용을 위한 올바른 강해를 제공한다. 묵상적인 주석은 개인의 깊은 내적 고찰을 전달해 준다. 각각의 다른 주석을 읽을 때 각 저자가 기록한 유용한 정보를 요약하라. 그리고 나서 한 걸음 물러나 배경 학습처럼 정리한 것을 비교하라. 공통되는 구절이나 도움이 되는 통찰력 그리고 적절하고 자세한 해석을 찾으라. 이러한 관찰을 결론 부분의 특정한 구절이나 구 밑에 잘 기록하면 좋다. 이러한 방법으로 각 구절과 장 그리고 문맥을 파악하라.

다른 주석가들의 특정 본문에 대한 기록은 여러 가지 이점을 제공한다. 그들의 주석은 당신의 해석을 검증해 주는 역할을 할 수 있다. 만일 당신의 해석이 권위 있는 사람들의 것과 동떨어져 있다면 당신의 결론을 다시 한 번 확인해야 한다. 확신하건대, 가끔은 당신의 해석이 다른 주석가들과 다를 수 있다. 만일 당신의 해석이 다른 권위 있는 주석가들의 견해와 다르다면 주의 깊게 다시 보아야 하는 경고의 표시가 되는 것이다.

주석은 종종 본문에 대한 여러 지식을 더한다. 하나님은 모든 사람에게 모든 지혜를 주신 것이 아니다. 그의 진리는 그의 교회를 위한 것이다. 더군다나 성경의 진리에 관해서는 "해 아래에는 새것이 없나니"(전 1:9)라는 표현이 잘 적용된다. 그러므로 도움이 되는 지혜를 여러 자료를 통해 구하라. 하나님이 인간에게 허락하신 모든 진리는 그 진리를 다른 사람에게 설교할 때 잘 이용되어야 한다. 주석은 또한 당신이 성경에서 마주하게 되는 진리에 대해 더 생각할 수 있도록 도울 것이다. 생각을 더 많이 할 수 있게 해 주는 것이다.

주석에 대한 몇 가지 주의 사항이 있다. 첫째, 당신의 설교에 다른 사람들의 표현이나 생각을 바로 옮겨 오지 말라. 그들이 발견한 것을 자신의 생각이 있는 비옥한 터로 옮겨 와서 자신의 이해와 성격에 맞추어 표현하라. 둘째, 한 명의 주석가에게 너무 집착하지 말라. 가끔 당신은 당신과 비슷한 생각을 가진 저자를 만나 그의 주석을 많이 언급할 수도 있다. 하지만 어떤 주석가에게도 노예가 되지 말아야 한다. 심지어 가장 저명한 주석가도 해석에 실수가 있기 때문에 한 사람을 완전히 신뢰하는 것은 지양해야 한다. 셋째, 가능한 모든 주석을 성경에 비추어 보도록 자신을 훈련하라. 비록 어떤 저자가 쓴 주석으로부터 혜택을 얻을지라도 그것이 최고의 권위가 되어서는 안 된다. 넷째, 당신이 동의하는 주석가의 글만 보는 것으로 당신을 제한하지 말라. 당신의 생각 과정은 오히려 다른 의견을 제시하는 주석으로도 자극받을 수 있다. 다른 의견을 가진 주석가의 결론이 도움이 될 수도 있고, 또한 당신이 찾은 해석을 더 확신하도록 도울 수도 있다.

본문의 중심 생각은 무엇인가

일단 해석의 작업이 끝나면 하나의 효과적인 문장으로 요약하는 것이 무척 중요하다. 당신은 "무엇을 말하려는 것인가?"라는 질문에 답할 필요가 있다. 간단히 말하면, 당신은 성경의 저자가 이야기하는 것과 그 주제에 대한 부가적인 것을 머릿속에 분명히 해야 한다. 근본적으로 이것은 저자의 주제(그가 이야기하려는 것)와 그 본문에서 보충하는 것(주제에 대해 이야기하는 것)에 대한 진술이다. 우리는 이 한 문장으로 주제와 부가적인 것을 정확히 진술할 때까지 본문을 이해했다고 할 수 없다. 우리는 이 요약 문장을 본문의 중심 생각 혹은 CIT(the Central Idea of the Text)로 부를 것이다.[28]

중심 생각 이해하기

중심 생각을 발전시키는 것은 마음속에 있는 본문에 대한 의미를 분명히 하기 위한 것일 뿐 아니라, 강해와 설교 사이의 간격을 메우기 위해서도 중요하다. 좋은 강해 설교는 바탕이 되는 본문의 중심 생각에서부터 뻗어 나간다. 만일 설교자의 책임이 하나님이 이미 말씀하신 것을 전달하는 것이라면, 모든 설교는 성경 저자가 의도하는 중심 생각을 나타내야 한다. 맥두걸(McDougall)은 다음과 같이 옳은 말을 했다.

> 우리가 하는 일은 자신의 메시지를 만드는 것이 아니라 성경 저자의 메시지를 전하기 위한 것이다.
> 우리가 하는 일은 중심 생각을 만드는 것이 아니라 오히려
>
> 1. 저자의 중심 생각을 찾고
> 2. 그 생각을 중심으로 설교를 구성하고
> 3. 중심 생각을 우리가 전하는 말씀의 핵심으로 삼아야 한다.[29)]

결과적으로 당신은 설교하고자 하는 본문의 중심 생각을 요약하는 한 문장이 필요하다.

중심 생각의 성질을 이해하는 것은 설교가 발전되도록 도움을 준다. 본문의 중심 생각은 다음과 같이 정의된다.

〈정의〉

본문의 중심 생각: (명사) 15~18개의 단어로 구성되어 그 당시 본문의 의미를 해석한 과거 시제 문장

위의 정의 안에는 주제를 잘 나타내는 문장을 구성하기 위해 단서가 되는 몇 개의 단어들이 포함된다. 15~18개의 단어는 간결함을 추구하기 위한 가이드다. 만일 15개의 단어보다 적다면 충분한 이야기를 하지 못할 수도 있다. 18개의 단어보다 많다면 너무 많은 이야기를 하는 것일 수도 있기 때문에 간결함을 요한다. 하지만 가급적이면 형식적인 표현을 피하

라. 꼭 필요한 이야기를 하라. '과거 시제' 라는 말은 본문에 주어진 중심 주제가 과거에 성령이 역사하셨던 것처럼 현재에도 동일하다는 것을 다시 일깨워 준다. 강해 설교 과정의 순간, 당신은 그 의미를 종합하기 위해 고민하게 된다. '해석' 이라는 단어는 본문의 중심 생각, 다시 말하면 성령의 감동을 받아 본문의 의미를 요약하는 것을 의미한다. '그 당시' 라는 단어는 근본적으로 성령이 그것을 말씀하시며, 성령이 현대 문화의 어떠한 특징도 역사적 의미의 올바른 이해로부터 시작된다는 것을 우리에게 알게 하시기 때문에 강조된다.

본문의 중심 생각 찾기

당신이 성경 본문에서 성령이 원하시는 생각을 찾기 위해 열심히 노력한 것처럼 좋은 한 문장으로 중심 아이디어를 정리하는 것 또한 열심히 해야 한다. 이 시점에서 지금까지 분석한 모든 부분에서 발견한 것을 다시 보기 바란다. 당신이 본문의 모든 구절과 모든 생각에 관해 내렸던 결론들을 다시 보아야 한다. 그 자료들을 종합할 때 이러한 질문을 해야 한다: "무엇이 핵심인가?" 이러한 질문에 답하는 것은 쉽지 않지만, 노력할 만한 가치가 있는 질문이다. 당신이 답을 찾기 위한 가장 좋은 생각을 끌어내려고 최선을 다해 시간을 쓴다면 하나의 생각이 점점 표면 위로 떠오를 것이다. 이를 성취하기 위해 다음에 제시하는 주된 네 가지 방법을 고려해야 한다.

1. 해석을 통한 유추 많은 경우에 성경 본문에서는 중심 생각이 분명하게 나타나지 않는다. 그것은 연구를 통해 유추해야 한다. 시간을 가지고 본문을 생각하고 연구한 것을 공부하라. 본문을 해석할 때 발견한 모든 것을 다시 한 번 검토하라. 전에 해 왔던 읽기와 본문에 대한 연구는 한 문장으로 중심 생각을 쓰는 것에 충분한 단서를 제공해 줄 것이다.

2. **본문의 한 문장** 가끔 본문에서의 한 문장이 중심 생각을 포함할 수도 있다. 기본 영작문에 관한 전통적 접근과는 달리, 성경에서의 중심 생각은 많은 경우에 있어 첫 문장에 오지 않는다.[30] 예를 들어, 바울이 예수님을 닮는 데까지 성장하는 것이 교회의 목표라 이야기할 때, 그는 에베소 교인들에게 이방인들을 따르지 말고 예수님을 닮아 가라고 이야기한다(엡 4:17~32 참조). 이 본문의 중심 생각은 에베소서 4장 22~24절에 나와 있는데, 여기에서 바울은 에베소 교인들에게 헌 옷을 벗고 새 옷을 입으라고 말한다. 그러나 이에 대한 중심 생각은 '바울이 에베소 교인들에게 이방인들을 따르지 말고 예수님을 닮아 가라고 권면했다' 고 비춰질 수 있다.

3. **넓은 의미에서 문맥** 어떠한 경우에 중심 생각은 두 개의 연관된 생각 사이에 끼어 있을 수 있다.[31] 예를 들어, 디모데후서 1장 3절부터 2장 2절에서 바울은 디모데에게 다음 세대에게 복음을 충실히 전할 것을 권면한다. 1장 3절에서 바울은 조상들의 열심 있는 노력을 언급한다. 1장 5절에서 그는 디모데의 할머니와 어머니를 언급한다. 그리고 2장 2절에서는 디모데에게 다른 사람들에게 복음을 전하기 위해 충성된 자를 세우라고 권면한다. 이러한 연관된 주제들 사이에는 고난의 여정을 잘 지날 수 있는 몇 가지의 당부와 방법이 있다. 그래서 중심 생각은 '고난이 심하더라도 다음 세대에게 복음을 충실히 전파할 것을 바울이 디모데에게 부탁했다' 라고 요약된다.

4. **반복되는 주제** 특정 단어의 반복은 찾고자 하는 것에 대한 단서를 줄 수 있다. 당신은 반복되는 하나의 특정한 주제를 찾음으로 저자의 강조점을 발견할 수 있다.[32] 리더의 역할이 모세에서 여호수아로 바뀌는 여호수아 1장 1~9절에서 하나님이 새로운 리더에게 세 번씩이나 반복해서 "강하고 담대하라" 고 하신다(수 1:6~7, 9 참조). 이 반복되

는 권고는 중심 생각을 부각시키는 역할을 한다. 좋은 중심 생각은 다음과 같이 나타난다: '신실하신 하나님은 여호수아가 이스라엘 백성을 가나안으로 이끌도록 강하고 담대하라는 말씀으로 그를 격려하셨다.'

일단 중심 주제를 찾으면 그것을 간결하고 분명한 문장으로 요약해야 한다. 위에서 언급한 순서에 따라 그것을 당신의 말로 적어 보라. 몇몇 노련한 설교자들은 본문의 중심 생각을 이해하는 데 익숙해져서 그것을 단순히 기록하는 것으로부터 한 걸음 더 나아갈 수 있다. 중심 주제를 찾는 과정은 그들에게 부가적인 것이다. 그러나 너무 그러한 방향으로 빨리 가서는 안 된다. 본문의 중심 생각을 찾아서 그것을 잘 다듬어진 한 문장으로 만드는 것에 신중을 기해야 한다.

중심 생각을 찾아내는 것의 중요성은 지나치게 강조해도 부족하다. 많은 설교자들이(효과적으로 설교를 준비하는 사람들을 포함해서) 본문의 중심 되는 초점을 요약할 수 있는 한 문장을 써 보는 일에 놀랄 정도로 시간을 쓰지 않는다. 이 일을 따르지 않는 데는 여러 가지 이유가 있다. 첫째로, 성경의 중심 주제를 쓰는 것은 설교 준비의 가장 어려운 부분일지 모른다. 필요한 단어 공부하기, 배경 자료 모으기, 분문에서 고려하는 점을 공부하기는 그다지 어려운 일이 아니다. 하지만 하나의 간결한 문장으로 모으는 일은 가장 어려운 과제가 될 수 있다. 둘째로, 대부분의 목회자들은 굉장히 바쁘다. 어떤 목회자는 일주일에 여러 번의 설교를 한다. 또 어떤 목회자는 설교 준비와 더불어 사역 외의 다른 일들이 많기 때문에 바쁘다. 이러한 일들은 설교 준비 시간에 대한 중압감을 가져다준다. 그래서 많은 사람들이 각 설교 분문에 대해 이러한 방법으로 생각할 시간을 찾기가 어렵다는 것을 발견한다. 셋째로, 일부 설교자들은 단순히 게으르기 때문에 본문의 주제를 찾는 힘든 작업에 대해 거부감을 표한다. 당신은 이러한 어떤 유혹에도 넘어가서는 안 된다. 본문의 중심 생각을 분명히 표현하고 알아보는 일에 열심을 내라.

본문의 신학적인 목적은 무엇인가

이 시점에서 (전에 그러지 않았다면!) 당신은 이 모든 정보를 수집하고, 구성하고, 예화를 찾고, 그것이 성도들에게 어떻게 적용되는지를 생각하면서 설교문을 작성하고 싶은 충동을 느낄지도 모르겠다. 그러나 이러한 과정을 조급하게 지나치면 결과적으로 깊이 없는 생각과 심지어는 이단들이 생겨날 수 있다. 지금까지 무엇을 이야기할지 찾기 위해 본문을 조사하고 그 의미를 알기 위해 해석해서 거기에서 중심 생각을 찾았다면, 이제 당신에게는 한 가지 질문이 더 남아 있다: "**본문이 하나님과 예수님과 사람에 대해 무엇을 말씀하는가?**"

설교자는 현대의 청중들에게 본문을 적용하기 전에 먼저 모든 시대의 사람들에게 어떻게 적용할지를 결정해야 한다. 로빈슨은 "적용은 성경 저자가 책을 쓴 목적으로부터 와야 한다"고 말했다.[33] 이러한 진리에 충실하기 위해서는 올바른 적용이 신학적 암시부터 실질적 적용에 이르기까지 연속적으로 이어지는 것에 대해 아는 것이 도움이 된다.

이후 설교 발전 과정에 대해 깊이 있게 다룰 때 실질적인 적용에 대해 좀 더 알아볼 것이다. 하지만 지금의 시점에서는 신학적인 암시와 시간을 초월한 진리를 밝힘으로 단단한 기초를 발전시키는 일에 초점을 맞출 필요가 있다.

신학적 암시

현대 사회, 특별히 당신의 성도들에게 본문을 올바르게 적용하기 전에 하나님이 먼저 성경 본문을 주신 이유를 확실히 알아야 한다. 당신은 그것으로부터 발생하는 신학적인 암시가 무엇인지 밝혀 낼 필요가 있다. 신학적인 암시를 밝히기 위해 본문에 관한 중요한 두 가지 질문의 해답을 찾도록 주의를 기울이라.

1. **본문이 알리고자 하는 성경적, 신학적 교리는 무엇인가?** 하나님의 성품, 구원의 본질, 인간의 타락과 같은 근본적인 교리 문제, 즉 하나님을 바라보는 것에 대해 저항하는 인류의 요소와 같은 기본 교리들의 논지들을 살펴보라.[34] 창조주 또는 공급자 같은 역할로서 성경 본문에 나오는 하나님을 확실히 찾아보라.

2. **본문에서 그리스도와 복음에 대한 관계는 어디에 있는가?** 앞에서 언급했듯이 모든 성경 본문은 어떤 방식을 통해서든 그리스도와 관련되어 있다. 장차 오실 그리스도, 직접적으로 언급된 그리스도, 이 땅에 오셨던 그리스도 등 어떤 모습이든 말이다. 복음을 통해 구원을 이루시는 하나님의 크신 이야기와 본문이 어떤 관계가 있는지 생각해 보라. 강해 설교자는 그리스도와 복음이 설교의 어떤 부분에서 만나는지에 대해 연구하는 것을 방치해서는 안 된다. 당신이 무엇을 하든, 본문에서의 그리스도 중심적이고 복음주의적인 성격을 밝히지 않은 채 본문 연구를 그만두거나 다음 설교 준비 단계로 옮겨 가서는 안 된다.

이러한 질문에 묻고 답하는 일의 중요성에 대해서는 아무리 강조해도 지나치지 않는다. 많은 설교자들이 본문 연구를 급하게 한 나머지, 신학적인 근거에 대한 적용을 희미하게 끝내 버리는 것이 현실이다. 사람들의 삶을 바꿀 수 있는 한 가지는 하나님 말씀에 근거한 복음의 진리임을 기억하라. 현대 청중들에게 전달하는 당신의 메시지가 견고한 신학적 근거에 기초하는지 확인하기 위해 시간을 사용하라.

시간을 초월한 진리

설교자가 단단한 신학적인 기초 없이 적용점을 찾으려 한다면 문제를 일으키게 된다. 서로 관련되어 있지 않다는 사실을 피하려고, 많은 사람들은 본문을 지나치게 영적으로 해석하고, 선택된 본문에 '성경적 편집' 을 가하거나 그 구절들에서 몇 가지 도덕적인 교훈을 얻으려 한다. 성경에서 실제적인 교훈을 얻으려는 적절하지 못한 시도는 피해야 한다. 당신이 공부하는 구절을 통해 시간을 초월하는 진리를 찾아야 한다. 그 진리는 당신이 발견한 신학적인 의미에서 오는 것이다. 다음의 질문에 대답하기 위해 노력하라: 이 본문에서 말하는 모든 시대, 모든 사람들을 위한 진리는 무엇인가?

어떠한 면에서 성경은 우리 삶의 전반에 걸쳐진 주요 문제들(정체성, 존재의 이유, 미래, 죄성, 사랑, 결혼, 관계, 죽음, 영원 등)에 대해 다룬다. 비록 이러한 주제에 대해 구체적인 지침이 항상 있는 것은 아니지만, 성경은 이러한 주제에 관해 인간의 구속과 그리스도를 닮아 가는 성화로 이를 설명한다. 그래서 강해자는 이러한 문제들을 성경에서 발견한 시간을 초월하는 진리로서 다루어야 한다.

설교자가 본문을 읽어 갈 때, 그는 본문에서 책망과 도전, 간구, 격려를 발견한다. 이러한 사항들은 시간을 초월하기 때문에, 말씀에 대해 하나님이 원하시는 반응 또한 시간을 초월한다. 이러한 '초기 적용' 은 중요하다. 이는 어떤 세대나 특정 대상에게 말씀하는 부차적인 적용보다도 더 중요하다. 다른 말로 하면, 하나님이 모든 시대의 모든 사람에게 하시는 말씀은 각자에게 말씀하시는 것의 기초가 된다.

시간을 초월한 진리를 찾기 위해 본문에 관한 특정한 질문을 계속하

라. 이 시간 동안 모든 사람들과 관련된 문제들에 집중하라. 성경의 저자들은 원래의 독자(또는 청자)들에게 어떠한 메시지를 의도했는가? 그리고 성령은 말씀을 읽고 듣는 사람들을 위해 어떠한 말씀을 가지셨는가? 어떠한 이유로 성령은 성경에 이러한 설명을 포함하셨는가? 모든 시대의 모든 사람들에게 진실이 되는 본문의 의미는 무엇인가? 모든 세대의 각자의 삶에 주시는 본문의 주제는 무엇인가? 이렇게 시간을 초월하는 진리를 찾는 일은 당신이 성도와 구체적으로 연관되게 한다.

진리는 언제 어디서든지 찾을 수 있다. 성경에 나오는 사람들의 마음 가운데 말씀하시는 신학적 진리는 지금 우리에게도 말씀하시는 것이다. 당신이 이 시간을 초월한 진리를 찾기 위해서는 현대의 청중들을 포함해서 모든 시대의 모든 사람들의 필요에 적용되는 원리를 찾아야 한다. 카이저는 이 과정을 '확장된 원리' 라고 표현한다.[35] 당신은 사람들이 예수님을 통해 하나님에게 나아가며, 그들이 하나님의 형상을 닮도록 돕는 영적 원리를 발견한다.

영적 원리들을 알아내는 데 도움이 되도록 '원리 피라미드' 와 같은 것을 사용하도록 제안한다(도표 5).

이러한 도표의 사용은 성경적 상황과 현대적 상황이 설교자가 연결하는 지점에서 관련되어 있음을 확신하도록 돕는다. 강해 설교자는 본문의 목적에 도달할 때까지 '원리 피라미드' 에 올라와야 한다. 다른 말로 하면, 당신은 중요한 본문의 요소를 향해 계속 움직여야 한다는 말이다. 간혹 성경적 세상과 현대 세상 사이의 관계는 구체적이면서도 함축적일 것이다. 어떤 본문은 추상적일 필요가 없기도 하다. 성경적 진술은 삶에 적용해야 하는 원칙이다. 이러한 상황을 알아보기 위해 같은 성경적인 생각이 다른 시대와 역사적인 상황에 있는 성경적 문학에서도 발견되고 있는지에 대해 꼭 알아봐야 한다. 만약 그렇다면, 당신은 아마도 본문 속에 있는 원칙들을 올바르게 다룰 것이다.[36]

하지만 서로 다른 시대에 대해 성경적 상황을 현대와 연결 짓기 위해

〈도표 5〉

원리 피라미드

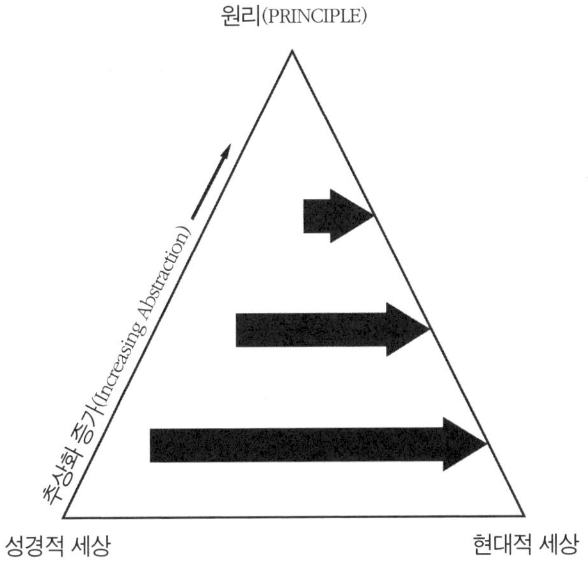

해돈 로빈슨, '적용의 이단성', 〈리더십〉(Leadership, 1997), p. 24

서는 추상적인 원칙이 필요하다. 사람, 시간, 본문에서 묘사된 장소에 따라 의도하는 바가 있기에, 때때로 성경의 진술은 문화적으로 적합한 특성으로 보아야 한다. 이러한 경우 '이면에 있는 원칙을 알기 위해 문화적 구체성으로 본문을 벗겨 낼' 필요가 있다.[37] 본문이 문화적 뉘앙스에 따라 밝혀내야 하는 필요성을 고려하고, 그 결과 당신이 움직여야 하는 사다리 위치를 가늠해 보면서 해석학적 연구를 하라.

다음의 두 가지 질문을 통해 피라미드를 보다 추상적인 원칙으로 이동하라: (1) 하나님에 대해 쓰인 것과 관련해서 본문은 우리에게 무엇을 하라고 가르치는가? (2) 우리가 처한 상황에 대해 본문은 우리에게 어떻게 반응하라고 가르치는가? 분명 이런 질문에 대한 해답은 전에 연구되었던 신학적인 결과를 찾아보는 것에서부터 나올 수 있다.

당신의 성경 연구의 여정에서 보이는 성실함은 설교에서의 결실로 증명될 것이다. 이후 설교의 서론을 도입할 때, 시간을 초월한 진실 속에서 표면적으로 드러난 인간의 필요와 반응들을 감지해 냄으로 듣는 사람들의 흥미를 불러일으킬 수 있다. 당신은 그러한 인간의 필요에 대해 말하거나 듣는 사람이 여기에 대응하는 행동을 하도록 강권하는 것과 같은 방법으로 중심 내용을 서술할 수 있다. 설교의 각 부분을 발전시킬 때, 듣는 사람들 각자의 독특한 상황과 환경에 맞도록 본문의 원칙들이 적용될 수 있다. 설교와 삶의 거리가 가까워질 때, 당신은 본문의 내용을 현실에 맞게 모아서 결국에는 듣는 사람들의 마음을 동화시켜 그들의 삶에도 말씀을 연결할 수 있게 된다. 이런 방법을 통해 당신의 설교는 단순히 인간의 경험 또는 변화하는 상황에 의해서가 아니라, 세월이 흘러도 변하지 않는 하나님의 진리에 의해 이끌리게 될 것이다.

〈개인 간증〉

자신에게 적용하기 위한 일시 정지

해석 과정을 통해 설교자는 자신을 깊이 반성할 수 있으며, 그렇게 되어야 한다. 나는 강해 설교를 준비하면서 주마다 연구한 본문 속에서 찾아낸 하나님의 진리에 개인적으로 직면하고 있다. 나는 나 자신의 마음과 삶을 하나님의 진리와 마주하게 해야만 했다. 나는 결코 스스로가 느끼지 못한 진리를 다루지 않았다. 나 자신에게 먼저 다루어지지 않은 것을 다른 사람에게 설교할 수는 없었다. 그렇게 하는 것은 바울이 고린도전서 9장 27절에서 말한 위험에 직면하는 것이다: "내가 남에게 전파한 후에 자신이 도리어 버림을 당할까 두려워함이로다."

연구하고자 하는 성경 본문을 깊이 파고드는 시간 동안 내 연구는 하나님을 만나는 장소가 된다. 연구를 통해 나에게 점점 더 분명하게 다가오는 진리가 내 마음을 책망하고 있음을 종종 깨닫는다. 나는 내가 발견한 진리의 파급 효과에 정직하게 직면하도록 이끌린다. 하나님의 말씀의 진리를 내 삶에 적용할 때, 나는 그 말씀을 나의 성도들의 삶에 더 잘 적용할 수 있다.

제리 바인스

5

설교 구성

통합화와 아웃트라인

설교를 할 줄 모르는 사람은 정금 같은 본문을 가지고
형편없는 설교를 할 수 있다. 마치 아론이 했던 것과 같이,
성경적 설교자가 되고 싶어 하는 어떤 설교자는 이렇게 불평할지 모른다:
"내가 불 속에 던졌더니, 이런 암소의 형상이 나와 버렸다!"
앤드류 블랙우드

해석을 잘하는 일은 설교학에 있어서 가장 중요하다. 해석은 본문의 의미를 이끌어 내고 그것을 올바르게 표현한다. 설교학은 분명하고 설득력 있게 표현하는 것이다. 이러한 강해의 과정은 좋은 해석으로 시작하고 사람들을 끌어당기는 설교로 끝나며, 또한 그러한 설교에는 '주님이 말씀하셨다' 는 설교자의 확신이 가득 차 있다. 이 목적을 이루기 위해서 강해자는 본문과 설교 사이에 높은 일치성을 유지해야 한다.

만일 강해의 작업을 정확히 했다면 효과적인 강해에 필요한 모든 자료가 당신 앞에 있어야 한다. 그 자료들은 듣는 사람들에게 하나님의 말씀을 전하도록 모아져야 한다. 하지만 분석하는 것이 일의 끝은 아니다. 구조에 주의를 기울여야 한다. 분석의 과정에서 당신은 본문을 해부했을 것이다. 이제는 흩어진 모든 것을 다시 하나로 질서 있고 체계적으로 통합하는 작업을 해야 하고, 말씀이 잘 전달되도록 유용한 도구를 써야 한다.

5장과 6장에서는 당신의 해석의 연구를 강해 설교로 조직할 수 있게

하는 다섯 가지 단계를 제안할 것이다. 그것은 바로 통합화, 아우트라인, 강조하기, 소개 및 결론이다. 우리는 이 장에서 처음 두 가지 단계를 다루고, 다음 장에서 나머지 세 가지를 다룰 것이다.

통합화

본문이 설교로 이어지는 것은 마치 다리를 건너는 것과 같다. 다리는 두 부분을 연결하며 한 곳에서 다른 곳으로 가기 위한 길을 제공한다. 당신이 본문에서 설교로 여행을 할 때, 당신은 먼저 역사적으로 정확한 본문 분석에 뿌리를 두고 가기를 원할 것이다. 당신은 본문의 진리를 현대 세계에 가져와야 한다. 성경 공부와 설교 사이의 간격을 이어 주는 것은 모든 해석의 자료를 통합하는 작업으로 시작한다. 당신이 자료들을 통합하는 것의 과정은 주된 청중 파악, 주제 작성, 설교 목적 결정, 제목 설정, 아우트라인 만들기를 포함한다. 이러한 다섯 가지 요소들은 당신이 하나님의 말씀을 전하는 데 있어 매력적이고 유용한 구조 만들기에 도움을 줄 것이다. 각각의 요소를 만들 때, 당신은 본문에서 설교로 가는 다리를 건너는 것과 같을 것이다.

시작하기 전 구체적인 조언을 잘 듣는 것이 좋다. 자료들을 통합하기 위해 당신이 할 일을 기록한 설교 요약 노트를 부록 3에서 찾아 쓰기를 권한다. 이 장에서 우리가 찾아낸 모든 것을 종이 한 장에 기록할 수도 있고, 설교의 '큰 그림' 을 그려 보는 일에도 좋을 것이다. 이러한 설교 요약 노트의 사용은 설교를 읽고 검토하는 데 도움을 준다.

주요 청중

세상에는 오직 두 부류의 사람들, 곧 잃어버린 자들과 구원받은 자들만 있다. 성경에는 믿는 자와 믿지 않는 자에게 그리스도 예수 안에서 동일하게 적용할 수 있는 말씀들이 있기도 하지만(마 16:16 참조), 대개의 본문은 하나님의 사람들 또는 믿지 않는 사람들 중 하나를 대상으로 해서 씌어졌다. 강해자는 어떤 본문 속에서의 주된 청중이 누구인가를 파악하고 있어야 결과적으로 현대의 청중에게 잘 전달할 수 있다.

설교자가 본문 속 청중을 잘 이해하지 못하면 매우 부족한 신학적 학식과 여기에서 이어지는 혼란함이 생긴다. 예를 들어, 요한복음 15장 6절에 나오는 열매 없는 가지에 대한 예수님의 말씀을 듣고 있는 대상이 잘 밝혀지지 않을 경우 쉽게 구원을 잃을 수도 있다는 말이 되기도 한다. 이는 믿는 자나 믿지 않는 자 모두를 혼란하게 한다. 비슷하게 에베소서 2장 8~9절이 글자 그대로 믿는 사람들을 위해 씌어졌다는 점은 본문이 쓰인 이차적인 (하지만 주된 목적처럼 여겨지는) 전도의 목적 때문에 지나쳐 버리게 되는 흥미로운 주제에 대해 청중들이 배울 수 있도록 한다.

그래서 성경의 내용을 통합하는 첫 번째 단계는 본문 속 주된 청중을 파악하는 것이다. 왜 그런가? 그 이유는 본문 속 주된 청중이 바로 당신의 설교의 주된 청중을 정하게 하기 때문이다. 설교를 준비할 때 본문 속에서 의도하고 있는 청중을 통해 설교를 적용할 수 있는 정보를 주도록 하라. 항상 본문은 처음에 쓰이고 말해진 대상과 동일한 사람들에게 전해지는 것이 가장 좋다. 하나님의 사람들과 그 반대의 사람들에게 본문의 원래 의도를 바탕으로 전도를 위한 설교를 하는 것은 물론 가능하다. 하지만 가장 좋은 설교는 그 설교를 처음 받는 본문 속 청중을 포함해서 가능한 한 성령의 원래 뜻대로 보존해서 전하는 것이다.

설교 요약 노트(형식을 보려면 부록 3에 나오는 예시를 다시 보라)에 당신의 설교 대상이 되는 주된 청중의 이름을 적으라. 성경 본문이 믿지 않는 자와 믿는 자로 나누는 것과 같이, 이 두 부류로 청중을 구분할 수 있다. 잃어버린 자/구원받은 자 혹은 세상/교회 등과 같은 방법이 사용될 수 있다. 대부분의 본문이 약속의 사람들 또는 약속 밖의 사람을 대상으로 쓰인 것과 같이, 이러한 용어의 집합은 구약과 신약에서의 청중들을 구별하도록 사용할 수 있다. 성경에서 몇몇의 특정한 본문들은 모든 사람들을 대상으로 한다는 것을 인식할 때 일반 대중이라는 제삼의 표현을 쓸 수 있다. 이러한 지정은 믿는 사람들일 수도 있고 아닐 수도 있다. 하지만 처음 제시된 두 가지 중의 하나로 의도된 청중을 파악해 본 다음, 세 번째 방법을 쓰라.

주제

작곡가는 노래를 만들 때, 보통은 다른 가사를 쓰기 전에 후렴구부터 쓴다.[1] 다른 모든 가사는 그 후렴구를 보강하고 돕는다. 설교자에게 성경 연구를 설교로 전환하는 다음 단계는 분석 과정(4장을 보라)에서 발전된 중심 주제를 가지고 설교의 후렴구에 해당하는 한 문장으로 바꾸어 보는 것이다.

존 헨리 조엣(John Hennry Jowett)은 1912년 예일대학교 강연에서 이렇게 말했다: "만일 주제가 분명한 한 문장으로 요약될 수 없다면 설교는 선포되거나 사용될 준비가 되지 않은 것이다. 나는 이 의미심장한 문장을 찾는 것이 연구에서 가장 어렵고, 가장 정확하고, 가장 결실을 맺을 수 있는 일이라고 생각한다."[2] 공식적인 연설을 준비하는 데 있어서 설교자를 포함한 여러 전문가들은 공적인 연설의 중심이 되는 주제 혹은 주된 목적의 중요성을 강하게 강조한다. 설교자에게 이러한 중심 되는 주제는 성경 본문의 중심 생각으로부터 온다.

비록 오랜 세월 동안 여러 설교학자들이 조엣이 말하는 '의미심장한 문장'을 묘사하는 데 있어서 다른 표현을 사용했지만,[3] 대부분의 토론에서 이 '주제'라는 단어는 개념을 묘사하기 위해 사용되었다. 우리는 주제라는 말을 좋아하는데, 그것은 우리가 성경의 특정 본문에 대해 청중들에게 어떠한 문제를 제안하는 것이기 때문이다. 한 남자가 한 여인에게 청혼을 할 때 그는 아주 무게 있는 말을 하기 원할 것이다. 그는 "나는 당신과 내 인생의 남은 삶을 함께하고 싶습니다. 나는 당신을 영원히 사랑할 것입니다. 내 모든 것을 당신에게 기꺼이 줄 것이며, 나는 당신에게도 동일한 것을 요구하는 바입니다"라고 말한다. 이러한 제안은 사소한 문제가 아니다. 약속의 매우 무거운 무게가 실려 있는 문제다. 마찬가지로 우리가 사람들 앞에서 하나님의 말씀을 제시할 때, 우리는 영원하고 초자연적인 것을 그들에게 제시하는 것이다. 그리고 우리는 청중이 그것에 대해 "예"라고 응답하기를 원한다. 하나님이 말씀을 통해 사람들에게 하시는 말씀은 무게가 있는 것이다.

그러면 정확히 주제란 무엇인가? 그 말의 의미와 기능과 함께 해석의 연구와의 관계를 이해하는 것은 중요하다. 우리는 주제를 다음과 같이 정의한다.

〈정의〉

주제: (명사) 15~18개의 단어로 구성되고 현재 혹은 미래 시제에 적용할 수 있는 현대적 문맥의 문장

이 정의는 친숙하게 들리는데, 그 이유는 전에 본문의 중심 생각을 정의했던 방법과 비슷하기 때문이다. 이와 비슷하게, 설교를 위한 하나의 주제문을 위한 단서를 제공하는 단어들을 포함한다. **15~18개의 단어** 범주는 간결함과 이해력 사이의 균형을 주는 숫자다. 단어의 수는 형식적인 것을 피하고 내용을 이해할 수 있을 정도로 하라. 현재 혹은 **미래**라는 말은 성경 시대의 성령의 의도를 우리 시대로 가져오는 것이다. **적용**이라는 말은 더 이상 과거의 의미를 찾는 것이 아니라, 지금 상황에 정해진 의미가 어떻게 적용되었는지를 보는 것이다. **현대적 문맥**이라는 말은 원래의 교훈을 이해할 수 있도록 현대의 청중에게 전달하는 것이다.

주제와 본문의 중심 생각과의 관계

본문의 중심 생각과 일치하는 주제문이 중요하다. 그 일치성을 통해 본문의 의미가 현대의 세상에 전달되는 것을 도와주며, 설교의 의미가 되는 것이다. 다른 말로 하면, 본문의 중심 생각에서 주제로 가는 것은 설교가 본문이 말하는 것(하나님이 말씀하시는 것)을 전하는 것이다. 그러므로 먼저 중심 주제를 자세히 살핌으로써 주제문 만들기를 시작하라. 현대에 적용할 부분들을 찾으라. 그러한 요소에는 성경의 이름, 시대적인 용어, 특별한 상황, 문화적 의미가 포함된다. 전 장에서 언급했던 본문의 중심 주제가 현대에 어떻게 적용되는지에 대한 예로 다음을 살펴보라.

본문의 중심 생각을 주제로 바꾸는 과정에서, 고딕체로 표기해서 현대적으로 바꾼 각각의 예문에 대해 주의해서 살피라. 기억할 것은, 그 당시에서 현대로 적용할 때 성령이 의도하시는 의미를 알아야 한다. 청중에게 관계가 있도록 언어의 의미를 잘 전달하는 것에 주의해야 한다.

본문의 중심 생각을 주제로 바꿀 때 현재화시키는 정도는 다를 수 있다. 예를 들어, 본문의 중심 생각이 모든 시대의 사람들에게 적용된다면, 그 주제문은 본문의 중심 생각과 동일하지는 않지만 매우 비슷할 수 있다. 또한 본문의 중심 생각들은 간단하게 개인화시킬 필요가 있다. 본문을 통해 배운 진리는 직접 적용될 수도 있지만, 저자나 화자 그리고 청자나 독자들의 상황에 맞도록 변형시킬 수 있다. 이에 더해서, 어떠한 주제가 진리만 잘 전달된다면 본문의 중심 생각의 단어와 다소 다를 수도 있다.

주제를 잘 세우기 위해 열심히 노력하라. 작업을 계속해서 가장 좋은 문구로 만들라. 그러한 문장은 화려하지는 않지만 매력 있고 설득력 있게 들린다. 이 문장이 번득이는가? 이것이 청중을 사로잡는가? 내가 쉽게 기억할 수 있는가? 기억할 가치가 있는가? 단어가 현대인들에게 의미를 잘 전달하는가?

다음은 설교의 주제문을 평가하기 위한 좋은 체크 항목이다.[4] 당신이 작성한 것을 평가하기 위해 다음을 이용하라.

〈도표 6〉

본문의 중심 생각을 주제로 만들기

본문	본문의 중심 생각	주제
엡 4:17~24	바울은 에베소 교인들에게 이방인들을 따르지 말고 예수님을 닮을 것을 가르쳤다.	그리스도인들은 주위 세속 문화를 따르지 않고 예수님을 닮아 가야 한다.
딤전 1:3~2:7	바울은 디모데에게 어려움을 직면하고 있을 때에도 다음 세대에 복음을 전할 것을 부탁했다.	그리스도인 지도자들은 어려움을 직면할 때에도 다음 세대를 위해 복음을 충실히 전해야 한다.
수 1:1~9	신실하신 하나님은 여호수아가 이스라엘 백성을 가나안으로 이끌 때 강하고 담대하라고 격려하셨다.	신실하신 하나님은 하나님의 사람들이 순종적으로 하나님을 섬길 수 있도록 힘과 용기를 주신다.

- **약속성** 주제 안에는 설교가 주는 정보에 대한 토론의 과정이 나타나야 한다. 반드시 전달되어야 한다!
- **일반성** 좋은 주제는 본문이 나타내는 시간을 초월하는 우주적인 진리를 가지는 일반성을 포함해야 한다.
- **단순성** 일반적으로 주제는 단순한 문장이다.
- **분명성** 주제는 매우 분명해야 한다.
- **광범위성** 주제는 설교 본문의 모든 사항을 포함해야 한다. 한 문장 안에 설교의 주요 내용이 다 있어야 한다.
- **중요성** 주제문은 설교의 중심 내용을 깊이 있게 다루기에 충분한 중요성을 가지고 있어야 한다.

• **설교의 합당성** 주제는 청중의 편에서 반응과 변화를 표현하고 암시해야 한다.

역사적인 본문을 해석할 때 현대의 청중에게 관련된 창의적인 표현으로 옮겨 가는 것은 아마도 강해 과정에서 가장 어려운 부분일 수 있다. 하지만 하나의 생각이 설교자의 머릿속에 '분명하고 구름 한 점 없는 달과 같이 명확하다면'[5] 설교가 준비되고 있는 것이다.

분명한 주제의 장점

분명하게 서술할 수 있는 주제를 마음속에 가지고 있으면 여러 가지 유익한 점들이 있다. 여기 네 가지 중요한 요소가 있다.

1. **구조적인 기초** 잘 만들어진 주제는 전체 설교를 구성하는 데 도움을 준다. 강해 설교의 비판가들은 강해 설교에 분명한 구조가 부족하다고, 다시 말해 서론이 분명하지 않고, 잘 준비된 요점이 없고, 분명한 결론이 없다고 종종 이야기한다. 본문의 주요 부분을 잘 파악하면 설교의 초점과 분명한 방향을 알 수 있다. 중심 생각에 기초해서 좋은 명제를 만들 때, 당신은 목적을 가지고 아우트라인을 세우고, 어디로 가는지 알고 있기에 서론을 발전시킬 수 있으며, 어디에 있어 왔는지 알고 있기에 결론을 지을 수 있다.[6]
2. **생각의 구조** 하나의 주제에 기반을 둔 좋은 구조는 설교할 때 당신이 진리를 더 잘 이해하도록 도와준다. 주제는 간결하면서도 설교를 통제할 수 있는 생각으로 구체화해 준다. 로빈슨은 "설교는 산탄(여러 곳으로 분산되어 나가는 총알-옮긴이)이 아닌 하나의 총알이 되어야 한다. 이상적으로 말하면, 한 편의 설교는 한 가지 주된 생각을 설명하고, 해석하고, 적용하는 것인데, 이 주제는 여러 생각들의 도움을 받으며, 성경 하나 혹은 여러 본문을 통해 오는 것이다"라고 말한다.[7]

3. **계획적인 설교** 본문의 주제에 대한 분명한 이해는 설교에 불필요한 부분을 없애 줄 것이다. 많은 경우에 있어 분석의 결론에서 보면, 아마 한 설교에 포함시킬 분량보다 항상 더 많은 자료가 나올 것이다. 너무 지나친 자세함(혹은 자세함에 대한 잘못된 선택)은 그 성경 본문의 목적을 흐려지게 할 수 있다. 생각이 잘 정리된 주제는 어느 부분을 설교에 넣어야 하는가에 대한 기준을 주기 때문에 불필요한 부분을 삭제할 수 있다. 분명하고 설득력 있는 생각을 할 수 있도록 문단의 여러 부분들을 선택하는 데 도움을 준다.
4. **방향성 수용** 중심 주제를 잡으면 설교를 통해 듣는 사람들이 어떠한 방향으로 인도되는지 알게 된다. 그들은 아마도 당신이 하는 말을 잘 이해할 것이다. 그 이유는 당신이 그들에게 설교의 세부적인 사항을 벌써 주었기 때문이다. 당신의 설교를 듣는 사람들은 이미 귀한 시간을 준 것이다. 그들은 잘 정리된, 충분히 생각을 거친 설교를 들을 자격이 있고, 분명한 진리와 적용에 대해 도움 받을 권리가 있다. 분명하게 표현된 중심 주제는 하나님의 진리의 말씀을 현대적으로 적용하도록 돕는다.

주제를 발전시킬 때 어떻게 진행되는지에 대해 주의해야 한다. 설교자는 "주님이 이렇게 말씀하십니다"를 이야기하기 위해 부르심을 받았기 때문에, 당신은 성령의 생각과 하나님이 말씀하신 것을 찾기 위해 성경 본문을 분석했다. 그리고 당신은 본문의 중심 생각이라 부르는 것을 간결하지만 완전한 문장으로 만들었을 것이다. 준비 과정인 이 시점에서는 새로운 문장을 만들기보다 오히려 설교를 더 발전시키기 위해 본문의 중심 생각을 '현재' 그리고 '여기'로 전환한다. 실제로, 이 과정은 당신이 설교를 통해 사람들에게 전하는 것이 하나님이 그의 말씀으로 그의 백성에게 전하신 것과 동일하다는 것을 분명히 하는 것이다. 이것은 강해 설교의 핵심이고, 당신은 현대의 문화에 하나님의 마음을 드러내는 것이다.

목적

최종 결과인 성도들의 반응 알기

드와이트 아이젠하워(Dwight Eisenhowe)는 'QED' 라는 말을 그의 연설에 항상 포함시켰다. 이 말은 **최종 결과**(quod erat demonstrandum, 라틴어로 증명이 종료될 때 사용했던 단어다-옮긴이)라는 뜻이다.[8] 주제를 만든 후 설교의 목적을 생각하기 시작하라. 모든 메시지는 어떤 사람들을 위한 어떤 목적이 있어야 한다. 이 목적이라는 말은 청중이 말씀 안에서 취하기 원하는, 그래서 삶으로 이어지는 것이라고 정의할 수 있다.

주제처럼 설교의 목적 또한 본문의 중심 생각에서 나와야 한다. 동시에 주제를 목적과 혼돈해서는 안 된다. 설교의 목적은 당신이 청중의 반응 측면에서 원하는 것이다. 당신은 설교의 그 중심 내용을 포함해서 설교가 어떠한 내용인지를 잘 알고 있다. 당신은 심지어 말씀이 적용되어야 하는 주요 청중들도 잘 알고 있다. 하지만 당신은 청중이 그 주제에 대해 무엇을 하기를 원하는가? 만일 설교자가 청중이 하기 원하는 행동을 정확히 간파하고 있지 못하다면 청중에게 기대할 수 있는 것 또한 많지 않다. 많은 설교들이 청중들이 구체적으로 하기 원하는 행동들에 대해 지나칠 때가 많다. 사람들이 설교에 대해 좋은 반응을 보이면, 그들은 구체적으로 무엇을 해야 하는지 알아야 한다.

이 생각을 바탕으로 우리는 설교의 목적을 다음과 같이 정의한다.

〈정의〉

목적: (명사) 설교를 듣는 사람들이 처한 상황 가운데 말씀으로 삶의 구체적인 적용을 이끌어 내는 진술

목적을 나타내는 문장의 요소들

목적의 성질을 생각해 보라. 그것은 간결하고 단순해야 한다. 그것은 청중으로 하여금 구체적인 행동을 하게 해야 한다. 또한 목적에 대한 설명을 통해 청중이 믿는 사람인지 안 믿는 사람인지 구분해야 한다. 하나님은 같은 설교를 통해 믿는 사람과 믿지 않는 사람 모두에게 말씀하실 수 있다. 그러나 청중을 정확하게 파악해야 설교의 적용이 분명해질 수 있으며 초점이 세워진다.

목적을 나타내는 문장을 쓰는 일은 설교의 성격에 따라 다르다. 믿지 않는 사람들을 대상으로 하는 설교의 대부분의 목적 문장들은 비슷하다. 그 이유는 설교자가 예수님에게 삶을 드리는 것을 요구하기 때문이다. 하지만 믿는 사람들을 대상으로 하는 설교의 목적은 여러 분야에서 다양해지는 경향이 있다. 도표 7은 앞에서 언급한 명제들로부터 만들 수 있는 목적 문장을 보여 준다.

고딕체로 표기된 단어들의 관계를 보기 바란다. 목적 문장은 명제에서의 관점에 더 구체적인 것을 제공한다. 목표가 되는 사람들의 범위가 좁혀지고, 목적화 된 행동(성도들에게 바라고 있던 반응)은 조금 더 세밀하게 정의된다. 당신은 특정한 본문을 설교할 때마다 시간을 초월하는 하나님의 진리는 동일하지만 주제의 구체적인 사항들은 조금씩 바뀔 수 있다는 것을 알게 될 것이다.

당신은 설교의 목적을 생각할 때(특히 설교가 믿는 사람들에게 주어질 때) 다음과 같은 가능성들을 고려해야 한다. 때로는 당신의 목적이 성경에 나오는 교리들을 가르치는 것일 수 있다. 이러한 교리들은 하나님이 행하신 일들에 대해 더 감사하게 한다. 또한 교리들을 통해 진리가 성도들의 삶에 좋은 습관을 들일 수 있도록 도와주고, 다른 사람들에게 진리를 전달할 수 있도록 해 주기도 한다. 어떤 때는 하나님이 긍정적인 말씀으로 사람들을 위로하실 때가 있다. 이러한 설교는 적절한 시기에 성도에게 더욱 큰 힘을 준다. 또 다른 경우에 있어서, 설교의 목적은 사람들에게 도전을 주고, 그들의 삶이 더 헌신되도록 하는 것일 수 있다. 당신의 설교가 정보 및 영감 제공, 동기 부여, 격려 혹은 책망 등 무엇이든 간에, 설교의 분명한 목적이 설교자의 마음 가운데 있어야 한다.

제목

설교에서 성경에 대한 연구 자료들을 정리하는 마지막 단계는 설교 제목을 미리 정해 보는 것이다. 본문의 중심 생각은 그 본문 안에서 성령이 주

〈도표 7〉

무엇이 목적인가?

본문	본문의 중심 생각	주제	목적
엡 4:17~24	바울은 에베소 교인들에게 이방인들을 따르지 말고 예수님을 닮을 것을 가르쳤다.	그리스도인들은 주위 세속 문화를 따르지 않고 예수님을 닮아 가야 한다.	그리스도인들이 세상적인 방법 대신 예수님의 성품을 닮기를 원한다.
딤전 1:3~2:7	바울은 디모데에게 어려움을 직면하고 있을 때에도 다음 세대에 복음을 전할 것을 부탁했다.	그리스도인 지도자들은 어려움을 직면할 때에도 다음 세대를 위해 복음을 충실히 전해야 한다.	교회의 지도자들이 책임감을 가지고 제자 삼는 사역에 좀 더 적극적이기를 바란다.
수 1:1~9	신실하신 하나님은 여호수아가 이스라엘 백성을 가나안으로 이끌 때 강하고 담대하라고 격려하셨다.	신실하신 하나님은 하나님의 사람들이 순종적으로 하나님을 섬길 수 있도록 힘과 용기를 주신다.	신실하신 하나님은 성도들이 순종하며 복음을 전할 때 힘과 용기를 주심을 깨닫기 원한다.

시는 마음을 나타낸다. 주제는 그 진리를 현재의 상황에 맞추는 것이다. 목적은 청중으로부터 진리에 대한 반응을 이끌어 내는 것이다. 제목은 이 모든 것을 기억할 수 있도록 주의를 집중시키는 역할을 한다.

제목의 목적

설교 제목이 중요한 이유는 제목이 만들어지는 과정이 아니라 제목이 되어야 하는 이유다. 설교의 제목은 주제나 목적과는 다르다. 제목은 다음의 세 가지 목적이 있다.

1. **주의집중** 설교 제목의 목적은 사람들의 관심을 끄는 것이다. 그것은 설교에 사람들을 집중시키는 주된 도구가 되어 설교를 들으려는 사람들에게 관심을 불러일으킨다.
2. **강화** 제목은 설교 명제에 대한 짧지만 폭넓은 연주와도 같은 역할을 한다. 그래서 청중의 마음속 메시지의 주된 축에 있는 힘을 강화해 준다.
3. **기억** 설교 제목은 청중이 설교 내용을 잘 기억하도록 연결해 주는 역할을 한다. 설교 후에도 좋은 제목을 통해 청중이 설교의 주요 내용을 기억할 수 있다.

설교 제목이 주는 장점 때문에, 설교하기 전 사람들에게 제목을 알리기 위해 많은 노력을 기울여야 한다. 교회 웹 사이트를 통해 설교 제목을 알릴 수도 있고, 소셜 미디어나 이메일을 통해 미리 알릴 수도 있다. 교회의 알림판이나 뉴스 레터, 혹은 특별한 메일로도 알릴 수 있다. 그리고 교회의 큰 배너를 이용해 설교 제목을 알릴 수도 있다. 만일 설교가 미리 준비된다면, 다음 주의 설교 제목을 이번 주 주보에 미리 실을 수도 있다. 최근 주보나 설교 가이드에 실린 설교 제목은 예배를 준비하는 사람들 마음 가운데 흥미를 일으킬 수 있다. 설교 시작 부분에 제목을 말하는 것은 설교를 하는 과정에 있어서 주의를 끌 수 있다. 이런 모든 방법들은 앞으로 설교할 내용에 대한 흥미를 유발한다.

덧붙여서, 설교의 제목은 팟캐스트(인터넷 망을 통해 다양한 콘텐츠를 제공하는 서비스-옮긴이)로 설교를 저장하고 찾아내는 데 있어 중요한 역할을 한다. 이러한 제목은 청취자가 설교를 기억하는 주요 방법인 동시에 팟캐스트로 설교를 다운로드하기 위해 중요하다. 결과적으로, 잘 만들어진 제목은 사람들로 하여금 하나님의 말씀으로 돌아가 그것을 찾고, 다시 들음으로 혜택을 얻도록 해 준다. 그리고 그들은 기억나는 설교 제목을 서로 이야기해서 신비한 진리의 강해 말씀을 다른 사람들도 듣도록 도울 수 있다.

효과적인 설교 제목 만들기

효과적인 제목을 정하기 위한 몇 가지 조건이 있다. 다음과 같은 특징들은 측정의 기준이 된다.

- **감질나게 함** 설교를 듣는 사람들의 입맛에 맞게 설교의 제목을 정하라. 좋은 광고가 점심시간에 막 구운 피자를 먹고 싶도록 하는 것과 같은 원리다. 설교 제목은 사람들이 설교를 듣고 싶어 하게 해 준다.
- **간결성** 한 단어, 구절, 또는 짧은 문장으로 만들어야 한다. 또한 기억하기 쉬워야 한다. '현대 교회가 일을 제대로 못 하는 17가지 이유' 는 좋은 제목이 아니다. 차라리 '현대 교회의 붕괴' 가 더 좋을 것이다. 우리는 과거 청교도들이 기여한 것에 대해 감사하지만, 장황하고 너무 구체적인 긴 설교의 제목은 배우지 말아야 한다.
- **주의 집중** 좋은 단어나 문장으로 설교의 내용을 사로잡을 수 있는 표현을 쓰라. 좋은 제목은 주의를 끌고, 마음에 오래 남는다.
- **적절성** 설교 제목은 맛깔나면서도 적절해야 한다. 너무 과도하거나, 혐오성을 갖거나, 공격적인 표현을 피해야 한다. '진흙탕과 같은 연못에 일곱 번 뛰어들기' 는 나아만 장군의 이야기에 대한 제목으로

적당하지 않다.

- **전달 가능성** 설교에서 줄 수 있는 것 이상을 약속하지 말라. '예수님의 재림' 혹은 '모든 문제의 해결'은 좋은 제목이 아니다. 첫 번째는 범위가 너무 넓고, 두 번째는 이룰 수 없는 내용이다. 어떤 설교자는 설교 내용이 제목을 채우지 못해서 신뢰를 잃어버리기도 한다.
- **관련성** 모든 제목은 설교의 내용과 가깝게 관련되어야 한다. 하나님의 말씀에 나와 있지 않는 것을 약속하지 말라.

여러 종류의 제목들이 설교에 붙여진다. 설교의 성질, 상황, 청중에 따라 종류가 다르다. 다음에 몇 가지 예가 있다.

- **핵심 단어 혹은 문구** - 설교 내용의 핵심을 묘사하는 단어나 문구

  제목: '기독교에서의 첫 번째 팁'

  본문: 에베소서 3:14~21

- **명령문** - 설교에서 이야기하고자 하는 구체적인 행동과 명령에 대한 문구

  제목: '금메달을 위해 가라!'

  본문: 고린도전서 9:24~27

- **조사하는 진술** - 설교가 이야기하고자 하는 내용을 파헤치는 제목

  제목: '은혜가 왜 놀라운가?'

  본문: 디도서 2:11~15

- **선포하는 진술** - 설교가 제안하는 요구에 대한 문구

  제목: '당신이 지고 가야 할 멍에!'

  본문: 마태복음 11:28~30

설교 제목에 대한 생각은 설교의 준비 과정에서 어느 때나 나올 수 있는 것임을 기억하라. 당신이 설교를 구성할 때 제목을 미리 정하거나 그렇지 않을 수도 있다. 어쩌면 설교 준비가 거의 끝날 무렵까지 제목이 없을 수도 있고, 강해 설교를 준비하는 중에 갑자기 떠오를 수도 있다. 최소한 설교를 편집하기 전에는 제목을 잡아 보는 것이 좋다.

아우트라인 만들기

좋은 강해 설교를 준비하는 과정에서 여러 가지 난관에 직면하게 된다. 이러한 난관 중 하나는 통일된 주제를 전달할 수 있는 좋은 설교로 만드는 일이다. 설교를 많이 한 사람은 누구든지 하나님의 말씀에서 흥미로운 진리를 파헤치고 사람들에게 그것을 전달하는 방법에 어려움을 겪는 좌절감을 안다. 여기에서 다룰 주제는 좋은 설교의 구조(조직)다. 분명하고 논리적인 전개와 구조가 없으면 설교는 효과나 강도 면에서 부족하게 된다. 허버트 스펜서(Herbert Spencer)는 "사람의 지식이 질서정연하지 않으면 지식이 많을수록 오히려 더 혼란스럽게 된다"고 말했다.[9] 혼란스러움을 피하기 위해서는 구조를 알고 그것을 잘 디자인해야 한다.

아우트라인 이해하기

포인트를 잡으라!

설교 전체의 구조를 묘사하기 위해 사용되는 전통적 단어는 아우트라인이다. 설교에 있어서의 아우트라인은 다음과 같이 정의된다.

〈정의〉

아우트라인: (명사) 주제를 발전시키거나 주어진 성경 본문을 여행하는 청중을 돕기 위해 두 개 혹은 그 이상의 요점에 따른 설교 주요 부분의 배열

아우트라인의 구분은 종종 **포인트**라 불린다. 용어 **구분**이라는 단어가 오히려 더 적절할지 모르겠다. 하지만 용어 구분이라는 말은 글의 구조가 주어진 본문의 성질을 가장 잘 반영하도록 할 때 사용된다. 다른 말로 하면, 아우트라인의 '포인트'는 사실 글의 요점이 아니다. 대신 묘사, 분류, 진행, 장면 또는 그 밖의 생각들로 제공된다. 그럼에도 불구하고, 주된 논지는 우리가 어떻게 그것을 지칭하는가에 있는 것이 아니라, 성경 본문을 통해서 듣는 사람들이 설교자와 함께 여행할 수 있도록 효과적으로 도와주는 데 있다. 우리는 친숙하기 때문에 **포인트**라는 말을 쓸 것이다. 아우트라인의 포인트는 하위 포인트나 본문을 설명하는 보조 자료들에 의해 발전되고, 지지받으며, 명확해지고, 적용이 된다.

아우트라인을 사용하는 가장 흔한 방법은 구조의 목적에 따라 번호를 매기는 것이다. 가장 전통적인 방법은 로마숫자(Ⅰ, Ⅱ, Ⅲ 등)로 포인트하는 것이지만(또한 하위 단위로 A, B, C를 쓰기도 한다) 이러한 것은 수사학적이고 학문적이다. 아우트라인은 단순한 1, 2, 3 등을 사용하고, 불가피하다면 하위 포인트를 최소화한다. 너무 많은 부분으로 구분 짓는 것은 듣는 사람들의 마음을 혼란하게 할 수 있다. 동시에 조직하고 기억하기 위해 하위 포인트를 사용하는 것이 도움을 줄 수도 있다. 물론 구조에 번호를 매기는 방법이나 점을 찍으면서 리스트를 만드는 방법도 선택할 수 있다. 본문에 맞는 가장 합당한 방법, 당신에게 편하고 좋은 방법을 찾으라.

좋은 디자인은 설교자가 중심 주제와 주제 목적을 전달하는 데 있어

큰 힘이 된다. 아우트라인은 마치 지도와 같아서 우리가 가는 장소를 안내하고, 원하는 목표로 가기 위해 알맞은 도로를 이용하도록 돕는다. 아우트라인은 듣는 사람들의 생각 속에 길을 보여 주는 도구다.[10] 아우트라인은 또한 화살에 비유된다. 화살이 나가는 길은 직선이어야 하고, 끝은 과녁을 통과해야 하며, 깃털은 화살이 잘 날아갈 수 있도록 적당해야 한다.[11]

아우트라인의 장점과 위험성

당신의 설교 아우트라인은 조직에서 아주 중요한 부분을 차지한다. 훌륭한 조직은 메시지에 설명, 주장, 예화 또는 적용을 이야기하기 전에 주요한 부분들을 발전시키는 것이 필요하다. 잘 짜인 아우트라인은 가장 적절하고 유익이 되는 위치에 당신의 메시지에 더해진 재료를 잘 배치할 수 있도록 해 준다. 훌륭한 설교 아우트라인은 설교자에게 다음의 몇 가지 유익을 가져다준다.

- **분석에 따른 배열** 아우트라인은 설교자가 강해의 정보를 조직하는 것과 어떠한 부분이 어디에 맞는지 결정할 수 있도록 돕는다.

- **설교 부분들에 대한 통일성** 아우트라인은 설교 말씀의 여러 부분들을 묶어 준다. 각 부분은 설교의 명제가 전개될 때 서로 연결된다.

- **설교자를 위한 구조** 아우트라인은 설교자를 바른 길로 이끌고, 설교자가 청중에게 주는 중요한 결론을 잘 요약할 수 있게 한다.

- **듣는 사람을 위한 가이드 역할** 메시지가 아우트라인에 따라 전달될 때, 듣는 사람은 마치 GPS를 따라가는 것처럼 논리적인 전개를 따라간다.

- **설교 흐름 속도** 설교는 성경 본문을 통해 순서적으로 가장 정점을 향해 간다. 이러한 논리적인 발전은 듣는 사람에게 기대와 예측을 하게 한다.

아우트라인은 장점과 더불어 몇 가지 위험성도 갖는다. 첫째, 만일 아우트라인이 지나치게 드러나면 설교의 본질을 흐릴 수 있다. 아우트라인은 단지 설교의 골격일 뿐이다. 설교의 뼈가 너무 두드러져 본문이 잊히지 않게 조심하라. 둘째, 몇몇 아우트라인은 너무 감각적이다. 설교의 아우트라인은 분명하고 매력적이어야 하지만, 지나치게 좋아 보이거나 충격적이어서는 안 된다. 당신은 기술 좋은 설교 아우트라인을 만드는 사람이 될 수는 있지만, 사람들에게 유용한 정보를 주는 데 실패할 수도 있다. 셋째, 본문이 오히려 아우트라인에 맞춰질 수 있다. 만일 몇 개의 포인트를 둘 것인지 정하지 않았다면 성경을 거기에다 맞추지 않아도 된다. 넷째, 성경 내용의 파악을 도와야 하는 듣는 사람이 아닌 설교자 위주로 가고 싶은 유혹이 있다. 듣는 사람이 쉽게 따라 할 수 있는 용어와 구조를 사용해 아우트라인을 만들어야 한다.

아우트라인 만들기

강해의 과정 중 이 시점에 도달하기 전, 당신은 이미 마음속에 준비된 아우트라인이 있을지도 모른다. 때로는 본문을 읽는 동안 자연스럽게 구분되기 시작한다. 이러한 구분은 특히 초기 관찰 작업이 빈틈없는 분석을 통해 이후에 확정될 때 자연스럽게 따라온다. 때론 해석이 진행되어 결론으로 가면서 아우트라인이 드러나기도 한다. 하지만 대부분의 경우, 당신은 좀 더 의도적으로 아우트라인을 찾고 있는 자신을 발견하게 될 것이다.

만약 당신이 아우트라인을 만드는 일에 어려움이 있거나 정신으로 힘든 상황에 있다면, 소중한 연구 시간을 낭비하지 말라. 그림 찾기 또는 본문 속 어떤 진실에 대한 구체적인 적용 찾기와 같이 다른 것들을 준비하는 다음 단계로 넘어가라. 중요한 것은 나중에 더 잘 드러날지도 모른다. 또한 설교를 위한 아우트라인은 만들 때 반드시 설교 요약 노트를 포함시키도록 하라(부록 3에 예시가 나와 있다).

성경 본문에 나오는 자연스러운 포인트 찾기

강해자로서 설교의 디자인을 만들기 위한 첫 번째 일은 본문에 나오는 자연스러운 포인트들을 찾아내는 것이다. 이러한 성격은 강해 설교에 있어서 특별한 점으로 고려되어 왔다. 강해자는 한 본문에 일정한 디자인을 끌어와서 맞추기보다는 구조가 본문에서 자연스럽게 나오게 해야 한다.

본문에서 주요 단락을 나누는 것은 당신이 몇 개의 포인트를 쓸 것인가를 결정해 준다. 몇몇 설교학자들은 수년 동안 모든 설교는 세 가지 포인트로 구성돼야 한다고 주장해 왔다. "그(설교자)의 설교에는 항상 세 가지 포인트와 시가 있다"라는 말은 많은 설교자들을 대변해 주는 옛 농담이다. 균형과 조화를 위해서는 세 부분이 좋기는 하다. 하지만 숫자적인 함정에 빠지지 말아야 한다. 단락을 구분하는 숫자는 본문의 특성에 따라 다르다. 어느 때는 두 개, 세 개 혹은 더 많을 수도 있다. 하지만 네 개를 넘는다면 한 설교에 너무 많은 양을 포함하려 하는 것인지도 모른다. 또한 본문에 구분이 없다면 굳이 단락으로 나누려고 하지 말라.

어떤 설교자들은 중심 본문을 나누는 일에 다른 사람들보다 더 많은 재능을 가지고 있는 것 같다. 마틴 로이드 존스 목사는 영국의 유명한 침례교 강해자인 알렉산더 멕클라렌을 이렇게 소개한다. 로이드 존스에 의하면, 멕클라렌은 본문을 즉시 명확하고 분명하게 잘라 나눌 수 있는, 마치 금으로 된 망치를 손에 들고 있는 것처럼 보인다고 했다.[12] 하지만 우리 중 대부분은 본문에서 부분을 나누기 위해 열심히 노력해야 한다. 이것을 할 필요가 있을 때 지체하지 말아야 한다.

설교 아우트라인 만들기를 더 많이 연습할수록 창의력이 흘러넘칠 것이다. 설교학은 전파되는 예술이기 때문에 설교의 걸작품을 만들어 내기 위해서는 예술적인 성향을 사용해야만 한다. 성경 속 문학적 장르가 다양하기 때문에 설교 아웃트라인을 배열하는 데 있어 다양성과 근본성을 잘 다루기 위한 방이 존재한다. 어떤 아우트라인은 사다리와 같을 것이다. 각각의 포인트는 사다리의 가로대와 같이 다음 단계로 움직이는 역할을 한다. 다른 설교 아우트라인은 아름다운 다이아몬드처럼 보일 것이다. 설교의 주제는 여러 각도에서 접근할 수 있게 되어 생각의 각 측면의 아름다움을 엿볼 수 있다. 또 다른 설교 아우트라인은 로켓처럼 보일 수도 있다. 메시지는 땅에서 시작해서 훌륭한 높이로 올라가 몇 개의 조각으로 분산된 후 은혜롭게 지구로 다시 돌아온다.[13)]

효과적인 아우트라인 만들기: 일곱 가지 접근법

당신은 효과적인 설교 아우트라인을 만드는 여러 가지 방법을 찾고 실험하기 위해 사역의 많은 시간을 사용할 것이다. 다음에 나오는 것은 아우트라인 발달의 좀 더 일반적인 접근에 대한 리스트와 각 항목에 따르는 개관적인 설명이다.[14)]

- **중심 단어** 본문이 같은 주제로 연결된 두 개 혹은 여러 개로 나열된 아이디어를 포함할 때 이 접근법은 최고의 효과를 가져다준다. 아우트라인 각각의 포인트는 나열된 아이디어 중 하나를 설명한다. '중심 단어' 는 전체에서 생각들을 함께 모을 때 사용된다.
- **분석** 보통 하나의 주제가 여러 가지 측면으로 나누어지는 긴 본문에서 사용되는 접근법이다. 다른 말로 하면, 본문이 여러 부분 중 하나를 설명하는 각 포인트에서 주제의 다양한 부분으로 본문을 분석하고 정리하는 것이다.
- **원문** 전체 중심 내용을 헤치지 않으면서 고유 가치에 기초한 한 개 혹은 두 개 이상이 되지 않는 구절들의 짧은 본문에서 사용되는 접근이다. 다각도로 접근하는 것은 성경 구절들을 여러 가지 포인트

로 발전시키도록 한다.

- **문제 해결** 어떤 삶의 문제나 질문에 대한 해결 방법(또는 해결 단계)으로서 아우트라인의 각 포인트를 사용하는 접근이다.
- **비교** 설교 본문의 중심이 직유 또는 은유일 때 사용되는 접근법이다. 아우트라인의 포인트에는 설교 과정에서 묘사한 하나의 진리를 다양한 측면으로 조사할 때 발견된 영적인 진실이 반영된다.
- **삼단논법** 아리스토텔레스의 논리적인 기본 형식에 근거한 접근이다. 아우트라인 각각의 포인트는 대전제에서부터 소전제 그리고 결론까지 연속적으로 이끌어 낸다.
- **귀납적 방법** 구체적인 예를 통해 일반화하는 접근이다. 그렇기 때문에 설교의 주제를 결론에 이르기 전에는 밝힐 수 없다. 아우트라인 각각의 포인트는 계시로 세워진 필요한 세부사항들에 대해 말한다.
- **서술적 방법** 설교자가 영적인 면에 있어서 한 이야기를 할 수 있도록 도와주는 접근이다. 설교의 포인트는 장면, 성격, 구성, 갈등, 절정 그리고 해결과 같은 이야기의 친숙한 단면들의 조합을 발달시킨다.

초보 설교자는 다른 방법을 사용하기 전에 설교의 아우트라인을 발전시키는 몇 가지 기초적인 방법을 숙지하는 것이 좋다. 제임스 브라가(James Braga)는 지혜롭게 조언한다.

> 학생들이 설교학을 공부할 때 자유롭게 하는 것은 지혜롭지 못하다. 오히려 초보자는 방법을 완전히 숙달할 때까지 법칙을 엄격히 적용해야 한다. 성령의 인도하심으로 사역에 경험이 쌓이면 이러한 원칙을 고려하지 않아도 될 때가 온다.[15]

워런과 데이비드 위어스비도 이에 동의한다: "초보 설교자는 그가 자신의 독특한 방법을 발견하고 만들기 전까지 설교학 원칙들의 훈련에 자신을 복종시켜야 한다. 그 원칙들에 익숙해지면, 그때 원칙을 따르지 않아도 된다."[16]

결론적으로, 당신이 본문에 담긴 자연스러운 요점을 발견하고 설교의 아우트라인을 만들기 위해 여기에 기반이 될 수 있는 세 가지 접근 방법을 숙지하기를 권한다. 그렇게 한다면 당신은 기본적인 아우트라인에 대한 방법과 원칙을 이해할 수 있다. 이 세 가지는 **분석적 방법**, **중심 단어 방법** 그리고 **설교적 줄거리 방법**이다. 설교학 방법의 도구로서 이를 이용한다면 성경의 어떠한 본문에서도 설교의 아우트라인을 만들 수 있게 된다. 이러한 세 가지 접근법은 본문에 나오는 구조에 대해 설교자가 관심을 갖도록 할 수 있다.

분석적 방법으로 아우트라인 만들기

강해 설교에서 가장 보편적으로 사용되는 방법은 분석이다. 이 과정은 두 개 혹은 그 이상의 문단의 길이를 가진 본문을 설교하는 데 특별히 도움이 된다. 이는 명제를 분석하고 그것을 쉽게 이해하기 위해 내용을 몇 가지 포인트로 나누는 것이다. 분석적 디자인은 강해 설교에서 가장 쉽게 볼 수 있는 구조를 가진다. 각 부분들은 주로 주요 주제에 따라오는 하위 주제를 가진다. 이 접근법을 사용해서 성경 거의 모든 본문의 강해 설교 아우트라인을 만들 수 있어야 한다.[17]

분석적 방법은 사용하기가 쉽다. 내용을 구분하고 분류하기 위한 모든 설교 문단에는 일반적으로 많은 가능성이 존재한다. 분석적인 방법을 사용해서 아우트라인을 만들려면 다음의 간단한 단계를 따르라.

1. 구조 도표를 재검토하고 주제를 나눌 수 있는 본문의 주요 부분과 구성을 확인하라.
2. 독특한 성격, 특징, 주제의 구분에 기초해서 주요 요점을 만들어라.

이러한 생각을 갖기 위해 몇 가지 간단한 예를 보는 것이 도움이 될 수 있다. 도표 8에 나오는 아우트라인을 분석적인 방법에 기초해서 보고 각 본문의 여러 단위를 묘사하는 서로 다른 범주를 찾을 수 있는지 확인하라.

〈도표 8〉

분석적인 방법을 사용한 아우트라인의 예

본문	아우트라인
마태복음 3:1~6	1. 새로운 순서(1절) 2. 새로운 마음가짐(2절) 3. 새로운 상태(3절) 4. 새로운 기회(4절) 5. 새로운 자아(5~6절)
요한복음 3:1~21	1. 거듭남의 당위성(1~3절) 2. 거듭남의 신비(4~15절) 3. 거듭남의 도구(16~21절)

이 두 아우트라인의 분류에 의한 조합이 명백하게 보인다. 마태복음 3장인 첫 번째 아우트라인에서 **순서**와 **마음가짐**, **상태**, **기회** 그리고 **자아**를 보게 된다. 각각의 포인트는 요한의 사역과 말씀과는 다른 구성 요소들을 보여 준다. 요한복음 3장인 두 번째 아우트라인에서는 **당위성**, **신비** 그리고 **도구**를 본다. 다시 말해, 각각의 포인트는 거듭남에 대한 예수님의 가르침이 지닌 여러 측면에 관한 것이다.

요약하면, 각각의 분석적인 아우트라인 안에서 주장, 논리, 예시, 이유, 명령이 합쳐진 것을 본다. 또는 설명, 변명, 방어, 의도와 같은 행동 묘사들의 조합을 가질지도 모른다. 아우트라인 각각의 포인트는 본문의 특징이나 다른 측면을 묘사하는 것이다.

중심 단어 방법으로 아우트라인 만들기

아우트라인을 잘 만들 수 있는 또 다른 방법은 오랜 세월에 걸쳐 그 효과가 입증된 중심 단어 방법이다. 이러한 접근은 설교 본문의 길이가 (때로는 그렇지 않기도 하지만) 주로 한 단락 이상이 되지 않을 때 특별히 도움이 된다. 분석적 방법과는 반대로, 이것은 모든 중요한 내용의 특징을 담고 있는 중심 단어가 복수형 명사로 사용된다. 안내 문장이 사용되고, 논리적이고 순차적인 발달로 병렬적 구조가 만들어지면서 설교의 중심 부분들이 복수형 명사로 구성된다.[18]

분석적 방법과 같이 중심 단어 방법 또한 비교적 단순하다. 이것을 사용하려면 다음의 기본적인 단계를 따르라.

1. 구조 도표를 재검토하고 주제의 중심에 해당하는 자연적인 구분과 평행한 개념들을 찾으라. 이유, 예화, 명령, 단계, 구절 등과 같이 병렬적으로 나열되거나 진행되는 생각을 찾으라.
2. 리스트를 잘 요약할 수 있는 중심 단어를 찾으라.
3. 서론을 만들고 중심 단어와 안내 문장을 만들라.

다음 도표를 통해 중심 단어와 안내 문장과 함께 따라오는 아우트라인의 예를 살펴보라.

〈도표 9〉

중심 단어 방법을 사용한 아우트라인의 예

본문	중심 단어	안내 문장	아우트라인
골로새서 2:8~23	대체물들	본문에서 성경은 사람들이 받아들이는 그리스도를 대신하는 네 가지가 무엇인지 밝혀 준다.	1. 지식주의(8~10절) 2. 의식주의(11~17절) 3. 신비주의(18~19절) 4. 율법주의(20~23절)
디도서 2:11~15	혜택들	본문에 의하면 하나님의 놀라운 은혜를 받는 사람들은 모두 세 가지 혜택을 받는다.	1. 구원(11절) 2. 교육(12절) 3. 소망(13절)
히브리서 4:12	특징들	본문에서 저자는 하나님의 안식에 순종적으로 응답한 사람들이 받는 하나님 말씀의 다섯 가지 특징을 보여 준다.	1. 살아 있음 2. 활력이 있음 3. 예리함 4. 찌름 5. 판단함

위의 마지막 아우트라인을 좀 더 가깝게 살펴보자. 성경 한 구절만을 가지고 설교에 임할 때는 항상 조심해야 하는데, 히브리서 4장 12절의 아우트라인은 우리가 어떻게 중심 단어 아우트라인을 만들어 낼 수 있는지 이해할 수 있도록 도와준다. 본문을 세심하게 분석한 후 다음과 같은 명제가 나올 수도 있다: 하나님은 당신의 백성이 하나님의 강력한 말씀으로 징계받지 않도록 그의 안식에 들어가라고 부르신다. 이 구절의 구조를 보면 하나님 말씀의 힘을 묘사하는 특징들(중심 단어)을 빨리 알아차릴 수 있을 것이다. 히브리서 저자는 "살아 있고 활력이 있어 좌우에 날선 어떤 검보다도

예리하여 혼과 영과 및 관절과 골수를 찔러 쪼개기까지 하며 또 마음의 생각과 뜻을 판단하나니"(히 4:12)라고 말씀한다. 위의 아우트라인으로 우리는 이 구절에 나열된 **특징들**(복수형 명사)을 따라 명제를 분석할 수 있다. 그러면 각 항목별 의미에 따른 분석 정보를 통해 각각의 항목이 다루어지는 데 사용될 것이다.

살펴본 바와 같이, 이러한 접근은 몇 가지 장점을 가져다준다. 1) 주요 단락 구분은 하나의 항목에 속하도록 해 준다. 2) 중심 단어의 복수형 명사는 말씀을 준비하도록 따라야 하는 방향을 제시해 준다. 3) 설교가 통일성이 있도록 해 준다. 4) 중심 단어의 단수형은 주요 포인트를 병렬식으로 구성하는 데 도움을 준다. 5) 중심 단어는 설교 디자인 측면에서 다른 부분들과 맞는지 보여 준다. 6) 설교의 주요 포인트들이 서로 연결되어 있다. 7) 중심 단어는 설교의 요점을 외울 수 있도록 돕는다.[19] 콜러(Koller)는 중심 단어 방법의 놀라운 가치에 대해 이렇게 말함으로 이를 요약했다: "설교자와 청중을 이 방에서 저 방으로 불확실하게 헤매게 하는 대신, 현관 입구에서 모든 방으로 직접 갈 수 있도록 설교 구조의 길이만큼 통로를 열어라."[20]

중심 단어 방법은 당신의 포인트들을 묘사하는 데 아무 의미 없는 단어들을 사용하지 않도록 도와준다. 예를 들면, 설교자는 설교 아우트라인에서 '것들' 이라는 단어를 중심 단어로 사용하는 것을(이것이 주로 많이 사용되고 있음에도 불구하고!) 항상 피해야 한다. "오늘 저는 출세하기에 관한 세 가지 것들을 말하고 싶습니다"라고 하는 것은 듣는 사람들에게 붙잡아야 할 구체적인 것을 주지 못한다. 이 단어는 너무나 일반적이다. 중심 단어 방법은 메시지의 주요 포인트를 통해 듣는 사람들이 변화되도록 도와주기 위해 당신이 구체적인 단어를 찾을 수 있도록 해 줄 것이다.

설교적 줄거리 방법으로 아우트라인 만들기

아우트라인을 만드는 세 번째 방법(설교적 줄거리 방법)은 이야기식의 구절을 설교하는 데 도움이 된다. 설교의 80~90퍼센트 이상이 이야기 형식이기 때문에 설교자들은 그러한 본문 속에서 설교를 만드는 기술이 있어야 한다. 만일 강해자가 진정으로 본문의 구조가 설교의 구조에 영향을 주기 원한다면 이야기의 특성에 따라 아우트라인을 만드는 것이 설교할 때 고려되어야 한다. 분석적 방법이나 중심 단어 방법은 이야기식 본문에도 쓰이지만, 그것은 이야기식 장르 중에서도 특별히 자연스러운 이야기의 특성을 따라 설교하려고 할 때 잘 맞지 않는다.

대부분의 이야기의 공통분모는 줄거리가 있다는 것이다. 로버트 로스(Robert Roth)는 "이야기들은 '옛날 옛적에' 라는 표현으로 시작한다. 그것은 여러 장면을 거쳐 정점에 이르고 마지막으로 끝이 난다 … 이야기에는 움직임이 있다. 이야기는 줄거리를 가지고 있다"라고 말했다.[21] 대부분의 성경 이야기 또한 다르지 않다. 그 이야기는 삶의 상황, 에피소드, 흐름, 긴장, 정점과 해결의 요소들을 가지고 있다. 설교적 줄거리 방법은 이러한 자연스러운 이야기의 특성을 통해 기본 본문에 대한 설교에서의 주요 포인트를 형성하게 하는 것이다.

엄밀히 말하자면, 이러한 아우트라인은 논리적인 정렬, 조직, 주제 다루기, 혹은 페이지에 아우트라인이 그려질 때의 설교의 모습을 침해하지 않는다. 하지만 다른 점은 생각의 전개와 움직임이 한 포인트에서 다음 포인트로 진행된다는 것이다. 캘빈 밀러(Calvin Miller)는 "이야기식 설교는 아라비아 숫자가 아닌 직선적인 숫자를 가진다" 고 했다.[22] 결과적으로, 이야기식 본문에 대한 아우트라인은 다음과 같이 진행될 수 있다.

서론 → 장면(들) → 해결 → 결론

혹은, 밀러는 이렇게 묘사한다.[23]

옛날 옛날에 → 사건 → 사건 → 행복한 결말 → 적용

비슷하게, 유진 라우리(Eugene Lowry, 광범위한 신학과 설교학으로 알려진 사람이다)는 강해의 목적을 위해 쉽게 받아들일 수 있는 이야기식 본문에 기초해서 설교 구조를 만드는 패턴을 제공한다. 패턴은 다섯 가지로 표현된다.[24)]

균형 깨짐 /	갈등 분석 /	해결 단서 제공 /	복음 경험 /	결과 기대
(아 이런!)	(으!)	(아하!)	(휴!)	(그래!)

첫 번째 단계에서, 설교자는 균형을 깨뜨리기 위해 이야기의 문제를 간단히 소개한다. 두 번째 단계에서, 그는 문제를 진단하거나 분석한다. 세 번째 단계에서, 설교자는 문제에 대한 해결책을 제시한다. 네 번째 단계에서, 그는 복음으로 문제를 해결한다. 그리고 마지막 단계에서, 결과를 예상하는 설교자는 본문의 진리를 현대 청중의 삶에 적용한다.[25)]

사용하는 용어와 상관없이, 설교는 줄거리처럼 서론(배경)에서 시작해 긴장이 전개되는 일련의 사건(장면)으로 이동해서 하나님의 진리를 통해 갈등을 해결하고, 마지막으로 현대 청중에게 그 진리를 적용하는 것이다. 설교 줄거리의 아우트라인을 잡는 다양한 방법들은 하나의 본문을 여러 방법으로 설교하는 것을 가능하게 한다. 일단 본문의 주요한 흐름과 이야기의 주요 구성 요소를 알면 좋은 아우트라인을 곧 찾을 수 있다. 이러한 설교의 줄거리를 사용해서 아우트라인을 작성하기 원한다면 다음의 가이드라인을 따르라.

1. 문맥의 흐름을 살피고, 연결구 또는 흐름으로 이어지는 전환구를 살펴보라(그리고, 그런데, 지금, 하지만, 그러나 등).
2. 전에 작업한 분석을 반영하면서, 본문에서 줄거리의 기본이 되는 요소(배경, 장면, 긴장, 해결, 인물)를 발견하라.

3. 한 이야기에서 다른 이야기로 갈 때, 흐름을 보고 설교의 주요 부분들을 만들어라.

부록 2에 있는 마가복음 4장 35~41절의 문학적 형식을 다시 한 번 보는 시간을 갖도록 한다. 영어 성경인 ESV(English Standard Version)를 보면 36~41절의 시작 부분에 연결구(and, and, but, and, but, and)가 나오는 것을 알 수 있다(개역개정 성경은 이 부분의 번역을 생략함-편집자). 이러한 말들은 이야기 구성 사이의 흐름을 가르쳐 주는 단서다. 본문을 분석하면, 이 구절이 예수님의 신성을 강조하고 있고, 그 후 사람들이 그에 대해 믿게 되었다는 것을 보여준다. 35~37절은 단순히 갈릴리 바다 주위에서 일어나는 매일의 삶을 묘사한다. 36절과 37절의 And는 여러 묘사하는 요소들 사이의 전환점 역할을 한다. 이러한 구절들은 이야기의 배경을 나타낸다. 38절에 나오는 But은 긴장과 갈등을 보여 준다. 이 이야기의 문제 상황은 바다에서 항상 일어나는 폭풍이 아니다. 이 이야기에서 제기된 문제는 평범한 사람 이상이신 예수님이 광풍 속에서 주무시고 계시는 것이고, 예수님이 제자들의 상황에 무관심한 것처럼 보이는 것이다. 다음으로, 39절에 나오는 연결구(And)는 문제에 대한 해결을 보여 준다. 예수님은 폭풍에게 "잠잠하라" 고 말씀하신다. 그리고 마침내 40~41절은 예수님의 신성을 제자들의 삶에 적용하는 것과, 그분이 누구인지에 대한 반영을 설명한다(But … And).

앞의 토론을 토대로, 이 본문에서 설교의 구조를 만드는 몇 가지 방법이 나온다. 설교자는 단순히 이야기의 핵심을 놓치지 않으면서도 예수님의 신성에 대한 진리를 가장 잘 전할 수 있는 방법을 결정해야 한다. 다음을 통해 한 가지 가능한 방법을 고려해 보라.

구절	35~37절	38절a	38절b	39절	40~41절
포인트	정체성 짐작	정체성 혼란	정체성 의문	정체성 밝혀짐	정체성 깨달음

연습을 위해서, 당신은 이 구절을 가지고 위에서 논의된 밀러와 라우리의 방법을 사용해서 아우트라인을 만들 수 있는지 알 수 있을 것이다.

이야기식 본문에서 설교의 아우트라인을 만들기 위해 구성 요소를 사용하는 것이 설교에 대한 귀납적 접근을 의미하는 것은 아님을 기억하라. 현대적 이야기식 설교자들의 상당수는 이야기가 자연적으로 귀납적인 성질을 가지고 있기 때문에 설교는 귀납적이어야 한다고 주장한다. 하지만 이러한 주장은 설교자가 단순히 성경 이야기를 되풀이하는 것이 아니라, 그 본문을 설명하기 위해 부름 받았다는 사실을 간과한다. 결과적으로, 이야기로 구성된 본문의 설교 구조를 세우기 위해 아우트라인을 만드는 것은 자유지만, 연역적 추론을 통해 하나님의 진리를 드러내는 책임을 소홀히 하지 말라. 이 두 가지 방법들이 합쳐져서 힘 있는 조화를 이룰 수도 있다. 덧붙이자면, 분석적 방법(때로는 중심 단어 방법과 함께)은 이야기식 본문의 아우트라인에 사용될 수 있고, 또한 성경 문학의 풍부함을 향해서 나아가는 데 수많은 도구를 제공한다는 사실을 명심하라.

아우트라인 발전시키기

일단 아우트라인을 만들었다면, 당신은 그것을 발전시키기 위해 시간을 들이기 원할 것이다. 아우트라인을 발전시키는 것은 다음 세 가지 단계를 포함한다: 분명하게 하기, 반복하기, 전환하기. 당신은 가능한 한 분명한 방법으로 각각의 포인트들을 표현하려고 노력할 것이다. 그 후에 당신은 여러 가지 반복하는 도구를 가지고 포인트를 강화해야 한다. 그리고 마지막으로 좋은 전환 문장을 만들어서 각각의 포인트에 통일성을 주어야 한다.

1단계: 분명하게 하기

아우트라인을 발전시키기 위한 세 가지 단계가 있다. 그중 1단계는 분명하게 하는 것이다: 각 포인트를 가장 명확하고 이해하기 좋게 표현하라. 아우트라인을 분명히 잘 잡아서 말로 전달하기 좋게 하라. 아래에 나오는 몇 가지 특징들은 당신이 분명한 방법으로 포인트를 나타내도록 도움을 줄 것이다. 이러한 요소들에 있어서 예외는 물론 존재한다(특별히 이야기식 아우트라인이 그렇다). 하지만 당신은 이 체크 리스트를 분명한 구조를 개발하는 데 사용할 수 있다. 토론을 설명하기 위해 네 개의 가상 아우트라인이 제공된다. 각각의 아우트라인(도표 10)은 가지고 있는 성격에 맞추어 토론할 수 있는 참고 자료가 된다.

〈도표 10〉

네 개의 아우트라인 비교하기

아우트라인 1	아우트라인 2
1. 하나님은 선하시다. 2. 하나님은 위대하시다. 3. 우리가 먹을 것에 대해 하나님에게 감사하자.	1. 하나님은 선하시다. 2. 하나님은 위대하시다. 3. 하나님은 공급자시다.

아우트라인 3	아우트라인 4
1. 세상으로 가라. 2. 세례 3. 새로운 신자가 해야 하는 것	1. 세상으로 가라. 2. 새 신자들에게 세례를 베풀어라. 3. 제자들을 가르치라.

위의 아우트라인에 따라 다양한 정도의 성공을 보여 줄 수 있는 여덟 가지 요소들이 있다.

1. **병렬 구조** 같은 설교의 모든 포인트들이 문법적으로 나열되도록 하라. 구절, 명령문, 선언 등을 섞어서 사용하지 말라. 모든 동사를 같은 시제로 사용하라. 이러한 노력은 듣는 사람이 쉽게 따라올 수 있게 하며 통일성과 대칭성을 준다. 위의 아우트라인 1, 2, 3, 4를 서로 비교하라. 그리고 병렬 구조에 있어서 다른 점을 적어 보라.

2. **상호 배타성** 각 부분을 중심 주제와 명제에 연결시키되, 각각의 것이 내용이나 중심 생각 면에서 서로 다르고 독립적인지 확인하라. 예를 들어, 아우트라인 1과 2에서 설교자는 하나님의 **선하심**과 **위대하심**에 관한 처음 두 포인트의 자료가 **공급**이라는 세 번째 포인트에 있는 자료에서 반복되지 않았는지 분명히 확인해야 한다.

3. **적용 지향** 가능한 한 현재나 미래형을 사용하라. 과거형을 피하는 것은 듣는 사람들이 적용에 대한 감각을 알게 하기 위해서다. 현재형이나 미래형은 성경적인 세상에서부터 듣는 사람들이 살고 있는 세상까지 현대적 연결고리를 얻을 수 있도록 도와준다. 설교 본문의 성질이나 목적에 관한 것을 제외하고는 아우트라인 4가 2보다 더 낫다고 할 수 있는데, 그 이유는 적용을 지향했기 때문이다.

4. **완성된 문장** 가장 좋은 아우트라인은 주로 각 포인트가 간결하고 완성된 문장일 때다. 완성된 생각들로 구성되어 있다면 대부분의 아우트라인은 효과적이고, 기억에 남고, 관련성이 있게 될 것이다. 아우트라인 3은 첫 번째 포인트와 두 번째 포인트가 병렬적 구조를 이루지 않았기 때문에 효과적이지 않다. 그것은 완성된 문장이 아니라 문장의 단편이기 때문이다.

5. **진행형** 중심 주제에 있어서 흥미를 점점 더 발전시키라. 한 곳에 너

무 집중하는 것은 다른 것에 관심을 두지 않게 한다. 만일 지나치게 한 곳에 집중하면 설교의 흐름을 방해하고, 듣는 사람의 흥미를 떨어지게 한다. 아우트라인 4가 논리적인 면에서 한 포인트에서 다음으로 어떻게 움직이고 있는지 생각해 보라.

6. **절정** 중요 포인트들이 절정을 향해서 갈 수 있도록 움직이라. 대부분의 성경 본문은 절정을 향해 나아가며, 결과적으로 그러한 아우트라인을 자연스럽게 드러낼 것이다. 당신의 명제를 염두에 두고, 아우트라인에 공헌이 강조되도록 각각의 포인트를 말하라. 아우트라인 4가 성숙한 제자들의 절정을 향해 어떻게 형성되는지 주목하라.

7. **주장** 각 중요 포인트의 단어가 질문이 아닌 선언이 되게 하라. 설교는 질문에 대답하는 것이지, 묻기 위한 것이 아니다. 간혹 질문들이 사용되기도 하지만, 본문에 나오는 질문들에 대답하고, 그 대답을 적용할 수 있도록 돕는 것이 중요하다. 아우트라인 2와 4는 이러한 선언이 있는 예들이다.

8. **단순함** 가능한 한 세부적인 것을 피하고, 강하고 중요한 포인트를 개발하는 데 집중하라. 전체적인 전달을 위해 노력하라. 너무 많은 구조적 세밀함으로 듣는 사람들이 이해하는 데 어려움을 주지 말고 부분이 전체와 어떻게 관련되는지를 강조하라. 발전의 목적으로 하위 포인트(포인트를 뒷받침해 주는 또 다른 포인트-옮긴이)를 사용할 수는 있지만, 꼭 필요한 때를 제외하고는 가능한 한 피하라. 2와 4 모두 좋고 단순한 아우트라인이다.

2단계: 반복하기

아우트라인을 발전시키는 두 번째 단계는 **반복**이다. 일단 당신이 설교의 주요 포인트를 명확하게 했다면, 주제를 보강할 수 있는 다른 단어가 있는지 항상 확인하라. 설교의 구조가 따르기 쉽고 두드러진 방법으로 표현되어 있다면, 하나님 말씀의 진리가 사람들의 마음속에 잘 심기게 될 확률이 높다.

많은 설교자들의 잘못된 사용으로 오늘날에 있어서 반복 패턴은 억울한 누명을 쓰고 있다. 그래서 약간은 논쟁의 소지가 있다. 하지만 이러한 비난은 주로 설교자, 설교학 교수 및 신학생들로부터 온다. 매주 설교를 듣는 사람들로부터 오는 것은 아니다. 왜 그런가? 그 이유는 사실 잘 사용만 된다면 반복은 많은 도움을 주기 때문이다. 반복은 본문과 본문의 강해를 통해 사람들이 잘 여행할 수 있도록 도와준다. 우리 역시 일상생활에 있어서도 같은 패턴과 표지판을 통해 도움을 받는다. 예를 들어, 우리는 고속도로를 운전하다가 속도 제한을 알고 싶으면 주로 하얀색 표지판을 찾는다. 만일 고속도로에서 배가 고파서 다음 휴게소를 알기 원하면 파란색 표지판을 찾는다. 고속도로에서 나갈 준비가 되면, 나가는 곳의 이름을 알려 주는 초록색 표지판을 찾는다. 이러한 정보를 주는 표지판들의 동일성과 대칭성은 우리가 무사히 여행할 수 있도록 돕는다. 그것이 사람들이 성경의 본문을 여행하는 중에 일어날 수 있는 일이다. 무엇을 보고 들어야 하는지를 알려 주는 표지판을 통해서 도움을 받는다.

결과적으로, 과거와 현재의 효과적인 강해 설교를 하는 많은 설교자들은 설교를 발전시키기 위해 반복이라는 것을 써 왔다. 반복적 표현에 따르는 균형은 중요 포인트에 '표현의 아름다움과 힘'을 준다.[26] 조지 스위지(George Sweazey)는 이렇게 관찰했다.

> 만일 설교의 중요한 포인트 제목들이 서로 관계성이 있다면 설교를 더 잘 이해하고 기억할 수 있다. 그 제목들의 첫 음절 소리나 첫 글자가 비슷할 경우엔 더욱 그렇다 … 그러한 방법이 별로 중요하지 않은 것처럼 보일지도 모르겠지만, 설교가 잊히느냐, 아니면 적용되고 기억되느냐

에 따라 큰 차이를 만드는 것이 바로 제목이기 때문에 최고의 설교자들 조차도 이 방법을 사용한다.[27]

설교자가 중요하게 여기는 주장을 가능한 한 아름답게 표현할 때, 듣는 사람은 진리를 사랑하고 반응하게 될 것이다.[28]

성경의 저자들도 그러한 반복을 사용했다. "알파벳을 가지고 게임을 하는 것은 시편 저자에게 있어서도 유치한 것이 아니었다"라고 스위지는 말한다.[29] 로마서 1장이 끝날 때 사도 바울도 이 방법을 사용했다. 반복적인 패턴은 문학, 특히 시에서 중요한 역할을 하며, 초서(Chaucer), 스펜서(Spenser), 스윈번(Swinburne)과 같은 유명한 사람들도 이 방법을 사용했다. 일반적인 강연에서 사용되는 어떤 문구들은 반복법과 두운법 같은 장치의 결과로서 발달되어 왔다: 'might and main' (모든 힘), 'life and liberty' (삶과 자유), 'wrath and wickedness' (분노와 사악함) 등이 그 예다.

홀과 헤플린(Hall and Heflin)은 이해와 반응을 불러오는 네 가지의 반복 패턴을 아래와 같이 밝혔다.[30]

- 두운 이것은 자음의 소리, 예를 들어, 단어의 첫 마디를 같은 음절로 만드는 것이다. 요한복음 3장에 대한 분석의 방법을 다시 보라. 이러한 아우트라인은 첫 글자의 두운을 쓰고 있다. 하지만 두운이 지나치게 남용되지 않도록 주의해야 한다. 나(Jerry) 역시 이러한 잘못으로부터 자유롭지 못하다.

- 유운 유운은 비슷한 음절로 끝나는 것인데, 특히 중심을 이루거나 결론으로 이어지는 모음, 혹은 모음과 자음이 섞인 것을 반복적으로 쓴다. 중심 단어 방법에 대해 논의한 것을 다시 참고하라. 도표 9에 나오는 골로새서 2장 8~23절의 아우트라인은 유운을 기초로 해서 만들었다. 각 단어는 일정한 같은 음절(ism, 지식주의, 의식주의, 신비주

의, 율법주의)로 끝난다. 디도서 2장 11~15절을 기초로 하는 설교 아우트라인도 같은 음절로 끝난다[구원(Salvation), 교육(Education), 소망(Anticipation)].

- **반복** 일정한 단어를 반복해서 주요 개념을 강조하는 것이다. 다시 말해, 마가복음 4장의 이야기식 설교 아우트라인뿐 아니라, 마태복음 3장과 요한복음 3장에 나오는 분석적 아우트라인도 강조를 위해 반복된 중심 단어를 포함하고 있다. '새로운', '거듭남', '신분'과 같은 단어들은 각 메시지의 초점에 주의를 기울이도록 하기 위해 반복된다.

- **병렬** 이러한 패턴은 각 중요 포인트에서 비슷한 형태로 쓰인다. 이 부분은 '아우트라인 발전시키기 1단계: 분명하게 하기'에서 이미 언급되었다. 그것은 위에서 언급한 아우트라인의 모든 것을 특징지어 준다. 한 설교에서 모든 포인트는 문법적으로 병렬되고 통일성과 대칭성을 가지기 때문에 듣는 사람이 쉽게 기억할 수 있다.

반복되는 패턴의 적절한 사용은 전달을 돕지만 그것을 남용하면 듣는 사람이 흐트러지고 반응이 없게 되기도 한다. 반복의 아우트라인을 잘못 사용하는 것만큼 나쁜 것은 없다. 예를 들어, 마태복음 24장 35~44절의 말씀을 바탕으로 세운 아우트라인을 보라.

1. 적절한 대조(A Pertinent Contrast)
2. 포인트가 있는 비교(A Pointed Comparison)
3. 역설적인 위기(A Paradoxical Crisis)
4. 우리의 예상되는 비슷함(Our Prospect Comparable)
5. 실제적인 도전(The Practical Challenge)

위의 포인트들에서 몇 가지 실수가 금세 발견된다. 처음 세 가지는 서로 병렬을 이루지만 나머지 둘은 아니다. 처음 세 개는 P로 시작하는 형용사다. 네 번째는 P로 시작하는 명사와 C로 시작하는 형용사를 사용하며, 처음 세 개에서의 C로 시작하는 명사와 대조된다. 덧붙여 단어 자체가 어색하고, 표현 방식이 이상하다! 그리고 다섯 번째에서 다시 처음 세 가지의 방식으로 돌아간다. 네 번째 포인트는 다른 포인트들이 가지고 있는 긴장감이 없어졌다.

좋지 않은 반복의 다른 예는 카이저의 느헤미야 6장 1~19절 아우트라인에서도 찾을 수 있다.

1. 하나님이 주신 방향(A God-Given Sense of Direction, 6:1~4)
2. 하나님이 주신 결단(A God-Given Spirit of Determination, 6:5~9)
3. 하나님이 주신 분별의 마음(A God-Given Heart of Discernment, 6:10~14)
4. 하나님이 주신 허락의 표현(A God-Given Demonstration of Approval, 6:15~19)[31]

위에서 처음 두 개의 포인트는 병렬 구조고, 두운(D)과 유운(tion)을 쓴다. 세 번째 포인트는 Sense와 Spirit이라는 단어와 일치하는 두운이 아니다. 그리고 유운도 아니다. 네 번째는 더 맞지 않는다. 이 포인트는 D로 시작하는 단어를 사용하고 앞의 세 개 포인트와 같은 유운(tion)을 쓰지만 단어가 문장 구조상 맞지 않는다.

이러한 반복 패턴 사용의 단점과 장점을 알고 있으면, 목욕물 버리려다 아이까지 버리는 실수를 피할 수 있다. 당신은 듣는 사람들에게 도움이 되는 방식으로 반복 패턴 사용하는 법을 배울 수 있다. 설교의 아우트라인을 작성할 때 도표 11에 설명된 대로 설교 포인트의 반복에서 오는 단점과 장점을 잘 기억하라. 이것은 '반복의 회복' 이라는 말로 묘사될 수도 있다.

〈도표 11〉

반복의 회복

반복의 단점

- **남용** 반복적인 패턴을 사용하는 설교자들은 때때로 내용을 원하는 아웃트라인에 꿰맞추려는 성향을 보인다. 그러한 성향은 하나님의 말씀을 변질되게 하고 본문의 진리의 선포를 방해한다.
- **중독** 어떤 목회자들은 반복의 방법을 지나치게 사용해서 오히려 듣는 사람들을 부담스럽게 한다. 두운에 지나친 집착이 생기면 모든 부분, 심지어 세부적인 것조차 두운을 쓴다. 그러한 중독은 듣는 사람을 짜증나게 한다.
- **교만** 헬라어의 뜻에 너무 집착하는 것과 비슷한 성향으로, 설교자는 그들의 독창성과 명석함을 자랑하기 위해 반복적인 패턴을 쓴다. 시간이 지나면 청중은 이러한 교만함을 알고 전체 메시지에 대해 부정적으로 반응한다.

반복의 장점

- **해석** 반복적인 아웃트라인은 종종 좋은 해석이 되고, 성경 강해하는 것을 설득력 있게 한다. 어떠한 이유에서든, 성경 본문의 자연적인 흐름은 반복적인 성격의 어떤 아웃트라인 자체와 잘 맞게 된다.
- **가르침** 반복적인 아웃트라인은 듣는 사람에게 설교의 여행을 더 쉽게 안내해 주는 경향이 있다. 반복적인 구조는 사람들에게 성경 본문을 통한 탐색을 향상시킨다. 쉽게 깨닫게 하는 포인트들은 사람들이 다음에 들을 수 있는 정보에 대한 분명한 가르침을 제공한다.
- **내면화** 반복적인 아웃트라인은 설교자와 듣는 사람 사이의

기억력을 도울 수 있다. 반복하는 패턴은 설교의 중요한 포인트들을 청중의 마음속에 잘 심게 해 준다. 사람들의 마음에 만들어진 인상은 쉽게 잊히지 않을 것이다.

강해자가 설교 아우트라인을 만들 경우에 모든 말을 맞추는 것에 지나치게 신경 쓸 필요는 없다. 하지만 어떤 사람들이 지나치게 말 맞추는 것을 싫어한다고 해서 아예 맞추지 않는 것도 옳지 못하다. 몇몇 사람들이 병렬 구조에 반대하는 이유는 남용 때문이다. 하지만 대개의 성도들은 이러한 병렬 구조를 감사하게 생각하며 환영한다. 그러기에 당신이 원한다면 좋은 반복 구조를 쓰라. 성경 본문에서 특정한 패턴이 자연스럽게 나오거나 강요함 없이 잘 맞는 것처럼 보인다면 망설이지 말고 쓰라.

3단계: 전환하기

더 나은 아우트라인을 위한 마지막 과제는 한 포인트에서 다음으로 넘어가는 좋은 방법을 결정하는 것이다. 그러한 전환은 전환구에 의해 이루어질 수 있다. 좋은 설교에는 주요 포인트들 사이에 분명하고 부드럽게 넘어가는 전환구가 있다.

전환구는 당신의 생각의 흐름에서 논리적인 발전을 유지하도록 도와준다. 전환구는 설교자가 그의 설교의 각 부분을 분명히 이해하고 있으며, 한 부분에서 다른 부분으로 옮겨 갈 때 논리적인지를 보여 준다. 또한 전환구는 청중이 다른 생각으로 옮겨 가는 설교자의 생각을 이해할 수 있도록 도와준다.

전환하는 문장들의 발달은 어떤 설교의 아우트라인을 쓰고 있느냐에 따라 다양하게 표현된다. 특별히 중심 단어 방법을 쓰고 있다면, 서론에서 본론으로 이어지는 전환이 어쩌면 가장 쉬울지 모르겠다. 당신은 서론을 중심 주제로 자연스럽게 이끌어 주는 중심 단어를 사용한 전환문으로 결론지어야 한다. 중심 단어 방법의 토론에 있는 골로새서 2장 8~23절로부터 다음으로 이어지는 문장을 살펴보라. 그리고 각 포인트에서 가능한 전환구도 살펴보라.

다음으로 이어지는 문장: 본문에서 성경은 사람들이 예수님을 대신해서 믿고 있는 잘못된 네 가지의 것들을 밝힌다. 바울이 이야기하는 예수님을 대신하는 잘못된 것 첫 번째는…

1. 지식주의(8~10절)
   전환구: 지식주의와 더불어 예수님을 대신하는 잘못된 것은…
2. 의식주의(11~17절)
   전환구: 다음으로 예수님을 대신하는 잘못된 것은…
3. 신비주의(18~19절)
   전환구: 이 본문에서 마지막으로 다루고자 하는 예수님을 대신하는 잘못된 것은…
4. 율법주의(20~23절)

분석적 방법의 본질 때문에, 전환 문장을 잘 만드는 것은 더 많은 노력을 필요로 한다. 주제를 분석하고 본문을 몇 부분으로 나누면 일반적으로 한 곳에서 다른 곳으로 자연스럽게 흐르지 않는 항목이나 하위 항목이 생성된다. 하지만 인내심 있고 신중한 주의를 기울이면 강해자는 분석적인 아우트라인을 통해 자연스럽게 전환할 수 있다. 요한복음 3장에 나오는 거듭남의 설교는 다음의 흐름을 따른다.

다음으로 이어지는 문장: 이 본문에서는 거듭남을 세 가지 포인트로 생각해 보고자 한다. 첫 번째로 알아야 할 것은…

1. 거듭남의 당위성
   전환구: 지금까지 우리는 거듭남의 당위성을 살펴보았다. 다음으로 생각해야 할 것은…
2. 거듭남의 신비
   전환구: 거듭남의 당위성과 신비에 더해서 이 본문에서 밝히고자 하는 바는…
3. 거듭남의 방법

이야기식 장르가 가진 특유의 자연스러움은 강해자가 한 포인트에서 다음으로 넘어갈 때 기술적으로 그리고 의도적으로 잘 움직이도록 해 준다. 이야기식 문학의 구조에 충실하려면 여러 일어나는 사건들, 특히 성경 이야기를 다룰 때 쉬어 갈 수 있는 전환구가 필요하다. 그러므로 다른 아우트라인에서와 마찬가지로 실제 포인트에서는 특별한 주의가 필요하지 않다. 비록 설교자가 단순히 이야기를 반복하는 것은 아니지만, 자연스러운 흐름을 유지하기 위해 노력해야 한다. 이러한 작업은 전환구들이 설교 구조의 무게를 잘 전달해야 함을 의미한다. 예를 들어, 마가복음 4장 35~41절의 설교는 다음과 같은 아우트라인을 따른다.

다음으로 이어지는 문장: 예수님의 신성을 발견한 한 그룹의 이야기는 예수님이 누구신가 하는 가정에서 시작한다.

포인트	전환구
정체성 짐작(35~37절)	그러나 제자들이 가진 예수님에 대한 생각이 익숙해질 무렵, 예수님은 예상치 못한 일을 하셨는데…
정체성 혼란(38절a)	예수님이 제자들이 예상한 대로 행동하지 않으셨을 때 그들은 예수님에게 질문을 시작했는데…

정체성 의문(38절b)	제자들이 예수님에게 한 질문을 통해 그가 진실로 누구인지 밝힐 수 있는 기회가 생겼는데…
정체성 밝혀짐(39절)	예수님이 오직 하나님만이 하실 수 있는 일을 하시는 것을 보고 그들은 갑자기 예수님이 누구신지 깨닫기 시작했는데…
정체성 깨달음(40~41절)	예수님이 진정 하나님이실 때, 오늘날 당신의 삶에서 직면하는 어떤 것 혹은 모든 것 속에 진리가 어떻게 영향을 끼치는지에 대해 생각해 본다면…

전환하는 표현을 세련되게 하는 것은 매우 중요하다. 잘못 사용된 문장들은 설교의 흐름을 놓치게 하고, 듣는 사람을 혼란하게 한다. 전환 문장을 잘 발달시키기 위해 다음과 같은 특성 체크 리스트를 사용하라.

- **평범함** 브로더스는 한 부분에서 다른 부분으로 넘어가는 접속어가 가능한 한 두드러지지 않아야 한다고 말한다. 그는 이상적인 전환 표현의 역할은 설교를 구성하는 모든 부분이 서로 잘 조화를 이루게 해야 한다고 말한다. 이러한 목적을 잘 이루는 접속어를 만들되, 그 접속어 자체에만 관심을 두어서는 안 된다.
- **단순함** 주로 접속어구는 듣는 사람으로 하여금 한 내용에서 다른 내용으로 넘어간다는 것을 알려 주는 한 단어로 만들어진다. 자주 이용되는 표현으로는 '다시, 더군다나, 거기에 더해서, 다음으로는' 등이 있는데, 이런 접속사는 연결을 도와준다.
- **부드러움** 각 부분 사이에 접속하는 표현을 연습하라. 이러한 연습은 당신이 구조를 파악하도록 도와준다. 만일 부분들이 논리적인 순서를 따르고 있다면 한 곳에서 다른 곳으로 넘어가는 것이 부드럽다. 만일 각각의 부분들이 잘 연결되지 않는다면 다른 접속사나 아우트

라인을 찾아보아야 한다.

- **다양함** 부분을 연결할 때 같은 표현을 너무 자주 사용하는 것은 피해야 한다. 각 부분을 소개할 때 다양한 표현을 쓰라. '첫째로, 둘째로, 셋째로' 등은 너무 식상하다. 대신에 '다음 주의할 것' 혹은 '첨부하는 것' 혹은 '더 나아가서' 등을 쓰라.
- **간결함** 전환구는 주로 빨리 만들어진다. 위의 단어에 더해서, '다음의, 다음으로 고려할 것은, 더해서, 주의를 기울여야 할 것은, 이에 더해서, 고려해야 할 것은' 등의 표현은 듣는 사람들이 다음 주제로 빨리 움직이게 할 것이다.

대부분의 설교자들은 전환구에 별 관심을 두지 않고 나중에 추가한 단어 정도로 생각한다. 하지만 전환구들은 설교의 부분들을 잘 붙여 주는 접착제와도 같다. 그 전환구들은 다음에 이어지는 내용을 짐작하게 하고, 이전에 나왔던 내용들을 요약하며, 한 생각과 다른 생각의 연결을 보여 준다. 좋은 전환 문장들은 이렇게 말하는 표지판과 같다: "여기가 길입니다. 따라오세요."

6

설교 조직

자세히 서술하고, 서론 쓰고, 결론 맺기

건물의 기초는 꼭 필요하지만, 일단 건물을 완성하고 나면
기초는 더 이상 보이지 않고 건물만 보인다 …
우리의 몸도 이와 비슷하다. 구조가 되는 뼈와 그것을 감싸는 살이 있다.
이것은 설교에 있어서도 같은 진리다.
마틴 로이드 존스

성장하는 신체처럼, 설교는 발전되어 성숙할 때까지 충분하게 자라야 한다. 어떤 설교학자들은 이러한 성숙의 과정을 '설교의 뼈에 살을 붙이는 것' 과 같다고 한다. 설교자들은 종종 설교의 뼈와 같은 구조가 설교의 핵심인 것처럼 이야기하는 실수를 저지르기도 한다.

이러한 실수는 마치 좋은 생선 요리에 원치 않는 뼈만 있는 것과 같이 청중이 먹지 못하는 것이다. 사람들은 단순한 아우트라인 이상을 원하고, 그렇게 대우받을 만한 충분한 가치가 있다. 그들은 보충하고 강조하고 결론으로 이어지는 정보를 얻어야 할 필요가 있으며, 당신이 성경에서 발견한 진리를 가지고 집으로 돌아간다.

5장과 6장에서 우리는 강해 설교에서 조직한 일의 결과를 정리하기 위한 다섯 가지 단계를 따라가고 있음을 기억하라. 5장에서는 통합화와 아우트라인이라는 첫 번째 두 단계를 다루었다. 이제 설교 메시지를 자세히 서술하고, 서론을 만들고 결론을 내림으로써 마지막 세 단계에서 뼈에 살

을 붙여야 한다.

자세히 서술하기

설교자가 성경 본문의 주제를 통합하고 좋은 아우트라인으로 구조를 만든 후에는 강해를 위해 필요한 정보를 가지고 주요 부분들에 대해 자세히 서술해야 하는 때가 온다. 이러한 자세한 서술의 과정은 본문에서 성령이 말씀하시는 것을 잘 밝힐 수 있도록 설교의 아우트라인에 필요한 지원을 추가하는 데 도움이 될 것이다. 설교를 자세히 서술할 때 다음 세 가지 결정이 포함되어야 한다: (1) 설교에 있어서 어떤 내용이 드러나야 하는가? (2) 각각의 내용이 어떠한 기능을 해야 하는가? (3) 드러난 내용들이 어떻게 발전할 수 있는가?

필요한 내용을 결정하라

강해자는 설교에 어떠한 것을 포함시킬 것인가에 대해 계획적이어야 한다. 모든 단어, 문장 및 문단은 거기에 있는 목적을 가져야 한다. 시간적 제약, 짧은 주의력, 공감대의 필요, 또한 이 외의 다른 어려움이 있음에도 우리가 입을 열 때마다 의미 있게 말할 것을 강요한다. 이러한 현실은 당신이 설교에 필요한 연구 자료를 정확히 결정할 때 엄청난 고통이 뒤따를 것을 의미한다. 왜 그런가? 당신이 분석의 단계에서 수집한 모든 자료들이 꼭 필요한 것은 아니기 때문이다. 강단에 기술적인 것들을 모두 가져가지 말라. 좋은 습관은 이렇게 자문하는 것이다: 어떤 자료가 듣는 사람이 본문의 의미를 정확히 이해하고 적용할 수 있도록 도움을 주는가? 재치 있는 교인은 이렇게 이야기할 수도 있다: "목사님이 히브리어 어원으로 우리를 죽음으로 몰고 가지 않는다면, 그는 헬라어 분사로 우리를 목 졸라 죽일 것이다." 당신의 설교를 듣는 많은 사람들은 연구하는 기술에 관심

〈개인 간증〉

'논문' 혹은 '좋은 자료'?

뉴올리언스에 있는 신학교에서 박사 과정 논문을 준비할 때 설교 준비에 있어 큰 도움이 되는 것을 배웠다. 박사 과정의 학장이었던 척 켈리(Chuck Kelley) 박사는 나에게 두 개의 폴더에 하나에는 '논문', 다른 하나에는 '좋은 자료' 라고 라벨을 붙여 가져오라고 했다. 내가 도서관에서 주제를 연구하기 시작했을 때, 그는 내가 흥미로운 모든 자료들을 파고들 것이라고 말했다. 하지만 그는 그 모든 정보가 내 논문에 필요한 것은 아니라고 조언했다. 그는 내가 주제와 관련된 것들을 찾을 때마다, 그것이 내 논문을 증명하는 데 도움이 되는지에 대해 질문할 필요가 있다고 했다.

그는 말했다: "만약 그렇다면 '논문' 이라고 적힌 폴더에 넣고 리포트에 그것을 사용하게. 그렇지 않다면 '좋은 자료' 라고 적힌 폴더에 넣고 다음 기회에 다시 사용하도록 하게." 그러고 나서 그는 나를 엄하게 바라보며 덧붙였다: "하지만 그 자료가 학위 논문의 증명을 도와주지 않는다면 '논문' 이라고 적힌 폴더에 있더라도 빼 버리게!"

설교 준비도 마찬가지다. 모든 해석 자료들이 설교에 다 필요한 것은 아니다. 내가 설교 본문에 적용되는 좋은 주제를 개발했다고 가정할 때, 나는 내 해석의 어떤 부분이 내 설교에 꼭 필요한 것인지를 결정하는 데 도움이 되는 무언가를 가지고 있다. 해석학적 정보를 모으는 모든 순간마다 듣는 사람들이 주제를 파악하는 데 도움이 되는지를 질문해야 한다. 만약 도움을 준다면 설교에 포함시킨다. 그렇지 않다면 다음 기회에 쓸 수 있도록 저장한다. 하지만 얼마나 흥미롭고 유익한지에 상관없이, 나는 그것을 내 설교에 넣을 여유가 없다!

짐 섀딕스

이 없다. 연구할 때는 모든 강해적인 작업을 하고, 설교할 때는 생각을 발전시켜야 한다.

당신이 전에 분석한 것을 다시 살펴볼 때 힘들게 발견한 정보들을 제외시키는 것은 아마도 아주 싫을 것이다. 하지만 관계없는 내용은 반드시 잘라 내야 한다. 본문을 설명하는 데 관계가 없는 내용은 열심히 걷어 내야 한다. 주제에 직접적으로 적용되는 내용만 사용하라. 만일 어떤 정보가 너무 좋아서 꼭 사용하고 싶다면, 잘 보관해 두었다가 다른 설교 때 사용하라.

설교자는 설교를 하기 위해 어떤 내용이 필요한지, 그리고 어떤 것이 다음 설교를 위해 남겨져야 하는지를 결정하기 위한 결정 요소가 있어야 한다. 그 결정 요소는 본문의 중심 생각에서 비롯된 설교의 주제다. 분석 단계에서 발견한 모든 강해 정보에 대해 다음의 질문을 하라.

내용에 관한 질문

이 정보가 절대적으로(혹은 최소한 극단적으로 도움이 되는) 설교의 주제를 뒷받침하기 위해 필요한 것인가?

성경의 주석으로부터 모아진 모든 해석학적인 자료를 검토할 때 철저히 질문해 보라. 만일 당신이 배경 지식과 본문에 있는 각 구절 또는 여러 구절들을 고려해서 실질적인 결론을 이끌어 낸다면, 당신은 그 결론을 다시 검토해서 이 일을 완성할 수 있어야 한다.

듣는 사람들에게 주제를 전달하기 위해 어떤 해석학적 자료들이 필요한가를 결정한 후, 해석에서 설교 구조로 움직일 때 아우트라인이 전개되는 주요 포인트에 따라 자료들을 정리하라. 설교의 주요 포인트마다 별도의 종이를 사용해서 해당 페이지의 특정한 지점에 필요한 모든 해석학적인 정보를 적어 두고 싶어 할 수도 있다. 이러한 과정을 따라가는 것은 많은 결실을 맺게 하며, 설교에서 말하는 모든 것이 타당한 목적을 가지고 있다는 것을 확신하도록 도와준다.

일단 해석으로부터 모든 필요한 정보가 모아지고, 설교의 중심부(또는 설명)가 전개되기 시작한다. 이것은 네 가지 기능적 요소를 사용해서 수행할 수 있다. 19세기 후반에 수사법의 영향에 대해 고찰한 존 브로더스는 이를 설명, 주장(증명), 예화, 적용으로 구분한다.[1] 설교를 할 때 이러한 기능적인 요소들을 사용하면 의도적인 내용을 보장할 것이다. 설교 본문에서 말하는 모든 내용이 이러한 분류 중 하나에 들어맞는지 확인하라.

설교의 주요 포인트에서 별도의 종이를 계속해서 사용하라. 각각의 포인트 아래에서 설명하고, 주장하고, 적용하고, 예증할 요소를 식별하라. 계속 진행하면서 기능적 요소들이 겹치지 않도록 주의하라. 설교의 내용을 전개시키는 것은 단순히 '설명-예화-적용' 처럼 쉬운 것이 아니다. 가끔 당신은 예화를 가지고 설명할 것이다. 다른 경우에는 예화를 가지고 적용할 수도 있다. 일정한 자료를 사용할 때 주된 목적을 생각해야 한다. 자료들을 전개하기 위한 아래의 가이드라인을 따라가라.

불분명한 것을 설명하기

설명은 어떠한 것을 분명하고 명확하게 해서 사람들이 이해하게 하는 과정이다.[2] 1장에서 보았듯이, 설명은 강해 설교의 기초이며 가장 기본이 되는 두드러진 요소다. 이는 하나님 말씀의 초자연적인 진리를 듣는 사람의 마음에 전달해 삶의 변화를 가능하게 하는 요소다. 브로더스는 네 가지 기능적인 요소 중 "설명은 설교자의 가장 기본적인 기능에 속한다"고 말한다.[3]

결과적으로, 설명은 모든 기능적인 요소들 중에 가장 중요하다. 어떤 측면에서 다른 기능적인 요소들(주장, 적용, 예화)은 설명의 신하다. 이러한 다른 요소들은 모두 진리에 대한 올바른 이해에 달려 있다. 당신은 사실을 잘 이해한 후에야 비로소 논점을 주장할 수 있다. 당신은 잘 이해한 것만을 삶에 적용할 수 있다. 단지 예화만으로 설교하려 하지 말라. 예화를 사용하기 위해서는 하나님의 진리에 대한 올바른 이해가 필요하다. 주장이나 적용 및 예화는 모두 하나님의 말씀에 대한 설명에 달려 있다. 주장과 적용 모두 예화를 이용해서 만들 수 있지만, 세 가지 요소의 주된 역할은 설명을 돕는 것이다.

설교에서 설명을 사용하는 것은 성경 본문의 여러 가지 자세한 부분과도 연관이 있다. 그러나 때때로 이러한 요소는 비성경적 정보와 함께 사용될 수 있다. 어떠한 부분이 설명되어야 하는가를 결정하기 위해, 필요한 모든 강해의 정보에 대해 다음의 질문을 하라.

설명하는 질문

본문에서 청중이 곧바로 이해하기 어려운 정보는 무엇인가?

이러한 질문은 설명이 필요하지 않은 부분에 대해 설명하지 않도록 도와준다. 성경에 나오는 많은 단어나 구절이나 개념은 언어로서 명확하다. 그러한 것들은 말 그대로의 의미를 가진다. 그러나 어떤 의미들은 불분명하고, 듣는 사람이 하나님의 말씀을 온전히 이해하려면 설명이 필요하다. 하지만 강해자가 그 자체로 분명하거나 별로 중요하지 않은 것을 설명할 때 설교를 방해하고 귀중한 시간을 낭비하게 된다.

다시 말해, 대부분의 설명은 본문을 연구하는 동안 얻게 되는 강해 자료에서 가져온다. 본문에 나오는 단어 연구, 문장 및 문법적인 의미, 관련된 신학, 배경 지식 및 상황을 기초로 사람들에게 잘 설명하라. 당신은 몇 가지 방법을 통해 본문을 설명할 수 있다.

- **사실 제시** 본문의 연구에서 정보를 얻는 것. "신약의 언어에서 '안다' 로 번역되는 단어는 세 가지 다른 뜻을 지녔다. 이 구절에서 사용된 단어는 '경험하다' 의 의미다."
- **신학적인 표현** 결론이나 주장에서 사용. "예수님은 천국으로 가는 유일한 길이다."
- **서술** 배경, 등장인물 및 행동에 기초한 이야기. "날이 밝기 몇 시간 전에 예수님은 다른 사람들보다 먼저 일어나셔서 하나님과 함께 있으려고 홀로 한적한 곳에 가셨다."
- **상호 참조** 같은 이야기를 성경의 다른 곳에서 찾는 것. "마태복음 16장 18절에 나오는 예수님이 말씀하신 돌은 베드로전서 2장 1~8절 에도 나온다."
- **비교** 친숙한 개념과의 관계. "일점일획은 세리프나 마침표와 비슷하다."
- **시각적 자료** 사물이나 시각적인 보조 장치. "에베소서 4장 24절에 나오는 새사람을 입으라는 말은 마치 내가 입고 있던 오래된 옷을 벗고 새로운 옷을 입으라는 뜻이다"(설교할 때 실제로 입고 있던 재킷을 벗고 새로운 재킷을 입는다).
- **말로 해석하기** 본문을 성경의 저자나 화자가 의도한 것처럼 읽기. "수고하고 무거운 짐 진 자들아 다 내게로 오라(강조) 내가(강조) 너희를 쉬게 하리라 … 나의(강조) 멍에를 메고 내게 배우라(강조)."

이러한 방법들에 더해서, 잘 짜인 아우트라인이 있다면 본문을 설명할 때 항상 도움을 준다는 것을 명심하라. 이것은 듣는 사람들이 당신과 함께 본문을 여행할 때 도움을 준다. 어떠한 방법을 쓰든지 듣는 사람에게 본문을 이해하게 하려는 당신의 열망이 나타나도록 학자풍이 아닌 호소함으로 설명하라.[4)]

반대에 대해 논증하기

안타깝게도, 어떤 청중들에게는 본문의 여러 면들을 설명하는 것으로 충분하지 않다. 우리는 더 이상 성경이나 설교자가 말하는 바를 그대로 믿는 시대에 살고 있지 않다. 다른 말로 하면, 사람들이 어떠한 주장을 이해한다고 해서 그들이 그것을 믿는다는 것은 아니다. 결과적으로 현대의 문화는 다양성과 상대성에 깊이 잠긴 문화이기에 복음을 전하는 설교자는 논증의 기술에서도 아주 뛰어나야 한다. 설교에서 논증의 의미는 듣는 사람들의 태도나 행동을 변화시키려는 목적으로 설득하는 것을 말한다.

일반적으로 논증은 이성과 토론만큼 논쟁과 분쟁을 포함하지만, 설교의 기능적 요소로서 앞의 두 가지 특성, 곧 이성과 토론을 추구하려 한다.[5] 이러한 기술은 예리한 분별력을 필요로 한다. 강해자는 청중이 말씀을 제대로 보지 못하게 하는 문제들을 발견하고, 그것을 예수님의 영으로 논리 가운데 토론해야 한다.

강해자는 선포되는 진리에 대해 청중들이 반대 의견을 가질 것을 예상하며 준비해야 한다. 설교의 어떤 측면을 논증해야 하는지 결정하려면 필요한 모든 외부 정보에 대해 다음의 질문을 하라.

논증 질문

성경 본문에 대한 나의 어떤 주장이 청중의 동의를 얻지 못할 것인가?

당신이 이러한 질문을 할 때, 아무도 제기하지 않을 반대 의견을 제기하지 않도록 한다. 또한 당신의 의견과 다른 의견을 가진 사람들에 대해서도 존중하고, 이들을 고려하는 태도를 보여야 한다.

대부분의 설명은 강해 자료에서 오지만, 주장은 논리적인 사고에 기초

한다. 장 칼뱅(John Calvin)이나 찰스 피니(Charles Finney)는 설교자가 되기 전 법을 공부한 사람들인데, 논리적 기술로 효과적으로 논쟁할 수 있었다. 사도 바울도 고대의 연설과 수사학에 훈련되어 있었기 때문에 설득의 기술에 능했다.[6] 다음에 오는 논증의 모델들은 당신이 효과적으로 무엇인가를 설득력 있게 주장할 수 있도록 도울 것이다.[7]

- 권위 듣는 사람이 권위 있다고 생각되는 말을 인용하라. "당신은 성경의 말씀을 신뢰할 수 있습니다. 빌리 그레이엄(Billy Graham) 목사님은 '성경에 이르기를…' 이라는 표현을 자주 쓰신 것으로 유명합니다."

- 반박 재치 있고 무안하지 않게 틀린 것이나 잘못된 것을 반박한다. "많은 부모들이 자녀들에게 주일학교에서 배운 성경 구절을 암송하라고 하지만 부모 자신이 하나님의 말씀을 마음에 두기 싫어합니다. 그러면 언젠가 자녀들도 엄마 아빠에게 중요하지 않은 성경은 자신들에게도 중요하지 않다고 생각할 것입니다."

- 방향/단계 논쟁점이 생기는 것이 항상 나쁜 것은 아님을 보여 준다. 하지만 좋지 않은 방향으로 나갈 수 있다는 것에 주의해야 한다. "술 한 잔을 마시는 것은 죄도 아니고, 별로 나쁜 것이 아닐 수도 있지만, 통계적으로 술을 마시는 횟수가 늘어나면 중독이 되는 것을 보여 줍니다." 특히 사람들이 성경적인 지식에 동의하지 않을 때는 단계적으로 생각을 변화시키는 방법을 사용한다. "많은 사람들이 예수님이 하나님이심을 받아들입니다. 그리고 하나님은 영원하시며, 지금도 우리와 함께 계심을 믿습니다. 우리는 하나님이 모든 것을 주관하심을 압니다. 그것이 예수님을 현재 삶에 있어서 우리의 주님으로 만드는 것입니다."

- **인과 관계** 이유가 어떻게 결과로 이어지고, 결과가 어떻게 이유가 되는지를 보여 주는 것이다. "믿음으로 의롭다 함을 받았기 때문에 우리는 하나님과 화평하게 되었습니다. 그 누구도 복잡한 컴퓨터가 스스로 생겨났다고 믿지 않으며, 누군가에 의해 만들어졌다고 믿습니다. 비슷하게, 우주의 세밀함을 통해 우리에게는 창조자가 있음을 알려 줍니다."

- **계급성** 더 좋은 예를 통해 덜 중요한 것을 설명하거나, 반대로 적은 것을 통해 큰 것을 설명하는 것이다. "만일 과부가 자신이 가진 모든 것을 바쳤다면, 당신과 나는 우리 수입의 10분의 1을 드릴 수 있습니다", "죄인인 인간의 아버지도 자녀에게 선물을 주는데, 하물며 완전하고 선하신 하나님이 구하는 자에게 좋은 것을 주시지 않겠습니까?"

- **호환성** 두 개가 서로 어울리거나 어울리지 않음을 보여 준다. "당신은 어렸을 때 종교를 강요받은 이유로 하나님을 찾지 않을 수 있습니다. 하지만 이런 질문을 해 봅시다. 당신이 어렸을 때 부모가 이를 닦도록 강요했습니까? 물론입니다. 그리고 당신은 지금도 이를 닦고 있습니다. 따라서 어렸을 때 좋은 것을 하도록 강요받았기 때문에 어른이 된 지금 거부한다는 말은 논리적으로 타당한 이유가 아닙니다."

- **실천성** 여러 가지 실천적인 논쟁 중에서 개인의 흥미나 편견, 감정에 대한 호소는 가장 자주 사용되는 방법이다. "하나님 나라의 일을 위해 실천할 수 있는 방법은 재정적으로 돕는 것입니다. 당신의 손자들은 그들과 그들의 후손이 양육 받을 수 있는 교회가 필요합니다. 지금은 그러한 양육을 위한 기초를 쌓을 때입니다."

• **모델/반대 모델** 예시를 들면서 여기에 찬성하거나 반대 행동을 호소한다. 모델: "너희 안에 이 마음을 품으라 곧 그리스도 예수의 마음이니." 반대 모델: "네가 하나님은 한 분이신 줄을 믿느냐 잘하는도다 귀신들도 믿고 떠느니라."

논쟁을 이용할 때 또 하나의 중요한 사실을 기억해야 한다. 법정에서 변호사는 사건 자체를 부정하기 위한 증명을 해서는 안 된다. 이것보다는 변호사의 의뢰인이 지은 죄에 대해 납득할 수 있는 이유를 배심원들의 마음에 심어 주는 일이 필요하다. 이와 비슷하게, 믿음의 변호사들은 단순한 반박의 차원을 넘어서 듣는 사람들에게 그의 주장이 옳고 가치가 있다는 것을 알게 한다. 이러한 일들은 마치 성령이 확증된 일을 하고 있는 비옥한 토양과 같다.

서로 관계있는 것 적용하기

설교자가 본문을 명확하게 설명하고 확신시킬 수 있도록 이끌었다 할지라도, 듣는 사람들이 항상 성경 본문과 자신들의 삶을 연결 지었다고 볼 수는 없다. 사람들의 생각과 상관없이 성경은 우리 삶과 관련이 있음에도 불구하고, 그 고유한 관련성이 모든 사람들이 관련성을 이해하고 있다는 것까지 보장해 주지는 않는다. 그래서 설교자의 책임은 적용을 통해 듣는 사람들의 마음 가운데 연관성을 가지도록 하는 것이다.

브로더스는 설교에 있어서 적용이라는 말을 이렇게 설명한다: "듣는 사람들에게 어떻게 설교 주제를 적용할 것인가를 보여 주고, 그것에 대한 실질적인 가르침이 무엇인지 제시해 주며, 삶의 어떤 부분에서 실질적으로 요구하는지를 가르쳐 주는 것이다."[8] 여기에서 설교자는 본문에서 말하는 진리의 중요성을 듣는 사람의 상황과 필요와 관련시키는 것이다. 그는 듣는 사람들이 적용의 조언에 따라 진리를 수용하고, 그것에 기초해서 행동할 것을 권고한다.[9]

다른 기능적인 요소들과 마찬가지로 본문의 모든 부분이 적용될 수는 없다. 실제적인 적용을 위한 부분을 계획적으로 선택하라. 본문에서 어떠한 진리가 적용되어야 하는지를 결정하기 위해 당신이 설명하거나 주장하는 모든 성경적 자료에 대해 다음의 질문을 하라.

적용 질문

이 본문이 성도들에게 어떻게 진리로 다가오는가?

본문의 의미를 설명하도록 최선을 다한 후 당신 자신에게 물어보라: "그래서 어떻다는 말인가? 사람들에게 무엇을 말해야 하는가?"

적용의 발전

적용 질문에 답하기 위해 당신은 성경 연구 과정의 끝에서 발견한 신학적인 목적을 다시 검토할 필요가 있다. 이 적용의 연속선을 기억하는가?

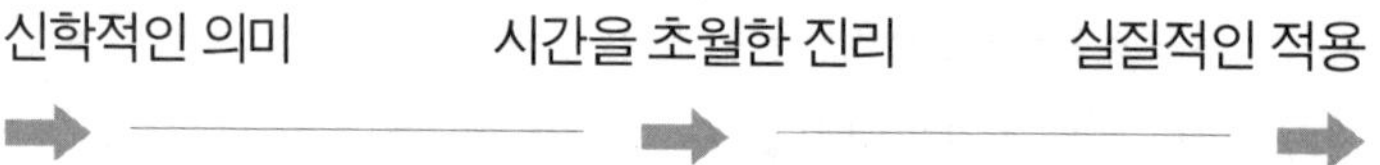

성경 본문에 대한 해석의 일부로, 당신은 이미 신학적인 의미와 시간을 초월한 진리, 모든 시대의 모든 사람에게 적용되는 진리를 발견했다. 이제는 그 내용을 검토해서 설교를 듣는 사람들에게 구체적으로 어떻게 적용할 것인지 살펴봐야 한다.

때때로 본문에 대한 최고의 적용은 본문의 신학적인 의미와 시간을 초월한 진리에 제한되기도 한다. 설교자는 본문을 확대하지 않고는 관련성에 관해 더 이상 말할 수 없을 것이다. 신학적 의미에서 나올 수 있는 어떤 진리가 본문에서의 주요 적용이 될 수도 있다. 그러므로 그것에 대해 죄책감을 가질 필요는 없다. 비록 사람들의 삶에 즉각적이고 실제적인 표현이 없을지라도, 신학적인 의미와 시간을 초월하는 진리는 적용이 된다. 하지만 많은 경우, 당신은 실제적인 면에 있어서 진리를 올바르게 적용하도록 해야 한다. 각각 다른 본문에서 삶에 적용할 수 있는 연결 부분을 결정하고, 계속해서 정직하게 적용해야 한다.

적용할 수 있는 연결 부분을 결정하는 것은 말씀을 적용하는 삶을 위한 영적 전투에 있어서 절반 비중밖에 차지하지 않는다. 실제적으로 적용할 수 있고, 적용해야 한다고 여기는 내용이 무엇인지 알았다면, 당신은 오늘날 청중들의 삶에서 열매 맺게 하기 위해 그것을 주의 깊게 다루어야 한다. 로빈슨은 "이단들은 성경 해석보다 적용에서 더 많이 전파된다"고 말한다.[10] 그의 진술은 많은 설교자들이 오늘날의 청중을 위해 본문으로 실제적인 적용을 하도록 하는 것이 얼마나 어려운지를 강조하는 것이다.

적용 부분에서 설교자는 주님이 그렇게 말씀하지 않으셨을 때조차 "주님이 이렇게 말씀하십니다"라고 말하는 경향이 있는데, 이것은 설교의 실패다! 비록 강해자가 올바르게 강해했다고 하더라도 잘못된 적용을 한다면 청중에게 의도한 바와 반대 되는 영향을 줄 수 있다. 로빈슨은 이렇게 관찰한다.

> 한 가지 효과는 당신이 설교하는 성경 본문을 훼손한다는 것이다. 궁극적으로, 사람들은 성경적인 냄새가 풍기는 것을 하나님의 말씀이라고 믿게 된다.
>
> 장기적인 효과는 우리가 신화를 설교한다는 것이다. 신화는 진리가 굉장히 부풀려져 있으며, 사람들은 그 허황된 가운데 살아가는 경향이 있다. 그들은 함축성 있는 암시를 가지고 살아가며, 하나님이 약속하셨다고 생각하지만 사실 그분은 약속한 바가 없음을 발견한다.[11]

이러한 위험을 피하는 방법은 당신의 해석이 자연스럽게 적용으로 연결되는 것이다. 당신에게는 성경적 시대의 원칙이 의미하지 않았던 것들을 오늘날의 의미로 덧붙일 권한이 없다. 하지만 일단 의미가 올바르게 해석되면, 당신은 그것을 올바르게 적용할 더 좋은 기회를 갖게 된다.

해석 연구를 다시 한 번 검토할 때 몇 가지 중요한 질문에 대한 답을 확인하라. '당신은 저자의 신학적 목적에 대해 무엇을 발견했는가?' '어떠한 성경적 교리가 나오는가?' '어떠한 시대를 초월하는 진리가 본문에서 밝혀지는가?' '본문에 나오는 어떠한 사람들의 상황이 당신의 성도들의 특징과 연결되는 것인가?' 이러한 질문에 대한 대답은 현시대에 구체적으로 적용할 수 있는 척도를 제공할 것이다.

이러한 대답을 염두에 두면, 당신은 성도들을 위한 동시대의 일들에 대해 탐구할 수 있다. 하지만 신학적인 의미나 시대를 초월하는 진리에서 구체적인 적용점을 세워 나갈 때, 여기에서 오는 긴장감이 있음을 알아야 한다. 당신은 사람들의 삶에서 특정한 일들에 대해 말할 때 "주님이 이렇게 말씀하십니다"라고 말하고 싶은 충동을 발견할 것이다.[12] 하지만 그렇게 해서는 안 된다. 프리먼(Freeman)은 다음과 같이 경고한다: "여기서 우리는 위험한 물속에 들어가는 것이기 때문에 주의가 필요하다."[13] 비록 당신은 성경 본문에서 원칙들을 선포하는 성경적 권위를 가지고 있지만, 성경이 그렇게 말하지 않는 것들에 대해서조차 청중의 삶에 적용하도록 말할 수 있는 권위는 없다. 그렇게 하는 것은 하나님의 입에 나의 말을 넣는 것과 같다.

성경 원칙의 구체적인 적용에 관해서, 로빈슨은 설교자들에게 본문의 원칙과 그 원칙의 가능한 많은 적용에 대해 차이점을 두도록 권면한다. 그는 다음과 같은 말로 제안한다: "이것은 원칙이고, 이 원칙은 분명하다. 하지만 이 원칙이 삶에 어떻게 적용되는지는 상황에 따라 사람들마다 다를 수 있다."[14]

여기에서 오는 긴장을 돕기 위해 그는 다음과 같은 여러 예들을 통해

이것을 분류한다: 반드시 적용, 대부분 적용, 가능한 한 적용, 거의 적용하지 않음, 절대 적용하지 않음.[15] 예를 들어, 출애굽기 20장 14절에 나오는 "간음하지 말라"의 명령에 대한 적용은 다음과 같다.

- 반드시 적용 당신은 배우자가 아닌 사람과 성관계를 할 수 없다.
- 대부분 적용 당신은 배우자가 아닌 이성과 아주 가까운 친구 관계를 유지하는 것에 조심해야 한다.
- 가능한 한 적용 당신은 배우자가 아닌 이성과 단둘이 점심을 먹어서는 안 된다.
- 거의 적용하지 않음 당신은 배우자가 아닌 이성과 방에 있어서는 안 된다.
- 절대 적용하지 않음 당신은 다른 부부들과 함께 배우자가 아닌 이성과 저녁 식사를 같이해서는 안 된다.

위 항목 중에서 본문에 대한 가장 근접한 해석은 유일하게 '반드시 적용'의 항목이며, 이것만이 "주님이 이렇게 말씀하십니다"라고 설교할 수 있다. 당신은 위에 언급한 다른 의미들에 대해 확신할 수는 있지만, 하나님의 말씀이라고 주장할 수는 없다. "너무나 많은 경우에 있어서 설교자들은 순종의 단계에 이르기 위해 가능한 본문의 함축적인 내용에 모두 반드시 적용해야 하는 권위를 덧붙인다."[16]

적용의 속성들

일반적으로 적용이 잘되지 않으면 효과적이지 못한 결과를 가져온다. 많은 설교자가 듣는 사람에게 가까이 가려고 했지만 오히려 멀어지게 되는 설교를 하게 되는데, 그 이유는 적용의 자질을 고려하지 않기 때문이다. 다음과 같은 특징들은 효과적으로 적용할 수 있도록 도와줄 것이다.

- **개인적 전달** 1인칭이나 2인칭의 복수대명사를 쓰라('우리', '우리들의', '여러분'). 이러한 것들은 본문의 진리를 강하게, 직접적으로 전달해 준다. 1인칭 단수는 거의 쓰지 않는 것이 좋다('내가', '나를'). 그것은 적용의 힘을 빠지게 하고, 때로는 적용이 아무 소용없도록 하기까지 한다.
- **다양성** 각 설교에서 직접적 표현과 간접적 표현을 함께 사용하라. 직접적인 적용이 안전하고 좋지만, 또한 간접적으로 말씀 적용하기를 주저하지 말라. 사무엘하 12장의 나단 선지자는 다윗을 꾸짖을 때 두 가지 방법을 다 사용한다. 그가 처음으로 언급한 부자에 대한 이야기는 간접적이었지만, 그의 최종적인 적용의 말씀은 단도직입적이었다: "당신이 그 사람이라." 예수님의 가르침의 방식에 대한 연구에서도 두 가지를 모두 사용하고 계심을 볼 수 있다.
- **결단** 듣는 사람이 행동으로 옮기도록 하라. 결국 이것이 설교의 목적이다. 올바른 적용은 사람들이 하나님의 말씀을 통해 삶이 변화된다는 것을 깨달을 수 있도록 도와주는 것이다.[17)]
- **호소** 호소하기를 주저하지 말라. 듣는 사람에게 호소하라. 오늘날 대부분의 설교가 너무 일반적으로 흐르고 있다. 좋은 적용 중 하나는 사람들에게 믿어야 할 것과 행해야 할 것에 대해 진정으로 호소하는 것이다.

적용의 위치

적용은 설교의 종류에 따라 전략적으로 두 개의 주요 부분에 배치될 수 있다. 그것은 설교가 끝난 후, 말씀에 대한 반응을 촉구하기 바로 직전에 확대된 형태로서 제한될 수 있다. 또한 적용은 설교 전반에 걸쳐 중심 문장들과 토론을 통해 이루어질 수 있다. 설교 본문 안에서 설명하고 있는 진리와 듣는 사람의 삶으로 나타나는 것들 사이에서 전략적인 관계가 형성될 수 있다. 로이드 존스는 이렇게 말한다.

당신이 설교한 내용을 적용하는 것은 중요하다. 적용할 수 있는 많은 방법들이 있다. 질문 혹은 대답하는 방법 이외의 여러 가지로 설교를 마칠 수 있지만, 어쨌든 제일 중요한 것은 말씀을 적용하도록 이끌어야 한다는 것이다.[18]

그러므로 적용은 설교가 진행되는 과정에서 바로 이루어져야 한다. 이 방법이 최고라 할 수 있는 이유는, 듣는 사람이 설교가 끝날 때까지 기다리지 않아도 설교 중에 자신의 삶과의 연관성을 찾을 수 있기 때문이다.[19]

적용의 준비

설교에 성경적 진리를 효과적으로 적용하는 것은 전체 사역에서 점점 더 발전하는 과정이 될 것이다. 성경의 내용이 적용될 수 있고 적용되어야 하는지를 정확하게 결정할 수 있는 능력을 계획적으로 개발하는 것과 더불어 정직하게 적용하는 능력을 발달시키라. 다음에 제시하는 몇 가지 연습이 이를 증진시키도록 도와줄 것이다.

- **당신 자신의 삶에 진리를 적용하라.** 성경의 훌륭한 적용자가 되기 위한 준비의 기본은 개인적인 적용을 연습하는 것이다. 본문에서 항상 당신이 하나님의 말씀에 순종하는지 확인하라. 당신이 직접 적용하는 것보다 더 좋은 방법은 없을 것이다.
- **사람들에 대해 연구하라.** 오늘날 사람들에 대해 알 수 있는 모든 것을 배우라. 넓은 시야로 읽으라. 논평과 사전에서 벗어나서 사람들이 살고 있는 세상으로 들어가라. 엔터테인먼트 세계에서 최신 정보를 얻기 위해 영화 리뷰를 읽으라. 트렌드에 맞추라. 공항, 쇼핑몰 및 사람들을 볼 수 있는 곳에 다녀 보라. 현대 문화를 알도록 노력하라. 성경적 진리는 오늘날의 사람들에 관해 가능한 한 많이 알고 있을 때 가장 잘 적용된다. 오늘을 살아가는 사람들에 관한 지식은 성

경 세계와 현대 세계 사이의 긍정적인 흐름을 가능하게 한다. 이러한 인식은 사람들이 메시지를 받는 것과 같은 방식으로 영원한 말씀을 전하는 능력을 향상시킨다.

- **관련된 문학을 읽으라.** 설교 중인 본문과 관련된 현대의 문학을 읽으라. 산상수훈을 설교한다면, 사람들에게 행복할 수 있는 방법을 알려 주는 종교 서적이나 세속의 책을 읽어 보라.
- **청중에 대한 그림을 그리라.** 파악하고 있는 사람들의 상태를 현대의 어떤 동일한 언어로 표현할 수 있는지 잘 알기 위해 당신의 성도들 각 사람에 대한 구체적인 그림을 그려 보라. 자기 스스로에게 먼저 물어보라. (성도들을 떠올리면서) ______에게 말해야 하는 신학적인 의미와 시간을 초월한 진리는 무엇인가? 알렉산더 맥클라렌은 설교 준비를 위해 본문을 연구할 때 그의 책상 반대편에 빈 의자 하나를 두었다. 그는 성도 중 한 사람이 그 의자에 앉아 있다고 상상하며 자신과 그 사람 사이에서 본문을 끌어오도록 했다.[20] 이러한 연습은 당신이 실제 사람을 위해 메시지를 준비하고 있다는 것을 계속적으로 인식할 수 있도록 도와준다.

희미한(분명하지 않은) 것을 위한 예화

의미를 잘 전달하기 위한 네 번째 단계는 설교 내용을 예화로 설명하는 것이다. 예화를 드는 것은 깨우침을 주거나 이를 명확하게 하는 것이다.[21] 예화(illustrate)의 동사 형태는 라틴어 illustrare로 '빛을 비추다' 라는 뜻이다.[22] 당신은 강해의 과정에서 청중의 생각 속에 희미하게 자리 잡혀 있는 단어, 개념 및 적용점이 무엇인지 이미 인식하고 있다. 결과적으로 당신은 내용을 더 설명하기 위해, 특히 구름이 낀 것 같은 모호한 위험을 가진 개념을 의도적으로 더 설명하기 위해 이 단계를 거쳐야 한다.

예화는 우리 설교의 개념을 잘 설명해 주는 정신적 사진과도 같다. 우리는 시각이 발달한 시대에 설교를 하고 있다. 우리는 개인 컴퓨터, 테블릿, 휴대폰, 인터넷, 디지털 영화, 미디어 그리고 사람들의 시각적인 학습을 부추기는 여러 기술 발전의 시대에 살고 있다. 결과적으로 설교 예화의 중요성이 더욱 분명해졌다. 우리는 설교를 가능한 한 삶과 같은 것으로 만들어야 한다. 예화가 성도들의 마음에 그려 주는 그림들을 통해 우리는 추상적인 것을 구체화할 수 있다. 오늘날 교인들의 마음에는 예화의 계획적인 사용에 대한 심리학적 필요가 있다.

예화는 설교의 여러 다른 부분에 있어서도 힘을 발휘한다. 당신은 아마 예화로 설교를 시작하고 싶을지도 모른다. 어떤 경우에 있어서 결론 부분에 나오는 강한 예화는 특히 적절해 보인다. 어쩌면 당신은 요점을 말할 때 예화로 중요한 점 한 개 또는 여러 개를 강조하기 원할 수도 있다. 혹은 설교 포인트가 끝날 때까지 기다리기 원할 수도 있다. 어디에 예화를 쓰든, 당신이 말하는 모든 진리에 예화를 사용해야 한다는 강박관념을 갖지 말라. 비록 설교의 각 주요 부분에 예화를 사용하는 것은 좋지만, 어떠한 내용에 어떤 예화가 필요한지 보고 계획적으로 해야 한다. 설교에 필요한 예화를 결정하기 위해서 당신이 강조하기 원하는 내용에 대해 다음과 같은 간단한 질문을 하라.

예화 질문

나의 설교에 있어서 어떤 주장에 부가적인 설명을 더할 필요가 있을까?

위의 질문은 당신이 모든 설교의 같은 부분에 예화를 쓰는 대신 전략적인 포인트에 예화를 쓸 수 있도록 도와준다. 이제 우리가 의도적으로 예화를 사용해서 하나님의 말씀에 부가적인 설명이 가능하도록 도와줄 다른 요소들을 살펴보자.

예화의 목적

본질적으로 예화에는 목적이 있다. 아무 이유 없이 예화를 사용하지는 않는다. 예화는 무엇인가를 설명한다. 그리고 예화에는 설명이나 논쟁 혹은 적용과 같은 다른 기능적인 요소가 있다. 이러한 사실을 모르고 있다면 많은 설교자나 설교를 가르치는 사람들이 예화를 지나치게 신뢰하거나 남용할 수 있을 것이다. 만일 예화가 (어떤 사람들이 주장하듯) 설교에서 가장 기억되는 것이라면, 예화는 그것이 관련 있는 진리와 잘 연결되어 있어야 한다. 그래서 예화의 다섯 가지 주요 목적을 생각하는 것이 중요하다.

- 분명하게 말하기 예화는 주로 설명되는 것이 무엇인지 청중이 이해하도록 돕는다.
- 강화하기 단순하고 요점 있는 예화는 진리를 전달하고 듣는 사람들의 마음속에 박히게 해서 그 결과 기억을 증진시킨다.
- 적용하기 예화는 듣는 사람들의 삶에 연관성을 준다. 예화의 의미를 통해 당신은 듣는 사람들이 필요를 인식하게 하고, 감정을 불러일으키며, 사람들이 행동으로 옮기도록 한다.
- 관심 끌기 사람들이 당신의 설교에 특별히 관심을 갖지 않는다 하더라도, 잘 선택된 예화의 의미를 통해 관심과 주의를 얻을 수 있다. 모든 설교자들은 청중의 주의를 사로잡고, 흩어진 주의를 다시 가져온 예화의 힘을 경험했을 것이다.
- 주장하기 예화를 통해 논증의 타당함을 주고, 다른 사람의 잘못을 밝힌다.

예화의 특성

예화를 선택할 때 예화의 특성들을 살펴보라. 다음과 같은 특성의 유무는 효과적인 예화와 그렇지 못한 예화에서 차이를 만든다.

- **친숙함** 좋은 예화는 당신이 전하고자 하는 사실을 명확하게 해 준다. 이해가 어려운 것은 아는 것을 통해 이해가 가게 된다. 결과적으로, 만일 당신의 예화가 듣는 사람들에게 친숙한 것이라면, 그 예화는 사람들이 당신이 이야기하는 것을 이해하도록 도울 것이다. 그렇지 않다면 그 예화는 효과적이지 못하게 된다. 어떤 설교자는 가끔 도시 사람들에게 농촌의 삶을 이야기한다. 이럴 경우 사람들은 예화에 나오는 이야기를 잘 이해하지 못할 뿐 아니라 논점을 놓칠 수도 있다.

- **빈번함** 사용되는 예화를 사람들이 얼마나 자주 대하는가에 대해 놓치는 경우가 많다. 많은 설교자들이 환상적이거나 거의 믿기 어려운 이야기를 할 때 아주 좋은 예화가 된다고 믿는 오류에 빠져 있다. 하지만 예수님이 사용하신 예화를 보면 매일의 일상적인 삶에 자주 일어나는 것이다. 예수님의 방법이 놀라운 이유는 예수님이 말씀하신 예화가 사람들에게 친숙할 뿐 아니라, 말씀이 끝난 후에도 설교에서 사용된 것을 볼 때마다 사람들이 기억할 수 있도록 하기 때문이다. 진공청소기, 자동차, 컴퓨터 등 일상의 물건들은 예로 사용하기에 적합한데, 이는 설교가 끝난 후에도 중요하게 여기고, 영적인 진리를 기억나도록 하기 때문이다.

- **설득력** 예화는 마음의 문을 여는 것이다. 처음에는 받아들여지기 힘들었던 진리가 마음을 움직이는 간단한 예화를 통해 설득력 있게 된다. 그것은 설교자가 과장되거나 감성적이 되어야 한다는 뜻은 아니다. 듣는 사람들을 설득하기 위해 자신의 감정을 보이거나 우는 것은 좋지 않다. 하지만 좋은 예화는 사람들의 마음에 다가간다. 일단 진리가 선포되면 대부분의 결정은 머리가 아닌 마음으로 하는 것이다.

- **색채성** 직유나 은유를 사용하라. 비유의 방법을 사용하라. 예화에 역사적이거나 자서전적인 요소를 첨가하고 세상의 지식을 넣으라. 상황에서 나오는 예화로 사람들의 마음을 움직이라.

- **적절성** 특정 청중들에 적합하지 않거나 저급하거나 무례한 예화는 적절하지 않다. 어떤 상황의 설교에 있어서도 마찬가지다. 모든 예화가 상황에 적합하고 당신의 설교 포인트를 실질적으로 잘 설명해 줄 수 있는지에 대해 분명히 하라.

- **신뢰성** 과장이 심한 듯한 예화는 듣는 사람들의 마음에 의심을 낳게 한다. 만일 예화가 지어 낸 것이라면 더욱 그렇다. 예화가 상상 속에 있는 것이라면, 듣는 사람들에게 상상한 것이라고 밝혀야 한다. 예화의 사용에 있어서는 절대적으로 정직해야 한다.

- **시각성** 수년 동안 사물을 쓰는 시각적 방식은 기본적이며 아이들을 위한 설교에서만 쓰인다고 여겨졌다. 하지만 설교자가 본문을 설명하고 적용할 때 시각적으로 분명하게 한다면, 또한 오늘날의 시대에서 시각적인 요소가 갖는 영향을 생각한다면, 강해자가 시각적인 예화를 적절하게 쓰는 것은 좋다. 지나치게 사용되어서는 안 되지만, 시각적인 예화가 주는 영향력은 우리 세대에 있어서 과소평가될 수 없다. 시각적인 것이 있는데 단지 언어만 사용한다면 사람들의 머릿속에 그림을 그릴 수 없게 한다.

예화의 자료

당신이 특히 정기적으로 같은 청중들에게 설교를 한다면 다양한 예화를 찾는 데 더욱 힘쓰라. 몇 번이나 같은 예화를 사용한다면 그 이야기의 생동감이나 매력이 없어진다. 좋은 예화는 사실 어느 곳에서나 찾을 수 있다. 항상 찾도록 노력하라. 스마트 폰에 있는 문서를 이용하고 예화 노트를 준비하라. 우리는 네 가지 효과적인 예화의 자료로 시작한다.

첫 번째는 **성경**이다. 하나님의 말씀은 설교 예화의 좋은 자료다. 여러 세대를 거쳐 온 많은 삶의 경험(좋은 것이든 혹은 나쁜 것이든)은 하나님과 인간의 관계와 삶의 부분에서 예를 보여 준다. 또한 성경 예화의 사용은 성경에 대한 무지함이 없어지도록 도와준다. 구약의 이야기로 신약의 진리를 푸는 것은 성경의 통일성을 보여 주고 연관성을 강조한다.

성경의 이야기에 덧붙여, 성경의 원어들은 설교 예화의 아주 좋은 자료다. 헬라어는 특별히 유용하다. 많은 헬라어 단어가 그림 언어이며, 이는 많은 예화를 준다. 이러한 단어와 문단을 연구하라.

두 번째는 **지금 일어나고 있는 뉴스**다. 가장 좋은 예화들은 일간 신문, 주간 잡지, 현대를 보여 주는 문학에서 찾을 수 있다. 그러한 자료는 성경을 지금의 문화와 연결시켜서 듣는 사람들에게 연결성을 갖게 한다. 당신이 한 주 동안에 걸쳐 예화를 선택한 후라도, 토요일이나 주일 아침 신문에 실린 기사를 선택할 수도 있다. 가장 최근에 일어난 일이기 때문에 그 사건들은 사람들의 머릿속에 여전히 기억된다.

세 번째는 **개인적인 경험**이다. 당신(혹은 다른 사람)의 경험은 좋은 자료를 제공한다. 성경의 말씀을 설명할 때 경험에 대해 사용하기를 주저하지 말라. 사람들은 그것을 잘 이해할 것이다.

하지만 몇 가지 주의사항이 있다. 개인의 경험을 연결할 때는 겸손하라. 자랑하는 것은 듣는 사람이 거북하게 느끼게 한다. 가족에 대해 너무 자주 이야기하는 것은 가족들을 화나게 하는 일이다. 개인적으로 들은 비밀스러운 이야기를 하는 것은 신뢰를 저버리는 일이다. 이러한 실수는 그 비밀을 이야기한 사람에게 상처가 된다. 다른 사람에게 일어난 일을 마치 자신의 이야기처럼 하지 말라. 그러한 행동 때문에 당신은 부끄러움을 당할 수 있다.

네 번째는 **설교**들이다. 다른 설교자들의 설교를 들음으로 당신은 설교에서 사용할 수 있는 좋은 예화를 찾을 수 있다. 다른 목사님의 설교를 들을 때 종이와 펜을 준비하라. 당신이 그러한 예화를 이용하려면 어디에서 예화가 왔는지 구체적이지 않더라도 반드시 출처를 밝혀야 한다. 스티븐 브라운(Stephen Brown)은 지나치게 자세히 출처를 밝히는 것은 설교를 무더지게 만든다고 한다.[23] 항상 노트에 분명한 출처를 가지고 있되 너무 자세하게 언급할 필요는 없다. 윤리적인 지침은 그것이 당신의 이야기가 아님을 밝히는 것이다. 브라운의 조언은 단순히 다른 목사님들의 예화들뿐만 아니라 모든 자료에 적용된다.

다음은 당신이 더 고려해 볼 만한 자료들이다.

- **개인적 독서** 여러 다양한 주제의 책을 읽는 것은 설교에서 많은 예화를 쓸 수 있도록 해 준다. 당신이 신학이나 성경 연구에 대해 읽을 때, 독서를 통한 예화는 성경의 진리를 보여 줄 수 있다.

- **자연** 당신의 눈을 자연 세계로 끊임없이 돌리라. 예수님도 이러한 방법을 쓰셨다. 무화과나무, 들의 백합, 토양, 바람 그리고 영적인 사실을 설명하기 위해 여러 자연의 예화를 쓰셨다.

- **언어** 대부분의 예화는 일화(흥미로운 사람들이나 상황에 대한 짧은 이야기)의 형태로 되어 있다. 그러나 다른 방법으로 사용되는 언어도 예화로 간주된다. 도움을 많이 줄 수 있는 언어적 도구를 알기 위해 4장에 소개된 자료를 다시 보라.

- **통계 자료** 주제에 대해 냉정하고 올바른 사실들을 찾아내는 일은 요점을 설명하고, 적용하고, 논증하고, 예화를 드는 데 있어서 중요하다.

- **인터넷과 이메일** 현대의 발달된 기술은 많은 경우에 있어 바쁜 목회자들을 돕는다. 예화를 찾는 데 있어서 도움이 되는 도구는 인터넷이다. 버튼만 누르면 몇 초 안에 설교의 주제와 관련된 많은 이야기와 사건들이 나온다. 또한 선별된 친구들로부터 받은 이메일 속에는 많은 현대의 이야기, 시, 농담 및 다른 정보들이 쉽게 접근할 수 있도록 저장되어 있다.

- **예화 자료집** 우리는 이 항목을 마지막에 두었는데, 왜냐하면 여기에는 시간과 돈을 들일 가치가 있는 유용한 예화가 충분히 없기 때문이다. 많은 예화들이 오래되었고 진부하다. 만일 당신이 책이나 인터넷 웹 사이트에서 예화를 찾기 원한다면, 시간을 초월한 예화나 정기적으로 업데이트되는 곳을 이용하도록 하라.

아마도 당신은 지금까지 들었던 몇 가지 훌륭한 설교를 기억하고 있을 것이다. 이러한 설교들을 생각해 볼 때, 당신은 그 안에서 사용된 몇가지 예화를 기억하고 있을 것이다. 어떤 사람들은 설교에 있어서 사람들이 설교가 아닌 예화만을 기억하고 있다고 말할지 모른다. 우리가 설교에 대한 이러한 애매한 칭찬에 만족해서는 안 되는 반면, 예화가 설교를 만들 수도 있고 깨지게 할 수도 있다는 것은 사실이다. 최소한으로 줄여 말하자면, 적절한 예화의 사용은 평균 수준의 설교와 아주 뛰어난 설교와의 차이를 만든다. 그래서 효과적인 예화의 사용은 종합적인 설교에 있어서 좋은 영향력을 준다. 예화를 잘 선택하고, 효과를 극대화 시킬 수 있도록 결단력 있게 예화의 위치를 설정하라.

강해 발전

강해는 보통 주석과 해석이 포함된 사실이나 생각을 보여 주고, 설명하고, 또는 공개하는 역할을 한다. 그것은 당신이 정확하게 지금까지 해 왔던 것

(설교 본문에서 드러나야 하는 것이 무엇인지를 설명하고, 설명하고 논증할 필요가 있는 것을 보여 주고 적용하기 위해 필요한 것에 살을 붙이는 일)이다. 이미 이야기했듯이, 이는 설교의 본론이라고도 불리며, 이것은 강해 설교의 핵심이다. 설교자는 여기서 성도들이 성경의 말씀을 이해하도록 하는 것이다. 강해자는 기능적인 요소와 설교학에 관련된 장치들을 이용해서 설교 아우트라인에 맞추어 말씀을 정리하는 것이다. 하지만 자세히 진술하는 일들이 아직 끝나지 않았다. 당신은 설교하고자 하는 초자연적인 본문이 드러나도록 하기 위해 정리된 방법으로 소재들을 발전시킬 필요가 있다.

본문으로 뛰어들라

설교가 진전되는 것은 뒷마당의 수영장에서 이루어지는 행동과 비슷하다고 할 수 있다. 어떤 설교자에게 있어서 설교 본문은 단지 다이빙 대와 같고, 수영장은 설교와 같다. 이런 설교자의 경우, 본문에서 뛰어들어 설교로 들어간 후 다시는 본문으로 돌아오지 않는다. 어떤 설교자는 본문을 마치 수영장 주변에 놓인 기구처럼 여긴다. 그들은 설교 주위를 수영하지만, 성경 본문을 단지 가끔 이용할 뿐이다. 그러나 강해자는 본문을 수영장 자체로 이용한다. 그는 그곳에 뛰어들어 듣는 사람들까지도 수영하게 한다. 본문은 설교 그 자체다.

스토웰(Stowell)은 설교 본문의 중심적인 역할에 관해 20세기 설교자들에게 주는 조언에서 이렇게 말한다.

> 본문은 준비 과정에서도 중요하고, 실제 설교를 할 때도 중요하다. 본문을 단지 가볍고 모호하게 사용하는 것은 사람들이 하나님의 말씀에 가깝게 가는 것을 가로막는다. 그러한 태도는 삶을 변화시키는 결과를 가져오는 오랜 영향력도 감소시킨다. 강력한 힘은 전달자의 명석한 창조에서 오는 것이 아니라, 하나님 말씀 안에 담겨 있는 것에서 온다. 지금 미국에서 들리는 설교는 권위 있는 하나님의 말씀을 잘 해석하는 것이

> 아니라, 가끔 성경을 인용해서 자기가 할 수 있는 것의 가치를 찾는 쪽으로 흘러가기 때문에 이러한 방향성에 대해 우리는 걱정해야 한다. 이러한 현상의 이유는, 설교가 하나님의 말씀을 그들의 마음에 두기 싫어하는 성도나 세속적인 사람들이 청중으로 모여 있는 곳에서 전해지기 때문이다. 그러나 교회는 예수님의 몸으로 모인 것으로, 하나님의 말씀이 가르쳐져야 한다. 하나님의 말씀은 예수님의 영광에까지 자라고 발전하게 하는 힘이 있기 때문이다.[24]

설교의 가장 주된 역할은 성경의 본문으로 들어가서 설교자나 듣는 사람이 설교의 말씀에 잠기게 하는 것이다. 여행 가이드처럼, 당신은 이 성경 본문을 통과하는 여정을 여행하고 있다.

각 포인트 발전시키기

그러므로 당신은 하나님의 말씀을 붙잡고 믿는 청중들을 위해 하나님의 말씀을 표현하는 방법에 있어서 설교의 각 포인트 아래에 있는 자료들을 발전시킬 필요가 있다. 설교의 강해 부분들을 발전시키기 위해 아래의 과정을 따르라.

1. 설명과 적용과 예화와 논증을 위해 지금까지 모아 둔 자료들을 다시 점검하라.
2. 주요 포인트를 위한 별도의 종이 또는 문서에 모든 확장된 자료의 결과물들을 정리하기 시작하라.
3. 청중을 본문으로 이끌어 가고 설교의 주제를 발전시키기 위해 논리적인 방법으로 찾은 모든 아이템들을 배열하라.
4. 청중에게 직접 말하는 것과 같이 가능한 한 완전한 문장들을 사용해서 생각을 기록해 보라.

당신이 기록하는 모든 생각들은 지금부터 설교할 때까지 사이에 완성되어야 한다. 효과적인 스타일로 생각을 표현하는 것에 대해서는 다음 장에서 논의할 것이다.

중요한 강해의 요소를 한 가지 생각해 보아야 한다: 집중. 주제에 집중하라. 초점에 머물라. 두서없는 말로 청중을 한눈팔게 하지 말라. 자동차, 기차, 비행기로 가는 여러 방법이 있지만 도착 지점은 하나인 것과 마찬가지로 당신은 두 개, 세 개 혹은 네 개의 주요 부분이 있지만 하나의 주제로 모아져야 한다.[25)]

그 주제를 발전시키는 데 필요하지 않은 정보로 듣는 사람을 혼란하게 하지 말라. 그 대신 하나의 생각에 대해 열심히 가정해 보라. 그렇게 하면 당신은 하나님의 영광의 말씀이 설교의 특징이 되게 하는 것이다.

서론

설교 작성에서 다음 단계는 서론을 준비하는 것이다. 이것은 설교자가 청중이 듣도록 하기 위해 노력하는 부분 중 설교의 가장 처음에 온다. 본질적으로 청중이 계속 듣도록 이끄는 부분이 바로 여기다. 그러므로 서론은 흥미롭고, 듣는 사람의 관심을 끌어야 하며, 그들의 집중을 가져와야 한다.

설교자들이나 설교학자들 사이에는 서론이 어떻게 준비되어야 하는지에 대한 여러 의견이 있다. 비록 설교자 각각의 취향이 있어도 가장 좋은 방법은 내용을 연구하고(강해하고) 그 후에 서론을 쓰는 것처럼 보인다. 설교자들은 대개 설교에서 무엇을 소개할지 모를 경우 서론 쓰기가 힘들다. 이러한 이유로 서론을 쓰기 위해서는 결론을 내릴 때까지 기다려야 한다는 주장도 있다. 하지만 일단 강해 작업이 끝나면, 당신은 그것을 소개하는 방법에 대해 더 많은 정보를 얻게 된다.

서론의 목적

설교의 서론은 아주 계획적으로 접근해야 하기 때문에 시간을 갖고 잘 준비하라. 테네시 주의 멤피스에 있는 벨뷰 교회에서 오랫동안 목회를 했던 아드리안 로저스에게는 서론을 잘 쓸 수 있는 유용한 방법들이 있었다. 로저스는 다음과 같은 네 단어로 생각했다.

- **이봐요!**(Hey!) 서론에서 듣는 사람의 주의를 환기시킨다. 한 문장으로 설교의 본질을 보여 준다. 그리고 흥미를 끈다.
- **당신!**(You!) 듣는 사람에게 적용되는 주제를 가리킨다. "이것은 당신을 위한 것입니다. 나는 당신이 꼭 들어야 할 내용을 가지고 있습니다."
- **보세요!**(Look!) 앞으로 이야기할 주제에 대한 정보를 준다. 설교의 내용에 대한 길이와 깊이를 간결하게 알려 준다.
- **하세요!**(Do!) 설교에 뒤따라오는 행동에 대해 이야기한다.

비록 당신이 의도적으로 주의를 끌거나 그러한 방법을 쓰지 않아도 당신은 설교의 초반에 다음과 같은 목적을 이루도록 노력해야 한다.

첫 번째로, 로저스가 말했듯이 **흥미를 유발하라.** 당신은 설교의 처음 몇 분 안에 청중이 설교를 듣게 할 수도 있고, 그렇지 않게 할 수도 있다. 이 몇 분의 시간이 청중의 분위기를 결정하는 것이다. 우리는 좌석에 앉아 있는 교인들이 자동적으로 우리가 하는 설교에 관심이 있을 것이라 가정해서는 안 된다. 당신은 설교를 흥미롭게 해야 한다. 사람들에게 강한 서론이 주어질 수 있도록 시작하는 문장을 확실하게 써라. 작곡가들이 곡을 통해 듣는 사람의 주의를 끄는 것을 '낚는다' 라고 말한다. 처음 문장을 마치 낚는 것처럼 서론에 써서 듣는 사람의 흥미를 유발하라.

두 번째로, **본문을 소개하라.** 만일 강해 설교가 본문의 진리를 드러내는 것이라면, 설교의 서론은 본문을 어느 정도 소개해야 한다. 하지만 한편으로 본문의 내용을 너무 자세히 말하는 것은 조심해야 한다. 서론에 너무 많은 본문의 내용을 담으면 그것이 듣는 사람을 지루하게 할 위험이 있다.

세 번째로, 주제를 분명히 하라. 당신은 무엇을 말하기 원하는지 알고 있지만, 당신 앞에 있는 성도들은 무엇을 이야기하려고 하는지 모를 수 있다. 서론을 통해 청중이 본문의 중심 생각과 주제가 무엇인지 알게 하라. 서론은 사람들 앞에 큰 그림을 그려 놓고 그들의 발전을 준비시키는 것이다. 에모리 그리핀(Emory A. Griffin)은 이렇게 이야기한다.

> 설교를 시작할 때 주제를 밝히는 것이 지혜로운가 아니면 결론까지 기다려야 하는가? 우리는 성공적인 설교자의 조언을 따를 수 있다. 성공적인 설교자는 성공의 이유에 대한 질문을 받았을 때 이렇게 대답한다: "그것은 간단해요. 나는 교인들에게 앞으로 이야기할 것을 말해요. 그리고 이야기하죠. 그러고 나서 내가 이미 다루었던 것들에 대해 또 말하죠. 시작부터 사람들에게 앞으로 어디로 가는지 알게 합니다. 이러한 방법은 당신의 주제를 지지해 주는 예화나 증거에 대해서 정신적으로 낚이는 것과 같은 역할을 합니다. 만일 당신이 어디로 가고 있는지 모르면, 그들은 무의식중에 설교의 예화를 잘못 생각해서 전혀 엉뚱한 방향으로 갈 수도 있어요."[26)]

간혹 어떤 이야기식 본문에 있어서는 귀납적인 방법이 좋은데, 이것은 결론 전에는 주제를 나타내지 않는다. 하지만 대부분은 설교 초반에 분명하고 확실한 중심 주제를 언급해야 한다. 서론에 나타나는 간결하게 잘 짜인 몇 개의 문장은 이러한 주제를 분명히 해 준다.

네 번째로, 연관성을 세우라. 설교자가 청중들의 마음에 설교 내용이 그들의 삶과 연관되어 있다는 것을 알도록 할 때 흥미를 끌 수 있는 기회는 더욱 늘어난다. 당신의 설교가 그들의 삶에 중요하다는 것을 보여 줌으로 호응을 얻는 것이다. 당신의 목적은 청중이 행동으로 옮기도록, 설교를 바탕으로 일정한 결단을 할 수 있도록 돕는 것이다. 만일 사람들이 설교에 마음이 열려 있지 않다면 설교의 목적은 잘 이루어지지 않는다. 어떤 사람은 세 부류의 설교자가 있다고 말한다: 들을 수 없는 설교자, 들을 수 있는 설교자, 꼭 들어야 하는 설교자. 좋은 서론은 당신을 꼭 들어야 하는 설교자로 만들어 줄 것이다.

다섯 번째로, '가지고 갈 수 있는 것' 을 약속하라. 서론은 정기적으로 사람들에게 들음을 통해 맺어지는 열매를 보여야 한다. 당신이 청중들의 밖으로 보이는 필요와 보이지 않는 내면의 필요를 알고 있다면 그것을 설교에 함께 담을 수 있다. 설교자의 성도들에 대한 사랑의 마음을 담은 언행과 더불어 청중들이 '가지고 갈 수 있는' 유익한 문장을 언급함으로써 서론을 세우도록 한다.[27]

여섯 번째로, 기대감을 나타내라. 결론 부분(반응을 위한 초청)은 사실 서론에서부터 시작되는 것이다. 설교의 처음 부분에서 당신은 어디로 가는지, 청중에게 무엇을 기대하는지, 어떻게 그들이 반응하기 원하는지를 분명히 해야 한다. 서론에서 이미 행동을 요하는 초청으로 향하도록 하고, 설교 전체가 지향하는 목적을 생각하며 전해야 한다. 성경의 어떠한 구절도 마음에 호소하지 않는 것은 없다. 호소를 찾아서 설교의 도입부터 이를 잘 나타내도록 하라.

좋은 서론 쓰기

좋은 서론은 설교를 잘 시작하기 위한 중요한 요소다. 설교의 도입에 있어서 이러한 요소를 잘 갖춘다면 설교의 효율성을 높일 수 있다.

- 간결성 대부분의 경우 서론은 짧아야 한다. 설교자는 설교를 시작할 때 쉽게 여러 가지를 언급하고 싶어 한다. 하지만 꼭 필요한 단어가 아닌 것은 피하라. 몇 년 전에 아주 유명한 상원의원이며 연설가인 앨버트 베버리지(Albert J. Beveridge)가 이렇게 이야기했다. "만일 당신

이 3분 안에 유전을 발견하지 못했다면, 땅 파는 것을 그만두길 바란다."[28] 자세하고 긴 서론은 듣는 사람에게 당신이 전달하는 것보다 더 많은 것을 약속하는 것과 같다. R. G. 리(R. G. Lee)는 이에 대해 고층 건물을 위한 기초 공사를 해야 할 자리에 닭장을 지어 버리는 것이라고 표현했다. 서론은 현관이지 집은 아니다. 주제를 잘 소개할 수 있는 적당한 길이로 해야 한다.

- **다양성** 서론을 다양하게 시작하라. 청중이 항상 당신의 서론이 같다는 것을 안다면 별로 주의를 기울이지 않을 것이다. 준비한 설교에 맞는 좋은 서론을 고르라. 본문, 청중, 사건들이 다양하기 때문에 설교의 서론도 다양해야 한다.

- **연관성** 서론을 듣는 사람들의 필요에 맞는 연관성이 세워지도록 하라. 서론은 그들에게 설교를 들어야 할 필요성을 갖게 해야 한다. 사람들이 구매 욕구를 느끼지 못한다면 그 물건은 팔 수 없다. 〈라이프〉(Life)지의 기고자인 폴 오닐(Paul O' Neil)은 이에 대해 원색적인 표현을 썼다: "첫 번째 문단에서는 독자들의 목을 잡는다. 두 번째로 당신의 엄지손가락을 호흡기관에 넣는다. 그리고 벽으로 끌고 가서 마지막까지 잡고 있는다."[29] 서론에서 필요를 잘 이야기하고 설교를 통해 영적 해답을 주고 있다면 이미 당신은 좋은 설교자가 거의 된 것이다.

- **긴장감** 서론에는 긴장감이 있어야 한다. 당신의 설교가 서론에서 이야기한 것을 앞으로 완성할 것이라는 인식을 만들어라. 서론에서 제기한 질문들에 대한 답을 성경의 본문에서 찾을 수 있다고 알려라. 서론에서 밝힌 필요들이 설교 중간에 하나님의 말씀으로 해결된다는 것을 보여 주라. 서론은 전체 설교의 속도를 결정한다.

- **적절함** 서론은 또한 설교의 분위기를 결정한다. 본문과 그에 따른 주제는 분위기 면에 있어서 다양하다(어떤 것은 기쁘고 긍정적이지만, 다른 것은 심각하다). 서론의 분위기를 본문과 주제에 맞게 동일하게 해야 한다. 당신은 심각한 주제를 다루면서 서론에서 가볍게 시작하지는 않을 것이다.

- **확신** 사람들은 설교의 시작부터 당신이 그 주제에 관심이 있다는 것을 알아야 한다. 당신이 관심이 있으면 성도들도 관심을 가질 것이다. 가장 좋은 생각과 에너지로 서론을 시작하라. 어떤 설교자는 자신의 설교를 사람들이 듣든지 말든지 별로 상관하지 않는다. 그들의 설교는 독백이 되고, 설교를 위한 설교가 된다. 그들은 나무나 별을 상대로 설교하는 것과 같을 것이다. 사람들에게 하나님의 말씀을 전하는 것에 관심이 있는 설교자는 또한 사람들의 집중에도 관심이 있다. 당신의 설교를 들으러 온 많은 사람들은 당신이 하는 말에 관심을 둘 것이다. 처음 시작부터 그들의 기대를 저버리지 말라.

서론의 유형

몇몇 유형의 서론은 효과적일 수 있다. 당신이 사용하게 되는 유형은 본문, 목적, 청중에 따라 다르다.[30] 당신은 현대의 문제를 직접적으로 이야기하거나 성경은 그 문제를 어떻게 이야기하는지에 대해 말할 수 있다. 듣는 사람을 움직이게 하는 당신만의 구절이나 정곡을 찌르는 말을 찾으라. 너무 청중을 놀라게 해서 그 후의 모든 것이 오히려 중요하지 않도록 하는 것은 피해야 한다. 인간의 필요와 상황에 맞는 질문들도 서론의 유형에 해당한다. 그리고 그러한 문제에 대해 하나님이 어떻게 성경 말씀으로 보이시는지 본론에서 이야기해야 한다.

서론에서는 일화의 형태로 된 예화나 현대인의 삶이나 역사에서 오는 비유 등이 사용될 수 있다. 이야기는 본문의 중심 아이디어나 주제를 밝혀

준다. 또한 좋은 서론의 시작은 주어진 본문에 당신 자신의 삶에서 오는 개인적인 경험이 포함되며, 그것은 주제를 위해 사용될 수 있어야 한다. 실제 삶의 이야기나 상황도 본문의 본질을 잘 나타낼 수 있다. 위대한 서론은 긍정적이며 놀라운 역사적 사실이 될 수도 있고, 믿는 사람들이 삶의 가치를 두고 있는 바를 나타내는 잡지의 한 이야기가 될 수도 있다.

서론은 또한 듣는 사람들의 필요에 집중할 수도 있다. 많은 청중이 가지고 있는 필요가 중심이 되어 성경의 본문이 그러한 필요를 어떻게 보여 주는지를 이야기하는 것은 강력한 시작이 된다. 사람들 머릿속에 있는 현재 일어나는 일들을 이야기함으로써 성경 본문이 현대에 적용되는 것을 강조할 수 있다. 엉뚱한 이야기, 날카로운 지혜의 인용, 주장 혹은 현재 행해지는 운동 경기로 설교를 시작할 수 있다. 강대상에서 신문을 보여 주며 읽는 것도 효과적이다.

이야기식 본문으로 서론을 강하게 시작할 수 있다. 동시대 사람들이 평행한 현대적인 시각으로 연결되었다는 진술에 따라 성경에 있는 이야기를 드라마틱하게 다시 말하는 것은 마치 '당신이 거기 있는 것' 처럼 느껴지게 해서 청중들의 관심을 사로잡을 것이다. 당신은 성경 본문의 직접적인 표현을 포함하거나 현대의 삶에 적용되는 상황적 묘사를 포함하는 서론을 사용할 수도 있다. 마지막으로 청중에게 잘 알려진 사람의 말을 인용하거나 그 인용에 관련한 성경 구절을 말하는 것으로 사람들의 관심을 끌 수도 있다. 한 문단을 위해 지나치게 길게 인용하는 것을 피하고 한 문장이나 두 문장으로 줄여라.

서론의 발전

일단 당신이 어떤 설교에 맞는 가장 좋은 서론의 유형을 결정했다면, 설교의 시작을 발전시킬 수 있다. 다음과 같은 과정은 효과적인 서론을 만드는 데 필요한 것이다.

1. 고민하고 공감하라. 당신의 강해와 결론 그리고 초청에 대해서 묵상하라. 그리고 설교를 듣는 사람들의 상황에 대한 묵상을 통해 적용점을 강조하라. 중심 생각이나 겹치는 중요한 포인트를 발견하기까지 이러한 사실들과 씨름하라.
2. 말로 하라. 생각을 글로 직접 써 보고, 실제로 사람들에게 이야기하는 것같이 연습하라. "글쓰기는 걸러진 그리고 세련된 생각의 표현이다."[31] 설교의 다른 부분에 대해 시시콜콜 다 쓸 필요는 없지만, 서론만큼은 강하고 분명하게 써 보라.
3. 비평하라. 일단 서론을 썼으면 그것을 시험해 보라. 다시 그 글을 보고 전에 말한 여섯 가지 목적을 성취했는지 보라. 흥미 유발, 본문 소개, 주제 말하기, 연관성 세우기, 적용 약속하기 그리고 기대감 높이기 등이다.
4. 검토하라. 비판적인 검토에 기초해서 수정하고 세련되게 하라.
5. 암기하라. 설교를 암기해서 당신이 사람들의 눈을 보고 의사소통할 수 있도록 하라. 모든 단어를 완벽하게 암기할 필요는 없지만 설교 노트를 반복해서 읽고 연습한다면 단어가 기억될 것이다.[32]

반드시 서론을 열심히 써야 한다는 사실을 잊지 말라. 이 중요한 작업은 설교를 잘 세울 수도 있고 무너뜨릴 수도 있다. 스펄전은 "물고기를 낚싯바늘로 유인해야 하는데, 만일 물고기가 오지 않는다면 낚시꾼을 비난해야지 물고기를 비난할 수 없다. 청중들이 가만히 있음으로 하나님이 그들의 영혼에 하시고자 하는 말씀을 듣게 하라"고 말했다.[33] 서론을 말할 땐 마치 듣는 사람에게 삶과 죽음의 문제같이 느껴지도록 이야기하라. 그것은 정말 중요하기 때문이다!

서론의 잘못된 예들

설교의 서론 부분에서 몇 가지 잘못된 예를 주의해야 한다. 어떠한 경우에도 이러한 서론은 피해야 한다.

- **머뭇거리기** 설교를 잘 준비해서 돌려 말하지 말아야 한다. 무엇을 말할지 확신이 서지 않는 설교자는 이미 준비가 안 되어 있거나 서론이 좋지 않다는 것을 의미한다. 이것은 그의 생각과 말이 불분명한 경우다. 청중은 준비성이 없는 것을 금방 알아채고 별다른 기대감 없이 들을 것이다.

- **사과하기** 설교가 잘 준비되지 않았다고 혹은 주제에 대해 잘 모른다고 말하지 말아야 한다. 아마 당신은 항상 설교가 완벽하게 준비되었다고 느끼지는 않을 것이다. 하지만 설교자가 준비되지 않았다고 변명하는 것은 그가 마치 실수해도 괜찮다는 보험을 들어 놓는 것이 아니라, 청중의 머릿속에 설교가 아마 실패할 거라는 인상을 준다.[34] 준비를 잘하지 않으면 그들은 금세 알 것이다. 더군다나 당신이 제안하는 주제에 대해 사과하지 말아야 한다. 만일 설교가 강해설교라면 하나님 말씀에서 찾은 진리에 대한 사과라는 것은 존재하지 않는다.

- **장황하게 말하기** 서론을 주제와 관계도 없는 여러 의미 없는 문장으로 채우지 말라. 서론의 부분을 비중 있게 하라. 당신은 청중의 집중을 원한다. 당신은 청중에게 서론에서 집중할 수 있는 내용을 제공해야 한다. 만일 너무 장황하면 듣는 사람은 별로 관심 갖고 싶어 하지 않을 것이다. 청중을 칭찬하는 말은 주로 장황한 것에 속한다. 만일 청중을 칭찬하고 싶다면 설교 중간에 요점을 강조하기 위해 하는 것이 더 낫다. 처칠(Churchill)은 서론에서 누군가를 칭찬하는 것은 아부하는 것이고, 중간에 하는 것은 진심이라고 했다.

- **웃기려고 들기** 유머는 설교에 있어서 효과적일 수도 있지만, 서론 부분에서는 좋지 않다. 당신이 토크쇼 진행자들이 지닌 위트를 가지고 있지 않는 한, 이것은 설교가 묻혀 버리고 당신 자신과 청중 모두를 당황하게 만들 위험을 가진다. 유머를 잘 사용할 수만 있다면 예상치 못한 데서 설득하는 데 도움이 된다.[35)]

- **학자인 척하기** 학술적으로 서론을 시작하지 말라. 학술적이고 단조로운 서론은 듣는 사람을 지루하게 한다. 서론은 신선하고 다양함이 있어야 한다.

- **잘못 이끌어 가기** 설교에서 전하지 않을 것이나 전할 수 없는 것에 대해 할 것처럼 이야기하는 것을 피해야 한다. 설교자가 한 주제를 제시한 후 다른 것에 대해 이야기한다면 듣는 사람은 속은 느낌이 든다. 주제를 소개했다면, 그것에 대해서만 이야기해야 한다.

결론

설교를 구성하는 마지막 단계는 결론을 발전시키는 것이다. 결론은 주제를 강화해서 삶의 연관성을 다시 점검하는 것이다. 당신의 설교는 공허함으로 다가가서는 안 된다. 설교의 중심 주제가 완성되어야 한다. 그리스 강연자는 가끔씩 이러한 부분을 '갈등을 해결하는 마지막 투쟁' 이라 부른다. 브로더스는 (수사학적, 심리적 혹은 영적으로) 이 부분을 '설교에서 가장 중요한 부분' 이라고 말한다.[36)] 설교의 이러한 시점에서 당신의 청중들은 문제에 대해 어떤 결정을 내릴 것이다. 마치 마지막 변론을 하는 변호사처럼 설교자는 사람들의 생각과 마음속에 가능한 한 분명하게 영원한 진리의 말씀을 집중하게 해야 한다. 마치 다리미가 뜨거울 때 사용하는 것처럼, 설교자는 주제를 분명히 하고 청중에게 설교의 전체적인 요점을 주어야 한다.

결론 발전시키기

결론의 중요성에도 불구하고 좋은 결론 맺기가 종종 소홀하게 된다. 때때로 설교자들은 충분한 준비 시간이 없어서 설교의 결론을 생각도 없이 대충 끝내 버리기도 한다. 어떤 설교자들은 인터넷에 설교를 올리는 용량이나 성도들이 가지고 있는 설교 길이에 대한 생각 때문에 시간 제약에 직면한다. 그래서 미성숙하게 설교를 끝낼 수 있다. 그리고 어떤 설교자들은 여전히 중심 주제를 하나로 모아 오거나 논리적으로 중심 생각을 이끌어 오는 것과 같은 기초 작업을 등한시한다. 결과적으로 이것은 사람들에게 영향력 있는 결론을 이끌어 내기 어렵다.

위에서 열거한 그 어느 것도 결론이 좋지 않게 맺어진 것에 대한 변명이 될 수 없다. 설교자는 계획적인 결론으로 이끌어 가는 설교를 할 책임을 가진다. 설교의 결론은 한 가지 이상의 목적을 가지고 있지만, 각각은 하나의 중요한 요소에 의해 특징지어진다. 다음은 좋은 결론에 사용될 수 있는 다섯 가지 종류다.

- 요약: 설교의 주제나 주요 부분 정리
- 예화: 주제를 강화하고 부각시킬 수 있는 일화
- 적용: 듣는 사람이 본문의 진리를 삶에 적용하는 한두 가지 방법
- 인용: 주제를 결론짓는 데 관련된 진술
- 질문: 듣는 사람이 주제를 생각하도록 생각을 자극하는 질문

호소로 결론 맺기

결론을 특별하게 맺을 수 있는 여러 가지 주요 방법에도 불구하고 결론은 항상 말씀에 대해 청중이 실천에 옮기는 호소나 권면을 포함해야 한다. 예

수님의 복음은 본질적으로 그 복음을 듣는 사람들의 반응을 요구한다. 라슨(Larsen)은 "복음은 죄인들에게 초청에 올 것인지 아닌지를 묻는 것이다. 응답이 요구되는 것이다"라고 정확하게 말한다.[37] 그래서 설교의 결론은 청중이 교회 문을 나가기 전에 설교된 진리에 대해 실천하는 것에 헌신하도록 고조된 부르심을 포함해야 한다. 일단 당신이 청중의 마음속에 하나님의 말씀을 보여 주면 그 말씀을 실천할 수 있도록 연결 지어 끝맺어야 한다.

하나님의 말씀을 선포하는 것은 결정을 위한 마지막 초청을 포함한다. 사람들이 즉각적으로 반응하든 안 하든 상관없이 사람들이 자신의 결정을 공적으로 표현하는 것은 다른 문제다. 우리는 이러한 호소를 9장에서 논의할 것이다. 하지만 여기서는 본문의 말씀에 따라 행동하는 청중들에게 세상과 타협하지 않는 초청을 하는 것으로 만족하기로 하자. 모든 설교는 사람들의 삶에서 변화를 가져오도록 의도되어야 한다. 전체 말씀은 이러한 목적을 향해 가야 한다. 우리는 단순히 말을 들어 달라고 혹은 정보를 전하려고 설교하는 것이 아니다. 우리는 반응을 위해 설교한다. 우리는 판결을 호소한다. '결론'은 당신이 이러한 판결을 위한 구체적이고 공적인 호소를 하는 마지막 기회다. 그러므로 청중에게 그들이 들은 것을 가서 행하라고 열정적으로 촉구하는 것으로 설교를 끝내야 한다.

결론에서 해야 할 것과 하지 말아야 할 것

당신이 진정한 호소를 하는 결론으로 발전시킬 때 포함해야 할 부분과 피해야 할 부분이 있다. 다음에 나오는 해야 할 것과 하지 말아야 할 것(Do & Don't)에 대한 가이드라인을 따라가 보자.

- Do: 강해의 내용을 다시 회상하라. 반복은 진리를 더욱 증폭시키는 데 있어 중요한 도구다. 세월을 초월하는 좋은 설교는 '그들에게 말하고자 하는 것을 말하고, 또 말하고, 당신이 말한 것을 다시 말하는

것' 이다. 비록 당신이 설교의 모든 부분들을 결론에서 다시 정확하게 되풀이하지는 않더라도, 강해의 중심 내용을 요약하는 구절이나 단어들은 반복해야 한다.

• Don't: 도덕적으로 이끌지 말라. "이 설교의 교훈은…" 이라는 말로 강해를 결론 맺지 말라. 이러한 불분명한 생각은 너무 일반적이라서 효과적이지 않다. 하나님 말씀의 적용을 도덕적 교훈으로 이끄는 것은 옳지 않다. 하나님의 말씀은 모든 듣는 자에게 귀중한 삶의 진리다.

• Do: 강해에 맞게 하라. 어떤 결론들은 절정으로 만들어지는 내용과는 관계없게 흘러간다. 만일 당신의 설교가 격려를 위한 것이면 격려로 결론을 맺으라. 만일 당신의 설교가 잘못된 것을 바로잡으려 하는 것이면 분명한 바로잡음으로 결론을 내라. 만일 당신의 설교가 교리에 관한 것이면 다시 그 교리를 반복하라.

• Don't: 이미 끝난 내용에 대해 계속 말하지 말라. 어떤 내용에 대해 마침표를 잘 찍어 놓은 후 다시 언급하지 말라. 윌리엄 제닝스 브라이언(William Jennings Bryan)의 어머니는 아들의 저녁 예배 설교 후에 다음과 같은 뼈아픈 말을 했다: "윌리엄, 너는 사람들이 앉을 수 있는 좋은 기회를 여러 번 놓쳤다." 설교가 실타래처럼 계속해서 이어지면 안 된다. 끝날 때는 잘 마무리해서 끝내고, 이를 잘 묶어서 사람들이 잘 완성된 설교를 듣고 떠날 수 있도록 하라.

• Do: 생각과 표현을 분명히 하라. 모호함은 강해를 결론 내는 어느 곳에도 있어서는 안 된다. 청중은 당신이 말하는 것을 의문 없이 이해할 수 있어야 한다. 만일 사역을 막 시작했다면 결론을 모두 써야 하

며, 심지어 설교를 다 쓰지 않더라도 결론 부분은 써야 한다. 이러한 연습은 당신이 말하는 것을 분명하게 하도록 도울 것이다.

- Don' t: **마무리될 때까지 끝내지 말라.** 강해는 결론으로 가기 전에 충분히 강해가 되어야 한다. 가끔씩 설교자들은 강해가 덜 완성된 상태에서 설교의 정점에 이른다. 이러한 경우에 설교의 나머지는 내려가는 길처럼 된다. 주의 깊은 구성이나 시간에 대한 인식이 바로 이를 해결해 줄 수 있는 열쇠다.

- Do: **힘과 에너지를 남겨 놓으라.** 결론에 이르기 전에 모든 힘을 다 써 버리지 말라. 결론은 호소의 한 형태이기 때문에, 좋은 결론을 위해서 생동감을 남겨 놓아야 한다. 브로더스는 결론에 도달하기 전에 이미 지쳐 버려서 마지막에는 '버거운 쉰 소리가 나서 승리를 알리는 깃발도 없이 단지 젖은 손수건을 흔드는 것' 이라는 표현으로 고갈된 에너지로 설교를 마무리해 버리는 설교자들에 대해 비판의 목소리를 냈다.[38)]

- Don' t: **질질 끌지 말라.** 간결함은 요약에서 중요한 요소다. 말해야 하는 것을 말하라. 간결하게 이야기하라. 요점을 이야기하라. 그리고 끝내라.

- Do: **청중과 관련 있게 하라.** 지금 설교를 듣고 있는 사람에게 말씀을 돌려라. 있지도 않은 사람에게 말씀을 전하는 것은 무의미하다. '여러분' 이라는 말을 사용하라. 분명한 반응을 하도록 호소하라. 결론은 사람들에게 깊은 개인적 책임을 주도록 하는 것이다. 그들은 의심 없이 들은 말씀을 행동으로 옮겨야 함을 알아야 한다.

- Don't: 새로운 내용을 소개하지 말라. 체계적인 강해를 하다 보면 다음 주에 강해할 내용의 소개로 이번 주의 설교를 마무리하고 싶은 유혹에 빠진다. 그러한 버릇은 설교의 힘과 강함을 무너뜨린다. 다음 주 설교에 대해 꼭 해야 할 이야기가 있다면 전체 예배를 마칠 때 하도록 하라.

- Do: 다양한 방법을 사용하라. 항상 같은 방식으로 설교하면 설교를 기대하지 못했던 방법으로 결론지을 때 생기는 장점들이 없어진다. 이렇게 할 경우, 당신이 청중들이 알게 되기를 바라는 때보다 먼저 청중들이 설교가 끝난다는 사실을 알아차리게 된다. 다른 방법을 사용하라. 예상하지 못하게 하라. 듣는 사람이 기대하게 하라.

- Don't: 결론 내는 것을 말하지 말라. "결론적으로…" 혹은 "마침내…"라는 말로 결론을 시작해서는 안 된다. 이러한 것은 놀라움의 요소들을 완전히 없앤다. 또한 결론으로 가는 전환구는 사람들의 마음과 생각을 닫히게 하고, 설교가 끝난 것을 알게 해서 결론의 생각이나 행동으로 옮기는 것 등을 놓치게 한다.

마지막 당부

설교를 구성하는 중요한 소재를 마치기 전, 한 가지 요소를 덧붙여 말하고 싶다. 당신은 서론, 강해 그리고 결론을 진행시킬 때 각각의 부분마다 부가적인 내용이 첨가되어야 할 필요성에 대해 고려해야 한다. 물론 당신의 설교가 너무 많은 분량이 되어 버리는 것도 조심해야 하지만, 그 진행 과정에서 빈틈이 없는지를 확인하기 원할 것이다. 설교의 본론에서 설명하고, 주장하고, 적용할 때 그리고 목적이 있는 서론과 결론을 작업할 때 첨가가 요구되는 영역들이 있는지를 살펴보라. 하지만 필요 없는 내용이 덧붙여지지 않도록 특별히 주의하라.

어떤 부분에 있어서 조금 더 보충이 필요하다면 자신의 창의력에 대해 연구하는 것을 제한하지 말라. 전체적으로 볼 때 독창적인 사상가들은 몇 사람 되지 않으며, 우리와는 거리감이 있는 사람들이다(그리고 대부분은 설교자가 아니다!). 밴스 하브너(Vance Havner)라는 사람이 한 번은 이렇게 이야기 했다: "사역을 막 시작했을 때, 나는 독창적이 되지 않는다면 아무것도 되지 않을 것이라고 결정했다. 하지만 곧 내가 양쪽 모두에 해당된다는 사실을 발견하게 되었다."

주석 책은 내용을 좀 더 보충할 수 있도록 도움을 주는 자료다. 해석의 과정에 있어서 당신은 많은 주석을 통해 본문의 진리를 좀 더 넓혀 가는 여러 문장들을 보았을 것이다. 설교에 도움을 주는 그러한 정보를 다시 한 번 보기 바란다. 또한 성경 연구의 한 부분으로 같은 본문을 이용한 다른 사람의 설교를 참고할 수도 있다. 도움이 될 자료가 더 있다면 그 설교들을 읽거나 들어 보라.

보충될 수 있는 또 다른 자료는 당신이 전에 한 설교나 전에 해 놓았던 성경 연구다. 이때는 넘치는 자료들을 보게 된다. 전에 우리는 나중에 쓰일 분석을 위해 필요 없는 것 같은 자료들을 모아 두어야 할 필요성에 대해서 살펴보았다. 당신이 모아 놓은 설교 자료의 조직 방법을 발전시키라. 아마 주제별 혹은 성경 참조로 하면 된다. 물론 컴퓨터에는 저장하고 조직하고 이전 연구의 결실을 찾는 수많은 방법이 있다. 당신이 준비한 설교에서 사용된 것과 사용하지 않은 것을 조직하는 쉬운 방법을 찾으라. 그러면 지금 만들고 있는 설교를 위한 자료로서 예전에 모아 두었던 것들을 쓸 수 있다.

이 모든 노력에서 어떻게 자료를 가져오는지에 대해 주의해야 한다. 표절은 우리 사회의 모든 부분에 만연해 있다. 학생들과 설교자들은 인터넷을 통해 연구 논문이나 완성된 설교를 마우스 클릭 한 번으로 찾을 수 있다. 그러한 자료를 그대로 가져오는 것은 옳지 않다는 것을 기억하라. 당신이 다른 설교자나 저자를 인용할 때 누구인지를 밝혀서 그들이 받아야 할 공로를 그들에게 돌리라. 제이 아담스(Jay Adams)는 당신이 읽은 자료에 새로운 조직, 새로운 합성 및 새로운 표현을 더할 때 인용이 허용된다고 주장했다. 그는 당신이 자신의 생각으로 재료들을 섞고, 당신의 경험에 그것을 더하며, 당신의 방식으로 표현할 것을 제안했다.[39)]

제3장

강해의 전달

PART 3

THE PRESENTATION OF THE EXPOSITION

7

생각의 표현

설교 스타일 발전시키기

알맞은 단어와 올바른 강조점이 있다면
나는 세상을 움직일 수 있다.
조셉 콘라드(Joseph Conrad)

설교자는 하나님의 말씀을 사람의 언어로 말하는 사람이다. 그래서 설교는 사람에게 알려진 공적인 연설 중 가장 중요하다. 설교의 표현은 궁극적으로 비언어적인 의사소통의 중요한 요소를 포함해서 메시지를 전하는 동안 주로 말로써 의사소통을 통해 나타난다. 그러나 입을 열기 전에 설교자의 첫 번째 관심은 자신의 말의 표현에 있어야 한다. 어떠한 설교자는 원고를 쓸 때 스타일에 힘쓴다. 어떤 사람들은 설교를 다시 검토할 때 머릿속에서 설교를 떠올리면서 그 스타일에 신경을 쓴다. 이상적인 것은 두 가지 방법을 다 쓰는 것이다. 의사소통에서 효율성은 설교 전달 전 표현에 대해 계획적으로 개발하는 것에 달려 있다. 다음은 설교 스타일을 개발해서 메시지를 전달할 수 있는 몇 가지 방법에 대한 토론이다.

설교 스타일을 이해하기

최근에 많은 설교학자들이 설교를 할 때 수사학적 방법을 얕보는 경향을 보인다. 거의 어떠한 책도 이 분야에서 도움을 주지 못한다. 수사학의 일반적인 의미는 사람들에게 영향력을 주거나 설득하기 위해 연설에 효과적으로 단어를 사용하는 기술이다. 이 정의는 분명 수사학이 설교를 효과적으로 하기 원하는 목회자에게는 합당한 연구 분야임을 시사한다. 수사학의 위험성이 결코 설교자가 이 분야에 대해 공부하게 하는 것을 방해하지 못한다. 브로더스는 수사학을 즉흥적으로 만드는 것, 적절한 표현, 마음을 움직이는 호소라고 묘사한다.[1] 그의 이러한 묘사는 스타일에 대한 중요성을 강조한다. 그것은 퀸틸리안(Quintilia)이 *Institutes of Oratory*(연설가를 위한 교육)라는 책에서 소개한 고전 수사학의 다섯 가지 기본 표준 중에 하나다.

스타일은 본질적으로 설교자가 생각을 표현하는 특징이다.[2] 하지만 스타일은 또한 설교자가 자신을 어떻게 표현하느냐다. 스위지는 효과적인 스타일이란 설교자의 성격과 장인정신의 결합이라고 주장한다. 덧붙여서 설교자는 "그의 표현의 기술을 강렬하게 이야기하고자 하는 것"에 결합해야 한다.[3]

이러한 수사학의 역할 때문에 스타일은 그것이 사용되는 시대(사람들이 가진 전통이나 취향과 시대마다 다른 경향)를 고려해야 하는 것이다. 쿠이엔가(Kooienga)는 스타일을 설교자가 특정한 청중에게 말씀을 전할 때 선택하는 방식이라고 한다. 그는 스타일이 설교라는 특별한 임무에 의해 만들어지는 수사학적 원칙들에 지배를 받는다고 주장한다. 쿠이엔가에 따르면, 설교의 스타일은 세 가지 중 하나의 형태를 갖는다고 한다. 가르침, 설득 그리고 반응을 위한 감동이 그것이다. 즉, 설교자는 설교의 목적으로 청중의 관점에서 사용할 스타일을 결정해야 한다.[4] 기독교 설교의 위대한 특징

중 하나는 주어진 본문에서 청중에게 맞추어 그들의 삶에 효과적으로 연결되게 하는 것이다.[5)]

스타일은 또한 마음의 문제다. 엘리자베스 악트마이어(Elizabeth Achtemeier)는 단어들이 자연스럽게 리듬을 타고 흘러 하나님의 말씀에 이르고, 말씀에 대한 열정을 지닌 설교자의 마음이 성도들에게 전달되는 것이라고 말한다. 그녀는 마음이 더해지면 모든 단어들이 구체적이고 그림을 그릴 수 있게 된다고 말한다. 악트마이어는 다음과 같이 요약한다: "스타일은 그 사람 자체를 나타낸다."[6)]

모든 설교자들은 좋든지 나쁘든지 자신들만의 스타일이 있다. 설교 스타일은 설교의 진리를 표현하는 단어들에 대한 당신의 선택으로 이루어진다. 그 단어들의 힘은 결코 작지 않다. 당신이 택하는 단어들은 설교를 아주 효과적이게 하거나, 아니면 효과적이지 못하도록 막는다. 로빈슨은 다음과 같이 말한다: "성령의 영감을 고백하는 강해자들은 모두 언어를 존중해야 한다. 성경의 말씀이 하나님의 영감으로 된 것을 확신하면서 설교의 표현을 무시하는 사람은 큰 모순이 있는 것이다."[7)]

브로더스는 좋은 설교 스타일이 가져야 할 가치에 대해 이와 같이 동의한다.

> 스타일은 전쟁터에서 쓰이는 반짝이고 광택이 나며 또한 날카로운 칼과 같은 것이다. 그 스타일은 평범한 칼을 멋있고 매력적으로 만들며, 강한 것을 더 강하게 하는 것이다. 그것은 실수조차도 매력적으로 보이게 하며, 진리의 내용이 다소 부족하더라도 어느 정도 넘어갈 수 있다. 많은 종교적 교사들이 이런 강력한 도구를 무시할 수 있을까?[8)]

효과적인 전달자가 되기 원하는 하나님의 사람은 설교 스타일에 있어서 단어 선별에 주의를 기울일 것이다.

동시에 우리는 스타일을 건강하고 겸손한 방법으로 접근해야 한다. 전달과 마찬가지로 스타일은 우리가 더 효과적으로 설교하기 위해 노력하는 단순한 무언가가 아니다. 스타일은 설교가 효과적으로 전달되지 못하는 것을 막기 위해 하는 노력이다. 하나님 말씀의 초자연적인 힘은 우리의 세련된 스타일이 아니어도 전달된다. 하지만 우리의 형편없는 스타일로 하나님 말씀의 날카로움이 무뎌지게 해서는 안 된다.

만일 하나님의 좌우에 날선 검인 말씀이 무뎌지게 하지 않는 것에 대해 진지하게 고민한다면 좋지 않은 스타일을 없애도록 노력하라. 몇 가지 없애야 할 스타일에는 다음과 같은 공통적인 특징이 있다.

- **장황함** 생각을 표현하기 위해 너무 많은 단어를 사용하는 것은 오히려 듣는 사람들의 입장에서 원하는 효과를 막고 지루하게 한다. 대부분의 설교자들은 이러한 것에 책임이 있으며, 불필요한 단어를 가능한 한 다 제거할 필요가 있다.

- **모호함** 너무 긴 문장이나 잘 배열되지 못한 생각들, 복잡한 구절은 모두 당신이 전하려는 진리를 모호하게 한다.

- **핵심을 빼고 말함** 이러한 실수는 많은 이야기를 하다가 정작 하고자 하는 이야기를 못 할 때 일어난다. 이러한 결점은 치명적일 수 있다. 단어들은 설교 포인트에 다가가려고 하지만 결론에 이르지 못한다.

- **우회적으로 말함** 드라마적인 요소나 의미를 알려 주는 특징이 없는 단어들은 흥미나 기대를 불러일으키지 못한다.

- **매끄럽지 못함** 흐름과 리듬이 없는 것과 성급한 문장들, 대충 만들어진 문구들 혹은 주저하는 표현은 모두 듣는 사람을 불안하고 혼란스럽게 만든다.

〈개인 간증〉

어떻게 설교를 가르칠 것인가?

이 질문은 나를 특별 강사로 초대했던 교회의 성도들로부터 아마 천 번 정도는 받았을 것이다. 그들은 하나님에게 받은 소명과 은사(엡 4:8, 11~12 참조)가 실제로 학습될 수 있냐는 것에 관심이 많았다. 여기에 대한 나의 대답은 항상 동일하다: 어떻게 사람들에게 설교하느냐를 가르치는 것보다 오히려 어떻게 하나님이 하시고자 하는 일을 방해하지 않는지에 대해 생각하고 싶다.

고린도전서 2장 1절에서 사도 바울은 이야기한다: "형제들아 내가 너희에게 나아가 하나님의 증거를 전할 때에 말과 지혜의 아름다운 것으로 아니하였나니." 바울이 고린도에서 말이나 지혜 없이 설교했다는 것이 아니다. 사도행전의 이야기와 바울의 13개 서신서를 호기심을 가지고 읽어 보면 차이점을 발견할 수 있다. 그는 설교를 '아름다운' 말과 지혜로 하지 않았다고 이야기한다. 거기에 차이점이 있다. 신약의 언어에서 '아름다운' 이라는 단어는 '위로 올라가다' 혹은 '위에서 다스리다' 라고 표현된다. 바울은 그의 생각 속에서 형성한 말이 하나님의 위대하심 위에 올라가거나 다스리는 것으로 설교하지 않았다는 것이다. 분명히 바울은 설교자가 반대로(그들의 말과 지혜의 아름다움이 하나님의 말씀을 넘어서게) 할 수 있다고 믿었던 것 같다.

고린도 사람들을 향한 바울의 고백에 기초해서 설교자가 이것을 이해하는 것은 매우 중요하다. 우리는 하나님의 말씀을 이미 있는 것보다 더 강하게 할 수는 없다. 하지만 우리가 말하는 것과 전하는 방식으로 하나님의 능력을 방해할 수는 있다. 설교를 가르치는 것은 사람들로 하여금 더 세련된 연설가가 되도록 돕는 것이 아니라, 그들로 하여금 하나님의 초자연적이고 강력한 말씀에 방해가 되지 않도록 하는 법을 가르치는 것이다.

짐 섀딕스

- **동일함** 문장들이 동일하고 흐름이 항상 예상되면 듣는 사람들이 졸리도록 하는, 마치 자장가를 듣는 것과 같다. 설교자가 이야기하는 것과 그 이야기의 방식에 다양함이 있어야 한다.

다음의 내용은 당신을 매우 세련된 연설가가 되도록 도우려는 의도가 아니라, 하나님의 말씀을 듣는 데 청중을 방해하는 스타일의 약점을 없애는 것이다.

창의성을 위한 계획

우리 모두는 설교가 잘 '정리되지' 않을 때를 많이 경험한다. 우리는 그럴 때 정신적으로 경직되는 것을 느낀다. 사실 당신은 모든 필요한 일을 하고 메시지를 확장했지만 아직도 설교를 독특하고 효과적으로 만드는 창의적인 자극이 부족함을 느낀다. 이러한 문제에 대한 해답은 잠복기라는 충분한 시간을 줄 때 발견할 수 있다. 마치 약이 달여지는 시간 같은 잠복기는 모든 자료들이 창의성을 통해 성숙하게 되는 것을 제공한다. 그리고 이러한 노력은 효과적인 설교 스타일을 위해 절대적으로 필요하다.

잠복기와 창의적인 과정에 대해 몇 가지 흥미로운 연구가 이루어졌다. 롤로 메이(Rollo May)는 그의 책 《창조를 위한 용기》(문예출판사 역간)에서 창의성을 '무엇인가 생기게 만드는 과정'이라고 정의한다. 그는 우리가 창의성이라고 표현하는 많은 다른 표현들이 있다고 한다. '생각이 튀어 나오다', '아이디어가 떠오르다' 아니면 '갑자기 드는 생각'이라는 문구들은 모두 창의성을 경험하는 데 사용되는 표현들이다. 의식적인 자각의 아래 어딘가에서 아이디어들이 경험으로 오는 것이다. 메이는 이 현상을 이렇게 묘사한다.

종종 어떤 사람이 어려운 질문에 대답하려고 할 때 처음에는 잘 생각나지 않는다. 그럴 땐 짧든 길든 간에 휴식을 취한 후 다시 앉아 그 일에 접근한다. 처음 30분 동안은 아무것도 찾아지지 않다가 갑자기 결정적인 아이디어가 떠오른다. 그것은 의식적인 노력이 중간에 멈추어지고 쉼으로 인해서 오히려 더 힘이 있고 새롭게 되는 것이다.[9)]

삶의 모든 영역에서 중요한 해결책은 이러한 방법으로 온다. 창의적인 과정을 충분히 발전시키는 데 있어 다음 네 단계가 필요하다.[10)]

1단계: 분리

본문을 공부하고 설교를 구성할 때 잠시 동안 설교 연구에서 떨어져라. 다른 말로 하면, 책상을 떠나 다른 활동을 하며, 집중을 많이 요하지 않는 일을 하는 것이다. 잠재의식적인 생각은 모아진 내용에 대해서 생각할 시간을 필요로 한다.

이 시간은 주요 내용을 마치 싹이 발아되어 성숙하게 하는 것과 같다. 여태까지 준비한 것과 힘든 노력들은 정신적인 소화의 시간이 있어야 한다. 휴식과 여가 및 그동안 모은 정보를 소화하고 친숙하게 되는 시간이 필요하다. 비록 이 시간의 길이는 다르지만 잠재의식이 다시 일하고 모아진 정보를 재결합하는 것이다. 이러한 쉼과 활동의 변화는 당신을 집중하는 노력에서 쉬게 해 창의적인 충동이 나올 수 있도록 한다. 결국 새로운 아이디어가 떠오를 것이다.

이러한 단절의 시간은 성령이 일하시는 데 있어서도 중요하다. 강해설교 준비를 통해 설교자는 성령을 의지함에 민감해야 한다. 하나님의 영감을 주는 성령이 설교자에게 성경 내용의 뜻과 적용을 알게 하고 통찰력을 주는 것이다. 아마도 우리가 무의식적으로 설교를 생각할 때 성령의 인도하심이 새롭고 의미 있는 방향으로 우리의 삶을 여는 것이다.

2단계: 묵상

설교 준비의 기술적인 면으로 가기 전에 설교에 대해 묵상하는 시간을 가지라. 이러한 묵상은 분리의 시간 또는 그 후에 해도 된다. 성경의 본문을 묵상하고 자료들을 더하면서 당신은 창의적인 과정을 준비하는 것이다. 당신은 연구를 안 할 때(휴식할 때, 걸을 때, 뛸 때 혹은 운전할 때)도 많은 경우에 있어서 묵상을 할 수 있다. 당신의 생각이 여러 경로로 자유롭게 여행하도록 하라. 항상 가던 친숙한 길을 피하라. 말씀에 접근하는 데 다른 그리고 특이한 문으로 가 보라. 당신은 묵상을 짧은 시간에 할 수 있음에 놀랄 것이다.

묵상을 할 때 창의성을 위한 긍정적인 노력으로 성경의 말씀에 상상력을 사용하라. 상상력은 무의식에서 오는 여러 생각이나 충동들을 받아들이는 생각의 능력이다. 상상력은 '꿈을 꾸게 하고 비전을 보는 능력' 을 준다.[11] 당신이 상상력을 성경 본문 연구에 시간을 들여 사용한다면 무의식에서 오는 깨달음이나 개념에 놀랄 것이다.

상상력을 높이는 하나의 방법은 관찰의 습관을 향상하는 것이다. 스펄전은 이에 대해 그림으로 된 언어로 말하는 능력이라고 적어 두었다. 그의 설교는 말 그대로 이러한 감각적인 것이 넘친다. 스펄전과 동시대 사람인 E. L. 마군(E. L. Magoon)은 그에 대해 이렇게 말한다: "그는 관찰, 기억, 비유, 창조에 특별한 능력이 있다 … 그는 눈을 자연의 모든 변화, 과학의 모든 발견 그리고 문학의 모든 부분에 열어 놓은 것 같았다."[12] 오늘날의 설교자는 이러한 관찰하는 능력을 향상함으로 설교를 많이 발전시킬 수 있다.

관찰력은 많은 방법을 통해 향상될 수 있다. 다음은 관찰력에 도움이 되는 몇 가지다.

- 시야를 넓히라. 보고 관찰하는 영역을 넓히라. 전시관이나 박물관에 방문할 기회를 가지라. 상상력을 풍부하게 하는 문학을 읽으라. 시는 이러한 면에 있어서 좋은 도구가 되어 준다.

〈개인 간증〉

매주 준비 시간 안에 창의성 계획하기

짧은 묵상 시간 외에도 말씀의 확장을 위해서는 더 긴 시간(잠복기)이 필요하다. 최근 몇 년 동안 나는 창의적인 과정을 위해 시간을 사용할 수 있는 좋은 방법을 알게 되었다. 나는 월요일 아침에 설교 준비를 시작해서 금요일 아침에 끝내는 것으로 계획을 세운다. 월요일부터 수요일까지는 설교에 대한 기본적인 작업을 한다. 그러나 목요일은 다른 연구를 위해 떼어 놓는다. 그날 나의 관심사는 다른 독서나 작문 및 다른 활동에 돌려진다. 이 시간에는 의식적으로 설교에 대해 생각하지 않는다.

목요일 오후나 저녁 시간에 다른 장소, 다른 환경에서 다시 설교를 본다. 많은 경우 설교에 대해 생각하지 않다가 다시 보았을 때 오히려 명확해지는 것을 본다. 이러한 방법을 썼을 때 설교의 구조가 훨씬 논리적이고 분명하게 된다. 그러한 설교 주제는 전보다 더 날카롭다.

제리 바인스

- 대충 보지 말고 자세히 보라. 사물을 대충 보지 말고 자세히 보도록 노력하라. 사물을 볼 때 그것을 주의 깊게 관찰하라. 가능한 한 모든 부분들을 보라. 그것을 만들기 위해 무슨 재료가 사용되었는가? 모양은 어떠한가? 얼마나 크고 혹은 작은가? 색깔은 무엇인가? 느낌은 어떠한가? 가능한 모든 관점으로 보라.
- 그냥 듣지 말고 주의 깊게 들으라. 바쁜 도로에 한번 서 있어 보라. 모든 다른 소리들을 들으라. 당신 주위의 사람들이 교차로에서 하는 이야기를 들으라. 가까운 가게에서 나오는 소리를 들으라. 귀에 들려오는 모든 소리를 잘 들어 보라.

- 단순히 만지지 말고 느끼라. 한 사물을 취해서 그것을 손에 들어 보라. 그 사물을 느끼라. 무엇으로 만들어졌는가? 어떻게 느껴지는가? 그것이 부드럽거나 혹은 거친가? 모든 가능한 방법으로 그 사물을 만져 보라.

이러한 활동이 하루 이틀 사이에 이루어지는 것은 아니다. 상상력을 극대화하기 위해 최대한의 결과를 얻으려면 매일 관찰하는 습관을 들여야 한다.

묵상에서 한 가지 더 주의할 것이 있다. 묵상의 시간들이 하나님과의 소통에서 무릎으로 되어야 한다. 이것은 설교 과정에서 성령님의 도우심과 그분의 가르치시는 역할에 의존하는 당신의 간절함을 기억하게 해 주는 것이다(요 14:26 참조). 가능한 한 무릎으로 할 뿐만 아니라, 충분한 기도로 설교를 준비해야 함을 기억하라. 어떤 사람은 "기도 없는 설교 작업은 무신론이다. 하지만 설교를 준비하지 않고 기도만 하는 것은 단지 추정하는 것일 뿐이다"라고 말한다.

3단계: 깨달음

당신이 설교 준비에서 떨어지는 분리의 시간을 갖고 묵상을 하면, 그 후에는 깨달음의 순서가 온다. 이러한 순간은 깨달음의 창문과 같은 것이다. 이러한 원동력은 연구의 시간 혹은 생각의 숨겨진 주관적 단계에서 오며, 또한 갑자기 놀랍게 오기도 한다. 이러한 깨달음의 순간은 종종 만족감과 함께 강한 확신으로 온다.

그러한 깨달음의 순간은 설교를 위한 연구와 마무리 짓는 사이에 올 수 있다. 그러한 생각은 예상치 않게 오고, 가끔은 휴식 시간, 여가 또는 회의 중에 올지도 모른다. 때로는 운전하는 동안, 때로는 밤중에 자다가 깨었을 때, 또 때로는 샤워하는 중에 이러한 영감이 올 수도 있다. 이런 일이 일어날 때마다 당신의 잠재의식적 생각은 설교에 작동할 것이고, 내용을 종합하고, 문제를 풀고, 당신이 의식하고 있는 생각에 그토록 필요했던 해결책을 제시할 것이다. 시간과 공간은 문제가 되지 않는다. 결과적으로, 창조적인 것이 오는 그 순간, 이것을 기록할 수 있는 수단이 있어야 한다.

4단계: 확인

잠재 의식의 영역, 떠오른 영감 그리고 다른 창의적인 생각들을 확인 없이 사용할 수는 없다. 창의적인 생각은 정확성을 확인하기 위해 본문 주변에 있는 내용들과 함께 발전되고 구체화 되어야 한다. 창의성의 순간에는 강해의 연구에서 발견한 사실 사이에서 정확성이 확인되어야 한다. 창의적인 생각으로 설교의 아우트라인 조정, 중심 생각과 주제 쓰기를 할 수도 있지만, 항상 전에 준비의 단계에서 나왔던 사실들과 대조해서 점검되어야 한다. 이러한 과정들은 당신이 깨달은 생각이 얼마나 정확한지를 확인해 준다.

스타일을 가지고 작성하기

효과적인 설교 스타일을 발전시키기 위한 다른 하나의 방법은 설교를 써보는 것이다. 설교를 건축 현장이라고 생각하라. 일꾼들은 튼튼한 기초 위에 집을 세우기 위해 기초를 끝냈다. 현장 주변에는 건축물을 세우고 집을 완성할 때 필요한 자재들이 있다. 그 일이 될 때까지 그 건물은 사람이 살 준비가 되지 않았다. 이와 비슷하게, 설교는 이 부분에서 모양을 갖추기 시작하지만 아직 설교할 준비가 된 것은 아니다. 당신은 본문을 연구했고, 하나님이 말씀하시는 것을 발견했다. 당신은 간략한 명제와 논리적인 아우트라인을 가지고 주제를 통일시켰다. 당신은 기능적인 요소로 뼈에 살을 붙였다. 당신은 좋은 서론과 결론을 썼다. 그리고 당신은 창의적인 과정이 진행되게 충분한 기회를 가졌다. 당신의 설교는 이제 몇 가지 사실의 조합 이상이 되었다. 필요한 원재료와 성령이 제공하신 영감의 불꽃을 가지고 당신은 마침내 강해 설교를 완성할 준비가 된 것이다.

설교문 어느 정도 작성하기

작성된 설교를 손보는 과정에서 당신은 어느 정도 설교문을 작성해야 한다. 설교학에서 여러 해 동안 나오는 논의는 설교자가 완벽하게 설교 전문을 써야 하는가에 대한 것이다. 어떤 설교자는 그렇게 하고, 또 어떤 설교자는 그렇게 하지 않는다. 많은 복음주의 설교자들은 매주 설교를 몇 번씩 하기 때문에 모든 설교를 위해 설교 전문을 쓰는 일은 어렵다. 모든 설교를 다 쓰는 것이 모든 목회자에게 있어 현실적이지 못하지만 그렇게 하도록 하는 것은 중요한 목표다. 그렇게 함으로 당신은 생각을 구성하고 표현하는 데 있어 더 계획적이 될 수 있다.

설교를 쓰는 것이 실제로 설교할 때 사용하는 노트의 정도를 결정하는 것은 아니다. 당신이 노트를 하나도 쓰지 않든지, 조금 쓰든지 혹은 전문을 쓰든지에 상관없이 설교 준비 과정의 하나로 전문을 써 보는 것은 좋은 스타일을 만들기 위한 건강한 훈련이다. 위대한 강해자인 마틴 로이드 존스는 젊은 설교자의 경우 특히 사역 시작 몇 년 동안은 적어도 매주 한 편의 설교 전문을 쓰도록 훈련해야 한다고 믿었다.

> 물론 그것은 내가 사역을 시작한 후 10년 동안 한 일이다. 나는 한 주에 설교 한 편을 쓰려고 노력했다. 두 편을 쓰려고 하진 않았다. 하지만 처음 10년간은 적어도 한 편을 쓰려고 노력했다. 나는 쓰는 것이 좋은 훈련이고, 정리된 생각과 정돈, 연속성이나 논제의 발전 등을 하기에 좋다고 느꼈다. 그래서 나의 특별한 설교 연습은 쓰는 것과 쓰지 않는 것 두 가지 모두를 병행하는 것이었다.[13]

당신이 설교를 할 때 설교 전문을 쓰지 않을지도 모르지만, 그럼에도 불구하고 쓰는 것을 통해 스타일이 향상되는 방법들을 열심히 노력할 수 있다. 그러한 연습은 또한 생각을 명확하게 하고, 사람들을 위한 실제적인 적용을 위해 설교를 검토할 수 있도록 해 준다.

설교문의 중요한 특성

설교문을 작성할 때 언어를 통해 효과적인 의사소통을 할 수 있도록 도와주는 다음과 같은 특성들을 이용하도록 노력하라.

1. 연관성 청중과 연관성이 있는 언어를 사용하라. 설교자가 청중을 이해하지 못하면 혼돈이 생긴다. 그러한 것을 피하려면 설교자가 그들의 삶과 연결되는 익숙한 것에서부터 시작해서 청중이 그 상황에 대해 잘못된 정보를 추측하지 않도록 해야 한다.[14] 연관성 있는 언어는 청중이 이해하는 단어와 주제로 구성된 것이다. 그러한 친숙함은 긍정적인 반응을 가져올 가능성이 높다.

2. 적절함 효과적인 설교 스타일로 만들기 위해서는 각 연령층과 여러 사람들이 지니고 있는 관습과 취향을 따라야 한다. 이러한 민감함이 설교문에 나타나야 한다. 믿는 사람들의 설교 중에 두드러진 한 가지 특징은 그 시대의 사람들에게 맞추고 그들과의 연관성에 효과적인 능력을 더하는 것이다.[15] 상황에 맞는 적절한 단어를 쓰라. 청중을 잘 이해하고 전달될 말씀의 종류를 이해하라. 시대와 장소, 목적에 맞는 단어를 선택하라. 아이들과 청소년에게 하는 설교라면 이에 맞는 단어를 쓰고, 어른이라면 어른에게 맞는 단어를 택하라.

3. 대화체 설교는 말로 하는 것이기 때문에 설교문은 공적인 형식이 아닌 대화체로 표현되어야 한다. 다른 말로 하면, 당신의 설교를 마치 다른 사람과 이야기하듯 하고 공식적인 리포트를 쓰는 것처럼 하지

말라는 것이다. 부정사를 나누고 전치사로 문장을 끝내도 된다. 줄임말을 사용하라. 불완전한 문장도 포함시키라. 적절한 사투리와 유명한 연설의 다른 표현들도 사용하라. 이러한 것을 돕기 위해 어떤 설교자는 녹음기 혹은 비서를 통해 이를 녹음해서 설교 노트에 받아쓴 후 나중에 원고에 사용하는 경우도 있다. 이러한 연습은 설교를 크게 읽고 원고를 다시 검토하게 하는 것이다. 젊은 장교였던 윈스턴 처칠은 많은 연설을 읽고 들은 후 연설에 대한 중요한 교훈을 기록했다: "연설은 눈이 아닌 귀를 위한 것이다."[16]

4. 개인적 청중을 위해 설교를 작성할 때 그들은 진짜 사람이라는 것을 기억하라. 그러므로 개인적인 단어와 문장을 사용하라. 개인적인 단어들은 개인적인 이름, 인칭 대명사, 남성 또는 여성을 나타내는 말, 어른과 아이를 나타내는 말들을 의미한다. 개인적인 문장들은 의문문, 명령문, 불완전 문장이나 감탄사 그리고 청중에게 직접적으로 말해지는 문장들 혹은 직접·간접 인용을 말한다.[17] 개인적인 인용을 자주 사용하는 것은 연설을 드라마틱하게 함으로써 흥미를 증가시킨다.[18] 설교자는 청중에게 보고하는 것과 같은 단어를 써야 한다. 듣는 사람에게 일방적으로 말하는 것이 아니라 대화하듯 하라. '우리' 나 '여러분' 과 같은 인칭 대명사를 사용해서 적용하고 호소하라. 교회 리더보다는 '우리', 교회 회원보다는 '여러분' 이라는 표현을 사용하라. 성과를 내거나 지침을 주려면 '나' 라는 표현을 자제해야 한다.[19]

부분적인 설교문에 관해서

만일 어떤 이유로든지 당신이 설교 전문을 쓰기 어렵거나 불가능하다면 적어도 어느 정도의 형태로 설교를 발전시키려고 노력하는 것이 설교 스타일을 세련되게 하는 데 도움을 준다. 일반적인 대안은 주로 부분적인 설교문, 간결한 설교문 혹은 완전한 문장의 요약본 등 여러 가지 이름으로 불린다. 이러한 형태는 주로 서론을 쓰고, 결론, 예화 및 선택된 자료들을 문자 그대로 쓰고, 당신이 말할 내용을 정확하게 쓰는 것이다. 하지만 설교의 본문에 있어서는 주요 포인트를 위한 요약된 문단만을 쓰는 것이다. 이러한 접근은 당신이 신중하거나 깊은 생각을 하고 싶을 때 그리고 특별히 설교의 중요한 부분을 작성할 때 전체적인 아이디어들을 쓸 수 있도록 해 준다.

설교를 부분적으로 쓰는 것에도 장점이 있다. 그것은 당신이 설교를 전달할 때 모든 단어에 너무 걱정하지 않도록 하고, 지나친 준비에서 오는 위험을 피하게 한다. 설교가 너무 지나치게 준비되어 있으면 그 자체가 목적이 될 수도 있는 것이다.

어떠한 방식으로 하든지 당신이 완전한 생각을 전하도록 선택한 특정한 단어들이 설교 아우트라인을 더 발전시킬 수 있도록 하라. 그렇지 않으면 설교가 명확하지 않고, 추상적이며, 장황하게 되는 결과를 초래한다. 당신이 아무리 좋은 내용을 가지고 있다 하더라도 영감 받은 성경 본문을 작성된 설교문에서 청중의 마음까지 다가가도록 전달하는 데 효과적인 스타일이 부족할 수 있다. 설교는 성경의 사실과 실제적인 적용을 단순하게 합쳐 놓은 것 이상이다. 효과적인 스타일을 위한 기본적인 요소들을 사용하는 사려 깊은 설교 구성을 어느 정도 수행해야 한다.

스타일을 구성하는 요소들

설교를 작성할 때 말하는 것과 쓰는 것 사이에는 중요한 차이가 있음을 기억하라. 글을 쓰는 사람은 그 글이 독자의 눈을 통해 다시 읽힌다는 장점이 있다. 반면에 말로 전달하는 사람은 사람들이 듣는 순간에 이해되는 말로 해야 한다. 설교 스타일을 구성하는 여러 요소들은 설교자가 그 일을 수행하도록 돕는 데 필수적이다. 설교를 쓸 때 단순함, 명확함, 강렬함, 흥미로움 및 매력을 얻도록 노력해야 한다.

단순함

설교에서 가능한 한 단순하려고 노력하라. 좋은 목표는 당신이 하는 말을 아이들도 이해할 수 있도록 만드는 것이다. 당신이 받을 수 있는 가장 위대한 칭찬 중의 하나는 한 아이의 엄마로부터 이런 말을 듣는 것이다: "우리 아이는 당신의 설교를 이해할 수 있기 때문에 좋아합니다." 마틴 루터가 한번은 이렇게 말했다.

> 설교자는 배우지 못한 대중에게 단순하고, 솔직하고, 분명하게 말해야 한다. 가르침이란 간곡히 부탁하는 것과는 다르다. 나는 설교할 때 박사나 높은 지위에 있는 사람들을 고려하지 않는다. 그들은 전체 성도 중에 한 40명 정도일 것이다. 나는 오히려 지위가 낮은 사람들이나 아이들에게 초점을 맞추려고 한다. 만일 학식 있는 사람들이 내 설교를 좋아하지 않는다면, 그들은 교회를 옮겨도 된다.[20]

아이들이 당신이 사용하는 단어를 이해한다면 어른들 또한 당연히 이해할 수 있다고 생각해도 좋다. 마치 당신이 부엌의 낮은 곳에 과자를 놓는다면, 키가 큰 기린뿐만 아니라 토끼도 와서 먹을 수 있는 것처럼 말이다.

단순함은 몇 가지로 얻을 수 있다. 다음에 나오는 특징들을 고려하라.

- 간결한 단어 단어가 효과적이기 위해서는 길거나 복잡할 필요가 없다. 지금까지 잘 쓰이는 말들이 얼마나 짧고 단순한지 보라: "여호와는 나의 목자시니", "사느냐 죽느냐", "우리가 두려워해야 할 것은 오직 두려움뿐이다." 드와이트 L. 무디의 설교를 연구해 보면, 설교에 쓰인 단어 중 79퍼센트는 한 음절이고, 16퍼센트가 두 음절 그

리고 4퍼센트만이 세 음절이었다.[21] 이것을 통해 무디의 청중이었던 보통의 사람들이 그의 설교를 잘 들을 수 있었던 이유를 알 수 있다. 설교자는 신학자나 학자같이 생각해야 하지만, 보통사람에게 이야기하는 사람인 것이다.

- **핵심을 담은 표현** 당신의 주장을 적절하게 전달하기 위해 충분한 만큼만 반복하라. 포인트를 넘어가면 사람들은 지루해한다. 분명한 목적이 있는 단어만을 선별해서 선택하라. 어떤 설교자는 너무 자유롭게 여러 단어를 사용해서 정작 중요할 때 사용할 단어가 없게 되고 만다. 정부 기관에서 일하는 사람들은 그 안에서 이루어지는 지시의 말들이 복잡하기로 유명하다. 지시 사항에 대한 천 개의 단어로 이루어진 말을 간결하게 줄여서 백 개의 단어로 말하지 않는다. 워싱턴 정부에 속한 한 배관공이 막힌 하수도를 강한 산성의 청소 약품으로 뚫을 수 있다고 이야기했다. 그러자 한 관료가 와서 이렇게 적었다고 한다: '강한 산성이 포함된 약품의 효율성에 대해서는 논의할 여지가 없지만, 부식을 가져오기 때문에 금속을 오래가지 못하게 한다.' 이렇게 쓰지 않고 좀 더 단순하게 말하면 어떨까?: '강산이 포함된 약품을 사용하지 말라. 그것은 파이프를 손상시킨다.'[22]

- **분명한 단어** 화려한 단어로 설교를 장식하지 말라. 한 음절의 단어로 표현을 가볍게 하라. '그래서' 를 쓰고 '그리하여서' 를 쓰지 말라. '하지만' 을 쓰고 '그러하지만은' 을 쓰지 말라. '그런데도' 를 쓰고 '그럼에도 불구하고' 와 같은 긴 말을 피하라. 명확한 언어는 아담스가 이야기하는 '기름칠하는 단어' 가 없는 것이다.[23] 기름을 빼기 위해서는 '가장 위대한' , '최상의' , '가장 눈부신' , '본질적인' 과 같은 불필요한 최상급의 단어를 피하라. '그래서' , '등등의' ,

'다음 부분에서' 와 같은 부가적 표현들을 쓰지 말라. 뜻이 애매모호한 말들은 불필요하게 덧붙이지 말라.

설교의 단어들은 인위적, 기술적, 신학적, 인상적이기보다 오히려 단순해야 한다. 복잡한 단어는 몇몇 사람에게는 인상적일 수 있지만 대부분 혼돈될 것이다.

동시에 단순한 언어를 사용하라는 말이 익숙하지 않은 성경 용어를 피하라는 의미는 아님을 알아야 한다. 믿지 않는 사람들은 성경의 용어를 표면적으로는 절대 이해하지 못할 것이다. 성경의 용어는 복음을 알고 사랑하는 사람들에게 특별하기 때문이다. 그래서 설교자는 사람들에게 성경 용어의 의미를 가르칠 책임이 있다. 그러나 문제는 어떻게 그것을 단순하고 쉽게 만드는가 하는 것이다. 어려운 단어를 사용해야 할 때 그것을 분명히 잘 설명하라. 설교는 사람들이 아는 말로 전해야 한다.

명확함

프로이센 프랑스 전쟁이 발발했을 때 한 장군이 그의 부하에게 말했다: "제군들이여, 오해할 수 있는 명령은 오해된다는 사실을 기억하라."[24] 설교에서도 마찬가지다. 앞에서 살펴보았듯이, 말로 하는 의사소통은 듣는 사람이 즉각적으로 이해할 수 있어야 한다. 책을 읽는 독자는 일정한 단어의 의미를 생각해 볼 수 있는 여유가 있다. 반면에 청중은 그러한 여유가 없다. 청중은 설교를 들을 때 바로바로 이해해야 한다. 결과적으로 브로더스는 이렇게 주장한다: "설교의 성공은 그것이 이해되는 만큼에 달려 있다. 설교가 잘 이해되지 않으면 모든 것을 놓치는 것이다. 명확함은 설교의 시작점이자 가장 중요한 스타일의 요소다."[25]

설교자가 사람들이 설교를 들은 것에 대해 어떻게 생각하는지를 안다면 놀랄 것이다. 설교자가 사람들의 반응을 기대한다면, 먼저 설교를 이해하도록 해야 한다. 쿠이엔가는 "설득을 위해 하는 설교는 명확성이 없으

면 실패한다" 고 말했다.[26)]

분명한 단어들은 오해를 줄여 주고, 하나님의 말씀에 대한 긍정적인 반응의 가능성을 높인다. 그러므로 명확함을 얻기 위해 설교에서 다음과 같은 것들을 사용하도록 노력하라.

- **구체적인 단어** 단어의 올바른 선택은 생각을 전하는 데 있어 큰 차이를 준다. 마크 트웨인(Mark Twain)은 정확하게 맞는 단어와 거의 맞는 단어는 번개와 반딧불의 차이라고 했다. 정확성을 위해 노력하라. 당신의 의미를 바르게 전달할 단어를 찾으라. '좋은', '훌륭한', '정말 좋은', '괜찮은', '귀여운', '예쁜' 과 같은 단어는 별로 의미가 없다. '작은 남부의 도시' 라는 표현보다 '웨이크로스, 조지아(지명)' 라는 단어가 훨씬 무게감 있게 다가온다. '한 개가 소년을 쫓아왔다' 보다는 '폭스테리어가 소년을 쫓아왔다' 가 더 분명한 표현이다.

- **단순한 문장** 문장들은 짧아야 한다. 문장은 가능한 한 복잡하지 않게 하라. 루돌프 플레쉬(Rudolf Flesch)는 문장이 짧을수록 표현이 명확해진다고 말한다. 분명하게 전달하는 강연자는 모든 문장에 17~18개의 단어를 평균으로 사용하며, 한 문장에서 가능한 한 30개의 단어를 넘어가지 않는다고 한다.[27)] 계속 늘어지는 문장을 피하라. 강연에서 충분한 간격을 이용하라.

- **능동태** 수동형은 설교의 생동감이나 활동성을 없애고 다양한 색채를 거리감 있게 만든다.[28)] "말씀이 선포되어야 한다!" 라고 말하는 대신 "말씀을 선포하라!" 라고 말하라.

- **단어의 조합** 어떻게 단어들이 조합되는지 주의하라. 어떤 단어들은

잘 조합이 되고 다른 것은 그렇지 못하다. 단어가 충돌되면 이해가 어려워진다.

명확함은 설교가 결단력 있도록 만들어 주는 필수적 요소다. 애매모호한 언어는 사람들의 반응을 저해한다.

라디오나 TV의 광고를 주의 깊게 들으면 지혜로워진다. 잡지의 광고를 읽고, 광고판의 말들을 보라. 광고를 만드는 사람은 제품을 팔려고 한다. 그들은 메시지가 사람들에게 가능한 한 분명하게 이해되도록 한다. 설교자는 그들에게서 분명한 의사소통 방법을 배워야 한다.

당신이 비속어를 사용해서 하나님의 말씀을 선포하지는 않지만, 분명한 전달을 위해 더 적극적으로 노력해야 한다.

포스(힘)

힘 또는 에너지는 당신의 생각을 청중들의 생각 속에 밀어붙이듯이 심는 것이다. 이러한 특징은 무엇인가를 강제로 하거나 강압적으로 하는 것과 같은 부정적인 인상을 주지는 않는다. 사실 이것은 설교를 하는 데 있어 매우 좋은 요소다. 설교의 힘은 당신의 마음, 태도 그리고 언어가 설교를 듣는 사람들에게 긍정적으로 눈에 띄게 영향을 주는 것이다. 하나님의 진리는 에너지 넘치게 사람들의 마음을 사로잡을 것이다.

사실 설교의 힘은 설교문의 작성 전에 보이지 않는 것에서부터 시작된다. 당신은 에너지 넘치는 의사소통을 통해 설교를 매력 있게 하는 것이다. 다음과 같은 마음의 상태는 설교를 작성하기 전에 이미 설교에 힘을 주는 것이다.

1. 주제에 대한 믿음 당신이 듣는 사람에게 영향력 주기를 원한다면 말하는 것이 중요함을 스스로가 믿어야 한다. 강한 언변은 설교자가 그의 주제에 열정이 있다는 것을 알려 준다.[29] 설교에로의 부르심뿐

만 아니라 준비한 설교를 다시 보고, 그 일에 대해서 확신이 분명한지 살피라. 당신이 설교하는 진리에 대한 열정은 설교에서 가장 중요하고 효과적인 보이지 않는 요소다.

2. **듣는 사람에 대한 존중** 성도들을 향한 건강한 태도가 중요하다. 성도에 대한 존경과 감사가 없으면 부정적으로 작용한다. 스위지는 대부분의 설교자들이 청중들보다 그들이 말하는 주제에 대해 이미 공부했기 때문에, 지식이나 의견에서 성도들이 무식하다고 생각할 수 있음을 관찰했다. 그는 설교자들이 듣는 사람의 능력과 성격을 겸손히 잘 인식해야 한다고 말한다. 만일 당신이 개인적으로 성도들을 업신여긴다면, 그러한 태도는 설교에서도 나올 수 있다.[30] 비슷한 맥락으로, 설교자가 듣는 사람들에 대한 개인적인 불만을 나타내는 경향에 빠지지 않도록 조심해야 한다. 낙담, 반감, 인내가 없는 것, 적대감, 조소, 그 외의 다른 부정적인 태도들은 성도를 따돌리는 요소다.

3. **설교 자체를 즐김** 목회자가 설교를 즐기고 여유를 가지는 것과 확신 및 영적 생동감은 당신과 청중 사이의 의사소통을 잘 세워 준다.[31] 설교에 대한 감정적인 반응은 설교자에 대한 반응과 연관이 있기 때문에, 목회자는 설교를 깊이 사랑하고 그의 사람들에 대한 애정을 기를 필요가 있다. 당신은 삶에서 하나님의 부르심의 열정을 가지고 설교를 듣는 사람들의 깊은 영적 필요를 채워 주도록 노력해야 한다.[32]

이러한 보이지 않는 특징들에 더해서, 어떠한 언어는 힘과 에너지 넘치는 설교에 도움이 된다. 설교문을 작성할 때 언어에 대해 기도하고 평가하는 시간을 갖도록 한다. 또한 힘이 있는 표현은 경우에 따라 언어적 스타일을 바꾸어야 할 필요성에 대해 인식해야 한다. 힘은 설교를 증진하는 것 대신 방해한다는 부정적인 인식으로 나타날 수 있다. 그러므로 청중을 위한 상한 심령, 겸손한 마음으로 단어를 배열하라. 설교문에 이를 실천함에 있어서 다음과 같은 언어 사용을 고려해 보라.

명령하는 언어

스타일을 발전시키는 방법으로서 명령하는 언어의 사용은 현대 설교에서 많이 간과된다. 만일 설교자가 그의 사람들과 교감이 있다면 그는 듣는 사람들에게 솔직하게 말하고 행동을 도전할 권리가 있다. 분명히 행동과 반응을 요하는 단어나 구절을 사용하라. 거만하거나 권위적이지 않으면서도 청중들에게 요구해서 그들이 진리를 수용하게 하는 언어를 사용하라. 이러한 의도들은 듣는 사람이 강한 반응을 하도록 요구한다. 설교가 개인적으로 그리고 직접적으로 접근하는 것을 두려워하지 말라. 2인칭 대명사인 '당신' 또는 '여러분' 을 사용하라. 이러한 특징은 설교가 청중들에게 더 큰 영향을 주게 하는 것이다.

명령어의 사용은 설교에서 결단력 있는 것과 연결된다. 설교의 의도는 자연스럽게 행동을 촉구한다. 설교의 목적은 듣는 사람에게 설교의 진리를 전하는 것이고, 우리가 원하는 것은 그들이 진리에 대해 반응하는 것이다. 진정한 설교자는 내면적으로 사람들이 이러한 변화를 얻도록 인도한다. 이러한 변화는 듣는 사람이 새로운 방식으로 살거나 새로운 개념을 이해할 때 분명하게 나타난다. 설교자는 듣는 사람이 그들의 시간과 재능과 개성을 하나님을 위해 쓰도록 촉구하는 언어를 사용한다.[33)]

예수님과 그의 제자들은 자주 이러한 명령어를 사용하셨다. 이러한 사용은 듣는 사람이 예수님의 말씀을 권위 있는 것으로 인정하고, 서기관의 가르침과 구별되도록 했다.[34)] 악트마이어는 이렇게 권면했다.

> 우리는 불확신을 겸손과 혼동해서는 안 된다. 때때로 설교자들은 모든 관점을 보고 사람들에게 자신들의 생각을 강요하기를 두려워한다. 그

> 래서 '…일 수 있다' 라는 말을 사용한다. 우리는 우리가 무엇을 믿는지 알고, 예수님이 승리하심을 믿는다. 만일 우리가 분명히 전한다면 우리의 사람들도 소망을 가질 것이다.[35]

명령어는 어떠한 상황에 있어서 부정적으로 작용하기도 한다. 루이스(Lewis)는 명령형 설교에 대해 자주 비판적이고 권위적이고 공허하다고 말한다.[36]

강조하는 언어

스타일이 있는 표현은 이러한 감정 공감의 언어를 사용하는 것이다. 공감은 다음과 같은 몇 가지 방법으로 얻을 수 있다.

단어의 선택이나 배치에 신중하라. 모든 생각이 다 중요한 것은 아니다. 정말 중요한 것을 강조해야 한다. 설교에서 중요한 내용은 정말 중요하게 취급되어야 한다. 강조되어야 할 것은 강조되어야 한다. 단어를 강조하는 한 방법은 문장 안에서의 위치에 달려 있다. 주로 문장의 처음이나 마지막에 두는 것이 강조하는 것이다.

특정한 단어의 강조가 잘못되면 당신이 진정으로 말하려는 것에 대한 강조가 약해진다. 예를 들어, 누가복음 2장 10절을 우리는 이렇게 읽는다: "천사가 이르되 무서워하지 말라 보라 내가 온 백성에게 미칠 큰 기쁨의 좋은 소식을 너희에게 전하노라." 강조를 두는 것이 '보라' 라는 단어라면 문장 전체에 잘못된 강조를 주는 것이다. '보라' 라는 단어가 문장에서 역할이 없다는 것이 아니라, 그 문장이 전하고자 하는 의도에서 지나치게 집중을 차지한다는 것이다. 이와 비슷한 다른 언어는 '그리고', '위하여' 혹은 '말한다' 이다. 이러한 단어들을 강조하는 것은 설교의 의도된 의미의 균형을 깰 수도 있다. 강한 명사나 동사를 사용하라. 너무 지나친 표현이나 구식 표현을 피하라. 가급적이면 최상급을 피하고, 한정어를 불필요하게 사용하지 말라.

설교자는 특정한 개념에 대한 반복으로 강조할 수 있다. 다시 말하는 것은 메시지를 명확히 하고 말하고자 하는 것을 강조한다. 다시 말하지만, 책에 쓰인 단어들은 독자들이 다시 읽을 수 있다. 하지만 설교에서 설교자는 듣는 사람들이 분명히 그가 원하는 것을 들었는지에 대해 명확하게 해야 한다.

한 개념을 다시 말하는 방법 중 하나는 단순히 되풀이하는 것, 다시 말해 반복하는 것이다. 자주 반복하는 구절은 중요한 효과를 가져다준다. 마틴 루터 킹 주니어(Martin Luther King Jr.)는 워싱턴에 있는 링컨 기념관에서 세계적으로 중요한 연설을 했다. 이 연설에는 "나는 꿈이 있습니다"(I have a dream)라는 구절이 반복된다. 설교에서 이러한 특정한 구절의 반복은 설교를 도우며, 설교가 정점으로 가도록 만든다.

반복을 사용하는 다른 방법은 표현을 바꾸어 반복하는 것이다. 또는 개념이나 구절을 새롭게 하는 것이다. 말하는 내용을 항상 새롭게 표현하라. 주의를 끄는 문학적 도구는 말하려는 것을 새롭고 흥미롭게 만든다. 성경의 단어인 '영광'에 대해 설교할 때, 당신은 성경이 하나님의 영광이 뒤에, 위에, 앞에 그리고 사람들 안에 있다고 말하는 것을 발견할 것이다. 이러한 표현을 새롭게 하기 위해 〈맥도널드 아저씨네 농장〉(Old McDonald Had a Farm, 미국 어린이에게 잘 알려진 노래로 후렴구에서 여러 단어를 바꾸어 부를 수 있도록 구성되어 있다. 우리나라에서는 〈그래 그래서〉라는 제목으로 번안되어 불리고 있다-옮긴이)과 같이 잘 알려진 동요의 흐름을 따를 수도 있다. "모든 믿는 사람에게 영광은 어디든지 있습니다. 영광이 여기도 있고, 저기도 있고, 여기의 영광, 저기의 영광, 모든 곳에 영광, 영광이 있습니다"라고 말할 수 있다. 당신은 말하고자 하는 것을 신선하고 새로운 방법으로 이야기할 수 있다. 하지만 지나치게 반복을 사용해서는 안 된다. 너무 많은 반복은 사람들을 지치게 하고, 강조점을 오히려 감소시킨다.

기억나는 언어

만일 포스가 당신의 생각을 청중의 생각 속에 보내는 것이라면, 더 기억할 만한 단어의 사용은 의사소통을 더 강하게 한다. 설교가 사람들이 기억하는 것의 효과를 측정할 수 있는 모든 기준은 아니지만, 그것은 일정한 진리를 사람들의 의식 속에 넣고 삶의 변화를 위한 발판을 마련하는 것이다. 그래서 특정한 방식으로 내용을 이야기해서 사람들의 머릿속에 오래 남도록 가장 좋은 기회를 가지게 하는 것이 중요하다.

The Sir Winston Method: the Secrets of Speaking the Language of Leadership(처칠의 방법: 리더가 사용하는 강연의 비밀)이라는 책에서 제임스 흄(James Humes)은 윈스턴 처칠, 프랭클린 루스벨트(Franklin Roosevelt), 존 케네디(John Kennedy) 그리고 마틴 루터 킹이 사용한 단어들을 기억나게 하는 다섯 가지 방법에 대해 말한다.[37] 설교자는 설교에 있어서 이러한 도구들을 잘 사용할 수 있다.

- 대조 케네디는 "만일 자유 사회가 가난한 사람을 도울 수 없다면, 부유한 소수도 구할 수 없다"라고 말했다. 처칠은 "만일 과거와 현재가 전쟁을 하게 한다면, 우리는 미래를 잃을 것이다"라고 말했다. 산상수훈과 잠언에도 역설과 대조가 많이 나온다. 벤자민 프랭클린의 《가난한 리처드의 달력》(휴먼하우스 역간)에는 부유한/가난한, 쓰는/모으는, 늙은/젊은, 어두운/환한, 산/골짜기, 현재/미래, 겨울/여름과 같은 여러 반의어를 사용한 문구들이 나온다.

- 운율 링컨(Lincoln)은 "힘이 곧 정의라는 믿음을 갖자"(Let us have faith that right makes might.)라고 말했다. 닉슨(Nixon)은 "분쟁의 시대에서 타협의 시대로 나아가자"(Let us move from the era of confrontation into the era of negotiation.)라고 말했다. 어린아이를 둔 어머니들과 작사가들은 운율을 타서 말하는 것을 잘한다. 귀에 잘 들리기 때문에 이 운율을 사용

한다.

- 메아리 프랭클린 루스벨트는 "우리가 두려워해야 할 것은 오직 두려움뿐이다"라고 말했다. 지미 카터(Jimmy Carter)는 "미국은 인권을 만들지 않았고, 어떠한 의미에서 인권이 미국을 만들었다"라고 말했다. 케네디는 "나라가 당신에게 무엇인가 해 줄 것을 묻지 말고, 당신이 나라를 위해 무엇을 할 것인가 물어보라"라고 말했다. 이러한 기술은 단어나 구절의 반복을 요한다.

- 두운 마틴 루터 킹은 사람들이 "피부색에 의해 평가받지 않고 그들의 성품의 내용에 의해 평가받게 될 것"(will not be judged by the color of their skin, but by the content of their character)이라고 말했다. 1963년에 연설한 이 문장은 지금까지도 강력한 여운을 남겨 준다. 그 이유는 중심 단어인 색(color), 내용(content), 성품(character)과 같은 단어의 두운 때문이다. 이미 살펴본 바와 같이 두운은 설교자나 정치가들에 의해 남용될 수 있고 또한 남용되어 왔다. 하지만 올바르게 사용된다면 기억 속에 있는 종을 울리게 해서 힘 있는 연설을 하도록 한다.

- 은유 처칠은 소련에 대해 "발트 해의 슈체친에서부터 아드리아 해의 트리에스테에 이르기까지 대륙을 횡단해서 철의 장막이 드리워져 있다"라고 말했다. 루스벨트는 나치 독일에 대해 "공격할 태세를 갖추고 있는 방울뱀을 앞에 두고 있다면, 그것이 공격할 때까지 기다릴 필요가 없다"라고 말했다. 좋은 은유는 사람들의 마음을 사로잡을 수 있다.

위트 있는 말

날카롭고 명석한 언어(풍자나 위트 있는 말)는 당신의 생각이 청중의 마음과 생각 속에 보내지도록 돕는다. 풍자는 간결하고 기발하게 표현된 밝고 재치 있는 생각이다. 마찬가지로 명석한 언어는 총명하고 위트 있는 말이나 문장을 나타낸다. 설교의 힘을 이야기할 때 미처 언급하지 못했지만, 이러한 것들은 에너지 넘치는 표현이 가능하게 하는 가장 오래된 방법이자 효과적인 형태다. 기원전 200년경에도 그리스인들은 간결하고 생각의 통일성이 있는 풍자를 사용했다. 한참 후에 토머스 모어(Thomas More), 벤 존슨(Ben Johnson), 조지 버나드 쇼(Geroge Bernard Shaw)나 오스카 와일드(Oscar Wilde) 같은 유명한 작가들도 이 풍자를 썼다.

풍자는 실패를 지적하는 데 효과적이고, 사람들이 행동을 취하게 하며, 교만을 끓게 함과 동시에 웃음 짓도록 한다. 풍자나 위트는 조소적이고 사실을 비꼬면서도 유머가 있다. 그들은 비판과 칭찬을 한다. 이러한 도구들은 진리를 간단하고 요점이 있으면서 흥미롭게 만든다. 그들은 설교를 살아 있게 하고 적용을 날카롭게 한다. 그리고 색채를 더한다. 익숙한 진리는 다른 방법으로 표현된다. 그들은 간결한 말로 의미를 사로잡는다. 예를 들어, "시험이 없는 믿음은 믿음이 아니다"라는 말은 믿음에 대해 간결하지만 많은 것을 말한다.

풍자나 위트는 듣는 사람들이 설교자의 하는 말을 잘 기억하게 한다. 이는 듣는 사람의 마음을 돌이킬 무엇인가를 주는 것이다. 진리는 그들에게 더 잘 이해될 수 있다. "물질이 당신의 삶을 망칠 수 있습니다"라고 말하기보다는 "물질을 가지려고 하는 것은 잘못된 것이 아닙니다. 하지만 그 물질이 당신을 소유한다면 잘못된 것입니다"라고 말하라. 이러한 장치들로 당신은 맛 좋은 유머를 부드럽게 입힌 몇 가지 단어를 사용해서 소리 없는 논쟁을 이길 수 있다.

확실한 것은, 풍자나 위트가 마냥 귀엽고 우습기만 해서는 안 된다는 것이다. 그것은 당신이 하고자 하는 말을 잘 도울 때만 사용해야 한다. 어떤 강연자들은 풍자나 위트를 사용하는 데 특별한 재능이 있지만, 거의 모든 사람이 그것을 효과적으로 사용할 수 있다. 다른 설교자들이 하는 것을 들으라. 그리고 책에서 찾으라. 이는 여러 자료에서 찾을 수 있다.[38] 풍자나 위트를 찾으면 노트에 잘 정리하고 몇 주 동안 암기하도록 노력하라.

흥미

흥미는 사람들이 집중하게 하고 그것을 유지하는 요소다. 조금 더 분명하게 말하면, 스위지는 그것을 '지루하지 않게 하는 질적인 존재'라고 설명한다. 많은 설교자가 가진 가장 큰 공포는 청중을 지루하게 하는 것이다. 책의 저자들은 책을 사는 독자들이 이미 어느 정도의 흥미를 가지고 있다는 것을 안다. 반면에 설교자들은 듣는 사람들을 위해 그러한 흥미를 만들어야 한다. 일정한 스타일의 문체에 주의를 기울이는 것은 사람들의 관심을 사로잡는 능력을 강화하는 데 도움이 될 것이다.

실생활과 동일시

설교와 실생활을 동일시하는 능력은 관심을 가지고 소통하는 능력에 직접적으로 영향을 주는 요소다. 본문에서 신학적인 진리를 설명할 때 하나님과 사람과의 관계를 묘사하는 주제들을 다루라. 사람들이 아는 관심이나 고난의 의미에 대해 이야기하라. 악트마이머는 이 부분에 대해 이렇게 적절하게 이야기한다: "이러한 것에 대한 단순한 표현들은 하나님이 사람들의 삶의 굴곡진 부분까지 다루신다는 아주 심오한 것을 나타낸다."[39]

삶의 문제나 도전을 이해하도록 하기 위해 자신의 개인적인 경험을 연결 지어 이야기하는 것에 대해 두려워하지 말라. 악트마이어는 이렇게 말한다: "설교자가 자신의 삶에서 하나님이 깊은 곳에 있는 문제까지 다루고 계신다는 사실을 모르면, 그의 설교는 표면적인 것 아래의 깊은 것을 다루지 못한다." 이런 표면적인 것을 피하는 길은 영적인 순례의 길에서 하나님과의 개인적인 경험을 나누는 것이다. 그러한 간증이 설교를 지배해서는 안 되지만, 적절하게 사용되면 사람들이 공감하고 관심을 나눌 수 있다.

당신의 목회적인 경험을 통해 설교를 더욱 성도들과 연관성 있게 하도록 인식하라. 섬기는 사람들과의 가까운 관계는 그저 종교 지도자처럼 기술적으로 접근하는 것을 막는다. 그 대신 사람들은 당신을 그들을 알고, 돌보며, 함께하는 사랑하는 친구로 볼 것이다.[40]

현시대의 언어를 사용하는 것도 관심을 불러일으킨다. 종교적인 문제는 특별한 스타일로 다루어야 한다는 생각은 청중의 입장에서 볼 때 큰 방해 거리가 된다. 19세기 또는 더 오래된 성경 버전에서 사용된 단어, 예를 들면, 'wrought', 'even so', 'like unto', 'beseech', 'nigh' 그리고 'hast' (지금은 사용하지 않는 영어 고어-옮긴이) 등과 같은 단어의 사용은 듣는 사람들에게 성경의 진리가 그러한 성경의 언어처럼 오래된 유물로 간주되게 한다. 쿠이엔가는 이렇게 오래된 언어를 쓰는 사람들에 대해 "설교를 박물관으로 만들 위험성이 있음"이라고 기록한다.[41]

명확한 언어

명확한 언어는 흥미로운 언어다. 일정한 단어들은 사람들의 생각 속에 의미 있는 그림들을 불러온다. 그 언어들은 청중의 흥미를 끄는 것이다. 그러한 표현은 몇 가지 주요한 특징을 가지고 있다.

- **긴장감** 단어들이 일정한 긴장감을 가지고 있으면 더 명확하다. 단어들은 불확실함을 일으킨다. 가끔 논쟁에서 반대되는 의견이 당신의 의견인 것처럼 말해 보라. 이러한 접근은 즉시로 단어들을 생동감 있도록 만들어 준다. 책을 읽는 독자는 전에 읽은 문장들을 볼 수 있고 또한 다음에 올 단어들을 기대할 수 있다. 하지만 설교를 듣는 사람은 그러한 특권이 없다. 그러므로 흥미와 기대와 열정을 불러일으키는 표현을 쓰라.

- **클라이맥스** 효과적인 스타일은 그것에 갈망함이 있는 것이다. 생각

들을 정리해서 긴장을 고조시킬 수 있도록 힘을 나타내라. 이러한 노력은 정신의 피로를 풀고, 마지막의 결론에 대해 측정하는 방법을 제공한다.

- 넘치는 에너지 단어들은 힘이 넘칠 때 더 명확하다. 에너지를 화내는 것으로 오해하지 말라. 효과적으로 표현된 단순하고 구제적인 단어는 엄청난 에너지를 줄 것이다. 당신의 표현에 생동감을 더하라. 당신이 어디로 가고 있는지를 당신의 말로 나타내라.

- 구체적 추상적인 것이 아닌 구체적인 표현의 사용은 설교를 더 명확하게 한다. '낙원' 대신 '천국' 이라고 말하라. '영원한 심판' 대신 '타오르는 지옥' 이라고 말하라.

- 다양함 문장들이 일정한 패턴으로 가지 않게 하라. 길이와 종류를 달리하라. 이것은 당신이 사람들에게서 높은 관심을 받게 하며, 또한 기대와 스릴을 제공한다.

- 비유적 설교자는 청중과의 연결을 위해서 비유적인 언어를 사용해야 한다. 설교는 비교와 대조를 사용해서 듣는 사람이 그들에게 익숙한 생각과 개념으로 이해해야 한다.

그래서 '거지가 거리를 걷고 있다' 라고 쓰기보다는 '거지가 거리에서 넘어지듯 걷고 있다' 라고 쓰는 편이 좋다. 이러한 생동감 있는 표현은 단어들을 살아나게 한다.

시각적 언어

시각적 언어는 듣는 사람의 생각에 그림을 그리도록 하고 듣는 것을 보게 한다. 아랍 격언에 "귀를 눈으로 돌리는 사람은 가장 좋은 연설가다"라는 말이 있다.[42] 사람의 마음은 칠판보다 예술 박물관에 가깝다. 홍미로운 방식으로 전달하기 원하는 설교자는 이러한 감각적인 호소력 있는 단어를 사용해야 한다.

감각들에 어필하는 언어는 색채가 다양하다. 예를 들어, 단어의 소리는 설교를 전달하는 데 중요하다. 어떤 효과를 내기 위한 모음과 자음의 조화를 '음색'이라고 한다.[43] 이러한 이유로 어떤 사람은 그 용어를 '색깔 단어'라고 표현한다.

사람들의 마음에 그려진 색채가 풍부한 그림은 사람들의 관심을 끌 뿐 아니라 그들을 감동시킨다. 하나의 그림이 천 개의 말보다 좋을 수 있지만, 단어들은 강한 상상의 그림을 그릴 수 있다. 예수님은 사람들의 머릿속에 이미지를 부르는 단어들로 그림을 그리셨다. 예수님은 땅에 뿌려진 씨앗에 대해 말씀하셨다. 그리고 밭에 감추어진 보화에 대해 말씀하셨다. 또한 알곡과 쭉정이에 대해 말씀하셨다. 당신이 가진 이미지에 대해 듣는 사람들이 알 수 있는 단어를 사용하라. 단어들이 가진 소리의 매력을 들으라. 벌들의 윙윙거림, 나무가 쿵하고 쓰러지는 소리, 파리의 웅웅거리는 소리, 바람의 우는 소리를 들으라. 단어 자체에 들어 있는 소리를 들을 때 때로는 소리가 그 단어의 진정한 의미를 전달한다는 것을 알게 될 것이다. '부드러운'이란 단어는 느리고 조용하다. '날카로운'과 같은 단어는 갑작스러운 칼의 끝을 말한다. '천천히', '빨리', '밝은', '단조로운', '바삭한', '젖은', '우울한', '빛나는'과 같은 단어를 생각하라. 그 단어들이 머릿속에 그려 주는 그림을 생각하라.[44]

그림 언어를 사용하도록 열심히 노력하라. 색깔이 없고 추상적인 단어들을 피하라. 좋은 설교자는 사람들이 설교의 내용을 삶에서 실천하게 돕는 사람들이다. 그들은 진리를 명확하게 표현해서 사람들이 마치 실제로 그 진리에 관련된 것같이 느끼게 한다.

아름다움

당신의 설교 스타일은 어느 정도 아름다움과 우아함이 있어야 한다. 설교는 여러 가지 방법으로 만들어지는데, 그것은 마치 예술과 같다. 아름다움은 당신이 만드는 것이 아니라, 효과적인 여러 요소의 사용으로 자연스럽게 나오는 것이다.[45] 설교자가 그 여러 요소들을 사용할 때, 아름다움과 우아함은 자연스럽게 나올 것이다.

비록 이러한 예술적인 표현은 주로 다른 스타일의 요소에서 기인하지만, 그 존재를 확실히 하기 위해 몇 가지 작은 단계를 취할 수 있다. 예를 들어, 설교는 리듬과 부드러움이 있어야 한다. 효과적인 전달에서 선택된 단어들은 설교자의 입에서 나와 듣는 사람의 귀로 흘러 들어간다. 이러한 단어의 조합은 때때로 부드럽게 되기가 어렵다. 이러한 이유로 설교자는 그가 말하고자 하는 것을 여러 가지 방법으로 시도해 보아야 한다. 예를 들어, '세례 요한이 회개를 가르쳤습니다'는 '세례 요한이 회개에 대해 설명했습니다'보다 어렵다. 뒤의 표현이 더 부드러운 것이다.

아름다움은 또한 설교자가 하나님에 대해 어떠한 생각을 가지고 있는지에 달려 있다. 하나님의 존재에 대해 비교할 수 없는 영광과 장엄함으로 이해한다면 예배 시간에 이에 대한 언어가 많이 사용될 것이다. 또한 예수님에 대한 사랑의 표현은 우아함과 조화로 만들 것이다. 당신의 언어는 마음을 비추는 거울이다.[46] 설교를 통해 느끼게 되는 이러한 아름다움은 듣는 사람들에게 훨씬 더 매력적이다. 설교에 이러한 예술적인 부분을 가미하라.

설득하는 것

생각을 표현할 때의 최종 목표는 설득이라는 것을 기억해야 한다. 앞에서도 이야기한 바와 같이, 설득이 너무 자주 사용되면서 좋지 않은 이미지를 갖게 되었다. 설득력 있는 설교는 사람들이 올바른 결정을 내리고 옳은 일을 하도록 하기 위해 항상 윤리적인 방법을 사용해야 한다. 어떤 면에서 설교는 듣는 사람이 전해진 진리에 행동하도록 설득하는 것이다. 설득은 사실 설교의 실제 전달과 함께 모든 기능적인 요소가 합쳐지는 것이다. 그것은 설교를 할 때 설득력 있는 표현에 주의를 기울일 필요가 있음을 의미한다.

설득의 역할 이해하기

브로더스의 고전과 같은 설교학에서 오래된 책들의 상당수는 설득을 설교 준비와 전달의 한 부분으로 이야기한다. 하지만 최근 몇 년 동안 대부분의 설교학 저자들은 설득에 관심을 두지 않았다. 오늘날 이렇게 설득이 무시되는 이유는 사람들이 다른 것으로 설득되기 때문이다. 길고 전문적인 논쟁은 예전 사람들을 움직였던 것과 달리 더 이상 현시대의 사람들을 움직이지 못하는 것처럼 보인다. 오히려 그들은 감정에 의해 움직인다.

하지만 비록 방법들이 수정되어야 함에도 불구하고, 설득의 기술은 효과적인 강대상의 소통에 있어서 중요한 역할을 한다. 현명한 설교자는 이러한 기술을 배워서 한 가지 방법이 아닌 여러 가지 방법으로 설득한다. 설교자가 사람들의 의무에 호소해서 설득한다면 시간 낭비를 하는 것이다. 꾸지람이나 열정 있는 강요는 별로 소득이 없다. 설교자가 설득의 기술을 적절하게 사용하면 그는 설교를 듣는 사람이 자신들이 정말 원하고 가치 있다고 생각하는 것에 행동하도록 돕는다. 목회자는 듣는 사람들이 '나는 설득되었다' 라고 하면 그의 목표를 성취하는 것이다.

조작 피하기

우리가 이미 보았듯이, 어떤 사람은 설득적 기술 사용의 가치에 대해 의문을 제기한다. 그들은 모든 설득 기술의 사용에 있어서 도덕적, 윤리적인 문제를 제기한다. 그러나 이러한 주장은 설득하는 것보다는 조작하는 사람들에 대한 부정적인 반응이다. 이러한 설교자들은 다음과 같은 태도를 취한다: '어떤 방법을 쓰든 사람들을 예수님에게로 오게 하면 된다. 그것이 효과적이면 괜찮은 것이다. 목적은 수단을 정당화한다.'

불행하게도 이러한 종류의 생각은 윤리적인 접근을 방해한다. 긍정적인 결과만 가져온다면 어떤 방법이든 좋다는 생각을 갖는 것은 가장 바람직하지 않다. 그러한 조작은 분명 의로운 사람들에게는 근심거리가 된다. 설교자는 단순히 행동에 영향을 주는 사람이 아니라는 것을 기억하자. 목표는 성품에 영향을 주고 삶을 바꾸는 것이다. 그가 사용하는 설득의 기술은 더 크고 복잡하고 숭고한 목적을 가져야 한다.

이 부분에서 당신은 이렇게 말하고 싶은 유혹을 받는다: "나는 설득을 하려는 것이 아닙니다." 하지만 이러한 주장은 신실한 설교자에게는 맞지 않다. 당신은 예수 그리스도의 제자로서 사람들을 구원하라는 명령을 받았다. 이러한 이유로 당신은 사람들을 설득하는 책임을 회피할 수 없다. 당신은 사람들을 마치 장식장에 두는 또 하나의 트로피라고 생각해서는 안 된다. 이러한 조작의 형태는 단순히 사람들을 숫자로 보는 것이다. 자신을 성공한 것처럼 보이기 위해 다른 사람을 설득하려 해서는 안 된다.

만일 조심하지 않으면 복음을 전하면서 몇몇 상업적인 광고 조작 기술을 쓰고 있는 자신을 발견할지도 모른다. 우리는 사람들에게 단순히 밝은 면만을 보여 줄 유혹을 받는다. 진리를 그림자 되도록 하고 전체 그림을 보여 주는 것에 실패하는 모습이 성공하거나 유명하게 된 간증에서 종종 나타난다. 예수님에게로 나아가는 것이 이러한 일들 중 하나 또는 전부를 가능하게 한다는 인상을 주는 것이다. 그러한 설득의 방법은 복음에 합당하지 않다. 너무나 많은 경우에 있어서 그리스도인이 된다는 것은 이 세상의 부와 명예와 다른 특권을 잃는 것을 의미한다. 세상적인 성공을 약속하는 설교 조작의 방법은 사람들을 그리스도인의 삶으로 인도하기를 열망하는 진실한 설교자에게는 무가치한 일이다.

설득의 기술을 배울 때, 바울이 말한 것을 잊지 않아야 한다: "이에 숨은 부끄러움의 일을 버리고 속임으로 행하지 아니하며 하나님의 말씀을 혼잡하게 하지 아니하고 오직 진리를 나타냄으로 하나님 앞에서 각 사람의 양심에 대하여 스스로 추천하노라" (고후 4:2).

올바른 설득의 방법 이용하기

설교자들이 항상 명심해야 하는 것은, 설득과 조작은 같은 말이 아니라는 것이다. 조작은 진실이 아니거나 반쪽 진실인 기초 위에 사람들을 설득하는 것이다. 합법적이고 의로운 설득은 하나님의 말씀인 진리에 기초해서 복음을 사람들이 이해하게 하는 것이다. 설교에는 다음의 다섯 가지를 포함한 몇 가지 올바른 설득 방법들이 있어야 한다.

성경 인용하기

성경은 본질적으로 권위가 있어서 설득적이고 강력하다. 기독교 역사상 가장 많은 사람에게 설교한 빌리 그레이엄은 그가 항상 사용하는 '성경에 이르기를' 이라는 표현에 의해 구별된다. 그레이엄 효과의 대부분은 설교를 뒷받침하기 위해 사용한 하나님의 말씀의 설득력 때문이다. 그러한 성경의 사용은 사람들로 하여금 말씀에 반응하도록 하기 위해 설명과 논쟁의 요소와 적용을 결합한다. 설교를 준비할 때 성경의 권위에 강조점을 두라.

논리적인 사고 이용하기

아리스토텔레스는 논리적인 생각을 **로고스**(logos)라 했다. 청중의 질문인 '그것이 무엇을 의미하는가?' 에 대한 대답이다. 당신이 설명이나 논쟁에 대한 일정한 접근을 사용할 때 듣는 사람이 그들의 논리에 호소함으로써 성경을 이해하게 돕는 것이다. 이성에 대한 논리적인 호소의 다양함은 이미 설교 준비 과정의 다른 부분에서 논의되어 왔다. 예를 들어, 사실이나 통계는 사람들이 헌신을 약속하도록 영향을 주는 데 도움이 된다. 듣는 사람들의 마음속에 일어나는 반대 의견을 예상하고 대답하는 것은 매우 설득력 있다. 또한 잘 구성된 설교는 그렇지 않은 설교보다 설득력이 있다.

인간의 이성은 논리적으로 생각한다. 만일 당신이 설교를 분명하고 논리적으로 전달하면 그것은 더 설득력이 있을 것이다. 설교에 있어서 이러한 부분에 대해 살피라.

감정적으로 호소하기

아리스토텔레스는 이 감정의 호소를 페이소스(pathos)라고 했다. 그것은 청중의 질문인 '이것이 중요한가?' 에 대한 대답이다. 사람들의 마음에 다가가서 잡을 수 있는 충분한 감정적인 내용을 설교에 포함하라. 화이트셀(Whitesell)은 사람은 길고 난해한 논쟁에 움직이는 것이 아니라 예화나 유머 또는 감정적인 것에 움직인다고 말했다. 그는 사람들이 이성보다는 감정에 의해 움직인다고 주장했다.[47)]

일정한 감정의 호소는 큰 힘이 있다. 예를 들어, 믿는 사람의 삶이나 천국 같은 것은 긍정적으로 표현되어져서 청중이 그러한 삶을 추구하게 한다. 시편 기자는 "너희는 여호와의 선하심을 맛보아 알지어다 그에게 피하는 자는 복이 있도다"(시 34:8)라고 말한다. 심지어 공포를 주는 것조차 그 자체로는 무가치한 것이 아니다. 확실한 것은, 비이성적이거나 지나치거나 조작하려는 공포의 사용은 금지되어야 한다. 하지만 공포도 인간의 마음의 감정이다. 성경은 하나님을 거부하는 생명의 엄중한 결과에 대해 분명히 밝힌다: "살아 계신 하나님의 손에 빠져 들어가는 것이 무서울진저"(히 10:31).

당신은 또한 사랑에 호소해야 한다. 어떤 의미에서 모든 설득은 사랑의 호소다: 자기 자신을 사랑하는 것, 다른 사람을 사랑하는 것, 하나님을 사랑하는 것. 사랑을 바탕으로 우리는 그리스도인들을 섬기고 그리스도를 기쁘시게 하도록 촉구한다. 우리는 모든 사람이 우리에 대한 하나님의 사랑에 기초해서 하나님을 사랑할 것을 호소한다. 요한은 "우리가 사랑함은 그가 먼저 우리를 사랑하셨음이라"(요일 4:19)라고 기록했다. 바울은 "그리스도의 사랑이 우리를 강권하시는도다"(고후 5:14)라고 말했다. 하나님이 사람들에게 주신 감정에 호소하는 것을 두려워하지 말라.

새로운 이미지 포함하기

그리스도인 설득자는 잠시 자신을 잊고 표현하려는 인물의 관점을 적용해야 한다. 이러한 기술은 설득자가 듣는 사람들의 머릿속에 특정하게 원하는 혹은 원하지 않는 그림들을 넣으려는 것이다. 듣는 사람들에게 새로운 위치나 생각의 패턴을 공유하도록 유도함으로써 우리는 그 방향으로 그들에게 영향을 미칠 수 있는 더 나은 기회를 얻을 수 있다.[48)]

우리는 효과적인 설교에서의 상상력의 사용에 대해 이미 다루었다. 상상력은 강력한 설득의 요소며, 역할 수행을 통해 듣는 사람의 상상력을 활성화할 수 있다. 만일 우리가 청중에게 그들의 상상 속에서 우리가 전하고자 하는 진리를 실천하며 살게 한다면, 우리는 그들의 태도와 행동을 더 잘 바꿀 수 있게 될 것이다. 설교에 청중을 설득하기 위한 역할 수행이나 다른 상상력의 기술이 있는지 확인하라.

개인의 간증

설교자의 간증은 (믿을 만하면) 강한 개인적 호소가 된다. '만족한 고객' 이 승인하는 것은 강력하다. 또한 사람들에게 당신이 그저 사람이라는 것을 알려야 한다. 실패 인정하기를 두려워하지 말라. 사람들은 인간적인 따뜻함과 현실감 있는 사람에게 더 반응한다. 목회자도 사람이며 유혹에 넘어가거나 실패할 가능성이 있다는 것을 깨닫는다면, 그것은 누구에게나 죄, 실패, 상실의 가능성이 있다는 것을 청중들로 하여금 기억하게 한다.

하지만 모든 설교를 개인 간증으로 바꾸어서는 안 된다. 당신은 다른 사람의 간증을 사용해서 당신의 간증을 뒷받침하도록 선택할 수도 있다. 개인적인 기도 응답, 구원의 경험 그리고 개인의 삶에서의 하나님의 일은 설교에서 효과적으로 쓰인다. 역사와 현재의 장면을 통한 그리스도인의 인격에 관한 정보는 다른 사람들을 설득하는 데 사용될 수 있다.

올바른 설득의 방법에 대한 것을 마치기 전에 한 가지 더 덧붙이고자 한다. 이것은 설교문에 써지지 않는 요소다. 그것은 바로 개인적인 성품인 보이지 않는 품위다. 아리스토텔레스는 이 부분을 이소스(ethos)의 요소라고 했다. 청중의 질문인 '왜 나는 당신을 믿어야 하나요?' 에 대한 대답이다. 당신이 마침내 설교를 할 시점에 이르면 겸손함, 순전함, 진지함 그리고 성경의 권위에 기꺼이 순종하겠다는 의지가 당신의 메시지에 믿음을 갖게 한다. 비록 이러한 요소들이 메시지의 내용과는 관계가 없지만, 설교자의 진실성은 설교의 주장을 높이는 데 중요한 요소다. 진실한 마음으로 설교할 준비가 되었는지 평가하기 위해 잠시 멈추어라.

유머 사용하기

유머를 사용하는 적절함

설교 스타일의 표현을 발전시키는 마지막 방법은 유머를 사용하는 것이다. 이것이 꼭 필요한 것은 아니기에 마지막까지 언급하지 않았다. 유머는 그것을 잘할 수 있거나 자연스럽게 하거나, 또는 둘 다 할 수 있는 설교자에 의해 사용될 수 있고, 사용되어야 한다. 만일 유머가 자연스럽지 않거나 웃길 능력이 없어 유머를 사용하지 않는다고 해서 설교를 못하게 되는 것은 아니다. 동시에, 유머가 자연스럽거나 공개적인 설교에 그것을 잘 이용할 수 있도록 능력을 발전시킬 수 있는 설교자들은 성경 본문을 전달할 때 그것을 설교에 포함시키는 것도 좋다. 그러므로 당신에게 유머 감각이 있다면, 어떻게 설교에서 유머를 사용할지 생각해 보라.

어떤 사람들은 강대상에서의 유머는 성스러운 것을 우습게 만드는 것이라고 생각한다. 비록 우리가 성스러운 것을 가볍게 다루거나 농담하고 싶진 않지만, 유머는 설교에서 중요한 위치를 차지한다. 성경은 유머의 적절한 사용을 찬성한다. 잠언 17장 22절은 "마음의 즐거움은 양약" 이라고 말씀한다. 또한 잠언 15장 15절은 "마음이 즐거운 자는 항상 잔치하느니라" 라고 말씀한다. 확실히 우리는 하나님이 주신 이 즐거움을 없애지 말아야 한다. 만일 우리가 코미디언이나 세상의 오락 시설에만 유머를 의존한다면 우리는 별로 기쁘지 않을 것이다. 이것은 설교에 지나치게 유쾌하거나 또는 가볍게 접근하기 위한 호소가 아니다. 하지만 적절하게 사용되면 유머는 효과적인 메시지를 준비하기 위한 좋은 도구가 될 수 있다.

유머는 설교에서 여러 목적을 성취한다. 첫째, 설교에서 유머의 가장 큰 목적은 웃음이 아니라 웃는 방법으로 요점을 명확히 하는 것이다. 흄은 이렇게 말했다: "유머는 오래가게 한다."[49] 가장 좋은 TV 광고는 유머를 사용하는 것인데, 그것은 웃는 것이 아닌 제품을 파는 것이 목적이다. 둘째, 유머는 순간의 긴장감을 없애는 데 이용된다. 사람들은 오랫동안 집중하기 힘들어한다. 그들은 감정적인 내용도 오래 갖고 있을 수 없다. 유머는 필요한 휴식과 다른 곳에서 더 집중하기 위한 시간을 제공한다. 셋째, 유머는 사람들이 설교자와의 사이에 존재하는 간격을 없앤다. 비록 당신은 필요 없는 웃음으로 설교를 시작하는 것을 피해야 하지만, 청중들이 웃을 수 있으면 그들이 설교를 더 잘 받아들일 가능성이 높다.

조쉬 맥도웰(Josh McDowell)은 유머가 잘 사용되는 몇 가지 경우를 알려준다. 이는 과장, 의도적인 과소평가, 생각의 갑작스러운 변화, 놀라운 생각들, 앞으로의 생각들, 아이디어 바꾸기, 사실을 잘못 해석하기, 의도적인 실수, 유머를 가지고 잘 알려진 인용구 다시 말하기, 얼굴의 표정, 일화, 인물의 사물화, 기발한 말솜씨 들이다.[50]

유머 사용 시 주의 사항

설교에 유머를 쓸 때 다음의 다섯 가지 중요한 규칙이 필요하다.

1. 설교의 초반에는 농담을 피하라. 설교 전에 하는 농담은 항상 설교의 좋은 서론을 망친다. 농담으로 시작하는 것은 서론을 포기하는 것과 같다.[51] 벽을 허물고 설교자와 듣는 사람을 교감하게 하는 것은 확신 있고 힘 있는 설교로 가능한 것이지, 단지 유머로 되는 것은 아니다.

2. 농담을 일화로 바꾸라. 설교에서의 단순한 농담은 주로 초라하거나 이상하다. 반면에 위트와 유머를 잘 쓰면 도움이 된다. 농담은 주로 허구지만 일화는 적어도 그 속에 의미가 있다. 농담을 설교의 과정에 일화로 바꾸어 예상하지 못한 방향으로 가라. 그렇게 하면 웃음이 설교의 목적을 돕는다.[52]

3. 타이밍을 잘 맞추어 쓰라. 좋은 타이밍 찾는 것을 배우라. 시간을 놓치면 사람들이 유머를 놓칠 것이다. 청중의 반응을 보고, 그것을 받아들이라. 가끔 청중의 반응 후에 말하는 것이 처음 말하는 것보다 더 재미있을 수 있다. 또한 유머에 대한 당신의 노력을 선전하지 말라. 유머가 자연스럽게 나오도록 하라. 유머를 찾고 있는 인상을 주는 것은 당신이 유머러스하지 않다는 것을 나타낸다.

4. 유머가 사실적이고, 연관이 있고, 다시 이야기할 수 있게 하라. 유머는 설교에 도움이 되어야지 방해가 되어서는 안 된다. 유머가 믿을 만하고, 주제에 적절하고, 공감되는지 확인하라. 그것을 말하기 위해 재미있는 것을 말하지 말라. 유머를 전달하려는 대상에 맞추고, 결코 천박하게 하지 말라.[53] 유머가 주는 장점을 가지려면 당신의 것으로 만들어라.

5. 당신의 능력 안에서 하라. 유머는 자연스러워야 한다. 그것을 효과적으로 사용하려면 유머를 자연스럽게 하라. 유머를 자연스럽게 할 수

없다면 사용하지 말라. 우리 대부분은 발전되어야 할 성격상의 유머러스한 면이 있다. 비록 당신 안에 있는 재미있는 것을 발견하지 못해도 유머는 발전될 수 있다. 삶에서 유머를 잃지 말라. 당신에 대해 웃을 수 있다는 것은 성숙함의 표시다. 자주 당신에게 벌어지는 재미있는 상황이 설교에 쓰일 수 있다.

많은 하나님의 위대한 설교자들이 유머를 사용했다. 워런 위어스비는 유머가 많은 사람인데 드와이트 L. 무디와 집시 스미스(Gypsy Smith)에 대해 관찰했다: "이 사람들은 코미디언이 아니었다. 그들은 하나님의 대사였다. 하지만 즐거운 대사였다. 그들의 유머 때문에 그들은 사람들을 감동시킬 수 있었다. 모든 설교자가 똑같을 수는 없지만, 유머를 아는 사람들은 그들의 재능을 사용해야 한다."[54)]

우리가 하나님의 전에 나올 때 자기 자신이나 듣는 사람을 사람이 아닌 것처럼 만들어서는 안 된다. 웃음은 삶의 한 부분이다. 유머는 사람에게 자연스러운 것이다. 하나님은 우리에게 웃는 능력을 주셨다. 이 특권을 설교에 적절히 사용하라.

스타일 평가하기

위의 토론을 염두에 두고 시간을 내어서 작성한 설교를 다시 보라. 처음부터 보석과 같은 설교를 만들기 위해 당신을 너무 힘들게 하지 말라. 어떤 설교자는 설교를 작성하는 데 특별한 재능이 있지만, 대부분의 사람들은 배워야 한다. 읽고 평가하면서 말하는 방식에 주의하라. 문장이 너무 길거나 구체적인가? 구체적이고 분명한가? 단순함과 명확함이 있는가? 스타일을 향상시킬 수 있는 특별한 도구들을 사용할 수 있는가? 풍자나 위트가 있는가? 유머가 있는가? 당신이 설교를 읽거나 적어도 마음속으로 그것을 읽어 가는 동안 무엇을 이야기할 것인가를 생각하고 좋은 스타일의 요소에 귀를 기울이라.

분명히 설교자는 말을 하는 데 있어 즉시로 전문가가 될 수는 없다. 하지만 시작하는 데 도움이 되는 몇 가지 방법이 있다.

- 언어의 장인이 되라. 항상 단어에 대해 공부하고 어휘력을 늘려라. 사전과 동의어 사전을 공부하라. 계획은 지루해 보이지만, 당신은 많은 단어를 알게 될 것이다. 설교를 잘하는 목회자의 설교나 강연을 듣고 기록하라. 그림 언어를 많이 배우라.

- 지역적인 의미를 공부하라. 지역적인 의미나 설교의 상황에 쓰이는 단어의 의미를 공부하라. 그러한 의미는 사람들이 어떻게 당신이 말하는 것을 받아들이는지를 알려 준다. 당신이 사용하는 단어를 듣는 사람도 동일하게 이해하면 당신은 효과적으로 의사소통을 할 수 있다.

- 다른 강연자나 작가에게서 배우라. 계속적으로 시간을 내어서 다른 사람의 문체나 어법을 공부하라. 다른 작가들의 책을 읽으며 단어를 어떻게 사용했는지 관찰하라. 주요 작가들의 책은 효과적인 단어 사용을 배우는 데 큰 도움을 준다. 설교를 잘하는 사람들의 설교를 들으라. 그들이 어떻게 언어를 사용하는지 보라. 특히 그들이 사용하는 단어의 종류에 주의하라.

- 자신의 설교를 들어 보라. 녹음한 설교를 들어 보라. 문장들을 점검하라. 사용한 단어를 들으라. 그리고 항상 말을 개선하기 위해 노력하라.

설교의 스타일이 좀 더 효과적이길 원한다면 글을 쓰는 것과 말하는 것을 연습하는 데 시간을 사용해야 한다.

8

목소리의 활용

설교 도구의 올바른 사용법

긴장되고 피로해진 목소리는 본능적으로 리드미컬한 상승과
하강의 안도감을 추구한다. … 그들은 일반적으로 열정적이었고,
때로는 이러한 잘못에 빠진 위대한 사람들이었다.
그리고 종종 그들을 따르는 사람들에 의해 모방되었다 …
숨겨진 힘에 대한 분명한 잘못을 잘못 판단하는 것이다.
존 A. 브로더스

설교는 그것이 사람들에게 전달될 때까지 진정한 의미에서 설교가 아니다. 우리는 설교가 무엇인지 이해하고, 본문을 연구하고, 그것에 기초해서 설교문을 쓰지만, 설교는 선포될 때까지 끝난 것이 아니다. 지금까지는 강해 설교를 발전시키는 과정에 대해 알아보았는데, 이제부터는 실제 설교를 전달하는 것에 주의를 기울일 시간이다.

좋은 설교 전달은 어떠한 목소리를 사용하고, 어떠한 옷을 입고, 또한 설교를 전달할 때의 움직임에 대해 결정하는 것으로 시작하지 않는다. 좋은 설교 전달은 사실 하나님이 당신이 설교할 수 있게 하신 기본적인 신체의 기관에 대한 올바른 이해와 사용으로 시작하는 것이다. 하나님은 당신이 청중에게 그의 말씀을 전달하도록 돕기 위해 위대한 기관을 준비하셨다: 그것은 바로 목소리다.

목소리는 당신이 말할 때 만드는 음의 톤이다. 어떤 사람은 목소리를

〈개인 간증〉

하나님이 주신 경고

단어들이 레이저 빔처럼 나를 때렸다. "당신은 2주 동안 말을 하면 안 됩니다. 오른쪽 성대에 결절이 생겼습니다. 수술만이 그것을 없앨 수 있는 유일한 방법입니다. 다시 설교할 수 있을지 확신할 수는 없습니다. 회복되는 데 아마 90일 이상이 걸릴 것입니다."

수년 동안 목소리가 허스키해질 때가 있었지만 이러한 것에 대해 심각하게 생각하지 않았다. 하지만 몇 주 동안 거친 소리가 났고, 이것이 계속되었다. 나는 설교를 목이 쉬지 않고는 끝낼 수 없어서 거의 속삭이듯이 설교했다. 아침에 정상적으로 말할 때조차 거친 소리가 나서 목 전문의를 찾아갔다.

나는 그의 말을 들을 아무런 준비가 되어 있지 않았다. 목 수술을 해야 한다는 말에 겁이 났다. 몇 차례 목 수술을 했다는 내가 아는 몇몇 나이 많은 설교자처럼 목소리가 변하게 될까 봐 싫었다. 수술이 효과적인가? 얼마나 오랫동안 설교를 못 하게 될까?

앞으로의 날들에 대해 감정적인 어려움이 몰려왔다. 나는 무엇을 해야 할지 몰랐다. 한 성도가 나와 비슷한 어려움을 겪은 스티븐 올포드(Stephen Olford) 박사를 만나 보라고 했다. 올포드 박사는 나에게 프리드리히 브로드니츠(Friedrich Brodnitz)라는 뉴욕의 목 전문의를 소개해 주었다. 브로드니츠 박사는 성대 결절이 있다고 진단했지만 수술을 권유하지는 않았다. 수술은 결절을 일시적으로 없앨 뿐이라고 말했다. 나는 성대를 쓰는 습관을 바꾸어야 했다. 이를 바꾸지 않으면 다른 결절이 생길 것이라고 했다. 그는 내게 집으로 돌아가 언어 병리학자를 찾아볼 것을 권했다.

나는 의사의 말대로 했다. 샘 페어클로스(Sam Faircloth) 박사는 앨라배마에 있는 언어 병리학자인데, 그는 먼저 결절이 일어나도록 하는 잘못을 찾도록 도와주었다. 그러한 잘못된 습관을 고쳤을 때 결절이 몇 주 안에 수술 없이 사라졌다. 그때부터 지금까지 나는 그 문제를 더 이상 갖지 않게 되었다.

나에게 일어날 수 있는 최악처럼 보이는 일이 나에게는 큰 축복 중 하나가 되었다. 나는 목의 부담 없이 하루에 몇 번도 설교할 수 있다. 감기나 알레르기 이외에는 목이 쉰 것을 더 이상 경험하지 않는다. 목에 대한 문제를 회복한 후, 나는 '말하기' 라는 주제 자체에 더욱 관심을 갖게 되었다. 말하기에 대한 책을 읽는 것은 나의 취미가 되었다.

나의 여정과 공부의 결과를 통해 이 장을 쓰게 되었다. 나는 다른 동료 설교자들이 설교를 더 효과적으로 할 수 있도록 돕기를 원한다. 이러한 정보를 제공하는 나 역시 설교자다. 나는 일주일에 여러 번 설교한다. 나의 삶의 대부분은 강대상 앞에 서 있거나 강대상 밖에서 설교를 준비하는 것이다. 이 장의 내용은 나의 사역에서 온 것이다. 물론, 나는 설교가 어떠해야 하는지를 완벽하게 말하지는 못할 것이다. 나도 배우는 과정 중에 있기 때문이다.

하지만 목의 어려움을 경험하는 동안 한 가지 문제를 해결했다. 특별히 하나의 질문이 나를 괴롭혔다. 내가 성령의 능력을 힘입어 설교를 한다면, 왜 성령이 그의 성전에서 남용되는가? 나는 성령을 의뢰하는가, 아니면 나의 능력과 노력을 의지하는가? 여기에 대해 나는 몇 가지 좋은 소식들을 발견했다. 당신은 믿음과 사역과 열정을 표현함에 있어서 목소리를 쓰지 않고도 나타낼 수 있다. 이러한 설교 전달의 여러 부분을 이해하는 것은 당신이 영혼에 대한 열정과 건강한 목소리로 설교하도록 도울 것이다.

제리 바인스

모든 악기의 여왕이라고 했다. 이러한 좋은 악기인 목소리에는 트럼펫의 분명함이 있고, 바이올린의 찬란함이 있고, 오보에의 멜로디가 있다. 사용하는 사람의 의도된 메시지를 전할 수 있는 깊이와 의미를 더하는 능력에 있어서 목소리에 범접할 수 있는 것은 없다. 이러한 멋있는 악기인 목소리는 모든 사람이 가진 공통된 재산이다. 사람들이 매일 사용하는 단어에는 목소리의 감정적인 톤, 에너지, 설득의 힘이 실려 있다. 우리가 앞에서 다루었던 표현들은 목소리를 통해 날개를 다는 것이다.

설교에서 목소리를 최상으로 잘 쓰는 것은 마치 그것을 잘 연주하는 것과 같다. 목소리를 연주하는 것은 어떻게 목소리가 작동하는지 아는 것으로 시작한다. 그리고 당신은 목소리를 가장 잘 쓸 수 있는 기술을 습득해야 한다. 마지막으로 당신은 계속 목소리를 발전시키고 돌봐야 한다. 이 장의 주된 내용은 매일 이러한 주제를 어떻게 강해의 과정에 가져가는가 하는 것이다.

목소리를 이해하기

평범한 사람들은 어떻게 목소리가 작동하는지에 대해 거의 모른다. 그러한 무지함은 전문적으로 말하는 사람이 아니면 용납되지만, 목소리를 전문적으로 쓰는 사람은 잘 알고 사용해야 한다. 전문적인 강연자(특별히 설교자)는 목소리의 성질과 기능을 잘 알아야 한다.

목소리를 내는 기관의 본질

하나님이 말씀을 선포하라고 부르신 사람들은 영원하신 하나님의 말씀을 그들의 언어로 잘 전달해야 한다. 그러한 단어들은 복잡한 발성 기관을 통해 나오는 것이다. 이러한 이유로 설교자의 목소리는 하나님이 주신 도구다. 설교의 효과적인 면은 어떻게 그가 이 기관을 관리하는가에 달려 있다. 더군다나 목소리를 잘 아는 것은 건강하게 설교하는 것을 도울 것이다.

당신은 발성 기관에 대해 얼마나 아는가? 성대의 위치를 아는가? 성대가 수평으로 혹은 수직으로 넓혀 있는가? 대부분의 설교자는 목소리를 내는 기관의 구조와 기능에 대해 모를 것이다. 아주 적은 숫자만이 목소리를 효과적으로 쓰고 관리하는 것을 알 것이다.

어떤 사람들은 발성 기관에 대해 너무 많이 아는 것이 오히려 말하는 것에 관한 균형을 깨뜨려서 좋지 않다고 한다. 이러한 주장은 근거가 없다. 물론 이러한 발성 기관에 너무 사로잡혀서 그 지식이 설교에 방해가되어서는 안 된다. 하지만 어떤 사람이든 간에 도구가 어떻게 만들어졌는지를 알 때 그것을 잘 쓰는 것은 당연하다. 야구 경기의 투수도 그가 공을 던지는 팔, 야구공, 잘 전달할 수 있는 요소들을 알면 더 효과적이 되는 것이다. 같은 사실이 설교자에게도 적용되고, 그의 목소리를 관리하는 면에 있어서도 그렇다.

유용한 지식은 발성 기관의 기본 측면에서 시작된다(도표 1 참조). 아마 당신은 더 많은 신체 부위의 이름을 댈 수 있을 것이다: 코, 목, 후두, 성대, 기관지, 폐 등. 당신은 또한 횡격막, 부비동 그리고 목과 후두와 흉강에 연결된 많은 근육을 가지고 있다. 소리를 내는 데 사용되는 기관들이 숨 쉬는 기관과 같다는 점은 흥미롭다. 일부 진화론자들은 말하기가 숨 쉬다가 우연히 발견된 것이라고 주장하기도 한다. 하지만 창조를 믿는 사람들은 이러한 의견에 동의하지 않는다. 우리는 말하기 위한 기관이 사람과 사람 사이의 의사소통을 위해 하나님이 만드신 것임을 믿는다. 말하는 것과 숨 쉬는 것의 두 가지 기능을 관찰하는 것은 매력적인 연구다.

발성 기관의 기능

발성 기관의 기능을 이해하는 것은 발성 기관들을 마치 여행하는 것과 같아서 도표 1을 참고해야 한다. 당신이 조용히 이 책을 읽고 있을 때, 당신의 입은 닫혀 있고 주로 코로 숨을 쉬고 있을 것이다. 당신이 말하는 것을 포함해서 조금 더 활발하게 활동할 때, 공기는 입을 통해서도 들어간다. 혀는 입의 일부이며 우리가 생각하는 것보다 훨씬 크다. 누군가가 당신에

〈도표 1〉

발성 기관의 그림

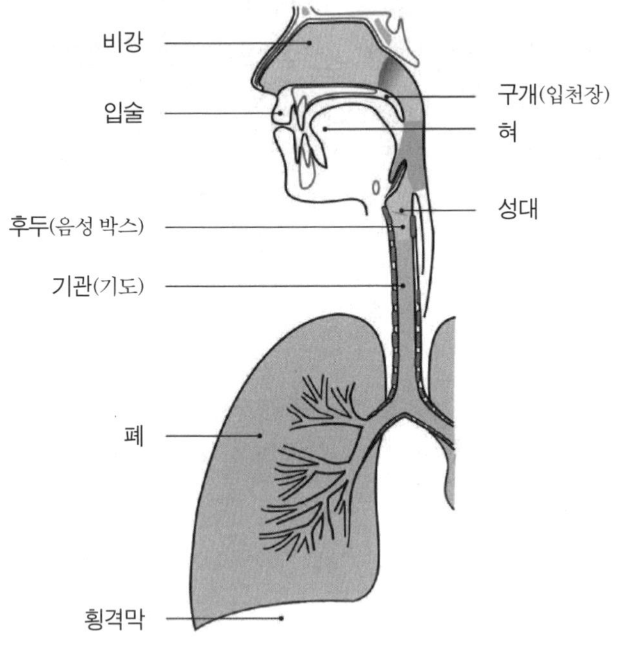

게 혀가 입에서 가장 크다고 말할 때 기분 나쁘게 생각하지 말라.

공기는 콧구멍을 통해 코로 들어가고 목으로 연결된다. 입의 뒤쪽에 아데노이드라는 기관이 있는데 그것은 입천장에서 쿠션의 역할을 한다. 혀의 양옆에는 편도가 있는데, 이것은 있을 수도 있고 없을 수도 있다. 만약에 감염이 되면 편도선이 크게 부어 말하기가 힘들어진다.

공기가 코나 입을 지나 목구멍으로 들어가면 그것은 호흡기로 넘어가는 것이다. 공기는 거기서 기도나 기관 안으로 들어가 기관지라고 불리는 파이프 같은 통로를 통해 폐로 들어간다. 각각의 폐에는 세 개의 2차 기관지로 나뉘는 하나의 주요 기관지가 있다. 폐는 가슴의 대부분을 차지하며, 옆으로 심장과 식도를 위한 공간이 자리하고 있다. 흉강은 실제로 가슴뼈, 갈비뼈 그리고 척추에 의해 형성되는 작은 공간이다. 공기가 횡격막의 압력을 통해 폐에서 밀려나는 것을 내쉬는 숨이라고 부른다.

공기는 내쉬는 숨에 의해 폐를 지나 기관지와 목을 통과해서 음성 박스에 이르게 된다. 음성 박스의 적절한 명칭은 후두다. 후두는 매우 복잡한 기관이다. 후두에서 사용되는 정지의 기능은 현대 기술 설계의 대부분에서 사용되는 스프링 기법과 같다고 할 수 있다. 후두는 몇 개의 근육과 연골로 되어 있다.

우리의 주된 관심사는 성대다. 그것은 실제로 후두에 수평으로 확장되어 있는 근육 조직의 주름 같은 것이다. 두 개의 성대가 후두 앞에 있는 갑상선 연골과 연결되어 있다. 이러한 주름들은 날개처럼 목구멍 앞에서 만난다. 그들은 항상 그 지점에서 서로 접촉한다. 후두의 뒤쪽에서 접힌 부분은 근육과 연결되어 열리고 닫힐 수 있다. 정상적인 주름은 부드럽고 매끄러운 표면을 가지고 있다. 그것은 가성대 혹은 주름이라고 불리는 위점막주름으로 둘러싸여 있다.

소리는 그 두 개의 주름이 만나서 서로 공기를 밀어낼 때 나는 것이다. 이 성대의 주름에서 근육이 수축하면 더 굵고 짧은 그리고 긴장된 소리가 나온다. 이 성대의 긴장이 말하는 것을 가능하게 한다. 공기가 성대를 통과하면 그 결과로 나오는 소리가 **발성**이다. 이 소리는 목을 통해서 입으로 전달된다. 여기서 소리는 입과 코와 목에 의해 커진다. 이 소리의 확장이 **공명**이다. 사람의 소리는 이 공명의 기능이 부분적으로 바뀌기 때문에 독특한 것이다. 단지 코만 가만히 있고 변하지 않는 구조다. 목과 입과 혀와 입술 모두 근육에 의해 변화한다.[1] 이러한 활동이 음을 단어로 만드는 것이다. 그래서 말의 과정은 "말이 있고 없는 숨소리이고, 조작에 의해 일어난다".[2]

목소리 보호하기

'목소리' 라는 악기를 잘 연주하기 위해서는 설교자가 목을 잘 쓸 줄 알아야 한다. 그러한 숙련은 올바로 쓰기 위해 필요한 기술을 포함한다. 그것은 (1) 목소리를 보호하는 기술, (2) 목소리의 질을 향상시키는 기술, (3) 목소리를 접목시키는 기술이다. 당신의 목소리를 보호하기 위해 이러한 기술들을 볼 것이다.

목회 사역의 긴장된 일에서 몸의 긴장, 특별히 음성 기관의 긴장을 완화시키는 방법을 배우는 것은 중요하다. 적당한 호흡과 조절은 효과적인 강연에 필요한 것이다. 여러 가지 좋은 목소리의 부분들, 빠르기, 크기, 문장 사용 그리고 숨을 쉬는 것은 목소리를 최대한으로 사용하기 위해 중요한 것이다. 이러한 기술을 연마하는 것은 설교자가 듣는 사람의 귀에 좋은 음악을 제공하는 것과 같다.

위협: 설교자의 긴장

성인들은 어느 때보다도 현대의 압박에 직면하고 있다. 비록 현대의 편안함은 장점을 가져왔지만 또한 그 편안함은 분명한 대가를 요구한다. 휴대폰이나 이메일은 사업하는 사람이나 부모들을 항상 따라다니고 심지어 휴가 때에도 하려고만 한다면 메시지를 확인할 수 있다. 대부분의 사람들은 전보다 더 많이 일한다. 일상적인 월요일에서 금요일의 교통 체증은 현대 사회를 빠르기는커녕 더 늦게 만든다. 21세기의 시장에서 성공하고 생산하려는 압박은 스트레스 레벨을 올린다. 이러한 시대에 사는 사람들은 고혈압이나 심장 마비에 노출되어 있다. 위산 분비가 계급 위치의 상징이 되었다.

더 많은 생산과 사업들이 고용인의 측면에서 더 많은 휴식의 필요성을 알게 한다. 전체적인 생산량이 증가하고 회사들은 종업원들의 일에서 오는 긴장을 줄이기 위해 노력한다. 전 세계적으로 적당한 운동, 스트레스 조절과 여가 시간의 중요성이 강조된다.

설교자의 긴장을 파악하기

설교자는 시간에 대한 긴장감을 피할 수 없다. 일반적인 설교자들은 일반 사람들보다 더 많은 긴장감을 경험한다. 일정한 긴장은 설교 사역의 영역에서 흔한 것이다. 만일 당신이 긴장을 푸는 것을 배우려면 먼저 스트레스를 높이는 여러 요소들을 인식하는 것이 필요하다.

첫째, 일상의 스트레스는 설교자의 현실이다. 설교자는 복잡한 사회의 구성원으로서 일반적인 삶의 어려움에 제외되지 않는다. 그는 돈을 버는 것, 가족을 부양하는 것 그리고 교회가 성장해야 하는 계속적인 부담에 직면하고 있다.

둘째, 이상적인 하나님 나라와 현재의 삶이 다르다. 하나님의 사람이 신약을 공부하면 분명히 하나님이 교회와 개인에게 기대하시는 것을 알게 된다. 하지만 한편으로 설교자는 교회가 실제 어떤 모습인지를 안다. 누구보다도 그는 교회와 자신의 약점을 잘 알고 있다. 성도의 삶에서 자주 관찰되는 생활의 수준은 성경의 기준 이하다. 그래서 설교자는 이상과 현실의 괴리감을 보고 좌절과 불안을 느끼게 된다.

셋째, 감정적인 투쟁은 도전이 된다. 예수님의 복음을 전하는 것은 설교자의 삶에서 중요하다. 마음 깊은 곳에 사랑과 감사 그리고 예수님을 향하는 갈망과 예수님을 아는 것이 필요한 사람들에 대한 갈망이 있다. 이러한 감정들은 설교할 때 나온다.

넷째, 설교자는 목소리를 혹사시킬 수 있다. 설교자가 목소리를 올바르게 쓰는 방법을 모르고 목을 혹사하면 그것은 계속적인 목의 문제를 가져온다. 이러한 긴장은 특별히 남부에서 자란 사람들에게 나타나는데, 남부는 주로 설교 때의 목소리와 그냥 대화하는 것이 다르다고 믿는다. 남부에서의 설교자의 표어는 '크게 외치고 남기지 않는 것' 이다. 모든 신실한 남부의 설교자는 메마르고 생명 없는 설교자가 되기를 원치 않는다. 많은 사람들은 만일 월요일에 목소리가 안 나오면 주일을 잘 보낸 것이라 여긴다. 남부에서 그리고 문화마다 기대감이 비슷한 곳에서 설교하는 것은 목소리에 엄청난 긴장감을 줄 수 있는 철저히 헌신적인 성격을 지닌다.

다섯째, **교회 내부의 어려움은 항상 존재하는 현실인데 이는 목소리를 힘들게 한다.** 당신은 어려운 목회로 인해 목소리에 문제가 생길 수도 있다. 대부분의 성도들이 즐겁게 잘 지내지만 특별한 영적 문제를 가진 성도들도 있을 것이다. 적대감이 존재하고, 부사역자들이 서로 시기하고 질투하며 이기적일 수도 있다. 이러한 환경에서 설교하는 것은 설교자에게 엄청난 육체적, 영적 긴장을 준다. 처음에는 모르겠지만 목소리의 어려움이 이러한 사역의 긴장에서도 온다.

여섯째, **형편없는 교회 시설도 목소리에 긴장을 준다.** 교회의 강당은 설교자의 악몽이 된다. 많은 교회들이 좋은 사운드 시스템을 사거나 유지할 재정이 부족하다. 어떤 건물에는 적당한 음향을 가지고 싶지만, 좋은 음향 장비가 없다. 말하는 것과 듣는 것을 위하는 대신에 보통 건축학적 멋만으로 건물이 지어지고 어떤 건물은 음향적으로 부적절하다. 교회에는 많은 기둥으로 이루어진 발코니가 있는데 보기에는 좋지만 소리의 반사는 불규칙적으로 벽에 부딪힌다. 그러한 형편없는 음향 장치는 듣기를 더 어렵게 하고 목회자의 긴장감을 높인다.

일곱째, **불안해하는 성격이 긴장을 더한다.** 당신은 아마 항변할 것이다: 뭐라고? 내가 긴장하고 있다고? 당신은 긴장을 인식하지 못할 수 있지만 위의 여섯 가지 긴장은(기억하라, 그것들은 주일 설교의 흔한 압박이다) 행동에 영향을 주고, 그것은 목소리에 영향을 준다. 만일 당신의 목소리가 긴장되어 있다면 여러 면에서 긴장하고 있는 것이다. 그러한 긴장의 원인을 조심해서 찾으라. 그리고 삶의 환경들을 잘 보라. 정직하게 부정적인 태도와 말하지 못하는 두려움을 점검하라. 그리고 당신이 섬기는 사역에 대한 내면의 태도를 평가하라. 목회 사역의 어려움을 이겨 내는 방법을 찾아야 한다. 그러한 자기 점검은 조금 더 편안한 설교로 가는 것을 배우는 첫걸음이다.

긴장을 인식하기

한 사람의 긴장은 일을 잘 수행하는 데 어려움을 준다. 회계사는 두통으로 어려워할 수 있다. 야구에서 투수는 아픈 팔로 고생할 수 있다. 피아니스트는 긴장된 손가락으로 피아노를 잘 칠 수 없다. 예술가는 긴장된 손으로 그림을 원하는 대로 그릴 수 없다. 설교자도 다르지 않다. 당신이 삶에서 과도한 긴장을 가지면 분명하고 긍정적이고 즐거운 소리를 낼 수 없다.

지나친 긴장의 다른 사인(sign)은 설교자의 삶에 나타난다. 지나친 긴장감은 불편한 예민함과 적절하지 않은 숨 쉬기, 말이 자주 끊기는 것과 아주 빨리 설교를 말하는 것 등으로 나올 수 있다.[3] 편안하고 여유 있게 말하는 설교자는 말하는 목소리의 역동감이나 특징에서 그 편안함을 보인다. 편안함이 없으면 목소리가 잘 나오지 않고, 자유롭게 기능이 되지 않으며, 활기 넘치는 표현이 불가능해진다.

이러한 여러 가지의 긴장은 당신의 목소리가 가끔씩(아니면 정기적으로) 스트레스를 받는다는 것이다. 그러면 당신은 어떻게 하나님의 사자로서 섬길 때 이 주요한 기관을 보호할 것인가?

해결책: 긴장을 풀기

당신의 목소리를 위협하는 압박에 대한 해결책은 목소리를 풀고 말하는 기관의 긴장을 푸는 방법을 습득하는 것이다.

적당한 '근육의 긴장'을 적용하라

적당한 완화는 잘 조화된 소리를 내는 첫 단계다. 얼굴이나 혀, 턱, 볼, 목구멍과 목의 근육은 성대를 조절하는 근육에 영향을 준다. 당신이 이 근육을 자유롭게 움직이게 하지 않으면 말하는 것에 긴장이 많이 될 것이다.[4] 그러나 말하는 데 관련된 모든 근육을 완전히 이완하는 것은 아니다. 말하는 기관을 쓰는 것은 우리의 몸을 활동적으로 쓰는 것이다. 이러한 몸의 근육의 사용은 어느 정도의 긴장에 의존한다. 생리학자들은 이것을 '근육의 확장' 이라고 말한다. 모든 생물학적인 기능은 긴장과 이완 사이에 적당한 균형을 유지하는 것이다. 발성 기관은 이러한 적당한 근육의 사용과 근육의 확장으로 이루어진다.

프리드리히 브로드니츠는 목에 대한 적절한 사용과 돌봄 영역의 권위자인데, 그는 대부분의 목소리의 문제가 너무 지나친 근육의 활동으로 온다고 했다. 이러한 문제의 해결을 위해 목소리에 관련된 근육을 지나치게 사용하는 것을 자제해야 한다.[5] 만일 목과 입의 근육이 너무 긴장이 되면 발성 기관에 경련이 발생한다. 그 결과 말하는 것이 좋지 않게 된다. 목소리는 실제로 긴장되어 있기 때문에 긴장된 소리로 들릴 것이다. 형편없고 좋지 않은 소리에 더해 목소리의 문제가 필연적으로 따른다. 말하는 사람은 잘못된 피치로 말하고 그러한 음의 부족을 극복하기 위해 더 크게 이야기하는 것은 이 기관을 잘못 쓰는 것이다.

후두의 근육은 두 개의 일반적인 그룹으로 나뉜다. 어떤 근육은 후두 안쪽에 있다. 그것들은 직접적으로 성대를 움직인다. 그것은 후두를 움직이고 기능을 하게 한다. 이러한 근육을 **내재근**이라 한다. 이것을 움직이게 하는 것에 대해 걱정할 필요는 없다. 당신이 말하는 것만으로도 그들을 움직이게 할 수 있다. 그 근육들은 의식적으로 생각하지 않아도 움직인다.

두 번째 근육의 그룹은 **외재근**이다. 그것은 목의 기관 밖에서 목을 감싸고 있다. 이 외재근이 심하게 긴장이 되면 내재근이 역할을 하지 못한다. 우리의 목적은 내재근이 경련을 일으키지 않도록 외재근의 긴장을 충분히 풀어 주는 것이다. 스티븐슨(Stevenson)과 딜(Diehl)은 이렇게 요약한다: "강연은 … 긴장을 완전히 늦추는 것이 아니라 적당한 긴장이다. 이것은 긴장과 긴장을 푸는 것의 균형이다. 너무 많이도 아니고 적게도 아닌 적절한 것을 말한다."[6] 공적인 강연을 정기적으로 하는 사람은 보이는 목 부분의 근육에 후두의 긴장을 인식해야 한다.

올바른 기술을 배우기

당신은 말하기 전에 몇 가지로 근육의 긴장을 풀 수 있다. 부록 4에 있는 연습은 설교할 때 긴장을 풀도록 돕는다. 시간을 내어 그것에 익숙해지도록 연습하라.

이러한 연습에 더해서 긴장을 풀기에 좋은 옷을 입으라. 설교할 땐 충분히 목이 넓은 셔츠를 선택하라. 심지어 주일 아침에 넥타이를 맬 때도 적용된다. 목은 설교 때 항상 확장된다는 것을 명심하라. 이러한 이유로 셔츠 칼라는 충분히 넓어야 한다.

긴장을 푸는 것에 대해 읽으라. 긴장을 푸는 것을 계속 배우라. 이러한 연습은 당신의 목소리의 모든 부분을 정확히 쓰게 해 준다. 당신은 목의 구조의 여러 면이 긴장을 푸는 데 기여하는 것을 발견할 것이다. 예를 들어, 다음에 나오는 논의는 좋은 숨 쉬기와 효과적인 설교 전달을 위한 적당한 기술을 연결시키는 것이다. 이러한 두 가지의 행동은 이완된 목을 유지하는 데 중요하다. 좋지 않은 숨 쉬기나 적당하지 않은 발음은 성대에 긴장을 크게 더한다.

목소리의 기술 발전시키기

호흡

당신은 적당한 숨 쉬기를 배움으로 이완된 목소리를 갖는 것을 목표로 해서 목소리의 기술을 향상시킬 수 있다. 물론 호흡은 우리의 자동적인 신경 구조에 의해 무의식적으로 되기도 하고 또한 의식적으로(예를 들어, 우리가 물 속에 들어갈 때 숨을 참는 것을 선택할 때) 특별한 몸의 기능을 가져오게 할 수도 있다. 우리의 일상적인 활동의 정상적인 과정에서 우리는 의식적으로 우리의 몸에 숨을 쉬라고 말하지 않는다. 대부분의 일상적인 대화에서 우리는 충분한 공기를 공급하도록 폐에 명령하지 않는다. 하지만 말하거나 설교하기 위해서 숨 쉬기는 의식적으로 통제되어야 한다. 부드럽게 작용하는 목소리 기관의 열쇠는 적절한 호흡이다.

올바른 호흡의 이해

우리가 말하기를 시작하는 순간 우리는 말하려는 내용의 마지막 단어를 말하기 어렵거나 못하는 문제없이 문장을 끝내기 위한 충분한 숨이 있는지 확실히 해야 한다. 그에 더해서 우리는 문장을 이야기할 때 목소리를 유지할(아마 크게 할) 충분한 공기나 공기에 대한 조절이 있어야 한다. 이 공기의 공급은 말하는 흐름을 깨지 않고 들어가고 나와야 한다. 우리는 점진적으로 긴장을 푸는 방법으로 숨을 쉬어야 하고 효과적으로 말하는 것을 끝내야 한다.

정확한 호흡은 긴장을 풀며 말하는 것과 관계된다. 정확한 호흡은 아주 크게 목 근육의 긴장을 풀어 준다. 말하는 데 있어 공기가 충분히 공급되지 않으면 목에서 공기를 짜야 한다. 이러한 노력은 목소리에 손상을 준다.

많은 작가들은 호흡의 중요성을 최소화한다. 예를 들어, 아담스는 "호흡은 대부분의 강연자에게 문제가 되지 않는다. 어깨가 올라가는 버릇이나 소위 말하는 횡격막 호흡은 강연에 있어 호흡을 향상하는 데 별 소용이 없다. 그것은 모든 호흡이 횡격막으로 하는 것이라서 그렇다"라고 말했다.[7] 하지만 이는 매우 단순한 접근이다. 발성의 어려움을 경험하는 많은 설교자는 아담스의 결론에 의문을 제시한다. 숨을 적당히 쉬는 것에 실패하면 강연자에게 여러 문제가 발생한다. 공기의 충분한 공급은 필요한 소리의 크기를 조절하는 데 필수적이다. 적당한 호흡은 피곤함이나 목이 아픈 경험 없이 대중 앞에서 오래 강연하게 해 준다.[8]

사실 두 가지 종류의 호흡이 있는데 그것은 서로 다르다. 우리는 몸과 생체적인 필요를 위해 한 가지가 필요하고, 말하는 것을 위해 다른 한 가지가 필요하다. 이러한 호흡기의 작동을 보면 말할 때의 정확한 호흡을 이해하는 데 도움이 된다.

호흡은 말하기 위한 힘을 제공한다. 폐 자체는 운동의 힘을 제공하지 않지만 흉강의 크기로 이루어진 변화에 반응한다. 공기를 흡입할 때 가슴의 근육은 폐에서 갈비뼈를 올리고 확장한다. 이때 횡격막이 둥그런 형태로부터 아래로 움직인다. 이러한 움직임의 결과로 공기가 코에서 목구멍을 통해 기관지와 폐까지 가는 것이다. 숨을 내쉴 때 그 횡격막(열려진 공간)은 다시 둥그런 모양이 된다. 갈비뼈의 근육은 이완하고 갈비뼈 안의 공간은 공기가 나올 때 밑으로 그리고 안으로 향한다.[9)]

말할 때의 호흡은 두 가지 방법으로 된다. 횡격막은 가슴을 두 가지 공간으로 나누는데 하나는 쇄골과 하나는 복부의 공간이다. 쇄골은 가슴 윗부분이다. 숨 쉬는 것은 이 쇄골로부터 오는 압력으로 된다. 이러한 과정은 운동선수가 경기할 때 호흡하는 것과 비슷하다. 가슴 윗부분이 짧고 빠른 시간에 확장된다. 그러한 호흡은 목 전체에 압력을 준다. 긴장이 목과 목소리를 만드는 곳에 일어난다. 이러한 가슴 윗부분을 쓰는 긴 강연은 긴장하고 지치는 소리와 쉰 소리를 준다.[10)] 이러한 말하기의 어려움은 필연적으로 호흡에서 온다.

강연에서의 가장 좋은 호흡은 복부로 숨을 쉬는(복식 호흡) 것이다. 초기 저술가와 음성 교사는 이것을 횡격막 호흡이라고 불렀다. 그런데 이 말은 다소 오해의 소지가 있다. 그 이유는 모든 호흡이 횡격막으로 하는 것이기 때문이다. 하지만 모든 호흡을 배로 하는 것은 아니다. 이 내쉬기에서 복부의 근육이 일을 해야 한다. 횡격막을 천천히 이완하는 것은 공기가 나가는 것을 부드럽게 하지만, 배 근육의 의식적인 조절은 이것을 가능하게 한다. 말하기를 위한 올바른 호흡에서 우리는 의식적으로 배 근육의 움직임을 인식해야 한다.

당신은 호흡이 쇄골인지 배인지 쉽게 알 수 있다. 손을 가슴 위에 올려놓아라. 그리고 공기를 마시며 요한복음 3장 16절을 외워라. 만일 들이마실 때 가슴 위쪽이 확장되면 숨을 잘못 쉬는 것이다. 그런 다음 손을 배 위에 올려놓고 공기를 마시며 요한복음 3장 16절을 외워라. 만일 배의 근육이 확장되면 숨을 잘 쉬는 것이다. 숨을 내쉴 때 목에 지나친 긴장을 주는 것은 잘못된 숨을 쉬는 것이다. 목소리가 깨지는 소리가 나거나 약하거나 거칠다면 호흡을 잘못하는 것이다.

복식 호흡이 항상 오래 그리고 깊은 숨을 쉬어야 한다는 것은 아니다. 그러한 심호흡은 오히려 가슴 윗부분이나 목에 불필요한 긴장을 준다. 단지 좋은 설교를 위해 충분한 양의 공기를 유지할 수 있을 정도로 깊게 숨을 쉬면 된다. 숨을 내쉰 후 폐에 남은 공기는 잔여 공기다. 말할 때 내보낼 수 있는 공기의 최대 양은 말할 수 있는 최대의 용량이다. 당신은 한 문장을 잘 강조해서 끝내기에 충분할 정도로 깊은 숨을 쉬어야 한다.

올바른 호흡 연습하기

만일 당신이 숨을 제대로 쉬지 않고 있다면 말하는 것을 위해 숨 쉬는 방법을 즉시 바꾸어야 한다. 새로운 방법은 아마 얼마 동안은 부자연스러울 것이다. 당신이 배의 근육을 사용해서 깊게 숨을 쉬면 약간의 어지러움을 경험할 것이다. 이러한 어지러운 현상은 폐를 완전히 쓰지 않아서다. 어지러움은 며칠 안에 사라질 것이다.

당신은 제대로 된 숨 쉬기를 연습함으로 호흡 습관을 잘 만들 수 있다. 부록 5는 말하기를 위해 숨을 조절하고 적당한 숨을 유지하도록 연습시켜준다. 그것은 당신이 말할 때 숨을 경제적으로 사용하도록 훈련한다.

숨을 잘 쉬는 것은 발성 기관을 건강하고 강하게 유지할 수 있도록 도우며, 후에 다루게 될 목소리로 전달하는 기술을 돕는다. 단지 연습을 몇 번 되풀이한다고 제대로 된 호흡을 할 수 있다고 생각하지 말라. 종종 좋은 호흡의 습관은 오랜 기간에 걸쳐서 완성된다. 부록 5에 나오는 것을 연습하라. (어지러운 것을 극복했다면) 운전할 때 연습하라. 길을 걸을 때도 연습하라. 활자로 된 것을 크게 읽으며 숨 쉬는 방법을 사용하라. 어떻게 혹은 언제 하든지 당신은 연습을 통해 나쁜 습관을 좋은 것으로 바꿀 수 있다.

말할 때 제대로 숨을 쉬는 것이 마치 평상시처럼 자유롭게 될 때까지 매일 연습해야 한다.

호흡 습관을 향상하는 좋은 방법 중 하나는 적당한 목소리의 힘과 호흡 조절 능력을 가진 좋은 강연자를 관찰하는 것이다. 그들이 숨을 들이마실 때 가슴 밑 부분의 확장을 주목하라. 그리고 그 가슴의 빈 부분이 점차 줄어들어서 남은 공기가 목소리 톤을 잘 돕기 위해 유지되는 것을 보라. 그리고 잘 숙련된 강연자는 그가 강조해야 한다고 느낄 때 남은 공기를 어떻게 내보내는지 알고 있는 것을 주목하라.

좋은 자세는 또한 좋은 호흡을 위해 필요하다. 좋은 호흡을 연습할 때 바로 서라. 근육의 긴장이 집중되는 곳은 목보다는 허리 부분이다. 공기를 빨리 그리고 방해 없이 마시기를 연습하라.[11] 제대로 호흡하는 법을 배우는 목적 중의 하나는 공기 공급을 빨리 해서 말하는 것을 끊지 않기 위함이다. 문장 사이에 깊은 숨을 쉬는 것을 배우라. 이는 중간에 잠시 동안 숨 쉬는 '휴식' 을 주는 것이다.

제대로 호흡하는 법을 배우는 것은 처음에는 다소 힘들 수 있으므로 설교 이외의 시간에 연습하라. 다음 주일 설교 시간에 호흡의 방법을 바꾸려고 하지 말라. 당신은 설교할 때 호흡을 바꾸는 것이 아니어도 생각해야 할 것이 충분히 많다. 이 과정은 마치 자동차 기어를 바꾸는 것과 같다. 그 경험은 경련이 올 것처럼 어려운 일이다. 설교 시간은 제대로 호흡하는 법을 배우기 위한 좋은 시간이 아니다. 대신 다른 비공식적인 대화와 연습 시간을 통해 연습하라. 당신의 호흡이 개선되면 이 과정은 마치 길 위를 오를 때 높은 기어를 사용하는 것같이 자연스러워질 것이다.

조음(음 조절하기)

말하기를 위한 소리를 내는 과정은 네 가지 면으로 구성된다: 호흡, 발성, 공명, 조음. 우리는 말하기에 적당한 숨 쉬기를 위해 어떻게 호흡하는지의 중요성에 대해 배웠다. 발성은 공기가 성대로 들어갈 때 실제로 생기는 소리와 관련이 있다. 발성과 공명 모두 복잡한 신체적인 기능이다. 이 부분에 문제가 생기면 전문의의 상담이 필요하다. 그러한 복잡함으로 인해서 이 책은 그러한 과정의 모든 요소들을 다 다룰 수는 없다. 어떤 설교자들은 소리를 내거나 확장하는 데 어려움을 가질 수도 있다. 만일 당신이 이러한 부분에 어려움이 있으면 언어 병리학자나 목 전문의와 상담을 해야 한다. 대개의 경우 발성이나 공명은 여기에서 권하는 과정으로는 향상될 수 없다.

그러나 조음은 설교자가 습득할 수 있는 기술이다. 하나님의 말씀을 효과적으로 전달하기 원하는 설교자는 이러한 면에 관심이 있다. 만일 그가 음 조절을 잘하지 못하면 그가 말하는 것을 이해하는 성도들의 능력이 크게 떨어진다. 한 교회는 설교자에 대해 불평한다: "한 주에 6일 동안은 목사님을 만날 수 없고, 일곱째 날에는 안 들린다." 당신이 말하는 것을 이해할 수 있도록 노력해야 한다. 조음을 배우는 것은 설교를 전달하는 데 큰 도움을 준다.

조음 이해하기

조음은 이어진 강연을 하게 하는 소리를 만드는 과정이다. 입과 코에서 울리는 공기가 혀, 밑의 턱과 입술 그리고 연구개와 경구개를 통해 변화한다.[12] 이러한 과정이 단순한 소리를 말로 변화시키는 것이다. 조음은 분명히 말하는 것이지 그냥 발음하는 것이 아니다. 발음은 말할 때 소리와 악센트를 정확히 내는 것이다. 반면 조음은 입, 치아, 혀 그리고 연구개와 경구개에 의해 소리를 만드는 것이다.[13]

음을 조절해서 분명히 발음하는 것은 설교할 때 최대로 긴장을 푸는 데 있어 중요한 역할을 한다. 사실 정확한 호흡과 정확한 조절은 함께 된다. 앞서 살펴봤듯이 제대로 호흡하는 것은 긴장을 푸는 방식으로 목의 기관이 작용하는 것이다. 비슷하게 단어를 조절하는 것은 당신이 외부의 근육을 최소로 긴장시키며 말하는 것이다.

말하기의 기본적인 세 가지 요소가 음을 조절하는 데 연관되어 있다. 이는 모음과 이중모음과 자음이다. 모음은 공기가 입을 통해 갈 때 울리는 공간에서 만들어진다. 아, 에, 이, 오, 우(A, E, I, O, U)와 같은 것을 생각해 보라. 이러한 모음은 말할 때의 소리에 색깔을 입힌다. 이중모음은 동일한 음절에서 발생하는 두 개의 모음 소리와 중단 없이 연속적으로 혼합되는 모음 소리에 의해 생성되는 소리다.[14)]

자음은 소리의 골격이라고 여겨진다. "안녕하세요!" 또는 "잘 자요"라고 이야기할 때 우리는 모음만으로 대화할 수 없다. 어떠한 소리도 모음과 자음 없이 표현될 수 없다. 사실 자음 없이는 대화도 없는 것이다. 이러한 자음의 정확한 조절은 다른 요소보다 적당한 목소리의 사용에 도움을 준다.

자음은 세 개의 조절 구역에서 만들어진다. 첫 번째 구역은 아랫입술과 앞니 사이에 있다. 이 그룹의 자음은 ㅍ, ㅂ, ㅎ, ㅁ(P, B, W, WH, F, V, M)이다. 두 번째 구역은 앞니와 혀의 앞부분 및 경구개에 있으며, 이 그룹의 자음은 ㅌ, ㄷ, ㄹ, ㅅ, ㅈ, ㅊ, ㅇ, ㄴ(T, D, TH, R, S, SH, ZH, Y, N)다. 세 번째 구역은 혀의 뒷부분과 연구개에 있으며, 이 그룹에 속한 자음은 ㅋ, ㄱ(K, G, NG)다.[15)]

때때로 자음은 발음될 때 조절되는 위치에 따라 설명된다. 입술의 동작에 의해 생성된 자음을 순음이라 한다. 이 순음은 각각의 음을 생성하는 데 사용되는 발성 기관에 따라 두 개의 그룹으로 나뉜다.

입술로만 만들어지는 것	입술과 치아로 만들어지는 것
W as in wind	F as in father
WH as in which	V as in very
M as in meat	
P as in pork	
B as in bee	

주로 혀에 의해 생성된 자음을 설음이라 한다. 이 설음은 언어를 구사하는 데 사용되는 발성 기관에 따라 네 개의 그룹으로 나뉜다.[16)]

혀와 경구개에서 만들어지는 것

S as in so	N as in no
Z as in zebra	L as in lip
SH as in show	R as in row

혀의 앞부분과 경구개에서 만들어지는 것

T as in tip

D as in do

N as in no

L as in lip

혀와 치아로 만들어지는 것

TH as in thick or that

혀와 연구개로 만들어지는 것

C as in cat

K as in king

G as in get

NG as in sing

Y as in yes

조음 향상시키기

설교자는 몇 가지로 조음을 향상시킬 수 있다. 당신은 바로 시작해야 한다. 읽는 것을 잠시 멈추고 앞에서 말한 세 가지 자음의 그룹들을 발음하라. 발음할 때 어디서 소리가 만들어지는지 보라. 이러한 연습은 당신의 좋은 음 조절을 위해 적당한 위치에서 자음을 발음하는 것을 돕는다. 혀와 치아, 입술과 경구개, 연구개는 자음이 생길 때 서로 조절하며 음을 만든다.

조음에 있어서 가장 큰 필요는 혀와 입술과 턱의 유연함을 개발하는 것이다. 이러한 영역에 게으를 때 음 조절이 잘되지 않는다. 딜과 스티븐슨은 조음 기관의 경직을 없애기 위한 몇 가지를 제안한다. 먼저는 입을 오므리고 가능한 모든 방향으로 움직여 보라. 그다음 입술을 앞뒤로 움직이고 오므려 보라. 혀를 최대한 많이 내밀어 보라. 아랫입술과 윗입술에 혀를 대 보라. 혀를 좌우로 움직이라. 그런 다음 혀의 끝 부분을 입술의 왼쪽에서 오른쪽으로 천천히 돌리며 움직여 보라. 혀의 끝 부분을 윗입술의 중앙, 아랫입술 그리고 입의 각 구석에 대 보라. 혀를 경구개로 들어 올린 다음 천천히 구강 내에서 평평해질 때까지 풀어서 쉬게 하라.[17]

당신은 아마 무엇인가를 씹는 것이 말하는 것과 비슷하다는 것을 발견했을 것이다. 말할 때의 근육이 씹는 데도 사용된다. 아마 당신은 말하고 씹는 것을 동시에 할 수도 있다. 비록 입안에 음식을 가득 채우고 말하는 것은 예의가 아니지만, 씹고 말하기를 함께하는 것은 조음을 도와준다.

가끔씩 이렇게 연습하라. 마치 음식이 입에 가득 있는 것처럼 상상하라. 그리고 야만인처럼 씹으라. 당신이 입술과 혀와 치아의 과장된 움직임을 느끼고 씹을 때 천천히 말해 보라. 이러한 연습은 조음에서 딱딱한 긴장을 고쳐 준다. 이러한 접근은 독일의 언어 치료학자들 사이에서 환자를 치료하기 위한 유명한 방법이다. 비록 이러한 방법을 많은 사람들이 쓰지는 않지만 우리의 입술과 입과 혀의 긴장을 푸는 데 도움이 된다.

설교에서 조음 향상에 도움이 되는 정신적인 연습은 마치 기타의 줄을 튕기는 것과 같이 입술에서 단어를 튕기는 것이다. 발성 전문가는 이러한 연습을 '톤 찾기' 라고 부른다. 엄밀히 말해서 소리의 파동은 방향과 위치가 없다. 하지만 이러한 접근에는 심리학적인 이점이 있다. 입술에서 단어를 튕기듯이 만드는 것은 목 근육의 긴장을 이완시키는 경향이 있다. 이러한 긴장의 완화는 발성 기관이 최소한의 압박을 받고 기능할 수 있게 한다.

당신의 조음을 돕는 다른 기술은 말하기나 대중 연설에 관한 책들에 잘 나와 있다.[18] 시간을 내어서 그러한 방법을 배우라. 연습을 하면 조음 기관의 움직임을 알 것이다. 당신이 만드는 소리를 생각하라. 다시 한 번 강조하지만, 설교 시간에는 이러한 음 조절을 하지 말라. 적당한 음 조절에 너무 매인 나머지 음을 지나치게 조절할 수 있다. 이러한 극단은 오히려 설교에 나쁜 영향을 끼칠 수 있다. 점차적으로 이러한 음성을 만들도록 노력하되 너무 갑작스럽게 하지는 않도록 한다.

목소리 통합하기

당신이 설교의 기술적인 측면을 공부했다면 지금 당신은 걱정이 생겼을지도 모른다. 어쩌면 당신은 조음을 공부한 설교자가 사실 설교를 더 잘하는 것이 아니라 더 못하게 되었다는 이야기를 들었을지도 모른다.

우리 모두는 우리의 영혼에 깊이 새겨진 열정과 감동으로 복음의 진리를 전하고 싶어 하며, 발성 훈련이 그것을 방해한다고 생각할지도 모른다. 하지만 설교 전달의 기술적인 면을 배우면 설교자가 더 힘 있게 설교할 수 있다는 것을 알아야 한다. 그의 설교는 열정적일 수 있다. 그의 설교는 천둥번개가 치는 것처럼 강력하게 될 수도 있다. 그러나 이러한 목적을 이루려면 목소리의 여러 요소들을 올바르게 사용해야 한다. 설교자가 목소리의 요소들을 올바르게 사용하면 그의 설교 전달은 살아 있고 역동적이 된다. 발성 요소의 이러한 사용을 통합이라 부른다.

통합 이해하기

설교 전달이 효과적일 때 좋은 호흡과 적당한 조음의 기본적인 요소에 따라 구축된 전달의 목소리 측면은 올바르게 통합되어야 한다. 이 부분에서 설교자를 어렵게 하는 대부분의 전달의 문제는 명백해진다. 메시지가 최대한의 효과를 주기 위해서는 여덟 개의 특정한 요소가 특히 중요하며, 예리한 통합이 필요하다. 이러한 요소들이 각각의 짝과의 관계에 기초해서 네 개의 짝이 되는 것이다: 비율과 속도, 소리 크기와 강조, 음조와 굴절, 구절과 쉼. 실제 설교에서 이러한 요소를 통합하는 실제적인 조언은 10장에서 논의된다. 지금은 각각의 요소에 대한 소개만 하겠다.

- **비율과 속도** 비율은 우리가 말할 때 어떠한 속도로 하는가이다. 말의 속도는 말할 때 분 단위로 나뉘어 얼마나 많은 단어를 사용하는가이다. 사람들은 말할 때 자신만의 속도가 있다. 주로 알맞은 속도는 1분에 120~160개의 단어를 사용하는 것이다. 속도는 이 말의 비율에 관련이 있고 설교에 움직임을 더한다. 어떤 사람은 이것을 유창함이라 한다.

- **크기와 강조** 크기는 말하는 소리의 양이다. 설교가 들리지 않으면 아무런 의미가 없기 때문에 크기는 중요하다. 강조는 우리가 사용하는 강도나 힘, 곧 우리가 말하는 것에 특별히 중점을 둔 단어를 이야기한다.[19] 모든 문장에서 특정한 아이디어는 중요하다. 다른 아이디어는 좀 더 하위적인 부분을 차지한다. 중요한 것과 중요하지 않은 것을 적절히 구별하지 못하면 우리의 설교는 강조와 분명한 의미가 결여된다.[20]

- **음조와 굴절** 음조는 여러 굴절을 가진 다른 음들 가운데 목소리의 높고 낮음의 움직임을 이야기한다. 기본적으로 이 요소는 목소리의

선율이라고 한다.[21] 적당한 음조의 사용은 설교의 매력을 증가시킨다. 굴절은 한 음절이나 단어 안에서 음조가 변하는 것이다. 굴절을 통해 설교자는 질문을 하거나 풍자를 전달하거나 확신을 나타내거나 의문을 제시한다. 좋은 굴절은 설교자가 말하는 것을 흥미를 갖고 이해하도록 도와준다.

- **구절과 쉼** 우리는 사실 생각의 단위로 구성된 일련의 단어로 문장을 말한다. 우리는 단어와 문장들을 생각으로 구성한다. 이러한 단어의 그룹이 구절이다. 이 구라는 것은 쉼이 없이 계속 이야기할 수 있는 단위다. 이러한 구들은 우리가 말하려는 것을 표현하도록 그리고 듣는 사람들의 이해를 돕는다. 구는 설교자가 사용하는 중요한 도구 중의 하나다. 쉼은 강연에서 쉬는 포인트다. 그것들은 쉼표, 마침표, 느낌표 등으로 표현된다. 로버트 킹(Robert King)은 이러한 중지를 의사소통에서 '잠깐의 고요' 라고 정의한다.[22]

어떤 연습은 설교를 준비하는 과정에서 목소리 요소의 통합을 향상시키는 데 도움이 될 것이다. 가장 중요한 연습 중의 하나는 성경을 크게 읽는 것이다. 분명한 영적 가치 외에도 시편을 읽는 것은 적절한 호흡과 음조의 변화와 비율을 잘 발전시킬 수 있는 훌륭한 방법이다. 그 내용을 연구하라. 그리고 구절을 어떻게 표현하는지 보라. 어디에서 쉬는지 표시하라. 음조를 어디에서 변화해야 하나 결정하라. 설교에서 어디에서 빠르게 하고 느리게 해야 하는지를 스스로에게 물어보라. 시편은 이러한 연습에 매우 잘 어울린다.

사무엘상의 내용은 적당한 비율과 구절과 굴절을 병합하는 데 매우 좋은 예다. 여러 장을 읽어 보라. 다시 말하지만, 목소리의 여러 요소들이 본문의 의미를 반영하는지 확인하라. 누가복음은 음조나 굴절, 구절, 쉼 등을 개선하기 위해 사용할 수 있는 좋은 책이다. 복음서를 읽을 때 서술적인 대화를 눈여겨보라. 이러한 연습은 구절과 중간의 멈춤 그리고 말하는 속도를 높이거나 낮추는 능력을 향상시키는 데 좋다.

발성을 돕기

지금까지 고려된 주제들은 설교의 전달을 향상하기 위해서 적어도 발성에 관해 필요한 몇 가지의 기본적인 정보였다. 사실 사역으로 부름 받은 사람이라면 발성이나 강연에 대해 특별한 훈련을 받아야 한다. 이상적으로 사역을 준비하는 학생들은 준비 과정에서 발성에 관한 몇 가지 수업을 들어야 한다. 하지만 그러한 훈련이 가능하지 않은 경우, 하나님이 당신에게 주신 목소리를 훈련하기 위해 스스로 노력해야 한다.

어떤 설교자는 분명 다른 사람보다 더 좋은 목소리를 타고났다. 목소리의 크기나 특징을 어떻게 바꿀 수는 없다. 현명한 설교자는 자신이 받은 음조 이상으로 무리하려고 하지 않는다. 현명한 설교자는 하나님이 주신 목소리를 가장 효율적으로 쓴다. 설교하는 모든 측면에서 전문가가 되지는 않더라도, 열심히 노력해서 목소리에 집중하면 수년 동안 전달을 상당히 향상시킬 수 있다. 다음에 나오는 다섯 가지의 제안이 목소리를 향상하게 도울 수 있다.

1. 목소리가 만들어지는 것을 연구하라

목소리가 나오는 것에 대한 기본적인 과정을 자세히 연구하라. 앞 장에서 발성 기술에 관해 논의한 내용을 다시 읽고 목소리가 나오는 원리에 대한 이해를 높이라. 목소리에 대해 할 수 있는 모든 것을 배우라. 이는 더 좋은 대화자가 될 수 있도록 도울 것이다. 발성 기관에 대한 연구는 지금 당신이 가진 목의 문제를 발견하는 데 도움이 될 것이다. 이러한 발견을 통해 당신은 당신 자신의 문제를 줄이거나 해결할 수 있을 것이며, 전문가의 도움의 필요성을 느끼게 될 것이다. 대개의 도시에는 목에 관한 좋은 전문가나 언어 치료사들이 있다.

2. 목소리를 평가하라

당신의 목소리를 개인적으로 연구하는 것은 좋은 일이다. 이러한 종류의 연구가 과거보다는 쉬워졌다. 설교를 녹음하기 위해 노력하라. 녹음은 설교 전달력을 평가하는 데 도움을 준다. 녹음에는 몇 가지 유익이 있다. 첫째, 녹음은 목소리에 집중할 수 있다. 둘째, 녹음한 것을 운전하며 듣거나 여러 장소에서 평가할 수 있다.

당신은 설교를 들으며 놀랄 수 있다. 녹음한 것이 설교할 때와 다른 것처럼 들릴 것이다. 녹음된 설교를 들으면 당신은 당신의 설교가 사람들에게 어떻게 들리는지를 알 것이다. 당신은 설교할 때 뼈를 통해 혹은 당신은 입과 머리의 신경기관을 통해 목소리를 듣는다. 그렇기에 큰 차이를 발견할 것이다. 낙망하지 말라. 당신이 생각하는 것보다 그렇게 나쁘지 않을 수 있다. 물론 당신이 생각하는 것만큼 그렇게 좋지 않을 수도 있다!

당신의 모든 설교를 들어 보라. 들을 때 전달의 모든 면에 집중하라. 그리고 자신에게 물어야 한다: 어떻게 더 잘 이야기할 수 있을까? 녹음한 것 듣기를 멈추고 다시 더 크게 이야기해 보라. 어떤 설교자는 앞에서 말한 목소리의 모든 요소들을 열거한 도표가 도움이 된다고 한다. 설교를 들으며 모든 요소들을 생각하라. 각 요소들에 대해 평가하는 것이다.

예를 들어, 소리는 너무 큰가, 아니면 작은가? 성량이 설교 전달하기에 좋은가? 속도는 어떠한가? 너무 빠른가, 아니면 너무 늦는가? 속도가 단조로움을 피할 만큼 다양한가? 한 음조에 너무 오래 머무는 건 아닌가? 굴절은 당신이 말하는 것과 일치하는가? 구절을 읽는 것은 어떠한가? 단어들이 함께 잘 어울리는가? 올바르게 숨을 쉬고 다음에 하고 싶은 말에 대비할 수 있도록 잠시 쉬고 있는가? 이러한 질문의 목적은 당신의 설교 내용을 평가하는 것이 아니다. 오히려 내용이 어떻게 전달되는가를 평가하는 것이다. 끊임없이 스스로에게 물어보라: 어떻게 더 잘 이야기할 수 있었을까?

당신은 이러한 분석이 전달을 많이 향상시키는 것을 알고 놀랄 것이다. 만일 자신의 설교를 듣지 않으면 당신은 좋지 않은 목소리를 쓰는 습관에 빠질 것이다. 매주 하는 설교에 대한 평가의 필요는 강조되어야 한다. 이러한 노력으로 쓰이는 시간은 설교를 향상시키는 데 도움을 줄 것이다. 발성에 관한 모든 요소를 설교에서 향상시키는 것은 10장에 더 나와 있다.

3. 효과적인 설교자들을 연구하라

목소리를 향상시키기 위한 다른 단계는 좋은 연설자들이 어떻게 하는지 연구하는 것이다. 위어스비는 이렇게 기록한다: "설교는 과학이고 예술이며, 당신은 그 둘을 배워야 한다 … 설교의 기술은 성공한 설교자를 롤 모델로 삼아 배워야 한다."[23] 그는 덧붙인다: "어떤 의미로 설교는 배워지는 것이 아니라 붙잡는 것이다. 학생이 자신의 영혼에 불을 지피는 선생이나 설교자를 만나는 것은 복된 일이다."[24]

설교 전달에 탁월한 몇몇 좋은 설교자를 선택하라. 그들의 전달력을 공부하라. 듣되, 단순히 말하는 것만 잘 듣지 말고 어떻게 이야기하는지도 들어라. 그들에게서 배워라. 스타일을 모방하지 말고 자신의 설교 전달에 도움이 될 정보를 잘 수집하라.

사역자가 아닌 일반 분야의 사람들도 당신의 설교 전달에 도움을 줄 것이다. 오늘날의 많은 TV 뉴스 앵커나 비평가들은 자신의 목소리를 사용하는 데 탁월하다. 과거와 현재의 위대한 정치 지도자들 중 몇몇도 좋은 예가 된다. 윈스턴 처칠, 마틴 루터 킹 그리고 로널드 레이건의 연설을 들으며 그들로부터 배우라. 역사적으로 훌륭한 강연은 디지털 녹음이나 인터넷을 통해 듣고 분석하기에 좋다.

4. 자신을 발전시키는 프로그램을 세우라

목소리를 향상시키는 또 다른 방법은 정기적인 자기 발전 프로그램을 시작하는 것이다. 목소리 개선에 관한 수많은 자료들을 참고할 수도 있겠지만 자신만의 계획이 있어야 한다. 목소리의 전달에 관한 측면들을 공부하라. 성량과 강조에 대해 시간을 할애하라. 비율과 속도를 위해 노력하라. 구절과 멈추는 것에 시간을 들이라. 후에 또한 음조와 굴절의 사용에 대해 공부하라. 적당한 호흡과 정확한 조음을 위해 노력하라. 이 분야에서 발생할 수 있는 문제들을 따로 구분하라. 그리고 분명한 문제들을 밝히라. 그리고 한 번에 하나씩 이를 위해 노력하라.

설교 전달을 향상하는 좋은 방법은 소리 내어 읽는 것이다. 소리 내어 읽음으로써 당신이 여러 기술적인 요소들을 얼마나 잘 사용하고 있는지 알 수 있다. 거기에 더해서, 당신이 제대로 호흡하고 있는지, 설교를 속도에 맞게 전달하는지를 확인할 수 있다. 산문만 읽지 말라. 좋은 시를 읽는 것은 전달을 위한 매우 좋은 연습이다.

앞에서도 언급했듯이, 성경의 특정 부분을 읽는 것이 도움이 될 수 있다. 그러나 인쇄된 설교안을 등한시하지 말라. 찰스 스펄전이나 R. G. 리 및 척 스윈돌이나 워런 위어스비, 데이비드 제레마이어(David Jeremiah) 혹은 알리스테어 벡(Alistair Begg)과 같은 최근 설교자들의 설교가 특별히 도움이 된다. 그들의 설교를 큰 소리로 읽으라. 그것을 읽으면서 전달의 모든 면을 연습하라.

5. 계획을 실천하라

계획이 무엇이었든 그 계획을 행동으로 옮겨야 한다. 프로그램을 계획한 다음에 계획을 실천해야 한다. 그리고 더 연습해야 한다.

다시 말하지만, 주의할 점이 있다. 당신의 목소리를 개선하려는 노력은 강대상 밖에서 해야 한다. 만일 설교 시 목소리에 대한 지식을 사용하려고 하면 오히려 실수를 범하게 된다. 그 결과는 매우 좋지 않을 것이다. 당신은 정신적인 노동에 시달릴 것이다. 특별히 설교문을 보지 않고 하는 경우에는 더욱 그렇다. 설교 전달의 모든 면을 강대상에서 생각하면 정상적인 사고보다 더 많은 짐을 지는 것이다. 제이 아담스는 이렇게 조언한다.

> 어떤 생각은 설교하는 동안 피해야 한다. 거기에는 설교자가 설교할 때 사용하는 방법들도 포함된다. 평소에 적절히 연습하면 그것이 새로운 습관이 되어 설교 때 자연스럽게 나오게 된다.[25)]

강대상 밖에서 연습하라. 크게 읽고 앞에서 논의한 대로 연습하면 좋지 않은 습관을 고치고 말하기의 좋은 습관을 가질 것이다. 이러한 좋은 습관을 평소 대화에 적용하라. 많은 노력을 통해 향상된 모습이 설교 전달에 적용될 것이다.

때때로 형편을 잘 아는 친구가 도울 수 있고, 특히 설교를 개선하는 것에 관심 있는 친구가 도울 수 있다. 아내가 이러한 방식으로 사역을 돕는다면 큰 도움이 될 것이다. 하지만 집에서 발생할 수 있는 분란을 피하라. 만일 아내가 당신의 감정을 상하게 하지 않으면서 쉽게 도울 수 있다면 그렇게 하게 하라. 그러나 그럴 수 없다면 다른 곳에서 찾으라. 확실히 해야 할 것은, 누구에게 도움을 청하든 그가 당신의 약점을 지적했을 때 당신이 편안함을 느낄 수 있는 그러한 사람이어야 한다.

개선될 때까지 연습해야 함을 명심하라. 하루아침에 탁월하게 말하기를 바라지 말라. 많은 재능 있는 가수들도 평생 동안 배우려고 노력한다. 설교자는 설교하는 것을 평생의 일로 삼아야 한다. 목소리를 개선하는 것도 쉽게 오지 않는다. 마치 그것은 몇 번의 연습으로 강연이 잘되지 않는 것과 마찬가지다. 설교 전달을 개선하도록 매주 노력하라. 좋은 발성 습관이 자연스러워질 때까지 그렇게 하라.

하지만 설교 전달에 너무 집착하지 말라. 그 중요성에도 불구하고 설교에서 전달은 한 단면이다. 설교 전달에만 지나치게 집중하면 설교할 때 다른 문제를 발생시킨다. 베이컨은 다음과 같이 이야기한다.

> 목소리 악기의 질적인 면이 중요한 이유는 그것이 포함할 수 있는 영역을 넓게 해 주기 때문이다. 그럼에도 불구하고, 경험에 따르면, 그러한 문제에 지나치게 치중하는 것은 종종 음악보다는 악기에만 집중하게 한다.[26)]

설교자가 목소리에 너무 많은 관심을 두다 보면 내용을 잘못 전달하게 된다. 목소리는 도구지 목표가 아니다.

당신은 하나뿐인 목소리를 가지고 있다. 하나님이 그것을 주셨다. 그 소리를 최대한 잘 써야 한다. 목소리는 좋은 훈련과 연습을 통해 잘 발전시킬 수 있기 때문에 현재에 만족하지 말아야 한다. 목소리를 하나님의 말씀을 전하는 데 방해물이 아닌 좋은 도구로 사용하라.

목소리 관리하기

설교를 전하는 것은 힘든 육체적 활동이다. 어떤 사람은 한 시간의 설교가 여섯 시간의 육체노동과 맞먹는다고 한다. 사실 몸 전체가 설교를 하는 데 사용된다. 스티븐슨과 딜에 따르면, 알파벳 b라는 한 음절을 발음하는 데 적어도 95개의 다른 근육이 쓰인다고 한다.[27)] 이러한 설교자의 에너지 소모는 주일에 설교를 전하는 것이 엄청난 육체적 소모라는 것을 알려 준다.

오늘날의 목회자는 이전 세대의 목회자들보다 설교에 더 많은 비중을 둔다. 빠른 성장, 제한된 공간 그리고 비싼 땅값과 새로운 건물 등은 모두 목회자가 주 중 혹은 주일에 여러 번의 설교를 하게 한다. 점점 더 많은 교회들이 여러 번의 예배 모임을 가지며, 어떤 교회의 예배는 여러 장소에서 중계가 된다. 그리고 점심 식사나 특별한 사역 모임, 교육 활동, 지역 사회

모임 등은 목회자를 주 중에 더 많이 이야기하게 만든다. 이 모든 일들은 설교자가 자신의 목소리를 잘 관리하는 것이 중요함을 알게 한다.

목소리 문제 발견하기

힘든 일주일의 설교 스케줄은 대부분의 목회자가 그의 목소리를 지나치게 쓰고, 따라서 다양한 목소리 문제로 인해 고생하게 한다. 목이 아픈 것은 설교자의 계속되는 문제다. 목에 주는 긴장, 알레르기 그리고 날씨의 변화는 설교자의 목에 좋지 않다. 설교자는 쉰 목소리나 정기적으로 목이 아픈 것을 경험하게 되는데, 그것은 목소리를 제대로 쓰지 않아서다. 많은 설교자가 월요일에는 거의 속삭이듯 이야기한다. 이러한 현실은 너무 흔해서 더 이상 웃을 수조차 없다.

어떤 목소리의 문제는 본질적으로 더욱 심각하다. 목회자는 만성 후두염을 앓을 수도 있다. 일주일 단위로 쉰 소리, 거친 소리 및 목의 피로의 정도가 다를 수 있다. 이러한 문제는 설교자가 설교의 임무를 수행하는데 방해가 된다. 굽은 성대가 문제가 될 수 있다. 잘못된 근육의 사용으로 인해 성대가 곧은 모양을 유지하지 못하고 주름 가장자리가 구부러진 것이다.

설교자가 가질 수 있는 더 심각한 문제는 성대 결절이다. 용종이나 위산과 함께 성대 결절은 설교자들이 경험하는 흔한 목소리 질환 중 하나다. 가끔은 알레르기에 의해 발생하지만 주로 성대 결절은 목소리의 잘못된 사용에서 비롯된다. 설교자는 이를 아주 위험한 신호로 보아야 한다.

이러한 결절은 때로 며칠간 목을 사용하지 않으면 회복할 수 있다. 심한 경우에는 수술을 권유받는다. 하지만 이 분야의 전문가에 따르면 수술은 최선의 방법이 아니라고 한다. 성대 결절의 근본 원인이 치료되어야 한다(바인스 박사의 '개인 간증'을 기억하라). 이러한 성대 결절을 해결하는 가장 좋은 방법은 목소리를 사용할 때 모든 잘못된 방법을 없애는 것이다.[28] 만일 성대 결절이 생기면 그 즉시 목 전문의에게 가서 상담을 받고 자격 있는 치료사와 협조해서 치료해야 한다. 당신의 목소리는 너무 귀해서 사역에 있어 이러한 경고를 무시해서는 안 된다.

목소리 문제의 원인 이해하기

목소리의 문제는 주로 세 가지의 나쁜 말하기 습관 때문에 생기는 것이다.

- 적절하지 않은 힘 목소리를 내는 곳에 지나친 힘을 가하면 문제를 초래한다. 지속적인 기간 동안 큰 소리로 오랫동안 설교할 경우 목에 심각한 문제가 발생할 수 있다. 강제적으로 말을 해야 하는 갑작스러운 경우 또한 목소리를 혹사시키는 것이다.

- 잘못된 음조 어떤 목소리의 문제는 잘못된 음조 때문이다. 설교할 때 스트레스나 흥분 때문에 성대에 있는 근육이 지나치게 긴장할 수 있다. 이때 목소리는 수축되거나 처지거나 거칠어진다. 이러한 것은 음조를 높게 한다. 이러한 긴장감의 영향으로 성대가 수축하고, 성대의 주름이 지나치게 조여져 목을 과다하게 쓰게 되는 것이다.

- 부정확한 호흡 호흡이 정확하지 않으면 발성 기관의 부드러운 작용이 불가능하다. 올바르지 못한 호흡(설교할 때 충분한 공기 공급을 못 하는 것)은 목의 근육과 후두에 지나친 긴장을 준다. 적절한 복식 호흡의 목적은 목소리의 효과를 최대한으로 내기 위해 최소한의 공기를 사용하는 것이다. 이러한 복식 호흡이 잘되지 않으면 목소리에 문제가 생길 수 있다.

좋은 목소리의 건강 유지하기

당신의 목소리는 섬세하고 아주 복잡한 악기다. 그것이 좋은 상태가 아니면 최대한으로 쓸 수 없다. 모든 필요한 과정을 동원해서 목소리를 건강하게 하라. 다음의 몇 가지 제안은 이러한 것을 도울 것이다.

1. **날씨와 기후에 민감하라.** 습도가 높을 때 우리가 마시는 공기는 따뜻하다. 공기 중에 충분한 수분이 있으면 그것은 좋은 목 상태를 유지시키지만, 건조하고 추운 겨울은 목소리에 가장 위험하다. 설교자들은 설교를 위해 여러 곳을 다닌다. 설교자는 하루 동안 날씨가 다른 곳을 갈 수도 있다. 이러한 변화는 목소리에 큰 지장을 준다. 여행을 할 경우에는 말하기 전에 하루 정도를 쉬도록 노력하라. 이러한 휴식은 목소리가 새로운 날씨에 적응하도록 돕는다.

2. **옷에 주의를 기울이라.** 어떤 사람들은 옷을 두껍게 입어야 감기에 걸리지 않는다고 생각한다. 사실은 반대다. 따뜻함을 위해 충분한 옷을 입되 땀이 날 정도로 입어서는 안 된다. 목이 꽉 조이는 옷이나 넥타이는 피하라.

3. **집 안의 온도를 조절하라.** 집은 목소리 건강에 가장 중요한 요소다. 집이 적당한 따뜻함을 유지하게 하라. 그리고 환기를 적절히 해 주라. 환기가 안 되고 너무 더운 집은 목소리의 문제를 야기한다.

4. **좋은 영양을 섭취하는 습관을 들이라.** 신선한 채소, 샐러드, 곡물 빵, 과일 및 유제품을 섭취하라. 설교하기 전에는 우유나 유제품을 피하라. 이러한 제품은 목에 점액을 입힌다. 과자와 같은 단 것 또한 점액을 입힌다. 목에 입혀진 점액질은 전분과 거의 닿지 않을 때 양호해진다. 또한, 먹는 시간에 주의하라. 설교 전에 너무 많이 먹지 말라. 너무 배가 부르면 적당하게 말할 수 없고, 좋은 설교를 할 수 없다.

5. 물을 많이 마시라. 성대는 막이기 때문에 수분이 있어야 한다. 6~8잔의 물을 매일 권장한다. 물은 소화나 목의 문제를 해결하는 데도 매우 중요하다.

6. 충분한 휴식을 취하라. 설교하기 전날 밤에는 일찍 자라. 가능한 한 토요일은 휴식을 취하라. 설교하기 전날 충분한 휴식을 취하고 긴장을 푸는 것은 매우 바람직하다.

7. 정기적으로 운동하라. 좋은 운동 프로그램이 당신의 목소리에 도움이 될 수 있다. 좋은 근육의 긴장은 말하기의 전체 과정에 도움이 될 것이다. 건강한 몸을 가꾸는 것은 당신이 더 건강한 방식으로 설교하는 것을 돕는다.

8. 질병에 적절한 주의를 기울이라. 아프고 지친 목에 대한 여러 치료법이 있다. 많은 의사들이 목캔디의 가치에 의문을 제기한다. 유칼립투스가 함유된 사탕은 유칼립투스의 시원하게 하는 효과로 목의 통증이 치료되는 것 같은 잘못된 인상을 주기 때문에 오히려 방해가 된다. 목캔디의 유일한 효능은 침이 넘어가게 자극하는 것뿐이다.

9. 아프고 지친 목을 치료하기 위해 샤워할 때 수증기를 마시라. 이는 목을 치료하는 가장 좋은 방법이다. 견딜 만하게 뜨거운 물을 사용하라. 욕실에 수증기를 가득 채우라. 입을 크게 벌리고 목과 코로 수증기를 마시라. 이는 목을 진정시키는 작용을 한다.

10. 휴식으로 감기를 치료하라. 몸을 쉬게 해서 발성 기관을 공격하는 감염과 싸울 시간을 주는 것이다. 아픈 목으로 설교해야 한다면 가능한 한 편하게 해야 한다.

11. **설교 전후로 목의 사용을 피하라.** 목의 힘을 아끼라. 예배 시간에 부르는 찬양을 성도들보다 크게 부를 필요는 없다. 목을 푸는 정도로만 부르라. 예배 후에 큰 소리로 이야기하거나 웃어서 목소리를 상하게 할 수도 있다. 목은 벌써 지쳐 있다. 설교 후에 지나치게 이야기하는 것은 목에 긴장을 준다. 톤은 가능한 한 작게 하라.

12. **목소리를 가능한 한 자주 사용하라.** 목소리의 문제로부터 자유로워지면(제안 10에 있는 경고를 기억하라) 당신은 정기적으로, 심지어 매일 밤 설교할 수 있다. 많은 복음주의 목회자들이 그렇게 했으며, 목소리의 문제를 경험한 사람은 거의 없었다. 스펄전은 자주 말하는 것의 중요성을 말한다: "한 주에 두 번 설교하는 것은 위험하지만, 나는 5~6번 설교하는 것이 건강하다고 생각하고, 12~14번도 지나치지 않다고 생각한다."[29)]

13. **카페인을 절제하라.** 설교자들은 일반적으로 커피를 좋아한다. 커피를 끊을 필요는 없지만, 설교 전에는 카페인 섭취를 제한해야 한다. 커피 외에도 차, 탄산음료, 초콜릿과 같은 카페인 제품을 피하라. 카페인은 레몬, 오렌지, 자몽과 같은 감귤류 제품처럼 목을 건조하게 한다.

14. **좋은 음향을 유지하라.** 할 수만 있다면 어떤 수를 써서라도 설교하는 곳에 알맞은 음향을 갖추도록 노력하라. 설교하는 건물이 목소리에 문제를 발생시킬 수 있다. 앞에서 언급했듯이, 많은 건물이 소리보다는 건축적 아름다움을 위해 설계되었다. 형편없는 음향 시스템은 설교자의 목소리에 치명적일 수 있다.

15. **좋은 음향 장비와 사람들을 사용하라.** 음향 시스템은 발성을 도울 수

도 있고 해칠 수도 있다. 모든 노력을 다해서 좋은 음향 장비를 구입하라. 현대의 교회는 설교자가 좋지 않은 음향 환경에서 설교하게 하는 것에 대해 변명할 수 없다. 좋은 음향 장비는 부족한 소리의 문제를 어느 정도 해결할 수 있다. 또한 좋은 마이크는 목소리를 혹사시키지 않는 데 큰 도움을 준다. 음향 엔지니어는 설교자에게 도움이 되거나 해가 된다. 그는 설교자의 목소리의 낮거나 높은 빈도를 강조할 수 있다. 그는 설교자의 소리를 완전히 바꿀 수도 있다. 만일 음향 장비나 작동하는 사람이 잘하면 설교자는 설교 때 도움을 받는다. 하지만 그들이 형편없으면 설교자는 마이크와 씨름하는 것과 같다. 더 자세한 내용은 마지막 장에서 다시 이야기할 것이다.

마지막으로 제안한다. '에헴' 하며 목 가다듬는 것을 최대한 줄이라. 목을 가다듬는 것은 점액이 입혀졌거나 간지럽게 느껴질 때 거의 반사적으로 하게 된다. 하지만 이는 성대에 좋지 않을 뿐 아니라 불편함을 없애는 데 도움이 되지 않는다. 오히려 청중들의 집중을 방해한다. 목을 가다듬는 대신 물을 마시거나 침을 나오게 하기 위해 사탕을 먹는 것이 더 좋다.

9

서로 연결하기

머리와 가슴으로 하는 설교

설교의 가장 중요한 숙제는 '의사소통이 되는가' 하는 것이다.

F. D. 화이트셀

만일 당신이 사람들에게 하나님의 말씀을 효과적으로 전하기 원한다면, 설교가 청중의 삶에 연결되어 있는지 확인하는 데 관심을 가져야 한다. 다른 말로 하면, 의사소통에 관심을 가져야 한다. 사람들이 당신의 설교 재능을 칭찬하도록 설교를 세련된 예술 작품처럼 만들기 위한 노력을 기울여서는 안 된다. 자신을 위한 설교 또한 하지 말아야 한다. 대신에 강대상과 성도들 사이에 의사소통이 잘되게 해야 한다.

어떤 설교학자들은 만일 어떤 사람이 그의 목소리와 몸을 올바르게 사용하는 것을 배우면 좋은 설교자가 될 것이라고 주장한다. 그러한 조언은 훌륭하지만 충분하지 않다. 설교를 전달할 때 기술적인 측면을 잘 활용한다 해도 좋은 설교자가 될 수 없다. 사실 기술에 대한 너무 많은 관심은 설교의 과정에서 보이지 않게 방해가 될 수 있다.

목소리나 신체적인 기술은 단어의 흐름을 가져오는 이성적인 역동성에 대한 이해와 함께 설교에 영감을 주는 감정적 혹은 영적 역동성을 동반해야 한다. 설교의 전달은 설교자가 그의 마음과 머리에서 설교하는 방법을 이해할 때 효과적이고 강력해진다. 이 두 가지 일은 설교가 청중과 연결되도록 하는 데 필요하다.

마음으로부터 설교하기

설교의 시작부터 결론까지 영적인 열정은 설교자 한 사람을 통해 나와야 한다. 2장에서 우리는 이 뜨거운 열정이 설교자의 삶에 대한 하나님의 기름부으심에서 나타난다고 확인했다. 설교 전달 시 이러한 뜨거움은 메시지나 청중 모두를 위한 설교자의 열정에서 나온다. 이 두 열정에는 각각의 독특한 특징이 있지만, 그들은 확실히 하나님의 말씀을 전하는 데 있어 서로 떼어 낼 수 없는 관계로 묶여 있다. 하나가 있을 때, 다른 하나는 반드시 가까이에 있다. 그런데 하나가 없으면 다른 하나도 없을 가능성이 많다. 감사하게도 능력 있는 설교를 원하는 설교자는 이 둘을 모두 이용할 수 있다. 마음에서 나오는 열정은 청중과 설교를 연결하는 데 가장 중요한 요소다.

마음으로 하는 설교의 본질

열정적인 설교는 마음에서 나온다. 많은 경우에 있어서 현대의 설교는 열정이 없어졌다. 소수만이 이러한 마음의 요소를 가지고 있다. 우리는 마음의 설교로 돌아가야 한다. 아마 몇몇은 마음이 아닌 다른 용어를 사용할지도 모르겠다. 어쩌면 당신은 '진실한' 또는 '정직한' 이라는 단어를 선호할지 모르겠다. 어떻게 불리든, 그것은 우리에게 다급하게 필요하다. 마음이 불같이 타오르는 설교자의 설교는 화산과도 같다. 진정한 효과를 발휘하기 위해서는 설교가 열정적이어야 한다. 설교자는 그의 머리와 마음으로 설교해야 한다. 그는 마음의 촉구와 적절한 강해를 잘 병합해야 한다.

마음으로 하는 설교는 상한 심령에서 온다. 현대의 설교는 너무 메마른 것으로 보인다. 다시금 마음을 움직이는 울음이 있는 진정한 설교로 돌아가야 한다. 요엘은 말했다: "여호와를 섬기는 제사장들은 낭실과 제단 사이에서 울며"(욜 2:17). 많은 설교자들이 이러한 울음을 잃어버렸다. 그들은 전문적이고 학문적이며 지적이 되어서 자신들이 말하는 것을 느끼지 못하는 것 같다. 심지어 강대상에서의 감정 표현에 오히려 반하는 모습이 보인다. 이러한 갈등은 자유주의 설교자에 국한되지 않는다. 많은 보수적인 설교자도 이러한 병으로 고통 받고 있다. 우리는 너무 직업적이 되었고 설교를 캐주얼하게 여기게 되었다.

그러한 설교는 현대 사람들의 마음을 움직일 수 없다. 젊은 시절 로이드 게리슨(Lloyd Garrison)은 그의 친구 새뮤얼 메이(Samuel May)로부터 노예제도 폐지에 대해 너무 열정을 갖지 말라는 이야기를 들었다고 한다. 메이는 사람들이 "그의 열정적인 영혼에 의해 오히려 거부감을 가져 그가 이야기하는 것을 두려워하고 떠날 것"이라고 주장했다. 하지만 게리슨은 그의 주장에 대해 "나에게 불과 같은 열정이 있어야 사람들의 얼어붙은 마음을 녹일 수 있다네"라고 대답했다고 한다.[1]

설교는 실제로 마음에서 나온다. 비록 설교자는 성경에서 설교를 얻지만, 그는 그것을 마음으로 경험해야 한다. 비록 그는 종이 위에 설교문을 쓰지만, 그는 그것을 마음으로부터 전해야 한다. 설교를 준비하는 것과 설교를 전하는 행위 사이에는 구별이 있어야 한다. 한 사람이 조지 휘트필드(George Whitefield)의 설교를 듣고 설교를 인쇄할 수 있는지 물었다. 휘트필드는 이에 대해 "나는 인쇄하는 것에 반대하지는 않지만, 그 인쇄된 종이가 번개와 천둥을 가져올 수는 없을 것"이라고 대답했다고 한다.[2]

오직 마음의 설교가 행동을 촉구할 수 있다. 설교는 마음이 없으면 완성된 것이 아니다. 설교자는 단지 메시지의 내용을 전하는 것이 아니라 심장의 박동을 전하는 것이다. 거기에 더해서 그는 듣는 사람의 심장을 뛰게 해 그들이 선포된 진리에 행동하게 하는 것이다. 오직 마음으로의 설교가 사람들의 마음을 움직인다. 성도들은 설교에 의해 정신적으로 자극받고 감정적으로 찔림을 느끼는 것이다.

논란의 여지없이, 설교의 역동성에서 성도의 역할도 중요하다. 설교자가 마음으로 전하면 듣는 사람은 반응해야 한다. 어떤 사람은 한때 일반적인 성도들이 설교자를 냉장고에 넣어 놓고 그가 땀을 흘릴 것이라고 기대한다고 말했다. 냉담하고 생명력 없는 무관심한 성도는 마음으로부터 말씀을 전하기 원하는 설교자를 크게 방해할 수 있다. 하지만 설교자는 성도의 무관심함이 그의 설교를 막게 하지 말아야 한다. 누가 아는가? 마음의 설교를 매주 하다 보면 성도들의 차가운 마음이 녹게 될지…. 많은 성도들은 마음으로 전하는 설교를 오랫동안 들어 보지 못해서 어떻게 반응해야 하는지 모르는 것이다.

아마도 마음으로 하는 설교에 대해 주저하는 이유는 몇몇 설교자들의 너무나 극단적인 설교 때문이다. 많은 사람들이 불쾌한 내용, 당황스럽지는 않지만 진실함 없이 설교했다. 설교자가 자신의 목적을 이루기 위해 가짜로 울거나 성도를 자극하는 것은 마음의 설교가 아니다. 그러한 설교는 감정을 가장하는 진실하지 않은 설교다. 하지만 이러한 진실 없는 것들이 우리가 가진 진정한 열심과 열정을 포기하게 할 수는 없다.

마음으로 하는 설교의 유산

성경에 나오는 설교자를 대충만 보아도 그들은 머리뿐 아니라 마음으로 설교했다. 예수님도 마음으로 설교하셨다. 그는 너무 마음이 아파서 그가 사역하는 사람들을 위해 우셨다. 그는 예루살렘을 보시고는 우셨다. 엠마오로 가는 제자들에게 말씀하실 땐 열정과 열심이 있으셨다: "그들이 서로 말하되 길에서 우리에게 말씀하시고 우리에게 성경을 풀어 주실 때에 우리 속에서 마음이 뜨겁지 아니하더냐"(눅 24:32). 그들의 마음이 예수님으로 인해 뜨거워졌다.

바울은 마음으로 설교했다. 초대 교부 중 한 명은 솔로몬이 세운 성전, 번성할 때의 로마 그리고 바울의 설교를 보기 원했다고 한다. 바울이 마음의 확신으로 하는 것을 들으라: "내가 그리스도 안에서 참말을 하고 거짓 말을 아니하노라 나에게 큰 근심이 있는 것과 마음에 그치지 않는 고통이 있는 것을 내 양심이 성령 안에서 나와 더불어 증언하노니 나의 형제 곧 골육의 친척을 위하여 내 자신이 저주를 받아 그리스도에게서 끊어질지라도 원하는 바로라"(롬 9:1~3). 이러한 말은 차가운 논리가 아니다. 이것은 영혼으로부터 나오는 말이다.

과거의 많은 위대한 설교자들이 마음으로 설교했다. 존 낙스는 "나에게 스코틀랜드를 주시거나 나를 죽게 하세요"라고 기도한 마음의 설교자였다. 그가 나이 들었을 때 그는 강대상에 올라가기 위해 부축을 받았다. 그러나 그가 스코틀랜드를 위해 기도할 때 다시 힘이 생기고, 잃어버린 영혼의 부담으로 강대상이 흔들렸다. 휴 래티머(Hugh Latimer)는 영국 종교 개혁가 중의 한 명이다. 어떤 사람은 그를 "마음으로 말하고 마음에 말하는 사람"이라고 말했다.[3] 조지 트루엣이나 로버트 리, W. A. 크리스웰, 스티븐 올포드나 아드리안 로저스와 같은 설교자는 테이프를 통해 사람들에게 계속적으로 감동을 준다. 그들의 설교에는 유창함뿐만 아니라 놀라운 진실함이 보인다. 그들은 마치 여름철 강한 바람에 움직이는 나뭇잎처럼 청중을 움직일 수 있었다. 많은 젊은 목회자들이 이들의 마음으로 하는 설교에 영향을 받았다.

진실함과 깊은 감정은 교회 역사 속 위대한 설교자들의 특징이었다. 이 사람들은 그들의 청중을 감동시키고 영혼을 깨우고 눈물을 흘리게 했다. 그들은 감정적인 이야기만 한 것이 아니다. 그들이 말한 것은 마음에서 나온 것이었다. 그들 모두는 학자처럼 많이 배운 사람들도 아니었다. 그들의 준비와 전달은 이 책에서 말한 기준에 못 미칠 수도 있다. 하지만 그들에게는 청중을 사로잡고 감동시키는 무엇인가가 있었다.

마음으로 하는 설교의 다섯 가지 증거들

기름부으심처럼, 마음으로 하는 설교는 정의 내리기가 어렵고, 그래서 모호하기도 하다. 우리가 할 수 있는 최선의 방법은 그러한 마음의 열정으로 설교하는 사람들의 삶에 나타나는 공통적인 것을 찾는 것이다. 마음으로 설교하는 설교자에게는 다음과 같은 특징이나 증거가 나타나며, 이는 우리가 추구해야 하는 고결한 목적을 위해 유용하다.

1. 확실한 부르심

설교자의 부르심은 명확하다. 당신은 하나님이 당신 안에 말씀의 부담을 주신 것을 알 것이다. 당신이 이러한 부담감을 수행할 때 하나님은 설교를 듣는 청중에 대해 당신의 마음을 상하게 하실 것이다. 하나님은 당신의 사람들이 구원받고 예수님의 형상으로 닮아 가길 원하는 당신의 갈망을 높이실 것이다. 목자의 사역은 많은 칭찬이나 재정적인 수입 또는 유명하게 되는 것이 아니다. 가끔 당신의 부르심이 사역의 유일한 도구일지도 모른다. 그의 부르심에 대해 의심하고 흔들리는 사람은 잃어버린 세상과 연약한 교회에 무관심할 것이다.

2. 하나님과의 강한 개인적 동행

하나님의 부르심을 굳건히 할 때, 강한 개인적인 예배의 삶을 통해 그 소명의 실제적인 감각을 유지하라. 이 필요성은 이 책의 다른 여러 부분에서 언급되었지만 그것의 중요성은 지나칠 수 없다. 성경 공부와 기도를 통해 하나님과 시간을 보냄으로써 당신은 삶에서 하나님의 실재를 더 개발하게 될 것이다. 과학자들은 실험실에서 하나님을 잃어버릴 수 있지만 당신은 공부할 때 하나님을 잃지 않도록 주의하라. 매주 다루는 성스러운 말씀이 마음 없는 진리가 될 수 있다. 설교는 하나님에게 무릎으로 나아갈 때 마음으로 되는 것이다. 중요한 본질을 경험함으로써 실제가 되게 하라. 당신 자신에게 먼저 설교하고 주님의 임재를 바라라. 그런 후에 설교를 위해 강단에 설 때 당신의 설교는 단지 설교 노트나 생각에서 오는 것이 아니라 당신의 마음과 하나님의 영으로부터 오는 것이다.

〈개인 간증〉

"너는 사람들을 사랑해야 한다"

하나님은 내가 들을 수 있기도 전에 나를 설교자로 부르셨다고 믿는다. 하지만 다른 것들로 인해 하나님에게 집중하지 못하게 되었다. 나는 결국 대학교 3학년 때 그의 부르심에 응답했고, 설교와 목회를 하는 데 필요한 모든 것을 배우고 싶은 간절함을 찾았다. 그래서 나는 많은 젊은 목회자들이 그러하듯, 하나님이 나를 무엇을 위해 부르셨는지 알기 위해 질문했다.

내가 질문한 사람 중 한 명은 나의 장인의 친구이신 존 조이너(John Joyner)였다. 그는 사역의 리더십에 있어 나의 영웅 중 한 명이었다. 그는 40년 이상을 작은 교회의 목회자로 섬기셨다. 그는 책을 쓰거나 교단의 목회자 회의에서 설교한 적이 없으시다. 그는 그저 성경을 전하고, 자신의 사람들을 돌보았다. 그래서 나는 그에게 물었다: "저와 같이 젊고 야망 있는 설교자나 목회자에게 어떠한 조언을 해주실 수 있나요?" 나는 그의 대답을 결코 잊을 수 없다. 그는 말했다: "짐, 자네는 사람들을 사랑해야 해. 다른 일은 안 하더라도 사람들을 꼭 사랑해야 해." 그는 몇 년 전에 하나님의 품으로 가셨지만 나는 그 분의 말씀을 잊을 수가 없다. 그리고 그 말씀은 설교자로서 그리고 목회자로서 나의 사역에 꼭 필요한 것이 되었다. "당신은 사람들을 사랑해야 합니다."

짐 섀딕스

3. 사람들에 대한 사랑

비록 당신은 사람들을 두려워해서는 안 되지만, 당신은 그들을 아주 많이 사랑해야 한다. 스토트는 "어떤 설교자는 하나님의 심판을 이야기하기 좋아한다. 그들은 청중이 그들의 채찍 아래서 몸부림치는 것을 좋아한다 … 가끔은 설교자들이 좋은 말보다는 꾸짖기 위해 강대상을 사용한다" 고 말한다.[4)]

당신이 설교하고 있는 사람들을 사랑하도록 해 주시기를 기도하라. 사람들 사랑하는 것을 배우는 좋은 방법 중의 하나는 개인적으로 잃어버린 영혼을 구원하려 노력하는 것이다. 매주 믿지 않는 사람들과 만나서 복음을 전하는 것은 당신을 따뜻하고 사랑 많은 사람이 되도록 도와줄 것이다. 만일 당신이 주 중에 개인적인 방문을 하지 않는다면, 주일에 강단 위로 열정을 가지고 올라갈 수 없을 것이다.

사람들을 사랑하는 다른 한 가지 방법은 사람들을 위해 기도하는 것이다. 당신은 이 책의 3장에 나오는 E. M. 바운스의 표현을 기억할 것이다. "예수님이 그의 백성들을 위해 가장 높고 숭고한 희생을 하셨다는 것을 알지 못하는 설교자는 설교의 기술을 배우지 못할 것이다. 아무리 설교학의 이론이 쏟아져도, 아무리 그가 설교를 작성하고 전달하는 데 재능이 있더라도 말이다."[5)]

만일 사람들이 당신이 그들을 사랑하고 진심으로 그들의 영혼을 염려하고 있다는 것을 안다면, 당신은 당신이 원하는 모든 것을 말할 수 있다.

4. 성경의 위대한 진리에 대한 확신

성경의 위대한 진리에 감동되지 않는 것은 그들이 그 진리를 결코 이해하지 못했다는 것을 나타낸다. 우리가 하나님에게 죄를 지어도 하나님이 우리를 사랑하신다는 사실을 안다면 누가 감동하지 않을 수 있겠는가? 예수님이 우리를 그토록 사랑하셔서 우리의 죄를 위해 갈보리 십자가에서 고통당하신 것이 사실이라면, 이 진리에 누가 손댈 수 있는가? 잃어버린 영혼에 대해 이야기하는데 마음에 떨림이 없는가? 우리가 지옥을 감정 없이 볼 수 있을까? 이러한 진리를 믿고 설교하는 사람이 무뎌져 있고, 지루하고, 감정이 없다는 것은 상상조차 할 수 없다. 로이드 존스가 언급한 지루한 설교자가 되지 말라. 그는 "어떤 사람은 빙산 위에 앉아서 불에 대한 설교를 하고 있다"고 말했다.[6] 성경은 사람들 앞에서 무관심하게 취급되는 박물관의 물건이 아니다. 오히려 성경은 살아 있는 사람들을 위한 하나님의 말씀이다. 성경에 관한 적절한 이해와 감사는 마음으로 설교하게 해 준다.

5. 개인적인 상함

성경을 통해서 우리는 하나님이 상한 심령에 축복을 주시는 예들을 보았다. 깨뜨려진 향유는 아름다운 향기를 낸다(막 14:3 참조). 예수님은 떡을 떼어 축복하셨다(막 8:6 참조). 많은 위대한 설교자는 마음으로 설교하기 전에 겟세마네의 경험을 한다. 조지 트루엣은 사냥할 때 가까운 친구를 죽이는 사고로 마음이 무너졌다.[7] 그러한 개인적인 고통과 상함을 통해 그는 마음으로 설교하는 사람이 되었다. G. 캠벨 모건은 한 재능 있는 젊은 설교자의 설교를 듣고 그의 아내에게 그가 좋은 설교자라고 이야기했다. 그러자 그의 아내는 대답했다: "그래요. 하지만 그가 고난을 받는다면 더 좋은 설교자가 될 거예요."

　당신의 마음이 깨어질 때, 당신은 깨어진 심령을 가진 사람들에게 설교하는 법을 배운다. 당신의 삶에서 이러한 깨어짐을 경험했다면 그 경험이 당신의 마음을 부드럽게 유지하도록 하라. 그러한 경험이 없다면 하나님에게 부드러운 마음을 달라고 기도하라. 존 뉴턴(John Newton)이 말하듯이 설교는 단단한 마음을 부수고, 부서진 마음을 치료하는 것이다.[8] 이러한 목적은 당신이 자신의 골짜기를 통과할 때 더 효과적이 된다.

마음으로 하는 설교로의 부르심

우리는 감정이 중심인 시대를 살고 있다. 사람들은 그들의 감정에 호소하는 음악을 듣는다. TV나 유튜브(YouTube) 영상, 컴퓨터 게임이나 가상현실과 다른 오락의 형태는 감정을 일으키고 많은 스릴과 공포를 만들도록 되어졌다. 이러한 스릴을 찾는 사람들은 교회를 지나 다른 곳으로 가서 그들의 감정을 채우려 한다. 비록 설교가 오락의 한 형태는 아니지만 이러한 질문에 답해야 한다: 왜 설교자는 감정적인 만족의 진정한 원천을 제시하지 않아야 하는가? 왜 설교자는 오늘날 사람들이 가진 문제에 대한 해답을 감정 없는 흐릿한 방법으로 주어야 하는가?

진정한 설교에서, 하나님의 사람은 자신의 영혼을 전달한다. 한 설교자는 설교 끝에 다음과 같이 말하는 것으로 알려져 있다: "사랑하는 여러분, 오늘 아침에 나의 영혼을 당신에게 전합니다." 이러한 고백은 설교에서 매우 중요하다. 설교자는 설교만을 전하는 것이 아니라 자신을 전하는 것이다. 그의 목소리, 동작, 지능, 마음을 통해 그는 하나님의 보좌와 사람들의 마음 앞에 자신의 삶을 이야기하는 것이다. 결과적으로, 설교 전달은 설교를 전달하는 이상으로 설교자를 전하는 것이다. 진정으로 효과적인 설교자는 설교에 자신의 모든 것을 거는 사람이다. 그가 말할 때 그의 진실함과 열정은 불꽃을 일으킨다. 그러한 효과는 모방되어지지 않는데, 그 이유는 진실함과 열정은 따라 할 수 없는 것이기에 그렇다. 그것들은 설교자의 마음과 영혼의 깊숙한 곳에서 나온다.

마음으로 하는 설교는 유창함의 비밀이다. 윌리엄 제닝스 브라이언은 유창함에 대해 "자신이 말하는 것과 그 의미를 잘 아는 사람의 강연으로, 열정을 가지고 하는 것"이라고 말한다.[9] 하나님은 사람의 마음에 유창함을 주셨다. 그분이 그러하시듯, 마음에서 생겨난 유창함은 사람을 행동하게 한다. 우리의 목적은 단순히 성경의 정보를 전하는 것이 아니다. 우리는 사람들이 결정하도록 하기 위해서 설교한다. 우리의 목표는 행동을 더 좋게 바꾸고, 사람들이 하나님에게 순종하게 하며, 예수님 중심의 삶이 주는 도전을 잘 받아들이도록 인도하는 것이다. 마음으로 하는 설교는 이러한 목적을 이루게 한다.

마음으로 하는 설교는 설교에서 잡히지 않는 것 중 하나지만, 확실히 감지하는 것이 불가능하지만은 않다. 사람들은 당신이 마음으로 설교하는지 아닌지를 멀리서도 알 수 있다. 그것은 성도와의 교감에 있어서 가장 중요한 결정 요인 중 하나다. 키케로(Cicero)가 사람들에게 이야기할 때 그들은 "키케로가 얼마나 말을 잘하는가?"라고 말했다. 하지만 데모스테네스(Demosthenes)가 말할 때 사람들은 "우리가 카르타고로 행군하자"고 말했다.[10] 설교자들이여, 하나님 나라를 위해서 마음으로 설교하자!

그림으로 설교하기

마음으로 하는 설교는 날카로운 이성을 동반할 때 잘 보완될 것이다. 좋은 정신적 지각은 당신이 더 자연스럽고 효과적으로 말할 수 있도록 해 줄 것이다. 설교를 살아 있게 하기 위해 마음을 이용하는 한 가지 방법은 당신이 그 말을 하는 동안 마음속의 이미지 혹은 그림을 불러 내어 당신의 메시지의 감정을 경험하는 것이다. 본질적으로, 당신은 당신이 말하는 것을 보아야 한다. 그림으로 설교하는 이러한 과정을 '정신적 시각화'라고 한다.

정신적 시각화의 필요성

어떤 설교자가 설교할 때 사람들은 몰입해서 듣고 설교에 매우 열정적으로 반응한다. 그의 단어는 살아 있고 역동적이다. 반면에, 다른 설교자들의 설교에는 반응이 전혀 없다. 사람들이 여기저기 돌아다닌다. 이 설교자들은 계속해서 이야기하지만 그들의 말은 무관심한 귀에 닿는다. 어떤 설교자는 이해하기 좋고 흥미롭게 설교한다. 하지만 어떤 설교자는 듣는 사람들의 좋은 반응을 거의 끌어 내지 못한다. 무엇이 이들을 차이 나게 하는가?

물론, 설교 경험에 있어서의 지루함은 일부 청중에 대한 기본적인 이해 부족 때문일 수 있다. 우리는 많은 사람들이 설교자가 하는 말에 거의 관심을 보이지 않는 시대에 살고 있다. 하지만 세대를 막론하고, 사람들은 항상 성경이 말하는 하나님에 대해 알기를 갈망한다. 따라서 반응이 없고 무관심한 문제는 대개 강단에서 시작된다.

제이 아담스는 다음과 같이 질문했다: "당신은 왜 평범한 현대의 교인들이 무관심하고 반응이 없다고 생각하는가? 혹시나 현대의 설교자들이 날카롭지 못하고 생명력 없는 추상적인 설교를 해서 그들의 감각에 호소하지 않기에 반응이 없는 것은 아닌가?"[11] 로버트 커크패트릭(Robert Kirkpatrick)은 다음과 같은 상상의 그림을 제안한다.

> 미국의 식민지 시대에 각 교회마다 한 명의 공무원이 파견되었는데, 그의 임무는 설교할 때 성도 중에 조는 사람이 없는지 지켜보는 것이었다. 그가 조는 사람을 발견하면, 끝이 뾰족한 긴 막대기를 손에 쥐는 것이 그의 의무였다. 그는 그것을 들고 복도를 걸어 다니며 설교자를 자극했다.[12]

가장 기본적인 문제는 설교자의 설교에 있다. 많은 사람이 배우와 설교자의 차이를 여기에서 발견한다. 배우는 허구를 마치 실제 상황처럼 이야기한다. 하지만 많은 설교자는 진실을 마치 허구처럼 이야기한다.

물론 어떤 설교자도 설교를 지루하고 흥미롭지 못하게 하고 싶어 하지 않는다. 보통의 목회자는 하나님의 말씀을 효과적이고 흥미롭고 강력한 방식으로 전달하기를 원하는 진정으로 헌신된 사람들이다. 그런데 왜 이런 원함이 설교에서는 전달되지 않는가? 그 어려움의 일부는 정신적 시각화의 힘을 이해하지 못해서다.

정신적 시각화의 과정

좋은 연설의 사고 체계를 이해하는 것은 생명력 없는 설교를 하는 설교자들이 꼭 짚고 넘어가야 할 부분이다. 스티븐슨과 딜은 다음과 같이 이야기

한다: "생동감 있는 설교는 사물과 사건 그리고 사람들의 현실 세계로부터 나와야 한다. 그리고 그것은 색감과 소리에 의한 울림이 있어야 한다. 살아 있는 설교는 인간의 경험의 뿌리까지 내려간다."[13] 우리가 말하는 단어들은 머릿속의 이미지(그림)를 가지고 있다. 이러한 이미지가 우리의 머릿속에 살아 있다면 우리가 이야기하는 것 또한 살아 있을 것이다. 우리의 설교에는 살아 있는 색감이 있다. 이러한 과정에는 인식, 감각적 이미지, 상상 및 단어의 네 가지 주요 요소가 포함된다.

인식

인식은 우리 주위의 자극을 가져다가 그것에 의미를 부여하는 과정이다. 우리는 다섯 가지 주요 감각 기관을 통해 유형의 세상을 인식한다. 먼저, **시각**(볼 수 있는 능력)은 우리가 하늘과 구름을 보게 한다. 땅에서는 호수와 나무와 꽃을 본다. 시각적인 자극은 모든 보이는 것을 두뇌로 가져온다. **청각**은 세상의 많은 소리를 듣도록 한다. 기계의 소음을 듣는다. 우리는 웃음소리와 노랫소리, 우는 소리와 소리 지르는 소리 같은 다른 사람들의 목소리를 듣는다. **후각**은 냄새의 감각을 통해 우리 주위의 향기나 냄새를 뇌에 전달한다. 부엌에서 달콤한 빵 굽는 냄새와 캠프파이어의 연기 냄새를 맡는다. 아내가 뿌린 향수 냄새를 맡는다. 그리고 **미각**은 꿀의 단맛과 썩은 사과의 쓴맛을 알게 한다. 우리는 소금과 빵의 누룩을 맛본다. 그리고 **촉각**을 이용해서 아기의 살결을 만지고 그 부드러움을 느낀다. 나무의 거친 부분도 만짐으로 알 수 있다.

감각적 이미지

감각적 이미지는 우리의 인식을 통해 뇌로 보내진 메시지를 의미한다. 다섯 개의 감각 기관이 우리의 생각을 많은 자극으로 넘치게 한다. 이러한 이미지들은 연속적으로 흐르고 사고의 과정에 서로 관련이 있기 때문에, 초기 심리학자들은 이것을 '의식의 흐름' 이라고 불렀다.[14] 설교의 목적에서 이러한 감각의 인식은 두 가지의 이미지를 만든다.

첫째, 기억 이미지는 처음 사물을 인식할 때와 가깝게 닮은 과거의 감각 경험을 기억하는 것이다. 시원한 시냇가, 푸른 나무, 아름다운 새들로 가득한 아름다운 곳으로 소풍 갔을 때의 즐거운 장면과 소리는 우리의 기억에 어떤 인상을 남긴다. 소리, 색, 맛, 냄새 및 촉감에 대한 기억은 우리가 사용하는 단어에 생동감과 흥미를 만들어 낸다.

둘째, 이러한 기억은 창조적인 이미지로 만들어진다. 발레리나가 새롭고 독창적인 동작으로 내용을 재해석하듯이 말하는 사람은 기억의 이미지를 가지고 다시 재창조하는 것이다. 강연자는 "시냇물이 빠르게 흐릅니다"라고 말하는 대신에, "시냇물이 마치 학교에서 아이들이 수업을 마치고 뛰어 나오듯이 즐겁게 쏟아져 내립니다"라고 말할 수 있다. 이러한 이미지는 정신적 경험의 새로운 것들이다. 이는 원래의 이미지를 다시 통합하고 재배열해서 새롭고 독특하게 창조하는 것이다. 이러한 자세한 이미지는 청중이 감정적으로 느낄 수 있게 하고, 심지어 그들이 마치 현장에 있는 것처럼 느끼게 한다.

상상

상상은 이러한 이미지를 가져다가 창조적으로 다루는 두뇌의 활동이다. 뇌는 자발적으로 또한 무의식적으로 우리가 가진 처음의 인상들을 재배열해서 새로운 이미지로 바꾼다. 우리는 앞서 설교를 준비할 때의 스타일적인 발전에서 상상의 위치에 대해 이야기했다. 이와 비슷하게 설교자는 설교 전달에 있어서 이러한 중요한 역할을 이해해야 한다.

상상의 역할은 설교자가 설교를 효과적으로 나타내는 능력에서 중요하게 이해된다. 화이트셀은 다음과 같이 이야기한다: "상상은 사람이 하나님과 가장 많이 닮은 능력 중의 하나다. 그것은 모든 창조적인 활동에 있어서 중요한 역할을 한다. 시인, 소설가, 드라마 작가, 음악가, 화가, 조각가 및 건축가가 상상력을 사용할 수 없다면 비탄에 빠질 것이다."[15)]

설교자도 마찬가지다. 모든 설교자는 상상을 효과적으로 이용하는 법을 알아야 한다. 상상으로 사람들이 그의 말을 볼 수 있게 하는 것이다.

상상은 하나님의 놀라운 선물이다. 상상을 통해 우리는 보이지 않는 것을 인식하고 설교를 듣는 사람들에게 그것을 보여 주는 것이다. 브로더스는 다음과 같이 주장한다.

> 상상 없이는 설교의 원리들이 효과적으로 사용될 수 없다. 상상은 많은 사람에 의해 좋은 설교자를 만드는 가장 중요한 요소로 여겨진다. 상상은 머릿속의 정신적 기능이다. 추론과는 대조적으로 보면서 생각하는 것이다.[16]

소리, 색, 맛으로 감각에 호소하는 것은 설교 전달에 매력과 섬세한 힘을 준다. 단어를 통해 듣는 사람들에게 친숙한 경험을 다시 재창조하면, 우리가 쓰는 단어는 이해하기 쉽고 흥미로워진다. 상상은 우리로 하여금 그것을 가능하게 한다. 설교에서 상상은 좋은 설교와 평범한 설교를 구분하는 것이다.

비록 상상이 당신에게서 멀어질 수 있는 것은 사실이지만, 더 큰 위기는 우리가 상상을 막을 수 있다는 것이다. 성경을 열심히 분석하고 내용에 깊이 들어가면 오히려 본문이 생동감 있게 그리는 이미지를 누르게 된다. 위어스비는 다음과 같이 말한다.

> 해석학의 원리를 지혜롭게 사용하면 정보를 얻을 수 있지만, 사역이 효과적이 되기 위해서는 상상을 더해야 한다. 그것은 설교의 목적이 주제를 토론하는 것이 아니라 목적을 이루는 것이기 때문이다. 목적은 어느 정도의 상상을 필요로 한다.[17]

상상에는 당신의 설교에 있어서 예리하지 못한 강의를 만족스러운 영적 양식으로 바꿀 수 있는 힘이 있다.

단어

단어는 우리가 인식하는 대상에 사용하는 기호다. 그것은 우리가 머릿속에 구성한 이미지를 다른 사람들과 공유할 수 있는 형태로 자리 잡게 한다. 단어를 사용해서 우리는 듣는 사람의 머릿속에 우리와 같은 이미지를 만들 수 있다. 7장에서 스타일에 대해 논할 때 단어의 효과적인 표현에 관한 정보를 다루었다.

정신적 시각화의 힘

당신이 말하는 것을 보는 것과 본 것을 말하는 것은 단어를 통해 강력한 감각에 호소하는 것이다. 말을 할 때 단어가 가진 머릿속 이미지를 떠올리라. 그러한 이미지에 강하게 반응해서 청중도 그 단어들에 반응하도록 하라. 아담스는 감각의 호소의 법칙을 수학적 공식으로 설명한다: "감각적 인식과 종합적 상상과 현실적 묘사를 합하면 감각적 호소가 된다."[18] 인식으로 우리는 머릿속의 이미지를 위한 자료를 얻는다. 상상으로 우리는 그들을 조직하고 구성한다. 묘사로 우리는 듣는 사람의 머릿속에 그림을 전달하는 단어를 사용한다. 그 결과는 감각의 호소다.

조나단 에드워즈(Jonathan Edwards)는 뛰어난 시각화 능력을 지녔다. 그의 유명한 설교이자 저서인 《진노한 하나님의 손에 붙들린 죄인들》(생명의말씀사 역간)에서 그는 구원받지 못한 사람들을 불 위에 막 떨어질 것 같은 거미나 혐오스러운 벌레에 비교했다.

> 당신은 가느다란 실에 매달려 있고, 그 밑에는 거룩한 진노의 불이 타고 있어서 언제든지 떨어져 탈 수 있다. 당신은 … 당신 자신을 구원하기 위해 붙잡을 수 있는 것이 아무것도 없고, 진노의 불길을 막을 수도 없으며, 당신 자신의 소유나 이전의 어떠한 행위, 하나님이 어느 순간 당

신에게 긍휼의 마음을 가지시도록 유도할 수도 없다.[19]

그의 단어들은 너무 분명해서 감각의 호소로 가득 차 있고, 사람들은 마치 지옥으로 미끄러져 가고 있는 것같이 느끼기 때문에 교회 기둥이나 의자를 꼭 잡고 있게 된다.

조지 휘트필드 또한 그의 단어들로 그림을 그릴 수 있었다. 한 번은 잃어버린 죄인을 의지할 곳 없는 눈먼 거지가 큰 건물 옥상의 가장자리를 걷고 있는 것과 같다고 표현했다. 그는 맹인이 앞으로 비틀거리며 지나가고, 지팡이가 손에서 빠져 나가 심연으로 떨어지는 것을 묘사했다. 맹인은 위험을 인식하지 못한 채 지팡이를 다시 잡기 위해 몸을 굽혔다. 이러한 휘트필드의 그림 그리듯 설교하는 능력에 매료된 한 성도가 이렇게 외쳤다: "선하신 하나님, 그는 이제 끝났습니다."[20] 당신이 말하는 단어들 뒤에는 상상이라는 도구를 사용한 살아 있는 머릿속의 그림들이 흐르고 있다는 것을 기억하라. 이것은 당신의 설교가 훨씬 더 강하게 전달될 수 있게 해줄 것이다.

당신이 이러한 시각화의 과정을 이해하고 적용한다면, 당신의 설교는 또 다른 실질적인 도움을 받게 된다. 당신이 생각하는 것을 당신의 말로 정확하게 반영하기 위해서는 훨씬 덜 기계적인 방법으로 전달의 기계적인 측면을 사용할 수 있어야 한다. 생각은 설교의 연속적인 아이디어를 분명히 보이기 때문에, 목소리는 아이디어를 정확하게 전달하는 방식으로 자연스럽게 표현되는 경향이 있다. 일단 당신이 발성 기관을 제대로 사용하는 방법을 배웠다면, 여러 방법들이 이러한 머릿속의 이미지를 언어에 넣도록 좋은 역할을 하게 된다. 당신은 소리 크기나 속도에 신경 쓸 필요가 없다. 기계적으로 또는 특정 시간에 의식적으로 단어를 말할 필요가 없다. 당신은 또한 말하는 단어들을 어떻게 활용할 것인지 생각할 필요가 없다. 이 모든 행동들은 머릿속에 있는 감각적인 이미지의 흐름에 의해 지시된다. 그 결과는 설교가 더 자연스러워지고 효과적이 되는 것이다.

생명력 있게 설교하기

설교가 청중과 연결되기 위해서는 태어나야 할 뿐만 아니라 거듭나야 한다. 오늘날 보통의 성도들은 전 세대보다 더 많은 정보를 얻는다. 사람들은 설교자에게 전보다 더 많은 것을 기대한다. 시각적인 미디어들이 사람들에게 그들이 말하려는 아이디어를 명확하게 한다. 그러므로 설교자도 아이디어를 가능한 한 분명하게 전해야 한다. 그는 자신의 그림을 생각해야 하고, 또한 성도들이 그가 말하는 것을 시각화할 수 있도록 해야 한다. 이러한 머릿속 설교의 '재탄생'은 성도들로 하여금 우리가 전하는 진리에 더 연관되도록 할 수 있다. 당신이 말하는 것을 시각화할 때, 이는 당신의 말을 생동감 있게 할 것이다. 이제껏 정신적 시각화에 대해 이야기했으니, 이젠 정신적 활성화라는 다음 과정을 살펴보자.

정신적 활성화에 대한 이해

설교자들은 때때로 다음과 같은 공통적인 경험을 한다. 설교를 준비하면서 하나님의 말씀 안에 있는 진리의 심오함과 중요성을 발견한다. 이 진리는 우리 마음에서 불타오른다. 우리는 비유적인 설교가 사람들의 마음에 불을 지필 것을 예상하기에 설교할 때를 기다린다. 우리는 센세이션을 일으킬 설교를 할 것이라 확신한다. 그리고 드디어 그날이 온다. 하지만 설교할 때 불은 타오르지 않는다. 설교를 준비할 때 우리를 흥분하게 했던 생각들은 예리함과 생명력이 없어진다. 삶에서 떠오른 생각들이 부족하다. 설교의 내용은 같지만 생명이 없고, 올라감이 없고, 넘어섬이 없다. 무엇이 잘못되었는가?

아마도 이러한 부족함은 설교 전달 과정 중 설교를 활력 있도록 만드는 데 관여하는 정신적 과정을 이해하는 것에 대한 실패에서부터 올 수 있다. 비록 설교 준비 과정 중 활력이 있어도, 주일에 다시 생명력이 있도록 하는 데는 실패할 수 있다. 정신적인 활력을 위한 몇 가지 원칙을 배우면 당신은 그 설교의 생명력이나 역동성을 잃지 않고 연구한 설교를 강단으로 가져갈 수 있다. 설교는 다시 태어나야 한다. 설교는 단계들을 통해 시간에 맞게 준비되어야 하고, 다시 설교자의 마음속에 활력이 있도록 확신을 주는 전달이 있어야 한다.

시각화와 마찬가지로 정신적 활성화로 설교하는 것은 당신이 어떻게 목소리를 이용하는지에 대해 집중하지 않도록 해 준다. 당신은 설교하는 동안 여러 기술적인 면을 지나치게 걱정하지 않아도 된다. 설교가 당신을 움직이는 것이 아니라 당신이 설교의 주인이 된다. 내용은 어떻게 말하고자 하는지에 대한 기술적인 면을 지배한다. 그러한 전달은 말을 대화의 식으로 되게 하며, 청중에게 흥미를 준다. 당신의 설교는 진지하고 설득력 있고 흥미로우며, 확신이 들도록 한다. 이러한 전달은 청중에게 긍정적인 영향을 미친다.

정신적 활성화의 단계

설교를 준비함에 있어 정신적 활성화를 위한 몇 가지 단계가 필요하다. 다음 사항을 잘 고려하라.

성도들을 생각하라

설교할 대상인 성도들을 생각하라. 알렉산더 맥클라렌이 앞에 빈 의자를 놓고 설교 준비한 것을 기억할 것이다. 그 빈 의자는 설교를 들을 사람을 상징한다. 그러한 상징은 설교가 실제 사람들을 위해 준비되는 것임을 알려 준다. 맥클라렌의 방법이 당신에게 매력적이거나 실용적이지 않을 수도 있지만, 실제 사람들에게 성경의 진리를 전하기 위해 준비한다는 것을 인식해야 한다. 건강이나 죽음에 관심이 많은 노년층이 당신의 설교를 들을 것이다. 바쁜 사람들이 분주한 중에서도 시간을 내어 그곳에 있을 것이다. 또래 집단으로부터 압력을 받으며 삶의 중요한 결정을 내려야 하는 청소년들도 당신의 설교를 듣게 될 것이다. 그들을 기억하라.

적용을 평가하라

영원불변의 성경적 진리가 이 시대 사람들의 필요에 적용되는 중요성을 기억하라. 항상 스스로에게 물어야 한다: '그래서 무엇을 하라는 말인가?', '이 주제가 사람들과 무슨 상관이 있는가?' 당신의 예화나 적용이 사람들에게 이해되도록 하라.

자유함에 친숙해지라

설교의 전달은 가능한 한 노트를 보지 않고 하는 것이 가장 생동감 있다. 다음 장에서 설교의 전달에 관한 다양한 접근에 논할 것이다. 하지만 이 단계의 준비에서 설교 내용에 충분히 익숙해져서 어떤 설교의 방법을 취하더라도 내용에 친숙하도록 노력하라. 그러한 내용을 잘 아는 것은 정신적인 활력에 힘을 더해 줄 것이다.

생동감 있는 설교를 위해 당신은 지금껏 공부한 역동적인 방법을 기억해야 한다. 이러한 의미에서 라시코프(Rahskopf)의 기억에 대한 정의는 올바르다. 그는 "기억이란 과거에 배운 것이 현재에 쓰이는 과정이다"라고 말한다.[21] 이 과정에서의 세 가지 주요 단계는 배움, 유지 그리고 기억이다.

설교에서 의미 있는 기억을 발전시키기 위한 처음 단계는 내용을 배우는 것이다. 설교에 더 익숙하고 집중할 수 있도록 다음의 세 가지 도움이 되는 '법칙' 들을 따르라.

1. **반복의 법칙** 내용을 여러 번 반복해서 볼수록 설교하는 데 더 익숙해진다. 설교 내용을 많이 검토하라. 여러 번 내용을 검토하는 것은 머릿속에 기본적인 개념을 잘 심어 준다.

2. **친숙함의 법칙** 설교문의 검토와 설교 시간 사이의 간격이 짧을수록

설교에 더 친숙해진다. 주일 설교를 위해서는 토요일 밤에 설교문을 검토하고 주일 아침에 한 번 더 하도록 한다.

3. **강도의 법칙** 설교문 검토에 쏟는 정신적인 에너지가 클수록 설교할 때 소재가 더 선명해진다. 당신 최고의 정신적인 능력은 소재에 대한 모든 명확함과 함께 강렬하게 집중되어야 한다.

설교 전달의 준비에 있어서 두 번째 단계는 **유지하는** 것이다. 그것은 어느 정도의 기간 동안 배운 것을 보존하는 것이다. 배운 내용을 자주 반복하면 유지하는 데 큰 도움이 된다. 설교자가 설교 직전에 설교할 내용을 다시 볼 시간이 없다는 사실은 분명하다. 하지만 그전에 미리 검토할 수 있으며, 많은 검토는 내용이 머릿속에 오래 머물도록 도움을 준다.

준비 과정의 세 번째 단계는 **기억하는** 것이다. 설교의 세밀한 내용을 완전히 이해할 수 있게 되면 당신은 내용을 분명하고 뚜렷하게 기억할 수 있을 것이다. 이 개념은 각 단어들을 재구성하는 것이 아니라, 설교의 개념과 원칙을 기억해서 흐름을 잘 이끄는 것이다.[22]

내용을 완전히 소화시키라

준비한 내용을 숙지하도록 노력해야 한다. 아래의 몇 가지 단계가 설교의 내용을 완전히 이해하도록 도움을 준다.

1단계 이야기하는 내용을 완전하게 소화시켜 깊은 이해 갖기

2단계 말하고자 하는 내용에 대한 좋은 구조 갖기

3단계 설교에 있어서 아이디어 사이의 논리적인 관계 이해하기. 설교에 여러 가지 아이디어들이 서로 들어맞게 하는 것을 이해하라.

4단계 설교에 있어서 생각의 연속성을 하나하나 연습하기: '큰 소리로 말하기. 아이디어와 그림들 숙지하기. 언어적 기억보다는 논리적 기억에 비중 두기.' 만일 여러 개념들의 논리적인 연속성을 알면 당신은 모든 실제의 구절이나 단어들이 어떻게 서로 다가오는지에 대해 놀랄 것이다. 단어들을 기억하기 위해 지나치게 노력하지 않을 경우 그것들은 훨씬 더 잘 흘러갈 것이다. 암기하려는 노력보다는 오히려 일정한 아이디어와 그림 주위에 있는 단어들을 모으는 것이 좋다.[23)]

5단계 시간을 두고 여러 차례 반복해서 설교 검토하기. 설교 전날 밤엔 늘 설교를 점검하고, 설교하기 전에도 잠깐 보는 시간을 갖도록 한다.

6단계 내용을 지나칠 정도로 숙지하기. 마치 당신의 한 부분이 된 것처럼 말하는 내용에 익숙해야 한다.

정보 내면화하기

설교자는 설교하기 전에 마음과 생각 속에 내용이 들어가야 한다. 맥팔랜드(McFarland)는 "마음의 우물에 있는 것이 네 말의 물통으로 길어질 것이다"라고 말했다.[24)] 이러한 주장은 좋은 표현이 좋은 인상에 달려 있다고 말하는 또 다른 방법이다. 설교가 그것을 전하는 설교자에게 생명력이 없으면 성도에게 진정으로 다가가기가 힘들다. 로빈슨은 "설교자가 그의 마음에서 나오는 언어를 읽을 때에야 비로소 청중들이 듣는다. 설교자는 생각과 단어와 씨름하고 내면화해야 한다"고 말했다.[25)]

내면화할 때 당신이 다른 사람의 아이디어를 사용하는 것은 금지되어 있지 않지만, 다른 사람으로부터 나온 생각들은 당신의 생각과 감정의 일부가 되어야 한다는 것을 명심하라. 수많은 목회자들이 다른 사람들의 생각을 빌리지만, 충분한 묵상이나 생각을 통해 자신의 것으로 소화하지 않는 것을 보게 된다. 그 결과 생각들이 내면화되지 않는다. 준비하고 있는 설교의 진리를 실천하라. 설교는 다른 사람에게 선포되기 전에 자신에게 적용되어야 한다(개인 간증을 보라).

〈개인 간증〉

내면화의 여정

나는 설교를 내면화하는 것에 도움을 주는 몇 가지 방법을 발견했다. 목표한 것을 이루기 위한 기록에 더해서 설교를 위한 노트를 준비한다. 일반적으로 이 노트는 손으로 직접 쓴다. 가능한 한 간단하게 쓴다. 그리고 설교 디자인의 주요 단어를 포함시킨다. 설교의 일부 인용문과 필수 자료도 포함시킨다.

이 특별한 준비 시간 동안, 나는 상상을 통해 설교의 모든 부분을 살아 있게 한다. 나는 생각을 가능한 한 명확하게 하기 위해 노력한다. 설교에 대한 머릿속 그림을 그린다. 추상적인 개념을 위해서는 의미가 다가오게 하는 그림들을 상상한다. 예를 들어, 내가 진행에 대한 것을 이야기한다면, 철도를 따라 이동하는 기차를 연상하고, 한 역에서 다른 역으로 가는 흐름을 생각한다. 내가 자유에 대해 이야기한다면, 자유의 여신상이나 자유롭게 된 노예를 생각할 수 있다. 이러한 것은 설교에서 추상적인 개념이 상상을 통해 살아나게 해 준다.

설교의 각 부분을 다 읽은 후 상상을 통해 그것을 실천하려고 시도하면서, 나는 상상 속 청중들에게 설교를 한다. 나는 몇몇 부분들에 대해 말하는 방법을 점검한다. 그것이 좋게 들리는가? 이 말이 듣는 사람들에게 최대의 영향력을 미칠 것인가? 그렇게 하다 보면 내 상상에서 설교를 들을 사람 중에 한 사람이 된 것 같다. 나는 청중이 어떻게 이 설교에 반응할지를 상상한다. 이러한 과정은 내 영혼에 설교가 실제로 다가오게 한다.

제리 바인스

정신적 활성화의 방법들

활력 있는 설교에는 두 가지, 곧 지적인 방법과 감정적인 방법이 있다. 지적인 방법은 머릿속의 언어다. 이러한 방법은 우리가 사용하는 단어로 표현된다. 잘 진행된다면, 설교 전달에 사용된 특정한 단어들은 적절한 지적 내용을 전달하므로 듣는 사람이 설교자가 하는 말을 이해하게 된다. 반면 감정적인 방법은 감정의 언어다. 이 감정적인 방법은 말의 표현 방식, 근육의 긴장 및 전달할 때의 전체적인 분위기에 의해 표현된다. 감정적인 방법은 감정적인 설교를 말하는 것이 아니라, 설교자의 깊은 감정에서 나오는 전반적인 감정적 의사소통을 의미한다.

스티븐슨과 딜은 이 설교 전달에서 나타나는 두 가지 차원의 감정을 주목한다. 페이소스는 앞에서도 논의되었지만, 설교자 자신과 다른 사람에 대한 설교자의 태도다. 페이소스는 설교자의 감정의 가장 깊은 차원이다. 반면에 멜리즘(melism)은 특정한 설교에 대해 느끼는 즉각적인 감정과 관계가 있다.[26] 우리 모두는 다른 사람들보다 특정한 어떤 주제에 더 관심이 있다. 설교에 대한 태도는 우리가 설교할 때 전달된다. 만일 당신이 당신의 설교에 생명력을 느낀다면, 당신의 설교는 생명력이 있을 것이다.

지적인 방법과 감정적인 방법이 서로 협력하면 설교는 매우 큰 효과를 보게 된다. 감정적인 방법이 지적인 방법과 상반되면 감정적인 설교가 듣는 사람들에게 보다 쉽게 받아들여질 수 있다는 것을 알아야 한다.[27] 설교자는 올바른 메시지를 가지고 있을지 모르지만, 그것을 어떻게 다루느냐에 따라 듣는 사람이 그것을 거부할 수도 있다.

이러한 긴장 때문에 일부 설교자는 매우 엄격하고 부정적인 주제에 대해 설교하지만 듣는 사람들로부터 좋은 반응을 얻는다. 다른 사람들은 긍정적인 주제에 대해 설교하지만 부정적인 반응을 얻을 수 있다. 만일 설교자가 감정적인 방법으로 사람들에게 공감을 전한다면 듣는 사람들은 훨씬 더 좋은 반응을 보일 것이다. 사람들이 확신 가운데 설교를 사랑하면 설교자는 어떠한 주제든지 이야기할 수 있고 그들을 도울 수 있다.

당신의 가장 깊은 내면의 마음을 성찰하라. 스스로에게 질문하라: 이 설교에 대해 어떻게 느끼는가? 나 자신에 대해 어떻게 느끼는가? 듣는 사람들에 대한 나의 감정은 무엇인가? 이러한 질문들에 대한 답이 부정적이라면 설교하기 전에 마음을 점검해야 한다.[28] 설교하기 전날 밤과 설교하는 날 아침에 설교를 전체적으로 다시 보는 시간을 가져야 한다. 전체적인 목적은 무엇인가? 무엇을 얻으려고 하는가? 이러한 생각들은 설교할 때가 가까울수록 분명해져야 한다.

또 다른 도움이 되는 과정은 설교를 위해 기도하는 것이다. 그분의 임재 앞으로 나아가 무릎 꿇고 설교의 각 부분들을 살펴보라. 하나님이 말할 것을 승인해 주시도록 기도할 수 있는가? 설교가 그분에게 기쁨이 되는가? 이러한 훈련은 진심 어린 감정으로 설교하기 위해 준비하는 데 도움이 되는 단계다.

정신적 활성화의 목표: 당신의 성도들을 기억하라

설교는 당신이 사람들에게 그 내용을 전달하려는 분명한 열망을 가질 때 생동감이 있게 된다. 설교는 독백이 아니다. 목회자들은 종종 설교를 단지 예술 작품처럼 전한다. 설교에 너무 집중한 나머지 그들은 설교가 성도들에게 전해지도록 준비되어야 하는 것을 잊어버린다. 이러한 방식으로 설교를 하면 그의 관심은 청중에게서 멀어진다. 설교자는 눈을 맞추지 않으며 듣는 사람의 반응에 무관심하다. 결과적으로, 그는 사람들의 변화하는 반응에 따라 전달을 조정할 수가 없다. 당신은 그러한 재앙을 피하고 여러 가지 방법으로 설교를 다른 사람들과 나누려는 열망을 증가시킬 수 있다.

- 부르심을 기억하라. 하나님의 부르심이 당신의 영혼에 강하고 새롭게 임했던 때로 돌아가라. 모든 감정과 당신을 채웠던 열망이 당신의 영혼 속에 살아 있어야 한다. 사람들이 앉는 곳에 자신을 앉혀야 한다. 성도들 중에 여러 세대를 기억하라. 그들의 문제와 부담, 가슴

아픈 일들 그리고 소망과 열망을 인식하라.

- 마음을 따뜻하고 받아들일 준비가 되게 유지하라. 당신이 영적으로 역동적이면 설교 또한 역동적일 것이다. 매일 경건의 훈련을 유지하라. 성경 읽기와 기도를 통한 하나님과의 만남을 통해 당신은 하나님의 효과적인 메신저로 계속 쓰임 받게 될 것이다.

- 설명할 때 각각의 개념을 잘 보라. 설교의 개념이나 아이디어는 생생해야 한다. 당신은 상상의 도구로 모든 것을 다 볼 수 있어야 한다. 상상은 앞서 말했듯이 좋은 설교자와 형편없는 설교자를 구분하는 요소다. 당신의 마음에 전달되는 그림들이 상상을 통해 자유롭게 발휘될 수 있게 하라.

- 지적 및 감정적인 자극을 만들라. 듣는 사람들에게 많은 지적 및 감정적인 자극을 만들어서 설교를 살아 있게 하라. 상상을 통해 그들은 당신이 하는 이야기를 보고, 듣고, 만지고, 맛보고, 냄새 맡을 것이다.

아마 당신은 십자가를 묘사할지도 모른다. 그 장면이 당신의 머릿속에 생생하게 떠오르면 준비하고 연습한 감정을 기반으로 당신이 본 것을 묘사하라. 정신적 게으름으로 인해 준비 시간에 어떻게 십자가를 보았는지 생각하게 하지 말라. 설교 때 갈보리의 장면을 생각하라. 당신이 그러한 이미지들을 듣는 사람들의 머릿속에 재창조하면 그들은 당신이 말하는 것에 감동하고 움직일 것이다.

- 사람들의 반응을 보라. 설교할 때 사람들을 관찰하라. 그들의 반응을 통해 그들이 설교의 내용을 이해하는지 알 것이다. 설교할 때 각각

의 사람들을 보라.

- 적당한 감정적인 도움을 주라. 말하는 것에 대한 적당한 양의 감정적인 요소를 이용하라. 색과 동작 그리고 몸의 긴장을 통해 당신은 설교의 지적인 내용을 보충할 수 있다. 이러한 훈련은 단순히 개념들로 구성된 지적인 것 이상의 메시지를 전달할 수 있게 한다. 이러한 방법을 통해 당신은 설교의 진리를 실제화하게 된다.

요약하면, 사람들에게 하나님의 진리를 전하려는 그 진지한 열망을 키우라. 열망이 있다면 당신의 메시지를 전하기 위해 가능한 많은 방법을 이용할 것이다. 자신의 환자가 금연하길 열망하는 의사는 흡연의 위험성에 대한 모든 지식을 총동원하고 흡연이 유발할 수 있는 모든 잠재적인 위험을 이용해서 그 환자에게 경고할 수 있는 모든 부정적인 이미지를 줄 것이다. 성경의 위대한 진리를 사람들에게 전하고자 열망하는 목회자도 마찬가지다.

드라마적인 요소로 설교하기

마음으로 설교하는 것과 설교를 시각화하고 생동감 있게 하는 것에 더해서 당신은 드라마적인 요소를 설교에 넣기 원할 것이다. 하나님의 말씀을 부풀리거나 과장하거나 감각적으로 만들어서는 안 되지만, 설교에는 예술적인 부분이 필요하다. 말하기의 역동적인 관점에서 설교의 전달은 과학으로 간주될 수 있다. 청중과의 효과적인 의사소통의 관점에서 설교자는 예술가여야 한다. 당신이 성경의 진리를 효과적으로 전하려 한다면, 당신은 드라마적인 단어들과 설득을 사용해야 한다. 로빈슨은 주장한다: "설교자는 배우보다 더하면 더했지 못하지는 않는다."[29] 설교의 예술성은

7장에서 논의되었지만, 설교가 전달되는 순간 궁극적인 표현이 나오는 것이다.

설교라는 사건을 개혁하기

아마 어떤 세대도 현시대만큼 설교에 대해 공격을 받은 적이 없을 것이다. 20세기의 마지막 수십 년 동안, 전통적인 주일 설교에 반대가 제기되었다. 많은 사람들은 설교가 현시대에 맞지 않고, 사람들에게 생각을 강요하며 지루하게 만든다고 생각했다. 교회는 대중에게 어필해야 했기에, 죄나 심판에 대한 언급은 많은 교회와 목회자들 사이에 피하는 주제가 되었다.

메시지의 변화

분명 이러한 많은 비판은 기독교 복음 전파의 성격에 대항하는 편견에서 온 것이다. 사람들이 복음의 말씀을 없애기 원한다면 강단에서 설교를 없애는 게 가장 좋은 방법일 것이다.

오늘날 믿지 않는 사람들의 설교에 대한 직접적인 공격은 다소 가라앉았다. 하지만 진리와 관련성에 대해 종종 의문을 제기하는 포스트모던 시대의 미국에서는 지역 교회와 지도자들이 진리를 말하기 위해 점점 더 공격을 받고 있다. 하지만 목회자들 사이에서조차 전통적인 설교에 대한 반감은 새롭고 미묘한 메시지를 불러일으켰다. 많은 목회자들이 설교를 관계 중심적이고 덜 대립적으로 만들기 위해 고심하고 있다. 설교의 예언적인 분위기는 상담실의 치료 분위기나 인기 있는 커피숍의 편안함으로 대체된다. 새로운 전달 방법이 종종 설교를 더 흥미 있고 지루하지 않게 하기 위해 사용된다.

공평하게 말하자면, 우리는 설교에 대한 비판과 설교를 다시 정의하려는 노력이 흥미롭고 자극적인 설교의 부재 때문임을 인정해야 한다. 고통스러운 현실은, 보수적인 복음주의 설교자들이 단조로운 내용과 형편없는 설교로 인해서 비평가들의 부정적인 반응을 불러일으켰다는 것이다.

교회에서 자란 우리 모두는 죽은 것 같고 메마르며 긴 설교를 견뎌 내는 것이 무엇인지를 알고 있다.

지루함을 줄이고 청중을 감동시키기

목회자로서 혹은 설교자로서 당신은 설교의 전달에서 드라마적인 기술의 역할을 이해함으로 성도들의 지루한 문제를 해결하기 위해 노력해야 한다. 비록 설교자가 비현실적인 주제나 진정한 삶이 아닌 허구의 것을 다루지는 않아도 그는 말씀을 전할 때 효과적인 전달을 위해 드라마틱한 요소를 사용해야 한다. 하나님이 원하신다면 효과적인 설교를 위해 드라마적인 기술들을 사용해야 한다. 설교자의 말씀은 잘 준비되어야 한다. 그리고 요점들이 분명한 논리로 전개되어야 한다. 좋은 원칙들이 지켜져야 한다. 하지만 사람들의 삶에 영향을 주지 않으면 이러한 모든 요소들은 거의 영향을 미치지 않는다. 그것을 듣는 사람들의 감정적인 삶에 부담을 주지 않는다면 어떤 메시지도 지속적인 영향력을 발휘하지 못할 것이다.

성경 말씀에서 비롯된 설교를 듣는 것은 감정적인 경험임을 잊지 말라. "억지로 된 변화는 변화가 아니다"라는 오래된 격언은 사실이다. 논리와 논쟁은 잠시는 효과적이다. 하지만 감정이 움직이면 사람의 마음에 영구적인 변화가 일어난다. 어떤 사람이 느끼는 것은 어떤 사람이 인식하는 것보다 더 결정적이라고 한다. 결과적으로, 설교가 받아들여지느냐 아니냐는 그것에 관해 만들어지는 감정적인 요소 때문이다.

설교자로서, 당신은 설교 상황을 통제하는 중요한 요소다. 교회 건물, 성도들의 구성, 찬양의 본질이나 설교 상황의 일반적인 환경 모두 설교의 요소들이다. 하지만 중요한 요소는 설교자 자체다. 당신은 사람들의 머리뿐만 아니라 감정을 움직인다. 이러한 작업은 당신이 드라마틱한 기술을 알고 있으면 더 효과적이다.

드라마틱한 예술을 이해하기

기억하라. 설교자는 지식 있는 사람들을 설득할 뿐만 아니라 감정을 불러일으켜야 한다. 이러한 사명은 그가 드라마의 기술을 이해하고 사용할 때 효과적이다.

드라마틱한 예술은 분명하고, 움직이며, 추진하는 힘이 있다. 설교자는 그의 설교를 더 효과적으로 전달하기 위해 이것을 배워야 한다. 드라마틱한 예술은 그것을 보는 사람들의 머릿속에 경험을 재창조한다. 이러한 이유로, 모든 드라마틱한 예술은 감정에 중점을 둔다. 예술가는 자신의 예술 작품을 보는 사람들에게 다양한 감정을 선사한다. 설교자도 마찬가지다. 단어를 사용해서 예술가의 기능을 수행하는 것이다. 예술가가 캔버스에 그림으로 감정을 표현하듯 설교자는 말로 같은 감정을 표현한다. 그는 성도들에게 보이지 않는 것을 보이게 한다. 그는 듣는 사람이 상상하는 경험을 통해 정보를 받아들이게 한다.

단어를 효과적으로 쓰는 작가는 독자를 그가 가 보지 못한 곳으로 인도한다. 그의 글 쓰는 기술로 작가는 독자가 먼 곳에 떨어져 살고 혹은 몇 세기 전에 살았던 사람이 느낀 것을 경험하게 해 준다. 설교자도 말로 이러한 일을 한다. 그가 듣는 사람의 상상을 자극할 때, 그는 그들에게 삶의 궤도를 벗어난 사건과 경험의 의미를 깨닫게 한다. 설교자는 상상적인 경험을 통해 듣는 사람에게 그가 가진 정보와 깨달음을 전달한다.

드라마틱한 기술로 설교자는 듣는 사람들에게 그들의 감정에 근거해서 삶의 상황에 반응할 수 있는 기회를 준다. 설교자는 악이라는 그림을 잘 그려서 그것을 행하는 사람이 얼마나 악한가를 보여 준다. 그는 선을 아름답게 묘사해서 그것을 못 가진 사람들이 가지고 싶게 만든다.

현대의 설교는 드라마틱한 요소가 없어서 목표를 이루지 못한다. 삶은 자체가 드라마다. 사람들은 매일 극적인 상황에 개입한다. 그들은 사랑하고 미워한다. 그들은 고난 받고 생존한다. 그들은 살고 죽는다. 삶은 무미건조한 것이 아니다. 이러한 이유로, 설교를 진실하게 한다는 것은 어쩌면 드라마틱한 것과 관련이 있다.[30] 하나님의 말씀을 전하는 우리는 실제 삶의 경험을 통해 사람들에게 다가가는 것이다. 우리는 실제로 살았고, 말했고, 투쟁했고, 영원을 경험한 사람들로 가득 찬 책을 설교하고 있는 것이다. 설교자가 그러한 책을 분명하고 흥미로운 방식으로 전하는 것에 다른 이유를 붙일 수는 없다. 화가는 보는 사람들을 위해 그렇게 한다. 그들은 그들 주변의 세상을 본다. 그러고 나서 그들의 영감이라는 매개체로 본 세상을 캔버스 위에 쏟아 낸다. 설교자는 2천 년 전에 세상을 변화시킨 사건에 대해 설교를 하고, 그 설교를 통해 오늘날에도 여전히 변화시켜야 한다.

예수님의 삶과 사역을 연구하라. 단어의 대단한 감각 면에서 그는 언어의 예술가였다. 그는 비유와 개인적인 대화와 설교로 사람들이 오래 잊고 있던 진리와 그 가치를 보게 하셨다. 그는 또한 그의 일상의 행동으로 가르치셨다. 예수님이 사람들과 함께 움직이실 때 놀고 있는 아이들을 보기 위해 멈추셨다. 그때부터 그의 제자들은 여태껏 본 적이 없는 것처럼 아이들을 보았다. 예수님은 소외된 여인과 이야기하기 위해 멈추셨다. 그 후로 그의 제자들은 가장 낮은 사람들 안에 숨겨진 새로운 가능성을 보았다. 그는 성전에서 가난한 과부가 동전 두 개를 헌금으로 드리는 작은 것을 보기 위해 멈추셨다. 그날로부터 주님에게 가장 낮은 자가 드리는 작은 것은 제자들의 마음속에 성스럽고 귀한 것이 되었다. 그는 들의 백합에 대해 말씀하셨고, 마치 화가의 붓처럼 그를 따르는 사람들의 생각 속에 그림을 그리셨다. 당신의 설교도 이와 같아야 한다.

드라마틱한 기술을 설교에 넣기

설교자는 드라마틱한 기술로 사람들이 전에 보지 못했던 것을 볼 수 있도록 돕는다. 당신이 설교의 표현을 작업할 때 다음 지침을 성취하는 요소가 포함되어 있는지 확인하라.

주의를 끌어라

당신은 듣는 사람의 주의를 끌 수 있어야 한다. 처음에 주의를 끌지 못하면 다른 부분에서 관심을 받기란 더 힘들어진다. 모든 설교자는 마치 극작가가 극을 디자인하듯이 연구해야 한다. 극작가는 분명한 목적과 의도된 효과를 가지고 있다. 공연을 보는 관중들은 극의 디자인과 의상에 노출된다. 당신의 설교가 듣는 이의 생각 속에 비슷한 경험으로 오는지 확인하라. 설교의 준비와 전달 과정에서 청중이 항상 고려되어야 한다.

다양함을 사용하라

좋은 연극은 변화와 서스펜스와 놀라움이 있다. 극본은 확실한 정점에 이르기 위해 작성되었다. 연극 내내 분위기가 바뀌며 다양하고 흥미로운 리듬이 나온다.[31] 당신의 설교가 여러 다양함을 포함하며 생각 속에 여러 구성으로 전달되는지 체크하라.

설교는 종종 치열한 문제다. 이러한 이유로 설교에는 다양함과 분위기의 변화가 있어야 한다. 설교자도 청중도 오랫동안 높은 수준의 흥분을 유지할 수는 없다.

놀랍게 시작하라

설교는 단막극에 비유될 수 있다. 일정한 시간 안에 연극 자체를 보여 줘야 하고, 여러 부분으로 진행되며, 결론에 도달해야 한다. 설교는 주로 이 패턴과 일치하지만, 설교자는 일반적으로 각 부분들 사이에서 쉴 수 있는 기회가 없다. 그러므로 주의를 끌고 유지하는 분명한 목적으로 서론을 이야기해야 한다. 설교를 다시 점검하고 눈에 띄는 방식으로 시작하는지 확인하라.

정점으로 향하라

드라마는 정점까지 발전하는 것이 특징이다. 설교의 논리적이고 순서 있는 발전은 이러한 효과를 만든다. 이러한 주제는 점차 고조되는 흥미로 설교 내내 발전되어야 한다. 이것을 이루기 위해서 끊임없는 진행이 일어나야 한다. 하나의 요점에 필요 이상으로 머물지 말라. 때로는 청중을 잃을 수도 있다. 머리가 움직인다. 속삭이고 이리저리 움직이기 시작한다. 이러한 일들이 일어나기 시작하면 당신은 당신이 이미 분명히 해 왔던 것들을 반복하고 있다는 것을 알아챌 수 있을 것이다.[32]

좋은 드라마에는 뚜렷한 강조가 있다. 잘되면 설교 또한 흥미와 강도에서 정점에 이른다. 이러한 강조를 이루기 위해서는 갈등과 긴장을 포함시켜야 한다. 가능할 때마다 설교에 놀라움 같은 요소를 포함시키라. 아담스는 " '놀라움의 힘' 이라 불리는 것을 당신의 설교에서 연마하라. 사람들이 당신이 하는 말을 예상하지 못하도록 하라. 맑은 하늘에서 벼락이 치도록 하라" 고 말했다.[33]

메시지를 통해 여러 힘들이 충돌하게 하라. 좋은 연극에는 인물들 사이에 갈등이 있다. 결과는 갈등이 해결될 때까지 모른다. 설교자는 삶의 중요한 문제와 사람들이 이슈에 주는 응답에 대해서도 똑같이 할 수 있다. 제기된 이슈의 양쪽에 살았던 사람들을 묘사하라. 당신은 전기적 설교를 통해 이러한 시나리오를 쉽게 달성할 수 있다. 같은 기술이 성경과 현대의 사람들에게 여러 설교의 주제로 소개될 수 있다.

좋은 연극은 정점으로 향한 후 빠른 결론을 맞이한다. 설교에 있어서도 마찬가지다. 우리 모두는 정지해야 할 가장 좋은 지점을 지난 설교를 경험했다. 그렇게 되면 분명한 긴장의 줄어듦이 생긴다. 정점에 도달했다면 설교를 은혜롭지만 간결하게 끝내라. 그렇게 하지 않으면 설교의 힘과 전체적인 인상을 악화시킬 것이다. 당신은 실제로 이전에 설교에서 이뤄낸 것을 원상태로 되돌릴 수 있다. 당신이 말하고자 하는 것의 본질을 간단한 문장으로 요약하라. 설교를 듣는 사람의 마음에 심고 행동하게 하라.

성경을 살아 있게 만들기

드라마틱한 기술의 사용은 성경을 살아 있게 한다. 비록 일부 설교자들이 성경을 죽은 것처럼 보이게 만들지만, 성경은 죽은 말씀이 아니다. 당신은 상상을 통해 성경의 인물들이 다시 살아나게 할 수 있다. 성경의 인물들이 말하게 하라. 만일 당신이 불타는 풀무불 속에 던져진 다니엘의 세 친구 이야기를 전할 경우, 성경에 기록된 사실을 자세히 이야기하지 말라. 세 젊은이를 불 속에 집어넣으라. 그들의 입에 말을 넣으라. 그리고 그들이 오늘날의 언어로 이야기하게 하라.

설교의 효과는 이야기 자료의 사용법을 이해함으로써 크게 확장될 수 있다. 이야기는 듣는 사람의 마음에 실제로 느껴지도록 말해야 한다.

이러한 감정을 이끌어 내기 위해 예술가는 암시를 사용한다. 그는 나무나 꽃을 자세히 묘사하지 않는다. 오히려 보는 사람이 세세한 부분을 채울 수 있도록 충분한 부분이 누락되어 있다. 이야기의 내용도 그렇다. 우리는 너무 자세한 내용을 주는 사람에게 참을성이 없어진다. 우리는 약간의 상상력을 발휘하기를 원한다.

설교자는 이야기할 때 선별의 기술을 배워야 한다. 어떤 항목들은 포함되어야 하지만 어떤 것은 이야기의 효과를 위해 빠져야 한다. 한 인물의 그림을 그릴 때 듣는 사람의 상상력을 자극하기에 충분한 묘사만을 사용하라. 꼭 필요하지 않은 부분들을 없애라. 듣는 사람들이 그들을 볼 수 있는 방식으로 당신의 이야기 속 인물을 묘사하라. 자세한 설명이 불필요한 기술인 대화를 자유롭게 사용하라.

설명을 위해 이야기할 때는 왜곡을 이용하라. 당신은 뉴스 보도에서 왜곡을 사용하는 것에 익숙할지도 모른다. 그러한 왜곡은 전달하는 목적이 객관적이어야 할 경우에 있어서는 옳지 못한 것으로 간주되지만, 사설에서는 완벽하게 수용 가능한 것으로 간주된다. 설교는 화재나 강도 사건을 조사하는 리포트가 아니라 사설에 가깝다. 배워야 할 교훈이 있다. 예수님이 세상에 계셨을 때, 그의 비유와 가르침은 단순히 알려 주는 것이 아니었다. 그는 삶을 변화시키고, 모든 사람들이 믿을 수 있는 하나님 나라를 나타내라고 말씀하셨다. 마찬가지로, 우리는 단지 사실만을 설교하는 것이 아니며, 객관적인 척하지도 않는다. 반대로, 우리는 판결을 선포하기 위해 설교하는 사람들이다. 심지어 예화의 등장인물에 대한 설명에서 듣는 사람들이 살아갈 수 있도록 왜곡된 언어를 사용해야 할 필요가 있다.

설교자로서 당신은 성도들의 흥미 혹은 그 반대의 반응에도 책임이 있다. 당신이 설교에서 드라마틱한 기술을 사용하는 것을 배울 때, 당신은 사람들에게 더 많은 관심을 기울일 것이다. 당신은 듣고 받아들일 만한 가치 있는 설교를 할 수 있다. 당신은 듣는 사람에게 흥미롭고 매력적이도록 메시지를 전달해야 한다. 어떤 사람은 설교자의 일이 복음을 호소력 있게 전하는 것이 아니라 그것을 이용 가능하게 하는 것이라고 말한다. 하지만 우리는 그러한 선택의 사치에 직면하지 않는다. 오히려 우리는 설교를 효과적으로 전해서 복음을 가능한 한 설득력 있게 해야 하는 책임이 있다.

말씀을 전할 때 성경을 살아 있게 하기 위해 열심히 노력하라. 듣는 사람들이 당신의 설교에 더 많은 관심을 가질 것이다.

의사소통하며 설교하는 것

어떤 목회자나 전도자는 수년 동안 설교나 강연에 대한 심리적인 요소들을 이해하지 못한 채 설교했다. 하지만 대체로 효과적인 설교의 중요한 문제는 본질적으로 심리적인 것이다. 대중 연설을 위한 많은 훈련은 오늘날 특히 설교를 전달하는 데 있어 그 점을 놓치고 있는 것으로 보인다. 아이디어 배열, 문장 구조, 발음, 단어 사용, 동작 등에 중점을 둔다. 그리고 이 모든 것이 중요하다. 하지만 설교자는 그러한 것을 인식하고 심지어 효과적으로 사용하면서도 여전히 강대상에서 실패할 수 있다. 사실 많은 설교자들의 전달은 딱딱하고 설득력이 없게 들린다. 의사소통의 이론, 동기 부여 주기 그리고 강대상과 성도들 사이의 에너지는 설교자가 이러한 단조로움을 피하는 데 도움이 될 수 있다.

의사소통의 이론

의사소통 이론은 의사소통의 과정이 어떻게 일어나는가에 대한 것이다. 다음의 네 가지 요소들이 설교에 적용될 수 있는 의사소통의 과정에 포함된다.

- 정보원: 다른 사람들과 의사소통하기를 열망하는 사람
- 메시지: 소스가 전달하기를 갈망하는 내용
- 채널: 메시지를 전달하는 데 쓰이는 단어들(매개체라고 불림)
- 받는 사람: 의사소통의 대상이고 주어진 메시지를 해석하는 사람

이와 같은 네 가지의 요소가 설교에 적용된다. 설교자는 정보원이다. 그는 하나님으로부터 말씀을 전하라는 부르심을 받고 재능과 힘을 받아서 성도 앞에 선다. 그는 성경에서 메시지를 택해서 그의 말로 바꾸고 그것을 '말' 이라는 매개체(채널)를 통해 기다리는 성도에게 전달한다. 회중인 성도들은 받는 사람인데, 설교자가 전한 말씀을 듣고 그들이 이해할 만한 범주로 해석한다.

듣는 사람들은 내적으로 그리고 외적으로 반응한다. 보통의 성도들은 외적 반응이 확실하지는 않지만 그래도 일어난다. 듣는 사람들은 미소 짓고, 웃으며, 졸거나 하품을 한다. 이러한 작은 단서들은 설교자로 하여금 그의 설교가 이해되고 있는지 알게 해 준다. 이러한 단서는 그의 설교가 호응 있게 받아들여지는지 아닌지를 알게 해 준다. 여기에서 설교자는 전달자만이 아니라 받는 사람이다. 마찬가지로 듣는 사람은 단순히 받는 사람이 아니라 전달하는 사람이다. 당신은 설교자를 전달하는 사람으로 생각하지만 또한 받는 사람이라고 생각해야 한다. 설교할 때 그는 동시에 사

람들의 피드백을 받는 것이다.

마지막 요소가 또한 설교의 상황에 더해져야 한다. 성도들은 한 명 이상의 청취자로 구성되어 있기 때문에 청중의 서로에 대한 반응과 자극이 일어난다. 사람들은 다른 사람이 웃으면 더 크게 웃는다. 다른 사람이 있는 것은 개인의 행동에 영향을 준다.

생각보다 효과적인 강연자가 되기 위해서는 더 많은 것이 필요하다. 듣는 사람과 당신이 그 설교 상황에 함께 참여한다는 생각을 가질 때 도움이 될 것이다. 당신의 태도는 '청중인 그들, 설교자인 나' 가 될 수 없다. 오히려 당신의 태도는 '당신과 나' 라고 인식되어야 한다. 당신은 듣는 사람이 의사소통 과정의 한 부분이라고 생각되도록 도와야 한다. 이 아이디어는 '우리 모두가 이것을 함께 생각한다' 는 느낌을 만드는 것이다. 청중이 당신이 말하는 것에 참여하는 인식을 높이면 높일수록 의사소통이 더 잘되는 것이다.

의사소통의 혁명

우리가 사는 시대는 이러한 대중 매체의 혁명을 보게 된다. 사이버네틱스 분야(인간과 전자 통신의 메커니즘에 대한 연구)는 거의 무한한 다양한 기술 전자 장비 개발의 결과로 일어나는 혁신적인 변화를 알려 준다.[34] 설교가 받아들여지기 원하는 설교자는 현대의 매체에서 무엇이 이루어지고 있는지 세심한 주의를 기울여야 한다. 세상은 이 대중 매체를 진지하게 다룬다. 설교자도 진지해야 한다. 매주 성도 앞에 서는 우리는 의사소통을 잘하고 있는지 확인해야 한다.

혁명의 부정적인 요소들

어떠한 의미에서, 현대적인 의사소통은 목회자에게 다양한 경쟁자를 가져왔다. 물론 설교에는 항상 경쟁이 있었다. 20세기에 들어서면서 드라마 작가나 신문 기자, 작가 혹은 극작가들이 사람들의 귀를 얻기 위해 경쟁했다. 21세기 초반부를 거치면서 이 대충 매체의 혁명은 다른 중요한 경쟁자를 더하게 되었다. 존 스토트는 다른 매체에도 적용되는 TV 시청의 부정적인 경향을 주목했다.[35] 끊임없이 재생되는 영상 및 인터넷 엔터테인먼트를 포함한 현대 대중 매체의 출현으로 아래 다섯 가지 결과 모두가 초래됐다. 그들은 다음과 같다.

- **육체적인 게으름** 단순한 TV 세트(예전에는 32인치보다 작은 흑백 TV였다)를 떠나서, 크고(지금은 40~70인치) 좋은 화질의 TV는 집에서 우리가 편한 소파에 앉아서 모든 가능한 오락을 즐기는 도구가 되었다. 심지어 라이브로 진행되는 예배조차도 집에서 (혹은 시청자에게 더 적합한 시간에 비디오로 재생해서) 볼 수 있다. 왜 사람들은 차를 타고, 교통 체증을 뚫고, 혼잡한 공간에 앉아 설교를 듣기 위해 애써야 하는가? 의심할 여지없이, 방송을 보며 드리는 예배는 아프거나 나이 많은 사람들이 복음을 들을 수 있는 기회를 제공한다. 분명한 성경의 증인이 없는 일부 지역에서는, 이러한 예배를 드리게 하는 기술이 사람들이 진리의 말씀을 들을 수 있게 한다. 하지만 이러한 예배는 교제나 함께 하는 예배, 전도 혹은 하나님의 사람들의 모임에 관한 성경적 요소들을 제공하지 못한다.

- **지적 게으름** 사람들은 TV, 비디오 및 인터넷을 단지 휴식을 취하는 용도나 오락물 정도로 여기는 경향이 있다. 이것을 알기에 TV 프로듀서나 작가들은 대중을 수동적으로 만드는 여러 프로그램을 만든다. 이는 시청자로 하여금 보고 듣는 것을 분석하는 대신에 단순히 보게 한다. 아이러니하게도, 이용 가능한 케이블 채널 숫자의 증가는 지적인 내용을 가진 프로그램에 그 어느 때보다 쉽게 접근할 수 있다는 것을 의미한다. 하지만 흥미로운 드라마나 편안한 코미디는 청중과 지루한 마음을 사로잡는 번쩍임과 재미가 있다.

- **감정적 무감각** 사람들은 전쟁의 공포나 가난의 비참함 또는 살인의 잔인함을 처음으로 볼 때 일반적으로 충격을 받고 걱정을 한다. 그러나 이러한 것들이 장기간에 걸쳐서 시청되면 감정이 사라진다. 사람의 성격은 일정 정도의 고통과 비극만을 견뎌 낼 수 있기 때문이다. 사람은 감정을 거의 또는 전혀 느끼지 못하는 상태가 될 때가 온다.

- **심리적 혼란** TV의 초기 수십 년 동안, 일부 캐릭터와 상황은 비현실적이었고 다른 것들은 환상 같았다. 오늘날 TV, 비디오 및 인터넷에서 볼 수 있는 훨씬 더 많은 볼거리들은 인공적이며 인위적인 비현실적 주제를 다룬다. 묘사된 가족은 진짜가 아니다. 그들의 경험은 실제처럼 보일지 모르지만, 시청자들은 화면에 묘사된 사건이 실제로 일어나지 않는다는 것을 알고 있다. 끊임없이 비현실적인 것에 노출되어 있는 사람은 성경에 나타난 진리에 긍정적으로 접근하는데 어려움을 겪을 것이다. 게다가, 그 같은 사람들은 보통 환상의 세계에서 현실 세계로 넘어가기가 쉽지 않으므로 두 세계의 차이를 구분하기 힘들어한다.

- **도덕적 무질서** TV의 초기 수십 년 동안은 성적 문란과 신체적 폭력이 덜 빈번하고 덜 생생했다. 그러나 오늘날 그들은 TV 드라마, 영화, 비디오 게임에서 정상적인 행동으로 그려진다. 이러한 인상은 '모든 사람들이 그렇게 한다' 는 생각을 갖게 한다. 거기에 더해서, 죽음은 실제가 아니며, 죽은 사람이 속편, 다음 시즌 또는 다른 쇼를 위해 부활할 때 또 다른 인상을 받는다. 무자비함과 부도덕함이 만연하다. 하나님에 대한 믿음과 오래된 도덕 기준은 멸시된다. 동성애나 성전환 등의 선호도가 높아지고 자주 좋게 그려진다. 종종 남편은 꼭두각시로 묘사된다. TV와 인터넷과 비디오 오락물의 이러한

> 부정적 측면은 성인보다 매주 이러한 미디어를 보는 데 훨씬 더 많은 시간을 소비하는 어린이에게 특히 해롭다.

결과적으로, 발달된 미디어는 현대 설교자와 경쟁을 하게 되었다. 경쟁자의 목소리는 설교자의 사람들이 그들의 말을 듣고 자신의 호소에 귀 기울일 것을 요구한다. 이러한 경쟁을 인식하지 못한다면 어리석은 설교자다.

혁명의 긍정적인 요소들

동시에, 현대의 통신 매체는 여러 장점을 가져다준다. 국제 행사에 대한 실시간 보고가 가능한 위성 TV를 통해, 사람들은 보다 다양한 행사와 경험에 대해 알게 되었다. 인터넷 웹 사이트는 전 세계의 뉴스를 가져온다. 케이블 및 위성 TV는 시청자가 공연을 보거나 다른 정치적 사건들을 볼 수 있게 해 준다. 비디오를 통해 사람들은 다양한 오락뿐 아니라 다양한 교육 자원에도 접근할 수 있다. 의심할 여지없이, 컴퓨터 및 대화형 기기는 이러한 오락과 교육의 지적 가치를 높여 준다.

현대 통신 매체의 향상된 품질에 대한 이러한 광범위한 노출은 의심할 여지없이 설교자의 역할에 영향을 미친다. 사람들은 설교에 집중하기가 점점 더 어려워진다. 그 결과, 목회자는 사람들의 주의를 얻고 끄는 데 어려움을 겪는다. 뉴스 진행자는 매력적이고 유창하다. 텔레 프롬프터(연설 원고를 모니터로 보여 주는 장치-편집자), 현장 기자들 그리고 객원 전문가의 장점은 대부분의 설교자들에게는 실현 가능하지 않다. 사람들은 TV, 비디오, 오디오 녹음 장치 및 팟캐스트를 통해 세련된 이야기들을 듣는다. 그런 다음 교회에 와서 목사님의 설교를 듣는다. 목회자는 이전 세대의 설교자보다 더 까다로운 청중을 대면한다. 케이블 및 위성 TV가 확산되면서 더욱 재미있고 전문적인 방법으로 이야기들이 전달되기 시작했다. 더군다나 유명하고 특별히 재능 있는 설교자의 설교는 매주 교인들의 가정에 방송

되어, 일반적인 지역의 목회자들이 청중의 '기대에 부응하기가' 더욱 어려워졌다.

설교자는 사람들이 TV나 다른 기술의 발전에 의해 부정적으로 영향 받았음을 인정해야 한다. 그들이 우리가 말하고자 하는 것을 듣고 싶어 한다고 가정할 수는 없다. 우리는 평범하거나 수준 이하인 설교에 만족해서는 안 된다. 우리가 현대적인 통신 프로그램에 익숙하지 않으면, 사람들은 우리를 낙심시킬 것이다. 생동감 넘치는 현대 비디오 기술을 포함한 현대 미디어의 신속하고 무한한 선택에 익숙한 세대는 지루하고 생명력 없고 단조로운 설교를 참을 수 없을 것이다. 현대 통신 기술의 발전은 가능한 가장 매력적이고 호소력 있는 방법으로 복음을 전하도록 우리에게 도전한다.

설교의 상황

궁극적으로, 설교자는 하나님의 영광을 위해 설교를 한다. 하지만 실제로는 청중을 위해 메시지를 전달한다. 그의 목적은 설교를 듣는 사람에게 다가가는 것이다. 어떤 사람들은 설교하는 동안 사람들이 듣고 있다는 인식이 없는 것처럼 보인다. 자신의 주제에 몰입되어 설교의 목적을 잊어버린 것이다. 설교자가 설교의 주제에 너무 집중하면 그와 성도의 의사소통이 깨어진다. 그 주제가 설교의 유일한 요점은 아니라는 것을 기억하라. 청중도 똑같이 중요하다. 사실, 당신은 청중을 마음에 두고 설교를 준비해야 한다.

설교에서 설교자의 한 가지 임무는 말하는 상황을 조절하는 것이다. 그러므로 주제 중심의 설교보다는 청중 중심의 설교를 배워야 한다.[36] 본질적으로, 당신은 그들의 관심을 끌고 붙잡음으로써 설교에 청중을 참여시킬 필요가 있다. 비록 관심을 끄는 것은 내용에 달려 있지만, 내용만으로는 관심을 끌지 못한다. 당신이 설교하는 동안 청중에게 집중하고 그들의 반응에 세심하게 적응한다면, 당신은 듣는 상황을 상당 부분 관리하고 청중을 계속해서 참여시킬 수 있다. 계속 진행하면서 메시지를 줄이거나 늘리거나 또는 변화를 줄 수 있다.

집중하게 하는 것은 설교자와 청중의 관계에서 가장 중요한 측면 중 하나다. 이 관계에서 대답해야 할 중요한 질문은, "누가 일을 하고 있는가?" 이다. 계속 집중을 유지하려면 설교자든 청중이든 누군가는 열심히 일해야 한다. 그리고 이러한 경우 현실은 듣는 사람이 매우 오랫동안 일을 하지 않는다는 것이다! 성도마다 다르고 개인마다 다를 수 있지만, 평균적인 집중 시간은 약 4분 정도이므로 설교자는 어떻게 자신의 성도를 참여시키고 집중하게 할지에 대해 끊임없이 생각해야 한다. 그는 사람들이 그의 말을 듣고 진리에 반응하기를 원한다. 만일 성도가 듣지 않으면 그들에게 말하는 그의 목표는 성취될 수 없다.

성도들의 집중을 유지하는 데 몇 가지 걸림돌들이 있다. 이해되지 않는 추상적인 단어를 사용하는 것은 성도들의 집중을 흐린다. 7장의 설교 스타일에 관한 내용에서, 우리는 대부분의 사람들이 음절이 적은 단어들을 더 쉽게 이해한다는 점에 대해 언급했다. 진부한 생각이나 표현 역시 집중을 낮추는 경향이 있다. 사람들은 같은 내용을 계속 반복해서 들을 때 지친다. 학자들처럼 지나치게 자세히 설교하는 설교자는 청중을 지루하게 할 것이다. 그의 생각은 여전히 멈춰 있는 것처럼 보일 것이다. 앞으로 나가는 것이 없다. 게다가, 당신의 성격은 개성이 없고 목소리는 단조로우며 몸동작이 경직되어 있다면, 당신은 관심을 유지하는 데 어려움을 겪을 것이다. 좋은 설교자는 설교하는 동안 관심을 끌고 유지하기 위해 여러 기술을 사용해서 작업을 수행할 것이다.

시각적 이미지를 통한 의사소통

미디어에 중독된 문화에서 설교의 매력을 높이는 방법 중 하나는 시각적인 이미지를 사용하는 것이다. 21세기에는 시각 매체의 힘이 우리를 둘러싸고 있다. 그것들은 우리의 주머니와 아내의 지갑만큼이나 가깝다. 스마트 폰이나 개인용 태블릿은 일상생활에서 시각적인 이미지를 일상적으로 만들어 냈다. 지혜로운 강해자는 고대 본문의 시대를 초월한 말씀을 현대 청중의 혼란스러운 삶에 어떻게 연결할지에 대해 생각할 때 이러한 현실을 고려할 것이다.

오늘날 시각적 자료는 유치원생부터 노인에 이르기까지 모든 연령대의 청중과의 의사소통을 향상시킨다. 이런 훌륭한 도구는 성경의 강해를 보충하기 위해 필요할 때마다 사용되어야 한다. 어제의 전통적인 사물과 드라마 외에도, 설교의 영향력을 높이기 위해 컴퓨터로 만든 프레젠테이션과 비디오 클립을 비롯한 많은 새로운 형태의 시각적 보강이 가능하다.

컴퓨터로 만든 프레젠테이션 사용

설교에 새로운 생명력을 불어넣을 수 있는 (파워포인트 같은) 수많은 소프트웨어 프로그램들을 프레젠테이션을 개발하기 위해 이용할 수 있다. 프레젠테이션은 설교의 요점이나 주장, 예화나 다른 종류의 예술 또는 참조하고 있는 성경 본문을 보여 주기 위해 사용할 수 있다. 굵은 글씨, 이탤릭체, 밑줄 또는 다른 강조 표시 기능을 사용해서 선택한 내용에 주의를 환기시킬 수도 있다. 슬라이드는 또한 주보나 예배 순서에 포함된 대화식 개요를 통해 청중을 안내할 수 있다.

스크린에 있는 설교 요점과 성경 참조를 보여 주는 것 외에도, 많은 목회자들은 프레젠테이션에서 비디오나 이미지를 효과적으로 사용한다. 이러한 시각 자료는 금메달을 딴 올림픽 선수들이나 9.11 테러 참사와 같은 비극을 겪은 사람들의 감정을 그래픽으로 묘사할 수 있다. 그리고 그들이 성경 본문의 진리와 적절히 연관되면 하나님의 말씀에 대한 청중의 이해를 크게 향상시킬 수 있다.

하지만 시각적 프레젠테이션은 잘 사용되어야 한다. 설교에서 디지털 슬라이드를 사용할 때 다음과 같은 사항을 고려하라.

- Do. 각 슬라이드의 제목을 간단한 슬로건 또는 한 문장으로 만들라.

- Don' t. 슬라이드에 너무 긴 내용을 쓰지 말라. 스크린에 개요를 넣으려면 주요 포인트 또는 선별된 키워드만 넣으라. 슬라이드를 단순하고 깔끔하게 유지하라.

- Do. 내용을 명확하게 읽을 수 있고 모인 장소의 모든 지점에서 볼 수 있도록 글자 크기를 충분히 크게 설정하라.

- Don' t. 지시봉이나 레이저 포인터를 사용하지 말라. 이는 오히려 주의를 산만하게 한다.

- Do. 다음 항목으로 이동하기 전에 슬라이드를 지우라. 그렇지 않으면 그것이 당신의 이야기를 방해한다. 슬라이드 세트를 사용할 경우에는 중간에 검은색을 배치하는 것이 좋다.

- Don' t. 슬라이드에서 설교를 읽지 말라. 청중이 읽을 수 있다. 슬라이드에 대한 소개를 서술하는 것이 아니라 설교를 하고 있음을 기억하라.

- Do. 가능한 한 전문가가 슬라이드를 만들어서 좋은 수준을 제공할 수 있게 하고 당신은 이러한 기술적인 문제에 너무 많은 시간을 보내지 말라. 마찬가지로, 훈련된 사람이 슬라이드를 넘기게 해서 당신이 설교에 자유롭게 집중할 수 있게 하라.[37]

프레젠테이션 소프트웨어는 상대적으로 저렴하지만, 오늘날 프로그램을 효과적으로 사용할 수 있는 프로젝터나 스크린, 조명 및 기타 장비들은 비용이 든다. 만일 당신이 이러한 종류의 장비를 사용할 수 있고 성도들이 이에 열려 있다면, 컴퓨터로 만들어진 프레젠테이션 사용에 관한 가능성은 무궁무진하다.

비디오 클립의 사용

비디오 클립은 현대 세계와의 관계를 형성하고 성경의 진리를 확립하는 데 특히 도움이 된다. 유튜브와 비메오(Vimeo) 같은 수많은 인터넷 사이트는 성경의 진리가 청중의 마음속 깊이 파고드는 데 사용될 수 있는 수많은 기록들을 제공한다. 익숙한 영화나 TV 프로그램의 간단한 영상은 청중이 특정한 개념을 식별하는 데 도움이 될 수 있다. 다큐멘터리나 최근 뉴스에서 나온 동영상은 성경 본문을 현대 세계와 연결시키는 데 도움이 될 것이다. 실제의 삶을 묘사하는 드라마를 사용해서 설교의 내용을 소개하거나 요약할 수 있을 뿐 아니라, 설교 안에서 어떤 부분을 설명하거나 적용할 수도 있다.

컴퓨터로 만든 프레젠테이션을 사용하는 것과 마찬가지로, 설교에서 비디오는 지혜롭게 사용돼야 하며, 이는 항상 하나님에게 영광이 되어야 한다. 사용할 비디오 클립은 신중하게 선택하라. 놀라게 하는 것이나 충격을 주는 것을 피하라. 기술적인 도구는 도덕적이고 윤리적인 선을 넘나드는 구실이 되지 않는다. 당신은 단순한 전달자가 아니다. 당신은 그리스도인 전달자다. 또한 설교에 나쁜 영향을 미치지 않도록 사용하는 비디오 클립은 고품질이어야 한다. 그리고 비디오 부분을 청중의 해석에 맡겨서는 안 된다. 잘못된 메시지가 전달되지 않도록 비디오 클립과 설교를 명확히 연결하라. 또한 TV 프로그램이나 영화의 짧은 장면만 보여 줘야 함을 잊지 말라. 짧은 영상은 저작권 침해에 해당되지 않는다. 5분 이하로 유지하면 초점이 설교로 신속하게 되돌아간다.

시각적인 이미지의 지혜로운 사용

현대 기술은 설교를 돕는 좋은 도구지만 지혜가 필요하다. 이러한 자료들은 남용되거나 오용되지 않고 사용되어야 한다. 일부 목회자들은 설교 대신 기술적인 시각 자료를 무의식적으로 사용한다. 성경 강해를 전달하는 대신 단순히 슬라이드를 넘기거나 비디오를 소개하고 결론을 맺는 것으로 마무리한다. 이러한 접근은 설교의 본질을 흐릴 뿐만 아니라 지루하기까지 하다.

시각 보조 자료는 마치 마약과 같아서 그것을 지나치게 의존하게 될 수 있다. 설교는 설교자의 성격, 경험 및 생각에 의해 성경 본문의 진리가 말로 전해지는 것이다. 설교는 기계적인 투영이 아니다. "어떠한 시각 자료도 살아 있는 말씀을 대신할 수 없다."[38] 그리고 다른 사물도 마찬가지다. 설교자는 슬라이드나 시각 자료를 사용하는 기술자가 아니다. 결과적으로, 그는 시각 자료를 보조 자료로만 사용해야 한다.

설교의 시각적인 자료는 실제로 예화에 속한다는 것을 기억하라. 이러한 이유로 강해자는 이 책의 6장에서 언급한 예화를 사용하는 것에 대한 조언을 들어야 한다. 그러한 지침을 따르고 몇 가지 주의사항을 알면 설교에 시각적인 자료를 보완할 수 있는 적절한 기회를 가질 수 있다. 그러한 이미지는 추상적인 생각을 설명하고, 논쟁이 되는 주제들을 잘 표현하고, 관련 정보를 적용하고, 분명하지 않은 개념을 설명하는 데 효과적으로 사용될 수 있으며, 구두로 하는 진부한 설교에 신선한 흐름을 제공한다.

전기 스파크

진정한 설교가 있을 때 설교자와 청중 간에 흥미로운 일이 일어난다. 그는 연구에서 자신의 자료를 모아 강대상에서 불을 붙인다. 어떤 사람이 설교를 위해 부름 받았으며 진리로 인해 불타는 영혼이 있고 그가 사람들과 대면하여 의견을 같이해서 말하면, 그와 사람들 사이에는 일종의 전기가 흐른다. 아름다운 팀워크가 생기는 것이다. 설교자와 청중은 불 병거를 타고 다른 세계로 갈 때까지 서로를 높이며 계속해서 높이 올라간다. 이러한 역동적인 상황에는 사람들을 움직이고 성품과 운명을 바꿀 수 있는 힘이 있다. 다른 매체는 이러한 힘을 가지고 있지 않다.[39]

설교자와 사람들 사이에 흐르는 전기는 많은 위대한 성경 강해자들의 구별되는 특징이다. 비록 그들의 내용이 좋고 그들의 목소리가 호소력 있긴 하지만, 영향력의 상당 부분은 그들과 성도들 사이에 흐르는 개인적인 전기 때문이다. 설교자와 사람들 사이의 이러한 불꽃은 설교의 목적을 이루기 위해 필요한 것이다.

이러한 역동성으로 인해서 설교는 단지 종이에 기록된 것으로 간주되어서는 안 된다. 설교는 일련의 사실들을 호소하거나 흥미로운 방식으로 전하는 것도 아니다. 또한 자신의 목적을 위해 전달되는 독백을 의도한 설교도 아니다. 설교는 양방향 교환이다.

우리 교회의 많은 아프리카계 미국인 형제자매들은 진심 어린 예배에 대해 많은 것을 가르쳐 준다. 그들의 예배는 일반적으로 감정적이며 표현에 있어 거침이 없다. 진정한 청중의 참여가 일어난다. 그들은 종종 설교자에게 말대꾸를 한다. 그리고 많은 아프리카계 미국인 설교자들은 그에 따라 속도를 조절하는 법을 안다. 그래서 두 방향의 의사소통이 향상되었다. 회중의 이와 같은 반응은 설교자에게 영감과 자극을 준다. 그는 설교를 전달할 때 새로운 정점에 다다를 수 있다.

설교는 마음에 전달할 때 효과적일 것이다. 우리는 마치 꽃으로 잔뜩 치장한 것 같은 과장된 표현이나 진부한 표현으로 설교해서는 안 된다. 우리는 성경의 개인적인 적용으로 그들의 마음에 가야 한다. 영향력을 위해서는 단순히 사람들 앞에 설교하지 않아야 한다: 우리는 그들에게 설교해야 한다. 회중 한 사람, 한 사람을 바라보면서 우리의 모든 태도와 표현이 하나님으로부터 받은 말씀을 그들을 위해 전하고 있음을 알려야 한다.

만일 양방향의 의사소통이 일어나지 않으면 설교는 의미가 없어진다. 로이드 존스는 유명하고 학구적인 목사가 설교하는 스코틀랜드의 명망 있는 교회의 예배를 떠난 한 가난한 여인에 대해 이야기했다. 누군가 그녀에게 설교를 잘 들었는지를 물었다. 그녀의 대답은 긍정적이었다. 그녀는 또한 "당신은 그의 설교를 이해할 수 있었나요?"라는 질문을 받았다. 그러자 그녀는 "나 같은 사람이 그 위대한 사람의 설교를 어떻게 이해하겠습니까?"라고 대답했다.[40] 이는 매우 슬픈 이야기다. 만일 우리의 설교가 청중과 연결되지 않는다면 이는 실패한 설교다.

모든 설교자는 다수가 아닌 청중 한 사람 한 사람에게 설교하는 법을 배우는 것이 훨씬 더 효과적일 것이다. 청중을 바라보며 설교하는 동안 메시지에 대한 반응을 살펴보라. 이러한 인식은 사람들에 대한 당신의 사랑으로 인해 고조된다. 런던에 있는 성공회 목사인 리처드 세실(Richard Cecil)은 이렇게 말했다: "설교를 사랑하는 것과 설교하는 대상을 사랑하는 것은 완전히 별개의 것이다."[41]

10

하나님 말씀 전하기

효과적인 전달의 열쇠

"형제들아 내가 너희에게 나아가 하나님의 증거를 전할 때에
말과 지혜의 아름다운 것으로 아니하였나니 …
내 말과 내 전도함이 설득력 있는 지혜의 말로 하지 아니하고
다만 성령의 나타나심과 능력으로 하여
너희 믿음이 사람의 지혜에 있지 아니하고
다만 하나님의 능력에 있게 하려 하였노라"

사도 바울(고전 2:1, 4~5).

여러 해 동안, 설교자와 설교학자들은 설교 전달의 학습 기술 가치에 대해 다양한 방식으로 토론해 왔다. 어떤 사람들은 이러한 연구가 설교에 있어 성령의 역할을 무시하기 때문에 전달에 집중하는 것은 성과 없는 노력이라고 믿는다. 하지만 실제로 우리는 성령의 역할을 대체하거나 보완하기 위해 효과적인 전달 기법을 연구하지 않는다. 대신, 우리는 설교 전달을 연구해서 성령의 역사를 방해하지 않도록 한다.

7장에서 우리는 사도 바울이 그의 설교에서 말이나 지혜의 사용을 부인하지 않았다는 것에 주목했다. 그가 부인한 것은 그의 말과 지혜가 성경의 진리 이상으로 넘어가거나 성경의 진리를 흐리게 하는 것이었다. 그러므로 우리가 하나님의 말씀을 우리의 전달을 통해 더욱 강력하게 만들 수는 없지만, 우리의 전달이 말씀에 방해가 되게 하는 것은 가능하다. 설교

자들이 이러한 사실을 이해하면 그들은 성령이 이끄시는 설교를 가능한 한 효과적으로 만들기 위해 설교 전달의 특정 소리와 육체적인 측면에 주의를 기울일 수밖에 없다.

그렇다면 우리는 어떻게 해야 할까? 이 마지막 장은 설교를 효과적으로 전달하기 위한 지침을 제공한다.

단조로움 피하기

아마도 단조로움이나 음량, 강조에 변화가 없는 일정한 음색이나 패턴보다 효과적인 설교 전달에 더 치명적인 것은 없을 것이다. 그것은 청중을 느슨하게 만들고 그들을 잠들게 할 수 있다. 설교를 열심히 분석하고 발전시켜 하나님의 권고에 충실하고 마음 가득 진리를 담아 전달했는데, 당신의 지루한 전달 방식으로 인해 사람들이 듣지 못하게 된다면 얼마나 비극적인가?

설교자의 음성 및 신체 변화에 동일한 패턴이 계속 반복될 경우 사람들은 부주의하게 되고, 심지어 잠들 수도 있다. 이렇게 생각해 보라. 당신은 막 수술을 마치고 회복실로 옮겨진 친구를 만나기 위해 병문안을 간다. 회복실에 들어서면 친구가 심전도 기계에 연결되어 있는 걸 볼 수 있을 것이다. 화면의 줄이 위아래로 오르락내리락하는 동안(즉, 변화) 당신은 친구를 만날 수 있다. 왜인가? 줄이 오르락내리락하는 것은 심장이 뛰고 있다는 것을 의미하기 때문이다. 당신의 친구는 살아 있다! 하지만 만일 병실로 들어서는데 그 줄이 평평하다면, 당신은 친구를 만나기에는 너무 늦은 것이다. 왜인가? 그가 죽었으니까!

이것은 마치 당신의 목소리나 신체적인 변화와 비슷하다. 변화와 움직임은 삶을 의미하고, 일정함은 죽음을 의미한다. 다른 말로 하면, 변화와 움직임은 사람들이 깨어 있음을 의미하고, 변화와 움직임의 부족은 그들이 잠을 자게 된다는 것을 의미한다.

우리는 이미 청중들이 듣는 일을 오래 유지하지 못할 것이라고 언급했다. 듣는 일을 쉽게 하는 방법은 특정한 목소리와 신체적 특성을 다양하게 사용하는 것이다. 따라서 당신은 그들의 주의를 끌기 위해 전달에 의도적인 변화를 줄 필요가 있다. 다시 말하면, 이러한 의도의 기본 원리는 변화다. 간단히 말해서, **변화와 움직임은 관심을 유지하게 한다.**

변화와 움직임은 일정한 목소리 혹은 신체적인 변화가 적절히 통합될 때 발생한다. 이것은 당신이 강연자로서 예측할 필요가 있음을 의미한다. 목소리와 신체의 여러 부분들의 조합을 사용하는 방법을 배우라. 예를 들어, 진지함, 흥분감 또는 긴박감과 같은 상황을 반영하기 위해 말의 속도를 다양하게 하거나 메시지의 다른 부분에서 속도를 늦추거나 높인다. 자주 멈추라. 단어에 따라 다른 억양을 사용하라. 당신이 말하는 것과 얻으려는 것에 맞추어 크기를 조절하라. 음량을 바꾸라. 목소리 변화 외에도 자연스러운 신체적 변화가 있을 수 있다. 한 발에서 다른 발로 체중을 옮기라. 손으로 할 수 있는 것을 다양하게 하라. 기쁜 일을 이야기할 때는 웃으라. 심각한 이야기를 할 때는 청중을 진지하게 바라보라.

이 모든 기술들의 조합은 다양한 설교에 크게 기여할 것이다. 당신의 전달은 이해하기가 훨씬 쉬워질 것이다. 사람들은 억지로 들으려 하지 않아도 된다. 그들은 잘 듣지 않을 수 없을 것이다.

설교를 할 때, 당신은 목소리와 신체적 변화에서 하나 이상의 단조로운 영역을 식별할 수 있을 것이다. 그리고 일부 영역은 고치기가 어려울 수 있다. 당황하지 말라. 대개의 설교자는 어떤 영역에 있어 단조로울 것이다. 그것이 표정 없는 얼굴이든, 꾸준한 음량 또는 말하는 속도든, 아니면 다른 변화 중 하나일지라도 말이다. 한두 가지 단조로움이 당신을 모든 사람을 자게 만드는 지루한 설교자로 만들지는 않는다. 하지만 여러 단조로움을 가질 경우에 문제가 발생한다. 또한 일부는 고치기가 쉽다. 예를 들어, 당신의 얼굴 표정이 선천적인 것이라면 이러한 영역을 개선하기 위해 당신이 할 수 있는 것은 거의 없다. 당신은 고칠 수 있는 가장 좋은 부분을 찾아서 그 부분을 위해 노력해야 한다.

이 장의 나머지 부분에 있는 목소리와 신체적인 변화들을 사용하는 것에 관한 조언은 당신이 경험할 수 있는 모든 설교 전달 문제에 대한 신속한 해결책이 되지는 않는다. 이 지침들은 이러한 변화를 적절하게 조정해서 당신이 매력적이며 설득력 있는 방식으로 설교할 수 있도록 돕기 위한 것이다. 설교를 통해 적절히 조정된 이러한 변화에 주의를 기울이면 듣는 사람의 집중을 유지하는 데 도움이 된다.

청중의 주의를 사로잡는 것

목소리 변화의 적절한 사용은 설교 전달에서 단조로움의 문제를 해결하는 데 큰 도움이 된다. 음량이나 강조, 음조 또는 표현에 변화가 없으면 강연에서 윤기와 반짝임을 없애는 것이다. 스펄전은 말한다. "예수님이 우리에게 많은 끈을 주셨음에도 하나의 끈에 매달리는 설교자는 사역의 자살을 범하는 것과 같다."[1] 다음에 나오는 목소리의 변화를 따라 단조로움을 피하는 방법에 주의를 기울이라.

빠르기

설교 전달의 빠르기에 대한 분명하고 좋은 원칙들은 없다. 이는 듣는 사람이 설교를 얼마나 잘 이해하는가에 달려 있다. 설교자가 너무 빨리 또는 너무 느리게 말할 때, 혹은 자신의 속도가 그가 말한 것과 일치하지 않을 때 의사소통에 방해를 받는다.

젊은 설교자들은 대개 너무 빨리 말하는 경향이 있다. 설교는 사실 열정과 활력으로 행해져야 한다. 하지만 열정이 앞선 나머지 말이 빨라지면 이해하기가 어렵게 된다. 빠른 설교는 흥분과 열정을 전달하지만, 처음부터 얼마나 흥분했는지에 관계없이, 어떤 소리라도 빠르기가 변화 없이 지속되면 주의를 잃게 된다. 한 예로, 나이아가라 폭포는 가까이 사는 사람들에 별로 인식되지 못한다.[2] 너무 빨리 말하면 당신은 이해할 수 없을 것이며, 듣는 사람들은 숨이 막힐 수도 있다.

설교자는 또한 다른 이유로 너무 빨리 말한다. 많은 경우 생각이 빠르고 유창하기 때문에 설교가 빠르다. 만일 빠른 것이 당신에게 자연스러운 것이라면, 속도를 급격하게 바꾸지 말라. 당신은 당신의 개성 이외의 것을 전달하는 인공적인 스타일을 개발할 수 있다. 대신 조금 속도를 늦추고 이해하기 어렵게 만드는 빠른 속도를 제어할 장치를 사용하라. 이 속도 조절을 위한 방법은 멈추는 것인데, 이는 후에 논의될 것이다.

빠른 속도의 설교는 긴장함과 여유가 없음을 보여 준다. 매 초를 소리로 가득 채울 필요는 없다는 것을 기억하라. 스펄전은 다음과 같이 경고했다.

> 지나치게 빨리 말하고, 미친 듯이 악을 쓰며 열변을 토하는 것은 용납되지 않는다. 이는 결코 힘 있는 설교가 되지 못한다. 오히려 그것은 단어들을 폭동의 조합으로 만들어 시끄러운 소리에 빠뜨리는 것과 같다. 영감을 얻기 위해 귀에 말벌이 들어가 더 이상 숨을 쉬기 어려운 야생마처럼 땀을 흘리며 전하는 소리를 듣는 것은 두 번을 견디기 힘든 고통이다. 그는 그의 폐에 공기를 채우기 위해 몇 번씩 쉬어야 한다. 설교 중에 이처럼 무례를 행하는 것은 드문 일이 아니지만 그만큼 가장 고통스럽다. 기침을 막을 수 있을 만큼 잠시 숨을 멈추라. 그것은 손에 있는 주제에 대한 동정보다 오히려 숨이 차는 설교를 하는 사람에게 동정심을 불러일으킨다.[3]

굉장한 속도로 설교하는 것은 듣는 사람들을 불안하게 하며, 설교 내용을 불분명하게 한다.

반대의 경향은 말을 아주 천천히 하는 것인데, 나이 든 설교자들이 그렇게 한다. 사람이 성숙할수록 생각을 천천히 하게 된다. 사고는 주로 점점 늦어진다. 또한 나이 든 설교자들은 육체적인 힘이 전만큼 없게 된다. 우리 모두는 너무 천천히 말을 해서 그 자리에 머무는 것이 어렵다는 결론을 내린 경험이 있을 것이다. 우리의 머리는 계속해서 다른 생각을 하게 된다. 천천히 이야기하는 것을 피해서 듣는 사람이 계속 당신의 말을 듣게 해야 한다.

설교의 속도를 다양하게 사용하면 도움이 된다. 속도는 절대로 일정하면 안 된다. 너무 빨리 이야기하거나 너무 천천히 이야기하는 것은 효과적인 설교에 독이 된다. 다음과 같은 요소에 따라 설교 속도를 바꾸라.

- **강조** 덜 중요한 내용은 빨리 말해도 된다. 하지만 설교에서 더 중요한 부분들은 강조를 위해 천천히 말하라.
- **건물 크기** 당신이 말하는 건물의 크기는 속도를 정하는 기준이다. 작은 공간에서는 조금 빨리 이야기해도 된다. 공간이 클수록 울림이 크다. 이러한 상황은 설교하는 동안 좀 더 신중해야 한다.
- **분위기** 당신이 말하는 것에 대한 지적이고 감정적인 내용에 따라 속도를 조절해야 한다. 슬픔과 경멸은 느리다. 기쁨과 열정은 더 빠르다.[4]

흐름

속도는 항상 변해야 한다. 흐름에 대한 이해는 전체 설교에 영향을 준다. 좋은 설교는 이러한 흐름을 알아야 한다. 설교는 이러한 흐름에 의해 진행된다.

비록 흐름에 대한 변화가 필요하지만, 속도가 특정한 단어들이 의미하는 것에 맞으면 주저하지 말라. 전해지는 생각과 감정들은 설교를 할 때 적절히 바뀐다. 당신의 설교는 마치 당신이 그것을 암기했거나 읽는 것처럼 들리지 않아야 한다. 그러기 위해선 속도와 흐름에 융통성이 있어야 한다. 흐름을 바꾸는 것은 청중이 쉬고, 회복되고, 또한 기대하게 만든다.

흐름은 여러 방법으로 바뀔 수 있다. 당신은 설교 내용에 빠른 변화를 줄 수 있다. 이야기를 하거나 농담을 하거나 또는 지적을 할 수 있다. 이야기나 다른 요소가 내용을 바꾸기 전과 연결되는지 확인하라. 청중 가운데 잘 알려진 사람에게 말을 걸어도 좋다. 이러한 기법은 반응 없는 청중, 특히 당신이 믿음의 형제자매들을 일깨우는 데 있어 절대로 실패하지 않는다. 흐름은 음량이나 음조를 조절함으로써 변하게 할 수 있다. 잠시 멈추거나, 기침하거나, 재미있는 이야기를 하거나, 강대상을 한번 치거나, 목소리를 높이거나 혹은 속삭이는 것도 흐름에 변화를 준다. W. A. 크리스웰은 한때 베일러 미식축구 팀을 응원하기 위해 중간에 설교를 멈추고 세 번의 환호를 보냈다. 그는 확실히 사람들의 관심을 얻었다.

소리의 크기

만일 설교자가 너무 크게 말하면, 이는 부자연스럽고 억압하는 것처럼 들릴 것이다.[5] 스펄전은 다시 이렇게 경고한다.

> 두세 명의 성실한 사람들이 불필요하게 울부짖으며 스스로를 어렵게 하고 있다. 그들의 빈약한 폐는 짜증을 내며, 그들의 후두는 격렬한 외침에 의해 염증을 겪는다 … 소리의 아주 큰 크기에서 약간의 경제적인 상태를 유지하라. 사실 너무 큰 소음은 사람들의 귀를 고통스럽게 하고, 반향과 울림을 유발하며, 당신의 설교에 피해를 준다.[6]

유감스럽게도 설교자들은 소리의 크기를 사용함에 있어 극단으로 치닫는 경향이 있다. 말이 너무 부드러우면 들리지 않고, 너무 크면 사람들이 감당하기 힘들어진다.

다시 한 번 말하지만, 다양성이 열쇠다. 크기는 내용에 따라 조절되어야 한다. 크기 조절은 말하는 내용의 중요성을 보여 준다. 소리 크기는 전하고자 하는 중요한 생각을 강조할 때 좋은 것이다. 가끔씩은 크게 말하라. 하지만 항상 크게 말하면 어느 것도 강조하는 것이 아니다.

다른 경우에는 속삭임이 크게 외치는 것보다 훨씬 효과적일 수 있다. 소리의 정도를 달리하라. 속삭임에서 외침으로, 외침에서 속삭임으로 넘어가도록 시도하라.[7] 또한 설교의 내용에 따라 적절한 크기로 이야기하라. 단지 큰 소리가 성령의 능력으로 설교하는 증거라는 생각을 버리라. 물론 성령이 당신이 낼 수 있는 큰 소리를 사용하실 때도 있다. 하지만 때때로 주님은 조용하고 세미한 음성으로 말씀하신다는 것을 잊지 말아야 한다(왕상 19:12-13 참조).

강조

적절한 강조의 사용은 말하고자 하는 것을 전하는 데 소리 크기만큼 효과적일 수 있다. 당신은 단어를 구절에서 돋보이게 함으로 강조한다. 우리는 이것을 높은 음조나 톤의 길이 또는 큰 소리로 강조한다. 말하는 것에서 중요한 단어를 선별해서 그 단어에 집중하라. 문장에서 그 단어들에 강조를 두라.[8]

명사, 동사, 형용사 및 부사는 보통 대부분의 의미를 지니고 있으므로 높은 강도가 필요하다. 반면에 접속사, 조사, 전치사 및 대명사는 일반적으로 강도가 낮다. 평소의 대화를 통해 사람들이 강조하는 단어에 주목하라. 사람들이 중요한 단어를 얼마나 효과적으로 강조하는지 보라.

소리 크기와 강조를 함께 쓰는 것은 설교 전달에 아주 좋은 효과를 나타낸다. 목소리를 말하는 공간의 크기에 따라 조절하라. 일반적으로 그 공간에 있는 모든 사람에게 들릴 만큼 충분한 소리여야 한다. 청중을 끊임없이 살피라. 당신이 말하는 모든 문장으로 사람들에게 다가가라. 당신이 무엇을 하고 있는지 알고 있다는 느낌을 주라. 기억하라. 소리 크기와 강조는 좋은 도구들이다.

다시 한 번 말하지만, 다양성이 열쇠다. 소리 크기를 다양하게 하라. 그리고 문장이나 구절에서 중요한 단어는 적절히 강조하라. 중요하지 않은 단어는 강조하지 말라. 소리 크기와 강조를 함께 사용해서 설교가 잘 들리도록 하라. 때로는 크기 조절 대신 강조를 사용하라. 단어 하나를 큰 소리로 말하라. 그런 다음 작은 소리로 작은 음조를 가진 단어를 말하라. 하지만 항상 아이디어에 따라 크기와 강조를 조절하라.

음조(억양)

말하는 것에 대한 다양성을 효과적으로 사용하기 위해 설교자는 습관적인 음조와 최상의 음조 사이의 차이를 알아야 한다. 습관적인 음조는 평상시 가장 자주 말하는 정도의 레벨이다. 최상의 음조는 당신의 목소리가 가장 잘 작용하는 레벨이다. 두 레벨은 같을 수도 있고 다를 수도 있다.[9] 모든 인간의 목소리는 적절한 음조를 가지고 있다. 이러한 음조는 목소리가 성숙하는 동안 자연스럽게 바뀐다. 하지만 사춘기가 지나면 특정한 음조가 목소리로 자리 잡게 된다.

당신은 최적의 음조를 쉽게 찾을 수 있다. 피아노를 사용해서 편안하게 노래할 수 있는 가장 낮은 음을 찾으라. 그리고 그 음에서 피아노 건반을 다섯 개 올라가라. 이 음조가 대부분 당신이 사용해야 하는 음조다. 설교를 녹음해서 들으며 최적의 음조로 말하고 있는지 확인하라. 젊은 설교자는 특히 이 최적의 음조와는 다른 습관적인 음조를 발전시키는 경향이 있다. 그들은 성숙하고 인상 깊은 소리를 내기 위해 더 낮은 음조로 말하는 경향이 있다. 이러한 습관은 성대에 건강하지 않은 긴장을 주며 부자연스러운 소리를 내게 한다. 모든 설교자는 하나님이 주신 목소리를 기꺼이 받아들여야 한다. 그러고 나서 그 목소리는 최대한으로 훈련되고 발전되어야 한다.

가능한 한 다양한 종류의 음조를 사용하는 것이 현명하다. 훌륭한 설교자는 약 2옥타브의 범위에 걸쳐 자신의 목소리를 조절한다. 제한된 범위 안에 머무는 것에 만족하지 말라.

스펄전은 목소리라는 악기의 최대한의 범주를 이용하는 것의 중요성을 말한다. "형제들이여, 모든 거룩한 이름으로 당신의 첨탑에 있는 모든 종을 울려 당신의 백성이 금이 간 종 하나의 소리만 듣게 하지 말라."[10] 다양한 음조의 필요성에 대해 그는 다음과 같이 호소했다.

> 나는 종종 한 공간에서의 목소리를 드럼에 비교한다. 드러머가 항상 드럼 헤드의 한 곳을 타격하면 표면에 구멍이 생기며 그곳이 닳게 된다. 그러나 그가 쿵쾅거리며 다양한 변화를 주어 드럼 헤드의 전체 표면을 사용한다면 얼마나 오래 지속되겠는가! 사람의 목소리도 마찬가지다. 항상 같은 톤을 사용한다면, 그 단조로움을 만들어 내는 데 가장 많이 사용되는 목 부위에 구멍이 생길 것이다.[11]

하나님이 주신 목소리라는 악기의 모든 음을 충분히 사용하라.

몇몇 나이 든 설교자들은 음조에 대해 다음과 같이 조언했다: "시작은 낮고 천천히, 그러면서 높아지다가 마지막에 불을 붙이라." 이는 더 낮은 음조로 시작하는 게 일반적으로 좋다고 말하는 그들의 방식이었다. 처음부터 높은 음조로 하면 설교에서 더 이상 갈 곳이 없다는 것이다. 중요한 곳에서 낮은 음조로 말하는 것을 두려워하지 말라. 이 간격은 매우 효과적일 수 있다. 만일 당신이 낮지만 힘주어 말한다면 청중은 높은 음과 함께 들을 것이다.

이 논의를 떠나기 전에 음조와 관련된 일반적인 경우를 언급하는 것이 좋겠다. 가끔 설교자들은 알아듣기 힘들게 하는 특정한 습관을 가진다. 이러한 습관은 '장관의 우는 소리' 혹은 '튠' 이라고 한다. 이는 일반적으로 음조, 속도, 억양 및 소리 크기의 패턴을 포함한다. '장관의 우는 소리' 는 때때로 그가 말하는 것에 권위와 중요성을 부여하기 위해 설교자에 의해 개발된다. 설교자의 목소리는 마치 목에 경련이 있는 것처럼 들린다. 하지만 이는 설교자의 의도와 반대 되는 결과를 가져온다. 사람들은 그러한 단조로운 경건한 설교에 거부감을 갖게 된다.

우리 대부분은 이런 종류의 합성음을 가진 강연자의 강의를 들어 본 적이 있다. 설교자는 실제 사람들을 대상으로 실제 사람처럼 말해야 한다. 설교에서 경건한 것처럼 말하는 것을 강력히 제거하라. 녹음한 것을 듣는 과정은 설교자의 단조로움을 확인하게 해 준다. 자신의 설교를 끊임없이 모니터링하는 것은 생명력 없고 흥미 없는 공격적인 설교를 하지 않도록 반복되는 말의 패턴을 잡는 데 도움이 된다.

억양

억양의 방향은 당신이 말하고자 하는 것을 가리킨다. 예를 들어, 올라가는 억양은 마음의 기대를 나타낸다. 올라가는 억양은 질문이나 의심, 불확실함과 불완전함을 나타낸다. 이러한 말을 생각해 보라: "이것은 당신의 책입니까?" "당신은 도시로 갈 건가요?" '책' 과 '도시' 가 올라가는 억양으로 말해지면 의문이나 불확실을 나타낸다.

내려가는 억양은 일반적으로 생각이 종결되는 것을 이야기한다. 끝을 향해 떨어지는 억양은 확실성과 강조 그리고 강한 확신을 준다(예: "이것은 당신의 펜입니다."). 억양이 변하는 악센트가 있는 것은 아이러니나 풍자, 조소, 냉소, 회의적인 것을 말한다. 다음의 문장을 보라: "글쎄, 누가 왔는지 봐!" "당신은 당신이 누구라고 생각하나요?"[12] 일정한 억양은 실망이나 경멸을 나타낸다. 다음의 문장을 보라: "나는 갈 수 없어요." "다 끝났습니다."

억양의 길이는 또한 의미를 전달하는 데 중요하다. 문장에서 가장 중요한 단어는 보통 더 긴 억양이 주어진다. 억양의 길이는 대개 말하는 것의 중요한 정도를 나타낸다. 강도와 흥분도 나타난다.

갑작스러운 억양의 변화 또한 중요하다. 억양의 점진적인 변화는 차분함, 침착함, 사고력 및 명령을 나타낸다. 반면에 억양의 갑작스런 변화는 홍분, 강렬함 및 활력을 나타낸다.

말의 적절한 억양은 당신이 무엇을 말하려고 하는지를 명확하게 아는 데서 이루어진다. 당신의 설교는 당신의 말에 표현적인 억양을 만들기에 충분한 머릿속 그림을 가지고 있어야 한다.

문체(표현)

적절한 문체는 어디에서 시작하고 어디에서 끝나는지에 대한 단순한 문제로 묘사되어 왔다.[13] 유창하게 말하는 대부분의 사람들은 이러한 문체가 쉽지 않다는 것을 안다. 단어를 좋은 생각 단위로 적절하게 배열하려면 많은 생각과 노력이 필요하다. 어떤 구절은 적은 힘으로 빠르게 말할 수 있다. 다른 구절들은 더 중요하다. 그들은 좀 더 천천히 강조하면서 말할 필요가 있다.

효과적인 설교는 이러한 문체에 대한 두드러짐이 있다. 설교를 통해 삶을 변화시키는 설교자는 표현에 있어서도 영향력을 행사할 것이다. 단어를 그룹화하라. 당신의 문장에서 주요 단어를 적절하게 강조하라. 한 가지 톤의 목소리뿐 아니라 한 가지 톤의 생각도 피하라. 목소리 톤이 하나면 강조도 없고, 중요한 것이나 중요하지 않은 것에 차이가 없다. 이러한 접근은 단순히 동일한 게으름일지도 모른다. 실에 구슬을 꿰는 것 같은 단조로움을 피하라. 이러한 접근은 마치 각각의 구슬이 분명한 관계없이 그냥 연결되어 있는 것과 같다. 당신이 말하는 동안 각 구절의 중요한 사실들을 청중들이 알게 하라.[14]

좋은 문체와 호흡은 서로 관련되어 있다. 당신은 완전한 사고 단위 전후에 숨 쉬는 법을 배워야 한다. 호흡은 당신이 숨을 멈출 때 사고 장치가 중단되지 않도록 문장과 조율되어야 한다. 만일 당신이 생각의 단위를 중단하면 말하고자 하는 바를 잘 이해할 수 없게 된다.

멈춤

멈춤은 설교에 있어 매우 의미가 있다. 러디어드 키플링(Rudyard Kipling)은 이렇게 말한다. "당신은 침묵으로 말할 수 있다."[15] 모든 훌륭한 설교자는 적절한 시점에서 멈추는 것의 가치를 안다. 멈춤은 다음과 같은 다양한 용도로 사용된다.

- 말하는 속도가 너무 빨라지지 않게 한다.
- 속도를 조절해서 설교가 대화처럼 전달되게 한다.
- 긴장된 날카로운 소리를 내지 않도록 음조를 지켜 준다.
- 주제가 바뀌었음을 나타낼 수 있다.
- 중요한 단어와 문장에 더 좋은 강조와 억양을 준다.[16]
- 유머러스한 이야기나 문장에서 중요한 대목을 강조하는 아주 좋은 방법이다.[17]
- 멈춤은 청중이 앞서 들었던 문장을 이해하게 한다.

멈춤은 단지 침묵의 시간이 아니며, 주저함과 혼동되어서는 안 된다. 주저함은 무언가를 잊어버려 경직된 것과 같은 공허한 침묵이다. 멈춤은 유창하고 의미 있는 침묵이다.[18]

멈춤은 설교자를 신체적으로도 돕는다. 그것은 설교자가 숨을 쉬도록 한다. 또한 정신적으로도 돕는다. 잠시 멈춤으로 다음 내용을 생각할 수 있다. 멈춤은 설교자를 심리적으로도 돕는다. 잠시 멈춘 시간에 당신은 듣는 사람을 보며 그들이 당신의 말을 이해하는지의 여부를 판단할 수 있다. 멈춤은 중요한 단어 전에 효과적으로 사용되어 주의를 끌 수 있다. 멈춤은 말하는 것에 극적인 효과를 준다.

하지만 멈춤은 모두 같은 길이가 아니라는 점을 주의해야 한다. 적절하고 적당한 멈춤이 없다면 설교는 삐걱거리게 된다.

멈춤은 주의를 끌고 유지하는 좋은 도구 중 하나다. 스펄전은 어느 날 그의 학생들에게 분명하게 말했다.

> 이따금씩 멈추면 마차의 승객들은 깰 것이다. 방앗간의 기계가 돌아갈 때 방앗간 주인은 자고 있지만, 기계가 소리를 멈추면 그 주인은 놀라서 외칠 것이다. "무엇을 해야 하지?" 아주 무더운 여름날 어느 것도 졸음을 멈출 수 없을 때는 매우 짧은 또는 평소보다 더 많은 노래를 부르거나, 한두 명의 형제들에게 기도하게 하라. 조용함을 통해서 멈추는 지점을 만들라. 설교가 은이라면, 침묵은 듣는 사람이 집중하지 않을 때 금이 된다. 계속, 계속, 계속, 계속, 일정하고 단조로운 톤으로 요람을 흔들 듯 말하면 더 깊은 잠을 잘 것이다. 그러나 요람을 확 잡아당기면 잠이 달아날 것이다.[19]

멈춤은 방황하는 마음의 주의를 다시 사로잡는 자연스럽고 실제적인 효과가 있다.

멈춤은 사람들에게도 도움이 된다. 설교자의 경우 멈춤은 앞으로 나아가는 것이고, 사람들에게는 뒤를 돌아보는 것이다. 멈춤은 사람들에게 설교자가 한 말을 생각하고, 느끼고, 정신적으로나 감정적으로 반응할 수 있는 기회를 준다. 정신적으로 짧은 소화의 시간이 주어지는 것이다. 어떤 의미에서 멈춤은 사람들에게 기대감을 갖게 한다. 적절한 시기에 잠시 멈춘다면, 청중들은 당신이 다음에 무슨 말을 할 것인지에 대해 기대감과 관심을 갖게 될 것이다.

이 모든 이점에도 불구하고 멈춤은 적당하게 사용되어야 한다. 침묵을 '어' 나 '음' 과 같은 말로 채우지 말라. 로빈슨은 이것을 '군더더기 말' (word whiskers)이라고 부른다.[20] 설교자의 경우에는 '주님을 찬양합니다' , '아멘' 또는 '하나님에게 영광을' 이 이에 해당된다. 이러한 표현을 사용하는 것이 잘못된 것은 아니지만, 단지 일시적인 침묵을 채우기 위해 이런 용어들을 사용하면 영적인 의미와 영향을 잃게 된다. 당신은 오히려 짜증을 유발하게 될 것이다.

멈춤을 두려워하지 말라. 이는 설교를 전달하는 데 많은 도움이 될 수 있다. 그리고 침묵을 두려워하지 말라. 침묵은 설교의 의미 있는 시간 중의 하나가 될 수 있다.

몸으로 이야기하기

회중에게 설교할 때, 당신은 두 가지 방법으로 메시지를 전달한다. 하나는 구두 의사소통이라고도 하는 단어로 전달하는 것이고, 다른 하나는 비언어적인 의사소통으로 보디랭귀지를 사용해 전달하는 것이다. 이 두 가지 의사소통의 수단은 당신이 말하는 내용뿐 아니라 서로를 보완하고 지원해야 한다. 만일 두 가지 수단이 상충한다면 비언어적 메시지를 언어적 메시지보다 더 신뢰하는 경향이 있다. 결과적으로, 만일 당신이 하나님의 말씀을 흐트러뜨리지 않으려면 설교 전달에서 신체를 의도적으로 사용하는 것에 주의를 기울여야 한다.

의사소통 전문가들은 종종 비언어적 의사소통의 중요성을 강조한다. 심리학자이자 연구원인 알버트 메라비안(Albert Mehrabian)은 연설자의 메시지 중 7퍼센트만이 그의 말을 통해 나오고, 38퍼센트는 목소리로부터 비롯되며, 나머지 55퍼센트는 표정에서 비롯된다는 사실을 발견했다.[21] 따라서 효과적으로 전달되기 위해서는 비언어적 의사소통의 의식적이고 적절한 사용이 포함되어야 한다. 당신은 말하지 않을 때도 여전히 의사소통하고 있다는 것을 알게 될 것이다. 감정은 비언어적으로 전달된다. 만일 당신의 몸이 당신이 말하는 것에 반응하지 않는다면, 당신은 듣지 못할 것이다. 따라서 몸은 효과적인 설교 전달의 적극적인 참여자라 할 수 있다.

강단에서의 존재감 확립

키니식스(kinesics)란 용어는 목소리가 말하는 것과 몸이 말하는 것 사이의 상호작용과 관련이 있다. 일반적으로는 **보디랭귀지**라고 불린다. 설교자의 보디랭귀지 사용은 종종 강단의 존재감이라고 불린다. 설교자의 강단의 존재감은 설교에서 매우 중요하다. 눈 맞춤, 제스처, 얼굴 표정, 자세 및 움직임은 모두 강단의 질을 결정하고, 하나님과 자신 및 다른 사람에 대해 느끼는 감정을 듣는 사람에게 전달한다.

눈 맞춤(Eye Contact)

눈을 맞추는 것은 설교자와 청중의 역동성과 효과적인 설교를 위해 심리학적으로 중요하다. 청중을 바라보며 전달하면 설교가 훨씬 효과적이다. 키케로(Cicero)는 "모든 것은 얼굴에 달려 있는 반면, 얼굴은 전적으로 눈에 의해 지배된다" 고 말한다.[22]

많은 성도들은 그들의 목회자가 그들을 보지 않는다는 것을 느낀다. 그는 단지 성도를 바라보는 것처럼 보인다. 이 미묘한 인식은 매우 치명적이다. 그러한 인상은 설교자가 거리감이 있거나, 냉담하거나, 무관심하다는 인상을 준다. 마치 그는 그냥 이야기를 하고 있고, 다른 사람들은 방에서 그 이야기를 엿듣고 있는 것처럼 보인다. 듣는 사람의 눈을 피하는 것은 과한 불편함이나 관심이 없다는 메시지를 전달한다. 이는 설교자의 신뢰도를 떨어뜨릴 것이다. 여러 사람들의 눈을 보라. 청중의 어떤 사람도 설교에 덜 참여하는 것으로 느끼게 해서는 안 된다. 스토트는 말한다. "사람들을 볼 때 특히 눈을 보라. 건물에 단어를 뿌리지 말고 항상 사람들에게 이야기하라."[23] 좋은 눈 맞춤의 방법은 비언어적 의사소통 중에 가장 좋은 방법이다.

사람들을 보는 것은 설교자로 하여금 청중의 반응을 보게 한다. 당신은 그들이 당신이 말하는 것을 이해하는지 여부를 알 수 있고, 그에 따라 설교에 변화를 줄 수 있다. 만일 사람들이 이해하지 못하는 것 같으면 반복하거나, 단순화하거나, 설명하면 된다. 만일 그들이 관심이 없다면, 그들의 관심을 끌기 위해 다양한 방법을 사용할 수 있다. 또한 그들의 반응에 당신의 스타일과 방식을 적용할 수 있다. 당신은 설교에 대한 청중의 반응을 끊임없이 살펴 그에 따른 전달 방식을 바꾸어야 한다. 그들의 얼굴 반응(미소, 찡그린 표정, 부드러운 표정 등)을 통해 그들이 무슨 생각을 하는지 알 수 있다.

특정한 사람을 척도로 사용하는 데 주저하지 말라. 몇몇 사람은 특이한 표정을 지을 것이다. 당신은 그들의 반응을 한 눈에 알 수 있다. 그들이 눈을 마주치지 않으면 주의력이 산만해진 것이다. 이러한 사인을 통해 성도가 불편해지기 전에 속도를 바꾸라.

적은 인원이 작은 강당에 있을 땐 설교하는 동안 모든 청중을 볼 수 있어야 한다. 많은 인원이 모인 큰 강당에서는 구역을 나누어 보면 된다. 각 구역에서 몇 사람을 선정하라. 구역의 모든 사람을 볼 필요는 없다. 당신은 한 사람을 보지만 그 구역에 속한 사람들은 당신이 그들을 주목하고 있다는 느낌을 갖는다. 또한 이는 기대감을 갖게 한다. 당신은 한 사람을 보지만 주변 사람들도 함께 볼 수 있다. 당신의 시선이 건물의 모든 곳에 닿도록 주의하라.

단순한 눈 맞춤은 사람들에게 관심이 있다는 것을 보여 준다. 이러한 인식은 **시선 접촉**(eye touching)이라고 불린다. 눈을 맞추는 것은 당신이 다른 사람의 개성이나 지식 및 친근함을 귀하게 여긴다는 것이다.[24] 어떤 상황에서 당신은 청중을 보지 않을 수도 있다. 만일 당신이 무너지는 빌딩을 묘사한다면 위를 바라봄으로써 높이를 가늠하게 할 것이다. 이때 우울하거나 낙담한 사람을 묘사하기 원한다면 가능한 한 빨리 아래를 내려다보며 사람들과 눈을 마주치라.

제스처(Gestures)

어떤 생각은 말이나 얼굴 표정보다 제스처가 더 효과적이다. 다문 입에 손가락을 대는 것은 "조용히 하십시오"라는 말보다 더 효과적이다. 팔을 넓게 벌리는 것은 아이에게 "이리 와"라고 말하는 것보다 더 의미가 있다. 문을 손으로 가리키는 것은 "이 방에서 나가"라는 말보다 더 효과적이다.

자연스럽게 사용되는 제스처는 생각이나 감정적인 반응을 표현하거나 강조하는 데 도움이 된다. 어떤 면에서는 제스처가 전체적인 움직임을 포용한다. 명확하게 식별할 수 있는 신체 움직임과 자세 및 근육의 미묘한 변화도 제스처에 포함된다. 하지만 이 장에서는 표정, 자세 및 움직임을 따로 다룰 것이다. 제스처는 주로 손과 팔의 움직임을 말한다.

그럼에도 불구하고 제스처는 설교할 때 온몸을 사용하는 표현으로, 1) 근육과 신체의 주요 부분을 포함하는 전체적인 움직임과, 2) 미세한 근육 긴장 및 이완을 포함하는 작은 움직임을 말한다.[25]

어떤 사람들은 제스처를 명백한 행동의 관점에서만 생각한다. 이러한 이해는 몸의 여러 부분이 별도로 기능하지 않는다는 점에서 제한적이다. 오히려 제스처는 전신 근육 긴장의 정도에 영향을 주거나 받는 모든 것을 이야기한다. 설교자가 설교할 때 몸을 사용하는 것을 배우면 그의 근육은 분명한 자극이나 노력 없이 반응하는 법을 배운다. 제스처는 미세한 혹은 보다 분명한 근육 긴장 이후에 선행되기 때문에 몸 전체가 모든 동작에서 어느 정도 활동하게 된다.

제스처가 잘못 사용되면 오히려 당신에게 불리하게 작용할 수 있음에 유의하라. 스펄전은 제스처의 문제에 대해 흥미롭고 유머러스한 논의를 했다.[26] 그는 먼저 **경직된 제스처**에 대해 이야기했다.

> 공포를 드러내는 사람은 몸을 굽히지 못할 정도로 관절이 경직된다. 팔과 다리는 마치 철로 만들어진 것처럼 딱딱하게 움직인다. 예술가들이 사용하는 나무로 만든 인형과 같이 사지가 경직되어 팔다리의 움직임을 보여 주는 데 실패한다.

다음으로 그는 의지와 지성에 사로잡혀 있지 않은 것처럼 보이는 사람들에 의해 사용되는 **기계적인 제스처**를 언급했다. 그들은 정확한 간격을 두고 규정된 움직임을 거치기 위해 만들어진 자동 로봇처럼 보인다. 마지막으로 그는 **타이밍이 좋지 않은 제스처**에 대해 이야기한다. 이 예에서 그는 손이 말하는 것을 따라가지 못하는 사람에 대해 언급했다.

> 어떤 사람은 행동에서 손의 동작이 전체의 내용과 맞지 않는다. 처음에는 무엇을 의미하는지 모른다. 이는 마치 시에서 운율이나 이유를 무시한 것처럼 베어서 치는 것과 같다. 하지만 마침내 당신은 그의 현재의 행동이 몇 초 전에 말한 것에 아주 적절하다는 것을 알게 된다.

이 외에도 두 가지 다른 종류의 제스처는 피해야 한다. **평행 제스처**는 설교자가 양손과 팔로 동시에 같은 일을 할 때 발생한다. 잠시 동안 사용하는 것은 문제가 되지 않지만, 지속적으로 자주 사용하는 것은 마치 로봇과 같은 인상을 준다. **일관성 없는 제스처**는 설교자의 동작이 말하는 것과 반대일 때 일어난다. 만일 당신이 예수님의 "나를 따라오라"는 말씀을 인용할 때 성도들을 가리키면 당신의 행동은 당신의 호소력을 약화시킨다. 만일 당신이 "세상으로 가라"고 말하면서 사람들에게 다가오라는 제스처를 취한다면 이 또한 같은 결과를 초래할 것이다. 당신의 행동이 당신의 메시지와 일치하는지 확인하라.

얼굴 표정

설교자의 표정은 훌륭한 설교 전달에 필수적이다. 앞서 눈 맞춤의 중요성에 대해 이야기했다. 눈은 몸에서 가장 두드러지는 부분이다. 눈은 전체 얼굴의 표현을 조절하는 힘을 가지고 있다. 우리는 눈으로 조사하고 발견한다. 우리는 눈으로 웃고, 두려워하고, 기대한다. 누가 어린아이의 눈에 매료되거나 아픈 사람의 공허한 눈에 우울해지지 않겠는가? 생리학자들은 얼굴의 근육으로 만들 수 있는 표정이 2만 개 이상이라고 한다.[27] TV 분석가들은 종종 시청자에게 영향을 미치는 표정의 중요성에 대해 집중해 왔다.

청중은 설교자의 말을 듣는 것만큼 그를 바라볼 것이다. 그래서 당신은 목소리뿐 아니라 얼굴 표정으로도 대화하도록 준비되어 있어야 한다. 잠깐의 눈길을 통해 많은 것을 이야기할 수 있다. 입술의 모양과 코의 움직임은 당신의 감정을 사람들에게 즉시 전달할 수 있다. 우리는 앞서 우리가 말하는 단어와 일치하는 신체 의사소통이 매우 효과적이라는 점을 언급했다. 이러한 관찰은 특히 얼굴에 적용된다. 당신의 표정이 당신의 메시지와 일치한다면, 사람들은 당신이 진실하다는 것을 이해할 것이다. 찡그린 얼굴, 홍분, 걱정, 미소, 행복과 같은 비언어적인 표현은 청중이 당신이 말하는 것에 진정으로 관여한다는 것을 느끼도록 도와준다.

자세

당신이 설교단에 서 있는 방식은 청중에게 많은 말을 한다. 비록 설교할 때 편한 자세로 있고 싶다 할지라도, 당신은 열성과 열정을 전달하기 위해 더 신경을 써야 한다.[28] 강대상에 기대면 편해질지 모르나, 사람들이 당신의 주제에 관심이 있다고 생각하고 그것을 표현하는 것에 자신감을 갖는다면 당신의 메시지는 더 효과적이 될 것이다.

발을 두는 자세도 중요하다. 몸을 앞뒤로, 좌우로 부드럽게 움직일 수 있는 위치를 찾으라. 이러한 운동의 의사소통 능력에 대해 페이솔은 다음과 같이 말한다.

> 당신은 한 발을 앞으로 이동시킨 후 그 발에 대부분의 체중을 실을 수 있다. 이것은 회중을 향해 약간 기울어져 긴급함을 전달한다. 반대로 대부분의 체중을 발 뒤쪽에 싣는 것은 거부감이나 물러남을 전달한다.[29]

하지만 다른 신체의 움직임과 마찬가지로 자세와 내용이 일치하는지 확인하라.

당신은 말씀의 내용에 따라 자세를 바꿀 때, 몸의 중심을 한 발에서 다른 발로 일정하게 움직이지 않도록 주의해야 한다. 이러한 일정한 움직임은 흔들리는 움직임을 유발해 성도들의 집중에 방해가 된다. 흔들리는 것은 보통 신경 에너지에 의해 발생한다. 설교자는 주로 한 발을 다른 발 앞에 두어 체중의 대부분을 앞발에 둠으로써 행동을 수정할 수 있다.[30)]

움직임

설교하는 동안 강대상 주변에서 이리저리 움직이는 것은 사용 방법에 따라 산만하거나 유익할 수 있다. 보디랭귀지의 다른 측면과 마찬가지로, 몸의 움직임과 내용과의 관계는 그것이 긍정적일지 부정적일지를 결정한다.

설교하는 동안 움직이는 것은 대체로 개인 성격의 문제임을 명심하라. 어떤 설교자는 다른 사람들보다 더 활동적이고 에너지가 넘친다. 이 사람들은 그들의 에너지가 설교에 방해되지 않도록 주의해야 한다. 좀 더 예의 있는 설교자들은 설교 중에 강단 뒤나 한 곳에 머물러 있는 경향이 있다. 비록 가만히 있는 것이 문제는 아니지만, 이러한 사람들은 움직임의 좋은 장점에 대해서도 알아야 한다. TV와 영화를 통한 행동에 익숙한 시각적 세대는 한 곳에 머물지 않는 설교자를 선호할 가능성이 더 높다.

또한 설교하는 동안의 움직임에 있어서는 의도적이고 신중해야 한다. 자세와 마찬가지로 느리고 율동적인 움직임은 공원을 천천히 걷는 듯한 기분 나쁜 인상을 주어 성도들을 졸게 만든다. 움직일 땐 목적을 가지고 움직여라. 움직임 사이에 잠시 멈추고 단언하라. 그런 다음 다른 곳으로 가서 다른 내용을 전하라. 하지만 설교 내내 계속 움직이는 것은 좋지 않다. 성도들은 당신을 따라다니면서 지칠 수 있다. 더군다나 만일 성경을 강해하고 있다면, 그러한 끊임없는 움직임은 본문에 대한 강조를 흐릴 수 있다. 성경을 이야기할 땐 고정된 위치에서 많은 시간을 이야기하라. 이 연습은 성도들에게 정보를 얻게 하고, 쉼을 주며, 집중하고 내용을 이해할 수 있는 시간을 줄 것이다.

신체 운동의 자질

효과적인 보디랭귀지의 본질은 몇 가지 특성으로 요약될 수 있다. 당신은 몸을 움직일 때 말과 동작이 통일되게 해야 한다.

자연스러움

설교자가 할 수 있는 최악의 일 중 하나는 분명히 연습되고 강요되는 제스처로 인위적인 분위기를 조성하는 것이다. 이러한 행동은 미리 계획되어 있어 메시지에서 벗어난다. 보디랭귀지는 자연스럽고 무의식적으로 할 때 좋은 것이다.

보디랭귀지의 다양한 측면, 즉 눈 맞춤, 얼굴 표정, 제스처 및 움직임은 우리의 음성 메커니즘의 변수와 거의 비슷하다. 우리가 말하는 단어를 보고 거기서 나오는 감정을 느낄 때, 올바른 신체 행동은 의식적인 주의를 기울이지 않아도 자연스럽게 일어날 것이다.

당신의 몸으로 생각과 감정이 잘 표현되게 하라. 그러한 제스처가 말하는 것에서 자연스럽게 나오게 하라. 만일 당신이 초고층 빌딩에 대해 말하고 있다면, 단어 뒤의 정신적인 이미지가 당신의 제스처에도 영향을 미쳐야 한다. 고층 빌딩을 보면 자연스럽게 손과 눈을 들어 그것을 가리키는 것처럼 하고 싶은 자신을 발견하게 될 것이다. 당신이 세상에 대해 이야기한다면 세상을 보지 말고 손과 팔로 세상을 형성하라. 다른 말로 하면, 당신의 제스처가 말하는 것의 의미와 맞아야 한다는 것이다. 설교자는 셰익스피어를 오용하듯 “아무것도 의미하지 않는 소리와 분노로 가득 채워서는” 안 된다.[31]

적절한 시간

자연스러운 사용으로 발전되는 효과적인 보디랭귀지는 시기적절하다. 메시지에 사용된 제스처는 그것이 표현하는 주요 단어나 구절과 함께하거나 앞서야 한다. 타이밍이 적절하지 못하면 제스처가 내용을 뒷받침하기보다는 주의를 산만하게 한다.

설교는 신체의 모든 행동이 청중이 신체의 움직임을 의식적으로 전혀 인식하지 못한다는 것을 표현하는 생각의 효과를 확실히 추가할 때 효과적으로 전달된다. 어느 주일 아침, 성실하고 신실한 한 시골 설교자가 자신이 가장 좋아하는 주제인 다윗과 골리앗에 대해 이야기하고 있었다. 그는 매우 드라마틱하게 머리 주위로 밧줄을 빙빙 돌리다 골리앗의 이마를 향해 돌을 던지는 방법을 설명했다. 설교가 절정에 다다랐을 때 그의 목소리는 흥분으로 고조되었다. "보세요, 여러분. 중요한 것은 이 거인을 죽인 돌멩이가 아니라, 이 소년이 그것을 어떻게 던졌는가 하는 것입니다."[32) 효과적인 설교 전달은 단지 사람들에게 설교를 하는 것이 아니다. 그것을 어떻게 잘 '던지느냐' 를 알아야 한다.

적절함

단어에 행동을, 행동에 단어를 맞추라. 어떤 의미에서 설교자는 한 번에 두 개의 설교를 한다. 하나는 청중이 듣는 것이고, 다른 하나는 그들이 보는 것이다. 더 효과적이도록 사역자는 이 두 설교를 하나로 통합하게 된다.

앞서 지적했듯이, 적절하지 않은 신체의 움직임은 현재 말하고 있는 것을 부정할 수 있다. 예를 들어, "예수님에게로 오세요"라고 외칠 때 청중을 가리키지 않도록 주의하라. 문장에서 '여러분' 또는 '당신은' 이라는 2인칭을 쓸 때 손을 자신의 가슴에 얹고 싶진 않을 것이다. 하나님의 평화를 이야기할 때 주먹을 흔들지도 않을 것이다. 소리와 속도가 적절하지 못한 것처럼, 신체의 어떤 움직임은 말하는 것과 반대의 것을 전달할 수 있다.

다양함

보디랭귀지는 독창적이고 다양해야 한다. 목소리의 동일함이 지루함을 유발하는 것처럼, 같은 동작의 반복도 그렇다. 몸은 놀라울 정도로 많이 움직일 수 있다. 설교할 때 그것들을 다양하게 사용하라. 청중 앞에서 설교자가 경직되어 있으면 듣는 사람에게 불편함을 주고, 설교자의 확신과 진실성에 의문을 던지게 한다. 반면에, 메시지가 살아 있는 설교는 듣는 사람에게 효과적이다. 효과적인 신체 소통은 메시지에 행동을 부여한다.

보디랭귀지 개선

비언어적인 측면에 주의를 기울임으로써 설교 전달을 준비하는 데 시간을 투자하라. 당신이 효과적인 음성 전달의 여러 측면에 대해 연구하는 것처럼 효과적인 신체 의사소통에 주의를 기울이라. 일반적인 대화에서 생각하고 말하는 단어들에 대한 신체의 반응을 인식해야 한다. 자극하거나 노력하지 않아도 당신의 눈과 얼굴과 근육이 말하는 것에 어떻게 반응하는지 확인하라. 손으로 하는 일에도 주의를 기울이라. 당신의 모든 일상적인 신체의 움직임은 모두 당신이 말하는 것에 기인한다. 이러한 자연스러움이 설교하는 동안에도 있어야 한다.

일반적으로 보디랭귀지의 특정한 측면을 연습하면 안 된다. 예전에 설교자들은 제스처와 같은 측면들에 대한 광범위한 연구를 통해 발성 및 표현을 훈련 받았다. 오늘날 그러한 훈련은 기껏해야 불필요한 것으로 간주되며, 최악의 경우에는 의사소통에 오히려 방해가 된다. 설교자가 알아야 할 것은, 보디랭귀지는 설교의 중요한 부분이며, 설교의 내용에 대한 지적인 반응에서 자연스럽게 발생해야 한다는 것이다. 자연스러운 행동은 모든 보디랭귀지의 기초가 되어야 한다. 손의 움직임이나 다른 표현이 설교를 전하는 데 도움이 되지 않는다면, 그 움직임은 제스처가 아니라 집중을 방해하는 혼란스럽고 성가신 움직임이 된다.

비록 특정한 제스처를 연습하려고 시도하는 것은 대개 별 소용이 없지만, 일반적으로 설교할 때 보디랭귀지에 주의를 기울이면 당신이 그것을 더 자연스럽고 효과적으로 사용할 수 있게 된다. 어떤 설교자는 다른 사람보다 더 쉽게 설교 내용에 반응한다. 만일 몸을 움직이는 데 어려움을 겪는다면, 소리 내어 읽으면서 연습하는 것이 당신에게 도움이 될 것이다. 실제로 크고 과장된 움직임은 몸을 자유롭게 하는 경향이 있다.

설교를 크게 읽으라. 방에서 자유롭게 움직이라. 거울 앞에서 주기적으로 멈추고 계속 말하라. 의식적으로 말하는 내용에 대해 움직임으로 반응하라. 이러한 외적 반응은 강단에서 하는 말에 반응하도록 당신의 근육을 훈련시킬 것이다. 연습할 때 손을 움직이며 말하라. 말하고자 하는 내용을 전달하는 데 도움이 되는 움직임을 사용하라.

설교를 위해 보디랭귀지를 연습하는 것과 안 좋은 행동을 없애는 것 사이에 구분이 있어야 한다. 우리의 임무는 하나님의 말씀의 능력을 향상시키는 것이 아니라, 하나님의 말씀을 통해 성령의 초자연적인 일하심을 막지 않도록 하는 것이다. 위의 방법으로 연습하는 것은 청중의 주의를 산만하게 하거나 실제로 소통을 방해할 수 있는 습관적인 신체의 움직임을 발견하는 데 도움이 될 수 있다. 우리는 손을 올리거나 내리거나 머리를 기울이는 것과 같은 반복적인 움직임을 발달시키는 경향이 있다. 이는 청중의 관심을 우리에게 돌려 설교에 완전히 집중하지 못하게 한다.

이러한 반복적인 동작 외에도 녹화된 설교 중 일부를 검토하거나 다른 사람에게 검토를 의뢰하라. 산만하고 성가신 움직임이 감지되면 의식적으로 그러한 동작을 없애야 한다.

설교 노트 없이 설교하기

사람들이 설교자들에 대해 갖는 큰 불평 중 하나는 설교자가 설교문(원고)이나 설교 노트를 사용하는 것이다. 설교문을 계속 내려다보면 설교의 효율성을 방해한다. 물론 어떤 사람들은 설교문이나 설교 노트를 잘 사용한다. 그들은 드러나게 보는 것이 아니라, 적절하게 보고 사용하는 기술을 가진 사람들이다. 그러나 대부분의 설교자들은 그러한 기술이 없다. 결과적으로 강해 설교를 하는 좋은 방법은 노트를 전혀 사용하지 않는 것이다. 이것을 (설교문을 보지 않고 하는) 자유로운 전달이라고 한다. 많은 위대한 설교자들이 이러한 자유로운 전달의 방법을 사용했다. 알렉산더 맥클라렌은 설교문을 읽든 외워서 하든 상관없이 설교를 매우 잘 준비한 것으로 알려져 있다. 그는 설교 시간에 그의 마음에서 나오는 말을 사용했다. '강해의 왕자' 라 불리는 G. 캠벨 모건은 설교문이나 설교 노트가 살아 있는 대화에서 중요한 눈 맞춤을 방해한다고 믿었다.

설교 전달의 딜레마

비록 설교자가 어떻게 설교 노트를 사용하는지가 그의 전달에 영향을 미치지만, 그가 그것을 사용하는지의 여부는 영적인 문제가 아니다. 다시 말해서, 그것은 옳고 그름의 문제가 아니라는 것이다. 하나님의 기름부으심이 그것으로 결정되지는 않는다. 각각의 설교자는 어떤 방법이 자신의 개성과 청중을 사로잡을 수 있는 능력에 가장 적합한지를 결정해야 한다. 동시에 모든 설교자는 하나님의 말씀을 가장 효과적으로 전할 방법을 배우는 것에 열려 있어야 한다.

기본적으로 설교는 다섯 가지 방법으로 전달될 수 있으며, 각각은 다양한 준비와 서면 양식을 포함한다.

- **설교문**(원고) 이 방법에서는 설교가 완전히 쓰이고, 설교자는 원고를 그대로 읽는다. 이 방법의 가장 큰 장점은 단어의 선택과 언어의 아름다움에 주의 깊게 집중할 수 있다는 것이다. 당신은 연구에서 발전시킨 언어의 스타일을 유지할 수 있다. 또한 설교에서 내용을 잊어버릴 것에 대한 걱정을 없애 준다. 하지만 설교는 책을 읽는 것처

럼 들릴 것이다. 설교자가 설교문을 아무리 잘 읽어도 가슴으로 하는 설교라는 인상을 주기는 힘들다. 설교는 종종 개인적인 의사소통과는 다르게 보이며, 단조로운 목소리를 낼 수 있다.

- 기억(암기) 이 방법은 전체적인 내용을 쓰고 외운 후 설교 노트를 전혀 보지 않고 설교하는 것이다. 원고 설교와 동일한 장점을 가지고 있지만, 외운 설교는 말 그대로 암기된 것처럼 들린다. 또한 항상 내용을 잊어버릴 위험을 감수해야 한다. 기억이라는 힘에만 의존해서 설교 전문을 전달하려는 시도는 대부분의 설교자들이 피하려는 방법이다.

- 자세한 개요 이 방법은 전체 원고 또는 적어도 설교 개요를 작성해야 한다. 하지만 전달을 위해서 설교자는 준비된 자료를 설교의 개요, 예화 및 기타 생각과 세부 사항들로 구성된 주석으로 줄여야 한다. 이러한 전달의 방법은 전달 순간에 상당한 표현의 자유를 허락하는 동시에 연구에서 준비된 세부 사항에 의존할 수 있다.

- 자유로움 이 방법은 연구에 대한 신중하고 철저한 준비를 요한다. 전체 원고 또는 설교 개요를 작성한다. 그러나 실제 설교는 전달의 순간까지 남아 있다. 설교하는 동안, 설교자는 자신의 성경이나 작은 종이에 기록된 개요 또는 특정 인용문만을 참고한다. 생각의 논리적인 흐름이 확립되어 있는 설교다. 이러한 생각의 흐름은 준비된 서면 자료와 같지만, 특정 단어의 선택은 전달 시점에 다를 수 있다.

- 임기응변 즉흥적인 설교라고도 불리는 이 방법은 '사전 준비 없이' 또는 '막 떠오르는 생각으로' 하는 설교를 말한다. 즉각적인 상황에

대한 준비는 이루어지지 않는다. 설교자는 설교하는 순간에 떠오르는 생각을 전한다. 이러한 설교가 필요한 경우는 거의 드물다. 설교자는 때때로 사전 통보 없이 갑자기 설교하도록 요청받을 수 있다. 하지만 그러한 경우에도 그가 하나님의 말씀을 전한다면 그는 이전에 준비했던 내용을 토대로 설교해야 한다.

어떤 사람들은 원고, 암기된 설교 또는 상세히 기록된 개요를 아주 잘 사용한다. 그들은 자연스럽게 말할 수 있는 탁월한 지능을 가졌거나 사람들이 눈치채지 못하도록 씌어진 형태의 자료를 의존하는 방법을 발전시켰을지도 모른다. 하지만 대부분의 설교자들은 그러한 능력이 없으며, 아마 발전시키지도 않았을 것이다. 그들은 능력 있는 유명한 설교자와 같이 설교하기를 열망하지만, 그들의 노력은 자연스럽거나 대화하는 식의 방법으로는 이루어지지 않는다.

자유로운 설교 전달 이해하기

이러한 이유로 앞에서 설명한 자유로운 전달 방법은 대부분의 사람들이 강해 설교를 전달하는 가장 좋은 방법이다. 성경의 위대한 설교자들 외에도 교회 역사를 통틀어 많은 위대한 믿음의 설교자들은 이러한 자유로운 전달 방법을 사용했다. 알렉산더 맥클라렌은 모든 설교를 아주 신중하게 준비했다. 사실 그는 원고를 읽거나 암기해서 이야기하려는 계획보다 더 주의 깊게 설교를 준비했다. 그런 다음 그는 전달의 순간에 단어들이 그의 가슴에서 우러나게 했다. G. 캠벨 모건 또한 이 방법을 사용했다. 그는 원고나 설교 노트가 청중과의 눈 맞춤을 방해한다고 믿었다.[33]

자유로운 전달은 설교 전체나 부분을 준비한 후에 단순한 암기보다는 원고를 완전히 숙지해서 노트를 보지 않고 설교하는 것이다.[34] 브라운과 클리나드(Clinard)와 노스커트(Northcutt)는 이 접근법이 고유한 단점 없이 다른 전달 방법의 모든 장점을 가지고 있다고 말한다.

> 설교문이나 기억의 방법처럼 가장 세심하게 준비하지만 청중의 공감대나 강단에서의 자유를 제한하지 않는다. 즉흥적인 설교와 마찬가지로 전하는 동안 창조적인 사고가 필요하며, 동시에 수사학적 우수성을 극대화하는 보다 엄격한 준비를 요한다.[35]

본질적으로, 자유로운 전달은 강해 설교에서 가장 좋은 것이다.

이 자유로운 전달 방법에는 수많은 장점들이 있다. 이 방법을 사용하면 표현의 신선함이 높아진다. 실제 표현은 설교의 순간에 전달되는 것이므로 설교자는 설교 시간에 여러 요소를 통제할 수 있다. 이러한 관계에 대해 브로더스는 다음과 같이 말한다.

> 만일 주제가 충만하고 그 중요성에 감명을 받을 경우, 설교자는 몇몇 훌륭한 청중들의 관심과 집중을 확보하게 된다. 그리고 그의 열정 가득한 눈빛은 그들로부터 반사되어 나온다 … 그는 홀로 있는 시간에 발견한 귀중하고 놀라운 생각들을 잘 전달하게 된다.[36]

이러한 이유로 자유로운 전달은 자발적인 표현의 강력한 수단이다.

자유로운 전달은 또한 설교자가 자신의 말씀이 잘 받아들여지고 있는지를 잘 알 수 있게 해 준다. 그는 설교하면서 청중의 반응에 따라 전달 방식뿐 아니라 표현의 방식 또한 바꿀 수 있다. 이런 식으로 설교는 목소리와 눈, 몸 그리고 말하는 모든 요소를 최대한 활용해서 전달될 수 있다. 자유롭게 말하면 자유와 표현의 자발성을 발전시킬 수 있다. 설교자는 설교할 때 떠오르는 생각을 쉽게 전달할 수 있게 된다.

자유로운 전달의 또 다른 장점은, 충분히 유창한 말을 개발하거나 언어적으로나 심리적으로 빠른 속도로 올바른 단어를 선택한 다음 분명하고 효과적인 말로 정리할 수 있다는 것이다.[37] 제이 아담스(Jay Adams)는 또한 자유로운 전달을 구체화시키는 역할에 대해 이야기한다. 당신이 설교

할 때 주의 깊은 준비와 이전의 폭넓은 생각이 당신의 표현에 합쳐지게 된다.[38)]

하지만 자유로운 전달 방식에도 몇 가지 단점이 있을 수 있다. 조심하지 않으면 같은 단어나 구절 또는 용어를 반복해서 사용할 수 있다. 또한 중얼거리는 위험에도 직면하게 된다. 더군다나 자유롭게 설교하는 사람들은 그들의 능력을 남용할 수 있다. 자유롭게 하는 은사를 너무 많이 사용하다 보면 연구하는 습관을 느슨하게 할 수 있다. 이 게으름이 시작되면 자유로운 설교는 즉흥적인 것이 많게 되고, 그러다 보면 자칫 나쁜 설교로 빠질 수 있다. 형편없이 준비되면 자유로운 설교는 설교의 준비 방법에 신뢰를 주지 못하는 것이다.

더군다나 설교자의 나이가 들어 감에 따라 그의 기억력은 점점 나빠지게 된다. 아마도 기억이 문제가 되는 경우를 대비해서 설교 노트를 가지고 설교하는 법을 배우는 것이 현명할 것이다.

설교를 자유롭게 전달하기

자유로운 전달은 설교 시에 여러 다른 종류의 장점을 활용하는 종합적인 접근이다. 이러한 방법은 설교 원고를 이용할 때의 모든 장점을 활용하며, 강단에서 원고나 설교 노트를 보는 약점을 피하게 한다. 이 접근법은 이 장에서 논의된 정신적인 활력의 원리가 필요하다. 이 기본 패턴은 구성, 익숙함, 충분한 숙지, 표현 및 반복이라는 다섯 가지 구성 요소를 통해 알 수 있다.

구성

만일 당신이 강해의 과정을 따른다면, 당신의 설교는 세밀히 준비되고 잘 구성되어야 한다. 설교에는 분명하고 간결하며 단순한 최소한의 주요한 구분이 있어야 한다. 설교가 적절히 구성되어 있다면 설교 노트를 작성하지 않아도 될 것이다. 당신의 설교가 잘 구성되고 조직되어 있는지 확인하라.

익숙함

설교가 적절히 구성된 후에는 주요 내용에 익숙해지도록 시간을 들여야 한다. 이 시점에서는 어느 정도 암기가 필요하다. 적어도 주요 내용들은 암기되어야 한다. 만일 성경 구절 자체에서 그것들을 끌어냈다면, 그 구절을 참조하는 것만으로도 그것들을 다시 떠올릴 수 있다. 또한 특정 핵심 구절이나 생각들을 기억해야 할 수도 있다.

하지만 이 부분에서 조심하라. 만일 구절이나 주요 표현을 너무 열심히 암기해 두면 설교 중에 그것들을 기억하려고 할 때 눈이 어두워지면서 내적으로 집중될 수 있다.[39] 이것을 막기 위해 설교문을 여러 번 소리 내어 읽으라. 각각의 표현을 말할 때 당신이 말하는 것에 대해 생각하라. 그런 다음 노트를 보지 말고 다시 설교의 기본 골격을 머릿속으로 그리라. 그리고 내용에 익숙해지라. 단순한 단어의 암기가 아닌 논리적인 흐름을 외우라.

충분한 숙지

일단 메시지의 중요한 부분에 익숙해지면, 기도와 묵상 및 반복된 학습을 통해 메시지에 몰입하라. 당신을 완전히 설교에 잠기게 해서 설교가 당신 존재의 일부가 되게 하라. 설교 내용의 기본적인 것을 각인시켜서 잊어버리지 않게 하라. 설교 시간이 다가오면 설교 내용을 반복해서 검토하라. 설교하기 전날 밤, 잠자리에 들기 전에 다시 한 번 검토하라. 이것이 당신의 마지막 점검이 될 때, 이는 당신의 잠재의식을 메시지에 적용시키는 데 도움이 된다.

표현

설교할 때마다 당신을 도우시는 하나님의 영에 의지하라. 기도하며 설교를 준비해 온 당신은 이제 하나님이 말씀을 통해 당신에게 계시해 주신 것들을 사람들에게 나누고 그들의 머리와 마음에 새기도록 도와줄 준비가 되었다. 혹시 어떤 부분이 기억나지 않더라도 당황하지 말라. 설교가 자유롭게 전달될 때, 당신은 당신이 매우 중요하다고 생각하는 것들을 잊어버릴 수 있다. 하지만 당신이 말하고자 하는 것의 내용이 너무 약해서 당신이 그걸 기억하지 못했다면, 그 자료가 빠진 것이 다행일 수도 있다.

긍정적인 맥락에서, 설교가 자유롭게 전달될 때 당신은 늘 계획하지 않은 몇 가지 유익한 것들을 말할 것이다. 이러한 경우는 당신의 설교 사역에 있어 매우 흥미로운 부분이 될 것이다. 모든 것이 당신에게 달려 있는 것처럼 준비하고, 모든 것을 주님에게 의존하는 것처럼 설교하라.

반복

설교 노트 없이 하는 첫 설교는 아마 불안한 경험이 될 것이다. 당신은 특히 긴장하고 혼자인 것처럼 느낄지도 모른다. 어떤 사람은 그 경험을 사람들 앞에서 발가벗고 있는 것 같다고 묘사했다. 하지만 둘 다 아니다. 당신은 성령을 동반하고 하나님의 권능을 입게 될 것이다. 당신의 초조함에도 불구하고 당신은 전에 경험하지 못했던 설교의 자유를 느끼게 될 것이다.

그러니 그 방법을 고수하라. 위에 나오는 과정을 반복하고, 사역에서 실제로 설교하기 전에 몇 번이고 노트 없이 설교해 보라. 반복은 설교 전달의 방식과 설교에 하나님의 영이 계심을 확신하는 데 도움이 될 것이다.

성도들이 인식하지 못하게 노트 사용하기

시선을 위로 고정하고 좋은 보디랭귀지를 유지하라

분명히 우리는 설교자들이 설교 노트를 보지 않고 말씀을 강해할 것을 강력히 권장한다. 하지만 완전히 자유롭게 설교하는 것보다 설교 노트 전체 또는 일부를 보면서 설교하는 것이 훨씬 더 편하다는 것을 안다면 이를 잘 사용하는 법을 배우라. 당신의 목표는 그러한 노트를 보되 듣는 사람이 알지 못하게 하는 것이다. 심지어 《노트 없이 설교하기》(요단출판사 역간)라는 책을 출간한 찰스 콜러(Charles Koller)조차도 그러한 접근 방식이 반드시 설교에서 어떤 형태의 노트도 없어야 함을 시사하는 것은 아니라고 말한다.[40)]

노트를 잘 사용하는 기술을 개발하는 열쇠는 두 가지다. 1) 노트를 내려다보는 동안에는 아무 말도 하지 말고, 2) 노트에 대한 의존성을 상쇄하기 위해 좋은 보디랭귀지를 사용하라. 설교 노트를 자연스럽게 읽으려는 사람은 일반적으로 두 가지 이유로 실패하는데, 그들은 말하는 속도가 부자연스럽거나 대화가 아닌 것처럼 들리며, 청중과 눈을 맞추지 못하기 때문이다. 설교하는 동안 노트를 보지 않을 수 있다면 당신은 대화 같은 속도와 인상을 줄 것이다.[41)]

스냅샷 / 스냅 계획 시도하기

대화 전달의 속도를 시뮬레이션하는 것은 윈스턴 처칠, 프랭클린 루스벨트, 로널드 레이건과 같은 훌륭한 연설가들이 행한 간단한 절차를 따르는 것으로 이루어질 수 있다. 흄(Humes)은 이 기법을 연설을 읽기 위한 '스냅샷 / 스냅 계획'이라고 부른다.[42)] 이 연설가들은 원고의 한두 줄을 내려다보고 암기해서 단어를 찍거나 스냅한 다음 청중을 바라보며 '대화'하듯 말한다.

이 기술은 설교에도 쉽게 적용되는데, 특히 강단에서 전체 원고를 사용할 때 특히 그렇다. 설교 노트로 연습하라. 강대상에 원고를 올려놓으라. 그리고 몇 개의 구절이나 문장을 얼른 외우라. 그런 다음 고개를 들고 건너편에 있는 고정된 물체를 보면서 방금 외웠던 내용을 대화로 나누라. 이 과정은 6단계로 구성되며, 다음과 같이 요약할 수 있다.

1. 아래를 내려다보고 한두 구절의 내용을 암기한다.
2. 올려다보고 잠시 멈춘다.

3. 대화하듯 내용을 전달하고 잠시 멈춘다.
4. 다시 아래를 내려다보고 또 다른 구절을 암기한다.
5. 올려다보고 잠시 멈춘다.
6. 대화하듯 내용을 전달한다.

요약하는 단계에서 멈춤의 역할에 주의하라. 이 기술을 발전시킬 때 잠시 멈추는 것을 두려워하지 말라. 그것은 전체 과정에서 가장 중요한 요소다. 사실 잠시 멈추는 것은 실제로 청중을 주시하며 설교를 읽을 수 있게 해 준다. 또한 이 멈춤을 통해 청중이 당신의 말을 소화시킬 수 있게 한다. 잠시 멈춰서 생각해 보면, 잠시 멈추는 것이 설교나 연설을 대화식으로 만든다. 대화는 논스톱이 아니다. 멈춤으로써 맛이 난다. 만일 당신이 멈춘다면, 특히 당신이 고개를 든 후에 멈춘다면, 청중은 당신이 설교 노트를 읽는 것이 아니라 노트를 잠시 보고 있다고 생각할 것이다.[43]

강단에서 사용하기 위해 원고를 준비할 땐 잘 읽히게 하라. 문장 간의 충분한 간격과 포인트를 표시해서 적으라. 원한다면 더 큰 글꼴을 사용하라. 새로운 문장은 단락으로 구분하라. 당신의 설교 원고가 기사처럼 되어서는 안 된다. 그럴 경우 설교는 기사처럼 들릴 것이다. 기사에서는 단어가 하나씩 차례로 배치된다. 문장이나 생각으로 구분되지 않고 오른쪽 여백으로 구분된다. 이러한 형태는 대화식이 아니다. 설교를 산문처럼 인쇄하라. 그러면 평범한 대화처럼 들릴 것이다. 대신, 잠시 멈춤을 포함해서 말하고 싶은 대로 잘 정리하라. 흄은 "그것을 시처럼 쓰라"고 조언한다.[44]

당신은 이렇게 구성된 설교가 많은 페이지를 차지한다고 생각할지 모른다. 특히 반 장에 인쇄되어 있다면 더욱 그렇다. 맞다! 하지만 설교하는 동안 잘 전달된다면 페이지 수는 중요하지 않다. 설교를 마친 후에는 각 페이지를 넘기지 말라. 그러면 주의가 산만해질 것이며, 청중으로 하여금 당신이 메모가 아닌 설교 노트를 읽고 있었다는 것을 알게 할 것이다. 설교 노트는 성경의 위 또는 아래인 강단 중앙에 놓으라. 각 페이지를 마치면 왼손으로 강단 왼쪽으로 밀어 넣으라(설교 후 올바른 순서로 되돌려 놓을 수 있다!). 당신이 청중을 보거나 성경 본문을 읽는 동안 페이지 나누기에 대한 계획을 세울 수 있도록 원고의 서식을 지정하라. 이 연습은 설교를 좀 더 대화식으로 만드는 데 큰 도움이 될 것이다.

오늘날 많은 설교자들이 노트 대신 전자 태블릿을 사용한다. 태블릿은 페이지를 넘길 필요가 없고, 화면의 간단한 탭으로 페이지를 회전할 수 있으며, 마지막 순간에 노트를 쉽게 편집할 수 있는 등 여러 가지 장점이 있다. 태블릿 사용의 가장 큰 단점은 기술에 의존하는 것의 위험성이다. 마이크나 프로젝트처럼 갑자기 작동이 멈추는 경우가 있다. 설교 중에 이러한 일이 일어날 때, 당신은 노트 없이 설교할 수 있을 정도로 내용을 충분히 잘 알고 있거나, 가까운 곳에 만일을 위해 복사된 원고를 가지고 있어야 한다.

설교할 때 성경을 사용하라

설교 노트의 사용에 관한 마지막 조언은 꼭 필요하다. 당신이 원고를 종이에 쓰든, 태블릿에 넣든, 혹은 원고 없이 설교하든지에 관계없이, 반드시 성경의 자료를 가지고 설교하도록 하라. 비록 성경의 모든 구절이 설교 노트에 기록되어 있다 하더라도 사람들이 당신이 성경을 사용하는 것을 보게 하라.

우리는 우리가 말하는 만큼 행함을 통해 많은 것을 가르친다. 하나님의 말씀이 전자 기기든, 인쇄된 책이든, 혹은 설교 노트에 적혀 있는 것이든 간에 그것이 초자연적인 것만은 틀림없다. 하지만 당신이 성경을 대신해서 설교 노트나 태블릿, 스마트폰을 사용하면, 이는 사람들에게 암묵적인 메시지를 전하게 된다. 이 모든 매체는 다양한 용도로 사용되지만, 성경은 단 하나의 목적만을 가진다. 당신은 설교를 듣는 사람들이 전자 기기를 통해 설교 중 문자나 이메일 확인 및 인터넷으로 여러 가지 일을 할 수 있다는 것을 알고 있다. 듣는 사람으로 하여금 당신이 설교할 때 이와 똑

같은 일을 한다고 생각할 어떠한 빌미도 제공하지 말라. 가능한 모든 방법으로 설교할 때 성경을 사용하라.

공개적인 초청에의 부르심

변화와 역동성을 요하는 설교의 또 다른 면은(설교 전달의 논의에서 자주 무시되는 것인데) 선포된 말씀에 대한 즉각적이고 공개적인 반응 표현에 대한 요구다. 이 호소는 전통적으로 '초청' 이라고 불렸다. 수년 동안 초청의 가장 흔한 형태는 '강단으로의 초대' 였다. 이는 응답자가 강단 앞에서 자신의 영적인 결단을 표현하도록 초청해서 그곳을 일종의 '제단' 으로 사용했다. 이러한 것은 설교자가 선포된 말씀에 대한 영적 헌신을 공개적으로 보여 주기 위해 사람들을 강단 앞으로 초대하는 것이다.

6장에서 설교의 결론에 대한 우리의 논의에서 말했듯이, 하나님의 말씀은 항상 반응을 요구한다. 즉각적이고 공개적인 반응의 요구가 항상 필요한 것은 아니지만, 청중에게 하나님의 말씀에 순종하도록 요구하는 것은 늘 필요하다. 동시에, 만약 그 요구가 의도적으로, 전략적으로 그리고 어느 정도 예측 불가능하게 확장된다면, 사람들에게 즉각적이고 공개적으로 반응하도록 촉구하는 것의 큰 가치를 발견할 수 있다. 그러한 초청을 왜 그리고 어떻게 하느냐를 배우는 것은 설교 전달에서 당신을 위한 의미 있는 자료가 될 수 있다.

공개적인 반응을 위한 초청에 반대하는 의견들

설교에 대한 공개적인 반응의 촉구에 반대하는 의견들이 있다. 이러한 초청을 비판하는 사람들은 성경적 근거가 거의 없다는 사실을 종종 인용하면서, 이 활동이 성경적 전례가 거의 없거나 전혀 없는 현대적인 발전이라고 주장한다. 하지만 이러한 논쟁의 문제는 초청의 기능과 그것을 사용하는 방법의 차이를 구분하지 못하는 데 있다. 선포된 말씀의 반응으로 제단에 나아가는 내용은 물론 신약성경에서 찾아볼 수 없다. 그것은 하나의 형식이다. 하지만 신약 시대의 그리스도인들이 항상 하나님의 말씀에 따라 행동하도록 요구받는다는 생각은 확실히 성경적 전례가 있는 것이다. 그것이 바로 기능이다.

기능과 형식을 구분하는 것은 기독교 신앙의 다른 영역에서 중요하다. 물론 교회의 건축 양식과 예배의 조건들이 발전하기 때문에 성가대나 교회 의자 또는 성찬식 테이블 사용과 같은 다른 많은 현대적 관행에 대해서도 성경의 전례와 동일한 부족한 점이 언급될 수 있다. 성가대가 항상 있는 것은 아니지만, 우리는 여전히 주님을 찬양한다. 모든 교회에 교회용 장의자가 있는 것은 아니지만, 우리에게는 여전히 사람들이 앉을 수 있는 장소가 있다. 우리는 강단 앞에 지정된 성찬식 테이블을 갖지 못할 수도 있지만, 여전히 주님의 만찬을 나눌 수 있다. 형식은 때때로 바뀌지만, 기능은 변하지 않는다. 따라서 성경적 제단의 부재가 공개적인 반응의 표현의 가치를 부정한다는 주장은 근거가 없는 것이다.

그러나 성경에는 실제로 개인이 영적인 반응에 신체적인 표현을 하도록 하는 부르심과 호소 및 권고에 대한 많은 예가 실려 있다. 오트레이는 다음과 같이 말한다: "성경의 많은 경우에 있어서, 오늘날의 초청을 이야기하는 정확한 개념은 없지만 근거는 분명히 있다."[45] 화이트셀은 현대적 초청의 일부 모델은 실제로 비교적 최근에 생겨난 반면, 그러한 행동의 영적 원리는 성경만큼 오래되었다고 주장한다.[46] 아브라함은 이따금씩 돌아올 때마다 제단을 세웠다(창 12~13 참조). 이스라엘 백성은 돌 기념비를 세워 특정한 약속이나 하나님의 구원하심을 기억했다(수 4장 참조). 사무엘은 에벤에셀의 돌을 세워 사람들이 하나님의 강한 도우심을 잊지 않도록 했다(삼상 7장 참조). 우리 주님도 친히 세례와 성찬 모두를 제정하셨으며(마 28:18~19, 눅 22:17-19, 고전 11:23~26 참조) 요한도 영적 반응을 신체적으로 표현했다.

다른 비평가들은 그러한 중요한 결정이 즉각적인 행동이 아닌 신중한 고려가 필요하다는 이유로 강단에로의 공개적이고 정기적인 초청을 반대해 왔다. 하지만 영적인 결정의 기회는 항상 있는 것이 아니다. 하나님의 영은 사람의 추론에 한정되거나 구속되지 않으며, 또한 사람의 삶에서 그분의 일을 계속하거나 반복해야 할 의무도 없다. 만일 한 남자가 그의 아내를 때린다면, 그는 집에 가서 '회개' 할 생각을 해서는 안 된다. 한 여자가 간통하며 살고 있다면, 그녀는 그러한 생활 방식을 벗어나는 결과를 '고민' 할 권리가 없다. 마태와 삭개오 그리고 수가 성의 여인을 비롯한 다른 많은 이들은 즉각적인 순종을 보인 사람들이다.

어떤 사람들은 '영적으로 그렇게 할 준비가 되어 있을 경우' 에만 즉시 반응하도록 요구해야 한다고 주장한다.[47] 하지만 아무리 적은 수의 성도를 가진 교회라 해도, 설교자가 영적으로 준비되어 있는 사람을 어떻게 알 수 있단 말인가? 더 좋은 방법은, 정기적으로 즉각적인 반응의 기회를 제공하되, 결정을 조작하지 않도록 정직하고 분명하게 하는 것이다.

즉각적이고 공개적인 반응의 표현은 실제로 책임을 더하고, 미래의 행동에 대한 헌신을 알리는 기억을 높일 수 있다. 심리적이고 영적인 가치는 중요한 영적 경험을 일깨워 주는 역할을 할 수 있는 육체적 표현을 하는 것과 관련이 있다. 후속적인 삶의 변화는 사람들이 그들의 의도에 즉각적으로 반응할 수 있는 기회를 가질 때 강화된다. 심리적으로, 공개적인 반응은 반응자의 삶에서 결정을 확인하는 역할을 한다.

이런 특성은 설교가 본질적으로 결정을 하게 하는 것이라는 확신에서 온다. 설교는 단순히 복음을 알리는 것 이상으로, 그것은 반응을 요구한다.[48] 예를 들어, 구원을 얻기 위해 그리스도를 믿는 것에 관한 공개적인 반응에 대한 초청은 어떤 한 사람이 그리스도인이 되기 위해서는 확실한 선택을 해야 한다는 사실을 강조한다. 피시(Fish)는 다음과 같이 말한다: "사람이 침투해서 그리스도인이 되는 것은 아니다. 아무도 하나님 나라에 침투하지 못한다."[49]

공적인 반응의 모델들

성경에 나오는 공적인 반응에 대한 개념의 인식은 현대 상황에서 가치 있는 몇 가지 모델을 제시한다. 각각의 모델은 장단점이 있는데, 이는 특정 설교나 예배에 적용할 때 고려해야 한다. 각 모델의 창조적이고 의도적이고 의미 있는 적용은 힘없는 설교를 살아나게 한다.

자리를 옮기는 것

아마도 공개적인 반응을 요구하는 가장 일반적인 모델은 청중들이 자신의 자리에서 다른 자리로, 즉 예배당 안이나 근처의 다른 위치로 이동하도록 초청된 때일 것이다. 이는 20세기와 오늘날까지도 많은 설교자에 의해 요청되는 전통적인 '강단의 초청'을 말한다. 응답자들은 강대상 앞이나 다른 지정된 곳에서 설교자나 훈련된 사람들로부터 추가적인 사역을 받는다.

자리를 옮기는 모델은 많은 설교자들에게 보편적인 초청이 되었지만, 보다 의미 있고 의도적으로 사용하는 것을 고려해야 한다. 예를 들어, 마태복음 9장 9~13절에서 예수님을 따르는 것에 대한 설교는 사람들을 강단으로 나아오게 하는 전통적인 초청이다. 그러한 초청은 예수님을 나타냄으로 강대상 앞에 무릎 꿇고 앉기를 촉구하는 것이다. 그러면 잃어버린 사람들은 그리스도인 옆에 와서 무릎을 꿇고 그들의 모범을 따라가기로 결단할 수 있었다. 또 다른 예로, 마태복음 5장 21~26절에 나오는 적용은 상처받은 형제자매들과의 화해에 대한 것인데, 이것은 사람들이 자신에게 상처 준 사람에게 가서 용서할 것을 요구한다. 이렇게 화해한 사람들은 함께 강단으로 초대되었다. 이들 및 다른 '비전통적인' 방법은 목회자가 신중하게 사용해야 하지만, 잘 사용하면 의미 있는 것으로 입증될 수 있다.

모임 후의 사역

또 다른 오래된 모델은 예배가 끝난 후 다른 모임에 참석함으로써 사람들이 반응하도록 요구하는 것이다. 이는 예배 직후 또는 가까운 미래의 어느 시점에 설교자나 혹은 훈련된 지도자와 함께 개인적으로 또는 반공개적으로 행해진다. 이 모델의 의미 있는 적용으로는, 제자로서의 희생에 대한 주일 설교(눅 9:57~62 참조) 후에 월요일 저녁 무렵 지정된 장소에서 만나자고 초청하는 것이다. 그때는 제자도에 관한 더 많은 가르침과 도전이 주어질 것이다. 시편 101편 3절의 '비천한 것을 눈앞에 두지 말라' 는 말씀에 따른 초청으로는 사람들로 하여금 예배 후 집에 돌아가서 그에 해당하는 물품을 봉투에 담게 하고, 시간을 내어 정해진 장소에 모여 이를 의미 있는 방식으로 버림으로써 그 약속을 지키도록 도움을 받는 것이다.

필기 기록

세 번째 공개적인 초청의 모델은 듣는 사람으로 하여금 카드나 다른 곳에 결단을 기록함으로써 말씀에 반응하게 하는 것이다. 이러한 모델은 사람들이 즉각적으로 반응하게 하지만, 다소 개인적인 방법으로 응답해야 한다. 물론 결단의 카드를 모으는 쉬운 방법이 이 모델에 포함되어야 한다. 이 모델은 공개될 필요가 없는 특정 죄의 고백에 관한 설교 후에 가장 효과적일 수 있다. 이러한 접근은 또한 다른 형태의 반응에 대해 혼란스럽거나 주저할 수 있는 많은 수의 믿지 않는 사람들이 있을 경우에 도움이 된다. 필기 기록은 특히 결정을 내릴 준비가 되지 않았지만 더 많은 정보와 도움을 원하는 사람들에게 유용하다.

신체적 제스처

네 번째 공개적인 초청의 모델은 듣는 사람이 자리에 앉아 있는 동안 특정한 신체적 제스처로 반응하도록 요구하는 것이다. 이러한 제스처에는 일어나거나, 엎드리거나, 아니면 손을 드는 것이 포함될 수 있다. 청중은 다른 사람들이 보고 있거나 아니면 머리를 숙이고 있을 때 반응을 보이도록 요청받는다.

이 모델에서는 정적인 제스처를 일부러 요청해야 한다. 예를 들어, 다니엘 3장의 군중을 따르지 않는 사드락과 메삭과 아벳느고에 대한 설교는 청중을 해산하고 헌신할 마음이 있는 사람들에게 자리에 남아 지정된 사람에게 상담을 받도록 요청할 수 있다. 오네시모(딤후 1:13~18 참조)의 삶처럼 그리스도를 위해 담대한 결단을 내리는 것에 관한 전기적인 설교 후에는, 모두가 앉아 있는 동안 응답자들로 하여금 자리에서 일어날 것을 요청할 수 있다.

다양한 접근

정기적으로 공개적인 반응을 요구하는 대부분의 설교자들은 매주 동일한 모델을 사용한다. 하지만 위에서 언급한 여러 가지 방법들 외에도 동일한 초청 안에서 두 가지 이상의 대응 방법을 제시하는 것이 좋다. 예를 들어, 세 단계로 이루어지는 초청에는 전통적인 강단으로의 초대가 포함될 수 있고, 강단 앞으로 가기를 꺼려하는 사람들을 위해 제공된 결단 카드를 사용할 수 있으며, 이어서 다른 사람들을 만날 수 있도록 정해진 장소에 대한 세 번째 요청이 이루어질 수 있다. (강단으로의 초대와 같은) 특정한 응답의 표현이 진실성을 결정하는 요인으로 사용되어서는 안 된다. 어떤 사람들은 특정한 한 가지 방법으로 반응하는 것을 방해하는 자연적인 공포와 싸우고 있을 수 있다. 여러 가지 방법으로 그들의 헌신을 표현하도록 다른 문을 열어 놓아야 한다.

좋은 초청의 특징들

가장 적절한 방법으로 공개적인 반응의 표현을 촉구할 필요가 있다. 효과적으로 초청하는 설교자들을 관찰하다 보면, 그들에게는 긍정적인 반응을 위한 건강한 분위기를 제공하는 몇 가지 두드러진 특징이 있음을 알 수 있다.

1. 초청은 설교 내용과 연결성이 있어야 한다.

공개적인 반응에 대한 많은 초청이 너무 형식적이 되어서 어느 때는 선포된 말씀과 상관없는 경우가 있다. 주로 그리스도인들의 삶에 관한 문제를 다루는 설교들은 대개 사람들이 예수님을 영접하도록 요청하는 것으로 마무리된다. 말씀에서 선포한 내용에 먼저 반응하게 하고, 더 넓은 초청으로 다른 사람들을 포함시키라.

당신의 반응에 대한 초청이 결코 설교의 부록으로 보여서는 안 되며, 결론의 일부로 자연스럽게 흐르게 해야 한다. 그렇게 하면 초청과 설교 사이의 단절에 대한 인식을 막을 수 있다.

2. 초청은 단순하고 명확해야 한다.

사람들이 당신이 초청하는 것을 이해하도록 하라. 반응을 요구하는 동안에는 복잡성과 정교함을 피해야 한다. 바로 요점을 말하라. 장황하고 화려한 용어는 피하라.[50] "너무 심오하거나, 전문적이고 세련되게 하려고 하지 말라. 명확하고 단순하며 간결해야 한다."[51]

초청은 몇 가지 면에서 분명해야 한다. 당신은 설교를 듣는 사람들에게 그들이 무엇을 해야 하는지, 왜 그렇게 해야 하는지 그리고 그것을 할 때 어떤 일이 일어날지를 정확히 말해야 한다.[52] 또한 너무 광범위하고 일반적인 초청을 함으로써 누구나 체면을 차리려 반응함으로 호소를 아주 값싸게 만들어 버리지 않도록 해야 한다.[53]

또한 '강단 앞으로 나오는 것' 이 그리스도를 향한 헌신과 같다는 인상을 주지 말라. 회개와 믿음 그리고 제자도에 관한 요구를 즉각적인 육체적 반응과 분명히 구분하라. 동시에, 조언이나 영적 또는 심리적인 확신의 제공, 혹은 확언이나 격려와 같은 공개적인 표현의 이미 있는 목적을 강조하라.[54] 그리고 구원에의 초청과 다른 유형의 초청들을 명확히 구분하라. 그렇게 하지 않으면 반응하는 사람이나 조언하는 사람 모두에게 혼란이 생길 수 있으며, 불안정한 약속을 초래할 수도 있다.[55]

3. 초청은 조작도 위협도 아니다.

이는 신뢰의 문제다. 잠재적인 응답자들은 결정의 순간에 강요되거나 압력을 받거나 죄책감을 느껴서는 안 된다.[56] 어떤 사람들은 공개적인 상황에 있는 것에 대한 자연스러운 두려움을 가지고 있다. 이러한 두려움은 높이, 밀폐된 장소 또는 물과 같은 다른 자연적인 두려움과 다르지 않다. 공개적인 초청은 어떤 사람이 주어진 기회에 반응할 때 사람들에게 등 떠밀려서, 혹은 창피한 상황에 몰리지 않으려는 의도로 행해지도록 해서는 안 된다.

특정한 응답이 강요되는 초청 외에, 어떤 종류의 조작적인 접근도 피해야 한다. 예를 들어, 어떤 설교자는 '미끼를 던지거나 기술을 바꾸는' 듯한 속이는 것 같은 점진적인 초청을 사용한다. 성도들은 한 가지 방법으로 반응하도록 요청 받으며, 첫 번째 반응은 두 번째 반응을, 때로 두 번째 반응은 세 번째 반응을 이끌어 내기 위해 사용된다. 의도적으로 당황하게 하거나, 찬송가를 통해 사람들의 감정을 조작하거나, 혹은 조명을 낮추는 것 등이 그 예다. 이러한 남용은 사람들이 모든 공개적인 초청에 반감을 가지게 한다.

4. 초청은 모든 듣는 사람에게 개인적이어야 한다.

각 개인은 설교자가 구체적으로 자신에게 말하는 것처럼 느껴야 한다. 설교의 결론에서 초청으로 이어질 때는 직접적인 표현을 사용하라. 그러한 직접성은 각 사람이 그 도전에 대해 생각하게 할 것이다. 설교하는 동안 다른 시간이 없다면, 참석한 모든 사람들이 초청을 받는 동안 '이것은 나를 위한 말씀' 이라는 것을 깨달아야 한다.

5. 초청에는 복음에의 초대가 포함되어야 한다.

당신은 본문이 말하지 않는 무언가를 말하려고 성경을 '비틀어서는' 안 되지만, 믿지 않는 자들에게 예수 그리스도를 주님과 구세주로 믿도록 요구하는 어떤 전략적인 시점에서는 할 수 있는 모든 호소를 해야 한다. 항상 본문의 주요 대상 독자에게 반응을 호소하는 것으로 시작하라. 만일 본문이 주로 믿는 사람들을 위한 것이라면, 먼저 그들이 주어진 말씀에 행동하도록 초대하라. 그러나 설교가 끝나기 전에 믿지 않는 자들이 죄를 회개하고 믿음을 갖도록 호소하는 것을 잊어서는 안 된다. 설교의 주제는 모두 복음으로 향해야 한다. 당신의 메시지에 담긴 성경의 내용과 관계없이, 반응에 대한 초대는 복음적인 호소를 포함해야 한다.

6. 초청은 기능적인 계획이 있어야 한다.

사람들이 반응할 때, 당신은 그들을 도울 수 있는 좋은 계획을 갖고 있어야 한다. 반응을 위한 효과적인 촉구는 훈련받은 사람들의 격려와 사람들에게 다른 사역을 제공함으로써 더 크게 향상될 수 있다. 교회와 다른 사역 단체는 관계된 모든 법적 문제들을 조사하고 적절한 훈련을 제공하기 위해 그 비용을 지불해야 한다. 그러한 투자는 효과적인 공개적 호소에 가장 도움이 되는 요소일 수 있다. '상담사' 라는 호칭의 사용은 피해야 하지만, 그러한 전문가가 있으면 많은 도움이 된다.

사람들에게 하나님의 말씀에 즉각적이고 육체적으로 반응할 수 있는 기회를 주는 것은 확실히 성경적인 명령은 아니다. 하지만 설교에서 부적절하거나 진부한 것 또한 아니다. 즉각적이고 육체적인 표현은 종종 예배자들에게 그들의 마음속에 그들의 결심을 굳건히 할 수 있는 방법과, 시간이 지난 후에도 헌신을 기억할 수 있는 가시적인 방법을 제공한다.

결론

지금은 하나님의 말씀을 선포하는 설교자에게는 매우 흥분되는 시간이다. 거의 매일 설교 준비와 전달하는 연구에 새롭고 놀라운 개념들이 더해진다. 오늘날 설교자들은 하나님의 말씀을 전보다 더 효과적으로 전달하도록 돕는 여러 도구와 기술을 가지고 있다.

어떤 의미에서 설교는 과학이다. 이 책의 대부분은 설교를 이러한 관점에서 접근했다. 설교학자들에 의해 씌어진 많은 책들은 설교 준비와 전달의 기술을 향상시킬 수 있다. 이러한 기술을 배우는 것은 당신의 영혼에 타오르는 열정이 하나님의 영원하신 말씀으로 사람들에게 다가갈 수 있는 더욱 효과적인 수단이 되도록 도움을 줄 것이다.

하지만 다른 의미에서 설교는 예술이다. 비록 설교학 교수들에게 많은 것을 배울 수 있지만, 효과적인 설교자로부터는 더 많은 것을 배울 수 있다. 많은 배움은 설교하는 방법을 아는 사람들의 말을 듣는 것으로부터 더해진다. 설교하는 사람이 최고의 스승이 된다. 설교는 배우는 것이고, 또한 깨닫는 것이다. 설교를 공부하는 학생들은 좋은 설교자들과 교제하며 설교에 대해 이야기하고, 그들을 좋은 설교자로 만든 방법을 그들에게서 배워야 한다. 이 책에서 우리는 사역 중에 있는 사람이 마지막 사역에서 실패할 수 있는 위험 때문에 현대의 많은 설교자들에 대해 언급하는 것을 망설여 왔다. 그 대신 우리는 사역을 잘 마친 사람들에게 집중하려고 노력했다. 다만, 이 같은 이유로 효과적인 설교를 하는 현시대의 많은 설교자들을 간과하지 말기 바란다.

그러나 설교를 배우는 가장 좋은 방법은 직접 설교하는 것이다. 사실, 설교가 대체로 예술이라면, 당신은 연습하고, 연습하고, 또 연습해야 한다. 하지만 매주 설교하는 것만으로는 충분하지 않다. 목수는 매주 그의 일을 열심히 하지만, 만일 그가 (다른 목수와의 대화를 통해) 자신의 목공 기술을 더 발전시키고 날카롭게 하지 않는다면, 그는 같은 실수를 반복하거나 자신의 분야에서 새로운 발전과 자원을 놓치게 될 것이다. 마찬가지로, 설교자는 의미 있는 연습을 해야 한다. 그러나 그는 자신의 강점과 약점을 주의 깊게 관찰해야 한다. 그는 설교 기술을 개발하고 향상시켜야 한다.

이 책의 가르침이 설교를 위한 신비한 약은 아닐 것이다. 기본적인 내용을 마스터할 수는 있겠지만, 이것만으로는 더 깊은 공부가 필요 없다고 생각될 경지에까지 이를 수는 없다. 당신은 설교 준비와 전달을 위해 고군분투하는 시기를 지나게 될 것이다. 이 시기는 달팽이와 같은 속도로 지나갈 수도 있다. 다른 날에는 독수리처럼 날아오를지도 모른다. 단어가 물 흐르듯 자연스럽고, 좋은 강해의 요소들이 강력한 조합으로 합쳐지면, 당신은 별도 딸 수 있을 것만 같은 느낌을 받게 될 것이다. 이 책의 목적은 후자의 경험을 더 자주 하도록 돕는 것이다.

바라기는, 이러한 토론들이 설교의 준비와 전달에서 평생토록 하는 연구의 시작이 되기를 원한다. 이 책에서 다루어진 설교에 대한 많은 영역들은 다른 설교학자들과 설교자들에 의한 추가적인 연구와 리서치가 필요하다. 아직 언급되지 않은 다른 분야도 잘 탐구해야 한다. 이 분야에 관한 최근 정보들을 공부하라. 좋은 강연자나 설교자의 설교를 듣고 그들에게서 배우라. 그들의 강점은 배우고 약점은 피하라. 매년 한 번 이상 당신이 듣고 모델로 삼는 설교에 대한 컨퍼런스에 참석해서 영감을 받고, 자료를 찾으며, 함께 격려하고 기도해 줄 동료 목회자들을 만나라.

또한 자신의 설교를 들으라. 설교한 모든 것을 녹음하라. 각각을 주의 깊게 들어 보라. 연습 중에 실수를 바로잡으라. 실수를 통해 배우라. 그리고 스스로에게 물어보라: "왜 이것이 효과적이지 않았는가?", "어떻게 더 잘 말할 수 있을까?"

한 가지 주의해야 할 것이 있다. 설교 준비와 전달의 기술에 너무 집착하지 말라. 너무 세부적인 것에 신경을 쓰면 스스로를 구속하는 것이 되어 설교하는 것을 어렵게 만들 수 있다. 설교에 대해 잘 모르는 한 설교자는 한때 이런 식으로 설교를 요약했다: "먼저, 나는 읽었다. 다음으로, 나는 생각을 분명히 했다. 그다음으로, 나는 기도했고, 자유롭게 했다." 당신의 목표는 여기에 제공된 너트와 볼트가 당신의 제2의 천성이 되어 설교 준비와 전달이 자연스럽게 되도록 하는 것이어야 한다.

하지만 설교 준비와 전달에서 무시할 수 없는 한 가지는, 성령님에게 의존하는 것이다. 만일 당신과 내가 성령을 무시하거나 잊어버린다면, 우리의 설교에서 능력이 점차 약해질 것이다. 설교 준비의 한 부분은 기도와 개인의 연구, 그리고 설교 준비와 실제 설교에서 성령을 환영하며 기다리는 것이다. 당신은 이 땅에서 가장 위대한 강해 설교자가 될 수 있다는 것을 기억하라. 하지만 만일 당신이 세상의 힘으로만 설교한다면 어떤 초자연적인 일도 일어나지 않을 것이다. 청중에게 어떠한 삶의 변화도 일어나지 않을 것이다. 성령의 기름부으심을 적극적으로 추구하라. 하나님 앞에 엎드려 그분의 강한 도우심을 구하며 부르짖으라. 그러면 당신은 사도 바울처럼 이야기할 수 있다. "내가 너희 가운데 거할 때에 약하고 두려워하고 심히 떨었노라 내 말과 내 전도함이 설득력 있는 지혜의 말로 하지 아니하고 다만 성령의 나타나심과 능력으로 하여 너희 믿음이 사람의 지혜에 있지 아니하고 다만 하나님의 능력에 있게 하려 하였노라"(고전 2:3~5).

마지막으로, 예수님을 선포하라. 그러면 항상 듣는 사람이 있을 것이다. 버나드는 이렇게 말했다: "어제 나는 나에 대해 설교했다. 그러자 학자들이 와서 나에 대해 칭찬했다. 오늘은 그리스도를 전했다. 그러자 죄인들이 와서 나에게 감사했다." 예수님과 그의 영광스러운 복음을 전하기 위해 당신 자신을 온전히 굴복시키라. 성경의 모든 곳에서 그분이 행하신 일을 당신 또한 행하라: "이에 모세와 모든 선지자의 글로 시작하여 모든 성경에 쓴 바 자기에 관한 것을 자세히 설명하시니라"(눅 24:27). 그러면 목소리를 높여 설교할 때 하나님이 당신을 놀랍게 축복하실 것이다.

효과적인 강해 설교를 준비하는 것은 매우 절망스러운 일일 수 있다. 우리 마음은 매주 부족하다는 느낌에 압도될지도 모른다. 우리 가운데 누가 하나님의 말씀을 전하는 데 충분히 준비되었다고 할 수 있는가? 하지만 하나님은 과거에도 그러셨듯이, 지금도 부족한 그릇들을 택하셔서 당신의 살아 있는 말씀을 전하게 하신다(고후 4:7 참조).

하나님이 매주 설교를 준비하고 선포하는 당신을 축복하시기 원한다. 그러면 당신은 정말로 '부끄러울 것이 없는 일꾼' 이 될 것이다(딤후 2:15 참조).

주석

제1장 강해를 위한 준비

1. 설교 정의: 강해 설교의 원리

1. Merrill F. Unger, *Principles of Expository Preaching* (Grand Rapids: Zondervan, 1955), 11.
2. Fred Craddock, *As One Without Authority* (Nashville: Abingdon Press, 1979), 14~15.
3. David Allen in David L. Allen, Daniel L. Akin, and Ned L. Mathews, *Text-Driven Preaching: God's Word at the Heart of Every Sermon* (Nashville: B&H, 2010), 2.
4. John Piper, *The Supremacy of God in Preaching* (Grand Rapids: Baker, 2004), 10.
5. D. Martyn Lloyd-Jones, *Preaching and Preachers* (Grand Rapids: Zondervan, 1971), 71.
6. John R. W. Stott, *Between Two Worlds: The Art of Preaching in the Twentieth Century* (Grand Rapids: Eerdmans, 1982), 125.
7. Allen, *Text-Driven Preaching*, 2~3.
8. Edwin Charles Dargan, *A History of Preaching*, vol. 2 (New York: George H. Doran, 1905), 14.
9. Haddon Robinson, "The Heresy of Application," *Leadership* (Fall 1997): 20~27.
10. G. Campbell Morgan, *Preaching* (Westwood, NJ: Revell, 1937), 56~57.
11. Tony Merida, *The Christ-Centered Expositor* (Nashville: B&H, 2016), 13.
12. Vernon L. Stanfield, "The History of Homiletics," *Baker's Dictionary of Practical Theology*, ed. Ralph G. Turnbull (Grand Rapids: Baker, 1967), 50.
13. I. Sonne, "Synagogue," *The Interpreter's Dictionary of the Bible*, vol. 4, ed. George Arthur Buttrick (Nashville: Abingdon, 1962), 487.
14. John Stott, *Guard the Truth: The Message of 1Timothy & Titus* (Downers Grove: InterVarsity, 1996), 121~22.
15. Ibid., 122.

16. Robert L. Thomas, "Exegesis and Expository Preaching," John MacArthur Jr., *Rediscovering Expository Preaching*, ed. Richard L. Mayhue (Dallas: Word, 1992), 138.
17. James D. Hernando, *Dictionary of Hermeneutics* (Springfield, MO: Gospel Publishing House, 2005), 26. 또한 Stanley Grenz, David Guretzki, and Cherith Fee Nordling, *Pocket Dictionary of Theological Terms* (Downers Grove, IL: InterVarsity, 1999), 66; Millard Erickson, *Christian Theology*, 2nd ed. (Grand Rapids: Baker, 1999), 199쪽을 보라.
18. Unger, *Principles of Expository Preaching*, 18.
19. Gordon D. Fee and Douglas Stuart, *How to Read the Bible for All Its Worth: A Guide to Understanding the Bible* (Grand Rapids: Zondervan, 1982), 27.
20. Timothy Keller, *Preaching* (New York: Viking, 2015), 192.
21. John A. Broadus, *On the Preparation and Delivery of Sermons*, 4th ed., revised by Vernon L. Stanfield (San Francisco: Harper and Row Publishers, 1979), 19.
22. Ibid.
23. Lloyd-Jones, *Preaching and Preachers*, 71.
24. Al Fasol, *Essentials for Biblical Preaching* (Grand Rapids: Baker, 1989), 16.
25. Quoted in James C. McCroskey, *An Introduction to Rhetorical Communication*, 3rd ed. (Englewood Cliffs, NJ: Prentice-Hall, 1978), 3.
26. Bill Hull, *Right Thinking* (Colorado Springs: NavPress, 1985), 8.
27. J. I. Packer, "Authority in Preaching," *The Gospel in the Modern World*, ed. Martyn Eden and David F. Wells (London: InterVarsity, 1991), 199.
28. J. Daniel Baumann, *An Introduction to Contemporary Preaching* (Grand Rapids: Baker, 1972), 13.
29. Jefferson D. Ray, *Expository Preaching* (Grand Rapids: Zondervan, 1940), 71.
30. Stott, *Between Two Worlds*, 137~38. 스토트의 네 번째 장인 '다리 놓는 것으로의 설교'는 이 분야에서 많은 논의가 필요하다. 그의 제안은 설교자가 특정한 메시지를 현 상황과 관련시키고, 설교자가 하나님의 말씀을 '상황화' 하도록 인도하는 데 도움을 준다.
31. Ibid., 140.
32. Ibid., 138.
33. 주해적인 과정과 해석학과의 관계에 대한 철저한 토론을 위해 Fee and

Stuart, *How to Read the Bible for All Its Worth* and Fee, *New Testament Exegesis: A Handbook for Students and Pastors* (Philadelphia: Westminster, 1983)를 보라.

34. Hernando, *Dictionary of Hermeneutics*, 20.
35. Walter C. Kaiser Jr. and Moises Silva, *An Introduction to Biblical Hermeneutics: The Search for Meaning* (Grand Rapids: Zondervan, 1994), 285.
36. Walter C. Kaiser Jr., *Toward an Exegetical Theology* (Grand Rapids: Baker, 1981), 89~90.
37. Ibid., 90.
38. Ibid., 193.
39. Hernando, *Dictionary of Hermeneutics*, 24.
40. Andrew Blackwood, *The Preparation of Sermons* (Nashville: Abingdon, 1948), 18.
41. Calvin Miller, "Narrative Preaching," *Handbook of Contemporary Preaching*, ed. Michael Duduit (Nashville: Broadman, 1992), 103.
42. Alistair Begg, *Preaching for God's Glory* (Wheaton, IL: Crossway, 2010), 34.
43. 비록 일반 강해가 여러 가지 본문들을 시리즈로 묶을 수 있을지라도, 본문이 반드시 연속적이어야 한다거나 성경 전체를 철저히 다룰 필요는 없다. 일반적인 강해의 예는 매주 전혀 무관한 원문의 설교나 요한복음에서 예수님의 기적에 대한 시리즈를 포함할 수 있다.
44. Donald G. Barnhouse, "On Expository Preaching," in *We Prepare and Preach*, ed. Clarence S. Roddy (Chicago: Moody, 1959), 29.
45. William M. Taylor, *Ministry of the Word*, (New York: Anson D. F. Randolph & Company, 1876), 155. F. B. 마이어는 "설교자가 머리와 가슴, 두뇌와 힘을 집중적으로 사용해서 성경의 일부 책이나 확장된 부분에 대해 생각하고 눈물 흘리며 기도해 온 것을 성령이 그의 영 안으로 통과할 때까지 계속해서 다루어야 한다"고 묘사했다. Frederick B. Meyer, Expository Preaching (Grand Rapids: Baker, 1974), 32쪽을 보라.
46. Jim Shaddix, *The Passion Driven Sermon: Changing the Way Pastors Preach and Congregations Listen* (Nashville: Broadman & Holman, 2003), 165~66.
47. Albert Mohler, "The Scandal of Biblical Illiteracy: It's Our Problem," blog, January 20, 2016, http://www.albertmohler.com/2016/01/20/the-scandal-

of-biblical-illiteracyits-our-problem-4/.

48. American Bible Society, "The State of the Bible, 2014." Research conducted by the Barna Group, Ventura, CA; http://www.americanbible.org/uploads/content/stateof-the-bible-data-analysis-american-bible-society-2014.pdf.
49. Ibid.
50. Charles W. Koller, *Expository Preaching Without Notes* (Grand Rapids: Baker, 1962), 29~34.
51. George Henderson, *Lectures to Young Preachers* (Edinburgh, Scotland: B. McCall Barbour, 1961), 88.
52. Daniel L. Akin, "The Word of Exposition: Developing the Message," Daniel L. Akin, Bill Curtis, and Stephen Rummage, *Engaging Exposition* (Nashville: B&H, 2011), 152.

2. 설교 기초 준비: 강해 설교의 이론

1. John A. Broadus, *On the Preparation and Delivery of Sermons*, 4th ed., revised by Vernon L. Stanfield (San Francisco: Harper and Row Publishers, 1979), 19쪽에서 인용되었다.
2. Ibid.
3. James D. Hernando, *Dictionary of Hermeneutics* (Springfield, MO: Gospel Publishing House, 2005), 26. 또한 Stanley Grenz, David Guretzki, and Cherith Fee Nordling, *Pocket Dictionary of Theological Terms* (Downers Grove, IL: InterVarsity, 1999), 66; and Millard Erickson, *Christian Theology*, 2nd ed. (Grand Rapids: Baker, 1999), 199쪽을 보라.
4. Rene Pache, *The Inspiration and Authority of Scripture* (Chicago: Moody, 1969), 71.
5. Ibid., 72~73.
6. Frank E. Gaebelein, *The Meaning of Inspiration* (Chicago: InterVarsity, 1950), 9.
7. James I. Packer, *Fundamentalism and the Word of God* (Grand Rapids: Eerdmans, 1958), 79.
8. Bruce M. Metzger, *The Text of the New Testament: Its Transmission, Corruption, and Restoration*, 3rd. ed. (New York: Oxford University, 1992), preface to the 1st ed.
9. P. Kyle McCarter Jr., T*extual Criticism: Recovering the Text of the Hebrew Bible* (Philadelphia: Fortress, 1986), 12.

10. Ibid., foreword by Gene Tucker, 7.

11. George Henderson, *The Wonderful Word* (Edinburgh, Scotland: B. McCall Barbour, n.d.), 13.

12. Andrew Blackwood, *Preaching from the Bible* (New York: Abingdon, 1941), 182.

13. H. C. Brown Jr., *A Quest for Reformation in Preaching* (Nashville: Broadman, 1968), 88.

14. Quoted in Jill Morgan, *A Man of the Word* (Grand Rapids: Baker, 1972), 39~40.

15. Billy Graham, *Just As I Am: The Autobiography of Billy Graham* (New York: Zondervan, 1997), 138~39.

16. Arturo G. Azurdia III, *Spirit Empowered Preaching* (Ross-shire, Scotland: Christian Focus, 1998), 13.

17. John Knox, *The Integrity of Preaching* (Nashville: Abingdon, 1957), 89.

18. Azurdia, *Spirit Empowered Preaching*, 40~41.

19. Millard J. Erickson, *Evangelical Interpretation: Perspectives on Hermeneutical Issues* (Grand Rapids: Baker, 199), 54.

20. John Owen, *The Works of John Owen*, vol. 4 (repr. ed., Carlisle, PA: The Banner of Truth Trust, 1965), 124.

21. Albert Mohler, *He Is Not Silent* (Chicago: Moody, 2008), 45.

22. John Owen, *The Causes, Ways, and Means of Understanding the Mind of God as Revealed in His Word, With Assurance Therein*, The Works of John Owen, vol. 4; ed. William H. Goold; (repr., Carlisle, PA: Banner of Truth, 1965), 208~9.

23. Ibid., 4:205.

24. Michael H. Spain, "John Owen' s Theological and Homiletical Integration of the Doctrine of Illumination" (PhD. diss, The Southeastern Baptist Theological Seminary, 2016), 305.

25. D. A. Carson, *The Gospel According to John* in the The Pillar New Testament Commentary (Grand Rapids: Eerdmans, 1991), 534.

26. F. F. Bruce, *I and II Corinthians*, The New Century Bible Commentary, ed. Ronald E. Clements and Matthew Black (London: Marshall, Morgan, and Scott, 1971), 133.

27. F. W. Grosheide, *Commentary on the First Epistle to the Corinthians*, The New International Commentary on the New Testament, ed. F. F. Bruce

(Grand Rapids: Eerdmans, 1983), 333.

28. John F. MacArthur, *1 Corinthians*, The MacArthur New Testament Commentary (Chicago: Moody, 1984), 384.

29. Haddon Robinson, "The Heresy of Application," *Leadership* (Fall 1997): 27.

30. Jim Shaddix, *The Passion Driven Sermon: Changing the Way Pastors Preach and Congregations Listen* (Nashville: Broadman & Holman, 2003), 142~43.

31. Tony Merida, *The Christ-Centered Expositor* (Nashville: B&H, 2016), 89.

32. Alex Montoya, *Preaching with Passion* (Grand Rapids: Kregel, 2000), 35쪽을 보라.

33. G. Abbot-Smith, *A Manual Greek Lexicon of the New Testament* (Edinburgh, Scoland: T&T Clark, 1950), 360.

34. William F. Arndt and F. Wilbur Gingrich, *A Greek-English Lexicon of the New Testament and Other Early Christian Literature* (Chicago: University of Chicago, 1952), 669~70.

35. F. F. Bruce, *Commentary on the Book of Acts* (Grand Rapids: Eerdmans, 1970), 99.

36. Azurdia, *Spirit Empowered Preaching*, 105. 105~9쪽에서 여덟 가지 사례 각각에 대한 그의 논평을 보라.

37. Ibid., 109.

38. 민 11:16~30, 삼하 23:2, 대하 24:20, 느 9:30, 겔 11:5, 마 4:17, 10:19~20, 행 11:15, 고전 12:3, 고후 4:4~6, 엡 6:18~20을 참조하라.

39. W. A. Criswell, *The Holy Spirit in Today's World* (Grand Rapids: Zondervan, 1966), 78.

40. John R. W. Stott, *Between Two Worlds: The Art of Preaching in the Twentieth Century* (Grand Rapids: Eerdmans, 1982), 96.

41. Clovis G. Chappell, *Anointed to Preach* (New York: Abingdon-Cokesbury, 1951), 25.

42. John Calvin, *Institutes of Christian Religion*, trans. Henry Beveridge (Grand Rapids: Eerdmans, 1957), 2:323.

43. D. Martyn Lloyd-Jones, *Preaching and Preachers* (Grand Rapids: Zondervan, 1971), 104.

44. T. C. Oden, *Pastoral Theology: Essentials of Ministry* (San Francisco: HarperCollins, 1983), 25.

45. Ibid.

46. Phillips Brooks, *Lectures on Preaching* (New York: E. P. Dalton; repr., Grand Rapids: Baker, 1969), 5.
47. Charles Jefferson, *The Minister as Shepherd* (Hong Kong: Living Books for All, 1980), 59, 61.
48. John MacArthur Jr., "What Is a Pastor to Be and Do?" *Rediscovering Pastoral Ministry*, ed. John MacArthur Jr. (Dallas: Word, 1995), 28.
49. Stephen F. Olford, "The Evangelist' s Gift and Ministry," *The Work of an Evangelist*, ed. J. D. Douglas (Minneapolis: World Wide Publications, 1984), 143.
50. 다른 네 가지 요소는 다음과 같다: 복음 전도자는 사람들을 그리스도에게로 인도하는 성령의 능력으로 확인된다; 복음 전도자는 그리스도를 위해 결정을 내리도록 사람들을 초청하는 하나님이 주신 능력을 가지고 있다; 방법 면에서 유연하다; 그리고 하나님의 부르심에 의해 촉진된 복음적 설교를 하도록 결심했다. Ulrich Parzany, "The Gift and Calling of the Evangelist," *The Mission of an Evangelist*, ed. William H. Conard (Minneapolis: World Wide Publications, 2001), 25~27쪽을 보라.
51. John R. W. Stott, "The Evangelist' s Message Is Bible-Based," *The Mission of an Evangelist*, ed. William H. Conard (Minneapolis: WorldWide Publications, 2001), 60.
52. Ibid., 61.
53. Tim Keller, "The Meaning of the Gospel," The Gospel in Action, http://extendingthekingdom.org/?page_id=17
54. C. H. Dodd, *The Apostolic Preaching and Its Development* (New York: Harper and Row, 1964), 17.
55. Dennis E. Johnson, *Him We Proclaim: Preaching Christ for all the Scriptures* (Phillipsburg, NJ: P&R, 2007), 66~67.
56. G. Campbell Morgan, *Preaching* (New York: Revell, 1937), 18.
57. Ibid., 19.

3. 설교자 개발: 강해 설교자의 삶

1. Merrill F. Unger, *Principles of Expository Preaching* (Grand Rapids: Zondervan, 1955), 61.
2. John Piper, "What I Mean by Preaching," *Desiring God,* May 12, 2009, http://www.desiringgod.org/articles/what-i-mean-by-preaching.
3. Ibid.

4. Jerald R. White Jr., *Fellowship with God* (Denham Springs, LA: Barnabas, 1995), 66.
5. 특히 유익한 경건 안내서들은 다음과 같은 서적들을 포함한다. *For the Love of God* (2 vols.), by D. A. Carson; *Our Daily Bread Our Daily Walk Streams in the Desert, Springs in the Valley*, and other devotionals by Mrs. Charles E. Cowman; and *My Utmost for His Highest*, by Oswald Chambers.
6. Stephen F. Olford, *Manna in the Morning* (Memphis, TN: Olford Ministries International, 1962), 1~13.
7. 예를 들어, see *Merriam Webster's Collegiate Dictionary* (1994), s.v. "character" and "integrity"를 보라.
8. John R. W. Stott, *Between Two Worlds: The Art of Preaching in the Twentieth Century* (Grand Rapids: Eerdmans, 1982), 334쪽에서 존 스토트가 말한 대로다.
9. John E. Huss, *Robert G. Lee* (New York: Macmillan, 1948), 196~201.
10. Ibid.
11. Jason Meyer, *Preaching: A Biblical Theology* (Wheaton, IL: Crossway, 2013), 249.
12. Arturo G. Azurdia III, *Spirit Empowered Preaching* (Ross-shire, Scotland: Christian Focus, 1998), 135.
13. E. M. Bounds, *Power Through Prayer* (reprint, Grand Rapids: Baker, 1991), 76.
14. Ibid., 69.
15. Ibid., 74.
16. D. A. Carson, "The Bible and Theology," *NIV Zondervan Study Bible*, ed. D. A. Carson (Grand Rapids: Zondervan, 2015), 2633.
17. Ibid., 2634.
18. William Evans, *How to Prepare Sermons* (Chicago: Moody, 1964), 31쪽에서 인용되었다.
19. 워런 위어스비의 책 *Walking with the Giants* (Grand Rapids: Baker, 1976) and *Listening to the Giants* (Grand Rapids: Baker, 1979)과 데이비드 라슨의 책 *The Company of Preachers* (Grand Rapids: Kregel, 1998)는 과거의 위대한 설교자와 설교를 아는 데 도움이 되는 책이다. 클라이드 팬트와 윌리엄 핀슨 주니어의 책 *A Treasury of Great Preaching* (Waco, TX: Word, 1995; formerly Twenty Centuries of Great Preaching)은 이 영역보다 더 광범위하게 볼 수 있는 것을 제공하는 고전적인 세트다.

20. Charles W. Koller, *Expository Preaching Without Notes* (Grand Rapids: Baker, 1962), 44.
21. John R. W. Stott, *Between Two Worlds* (Grand Rapids: Eerdmans, 1982), 211.
22. C. H. Spurgeon, *An All-Round Ministry* (Carlisle, PA: Banner of Truth, 1960), 236.
23. Donald Grey Barnhouse, quoted in Stott, *Between Two Worlds*, 181.
24. W. A. Criswell, *W. A. Criswell' s Sermon Preparation in His Study* (Dallas: The Criswell Foundation, 1997), videotape.
25. D. Martyn Lloyd-Jones, *Preaching and Preachers* (Grand Rapids: Zondervan, 1971), 167.
26. Charles H. Spurgeon, *Commenting and Commentaries* (Edinburgh, Scotland: Banner of Truth, 1969), 1.
27. 강해자의 서재를 만들기 위한 추천 주석들과 다른 자료들의 목록을 위해, Daniel L. Akin, *Building a Theological Library* (available free at danielakin.com) and J. Scott Duvall and J. Daniel Hays, *Grasping God' s Word: A Hands-On Approach to Reading, Interpreting, and Applying the Bible* (Grand Rapids: Zondervan, 2012), 459~89쪽을 보라. 유사한 자료들은 bestcommentaries.com과 masters.edu/ media/463874/Books%20for%20Bible%20Expositors.pdf에서 찾을 수 있다.
28. Harper Shannon, *Trumpets in the Morning* (Nashville: Broadman, 1969), 58.
29. James F. Stitzinger, "The History of Expository Preaching," John MacArthur Jr. and the Master' s Seminary faculty, in *Rediscovering Expository Preaching*, by John MacArthur Jr. and the Master' s Seminary faculty, ed. Richard L. Mayhue (Dallas: Word, 1992), 37~38.
30. 강해의 다음과 같은 역사에 대한 자료 중 일부는 Jim Shaddix, *A History of Text-Driven Preaching* (Nashville: B&H, 2010), 37~54쪽에서 인용되었다.
31. Stott, *Between Two Worlds*, 47.
32. Kevin Craig, "Is the 'Sermon' Concept Biblical?" *Searching Together* 15 (Spring/Summer 1968): 25.
33. Ibid., 28.
34. Philip Schaff, *A Selected Library of the Nicene and Post-Nicene Fathers*, repr. (Grand Rapids: Eerdmans, 1983), 9:17.
35. G. W. Doyle, "Augustine' s Sermonic Method," *Westminster Theological*

Journal 39 (Spring 1977): 215, 234~35.

36. Ibid.
37. D. F. Wright, "Protestantism," *Evangelical Dictionary of Theology*, ed. W. A. Elwell (Grand Rapids: Baker, 1984), 889.
38. G. R. Potter, *Zwingli* (Cambridge: Cambridge University, 1976), 92.
39. Marvin Anderson, "John Calvin: Biblical Preacher (1539~1564)," *Scottish Journal of Theology* 42 (1989), 173.
40. John Calvin, *Institutes in Christian Classics*, 1:13:21.
41. D. Martyn Lloyd-Jones, *The Puritans: Their Origins and Successors* (Edinburgh, Scotland: Banner of Truth, 1987), 379.
42. William Perkins, *The Works of That Famous and Worthy Minister of Christ in the University of Cambridge*, 3 vols. (Cambridge: John Legate, 1608~9), 2:762.
43. Stitzinger, "The History of Expository Preaching," 53.43. Lloyd-Jones, *Preaching and Preachers*, 63, 75~76. 또한 R. L. Penny, "An Examination of the Principles of Expository Preaching of David Martyn Lloyd-Jones" (DMin diss., Harding Graduate School of Religion, 1980), 26쪽을 보라.
44. Lloyd-Jones, *Preaching and Preachers*, 63, 75~76. 또한 Penny, "Principles of Expository Preaching," 26쪽을 보라.
45. Roger D. Willmore, "The Preeminence of Expository Preaching: Lessons from Two Giants," *SBCLife: Journal of the Southern Baptist Convention;* www.sbclife.net/Articles/2006/09/SLA6 on June 23, 2016.
46. Stephen F. Olford, "Why I Believe in Expository Preaching," *The Preacher* (Memphis, TN: Olford Ministries International), January-April, 1987, 3. 이안 바클레이는 올포드에 대해 "그는 하나님의 말씀의 생명과 활력을 볼 수 있도록 진리를 드러내고 있다. 그는 그 의미에 의심의 여지가 없도록 진리를 드러낸다"고 말했다. W. Ian Barclay, "Stephen F. Olford-as a Preacher," in *A Passion for Preaching*, comp. David L. Olford (Nashville: Nelson, 1989), 33.
47. Michael Duduit, "Preaching and Church Growth: An Interview with Adrian Rogers," *Preaching*, May 1, 2000, www.preaching. com/resources/articles/preaching-and-church-growth-an-interview-with-adrian-rogers에서 인용되었다.
48. James A. Smith Sr., *The Florida Baptist Witness*, November 17, 2005, www.floridabaptistwitness.com/5155.article.print에서 인용되었다.

49. Wayne E. Croft, Sr., "E. K. Bailey: Expositor of the Word," *Preaching*, June 25, 2012, www.preaching.com/resources/past-masters/11671785/.
50. Croft, "E. K. Bailey," *Preaching*.
51. Michael Duduit, "The 25 Most Influential Pastors of the Past 25 Years," *Preaching*, April 20, 2010; http://www.preaching.com/resources/articles/the-25-mostinfluential-pastors-of-the-past-25-years/을 보라.

제2장 강해의 과정

4. 본문 연구: 분석 과정

1. Al Fasol, *Essentials for Biblical Preaching* (Grand Rapids: Baker, 1989), 29~30.
2. Walter C. Kaiser Jr., *Toward an Exegetical Theology* (Grand Rapids: Baker, 1981), 88.
3. Fasol, *Biblical Preaching*, 53.
4. Steven W. Smith, *Recapturing the Voice of God: Shaping Sermons Like Scripture* (Nashville: Broadman & Holman, 2015), 18.
5. Ibid.
6. Sidney Greidanus, *Preaching Christ from the Old Testament: A Contemporary Hermeneutical Method* (Grand Rapids: Eerdmans, 1999), 229.
7. Kevin J. Vanhoozer, *Is There a Meaning in This Text? The Bible, the Reader, and the Morality of Literary Knowledge* (Grand Rapids: Zondervan, 1998), 339.
8. Robert H. Stein, *A Basic Guide to Interpreting the Bible: Playing by the Rules* (Grand Rapids: Baker, 1994), 75~76.
9. Ibid.
10. J. Scott Duvall and J. Daniel Hays, *Grasping God's Word: A Hands-On Approach to Reading, Interpreting, and Applying the Bible*, 3rd ed. (Grand Rapids: Zondervan, 2012), 151.
11. Richard G. Moulton, *A Short Introduction to the Literature of the Bible* (Boston: D.C. Heath, 1901), iii~.iv, 이탤릭체로 된 부분이 첨가됨.
12. Chevis F. Horne, *Dynamic Preaching* (Nashville: Broadman, 1983), 52.
13. Duvall and Hays, *Grasping God's Word*, 51. 저자는 3~5장에서 성경 본문을 어떻게 진지하게 읽어야 하는지에 대해 훌륭하고 자세한 설명을 제공한다.
14. Ibid., 63.
15. Merrill F. Unger, *Principles of Expository Preaching* (Grand Rapids:

Zondervan, 1955), 142.

16. D. A. Carson, *Showing the Spirit* (Paternoster: Carlisle, 1995), 51.
17. Adapted from Milton S. Terry, *Biblical Hermeneutics: A Treatise on the Interpretation of the Old and New Testaments* (New York: Phillips & Hunt, 1890; repr., Grand Rapids: Zondervan, 1964), 218~19.
18. Donald G. Barnhouse, *Man's Ruin* in Romans, vol. 1 (Wheaton, IL: VanKampen Press, 1952), 12.
19. Wayne McDill, *The 12 Essential Skills for Great Preaching* (Nashville: Broadman & Holman, 1994), 27.
20. Irving L. Jensen, *Enjoy Your Bible* (Chicago: Moody, 1969), 77.
21. Ibid., 96.
22. Gordon D. Fee, *New Testament Exegesis: A Handbook for Students and Pastors*, 3rd ed. (Louisville, KY: Westminster John Knox, 2002), 79.
23. 자주 일어나는 잘못된 단어 연구를 피하는 처방을 위해 다음의 책들을 참고하라. Duvall and Hays, *Grasping God's Word*, 164~67; D. A. Carson, *Exegetical Fallacies*, 2nd ed. (Grand Rapids: Baker, 1996), 27~64; and Darrell Bock, "Lexical Analysis: Studies in Words," *Interpreting the New Testament Text*, ed. Darrell L. Bock and Buist M. Fanning (Wheaton: Crossway, 2006), 149~52.
24. Duvall and Hays, *Grasping God's Word*, 167.
25. Unger, *Expository Preaching*, 176.
26. 비유적인 언어를 해석하기 위한 부가적 도움은 E. W. Bullinger, *Figures of Speech Used in the Bible: Explained and Illustrated* (1898; repr., Grand Rapids: Baker, 1968)에서 찾을 수 있다.
27. Walter C. Kaiser Jr., *Toward an Exegetical Theology* (Grand Rapids: Baker, 1998), 147. 카이저는 좋은 신학적 분석을 위해 도움이 될 만한 책의 목록을 제공한다.
28. Fasol, *Essentials for Biblical Preaching*, 56. 로빈슨은 본문의 중심 생각을 '주해의 아이디어' 라고 부른다(Haddon W. Robinson, *Biblical Preaching*, 66). 에이킨과 빌 커티스와 스티븐 러미지는 이것을 '본문의 중심 아이디어' 라고 부른다[Daniel L. Akin, Bill Curtis and Stephen Rummage, *Engaging Exposition* (Nashville: B&H, 2011), 114~15]. 메리다는 이것을 '본문의 주요 포인트' 라고 부른다(*Christ-Centered Expositor*, 152). 브라이슨과 테일러는 이것을 '한 문장에서의 본문의 핵심' 이라고 부른다(*Building Sermons to Meet People's Needs*, 61). 올포드는 이것을 '지배적인 주제' 라고 부른다

(Stephen Olford, *Anointed Expository Preaching* [Nashville: B&H, 2003], 75).

29. Donald G. McDougall, "Central Ideas, Outlines, and Titles," in John MacArthur Jr., *Preaching: How to Preach Biblically*, ed. Richard L. Mayhue (Nashville: Thomas Nelson, 2005), loc. 4419, Kindle.
30. Ibid., 229~31.
31. Ibid.
32. Ibid., 232~33.
33. Robinson, *Biblical Preaching*, 88.
34. Haddon Robinson, "The Heresy of Application," *Leadership* (Fall 1997): 24.
35. Kaiser, *Toward an Exegetical Theology*, 152.
36. 42~43.
37. Ibid., 42.

5. 설교 구성: 통합화와 아우트라인

1. James C. Humes, *The Sir Winston Method: The Five Secrets of Speaking the Language of Leadership* (New York: William Morrow, 1991), 45. 윈스턴 처칠이 사용한 공적인 연설과 발표에 대한 흄의 연구는 설교자에게 매우 도움이 된다.
2. J. H. Jowett, *The Preacher: His Life and Work* (New York: Harper & Brothers, 1912), 133.
3. 예를 들어, 화이트셀은 이것을 '설교의 주제' 라 부르며 그것을 하나의 '껍질 안에 들어 있는 내용' 이라고 묘사한다. 설교의 내용을 한 문장으로 나타내는 것이다[Faris D. Whitesell, *Power in Expository Preaching* (Old Tappan, NJ: Revell, 1963), 60]. 콜러[Charles W. Koller, *Expository Preaching Without Notes* (Grand Rapids: Baker, 1962; repr., 2007)]와 페이솔[Al Fasol, *Essentials for Biblical Preaching* (Grand Rapids: Baker, 1989), 57]은 이것을 '주제' 라고 부른다. 로빈슨은 이것을 '설교의 아이디어' 라고 부른다[Haddon W. Robinson, *Biblical Preaching: The Development and Delivery of Expository Messages*, 2nd ed. (Grand Rapids: Baker, 2001), 103~6]. 에이킨과 커티스와 러미지는 이것을 '설교의 중심 아이디어' 라고 부른다[Daniel L. Akin, Bill Curtis and Stephen Rummage, *Engaging Exposition* (Nashville: B&H, 2011), 137~39]. 메리다는 이것을 '설교의 주요 포인트' 라고 부른다[Tony Merida, *The Christ-Centered Expositor* (Nashville: B&H, 2016), 155~61). 그리고 브라이슨과 테일러는 이것을 '한 문장에서의 설교의 핵심' 이라고 부른다

(*Building Sermons to Meet People's Needs*, 63).

4. 콜러의 *Expository Preaching*, 72~74쪽에서 인용되었다.
5. Jowett, *The Preacher*, 133.
6. 사실, 찰스 콜러는 설교의 명제가 실제로는 반대의 결론임을 제안했다. 명제는 결론을 예상하면서 앞서 보이고, 결론은 다시 명제를 가리킨다. Koller, *Expository Preaching*, 74.
7. Robinson, *Biblical Preaching: The Development and Delivery of Expository Messages*, 2nd ed. (Grand Rapids: Baker, 2001), 35.
8. Humes, *The Sir Winston Method*, 46.
9. Quoted in Josh McDowell, "Syllabus on Communication and Persuasion" (© Josh McDowell, 1983, mimeographed), 28.
10. John Phillips, *One Hundred Sermon Outlines from the New Testament* (Chicago: Moody, 1979), introduction.
11. Koller, *Expository Preaching*, 41.
12. D. Martyn Lloyd-Jones, *Preaching and Preachers* (Grand Rapids: Zondervan, 1971), 208.
13. John R. W. Stott, *Between Two Worlds: The Art of Preaching in the Twentieth Century* (Grand Rapids: Eerdmans, 1982), 229.
14. Donald L. Hamilton, *Homiletical Handbook* (Nashville: Broadman, 1992), 39~116. 설교를 공부하는 모든 학생들은 이 책을 한 권 정도 가지고 있는 것이 좋을 것이다. 헤밀턴은 여덟 가지 설교 구조 방법의 개발에 대한 실제적인 지침과 성경의 다양한 문학에 대한 응용을 훌륭하게 정리했다.
15. James Braga, *How to Prepare Bible Messages* (Portland, OR: Multnomah, 1981), 90.
16. Warren Wiersbe and David Wiersbe, *The Elements of Preaching* (Wheaton, IL: Tyndale, 1986), 31.
17. Hamilton, *Homiletical Handbook*, 59. This method also has been suggested by R. C. H. Lenski in *The Sermon: Its Homiletical Construction* (reprint, Grand Rapids: Baker, 1968), 90; and Lloyd M. Perry in *A Manual for Biblical Preaching* (Grand Rapids: Baker, 1981), 90~95.
18. Koller, *Expository Preaching*, 52~55. 이 방법을 적용하는 지침에 더해서, 저자는 강해 설교자에게 도움이 되는 주요한 단어들의 방대한 목록을 제공한다.
19. Whitesell, *Power in Expository Preaching*, 60.
20. Koller, *Expository Preaching*, 52~53.

21. Robert Roth, *Story and Reality* (Grand Rapids: Eerdmans, 1973), 23~24.
22. Calvin Miller, "Narrative Preaching," *Handbook of Contemporary Preaching*, ed. Michael Duduit (Nashville: Broadman, 1992), 114.
23. Ibid., 113.
24. Eugene Lowry, *The Homiletical Plot* (Nashville: John Knox, 1980), 25.
25. Ibid., 27~73.
26. Wayne McDill, *The 12 Essential Skills for Great Preaching* (Nashville: Broadman & Holman, 1994), 150.
27. George E. Sweazey, *Preaching the Good News* (Englewood Cliffs, NJ: Prentice-Hall, 1976), 74.
28. Glen C. Knecht, "Sermon Structure and Flow," *The Preacher and Preaching*, ed. Samuel T. Logan Jr., 275~302 (Grand Rapids: Baker, 1986), 287.
29. Sweazey, *Preaching the Good News*, 74.
30. E. Eugene Hall and Jim Heflin, *Proclaim the Word!* (Nashville: Broadman, 1985), 205~7.
31. Walter C. Kaiser Jr., *Toward an Exegetical Theology* (Grand Rapids: Baker, 1981), 208.
32. John A. Broadus, *On the Preparation and Delivery of Sermons*, 4th ed., revised by Vernon L. Stanfield (San Francisco: Harper and Row, 1979), 121.

6. 설교 조직: 자세히 서술하고, 서론 쓰고, 결론 맺기

1. John A. Broadus, *A Treatise on the Preparation and Delivery of Sermons*, 4th ed., revised by Vernon L. Stanfield 1870; repr., New York: Harper & Row, 1979), 167.
2. Al Fasol, *Essentials for Biblical Preaching* (Grand Rapids: Baker, 1989), 73.
3. Broadus, *The Preparation and Delivery of Sermons*, 145.
4. Fasol, *Biblical Preaching*, 76.
5. H. C. Brown, *A Quest for Reformation in Preaching* (Nashville: Broadman, 1968), 64쪽을 보라.
6. Fasol, *Biblical Preaching*, 79.
7. 논증의 모델들에 관한 부가적인 토론은 러미지의 책 "Toward Contemporary Apologetic Preaching: An Analysis of the Argumentative Methodologies of Richard Whately, William Bennett, and Josh McDowell" (PhD diss., New Orleans Baptist Theological Seminary, 1998) 64쪽을 참고하기 바란다. 부가적

인 내용은 브라운의 책 *Reformation in Preaching*, 65~66쪽과 페이솔의 책 *Biblical Preaching*, 80~81쪽에서 찾을 수 있다. 페이솔은 브라운의 주장을 기초로 해서 자신의 논증을 펼쳤다.

8. Broadus, *Preparation and Delivery of Sermons*, 167.
9. James Earl Massey, "Application in the Sermon," *Handbook of Contemporary Preaching*, ed. Michael Duduit (Nashville: Broadman, 1992), 209.
10. Haddon Robinson, "The Heresy of Application," *Leadership* (Fall 1997): 21.
11. Ibid., 22.
12. Ibid., 25.
13. Harold Freeman, *Variety in Biblical Preaching* (Fort Worth, TX: Scripta, 1994), 42.
14. Robinson, "Heresy," 26.
15. Ibid., 25.
16. Ibid., 26.
17. Massey, "Application in the Sermon," 211.
18. D. Martyn Lloyd-Jones, *Preaching and Preachers* (Grand Rapids: Zondervan, 1971), 77.
19. Massey, "Application in the Sermon," 209.
20. Chevis F. Horne, *Dynamic Preaching* (Nashville: Broadman, 1983), 137쪽에서 인용되었다.
21. Richard L. Mayhue, "Introductions, Illustrations, and Conclusions," in John MacArthur Jr., *Rediscovering Expository Preaching*, ed. Richard L. Mayhue (Dallas: Word, 1992).
22. Fasol, *Biblical Preaching*, 247.
23. Stephen Brown, "Illustrating the Sermon," *Handbook of Contemporary Preaching*, ed. Michael Duduit (Nashville: Broadman, 1992), 205.
24. Joseph M. Stowell, *Shepherding the Church* (Chicago: Moody, 1997), 268. Originally published by Victor Books in 1994 as *Shepherding the Church into the 21st Century*.
25. James C. Humes, *The Sir Winston Method: The Five Secrets of Speaking the Language of Leadership* (New York: William Morrow, 1991), 48.
26. Emory A. Griffin, *The Mind Changers* (Wheaton, IL: Tyndale, 1976), 134.
27. Lloyd John Ogilvie, "Introducing the Sermon," *Handbook of Contemporary Preaching*, ed. Michael Duduit (Nashville: Broadman, 1992), 176.

28. Judson S. Crandell, Gerald M. Phillips, and Joseph A. Wigley, *Speech: A Course in Fundamentals* (Glenview, IL: Scott Foresman, 1963), 169쪽에서 인용되었다.

29. In George P. Hunt' s "Attila the Hun in a Tattered Sweater," *Life*, November 13, 1964, 3.

30. 이러한 유형은 오길비(Ogilvie)의 "설교 개관"(Introducing the Sermon, 177~85)에 채택되고 확장되었다. 오길비는 유형을 나열하는 것 외에도 각 유형의 좋은 예를 제공한다.

31. Ibid., 177.

32. Ibid.

33. Charles Haddon Spurgeon, *Lectures to My Students* (London: Marshall, Morgan and Scott, 1954), 128.

34. Humes, *The Sir Winston Method*, 18.

35. Ibid., 37.

36. Broadus, *Preparation and Delivery of Sermons*, 108~9.

37. David L. Larsen, *The Evangelism Mandate: Recovering the Centrality of Gospel Preaching* (Wheaton, IL: Crossway, 1992), 102.

38. Broadus, *Preparation and Delivery of Sermons*, 111.

39. Jay Adams, *Pulpit Speech* (Phillipsburg, NJ: Presby. & Ref., 1971), 15.

제3장 강해의 전달

7. 생각의 표현: 설교 스타일 발전시키기

1. John A. Broadus, *On the Preparation and Delivery of Sermons*, 4th ed., revised by Vernon L. Stanfield (1870; repr., New York: Harper & Row, 1979), 10.

2. Ibid., 200~201.

3. George E. Sweazey, *Preaching the Good News* (Englewood Cliffs, NJ: Prentice-Hall, 1976), 125.

4. William H. Kooienga, *Elements of Style for Preaching* (Grand Rapids: Zondervan, 1989), 51~52.

5. Broadus, *Preparation and Delivery of Sermons*, 204.

6. Elizabeth Achtemeier, *Creative Preaching: Finding the Words* (Nashville: Abingdon, 1980), 92.

7. Haddon W. Robinson, *Biblical Preaching*, 2nd ed. (Grand Rapids: Baker, 2001), 184.

8. Broadus, *Preparation and Delivery of Sermons*, 202.
9. Rollo May, *The Courage to Create* (New York: Norton, 1975; repr., Bantam, 1994), 65.
10. 3단계와 4단계는 대중 연설에서 창의성에 대한 토론의 일부로 레스코프(Rahskoph)에게서 처음 나타났다. Horace G. Rahskoph, *Basic Speech Improvement* (New York: Harper & Row, 1965), 181~83; as cited in Jerry Vines, *A Practical Guide to Sermon Preparation* (Chicago: Moody Press, 1985), 153쪽을 보라.
11. May, *Courage to Create*, 144.
12. E. L. Magoon, *The Modern Whitefield* (New York: Sheldon, Blakeman, 1856), 11.
13. D. Martyn Lloyd-Jones, *Preaching and Preachers* (Grand Rapids: Zondervan, 1971), 215.
14. Donald O. Soper, *The Advocacy of the Gospel* (New York: Abingdon, 1961), 35.
15. Broadus, *Preparation and Delivery of Sermons*, 204. 설교학 교수인 로이드 페리는 다음과 같이 이야기한다. "설교자가 사용하는 언어는 현대적이어야 하며 평범한 사람들도 쉽게 이해할 수 있어야 한다. 사용된 표현은 현재의 필요와 문제에 관한 것이어야 한다. 예수님은 사람들이 어디에 있었는지를 보여 주고 긍정적인 반응을 일깨워 주는 일상의 언어를 사용하셨다." Lloyd M. Perry, *A Manual for Biblical Preaching* (Grand Rapids: Baker, 1981), 190.
16. James C. Humes, *The Sir Winston Method: The Five Secrets of Speaking the Language of Leadership* (New York: William Morrow, 1991), 32.
17. Rudolf Flesch, *The Art of Plain Talk* (1946; repr., New York: William Morrow, 1991), 79.
18. Ibid., 150~52.
19. Humes, *The Sir Winston Method*, 57~58.
20. Lloyd-Jones, *Preaching and Preachers*, 129쪽에서 인용되었다.
21. Kenneth McFarland, *Eloquence in Public Speaking* (Englewood Cliffs, NJ: Prentice-Hall, 1961), 78.
22. Ibid., 80.
23. Jay Adams, *Pulpit Speech* (Phillipsburg, NJ: Presby. & Ref., 1971), 123.
24. Josh McDowell, "Syllabus on Communication and Persuasion" (1983, mimeographed), 2쪽에서 인용되었다.

25. Broadus, *Preparation and Delivery of Sermons*, 210.

26. Kooienga, Elements of Style for Preaching, 63.

27. Flesch, *The Art of Plain Talk*, 38~39. 플레쉬는 구어체나 문어체가 동일해야 한다고 주장했다. 그의 책은 설교 스타일의 특성을 측정하기 위해 많은 설교자들에 의해 사용되었다. Broadus, *Preparation and Delivery of Sermons*, 4th ed., 213~14; Kooienga, *Elements of Style for Preaching* (Grand Rapids: Baker, 1972; Grand Rapids: Zondervan, 1989), 73~74; and Ralph L. Lewis, *Persuasive Preaching Today* (Ann Arbor, MI: LithoCrafters, 1979), 144, 207, 222.

28. Ibid., 54.

29. Broadus, *Preparation and Delivery of Sermons*, 210~11.

30. Sweazey, *Preaching the Good News*, 298.

31. Ibid., 298~99.

32. H. C. Brown, H. Gordon Clinard, and Jesse J. Northcutt, *Steps to the Sermon* (Nashville: Broadman, 1963), 146.

33. Ibid., 17.

34. H. Grady Davis, *Design for Preaching* (Philadelphia: Fortress, 1958), 210.

35. Achtemeier, *Creative Preaching*, 95.

36. Lewis, *Persuasive Preaching*, 211.

37. Humes, *The Sir Winston Method*, 88~92.

38. 허버트 프로흐노(Herbert V. Prochnow)의 책 *Speaker's Handbook of Epigrams and Witticisms* (1955, repr. Grand Rapids: Baker, 1969)과 E. C. 매켄지의 책 *Mac's Great Book of Quips and Quotes* (Grand Rapids: Baker, 1980)를 보라. 또한 밴스 하브너(Vance Havner)의 설교는 경구와 위트 있는 말로 채워져 있다. 다음의 책들도 참고하라. Achtemeier, *Creative Preaching*, 93, 96; Kooienga, *Elements of Style for Preaching*, 80; Broadus, *Preparation and Delivery of Sermons*, 4th ed., 211; and F. D. Whitesell, *65 Ways to Give Evangelistic Invitations* (Grand Rapids: Kregel, 1984), 63.

39. Achtemeier, *Creative Preaching*, 93.

40. Sweazey, *Preaching the Good News*, 299.

41. Kooienga, *Elements of Style for Preaching*, 80.

42. Donald E. Demaray, *An Introduction to Homiletics* (Grand Rapids: Baker, 1974), 107쪽에서 인용되었다.

43. Charlotte I. Lee and Frank Galati, *Oral Interpretation* (Boston: Houghton Mifflin, 1977), 215.

44. Winston E. Jones, *Preaching and the Dramatic Arts* (New York: Macmillan, 1948), 68.
45. Broadus, *Preparation and Delivery of Sermons*, 211.
46. Achtemeier, *Creative Preaching*, 96.
47. Whitesell, *65 Ways to Give Evangelistic Invitations*, 63.
48. Emory A. Griffin, *The Mind Changers* (Wheaton, IL: Tyndale, 1976), 82.
49. Griffin, *The Mind Changers*, 135쪽에서 인용되었다.
50. McDowell, "Syllabus on Communication and Persuasion," 18.
51. Humes, *The Sir Winston Method*, 136.
52. Ibid., 137, 140.
53. Ibid., 146.
54. Warren Wiersbe, *Walking with the Giants* (Grand Rapids: Baker, 1976), 220.

8. 목소리의 활용: 설교 도구의 올바른 사용법

1. Friedrich S. Brodnitz, *Keep Your Voice Healthy: A Guide to the Intelligent Use and Care of the Speaking and Singing Voice* (Springfield, IL: Thomas, 1973), 36. A paperback version has been published by Singular Publishing (San Diego, CA, 1988) and is available through www.amazon.com.
2. Ibid., 45.
3. Dorothy Mulgrave, *Speech* (New York: Barnes & Noble, 1954), 162.
4. David Blair McCloskey, *Your Voice at Its Best* (Plymouth, MA: Memorial, 1972), 4.
5. Brodnitz, *Keep Your Voice Healthy*, 191.
6. Dwight E. Stevenson and Charles F. Diehl, *Reaching People from the Pulpit* (Grand Rapids: Baker, 1958), 44.
7. Jay Adams, *Pulpit Speech* (Phillipsburg, NJ: Presby. & Ref., 1971), 131.
8. William G. Hoffman, *How to Make Better Speeches* (New York: Funk & Wagnalls, 1976), 174.
9. Judson S. Crandell and Gerald M. Phillips, *Speech: A Course in Fundamentals* (Glenview, IL: Scott Foresman, 1963), 35.
10. Stevenson and Diehl, *Reaching People*, 42.
11. Charlotte I. Lee and Frank Galati, *Oral Interpretation* (Boston: Houghton Mifflin, 1977), 107.
12. Crandell and Phillips, *Speech*, 35.

13. Lee and Galati, *Oral Interpretation*, 118.
14. John A. Grasham and Glenn G. Gooder, *Improving Your Speech* (New York: Harcourt, Brace & World, 1960), 161.
15. Brodnitz, *Keep Your Voice Healthy*, 48.
16. McCloskey, *Your Voice at Its Best*, 46~48.
17. Stevenson and Diehl, *Reaching People*, 152.
18. McCloskey, *Your Voice at Its Best*, 52~57, and Hoffman, *Better Speeches*, 171쪽을 보라.
19. Hoffman, *Better Speeches*, 99.
20. Ibid., 191.
21. Haddon W. Robinson, *Biblical Preaching*, 3rd ed. (Grand Rapids: Baker, 2016), 161.
22. Robert King, *Forms of Public Address* (Indianapolis: Bobbs-Merrill, 1969), 80.
23. Warren W. Wiersbe and David Wiersbe, *Making Sense of the Ministry* (Chicago: Moody, 1983), 109.
24. Ibid., 112.
25. Adams, *Pulpit Speech*, 40.
26. Wallace A. Bacon, *The Art of Interpretation* (New York: Holt, Rinehart, & Winston, 1972), 5~6.
27. Stevenson and Diehl, *Reaching People*, 5.
28. Brodnitz, *Keep Your Voice Healthy*, 158.
29. Charles Haddon Spurgeon, *Lectures to My Students* (London: Marshall, Morgan & Scott, 1954), 121. 그는 또한 학생들에게 말했다. "만일 목회자가 자주 설교를 한다면 그들의 목과 폐는 오히려 병에 걸릴 확률이 적다. 나는 이것을 확신하는데, 이는 개인적인 경험과 많은 관찰에 의한 것이며, 나는 내가 틀리지 않았다는 것을 확신한다."

9. 서로 연결하기: 머리와 가슴으로 하는 설교

1. Henry Mayer, *All on Fire: William Lloyd Garrison and the Abolition of Slavery* (New York: St. Martin' s Press, 1998), 118~20.
2. D. Martyn Lloyd-Jones, *Preaching and Preachers* (Grand Rapids: Zondervan, 1971), 58쪽에서 인용되었다.
3. Hugh Latimer, *Selected Sermons and Letters of Dr. Hugh Latimer* (n.p.: R.T. S., n.d.), 10, as quoted in John R. W. Stott, *Between Two Worlds: The Art of*

Preaching in the Twentieth Century (Grand Rapids: Eerdmans, 1982), 26.
4. Stott, *Between Two Worlds*, 212.
5. E. M. Bounds, *Power Through Prayer* (reprint, Grand Rapids: Baker, 1991), 76.
6. D. Martyn Lloyd-Jones, *Preaching and Preachers*, 88.
7. Powhatan W. James, *George W. Truett* (Nashville: Broadman, 1939), 85~86.
8. Stott, *Between Two Worlds*, 314쪽에서 인용되었다.
9. Kenneth McFarland, *Eloquence in Public Speaking* (Englewood Cliffs, NJ: Prentice-Hall, 1961), 17쪽에서 인용되었다.
10. Ibid., 29.
11. Jay Adams, *Sense Appeal in the Sermons of Charles Haddon Spurgeon* (Grand Rapids: Baker, 1975), 32.
12. Robert White Kirkpatrick, *The Creative Delivery of Sermons* (Joplin, MO: Joplin College, 1944), 1.
13. Dwight E. Stevenson and Charles F. Diehl, *Reaching People from the Pulpit* (Grand Rapids: Baker, 1958), 66.
14. Horace G. Rahskoph, *Basic Speech Improvement* (New York: Harper & Row, 1965), 108.
15. F. D. Whitesell, *Power in Expository Preaching* (Old Tappan, NJ: Revell, 1963), 103.
16. John A. Broadus, *On the Preparation and Delivery of Sermons*, 4th ed., revised by Vernon L. Stanfield (1870; revision, New York: Harper & Row, 1979), 220.
17. Warren W. Wiersbe and David Wiersbe, *Making Sense of the Ministry* (Chicago: Moody, 1983), 104.
18. Jay Adams, *Pulpit Speech* (Phillipsburg, NJ: Presby. & Ref., 1971), 44.
19. Warren W. Wiersbe, comp., *Treasury of the World's Great Sermons* (Grand Rapids: Kregel, 1993), 202쪽에서 개조해서 인용되었다.
20. Frank S. Mead, "The Story of George Whitefield," *The Sword of the Lord*, January 31, 1992, 3~4.
21. Rahskoph, *Basic Speech Improvement*, 202~3.
22. Ibid., 202~3.
23. Jana Childers and Clayton J. Schmit, eds., *Performance in Preaching: Bringing the Sermon to Life* (Grand Rapids: Baker, 2008), 13~14.
24. McFarland, *Eloquence in Public Speaking*, 49.

25. Haddon W. Robinson, *Biblical Preaching*, 2nd ed. (Grand Rapids: Baker, 2001), 186.
26. Dwight E. Stevenson and Charles F. Diehl, *Reaching People from the Pulpit* (Grand Rapids: Baker, 1958), 77.
27. Al Fasol, "A Guide to Improving Your Preaching Delivery," Southwestern Baptist Theological Seminary, Fort Worth, TX (mimeographed, no date), 8.
28. Stevenson and Diehl, *Reaching People from the Pulpit*, 74.
29. Robinson, *Biblical Preaching*, 219.
30. Winston E. Jones, *Preaching and the Dramatic Arts* (New York: Macmillan, 1948), 24. 비록 절판되었지만 이 책은 아마존 홈페이지를 통해 구입할 수 있다.
31. Ibid., 53.
32. H. A. Overstreet, *Influencing Human Behavior* (New York: Norton, 1925), 82.
33. Adams, *Pulpit Speech*, 36.
34. Stott, *Between Two Worlds*, 64.
35. Ibid., 70~73.
36. Kirkpatrick, *The Creative Delivery of Sermons,* 14.
37. James C. Humes, *The Sir Winston Method: The Five Secrets of Speaking the Language of Leadership* (New York: William Morrow, 1991), 133쪽에서 개조해서 인용되었다.
38. James Humes, *Speak Like Churchill, Stand Like Lincoln: 21 Powerful Secrets of History's Greatest Speakers* (New York: Three Rivers Press, 2002), 64.
39. George Henderson, *Lectures to Young Preachers* (Edinburgh: B. McCall Barbour, 1961), 95.
40. Lloyd-Jones, *Preaching and Preachers*, 122.
41. Ibid., 92쪽에서 인용되었다.

10. 하나님 말씀 전하기: 효과적인 전달의 열쇠

1. Charles Haddon Spurgeon, *Lectures to My Students* (London: Marshall, Morgan & Scott, 1954), 111.
2. William G. Hoffman, *How to Make Better Speeches* (New York: Funk & Wagnalls, 1976), 196.
3. Spurgeon, *Lectures*, 115.

4. Grand Fairbanks, *Voice and Articulation Drillbook* (New York: Harper & Row, 1940), 112.
5. Hoffman, *Better Speeches*, 99.
6. Spurgeon, *Lectures*, 116.
7. Milton Dickens, *Speech: Dynamic Communication* (New York: Harcourt Brace Jovanovich, 1954), 186.
8. Robert King, *Forms of Public Address* (Indianapolis: Bobbs-Merrill, 1969), 80.
9. Anna Lloyd Neal, "A Syllabus for Fundamentals of Speech" (Greenville, SC: Bob Jones Univ., 1977), 36.
10. Spurgeon, *Lectures*, 111.
11. Ibid., 119.
12. John Eisenson, *Voice and Diction* (New York: Macmillan, 1974), 100.
13. King, *Forms of Public Address*, 80.
14. H. A. Overstreet, *Influencing Human Behavior* (New York: Norton, 1925), 83~84.
15. Haddon W. Robinson, *Biblical Preaching* (Grand Rapids: Baker, 1980), 206쪽에서 인용되었다.
16. Hoffman, *Better Speeches*, 100.
17. Mary Forrest and Margot A. Olson, *Exploring Speech Communication* (St. Paul, MN: West, 1981), 97.
18. Ibid., 196.
19. Spurgeon, *Lectures*, 138.
20. Haddon W. Robinson, *Biblical Preaching*, 2nd ed. (Grand Rapids: Baker, 2001), 218.
21. Albert Mehrabian, *Silent Messages* (Belmont, CA: Wadsworth, 1971).
22. Cicero, *De Oratore* (London: William Heinemann, 1942), III, 59, 221.
23. John R. W. Stott, *Between Two Worlds* (Grand Rapids: Eerdmans, 1982), 252.
24. Perry W. Buffington, "Psychology of Eyes," *Sky* 13, no. 2 (February 1984): 92~96.
25. Neal, "A Syllabus for Fundamentals of Speech," 46.
26. Spurgeon, *Lectures*, 289~95.
27. Loren Reid, *Speaking Well* (New York: McGraw-Hill, 1977), 243.
28. Ibid.

29. Al Fasol, *A Complete Guide to Sermon Delivery* (Nashville: Broadman & Holman, 1996), 79.
30. Ibid., 79~80.
31. King, *Forms of Public Address*, 2쪽에서 인용되었다. 그 표현은 《맥베스》 5막 5장 27~28번째 줄이다.
32. Kenneth McFarland, *Eloquence in Public Speaking* (Englewood Cliffs, NJ: Prentice-Hall, 1961), 152쪽에서 인용되었다.
33. Andrew Blackwood, *Expository Preaching for Today* (Grand Rapids: Baker, 1943), 157.
34. Ralph L. Lewis, Persuasive Preaching Today (Ann Arbor, Mich.: LithoCrafters, 1979), 245.
35. H. C. Brown, H. Gordon Clinard, and Jesse J. Northcutt, *Steps to the Sermon*, (Nashville: Broadman, 1963), 191.
36. John A. Broadus, *On the Preparation and Delivery of Sermons*, 4th ed., revised by Vernon L. Stanfield (1870; revision, New York: Harper & Row, 1979), 327.
37. Jay Adams, *Pulpit Speech* (Phillipsburg, NJ: Presby. & Ref., 1971), 116.
38. Ibid., 114.
39. Dorothy Samoff, *Speech Can Change Your Life* (New York: Dell, 1970), 203.
40. Charles W. Koller, *Expository Preaching Without Notes* (Grand Rapids: Baker, 1962), 88~89.
41. James C. Humes, *The Sir Winston Method: The Five Secrets of Speaking the Language of Leadership* (New York: William Morrow, 1991), 158~60.
42. Ibid., 160.
43. Ibid., 161~62.
44. Ibid., 165~66.
45. C. E. Autrey, *Basic Evangelism* (Grand Rapids: Zondervan, 1959), 127~28.
46. F. D. Whitesell, *65 Ways to Give Evangelistic Invitations* (Grand Rapids: Kregel, 1984), 15~16.
47. Bill Hybels, Stuart Briscoe, and Haddon Robinson, *Mastering Contemporary Preaching* (Portland, OR: Multnomah, 1989), 40~41.
48. Charles S. Kelley Jr., *How Did They Do It? The Story of Southern Baptist Evangelism* (New Orleans: Insight, 1993), 56~57.
49. Roy Fish, *How to Give an Evangelistic Invitation* (produced by the Baptist

General Convention of Texas, Dallas, 1991), 44 minute videocassette.
50. James Emery White, *Opening the Front Door: Worship and Church Growth* (Nashville: Southern Baptist Convention, 1992), 125.
51. Ralph Bell, "Extending the Evangelistic Invitation," *The Calling of an Evangelist*, ed. J. D. Douglas (Minneapolis: World Wide Publications, 1987), 188.
52. White, *Opening the Front Door*, 125.
53. Roy Fish, *Giving a Good Invitation* (Nashville: Broadman, 1974), 24~25.
54. R. Alan Street, *The Effective Invitation* (Old Tappan, NJ: Revell, 1984), 155~56.
55. Ralph Bell, "Giving a Successful Invitation: Preaching for a Verdict," 1994 North American Conference of Itinerant Evangelists, Minneapolis, cassette S202A.
56. White, *Opening the Front Door*, 126.

부록 1

관찰하는 예

아래는 사도행전 6장 1~7절을 노트한 페이지의 예로서, 이것은 성경 구절에 대한 수많은 관찰을 보여 준다. 성경 본문을 관찰하는 데 도움이 되는 더 많은 예와 자세한 도움을 얻으려면 J. 스콧 듀발과 J. 대니엘 헤이스의 책 *Grasping God's Word: A Hands-On Approach to Reading, Interpreting, and Applying the Bible*(하나님의 말씀을 붙잡음: 성경 읽기, 해석 및 적용을 위한 실용적인 접근법)이나 존 파이퍼의 "Look at the Book" 사이트(http://www.desiringgod.org/labs)를 참고하면 된다.

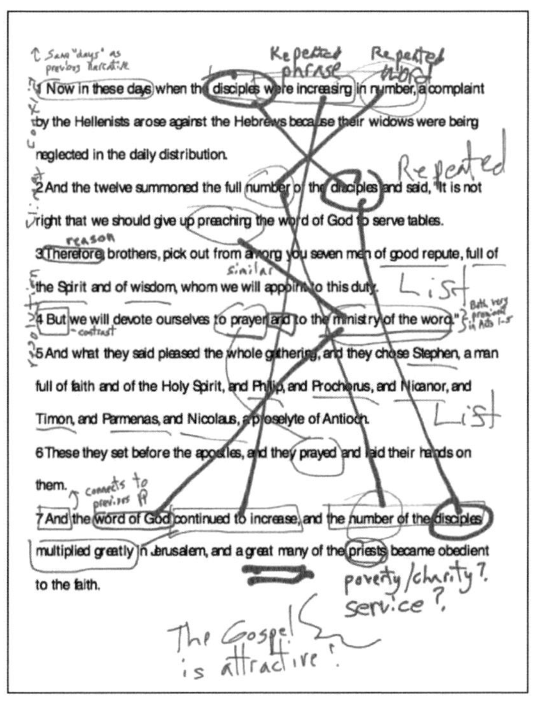

1 Now in these days when the disciples were increasing in number, a complaint
by the Hellenists arose against the Hebrews because their widows were being
neglected in the daily distribution.
2 And the twelve summoned the full number of the disciples and said, "It is not
right that we should give up preaching the word of God to serve tables.
3 Therefore, brothers, pick out from among you seven men of good repute, full of
the Spirit and of wisdom, whom we will appoint to this duty.
4 But we will devote ourselves to prayer and to the ministry of the word."
5 And what they said pleased the whole gathering, and they chose Stephen, a man
full of faith and of the Holy Spirit, and Philip, and Prochorus, and Nicanor, and
Timon, and Parmenas, and Nicolaus, a proselyte of Antioch.
6 These they set before the apostles, and they prayed and laid their hands on
them.
7 And the word of God continued to increase, and the number of the disciples
multiplied greatly in Jerusalem, and a great many of the priests became obedient
to the faith.

부록 2

구조적인 다이어그램

〈산문을 위해〉

히브리서 4:12

하나님의 말씀은 살아 있고
활력이 있어
좌우에 날선 어떤 검보다도 예리하여
혼과
영과 및
관절과
골수를
찔러 쪼개기까지 하며
또 마음의 생각과
뜻을
판단하나니

〈이야기를 위해〉

마가복음 4:35~41

35. 그 날 저물 때에 제자들에게 이르시되 **삶의 상황**
우리가 저편으로 건너가자 하시니

36. 그들이 무리를 떠나 예수를 배에 계신 그대로 모시고 가매 다른 배들
도 함께 하더니
37. 큰 광풍이 일어나며 물결이 배에 부딪쳐 들어와 배에 가득하게 되었더
라
38. 예수께서는 고물에서 베개를 베고 주무시더니 **갈등 상황/최고조**
제자들이 깨우며 이르되 선생님이여 우리가
죽게 된 것을 돌보지 아니하시나이까 하니

39. 예수께서 깨어 바람을 꾸짖으시며 바다더러 이르시되 **해결**
잠잠하라 고요하라 하시니
바람이 그치고 아주 잔잔하여지더라

40. 이에 제자들에게 이르시되 **적용**
어찌하여 이렇게 무서워하느냐 너희가 어찌 믿음이 없느냐 하시니
41. 그들이 심히 두려워하여 서로 말하되 그가 누구이기에 바람과 바다도
순종하는가 하였더라

〈시를 위해〉

예레미아 17:5~10

5절 여호와께서 이와 같이 말씀하시니라
무릇 사람을 믿으며
육신으로 그의 힘을 삼고
마음이 여호와에게서 떠난 그 사람은
저주를 받을 것이라

6절 그는 사막의 떨기나무 같아서
좋은 일이 오는 것을 보지 못하고
광야 간조한 곳, 건건한 땅,
사람이 살지 않는 땅에 살리라

7절 그러나 무릇 여호와를 의지하며
여호와를 의뢰하는
그 사람은 복을 받을 것이라

8절 그는 물 가에 심어진 나무가 그 뿌리를
강변에 뻗치고
더위가 올지라도 두려워하지 아니하며
그 잎이 청청하며
가무는 해에도 걱정이 없고
결실이 그치지 아니함 같으리라

9절 만물보다 거짓되고 심히
부패한 것은 마음이라
누가 능히 이를 알리요마는

10절 나 여호와는 심장을 살피며
폐부를 시험하고 각각
그의 행위와
그의 행실대로 보응하나니

부록 3

설교 요약 노트

본문	누가복음 9:57~62
주된 청중	믿는 사람들
주제	예수님을 따르는 사람들은 그 사명을 감당하는 데 쓰이는 모든 것을 계산해 보아야 한다.
목적	나는 청중들이 예수님을 위해 사명감을 가지고 사는 것의 위험을 고려하고 전심으로 그 일을 하도록 헌신하기를 원한다.
제목	"제자를 만들면 안 되는 세 가지 이유"
아우트라인	당신의 명예와 물질이 위험할지도 모른다(눅 9:57~58). 당신의 믿음은 안전하다(눅 9:59~60). 당신의 관계는 강하다(눅 9:61~62).

부록 4

긴장 푸는 연습

설교할 때 긴장 푸는 것을 돕기 위해 다음에 나오는 간단한 연습을 이용하라.

> 집에서의 연습. 집을 떠나기 전에 말하기 위한 준비를 시작하라. 개인 방에서 침대나 바닥에 등을 대고 누우라. 팔과 다리를 완전히 펴라. 온몸에 힘을 주라. 그리고 근육이 떨릴 때까지 긴장을 유지하라. 그런 다음 한숨을 쉬면서 긴장을 풀어 주라. 신체의 모든 부위가 피로감을 느끼게 하라.
>
> 다음으로 떨릴 때까지 다리의 근육에 힘을 주라. 그리고 힘을 빼라. 그리고 떨릴 때까지 팔에 힘을 주라. 그리고 힘을 빼라. 얼굴과 목 근육을 긴장시키라. 그리고 풀어 주라. 배와 가슴, 어깨와 목 근육에 힘을 주라. 그리고 힘을 빼라.
>
> 이 시점에서 방을 둘러보고 아무도 없는지 확인하라. 그리고 자신의 몸에 부드럽게 말하기 시작하라. 발부터 시작하라. 발목을 발로 천천히 움직이면서 발을 향해 쉬라고 말하라. 무릎과 엉덩이를 구부리면서 다리도 이런 과정을 되풀이하라. 이젠 팔로 올라가라. 손목을 돌리고, 팔꿈치와 어깨를 움직이고, 부드러운 어조로 계속 이야기하라. 그런 다음 머리를 조금씩 좌우로 움직이라. 큰 한숨을 쉬면서 몸을 향해 쉬라고 말하라. 다시 잠들지 않도록 조심하고, 설교에 늦지 않도록 주의하라!

움직이는 동안의 연습. 설교할 곳으로 차를 몰고 가는 동안 목소리를 위한 연습을 하라. 음색을 따뜻하게 하는 부드러운 '아' 소리를 내어 도레미파 음을 소리 내 보라. 이 시간을 사용해서 부록 5의 호흡 훈련을 할 수 있다. 설교 지점에 도착할 때까지 목소리가 따뜻하게 준비되어야 한다.

설교 전의 연습. 가능하다면 설교 전에 방해받지 않는 조용한 장소를 찾으라. 편안한 자세로 앉아서 긴장감을 유발할 수 있는 불안한 생각들을 없애기 위해 노력하라. 느긋하고 부담 없는 방식으로 다음의 연습을 하라. 강단에 올라갈 때 효과적인 설교를 위해 필요한 만큼 긴장감을 없애야 한다.

1. 헤어 라인부터 시작해서 목 아래로 내려가면서 얼굴과 목의 모든 근육을 매우 부드럽게 마사지하라. 당신은 근육의 긴장을 손가락으로 느낄 수 있을 것이다. 근육을 두드리며 아래쪽으로 내려갈 때 가능한 한 얼굴의 긴장을 풀어 주라. 손가락을 눈에 가져다 대고 지그시 누르라. 턱을 축 늘어지게 한 후 할 수 있는 한 혀가 아랫입술 위로 최대한 나오게 하라. 억지로 움직이지 말고 자연스럽게 움직이게 하라.
2. 다음으로 음식물을 삼키는 데 사용하는 근육을 풀어 주라. 양손의 손가락을 이용해서 턱부터 시작해 후골(Adam's apple)로 이동해서 목구멍 양쪽을 매우 부드럽게 마사지하라. 침을 삼키고 근육들이 전보다 얼마나 더 이완되었는지를 느끼라. 이 과정은 목의 긴장을 크게 줄여 줄 것이다.
3. 손으로 턱을 잡고 위아래, 좌우로 움직이라. 이러한 동작은 턱에서 오는 저항을 감소시킬 것이다. 턱 근육은 긴장하면 경직되는 경향이 있다. 가능한 한 편안해질 때까지 턱 근육을 움직여 풀어 주라. 시간

을 들여야 한다.

4. 엄지와 다른 손가락으로 후두를 잡고 긴장이 없어질 때까지 좌우로 움직인다.
5. 목의 근육에 긴장이 풀어지게 하라. 고개를 위아래로 끄덕이고 좌우로 흔들라[이 방법은 다음 책에 자세히 나와 있다. David Blair McClosky, Your Voice at Its Best (Plymouth, MA: Memorial, 1972)].
6. 하품을 여러 번 하라. 이 활동은 얼굴과 목의 모든 근육을 풀어준다.

부록 5

숨 쉬기 연습

다음과 같은 간단한 연습을 통해 말을 할 때 호흡을 발달시키라.

1. 말하려고 하는 것처럼 쉽게 숨을 들이마시라. 그리고 잠시 숨을 참으라. 간단한 단어나 구절을 말하고 있다고 상상하라. 숨을 내쉬고 공기를 천천히 흘려보내라.
2. 위의 연습을 반복하고, 너무 무리하지 않는 선에서 숨을 참는 시간을 점차적으로 늘리라. 숨을 내쉬라.
3. 연습을 다시 반복하며 한 단어나 구절을 말하라. 숨을 들이마실 때 복부의 외부 움직임을 인지하라. 또한 단어나 구절을 말할 때 숨을 내쉬면서 복부의 내부 움직임을 인지하라.
4. 충분한 양의 공기를 들이마시라. 그런 다음 아, 에, 이, 오, 우 같은 단어나 모음을 사용해 숨을 내쉬라. 호흡이 허용하는 한 계속 그 톤을 유지하라. 폐의 남은 호흡량이 바닥나기 전에 멈추라.
5. 연습을 반복하라. 이번에는 하나, 둘, 셋, 넷, 다섯과 같은 일련의 숫자를 순서대로 말하라. 편안한 호흡을 유지할 수 있는 한 계속 세어라. 참고 있는 숨을 뱉기 전에 얼마나 셀 수 있는지 확인하라. 이러한 접근은 단지 연습을 위한 것이다. 설교 시에는 한 숨에 최대한으로 말하려 해서는 안 된다.
6. 다음에 나오는 연습을 해 보라. 이는 언어 치료사가 제안한 것으로 적절한 호흡 능력을 기르기 위한 것이다. 각 문장을 한 호흡에 읽는 법을 배우라. 그렇게 하기 위해 충분한 양의 공기를 들이마시라. 그

런 다음 부드러운 내쉬기를 유지하며 각 문장을 읽으라.

잭이 지은 집

이것은 잭이 지은 집이다.

이것은 잭이 지은 집에 있는 보리다.

이것은 잭이 지은 집에 있는 보리를 먹은 쥐다.

이것은 잭이 지은 집에 있는 보리를 먹은 쥐를 잡은 고양이다.

이것은 잭이 지은 집에 있는 보리를 먹은 쥐를 잡은 고양이를 놀라게 한 개다(10초).

이것은 잭이 지은 집에 있는 보리를 먹은 쥐를 잡은 고양이를 놀라게 한 개를 뿔로 던져 버린 소다(12초).

이것은 잭이 지은 집에 있는 보리를 먹은 쥐를 잡은 고양이를 놀라게 한 개를 뿔로 던져 버린 소를 우유로 키운 처녀다(15초).

이것은 잭이 지은 집에 있는 보리를 먹은 쥐를 잡은 고양이를 놀라게 한 개를 뿔로 던져 버린 소를 우유로 키운 처녀에게 키스를 한 누더기를 입은 남자다(17초).

이것은 잭이 지은 집에 있는 보리를 먹은 쥐를 잡은 고양이를 놀라게 한 개를 뿔로 던져 버린 소를 우유로 키운 처녀에게 키스를 한 누더기를 입은 남자를 결혼시킨 면도를 잘한 성직자다(20초).

생명으로 인도하는 다리(개정판)

알리스터 맥그라스 지음

현대인을 위한 기독교 변증

신앙인은 변증을 통해 거는 기대가 있을 때 거기에 참여한다. 변증의 주 목적은 믿음으로 이어 주는 다리를 만들어 가는 것이다. 이 책은 신앙으로 이끌어 주는 길에 놓인 장해를 제거하고 신앙으로 마음의 문을 열 수 있도록 접촉하는 계기들을 어떻게 사용할 수 있는지를 보여 준다.

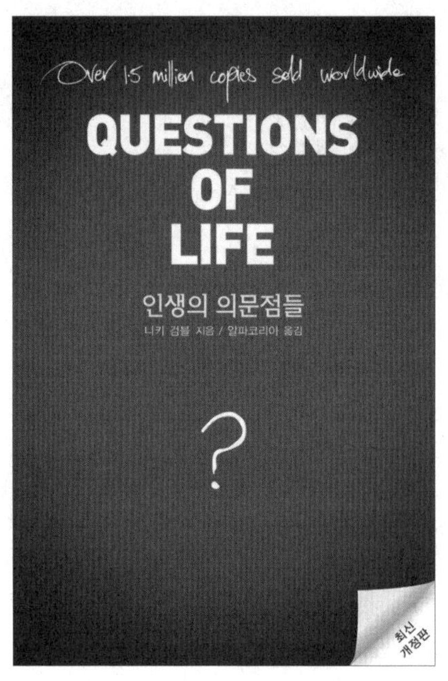

인생의 의문점들(최신 개정판)

니키 검블 지음

전 세계 최고의 스테디셀러! 알파코스의 텍스트북!

이 책은 "무엇이 진리인가?"라는 고전적인 질문에 대한 현대적인 대답을 찾고자 하는 이들의 영적인 갈증을 말끔히 해소해 주며, 기독교 신앙의 핵심이 되는 중요한 질문들에 대한 해답을 제시하여 불신자들을 예수 그리스도께로 이끌어 준다.

씨를 심고 영으로 기도하고

오랄 로버츠 지음

여전히 불가능을 행하고 있는 사람

불가능한 당신의 꿈이 실현되는 것을 지켜보라!
성령의 기도 언어와 다시 마음에 주시는 해석을 통해 끊임없이 새로워지는 마음, 다른 사람들과 소통하는 방법들을 지배하는 '씨앗 믿음'의 기적!

성령님과 당신

데니스 & 리타 베넷 지음

성령 충만한 삶을 위한 지침서

새롭고 놀라운 능력과 성령님의 나타나심을 경험해 보라. 초대 교회가 하나님을 향한 열정으로 불타게 했던 성령의 능력과 함께하라! 이전과 비교할 수 없을 만큼, 주님께서 그분의 백성들에게 성령을 부어 주심으로 부흥과 깊은 회복을 가져다주고 계신다.